통계학총서

통 계 학

[제7판]

신 태 곤 · 최 성 철

法 文 社

s • t • a • t • i • s • t • i • c • s

제7판 머리말

이 책은 1982년 초판 출간 이후 책의 내용에 대한 독자들의 많은 지적과 조언에 부응하기 위하여 다섯 차례 개정을 거쳤다. 그 과정에서 저자는 책의 내용을 보다 명확하고 이해하기 쉽게 서술하면서, 독자들이 책의 내용을 현실에 응용하는 데 도움을 줄 수 있는 부분을 추가하고자 노력해 왔다.

그럼에도 불구하고 혼동의 여지가 있어서 서술을 가다듬거나, 내용상 새롭게 추가해야 될 부분이 있음을 알게 되었고, 그에 대한 보완작업을 계속해 오던 중 부족하지만 이번 개정판을 출간하게 되었다.

이번 개정판에서는 통계이론을 보다 체계적으로 공부하려는 독자들에게 다른 어떤 책보다 이해하기 쉬운 지침서가 되고자하는 이 책 본래의 장점을 그대로 살리면서, 설명이 부족했거나 불명확했던 부분의 서술을 개선하였고, 불필요하다고 생각되는 부분은 일부 삭제하였으며, 약간의 새로운 내용을 추가 및 보완하고자 하였다.

먼저 제2장 기술통계 부분에서는 현실 사용 빈도가 높지 않은 몇 가지 개념을 삭제하여 간략하게 정리하면서 필요한 설명을 보완하였고, 혼동의 여지가 있는 표기를 수정하였다. 제4장에서는 확률변수에 대한 설명을 독자들의 이해를 돕기 위해 다시 썼다. 제6장에서는 기존의 표본조사 부분을 제1장으로 옮겼다. 그리고 표본분포 부분은 불필요하다고 생각되는 내용을 과감히 삭제하면서 간결하고 체계적으로 정리하였다. 제8장과 제10장에서는 새로운 내용을 추가하였다. 그 외에 설명이 부족했던 부분에 대한 보충과 용어정리, 연습문제의 수정 · 보완은 조금씩이나마 책 전반에 걸쳐 진행되었다.

이번의 개정으로 애초 많은 것을 담으려다보니 다소 복잡하게 느껴지던 부분이 나름대로 정리가 되었다고 생각하지만, 앞으로도 독자 여러분의 고견과 지적을 받아서 보다 나은 내용의 책이 될 수 있도록 계속 수정 · 보완해 나가고자 한다.

두 해 전 이 책의 원저자이자 저자의 은사이신 신태곤 교수님께서 영면에 드셨다. 여러 가지로 부족한 제자를 항상 따뜻하게 격려하시면서 많은 것을 가르쳐주신 은사님의 영전에 이번의 개정판을 바친다.

끝으로 이번 제7판이 출간될 수 있도록 해주신 법문사 사장님께 깊은 감사를 드린다. 그리고 좋은 책을 만들기 위해 남다른 재능으로 편집을 도맡아 주신 편집부 김제원 부장님과 김진영 님, 또한 출간과정에서 수고를 아끼지 않고 여러 가지 편의를 제공해 주신 영업부 장지훈 부장님, 권혁기 대리님께도 진심으로 고마움을 표한다.

2017년 2월

저자 씀

s·t·a·t·i·s·t·i·c·s

머리말

통계학은 인문 · 사회과학 및 자연과학 등의 학문연구에 있어 하나의 분석도구로서, 그리고 실제적인 문제에 있어 의사결정을 내리기 위한 용구로서 그 중요성이 날로 증대되어 가고 있다. 더욱이 금일에는 사회 제여건의 급변, 수학 및 계산방법의 발달, 합리적 · 실증적 사고의 진전에 따라 통계학의 실천적 의의는 더욱 확대 · 심화되어 가고 있다. 따라서 통계학에 대한 정확한 이해가 절실히 요청되고 있다고 하겠다.

이 책은 이러한 문제의식에서 주로 경제학과 경영학을 포함한 사회과학 및 인문과학을 전공하는 학생들에게 통계학의 기본원리와 그 응용방법을 소개하기 위해서 쓰여진 것이다. 또한 통계실무에 종사하는 분들에게도 이 책은 현대 통계학의 흐름을 파악하기 위한 참고서로서의 역할을 할 수 있을 것이라 생각된다.

이 책은 13개 장으로 이루어져 있다. 우선 제1장부터 제3장까지에서는 기술통계학의 기초부분인 도수분포 및 그 특성치의 문제를 다루고 있다. 그리고 제4장에서는 추측통계학의 기초적인 역할을 하는 확률이론을 고찰하며, 제5장에서는 확률분포에 대해서 설명한다. 제6장에서는 표본추출의 방법과 추출한 표본의 분포에 대해서 논의하는데, 이는 그 다음에서 다룰 추정 · 검정 · 분산분석이나 회귀분석 등의 기초를 이룬다. 제7장과 제8장에서는 통계적 추정 및 검정문제를 다룬다. 제9장에서는 분산분석법을 고찰하며, 제10장에서는 둘 또는 그 이상의 변수들의 상호관계성을 분석하는 회귀 및 상관분석의 문제를 취급한다. 제11장과 제12장에서는 시계열과 지수의 문제를 고찰하며, 마지막 제13장에서는 모집단의 분포형태에 대한 전제 없이 모수를 추론하는 비모수적 통계법을 다루고 있다.

이 책에서는 이러한 체계와 함께 통계학의 초학자가 쉽게 이해할 수 있도록 하였으며 나아가 보다 높은 수준의 통계학을 알고자 하는 사람에게도 지침이 되게끔 서술하려고 노력하였다. 이를 위해 통계학의 원리 및 그 응용방법을 그림과 표를 많이 사용하여 설명하였고 이에 대한 이해를 돕기 위하여 다양한 예제를 들었으며, 각 장의 끝에 풍부한 연습문제를 만들어 두었다.

저자의 이러한 의도가 어느 정도 성과를 거두었는지는 의문이며, 체계나 내용 및 그 서술에 있어 미비한 점이나 뜻하지 않게 잘못된 데가 없지 않으리라 생각된다. 이에 대해서는 앞으로 선배동학제현의 끊임없는 질책과 고견을 받아서 후일 이 책의 내용을 보완하고자 한다.

끝으로 이 책을 출간함에 있어서 많은 지도와 성원을 주신 은사님, 선배, 동료교수들에게 깊은 감사를 드리며, 원고 정리에서 교정에 이르기까지 수고를 아끼지 않았던 부산대학교 대학원 이수호 군과 최성철 군에게 이 자리를 빌어 진심으로 사의를 표한다. 그리고 이 책이 출판되도록 노력해 주신 법문사 김성수 사장님, 배효선 전무님 그리고 편집부의 관계자들에게 감사를 드린다.

1982년 2월
저자 씀

s·t·a·t·i·s·t·i·c·s

차 례

c·h·a·p·t·e·r 01

통계학의 기초

statistics

s·t·a·t·i·s·t·i·c·s

01 통계학의 개념

우리들은 어떤 목적을 달성하기 위해 필요한 정보를 수집하고 수집된 정보를 기초로 하여 의사결정을 하며, 그에 따라 구체적인 행동을 하게 된다. 그런데 의사결정의 기초가 되는 정보나 자료의 양이 너무 많아 그 자체로서는 어떠한 의사결정을 내리는 데 사용하기 힘든 경우가 있다. 또 어떤 경우에는 자료가 불충분하거나 불확실하여, 이를 기초로 한 의사결정은 크든 작든 잘못될 가능성이 있고, 따라서 그에 따른 행동은 목적달성에 차질을 가져올 수도 있다.

그러므로 불충분 · 불확실한 정보에 따른 잘못된 의사결정을 될 수 있는 한 피할 수 있는 방법을 연구할 필요가 있는데, 그 방법을 연구하는 학문이 통계학이다. 따라서 통계학은 불확실한 상황 하에서 필요한 관련 정보를 수집 · 정리 및 분석하고 이를 기초로 하여 합리적인 의사결정을 내리는 방법을 연구하는 학문이라고 할 수 있다.

의사결정을 하기 위한 정보를 얻는 것은 기본적으로 자료를 수집하는 것에서 출발한다. 그런데 수집된 자료 그 자체로부터는 의미 있는 정보를 얻기가 어려우므로 필요한 정보를 파악하기 위해서는 자료를 분류 · 정리할 필요가 있다. 이와 같이 의사결정을 위한 정보의 기초가 되는 자료를 수집 · 정리하여 수량적으로 나타낸 것을 통계(statistic)라고 한다.

통계는 인구수라든지 산업생산량 등과 같이 집단 전체의 특성을 표현하는 수량적 자료이며, 수학에서와 같은 추상적인 수량이 아니라 현실에서 찾아볼 수 있는 구체적 수량을 말한다. 그리고 집단은 개체의 집합이지만 개체의 단순한 집합이 모두 통계분석의 대상이 되는 것은 아니고, 공통된 특성에 의해 객관적으로 하나의 집단으로 규정된 개체의 집합만이 통계학의 분석대상이 된다. 예를 들어 2016년 1월 1일 현재 A시의 인구가 3,657,842명이라고 할 때, 이 숫자는 2016년 1월 1일이라는 시간과 A시라는 공간의 제약을 받고 있는 구체적 숫자이므로 통계이다. 그리고 「2016년 1월 1일 A시에 거주하고 있는 사람」이라는 각 개체가 갖는 공통적인 특성에 의해서 2016년 1월 1일 현재 A시의 인구라는 통계집단이 규정된다. 이 통계집단을 구성하는 각 개체를 통계단위(statistical unit)라고 한다.

그런데 집단은 대개 동시에 여러 가지 특성을 지닌 개체들로 구성되어 있다. 앞의 예에서 선거에서 당선전략을 세울 때라든지, 임금수준을 조사할 경우 A시의 인구는 다시 분석목적에 따라 성, 연령, 직업 등 다양한 특성별로 분류될 수 있다. 이와 같이 통계집단을 구성하는 각 개체들이 갖는 이질성과 불확실성을 극복하고 집단현상의 성질을 밝혀내기 위해 통계집단을 관찰하고 분석하는 방법을 통계적 방법이라고 하는데, 이것은 통계조사와 통계분석으로 구성된다.

통계조사는 통계집단을 관찰해서 관련자료를 수집 · 정리하여 수량적으로 나타내기까지의 절차이다. 통계조사의 작업은 조사의 기획 · 실시 · 집계 · 도표작성의 각 과정으로 이루어지며, 그 각 과정에는 여러 가지 이론적 · 기술적 문제가 내포되어 있다.

그리고 통계분석은 통계조사에 의해서 얻어진 수량적 자료를 기초로 하여 통계집단의 특성을 분석하는 것인데, 이것은 통계적 기술, 통계적 추측 및 통계적 결정으로 나누어진다. 통계적 기술은 통계숫자에서 통계집단의 특성을 수량적으로 기술하는 것이며, 통계적 추측은 통계적 기술의 결과를 이용해서 집단이 갖는 특성을 추론해 내는 것이다. 그리고 통계적 결정은 통계집단에 관한 통계적 기술과 통계적 추측을 기초로 하여 어떠한 의사결정을 내리고 그것을 행동으로 옮기는 것이다.

통계학은 그 자체가 하나의 학문영역을 이루고 있을 뿐만 아니라 사회현상이나 자연현상을 과학적으로 분석하기 위한 도구로서 사용되기 때문에, 거의 모든 학문영역에 널리 이용되고 있다. 더욱이 모든 학문분야에서 실증적 연구방법이 강조됨에 따라 통계학의 실천적 의의는 더욱 확대 · 심화되고 있다.

s · t · a · t · i · s · t · i · c · s

02 | 통계조사

1. 전수조사와 표본조사

관찰대상이 되는 집단의 전체를 조사 · 관찰하는 방법을 전수조사(complete survey)라고 한다. 국세조사는 한 나라 전체의 인구를 성별, 연령별, 직업별 등으로 나누어 조사하는 것으로서 전수조사의 대표적인 예이다.

그러나 경우에 따라서는 전수조사가 불가능할 수도 있고 또 가능하더라도 그것이 반드시 바람직하다고 할 수 없는 경우도 있다. 예를 들어 어떤 공장에서 생산되고 있는 TV 브라운관의 평균수명을 조사하는 경우를 생각해보면, 생산된 모든 브라운관이 사용할 수 없게 될 때까지 실험해야 각 브라운관의 수명을 알 수 있다. 그러나 결과적으로 생산된 브라운관은 모두 상품으로서의 가치를 상실하게 된다. 이와 같이 관찰행위 자체가 파괴적인 경우에는 전수조사를 할 수 없다. 이 경우에는 선택한 몇 개의 평균수명으로써 생산된 전체 브라운관의 평균수명을 추정하는 수밖에 없다.

또 어떤 신문사가 국회의원선거에서 정당별 당선자를 예상하려는 경우를 예로 들어보자. 전수조사는 조사의 실시, 집계, 분석에 장기간을 요하므로 조사 도중에 먼저 조사한 유권자의 의견이 변할 수도 있고, 극단적인 경우에는 투표가 끝난 후에 조사결과가 나올 수도 있다. 이러한 경우에는 몇몇 유권자를 관찰 조사 · 분석하여 현재의 상황을 최단시간 내에 알 수 있도록 해야 한다.

집단이 무한히 큰 경우에도 전수조사가 불가능하다. 예를 들면 어떤 물건의 무게나 어떤 임야의 면적을 측정하는 경우에, 측정 횟수를 증가시키면 실제의 무게나 면적에 가까와지지만, 실제의 무게나 면적과 일치된다고는 할 수 없다. 무한한 횟수의 측정 결과를 평균한 것이 정확한 값이겠지만 그것은 현실적으로 불가능하다. 따라서 몇 회의 측정 결과의 평균치로써 그 값을 추정할 수밖에 없다.

더구나 전수조사에는 비용이 많이 들어갈 수도 있다. 예를 들어 어떤 제조업체가 새로 생산한 제품에 대한 소비자의 반응을 조사하여 판매 대책을 강구하고자 한다고 하자. 이때 모든 소비자의 의견을 실제로 다 조사할 수는 없을 것이고, 그렇게 한다고 하더라도 조사 비용이 많이 들어가고, 그 비용이 판매 증대에 의한 수익을 상쇄할지도 모른다. 이러한 경우에는 전수조사보다는 생산 제품의 일부를 추출하여 조사하는 것이 시간과 비용을 절약하는 것이 된다.

그 외에도 전수조사는 집단을 구성하는 많은 개체를 관찰해야 하므로, 적은 수를 관찰하는 경우보다 신중성이 낮아지거나 세밀하게 조사하지 못하는 경우도 있을 수 있어서 조사결과의 정확성이 결여될 수도 있다.

이런 사정 때문에 집단 전체에 대한 특성을 추측하려 할 때는 그 집단을 구성하는 개체의 일부를 추출하여 그것을 관찰 조사하는 방법을 사용하는데, 이 방법을 표본조사(sample survey)라고 한다.

이상에서 보았듯이 전수조사가 불가능하거나 그것이 가능하더라도 시간과 비용, 정확성 및 신속성 등을 고려하여, 실제에서의 통계조사는 주로 표본조사에 의존하고 있다.

2. 모집단과 표본

위의 TV 브라운관의 평균수명을 조사하는 예에서는, 생산된 브라운관 전체가 관찰대상으로 된다. 이와 같이 집단이 갖는 특성을 파악하기 위해서 그 구성 단위를 관찰 · 조사할 때 관찰대상이 되는 집단 전체를 모집단(population)이라고 한다.

모집단은 그 구성 단위의 수에 따라 유한모집단(finite population)과 무한모집단(infinite population)으로 나누어진다. 유한모집단은, 앞에서의 TV 브라운관의 수명조사에서와 같이 현실의 세계에서 관찰될 수 있고 모집단을 구성하고 있는 단위의 수가 유한인 모집단을 말한다. 따라서 유한모집단인 경우에는 이론적으로는 전수조사가 가능하다. 이에 대하여 무한모집단은 그 구성 단위의 수가 무한인 모집단을 말한다. 예를 들면 주사위의 1의 눈이 나오는 확률을 구하기 위해 주사위를 던지는 실험에서 실험 횟수는 무한히 반복할 수 있고, 따라서 관찰대상이 되는 모집단은 무한하다고 할 수 있다. 무한모집단의 경우에는 전수조사는 의미가 없다. 따라서 무한모집단의 경우에는 모집단을 구성하고 있는 단위의 일부분을 추출하고, 그것을 관찰 · 조사하여 모집단의 특성을 추정할 수밖에 없다.

TV 브라운관의 평균수명을 조사하기 위해서 실험에 사용된 몇 개의 브라운관과 같이 모집단을 구성하는 자료의 일부분, 즉 모집단의 부분집합을 표본(sample)이라고 한다. 그리고 표본을 구성하는 개체의 수를 표본의 크기(sample size)라고 한다. 표본은 모집단의 구성 개체 중에서 추출된 일부분이므로 이것으로부터 모집단의 특성을 완전히 파악하기는 어렵다. 그렇지만 표본을 통해서 모집단의 특성을 추정해야 하므로, 표본은 모집단의 특성을 잘 대표할 수 있도록 추출되어야 한다. 그 추출방법에 대해서는 다음에서 상세히 다룬다.

표본이 추출된 경우 그 표본으로부터 계산된 특성치를 통계치(statistic)라고 하는데, 이에 대해 모집단에 관한 특성치를 모수(parameter)라고 한다. 모수는 고유의 상수이지만 통계치는 표본에 따라 달라진다. 즉 하나의 모집단에서 추출할 수 있는 표본은 무수히 많을 수 있고 그에 따라 통계치도 보통 다르게 된다. 이 통계치들을 하나의 변량으로 나타낸 것을 통계량(statistic)이라고 한다. 달리 말하면 통계량은 표본에서 통계치를 계산할 때 적용하는 일정한 방식 내지 공식을 가리킨다.

3. 표본의 추출방법

표본을 관찰하는 것은 모집단의 일부분인 표본을 추출하여 그 표본을 통해서 모집단의 특성을 추정하고자 하는 것이다. 따라서 표본은 모집단의성질을 잘 대표할 수 있도록 추출해야 한다. 모집단을 잘 대표할 수 있는 표본을 추출하는 방법에는 크게 나누어 확률표본추출법과 유의추출법이 있다.

1) 확률표본추출법

확률표본추출법(probability sampling)은 모집단을 구성하는 모든 개체가 표본으로 선택될 기회가 균등하게 되도록 표본을 추출하는 방법이다. 이것을 임의추출법(random sampling)이라고도 한다.

이와 같은 방법에 의해 추출된 표본을 단순확률표본(random sample) 또는 단순임의표본이라고 한다. 예를 들어 정원이 100명인 어느 학과 학생들의 평균체중을 조사하기 위하여 10명의 학생을 표본으로 뽑는 경우를 생각해 보자. 이 경우에 우선 학생 100명에게 1부터 100까지의 번호를 붙여둔다. 또 별도로 1부터 100까지 100장의 카드를 만들어 상자 속에 잘 섞어 넣는다. 거기서 1장을 뽑는데 그 번호에 해당하는 학생의 체중 w_1을 첫 번째의 표본치로 한다. 뽑은 카드를 도로 상자에 넣은 다음에 잘 섞어 다시 한 장을 뽑아 해당된 번호의 학생의 체중 w_2를 두 번째의 표본치로 한다. 이러한 과정을 표본 크기인 10회 반복함으로써 10개의 표본치 $w_1, w_2, \cdots, w_{10}$을 얻을 수 있다. 이 예에서 상자 속의 카드가 잘 섞여 있다면, 이 학과 학생은 표본으로 추출될 확률이 모두 동일하다고 할 수 있다.

그런데 표본의 크기가 큰 경우에는 표본 추출에 난수표(table of random number)를 사용하는 것이 편리하다. 난수표는 0, 1, 2, ⋯, 9의 10개의 숫자를 동일한 확률 $\left(\frac{1}{10}\right)$로 추출하여 무작위로 배열한 표이다. 실제로는 모집단을 구성하고 있는 각 단위에 1에서 N까지의 일련번호를 대응시켜 두고 난수표를 이용하여 그 중 n개의 난수를 추출하고 그 난수에 대응하는 추출단위를 표본으로 하면 된다. 이 표를 이용하여 앞의 예에서 100명에서 10명의 표본을 추출할 때에는 난수표의 어느 곳에서 시작하든지 간에 10개의 숫자를 선택하면 된다. [부표 1]의 난수표의 3열 3행에서 시작하면 숫자가 $225\underline{27}$, $972\underline{65}$, $763\underline{93}$, $648\underline{09}$, $151\underline{79}$ …로 나타나 있는데 여기서 밑줄친 27, 65, 93, 9, 79 …를 취하여 이 번호에 해당되는 학생들을 표본으로 추출하면 된다. 이때에 같은 번호가 나올 경우는 제외하고 모두 10개의 숫자를 취하여 그 번호에 해당하는 학생들을 표본으로 한다. 이와 같이 모집단을 구성하는 개체가 표본으로 선택될 가능성이 모두 균등하도록 추출하는 방법이 확률표본추출방법인데, 이것이 전형적인 무작위 추출법이다.

여기서는 확률표본추출법으로 단순임의추출법, 층별추출법, 군집추출법, 계통추출법, 다단계추출법 등을 설명한다.

(1) 단순임의추출법

단순임의추출법(simple random sampling)은 모집단을 구성하는 모든 개체에 대해 각 개체가 표본에 포함될 확률이 같고, 구성 가능한 모든 표본에 대하여 각 표본이 실제 표본으로 선택될 가능성이 모두 균일하도록 추출하는 방법이다. 즉 모집단이 N개의 단위로 구성되어 있고 그 중에서 n개 $(n \le N)$의 단위를 표본으로 추출할 때, 모집단의 각 구성 단위가 표본에 포함될 확률은 $1/N$로 모두 같고, 크기 n인 표본의 수 $\binom{N}{n}$개 중에서 각 표본이 선택될 확률이 $1/\binom{N}{n}$로 모두 같게 되도록 추출하는 방법을 말한다.

예를 들어 상자 속에 1, 2, …, 6의 번호를 붙인 6개의 카드 중에서 크기가 3인 표본을 단순임의추출법에 의하여 추출하면, 각각의 카드가 추출될 확률은 $\frac{1}{6}$이고, 크기가 3인 표본의 수는 모두

$$\binom{6}{3} = \frac{6\,!}{3\,!\,(6-3)\,!} = 20$$

개이므로 각 표본이 추출될 확률은 모두 $\frac{1}{20}$이다.

단순임의추출법은 가장 기본적이고, 이론적으로나 추출조작면에서도 다른 추출방법의 기초를 제공한다. 그러나 이 추출법은 모집단에 속하는 모든

추출단위의 목록(list)을 작성할 필요가 있는데, 모집단이 매우 크다면 목록 작성은 번잡하거나 불가능하며, 난수표에 의한 추출조작도 간단하지 않다. 그리고 모집단이 커서 표본이 넓게 산재해 있으면 조사비용이 많이 들어가게 된다. 뿐만 아니라 표본설계에는 그 대상에 대해서 얼마간의 예비지식을 갖고 있는 것이 일반적인데, 그것을 거의 활용할 수 없으므로 정확성이 떨어진다. 따라서 실제조사에는 이 추출방법은 거의 사용되지 않으며, 다만 모집단의 크기가 비교적 작은 경우에는 유용한 방법이 될 수 있다.

(2) 층별추출법

층별추출법(stratified sampling)은 어떤 예비지식이 있을 때 정확도를 높이기 위하여 그 예비지식을 가장 간단하게 이용하는 추출방법인데, 층화추출법이라고도 한다. 즉 예비지식을 기초로 한 어떤 지표에 의해서 모집단을 몇 개의 부분모집단으로 나누고, 각 부분모집단별로 별도의 추출 단위의 목록을 작성하여 일정 수의 표본을 추출하는 방법을 말한다. 여기서 어떤 지표에 의해서 나누어진 부분모집단을 계층 또는 층(stratum)이라고 하고, 모집단을 계층으로 나누는 것을 층화 또는 층별(stratification)이라고 한다.

예를 들어 A시가 어떤 정책에 대한 시민의 여론조사를 실시하기 위해 표본을 추출하는 경우를 생각해 보자. 이 정책에 대한 의견이 직업에 따라서 다르다는 성질을 갖고 있다면, 정확도를 높이기 위해서 먼저 시민 전체를 직업별로 몇 개의 그룹으로 나누고, 각 그룹마다 각각 일정 수의 시민을 표본으로 선출하면 된다.

(3) 군집추출법

군집추출법(cluster sampling)은 모집단을 몇 개의 조사단위의 그룹(군집: cluster)으로 나누고, 그 나누어진 군집을 추출 단위로 하여 그 중에서 몇 개의 표본군집을 추출한 다음 추출된 표본군집을 구성하고 있는 모든 기본단위로써 표본을 구성하거나 그 군집으로부터 일부분을 표본으로 추출하는 방법을 말한다. 이것을 집락추출법이라고도 한다. 예를 들어 어떤 제조업체가 생산한 신제품에 대한 A시의 소비자들의 의견을 조사하기 위해 표본을 추출할 때, 우선은 도시를 여러 소구역으로 나누고 그 중 몇 개의 구역을 추출한 다음, 그 추출된 구역의 모든 소비자들을 표본단위로 하여 표본을 구성하거나 추출된 구역 내에서 소비자들을 임의로 선택하여 표본을 구성하는 방법이 군집추출법이다.

이 방법은 여러 개의 군집 중에서 몇 개의 군집만을 조사함으로써 표본추출의 노력과 비용을 절약할 수 있으며 어떠한 틀(frame)[1)]이 없는 경우에도 임의표본을 추출할 수 있다는 이점이 있다.

(4) 계통추출법

계통추출법(systematic sampling)은 모집단을 구성하는 단위 전체에 일련번호를 붙이고 임의추출법에 의하여 첫 번째 하나의 표본치만을 추출하고 그 나머지 표본치들은 모집단의 크기를 표본의 크기로 나눈 추출 간격을 첫 표본치의 번호에 더해가면서 해당 번호의 표본치들을 추출하여 표본을 구성하는 방법을 말한다. 이것을 체계적 추출법 또는 등간격 추출법이라고도 한다.

지금 크기 N인 모집단에서 크기 n인 표본을 추출하는 경우를 생각해 보자. 추출 간격을 구하면 $r=\frac{N}{n}$으로 된다. 모집단의 구성 단위에 1부터 N까지 번호를 붙이고 임의로 뽑은 첫 번째의 번호가 x_1이면, 표본은 x_1과 $x_1+r,\ x_1+2r,\ x_1+3r,\ \cdots$의 번호를 가진 모집단의 구성 단위를 추출하면 얻어진다. 예를 들어 정원 50명인 A학과 학생들의 평균신장을 측정하기 위하여 크기가 5인 표본을 계통추출법에 의해서 추출하는 경우를 생각해 보자. 50명의 학생들을 1부터 50까지 번호를 붙여놓고 임의로 1명을 추출한 결과 그 학생의 번호가 7번이라고 하자. 표본 추출 간격이 $r=\frac{50}{5}=10$이므로 여기에 10씩 더해 가면, 표본은 7번째, 17번째, 27번째, 37번째, 47번째의 학생의 신장으로 구성된다.

(5) 다단계추출법

다단계추출법(multi-stage sampling)은 표본추출을 몇 단계로 나누어 행하는 방법이다. 예를 들어 어떤 제조업체가 제조한 신제품에 대한 어떤 대도시의 소비자 여론을 조사하기 위해서 도시의 표본세대주를 추출하는 방법을 생각해 보자. 이 경우에 제1단계에서는 이 도시의 구 · 동을 추출 단위로 하여 표본을 추출한 다음, 그 추출된 각각의 구 · 동 내의 세대주에 대한 목록을 작성하고 제2단계로 표본세대를 추출하는 방법을 생각할 수 있다.

---

1) 유한모집단의 경우 추출단위가 모두 수록된 목록 또는 추출 단위별로 만들어진 카드 등, 표본추출자가 그것에 의거하여 표본을 추출할 수 있게끔 하는 재료를 말한다.

이와 같은 추출이 제1차, 제2차의 2단계로 되어 있는 방법을 2단계추출법(two-stage sampling)이라고 한다. 이러한 방법으로 추출은 3단계, 4단계로 행해질 수 있는데, 2단계 이상을 다단계추출법이라고 한다.

이 다단계추출법은 단순임의추출법에 비하면 추출단계가 중복된 만큼 정확도가 떨어지게 되나, 비용과 노력이 절약될 뿐만 아니라, 전체를 장악한다는 입장에서 효율적이라고 할 수 있다.

2) 유의추출법

유의추출법(purposive sampling)은 비확률표본추출법이라고도 하는데, 이는 조사자 또는 표본설계자가 모집단을 대표할 수 있다고 생각되는 표본을 자의적으로 추출하는 방법이다. 이와 같이 추출된 표본을 유의표본(purposive sample)이라고 한다.

유의추출은 조사자나 표본설계자의 주관적 판단에 의한 것이기 때문에 오차가 발생할 가능성이 커서 오차에 대한 객관적인 분석이 어렵다. 따라서 이 추출법은 모집단의 크기가 비교적 작거나 모집단의 구성 단위가 매우 이질적인 경우에 효과적으로 적용될 수 있다. 유의추출법에는 편리추출법과 판단추출법 등이 있다.

(1) 편리추출법

편리추출법(convenience sampling)은 비용이나 시간의 절약을 가장 우선적으로 고려하여 조사자가 가장 편리하게 표본을 추출하는 방법을 말한다. 예를 들면 우리 나라 전체 대학생들의 평균체중을 조사하기 위해 100명의 대학생을 표본으로 추출하고자 할 때, 어느 대학의 특정 학과의 학생들만을 대상으로 하여 관찰함으로써 쉽게 자료를 얻을 수 있게 된다. 또 어떤 여론 조사에서 편리하게 특정 신분의 구독자를 대상으로 한다든지, 적극적인 응답자들만을 대상으로 조사하는 경우가 이에 해당한다.

그러나 이 방법은 조사자나 표본설계자가 주관적 판단에 의해 편리하게 표본을 추출하는 것이므로 표본의 편의(bias)가 클 수 있고, 따라서 모집단을 잘 대표한다고 보기는 어렵다. 다만 모집단의 특성을 대략적으로 파악하고자 할 때는 경제적인 방법이 될 수도 있다.

(2) 판단추출법

판단추출법(judgment sampling)은 사전적인 경험이나 전문적 지식에 기초해서 조사자 또는 표본설계자의 개인적인 판단에 의해 표본을 추출하는 방법을 말한다. 이렇게 추출된 표본을 판단표본이라고 한다. 예를 들어 소비자물가지수의 작성에 수많은 상품들 중에서 어떤 것을 선택할 것인지, 또 그 가중치는 얼마로 하느냐 등의 결정해야 할 사항들이 많은데 이때는 전문가적 지식, 사전적 경험에 의한 판단에 기초해서 표본을 추출하는 것이 의미가 있을 수 있다.

그런데, 모집단의 구성요소들이 이질적이거나, 표본의 크기가 작은 경우에는 판단추출법에 의해 추출된 표본은 모집단을 잘 대표할 수 없게 되는 경우가 많다. 예를 들어 남녀 각각 500명으로 구성된 1,000명의 집단에서 10명을 표본으로 추출하는 경우에 남녀의 비율만을 고려한다면 남녀 각각 5명을 선택함으로써 쉽게 표본을 구할 수 있다. 그러나 그 외에 연령, 소득, 학력 등도 고려해야 한다면 표본을 구성하기가 곤란하고, 표본구성이 되더라도 그것이 모집단을 잘 대표한다고 할 수 없다.

4. 표본추출오차와 비표본추출오차

1) 표본추출오차

표본은 모집단의 부분집합이므로 표본 통계량에 의해 계산된 특성치는 모집단의 모수와 일치하는 경우는 드물고, 대체로 차이가 생긴다. 이러한 표본 통계량과 모집단의 모수 간의 차이는 모집단의 구성 개체들을 표본으로 추출할 때, 그것이 모집단을 잘 대표할 수 있도록 표본을 추출하지 못한 데서 생기는 경우가 많다. 이와 같이 표본의 크기가 너무 작다거나 표본설계의 잘못 등에 의해, 모집단에서 추출한 표본이 그 모집단을 잘 대표하지 못함으로 인해 발생하는 통계량과 모수 간의 오차를 표본추출오차(sampling error)라고 한다.

예를 들어 어느 대학의 전체 신입생 1,000명의 평균신장을 알기 위해 5명을 임의로 추출하여 조사한 결과 그들의 평균신장이 175cm였다고 하자. 그런데 실제 신입생 1,000명 전체의 평균신장이 170cm라면 이때 발생하는 오차는 표본의 크기가 너무 작은 것으로 인해 뽑힌 5명이 전체 학생 1,000

명을 잘 대표할 수 없기 때문에 발생한 것이라고 볼 수 있다. 또 하나의 예를 들어보자. 어떤 시가 가구당 평균소득수준을 알기 위하여 자동차 소유자 명부로부터 표본을 추출하여 조사한다고 하면 가구당 평균소득수준은 그 시의 가구당 평균수준을 과대평가할 가능성이 있다. 이는 모집단에서 상대적으로 가구당 소득이 높은 계층에 한정해서 표본을 추출했기 때문이다. 이것은 모집단을 구성하고 있는 개체 중에서 특정 성격을 갖는 개체를 표본으로 추출한 데서 오차가 발생한 것이라고 할 수 있다.

이러한 표본추출 상의 편의(sampling bias)에서 생기는 오차는 조사자나 표본설계자의 자의적인 행동에 의한 경우도 있을 수 있으나, 대체로 표본추출계획의 불완전성에서 발생하는 것이다. 따라서 이러한 오차는 표본설계의 정밀화 등에 의해 감소 또는 제거될 수 있다.

2) 비표본추출오차

비표본추출오차(non-sampling error)는 표본을 추출하는 과정에서 생기는 오차 이외에 관찰방법의 부정확성, 조사자의 실수 등에 의해서 발생하는 오차를 말한다. 이를 측정오차(measurement error)라고도 한다. 비표본추출오차가 발생하는 원인으로는 여러 가지를 들 수 있다.

먼저 비표본추출오차는 조사자가 조사대상에 대한 편견에 의한 선택의 편의(selection bias)에서 표본추출계획이나 표본단위를 잘못 선택한 데서 생길 수 있다. 또 조사자가 조사과정에서 설명이나 질문방법이 잘못되거나 그의 태도가 좋지 않은 등으로 인하여 조사에 대한 응답자로부터 정확한 답을 얻지 못하는 경우도 있고, 그 응답자의 의식적 · 무의식적인 비협조적 태도에 의해서도 오차가 생기게 된다. 게다가 조사과정에서의 기재누락, 오기, 계산 상의 착오 등에 의해서도 오차가 발생할 수 있다.

s • t • a • t • i • s • t • i • c • s

03 | 통계학의 분류

통계학은 앞에서 설명한 통계적 방법을 연구대상으로 하는 지식체계라고 할 수 있다. 이 통계학은 기술통계학(descriptive statistics)과 추측통계학(inferential statistics)으로 나눌 수 있다.

기술통계학은 집단에 대한 수량적 자료를 수집 · 정리 · 요약하여, 표나 그래프 또는 수치로써 그 집단의 양적 관계를 묘사하는 지식체계를 말한다. 기술통계학에서는 자료가 모집단 자료인지 표본 자료인지 구분하는 것이 중요하지 않고, 자료를 정리 · 요약하여 집단의 특성을 잘 나타내는 데 초점이 맞춰진다. 이 책의 제2장이 기술통계학에 해당하는 부분이다.

추측통계학은 주어진 모집단으로부터 부분적으로 추출된 표본에서 얻은 지식을 이용하여 미지의 모집단의 특성을 추론하는 지식체계를 의미한다. 다시 말해서 추측통계학은 표본통계량을 기초로 모수에 대한 추정, 검정, 예측 등을 통해 모집단의 특성을 규명하는 데 초점을 맞춘다. 따라서 추측통계학에서는 모집단과 표본을 구분하여 자료를 다루어야 한다. 이 책에서는 제3장부터 제5장까지의 지식을 토대로 하여, 제6장 이후가 이에 해당한다.

분석대상이 되는 집단을 모두 조사하고 분석하는 데는 막대한 시간과 비용이 들어갈 뿐만 아니라, 경우에 따라서는 그것이 현실적으로 불가능한 경우도 있다. 따라서 오늘날에는 모집단의 일부분인 표본의 자료를 구해 분석하고, 그 결과를 가지고 그 표본이 추출된 모집단의 특성을 추론하는 추측통계학이 더욱 중요한 분야로 되고 있다. 그러나 추측통계학은 기술통계학에 대한 이해가 전제되어야 하므로, 이들 양자가 서로 결합됨으로써 통계학의 이론체계가 완성되는 것이다.

c·h·a·p·t·e·r 02

자료의 정리

statistics

통계집단을 구성하고 있는 개체를 관찰하여 얻은 기초자료는 보통 단순히 나열된 채 정리되지 않은 자료(raw data)이고, 이것으로써는 집단의 특성을 파악하기 힘들다. 이에 통계집단의 특성을 파악하고 의사결정에 사용하기 위해서는 수집한 자료를 요약 · 정리할 필요가 있다. 자료의 정리방법에는 표와 그림으로 정리하는 방법이 있고, 또 이 표를 사용하여 통계집단의 특성을 객관적인 숫자로 나타내는 방법도 있다.

이 장에서는 먼저 통계집단으로부터 수집한 양적 자료를 도수분포표로 요약 · 정리하는 방법에 대해 설명한다. 도수분포표의 작성에 이어 도수분포표를 그림으로 나타내는 여러 가지 방법을 살펴본다. 또 그렇게 그린 도수분포도의 형태에 대해서도 알아본다.

그런데 도수분포표나 도수분포도에 의해 통계집단의 대체적인 특성을 파악할 수 있지만, 그 양적 구조를 객관적으로 대표할 수 있는 구체적인 특성치를 숫자로서 파악할 필요가 있다. 이에 통계집단의 특성치를 수치적으로 파악하는 방법도 설명한다.

s • t • a • t • i • s • t • i • c • s

01 | 도수분포

1. 도수분포표

통계자료를 요약 · 정리하는 첫 단계는 도수분포표(frequency distribution table)를 작성하는 것이다. 도수분포표는 전체 자료를 일정 수의 동일한 폭을 가진 계급들로 나눈 후 각각의 계급과 그 계급에 해당하는 관측치의 개수인 도수(frequency)를 대응시켜 작성한 통계표를 말한다. 도수분포표는 관찰자료를 단순하면서도 효율적으로 정리하는 대표적인 방법으로서, 복잡하게 보이는 자료들이 얼마나 집중 혹은 분산되어 있는지를 보여 준다.

전구를 생산하는 한 회사의 전구 수명에 관한 자료를 가지고 도수분포표를 작성하는 방법을 설명해 보자.

〈표 2-1〉은 한 전구회사가 하나의 공정에서 1시간 동안 생산한 전체 전구 55개의 수명을 조사한 것이다. 이 〈표 2-1〉은 전체 전구 55개의 수명을 조사 순서별로 나열한 것이기 때문에 각 전구의 수명은 알 수 있지만

표 2-1 전구의 수명 (단위 : 시간)

912	1,056	1,141	1,079	1,117
1,011	1,125	965	1,002	1,017
1,113	1,005	1,103	1,021	932
1,025	1,120	1,083	1,034	1,127
1,148	901	1,109	1,159	1,028
1,030	1,135	951	1,087	1,176
1,150	1,037	1,137	1,185	1,040
976	1,042	1,189	1,049	1,061
1,057	1,196	1,074	984	1,247
1,099	1,063	991	1,065	1,095
1,067	996	1,091	1,075	1,093

전구 전체의 수명에 관한 특성은 쉽게 파악할 수 없다. 가령 전체 55개의 전구들을 그 수명의 길이 순으로 나열한다 하더라도 가장 긴 수명과 가장 짧은 수명 및 중간 길이의 수명을 파악할 수 있는 정도이고 역시 전구 전체의 수명에 대한 특성을 잘 파악할 수는 없다. 따라서 이러한 관찰 자료의 특성을 제대로 파악하기 위해서는 도수분포표로 정리할 필요가 있다.

도수분포표를 작성할 때는 계급의 수와 계급의 폭을 먼저 결정해야 한다. 따라서 이 문제에 대해 살펴본 후에 〈표 2-1〉에 나타난 자료를 이용하여 도수분포표를 작성해 보기로 한다.

1) 계급 수의 결정

계급(class) 수는 집단 전체의 자료를 여러 개의 소집단으로 나눌 때의 이 소집단의 수를 말한다. 계급의 수는 이용 목적이나 문제의 성질에 따라서 집단의 특성이 잘 반영될 수 있도록 결정되어야 한다. 계급 수가 너무 많으면 계급 내의 동질성은 증가되지만 전체 집단의 특성을 종합적으로 파악하기가 곤란해진다. 또 계급 수가 너무 적으면 집단의 양적 구조가 너무 단순화되므로 집단의 특징이 잘 나타나지 않게 된다. 따라서 계급 수는 집단의 구조와 요구되는 정밀도 및 통계 해석의 목적에 따라서 결정되어야 한다.

계급 수를 결정하는 대표적인 방법으로서 스터지스(H.A. Sturges)의 공식이 사용되고 있다. 스터지스의 공식에 의하면 계급 수 k는 관찰치들의 총개수 n의 크기에 의하여 결정되는데, 그 계산공식은 다음과 같다.

$$k = 1 + \left(\frac{\log n}{\log 2}\right)$$
$$= 1 + 3.32\ \log n \qquad (2-1)$$

이 공식에 의해 〈표 2-1〉을 사용하여 도수분포표를 작성할 경우, 전체 관측치들의 개수 N이 55이므로 k는

$$k = 1 + 3.32\ \log 55$$
$$= 1 + 3.32(1.7404)$$
$$\approx 6.78$$

로 계산된다. 따라서 〈표 2-1〉에서 도수분포표를 만들 때의 계급 수는 6 내지 7이 된다. 그러나 반드시 이 공식에 의해서 구할 필요는 없고 그 집단의 특성이 잘 나타나도록 계급 수를 결정할 수 있다.

2) 계급 폭의 결정

계급 수가 결정되고 나면 그 다음으로 계급 폭을 결정해야 한다. 도수분포표로부터 집단의 양적 구조를 파악하기 위해서는 계급 폭을 원칙적으로 같게 해야 한다. 계급 폭이 같지 않으면 자료의 분포를 정확히 파악할 수 없기 때문이다. 이러한 원칙 하에서 계급 폭은 보통 자료의 최대값과 최소값의 차이를 계급 수로서 나누어 구한다. 즉, 자료의 최대치를 x_{max}, 최소치를 x_{min}이라 하면 계급 폭 C는 다음과 같다.

$$C = \frac{x_{max} - x_{min}}{k}$$

앞의 〈표 2-1〉에서 관찰자료의 최대치가 1,247시간이고, 최소치가 901시간이므로 계급 폭 C는 다음과 같이 계산된다.

$$C = \frac{1{,}247 - 901}{7} \approx 49.4$$

그러나 계급 폭의 결정에 있어서 49.4 시간이라는 수치는 취급하기 불편하므로 여기서는 50시간으로 정한다.

위의 계급 폭의 결정 기준에 나타난 바와 같이 계급 폭은 기본적으로 같은 간격으로 설정되는 것이 도수분포표로부터 자료의 분포를 이해하는 데 편리하다. 그러나 도수가 분포 범위의 일부분, 특히 한 쪽 끝에 집중되어 있는 경우에는 이 기준을 그대로 적용하면 오히려 좋지 않은 결과를 초래하게 된다. 이때는 계급 폭을 다르게 처리할 수도 있다. 개인 소득의 도수분포가 하나의 예가 될 수 있다. 소득분포의 경우 고소득자가 전체에서 차지하는 비율은 작고 저소득자의 비율은 큰 것이 보통이다. 이때는 계급 폭을 같게 하기보다는 도수가 집중된 부분을 세분하는 것이 소득분포의 양적 구조를 더 명확히 파악할 수 있다. 그러므로 고소득자의 계급 폭을 저소득층의 계급 폭에 비해 크게 하는 것이 일반적이다. 그리고 각 계급의 상한 값(하한 값)과 그에 인접하는 계급의 하한 값(상한 값)이 중복되지 않도록 계급의 한계를 정해야 하고, 또 그것은 계급의 중앙값을 쉽게 계산할 수 있도록 결정하는 것이 편리하다.

3) 도수분포표의 작성과 그 종류

앞의 예에서 계급 수는 7개, 계급 폭은 50시간으로 계산되었다. 이것에 의해 〈표 2-1〉을 가지고 도수분포표를 작성하면 〈표 2-2〉와 같다.

〈표 2-2〉에서의 도수는 각 계급에 해당하는 자료의 실제 개수로서 이를 절대도수(absolute frequency)라고 한다. 각 계급의 절대도수를 총도수로 나누어 그것을 백분비의 형태로 나타낸 것이 상대도수(relative frequency)

표 2-2 도수분포표

전구 수명(시간)	계급의 중앙값	도수(개)
900.5 ~ 950.5	925.5	3
950.5 ~ 1,000.5	975.5	6
1,000.5 ~ 1,050.5	1,025.5	13
1,050.5 ~ 1,100.5	1,075.5	15
1,100.5 ~ 1,150.5	1,125.5	12
1,150.5 ~ 1,200.5	1,175.5	5
1,200.5 ~ 1,250.5	1,225.5	1
합 계		55

표 2-3 상대도수분포표

전구 수명(시간)	계급의 중앙값	상대도수(%)
900.5 ~ 950.5	925.5	5.5
950.5 ~ 1,000.5	975.5	10.9
1,000.5 ~ 1,050.5	1,025.5	23.6
1,050.5 ~ 1,100.5	1,075.5	27.3
1,100.5 ~ 1,150.5	1,125.5	21.8
1,150.5 ~ 1,200.5	1,175.5	9.1
1,200.5 ~ 1,250.5	1,225.5	1.8
합 계		100.0

인데, 이것에 의해 〈표 2-3〉과 같은 상대도수분포표가 작성된다. 이 상대도수분포표에서 900.5-950.5시간의 수명을 갖는 전구는 전체 전구의 5.5%, 950.5-1,000.5시간의 수명을 갖는 전구는 전체 전구의 10.9%를 차지하는 것 등을 알 수 있다. 이 상대도수분포표는 자료의 양적 구조 자체의 파악에 편리할 뿐만 아니라 절대도수가 매우 다른 자료 간의 양적 구조를 비교하는 경우에도 유용하다.

또한 〈표 2-2〉와 같은 도수분포표를 응용하여 누적도수분포표를 작성할 수 있다. 〈표 2-2〉를 기초로 하여 각 계급의 도수를 차례로 합계한 누적도수(cumulative frequency)를 사용하여 만든 누적도수분포표는 〈표 2-4〉와 같다.

그리고 각 계급의 누적도수를 총도수에 대한 백분비로 나타낸 것이 상대누적도수(relative cumulative frequency)인데, 이것을 이용하여 〈표 2-4〉에서 상대누적도수분포표를 작성하면 〈표 2-5〉와 같다. 이 〈표 2-5〉는 작은 계급의 상대도수를 차례로 합계한 것이기 때문에 상대이하누적도수분포

표 2-4 누적도수분포표

전구 수명(시간)	누적도수(개)
950.5 이하	3
1,000.5 〃	9
1,050.5 〃	22
1,100.5 〃	37
1,150.5 〃	49
1,200.5 〃	54
1,250.5 〃	55

표 2-5 상대누적도수분포표

전구 수명(시간)	누적도수(%)
950.5 이하	5.5
1,000.5 〃	16.4
1,050.5 〃	40.0
1,100.5 〃	67.3
1,150.5 〃	89.1
1,200.5 〃	98.2
1,250.5 〃	100.0

표라고 하는데, 상대도수를 이상누적하여 상대이상누적도수분포표를 작성할 수 있다. 상대누적도수분포표에서는 각 계급 이하(이상)에 속하는 도수가 전체 도수에서 차지하는 비율이 나타나 있다.

2. 도수분포도

도수분포도는 앞에서 작성해 본 도수분포표를 그림으로 나타낸 것인데, 이것에 의해 집단의 양적 구조를 시각적으로 쉽게 파악할 수 있다. 이것에는 히스토그램, 도수다각형, 도수곡선, 누적도수분포도 등이 있다.

1) 히스토그램

(1) 히스토그램의 개념

도수분포표에 담겨져 있는 정보를 이용하여 그림으로 표현하는 대표적인 방법의 하나가 히스토그램(histogram)이다. 히스토그램은 횡축에 계급을 표시하고, 계급 폭을 밑변으로 하여 각 계급에 포함되는 관측치 수(도수)에 면적이 비례하도록 직사각형으로 나타낸 것이다. 즉, 히스토그램은 직사각형의 밑변이 계급 폭인데, 직사각형의 면적이 각 계급에 속하는 관측치 수에 비례하도록 그려져 있다. 이와 같이 히스토그램에서는 직사각형의 면적이 각 계급에 속하는 도수에 비례하므로, 각 직사각형의 밑변의 길이가 동일할 경우 각각의 직사각형의 세로변의 길이, 즉 히스토그램의 각 직사각형의 높이는 각 계급의 도수와 동일하게 된다.

〈표 2-2〉를 사용하여 히스토그램을 그리면 [그림 2-1]과 같다. [그림 2-1]에 나타난 히스토그램은 다음과 같은 특징을 갖는다. 우선 [그림 2-1]

그림 2-1 히스토그램(연속변수)

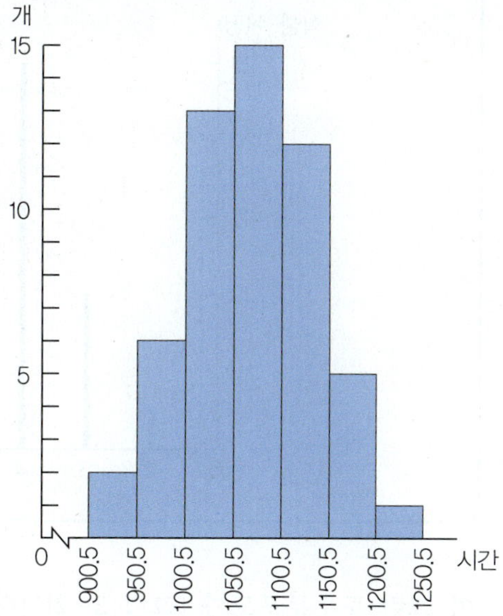

은 연속변수인 경우의 히스토그램을 그린 것이다. 보통 국내총생산, 주가 및 주식수익률 등의 경제관련 변수들은 연속적인 변수로 취급하는 경우가 많다. 연속변수의 경우, 특정 값에서보다는 특정 구간의 값에서 관측치의 수가 측정된다. 그러므로 연속변수의 경우 히스토그램은 직사각형으로 표시된다.

이에 대해 이산변수 경우의 히스토그램은 직선 또는 막대 형태로 표현되는 경우가 많다. 〈표 2-6〉은 어느 대학의 통계학과 학생 60명의 가족 수를 조사한 결과에 의해 작성된 자료의 도수분포표이며, 〈표 2-6〉을 사용하

표 2-6 가족 수의 도수분포표

가족 수	학생 수
2	2
3	10
4	23
5	15
6	7
7	3
합 계	60

그림 2-2 히스토그램(이산변수)

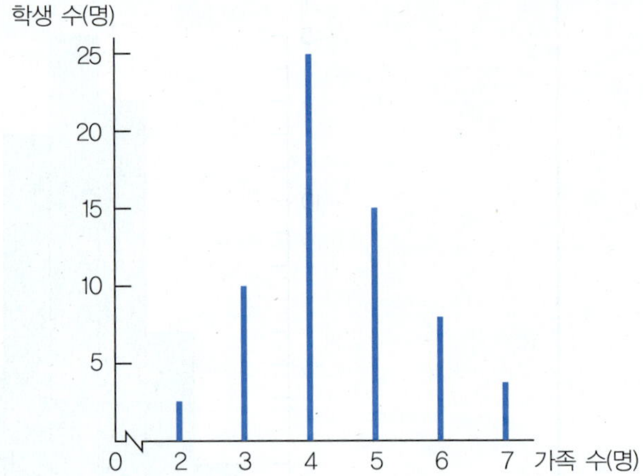

여 그린 도수분포도가 [그림 2-2]이다. 특이한 점은 가족 수 그 자체가 하나의 계급으로 표현되며 그 계급의 도수가 막대의 길이로 표현된다는 점이다. 그래서 이것을 막대도표(bar chart)라고도 한다.

(2) 히스토그램 모양의 특징

집단의 관찰자료를 도수분포표로 작성하고 이를 히스토그램으로 그리게 되면, 분포형태를 시각적으로 쉽게 파악할 수 있다. 그 분포에는 여러 가지 형태가 있다.

① 대칭적 히스토그램

전체 관찰치들의 중앙에 있는 값을 중심으로 하여 히스토그램의 양측을 비교할 때 양측이 동일한 모양을 갖는 히스토그램을 대칭적이라고 한다. [그림 2-3]은 세 개의 대칭적인 히스토그램을 보여주고 있다.

대칭분포 중에서 이론적으로 중요한 분포의 하나는 다음에서 다루게 되는 정규분포라고 불려지는 분포인데, 이것은 분포의 봉우리(도수의 집중점)가 하나이고 이 점을 중심으로 해서 도수분포의 좌우가 대칭되는 종모양의 히스토그램으로 된다.

② 기운 히스토그램

기운 히스토그램(skewed histogram)은 도수의 집중점이 오른쪽 또는 왼

그림 2-3 대칭적 히스토그램

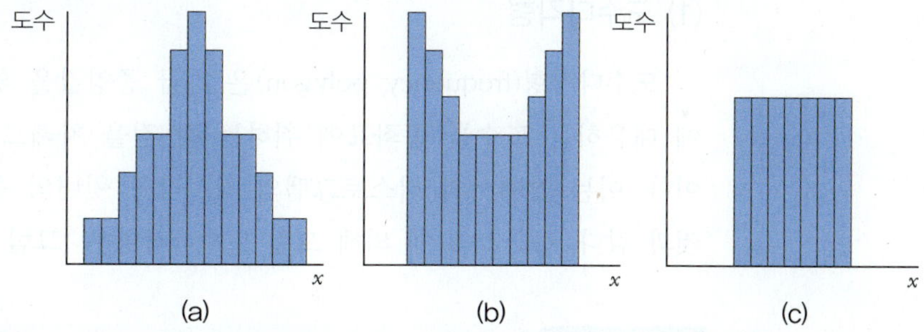

쪽의 어느 한 쪽으로 치우쳐져 왼쪽 또는 오른쪽으로 꼬리를 길게 가지고 있는 것을 말한다. 히스토그램 중에서 도수의 집중점이 왼쪽으로 치우쳐져 오른쪽으로 꼬리를 가지고 있는 것은 양(+)으로 기운 히스토그램이라고 하고, 도수 집중점이 오른쪽으로 치우쳐져 왼쪽으로 꼬리를 가진 것은 음(−)으로 기운 히스토그램이라고 한다.

[그림 2-4]는 기운 히스토그램의 예를 보여 주고 있다. 개인들의 소득분포는 보통은 (a)에서처럼 양(+)으로 기운 히스토그램으로 나타나는데, 그 이유는 상대적으로 저임금 노동자 수가 많고 고임금 노동자 수는 적기 때문이다. 그리고 학생들이 시험시간에 사용하는 시간은 음(−)으로 기운 분포가 많다. 이는, 적은 학생들이 답안지를 일찍 제출하고, 많은 학생들이 시험시간이 끝날 때까지 답안작성을 하는 경우가 많기 때문이다.

그림 2-4 기운 히스토그램

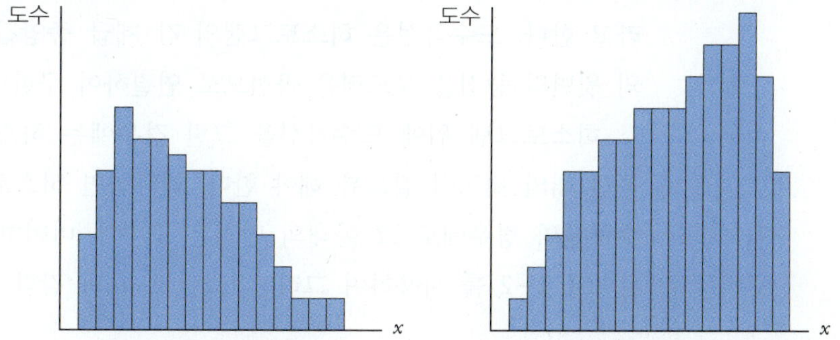

(a) 양(+)으로 기운 히스토그램 (b) 음(−)으로 기운 히스토그램

2) 도수다각형 · 도수곡선

(1) 도수다각형

도수다각형(frequency polygon)은 계급 중앙값을 횡좌표에, 계급 중앙값에 대응하는 도수를 종좌표에 취하는 각 점을 차례로 직선으로 연결한 것이다. 이는 앞에서의 히스토그램의 직사각형 윗변의 중점을 차례로 연결한 것과 같다. 〈표 2-2〉에 의해 그린 도수다각형은 [그림 2-5]와 같다.

그림 2-5 도수다각형

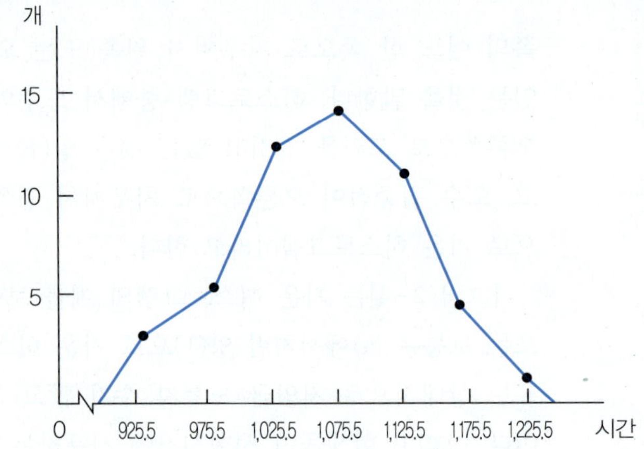

(2) 도수곡선

도수다각형은 관측치 수를 무한히 크게 하고 계급 폭을 무한히 작게 하면 곡선에 접근해 간다. 이와 같은 도수다각형의 극한의 곡선을 도수곡선이라고 한다. 도수곡선은 히스토그램의 각 계급 중앙값에 대응하는 직사각형의 윗변의 중점을 부드러운 곡선으로 연결하여 구한다.

히스토그램 위에 도수곡선을 그릴 경우에는 히스토그램의 면적과 도수곡선 내의 면적이 같도록 해야 한다. 왜냐하면 히스토그램과 마찬가지로 도수곡선의 경우에도 그 아래의 면적은 도수에 비례하기 때문이다. 도수곡선은 〈표 2-2〉를 사용하여 그리면 [그림 2-6]과 같다.

그림 2-6 도수곡선

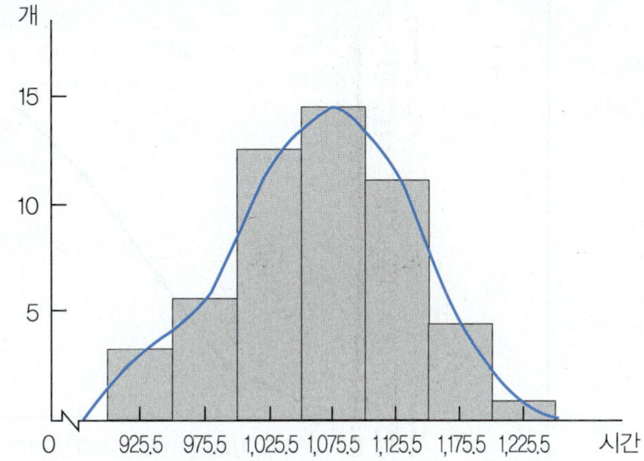

3) 누적도수분포도

누적도수분포도(cumulative frequency polygon, ogive)는 누적도수분포표를 그린 것이다. 이것은 횡축에 누적도수분포표의 각 계급의 상한을, 종축에 그에 대응하는 누적도수를 취한 각 좌표점을 차례로 연결하여 그린다. 〈표 2-4〉의 누적도수분포표를 이용하여 그린 누적도수분포도는 [그림 2-7]이다.

그림 2-7 누적도수분포도

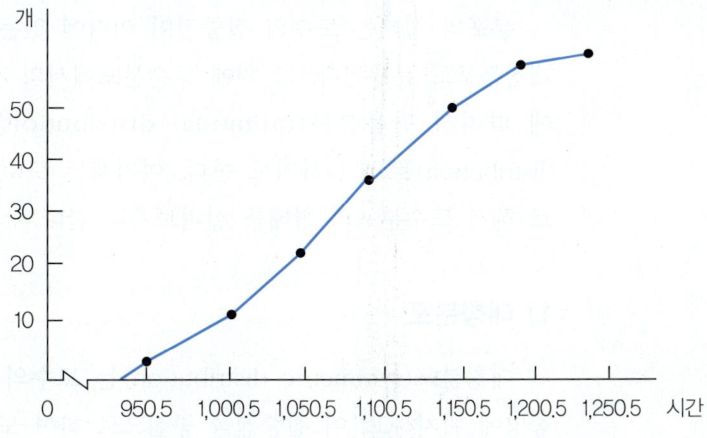

그림 2-8 상대누적도수분포도

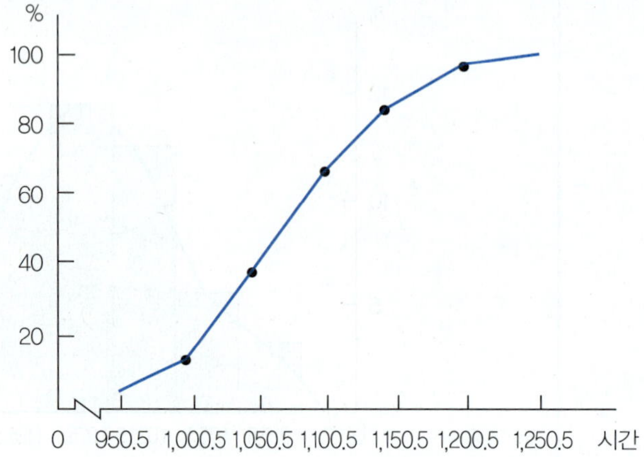

또 〈표 2-5〉의 상대누적도수분포표를 이용하여 상대누적도수분포도를 그리면 [그림 2-8]과 같이 된다. 상대누적도수분포도의 하나로서 널리 사용되는 것으로 로렌쯔 곡선(Lorenz curve)이 있다.

이상에서 설명한 방법 외에도 분포를 시각적으로 표현하는 그림으로서 파이 그래프(pie graph), 줄기-잎 그래프(stem-leaf graph) 등도 자주 사용된다.

3. 도수분포의 형태

분포의 형태는 도수의 집중점이 어디에 있는가에 따라서 대칭분포와 비대칭분포로 분류된다. 그 외에 도수분포에서의 집중점의 수가 몇 개 있는가에 따라서 단봉분포(unimodal distribution)과 복봉분포(multimodal distribution)로 분류하기도 한다. 여기서는 도수의 집중점의 위치를 기준으로 해서 도수분포의 형태를 살펴보기로 한다.

1) 대칭분포

대칭분포(symmetric distribution)는 도수의 집중점이 변수의 전영역의 중앙에 위치하고, 이 집중점을 중심으로 하여 도수가 좌우로 대칭적으로 감소하는 형태의 분포를 말한다. 사람들의 키나 체중의 도수분포 등을 그 예

그림 2-9 A대학교 학생 키의 분포

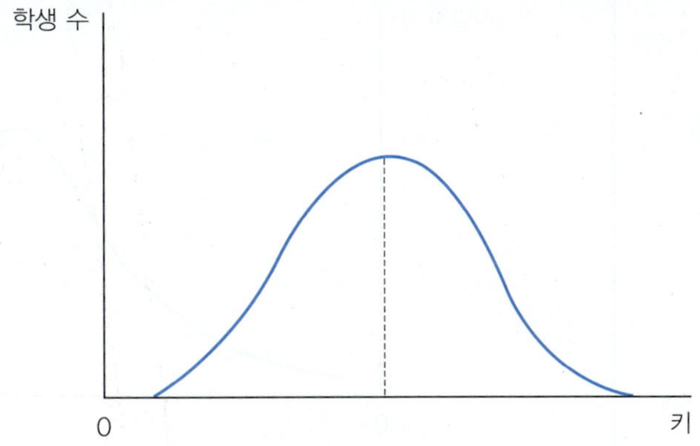

로 들 수 있다. 어떤 대학교 학생들의 키의 도수분포는 [그림 2-9]에서와 같이 대칭분포에 가깝다.

2) 비대칭분포

비대칭분포는 도수의 집중점이 변수의 좌우 어느 한 쪽에 치우쳐진 형태의 분포를 말한다. 비대칭분포에는 도수의 집중점이 왼쪽으로 치우쳐져 오른쪽으로 긴 꼬리를 가진 플러스의 비대칭(right-skewed, positively skewed)분포와 그 집중점이 오른쪽으로 치우쳐져 왼쪽으로 긴 꼬리를 가진 마이너스의 비대칭(left-skewed, negatively skewed)분포가 있다. 개인의 소

그림 2-10 소득계층별 인원 수

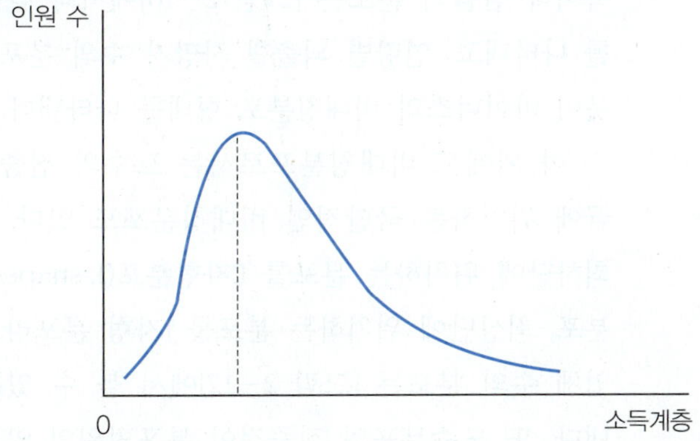

그림 2-11 연령별 뇌출혈 사망자 수

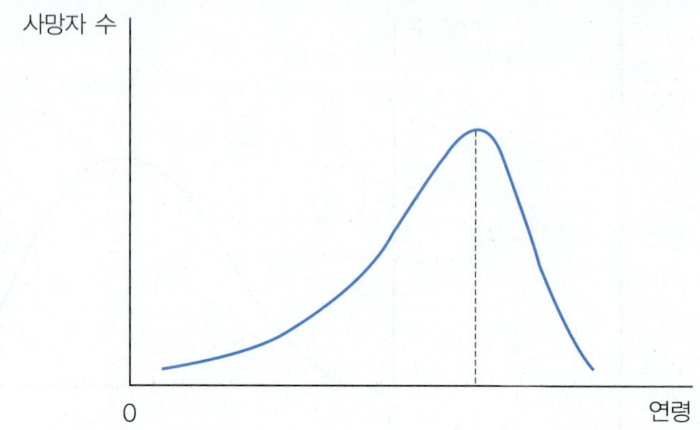

그림 2-12 규모별 기업체 수

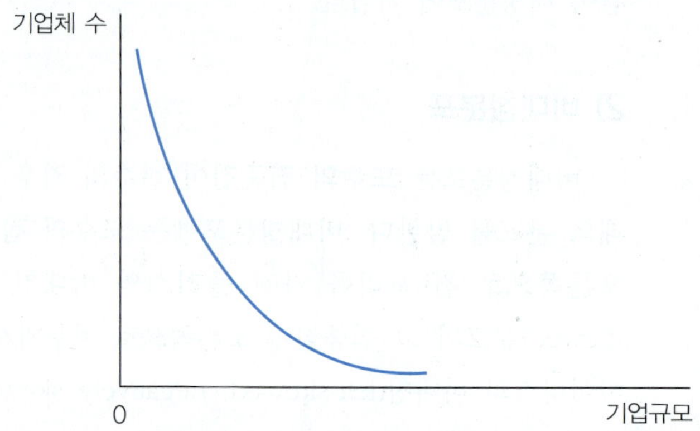

득이나 임금의 분포는 [그림 2-10]에서와 같이 플러스의 비대칭분포 형태를 나타내고, 연령별 뇌출혈 사망자 수의 분포는 [그림 2-11]에서 볼 수 있듯이 마이너스의 비대칭분포 형태를 나타낸다.

이 외에도 비대칭분포로서는 도수의 집중점이 분포범위의 어느 한 쪽 끝에 위치하는 극단적인 비대칭분포도 있다. 도수의 집중점이 분포범위의 최하단에 위치하는 분포를 L자형분포(L-shaped distribution) 또는 역 J자형분포, 최상단에 위치하는 분포를 J자형 분포라고 한다. 예를 들어 규모별 기업체 수의 분포는 [그림 2-12]에서 볼 수 있는 것처럼 L자형 분포를 나타낸다. 또 도수분포의 집중점이 분포범위의 양끝에 위치하고 중앙부문의 도수가 적은 U자형분포(U-shaped distribution)도 존재한다.

4. 산포도

앞의 통계자료의 관찰 · 수집 및 그 처리에 대한 설명에서는, 통계자료가 하나의 변수에 관한 것이있다.

그러나 통계자료의 수집 과정에서 동시에 다른 여러 가지 정보를 함께 얻을 수 있는 경우가 많다. 예를 들어 가계의 소비에 관한 자료수집 과정에서 소비에 관한 자료와 함께 가계소득에 대한 자료도 수집할 수 있게 된다.

이러한 경우에는 소비와 소득의 두 변수 간의 관계를 나타내는 척도가 필요하게 된다. 이 척도의 대표적인 지표가 상관계수인데, 이에 대해서는 다음 제10장에서 다루게 된다.

이러한 두 변수의 관측치를 동일 평면에 나타내면, 두 변수 간의 상호관계를 시각적으로 파악할 수 있다. 이와 같이 두 변수의 관측치를 같은 평면에 나타낸 것을 산포도(scatter diagram)라고 한다.

예를 들어, 어떤 중소기업이 광고비와 판매실적과의 관계를 알아보기 위해 광고비와 판매실적을 조사한 결과가 〈표 2-7〉과 같이 나타났다고 하자. 두 자료 간의 상호관계를 나타내는 산포도를 그리기 위해 횡축에 광고비 규모를, 종축에 판매실적을 나타내면, 산포도는 [그림 2-13]에서와 같이 그려진다.

여기서 판매실적과 광고비 지출이 서로 같은 방향으로 움직이므로 두 변수 간에는 양(+)의 상관관계가 있다고 할 수 있다. 그리고 판매액과 광고비 지출액 간에는 대체로 선형(linear)의 관계가 존재한다고 할 수 있다.

표 2-7 광고비와 판매실적

월	광고비	판매실적
1	1	30
2	3	40
3	5	40
4	4	50
5	2	35
6	5	50
7	3	35
8	2	25

그림 2-13 광고비와 판매실적 간의 산포도

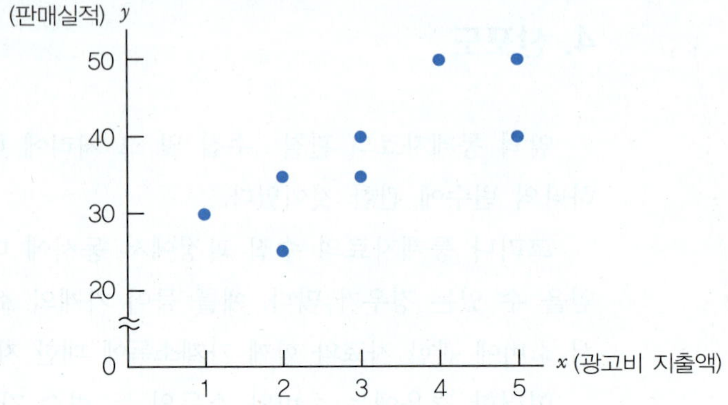

하지만 두 변수의 관계에는 선형의 관계보다 비선형의 관계가 더 많다고 볼 수 있다. [그림 2-14]는 두 변수 간의 비선형의 관계를 나타내고 있고, [그림 2-15]는 두 변수 간에 상관관계가 없다는 것을 보여 준다.

그림 2-14 비선형관계의 산포도

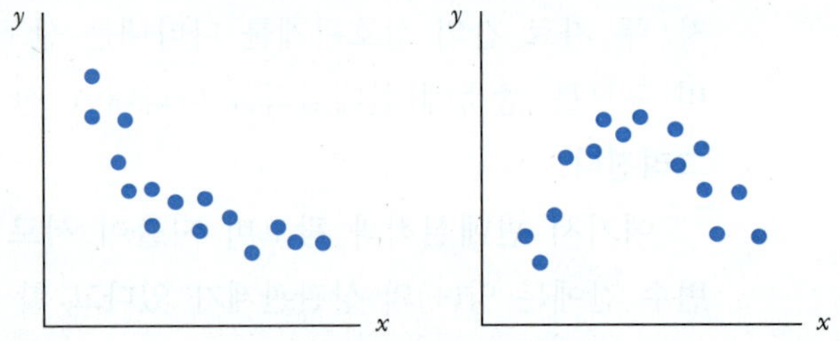

그림 2-15 상관관계가 없는 경우의 산포도

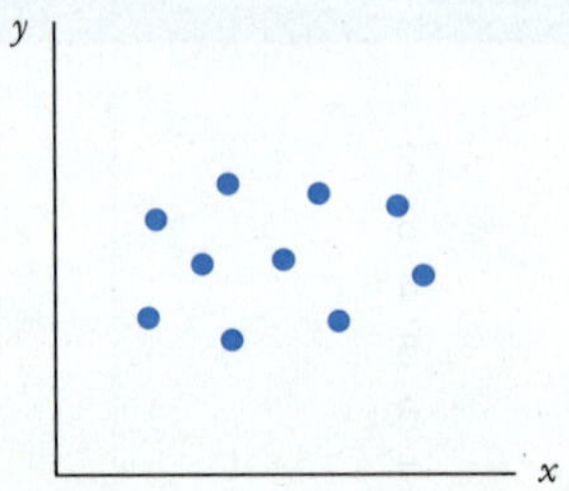

s • t • a • t • i • s • t • i • c • s

02 | 도수분포의 특성치

앞에서는 관찰한 기초자료를 도수분포표로 정리하고, 그 도수분포표를 도수분포도로 나타내는 방법에 대해 살펴보았다.

그런데 도수분포표나 도수분포도에 의해서 통계집단의 개괄적인 특성은 파악할 수 있지만, 그 특성을 구체적으로 파악하기는 어렵다. 또 도수분포표나 그에 기초한 도수분포도는 계급의 수나 그 폭 등이 작성자의 주관적인 판단에 좌우되므로 하나의 자료에서 여러 형태로 나타나게 된다.

그러므로 통계집단의 특성을 구체적으로 파악하기 위해서는 양적 구조를 객관적으로 대표할 수 있는 수치적 척도인 특성치를 알아야 한다. 그래서 여기서는 집단의 특성을 수치로 나타내는 특성치로서, 자료에 나타나는 모든 숫자들을 요약하는 중심치, 분포의 흩어져 퍼진 정도를 나타내는 분산도에 대해 살펴본다. 분포의 비대칭성의 방향과 정도를 나타내는 비대칭도에 대해서도 간단히 알아본다.

1. 중심치

중심치(measures of central tendency, averages)란 그 값으로 자료의 숫자들이 집중되는 경향이 있어서 자료상의 모든 숫자들을 대표하는 수치를 말한다. 다시 말해서 전체 자료의 분포에 있어서 중심이 되는 수치이다. 이를 평균치라고도 한다. 주요 중심치로는 산술평균, 기하평균, 중위수, 최빈치 등이 있다.

그런데 통계집단들은 구성 단위의 성질이나 양적 구조의 형태가 다르고, 중심치의 산출 목적도 자료의 관찰자에 따라 다르다고 할 수 있다. 따라서 중심치는 집단의 특성이나 형태, 중심치 산출의 목적 등에 따라서 가장 적합한 것을 선택해야 한다.

1) 산술평균

산술평균(arithmetic mean)은 자료의 모든 숫자들의 총합계를 총도수로 나눈 값으로서 중심치 중에서 가장 많이 사용된다. 산술평균은 계산하는 방법에 따라서 단순산술평균(simple arithmetic mean)과 가중산술평균(weighted arithmetic mean)으로 나눌 수 있다.

(1) 단순산술평균

지금 n개의 관찰치가 $x_1, x_2, \cdots, x_n$이라면, 산술평균 $\bar{x}$는

$$\bar{x} = \frac{x_1 + x_2 + \cdots + x_n}{n} = \frac{\sum_{i=1}^{n} x_i}{n} \qquad (2-2)$$

로 계산한다.[1] (2-2)식은 자료가 정리되어 있지 않은 경우에 사용한다.

이 계산방법을 〈표 2-1〉에 적용하면, 산술평균 $\bar{x}$는

$$\bar{x} = \frac{912 + 1{,}011 + \cdots + 1{,}093}{55} = \frac{58{,}771}{55} = 1{,}068.6$$

으로 계산된다. 따라서 이 회사가 생산한 전구의 평균수명은 1,068.6시간이며 이 값으로써 이 회사가 생산한 전구의 특성을 알 수 있게 된다.

그런데 자료가 〈표 2-2〉와 같이 도수분포표로 정리되어 있을 경우에는 각 계급의 중앙치와 그에 대응하는 도수를 곱한 총합계를 총도수로 나누어 산술평균을 구한다. 계급 수가 k인 도수분포의 각 계급의 중앙치를 각각 $m_1, m_2, \cdots, m_k$라고 하고 그에 대응하는 각 계급의 도수를 $f_1, f_2, \cdots, f_k$라고 하면, 산술평균 $\bar{x}$는

$$\bar{x} = \frac{f_1 m_1 + f_2 m_2 + \cdots + f_k m_k}{f_1 + f_2 + \cdots + f_k}$$

1) 여기서는 모집단 평균과 표본평균을 구분하지 않는다. 6장 이후에서는 모집단평균을 μ, 표본평균을 $\bar{X}$로 표기한다.

$$= \frac{\sum_{j=1}^{k} f_j m_j}{\sum_{j=1}^{k} f_j} \qquad (2-3)$$

로 계산된다. 여기서 $\sum_{j=1}^{k} f_j = n$ 이다.

이 (2-3)식을 사용하여 〈표 2-2〉에서 산술평균을 구해 보면, 〈표 2-8〉에서와 같이

$$\bar{x} = \frac{3 \times 925.5 + 6 \times 975.5 + \cdots + 1 \times 1{,}225.5}{3 + 6 + \cdots + 1}$$

$$= \frac{58{,}702.5}{55} = 1{,}067.3$$

을 얻는다.

그런데 도수분포표에서 계산된 산술평균은 1,067.3시간이며, 이것은 정리되지 않은 자료에서 구한 평균치 1,068.6시간과 1.3시간의 차가 있다. 이는 각 관찰치를 도수분포표로 정리함으로써 생긴 오차이다. 앞에서 본 바와 같이 도수분포표는 변수를 일정한 수의 계급으로 나누고 그 계급에 속하는 도수를 대응시켜 작성했기 때문에, 각 계급에 들어 있는 도수에 대한 진정한 변수의 값을 알 수 없다. 그러므로 계급 중앙치를 각 계급의 변수의 중심치로 간주하여 산술평균을 계산하였다. 예를 들어 〈표 2-2〉에서 계급 900.5~950.0시간에 속하는 도수는 3이나 이 도수에 대한 진정한 변수의 값은 알 수 없다. 그러므로 계급 중앙치 925.5시간을 그 계급에 속하는 변수

표 2-8 전구의 수명(시간)

계 급	계급 중앙치(m_j)	도수(f_j)	$f_j m_j$
900.5 ~ 950.5	925.5	3	2,776.5
950.5 ~ 1,000.5	975.5	6	5,853.0
1,000.5 ~ 1,050.5	1,025.5	13	13,331.5
1,050.5 ~ 1,100.5	1,075.5	15	16,132.5
1,100.5 ~ 1,150.5	1,125.5	12	13,506.0
1,150.5 ~ 1,200.5	1,175.5	5	5,877.5
1,200.5 ~ 1,250.5	1,225.5	1	1,225.5
합 계		55	58,702.5

의 중심치로 생각하고 평균을 계산하였다. 따라서 계급 중앙치와 진정한 변수치 간의 차가 평균에 반영되어 오차가 생긴 것이다. 그렇더라도 각 계급에 속하는 변수 간의 차이는 서로 상쇄되어 그 오차는 특정 방향으로만 편중되지 않으므로 큰 과오는 일어나지 않는다.

산술평균을 구하는 경우에 변수나 도수의 값이 크면 계산이 매우 복잡하므로 다음과 같은 간편법을 사용한다.

계급 중앙치 m_j와 임의의 가평균(assumed mean) x_0와의 편차 $d_j = (m_j - x_0)$를 계급 간격 c로 나눈 값을

$$u_j = \frac{m_j - x_0}{c} = \frac{d_j}{c}$$

로 나타내면, $m_j = x_0 + u_j \cdot c$의 관계가 성립한다. 이것을 (2−3)식에 대입하면, 산술평균 $\overline{x}$는

$$\overline{x} = x_0 + \frac{\sum_{j=1}^{k} f_j u_j}{\sum_{j=1}^{k} f_j} \cdot c \qquad (2-4)$$

가 된다. 〈표 2−2〉에서 $x_0 = 1{,}075.5$로 두고 (2−4)식을 이용하여 산술평균을 구하면

$$\overline{x} = 1{,}075.5 + \frac{-9}{55} \cdot 50$$

표 2-9 산술평균의 간편계산 예

계 급	계급 중앙치(m_j)	도수(f_j)	$m_j - x_0 = d_j$	$\frac{d_j}{c} = u_j$	$f_j u_j$
900.5 ~ 950.5	925.5	3	−150	−3	−9
950.5 ~ 1,000.5	975.5	6	−100	−2	−12
1,000.5 ~ 1,050.5	1,025.5	13	−50	−1	−13
1,050.5 ~ 1,100.5	1,075.5	15	0	0	0
1,100.5 ~ 1,150.5	1,125.5	12	50	1	12
1,150.5 ~ 1,200.5	1,175.5	5	100	2	10
1,200.5 ~ 1,250.5	1,225.5	1	150	3	3
합 계		55			−9

$$= 1{,}067.3$$

이 얻어진다. 그 계산 절차는 〈표 2-9〉에서와 같다.

(2) 가중산술평균

가중산술평균은 각 관찰치에 그 중요도를 나타내는 가중치(weight)를 고려해서 계산한 평균이다. 이 가중산술평균은 도수분포표에서 산술평균을 구하는 방법과 같이 계산되는데, 그 계산식에서 도수 대신에 가중치를 고려한 점이 다르다. 관찰치 x_i의 가중치를 w_i라고 하면, 가중산술평균 $\overline{x}_w$는

$$\overline{x}_w = \frac{w_1x_1 + w_2x_2 + \cdots + w_nx_n}{w_1 + w_2 + \cdots + w_n}$$

$$= \frac{\sum_{i=1}^{n} w_i x_i}{\sum_{i=1}^{n} w_i} \qquad (2-5)$$

로 계산된다. 가중산술평균은 지수의 계산이나 비율을 평균하는 경우에 적합하다.

예를 들어 어떤 시장에서 거래되는 주요 상품의 단가 및 거래량이 〈표 2-10〉과 같을 때, 이들 상품가격의 평균을 구해 보자.

이 〈표 2-10〉에서 단순히 각 재화의 가격만을 이용하여 평균상품가격을 구하면

$$\overline{x} = \frac{90 + 35 + 20 + 60 + 55}{5}$$

$$= 52$$

표 2-10 상품의 가격 및 거래량

상 품	가격(원)	거래량(개)
A	90	10
B	35	25
C	20	50
D	60	35
E	55	5

원으로 된다. 그러나 상품 A는 가격이 90원으로 높지만 거래량이 10개밖에 되지 않아 가격의 평균에 미치는 영향은 작다. 반면 상품 C는 가격이 20원으로 낮지만 거래량이 50개나 되기 때문에 가격의 평균에 영향을 크게 미친다. 따라서 각 재화의 거래량을 고려하여 가격의 평균을 계산하여야 한다. (2−5)식에 의해서, 거래량을 고려한 경우의 가중산술평균은

$$\bar{x}_w = \frac{90 \times 10 + 35 \times 25 + 20 \times 50 + 60 \times 35 + 55 \times 5}{10 + 25 + 50 + 35 + 5}$$

$$= \frac{5{,}150}{125} = 41.2$$

원으로 되어, 가중치를 고려하지 않은 경우의 평균 52원과는 10.8원의 차이가 생긴다.

이상에서와 같이 산술평균은 극단적인 변수 값의 영향을 크게 받는다는 결점도 있으나, 계산이 용이하며 변수 모두를 사용하여 계산되므로 중심치로서의 가치가 높다. 이러한 산술평균이 갖는 중요한 성질로서는 다음의 두 가지를 들 수 있다.

첫째, 산술평균에 대한 각 변수의 편차의 합계는 0이다. 즉

$$\sum_{i=1}^{n} (x_i - \bar{x}) = 0 \tag{2-6}$$

이 성립한다.[2] 이 성질 때문에 산술평균은 집단의 중심경향의 측정치로서의 역할을 하게 된다.

둘째, 각 변수의 산술평균에 대한 편차의 제곱합은 다른 어떠한 임의의 수치에 대한 편차의 제곱합보다 항상 작다. 즉 a를 임의의 상수라고 하면,

$$\sum_{i=1}^{n} (x_i - \bar{x})^2 \leqq \sum_{i=1}^{n} (x_i - a)^2 \tag{2-7}$$

가 성립한다.[3]

---

2) $\sum (x_i - \bar{x}) = \sum x_i - n\bar{x} = n\bar{x} - n\bar{x} = 0$

3) $\sum (x_i - a)^2 = \sum \{(x_i - \bar{x}) + (\bar{x} - a)\}^2$
$= \sum (x_i - \bar{x})^2 + 2(\bar{x} - a)\sum (x_i - \bar{x}) + \sum (\bar{x} - a)^2$
$= \sum (x_i - \bar{x})^2 + n(\bar{x} - a)^2$

2) 기하평균

기하평균(geometric mean)은 각 관찰치의 곱을 그 관찰치의 수로 개평한 값을 말하는데, 이를 상승평균이라고도 한다. 관찰치를 $x_1, x_2, \cdots, x_n$이라고 하면, 기하평균 G는

$$G = \sqrt[n]{x_1 \cdot x_2 \cdots x_n} = \sqrt[n]{\prod_{i=1}^{n} x_i} \qquad (2-8)$$

로 정의된다. 그런데 기하평균을 (2-8)식에 의해 구하면 그 계산이 복잡하므로, 실제 계산에 있어서는 대수형태로 변환하여

$$\begin{aligned}\log G &= \log(x_1 \cdot x_2 \cdots x_n)^{\frac{1}{n}} \\ &= \frac{1}{n}(\log x_1 + \log x_2 + \cdots + \log x_n) \\ &= \frac{1}{n}\sum_{i=1}^{n}\log x_i \qquad (2-9)\end{aligned}$$

의 공식을 사용한다. 따라서 기하평균의 대수 값은 각 관찰치의 대수 값의 산술평균과 같다.

기하평균의 계산 예를 〈표 2-11〉에서 보기로 한다. 이 표는 어떤 상품의 6년 간의 가격 변동을 나타낸 것인데, 여기서 이 상품의 연평균 가격 변

표 2-11 기하평균의 계산 예

연 도	상품 가격(원)	가격 상승률(%)	전년비 x_i (%)	$\log x_i$
2010	110	–	–	–
2011	123	11.8	111.8	2.0484
2012	159	29.3	129.3	2.1116
2013	180	13.2	113.2	2.0538
2014	197	9.4	109.4	2.0390
2015	215	9.1	109.1	2.0378
계			572.8	10.2906

여기서 $(\bar{x} - a)^2 \geq 0$이므로

$\Sigma(x_i - \bar{x})^2 \leq \Sigma(\bar{x} - a)^2$

동률을 구하기로 한다. 이 표에서 (2-9)식을 사용하여 기하평균을 구하면

$$\log G = \frac{10.2906}{5} = 2.05812$$

$$G = 114.3$$

가 얻어진다. 따라서 이 상품의 연평균 가격 상승률은 14.3%이다.

그런데 산술평균법에 의하면 이 상품의 연평균 가격 상승률은

$$\bar{x} = \frac{11.8 + 29.3 + 13.2 + 9.4 + 9.1}{5}$$

$$= \frac{72.8}{5} = 14.6$$

으로 계산된다.

기하평균과 산술평균에 의해서 구한 연평균 가격 상승률을 적용하여 연도별 가격을 추정해 보면 〈표 2-12〉와 같이 된다. 이 표에서 알 수 있는 바와 같이 2005년도의 추정 가격은 기하평균에 의해서 구한 상승률 14.3%를 적용했을 때는 214.5원인데, 산술평균에 의해 계산된 상승률 14.6%를 적용했을 때에는 217.5원이다. 따라서 이와 같은 변동률이나 비율의 평균에 있어서는 기하평균을 사용하는 것이 보다 합리적임을 알 수 있다.

그런데 경제성장률이나 인구증가율 등과 같이 여러 기간에 걸친 변동률의 평균은 다음과 같은 식에 의해서 구하는 것이 편리하다. 기초 및 기말의 값을 각각 p_0, p_n, 기간의 수를 n이라고 하면, 평균변동률 r은

표 2-12 변동률 평균에 있어서 $\bar{x}$와 G의 비교

연 도	상품 가격 (원)	가격의 추정치(원)	
		$\bar{x}$(14.6%)의 사용	G(14.3%)의 사용
2010	110	–	–
2011	123	126.1	125.7
2012	159	144.5	143.7
2013	180	165.6	164.2
2014	197	189.8	187.7
2015	215	217.5	214.5

$$p_n = p_0(1 + r)^n$$

에서

$$(1 + r)^n = \frac{p_n}{p_0}$$

$$r = \sqrt[n]{\frac{p_n}{p_0}} - 1 \qquad (2-10)$$

이 된다. 이 식에서 평균변동률은 대상 기간의 기초 및 기말의 값만 알려져 있으면 계산될 수 있다. 예를 들어, 우리나라 인구가 1996년 말에 45,524,681명이던 것이 2005년 말에는 48,294,143명으로 증가하였는데, 이 기간의 연평균 인구증가율은

$$\begin{aligned} r &= \sqrt[10]{\frac{48,294,143}{45,524,681}} - 1 \\ &= 0.00592 \end{aligned}$$

로 계산된다. 즉 연평균 인구증가율이 약 0.59%라는 것을 알 수 있다.

3) 중위수

중위수(median)란 관찰치를 크기순으로 배열했을 때 그 중앙에 위치하는 값을 말한다.

중위수는 중앙항의 관찰치 값이므로, 자료가 정리되어 있지 않은 경우에는 관찰치의 수가 홀수이면 $\frac{n+1}{2}$번째의 관찰치가 중위수이다. 즉 관찰치 x_i에서 중위수 Me는

$$Me = x_{\frac{n+1}{2}} \qquad (2-11)$$

이다. 〈표 2-1〉에서 관찰치를 크기순으로 배열하면 관찰치의 수가 55개이므로 28번째의 관찰치 1,067시간이 중위수가 된다. 그러나 관찰치의 수가 짝수인 경우에는 실제로 중앙치가 존재하지 않으므로 중앙 2개항의 가운데에 중앙항이 존재하는 것으로 하여 중앙 2개항의 관찰치를 산술평균한 값

을 중위수로 한다. 그러므로 중위수는 $\frac{n}{2}$번째와 $\frac{n}{2}+1$번째의 관찰치의 산술평균이다. 즉 중위수 Me는

$$Me = \frac{x_{\frac{n}{2}} + x_{\frac{n}{2}+1}}{2} \tag{2-12}$$

로 된다.

그런데 자료가 정리된 도수분포표에서는 중앙항의 변수 값을 찾기가 힘든다. 예를 들면, 도수분포표 〈표 2-2〉에서 중앙항인 28번째의 변수가 중위수이지만, 이 변수는 1,050.5와 1,100.5의 사이에 있기 때문에 중위수는 쉽게 구해지지 않는다. 그러므로 도수분포표에서 중위수를 구할 때는 약간의 계산절차가 필요하다. 이것을 [그림 2-16]을 이용하여 설명하기로 한다. 〈표 2-2〉에서는 $\frac{55+1}{2}=28$번째 항이 중앙항이 된다. 그런데 이 중앙항은 1,050.5와 1,100.5 사이에 위치하는데, 이 계급 하한치 1,050.5이전까지의 누적도수가 22이므로 중앙항은 22보다 6만큼 초과한 위치에 존재한다. 그런데 계급 간격이 50이므로 22보다 6초과한 28번째의 변수는 이 계급의 계급 하한값 1050.5에 $50 \times \frac{6}{15}$을 더한 값으로 된다. 즉 중위수는 $1{,}050.5 + 50 \times \frac{6}{15}$로 된다.

따라서 도수분포표에서는 중위수 Me는

$$Me = L + \left(\frac{n+1}{2} - F_c\right) \cdot \frac{c}{f} \tag{2-13}$$

로 된다. 여기에서 L은 중위수가 들어 있는 계급의 하한값, F_c는 중위수가 들어 있는 앞 계급까지의 누적도수, f는 중위수가 들어 있는 계급의 도수, c는 계급 간격, 그리고 n은 총도수를 나타낸다. 이 식을 사용하여 〈표 2-

그림 2-16 중위수의 위치

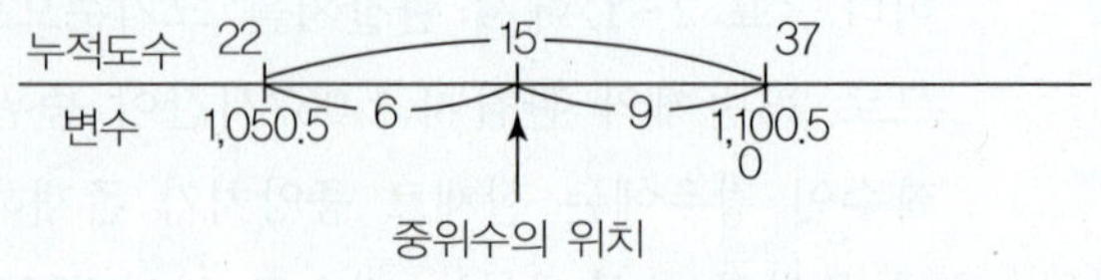

표 2-13 중위수의 계산 예

전구 수명(시간)	도수(개)	누적도수(개)
900.5 ~ 950.5	3	3
950.5 ~ 1,000.5	6	9
1,000.5 ~ 1,050.5	13	22
1,050.5 ~ 1,100.5	15	37
1,100.5 ~ 1,150.5	12	49
1,150.5 ~ 1,200.5	5	54
1,200.5 ~ 1,250.5	1	55

2)에서 중위수를 계산하면

$$\begin{aligned} Me &= L + \left(\frac{n+1}{2} - F_c\right) \cdot \frac{c}{f} \\ &= 1{,}050.5 + \left(\frac{55+1}{2} - 22\right)\frac{50}{15} \\ &= 1{,}050.5 + (28 - 22) \times \frac{50}{15} \\ &= 1{,}050.5 + 20 = 1{,}070.5 \end{aligned}$$

로 된다. 그 계산 절차는 〈표 2-13〉에서와 같다.

중위수는 변수를 크기 순으로 나열하였을 때 중앙에 위치하는 변수의 값이므로, 산술평균과 같이 극단적인 변수치에 영향을 받지 않는다. 따라서 극단적인 비대칭분포의 경우에는 다른 대표치보다 중위수가 대표치로서 더 적합하다.

4) 최빈치

최빈치(mode)는 자료에서 가장 많이 나타나는 관찰치의 값이다. 도수분포표에서는 최대도수를 갖는 계급에서 최빈치를 계산할 수 있다. 그런데 도수분포표에서 최빈치가 들어 있는 계급이 결정되더라도 최빈치가 반드시 그 계급의 중앙에 위치한다고는 볼 수 없다. 그러므로 그 계급 내에서 최빈치의 위치를 결정해야 하며, 이 경우 최빈치는 최대도수의 계급에 직접 인접하는 상하 양 계급의 도수를 고려하여 계산한다. 즉 최대도수의 계급에 인접한 두 계급의 도수의 크기에 반비례적으로 그 계급 폭을 배분하여 최빈치를 구한다. 〈표 2-2〉에서 최대도수 15가 들어 있는 계급 1,050.5~1,100.5에 인접한 계급의 도수는 앞쪽이 13, 뒤쪽이 12이다. 따라서 계급 폭을 12:13으로 나누어 계급 하한값 1,050.5에다 뒤쪽의 도수 12에 해당하는 변수 $\left(50 \times \frac{12}{25}\right)$를 더하면 최빈치가 구해진다. 따라서 최빈치 M_0는

$$M_0 = L + \left(\frac{f_2}{f_1 + f_2}\right) \cdot c \qquad (2-14)$$

로 된다. 여기서 L은 최빈치가 들어 있는 계급의 하한값, f_1은 최빈치가 들어 있는 앞 계급의 도수, f_2는 최빈치가 들어 있는 뒷 계급의 도수, 그리고 c는 계급 폭을 나타낸다. 이 식을 이용하여 〈표 2-2〉에서 최빈치를 구하면

$$\begin{aligned} M_0 &= L + \frac{f_2}{f_1 + f_2} \cdot c \\ &= 1{,}050.5 + \frac{12}{13 + 12} \times 50 \\ &= 1{,}074.5 \end{aligned}$$

로 된다.

그런데 이런 방식으로 최빈치를 구하는 경우 문제가 발생할 수 있다. 우선 비대칭성이 아주 큰 분포에서는 최빈치가 자료의 한쪽 끝에 가깝게 되기 때문에 전체 집단을 잘 대표할 수 없다. 그리고 계급의 폭을 달리하면 최빈치도 달라진다. 또한 둘 이상의 최빈치가 나타날 수도 있다. 따라서 최빈치가 유용한 중심치가 될 수 있는 경우도 있지만 다른 중심치에 비해서 가장 변덕스러운 면이 있는 척도이다.

5) 중심치의 비교

중심치의 척도들 중에서 가장 중요하게 여겨지는 것은 단순평균, 중위수, 최빈치이다. 이들 세 척도의 상대적 위치는 단봉분포의 경우 [그림 2-17]에서 보는 바와 같이 데이터 분포의 비대칭성에 따라 달라진다.

분포가 대칭적이라면 세 척도는 같은 값을 가진다. 비대칭분포의 경우 극단적인 값에 가장 민감한 산술평균이 한 쪽으로 치우치게 되고 중위수는

그림 2-17 중심치와 분포의 비대칭성

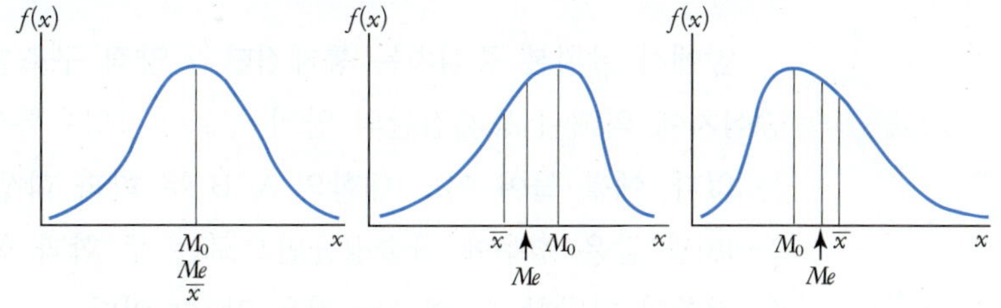

다른 두 척도 사이에 위치한다. 심하지 않은 비대칭분포에서 세 척도 간의 관계는 다음과 같다.

$$\bar{x} - M_0 = 3(\bar{x} - Me)$$
$$Me - M_0 = 2(\bar{x} - Me) \qquad (2-15)$$

그런데 주어진 데이터에서 어느 척도를 중심치로 사용할 것인가를 결정해야 할 때, 모든 경우에 이들 세 척도가 동등하게 적용될 수 있는 것은 아니다. 일반적으로는 데이터의 분포형태와 어떤 목적으로 중심치를 사용하려는가에 따라 달라진다.

대칭분포인 경우는 어떤 것을 사용하든 차이가 없지만 산술평균이 가장 많이 사용된다. 그러나 비대칭분포의 경우라면 최빈치나 중위수를 사용하는 것이 더 적절할 수 있다. 어느 반에서 한 학생의 상대적인 학업성취도는 중위수를 기준으로 그 이상인지 이하인지로 판별할 수 있다. 중위수는 극단적인 값의 영향을 거의 받지 않는 장점이 있다. 하지만 성적을 평가할 때는 최저 및 최고 점수 등 모든 시험성적을 감안하는 산술평균을 사용해야할 것이다.

도시가계의 식품비지출액과 같은 것은 전형적인(typical) 값으로서 최빈치를 사용하는 것이 적절하다. 특히 양적으로 측정되지 않고 속성별로 분류된 질적 데이터의 경우는 최빈치만이 유용할 수 있다. 그러나 연속변수에 대한 데이터의 경우처럼 최빈치를 구할 수 없거나 두 개 이상이어서 최빈치를 결정할 수 없는 경우도 있다.

2. 분산도

앞에서 살펴본 중심치는 통계집단의 양적 구조를 나타내는 값이지만, 이 중심치에 의해서 통계집단의 양적 구조의 모든 특성을 완전하게 표현할 수는 없다. 예를 들어 어느 대학의 A, B 두 학과 학생들의 키의 분포가 [그림 2-18]과 같은 경우에 산술평균만으로는 두 학과 학생들의 키에 대한 특성을 정확히 파악할 수 없다는 것을 알 수 있다.

그림에서 A, B 두 학과 학생들의 평균키는 모두 170cm로 같으나, A학과 학생들의 키는 평균키 170cm의 근처에 비교적 밀집되어 있는데 반하여, B학과의 경우는 그렇지 않다. 따라서 A학과 학생들의 평균키는 A학과 학생들의 키를 잘 대표한다고 할 수 있으나, 상대적으로 B학과 학생들의 평균키는 B학과 학생들의 키를 잘 대표한다고 할 수 없다. 이것은 각 학생들의 신장이 평균신장 주위에 가까이 밀집해 있을수록 그 학과의 평균키가 그 학과 학생들의 키를 더욱 잘 대표한다는 것을 의미한다.

따라서 각 관찰치가 중심치를 중심으로 하여 어느 정도 밀집해 있는가를 알게 되면 그 통계집단의 특성이 더욱 잘 나타난다. 그러므로 통계집단의 양적 구조를 명확히 파악하기 위해서는 중심치 이외에 중요한 하나의 보조수단으로서 분포범위, 즉 자료의 퍼진(spread out, scattered) 정도에 대해서도 알아야 한다.

통계집단에 있어서 관찰치들이 중심치를 중심으로 분포되어 있는 정도,

그림 2-18 A, B학과 학생들의 신장의 분포

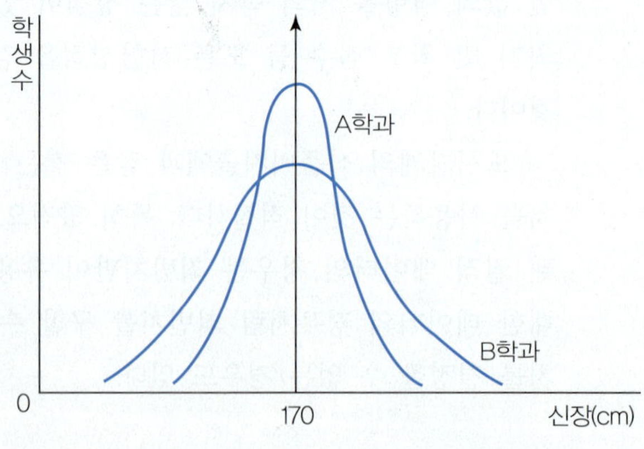

분포의 퍼진 정도를 나타내는 값을 분산도(measures of dispersion)라고 한다.

1) 범위

범위(range)란 관찰치의 최대치와 최소치 간의 차를 말한다. 최대관찰치를 x_{max}, 최소관찰치를 x_{min}이라고 하면, 범위 R은

$$R = x_{max} - x_{min} \tag{2-16}$$

으로 정의된다. 이 식에 따라 〈표 2-1〉에서 범위를 구하면,

$$\begin{aligned} R &= 1{,}247 - 901 \\ &= 346 \end{aligned}$$

시간이 된다. 도수분포표에 있어서 범위는 최상계급의 계급 상한치와 최하계급의 계급 하한치와의 차이로써 표시된다. 〈표 2-2〉의 도수분포표에서 범위를 구하면

$$\begin{aligned} R &= 1{,}250.5 - 900.5 \\ &= 350 \end{aligned}$$

시간이다.

범위 R이 크면 관찰치의 최대치와 최소치 간의 차이가 크다는 것을 의미하므로 관찰치들이 넓게 분산되어 있음을 나타내고, 그 차이가 작으면 관찰치들이 평균치에 집중되고 있음을 나타낸다. 따라서 범위는 통계집단의 분산도를 표현할 수 있다.

범위는 계산이 극히 간단하므로 개략적인 관찰만으로 만족할 수 있는 경우에 사용되는 분산도이다. 예를 들면, 범위는 증권시장에서 매일의 증권시세의 변동 범위를 알고자 하는 경우 등에 사용된다. 그러나 범위는 관찰치의 최대 · 최소치 간의 차이만에 의해 결정되는 것이므로 그 내부의 양적 구조에 대해서는 설명할 수 없고, 극단적인 값에 영향을 크게 받게 된다. 따라서 관찰치의 수가 많아지면 극단적으로 크거나 작은 값이 관찰될 기회가 많아지므로 범위는 관찰치가 10개 이하일 경우에 많이 사용된다.

2) 평균편차

평균치 주위에 도수가 집중되어 있을 경우에는 통계집단의 분산의 정도가 작고, 그 반대의 경우에는 분산의 정도가 크다. 따라서 평균과 각 관찰치 간의 편차에 의해서 분산도를 측정할 수 있다. 이러한 방법 중의 하나가 평균편차(mean deviation)인데, 이것은 각 관찰치의 평균치에 대한 편차의 절대치를 합계하여 총도수로 나눈 값을 말한다. 여기서 평균치로는 중위수나 산술평균 중 어느 것을 사용해도 되지만 일반적으로 산술평균을 사용한다. 관찰치를 x_i로 표시하면 평균편차 MD는

$$MD = \frac{\sum|x_i - \bar{x}|}{n} = \frac{\sum|d_i|}{n} \qquad (2-17)$$

가 된다. 도수분포표에서 평균편차 MD는

$$MD = \frac{\sum f_j|m_j - \bar{x}|}{\sum f_j} = \frac{1}{\sum f_j}\sum f_j|d_j| \qquad (2-18)$$

로 계산된다. 여기서 m_j는 j계급의 중앙치, f_j는 j계급의 도수를 나타낸다. 이 식에 의해서 도수분포표 〈표 2-2〉에서 평균편차를 구하면 〈표 2-14〉에

표 2-14 평균편차의 계산 예

계급 중앙치	도수(f_j)	편차의 절대치 $\|d_j\|$	$f_j\|d_j\|$
925.5	3	141.8	425.4
975.5	6	91.8	550.8
1,025.5	13	41.8	543.4
1,075.5	15	8.2	123.0
1,125.5	12	58.2	698.4
1,175.5	5	108.2	541.0
1,225.5	1	158.2	158.2
합 계	55		3,040.2

서와 같다.

$$\bar{x} = 1{,}067.3$$

$$MD = \frac{1}{\sum f_j}\sum f_j |\, d_j \,| = \frac{3{,}040.2}{55} = 55.3$$

평균편차는 계산이 용이하나 편차의 절대치를 사용하므로 수학적인 취급이 불편하여 실제로는 그다지 사용되지 않는다.

3) 표준편차와 분산

앞의 평균편차는 산술평균에 대한 각 관찰치의 편차의 절대치를 취급하므로 수학적으로 다루기 불편하다는 결점을 가지고 있다. 이러한 결점을 극복하기 위하여 편차를 제곱값으로 사용하는 것이 표준편차(standard deviation)이다. 즉 표준편차는 산술평균에 대한 각 관찰치의 편차의 제곱합을 총도수로 나누어 개평한 값이다. d_i를 산술평균 $\bar{x}$ 와 각 관찰치 x_i 간의 편차라고 하면, 표준편차 σ는

$$\sigma = \sqrt{\frac{\sum (x_i - \bar{x})^2}{n}} = \sqrt{\frac{\sum d_i^2}{n}} \qquad (2-19)$$

이 된다.[4] 이 식은 각 관찰치 x_i가 산술평균 $\bar{x}$로부터 평균적으로 얼마만큼 떨어져 있는가를 나타낸다. 따라서 표준편차는 분포의 퍼진 정도를 측정하는 지표가 된다. (2-19)식을 다시 정리하면

$$\sigma = \sqrt{\frac{\sum x_i^2}{n} - \left(\frac{\sum x_i}{n}\right)^2} \qquad (2-20)$$

---

4) 여기서도 모집단과 표본을 구분하지 않는다. 6장부터는 모집단 표준편차는 $\sigma = \sqrt{\frac{\sum (X_i - \mu)^2}{N}}$, 표본 표준편차는 $s = \sqrt{\frac{\sum (X_i - \bar{X})^2}{n-1}}$ 로 구분한다. 여기서 N은 모집단 크기, n은 표본의 크기이다.

표 2-15 표준편차의 계산 예

x_i	$x_i - \bar{x}$	$(x_i - \bar{x})^2$
3	−5.4	29.16
7	−1.4	1.96
8	−0.4	0.16
10	1.6	2.56
14	5.6	31.36
합 계		65.2

로 된다.[5)]

(2−19)식에 의한 표준편차의 계산 예는 〈표 2−15〉에서와 같다.

$$\bar{x} = \frac{3+7+8+10+14}{5} = 8.4$$

$$\sigma = \sqrt{\frac{65.2}{5}} = \sqrt{13.04} = 3.6$$

한편 자료가 도수분포표로 정리되어 있는 경우의 표준편차는

$$\sigma = \sqrt{\frac{\sum f_j (m_j - \bar{x})^2}{\sum f_j}} = \sqrt{\frac{\sum f_j {d_j}^2}{\sum f_j}} \qquad (2-21)$$

로 된다. 이때 d_j는 계급 중앙치 m_j와 산술평균 $\bar{x}$ 간의 편차를 나타낸다. 이 (2−21)식을 변형하면

$$\sigma = \sqrt{\frac{\sum f_j m_j^2}{\sum f_j} - \bar{x}^2} = \sqrt{\frac{\sum f_j {m_j}^2}{\sum f_j} - \left(\frac{\sum f_j m_j}{\sum f_j}\right)^2} \qquad (2-22)$$

---

5) $\sigma = \sqrt{\frac{\sum (x_i - \bar{x})^2}{n}} = \sqrt{\frac{\sum x_i^2 - 2\sum x_i \bar{x} + \sum \bar{x}^2}{n}} = \sqrt{\frac{\sum {x_i}^2}{n} - 2\bar{x}^2 + \bar{x}^2}$
$= \sqrt{\frac{\sum {x_i}^2}{n} - \bar{x}^2} = \sqrt{\frac{\sum {x_i}^2}{n} - \left(\frac{\sum x_i}{n}\right)^2}$
$\left(\because \frac{\sum x_i}{n} = \bar{x}, \sum \bar{x}^2 = n \cdot \bar{x}^2\right)$

표 2-16 표준편차의 계산 예

계급 중앙치(m_j)	도수(f_j)	m_j^2	f_jm_j	$f_jm_j^2$
925.5	3	856,550.25	2,776.5	2,569,650.75
975.5	6	951,600.25	5,853.0	5,709,601.50
1,025.5	13	1,051,650.25	13,331.5	13,671,453.25
1,075.5	15	1,156,700.25	16,132.5	17,350,503.75
1,125.5	12	1,266,750.25	13,506.0	15,201,003.00
1,175.5	5	1,381,800.25	5,877.5	6,909,001.25
1,225.5	1	1,501,850.25	1,225.5	1,501,850.25
합 계	55		58,702.5	62,913,063.75

가 된다.[6] 〈표 2-2〉에서 (2-22)식을 사용하여 표준편차를 구하면 〈표 2-16〉에서와 같다.

$$\sigma = \sqrt{\frac{\sum f_j m_j^2}{\sum f_j} - \left(\frac{\sum f_j m_j}{\sum f_j}\right)^2}$$
$$= \sqrt{\frac{62{,}913{,}063.75}{55} - \left(\frac{58{,}702.5}{55}\right)^2}$$
$$= \sqrt{1{,}143{,}873.89 - 1{,}139{,}168.10}$$
$$= 68.6$$

이상에서와 같이 표준편차를 계산할 경우 각 관찰치의 산술평균에 대한 편차의 제곱의 계산이 매우 복잡하므로, 이러한 복잡성을 피하기 위하여 가산술평균을 정하여 각 관찰치의 이 값에 대한 편차의 제곱값을 이용하는 간편법을 사용한다.

가산술평균을 x_0라고 하고, x_0에 대한 각 계급 중앙치의 편차를 d_j' 라고 하면, (2-21)식은

$$\sigma = \sqrt{\frac{\sum f_j d_j'^2}{\sum f_j} - (\bar{x} - x_0)^2} \qquad (2-23)$$

6) $\sigma = \sqrt{\frac{\sum f_j(m_j - \bar{x})^2}{\sum f_j}} = \sqrt{\frac{\sum f_j m_j^2 - 2\sum f_j m_j \bar{x} + \sum f_j \bar{x}^2}{\sum f_j}}$
$= \sqrt{\frac{\sum f_j m_j^2}{\sum f_j} - \bar{x}^2} \qquad \left(\because \frac{\sum f_j m_j}{\sum f_j} = \bar{x},\ \frac{\sum f_j}{\sum f_j} = 1\right)$

표 2-17 표준편차의 계산 예

계급 중앙치(m_i)	도수(f_i)	u_i	$f_i u_i$	$f_i u_i^2$
925.5	3	-3	-9	27
975.5	6	-2	-12	24
1,025.5	13	-1	-13	13
1,075.5	15	0	0	0
1,125.5	12	1	12	12
1,175.5	5	2	10	20
1,225.5	1	3	3	9
합 계	55		-9	105

로 변형된다.[7] 그리고 계급 폭을 c라고 하면, (2-23)식은

$$\sigma = c\sqrt{\frac{\sum f_j}{\sum f_j}\left(\frac{d_j'}{c}\right)^2 - \left(\frac{\bar{x} - x_0}{c}\right)^2} \tag{2-24}$$

이 된다. $u_j = \dfrac{m_j - x_0}{c} = \dfrac{d_j'}{c}$로 두면, (2-24)식은

$$\begin{aligned}\sigma &= c\sqrt{\frac{1}{\sum f_j}\sum f_j u_j^2 - \left(\frac{\sum f_j u_j}{\sum f_j}\right)^2} \\ &= c\sqrt{\frac{1}{\sum f_j}\sum f_j u_j^2 - \bar{u}^2}\end{aligned} \tag{2-25}$$

으로 변형된다. 가산술평균을 1,075.5로 두고 이 식을 사용하여 〈표 2-2〉로부터 표준편차를 계산하면 〈표 2-17〉에서와 같다.

$$x_0 = 1{,}075.5$$

---

7) $\sum f_j d_j'^2 = \sum f_j(m_j - x_0)^2 = \sum f_j\{(m_j - \bar{x}) + (\bar{x} - x_0)\}^2$
$= \sum f_j\{(m_j - \bar{x})^2 + 2(m_j - \bar{x})(\bar{x} - x_0) + (\bar{x} - x_0)^2\}$
$= \sum f_j d_j^2 + 2(\bar{x} - x_0)\sum f_j d_j + (\bar{x} - x_0)^2 \sum f_j$
$= \sum f_j d_j^2 + (\bar{x} - x_0)^2 \sum f_j \quad (\because \sum f_j d_j = 0)$

$\sum f_j d_j^2 = \sum f_j d_j'^2 - (\bar{x} - x_0)^2 \sum f_j$

$\therefore \sqrt{\dfrac{\sum f_j d_j^2}{\sum f_j}} = \sqrt{\dfrac{\sum f_j d_j'^2}{\sum f_j} - (\bar{x} - x_0)^2}$

$$\sigma = c\sqrt{\frac{1}{\sum f_j}\sum f_j u_j^2 - \left(\frac{\sum f_j u_j}{\sum f_j}\right)^2}$$

$$\sigma = 50 \times \sqrt{\frac{105}{55} - \left(\frac{-9}{55}\right)^2} = 68.6$$

표준편차는 지금까지 살펴 본 다른 절대적 분산도의 측도들에 비해 그 의미에 있어서나 응용면에서 우수한 분산도의 측도이다. 표준편차는 그 값이 작으면 관찰치들이 산술평균의 주변에 집중되고 있다는 것을 의미하므로, 표준편차의 값이 작을 때 평균치가 통계집단의 양적 특성을 잘 대표한다고 할 수 있다. 이와 반대로 그 값이 크면 관찰치들이 산술평균에서 떨어져 분산되고 있다는 것을 나타낸다.

이상에서 본 표준편차를 제곱한 것을 분산(variance)이라고 하는데, 이것은 앞의 (2-26)식, (2-28)식 및 (2-29)식을 개평하지 않은 값이다. 따라서 분산 σ^2은 자료가 정리되어 있지 않은 경우에는

$$\sigma^2 = \frac{\sum (x_i - \bar{x})^2}{n} = \frac{\sum x_i^2}{n} - \bar{x}^2 \qquad (2-26)$$

로 되며, 도수분포표에서의 분산은

$$\sigma^2 = \frac{\sum f_j (m_j - \bar{x})^2}{\sum f_j} = \frac{\sum f_j m_j^2}{\sum f_j} - \bar{x}^2 \qquad (2-27)$$

로 된다.

4) 표준편차계수

표준편차계수(coefficient of standard deviation)는 표준편차의 산술평균에 대한 비율을 말하는데, 이것을 변동계수(coefficient of variation) 또는 변이계수라고도 한다. 표준편차계수 V_S는

$$V_s = \frac{\sigma}{\bar{x}} \tag{2-28}$$

로 계산된다. 이것은 표준편차와 산술평균을 같이 이용함으로써 분산도를 상대적인 값으로 표시한다는 의미가 있고, 측정단위가 상이하거나 평균치의 차이가 상당히 큰 분포들의 분산도를 비교할 때 유용하다.

표준편차계수의 계산 및 그것이 갖는 의미를 예를 들어 살펴보자. 어떤 공장의 남 · 녀공원들의 월평균임금이 각각 1,300,000원, 950,000원이고, 그 표준편차는 각각 23,000원, 20,000원일 때, 남 · 녀공원의 임금분산도를 비교해 보기로 한다. 표준편차만 비교한다면 남자공원의 임금이 여자의 그것보다 분산도가 크게 보인다. 그러나 남 · 녀공원 간에 평균임금이 다르기 때문에 상대적으로 반드시 그렇다고는 할 수 없다. 그러므로 상대적 분산도인 표준편차계수를 구해 보면, 남자는 $V_s = \frac{23{,}000}{1{,}300{,}000} = 0.0177$이고 여자는 $V_s = \frac{20{,}000}{950{,}000} = 0.0211$이다. 따라서 상대적으로는 분산도가 여자 임금의 경우가 남자 임금의 경우보다 크다는 것을 알 수 있다.

그리고 표준편차계수를 제곱한 것을 상대분산(relative variance)이라고 하는데, 이것은

$$RV = \frac{\sigma^2}{\bar{x}^2} \tag{2-29}$$

으로 표시된다. 표준편차계수와 상대분산과의 관계는 표준편차와 분산과의 관계에 대응한다.

3. 비대칭도

앞에서는 도수분포의 특징을 파악하기 위한 특성치로서 중심치와 분산도에 대해서 설명하였다. 그러나 중심치와 분산도만으로는 통계집단의 특성을 충분히 설명할 수 없는 경우도 있다. 예를 들어 A · B · C 세 학과 학생들의 통계학 성적이 〈표 2-18〉과 같다고 하자. 세 학과 학생들의 평균성적은 모두 50점, 표준편차는 14.50점으로 같으나, [그림 2-19]에서와 같이 도수분포의 형태는 다르다. 즉 A학과 학생들의 성적분포는 대칭적이다. B학과

표 2-18 성적분포표

점 수(x)	학생수(f)		
	A 학과	B 학과	C 학과
10	1	1	
20	3	4	
30	7	8	13
40	13	13	19
50	32	22	22
60	13	19	13
70	7	13	8
80	3		4
90	1		1
합 계	80	80	80

그림 2-19 성적분포도

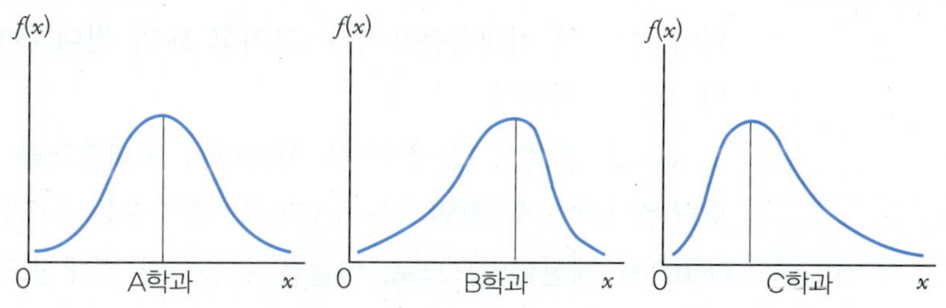

학생들의 성적분포는 우측으로 치우쳐진 비대칭분포이고, C학과의 그것은 좌측으로 치우쳐진 비대칭분포이다. 이와 같이 대표치와 분산도가 모두 같은 경우에도 도수분포의 형태는 전혀 다를 수가 있다.

따라서 분포의 특성을 정확히 파악하기 위해서는 대표치와 분산도 이외에 대칭분포인지의 여부도 고려해야 한다. 도수분포에 있어서 비대칭의 정도와 방향을 나타내는 값을 비대칭도(skewness) 또는 왜도라고 한다.

통계집단의 비대칭도를 산술평균과 중위수 및 최빈치 간의 거리의 차에 의해서 측정할 수 있다. 산술평균, 중위수 및 최빈치가 일치할 때에는 대칭분포이다. 그런데 산술평균은 극단치의 영향을 강하게 받으나, 중위수나 최빈치는 그렇지 않다. 따라서 비대칭의 정도가 커짐에 따라 산술평균은 분포범위가 넓은 쪽으로 이동하여 최빈치 또는 중위수와는 거리가 멀어지게 된다. 그러므로 산술평균과 최빈치 또는 중위수 간의 거리의 차이로써 비대칭성의 정도와 방향을 측정할 수 있다.

그런데 산술평균과 최빈치 또는 중위수 간의 거리의 차이는 절대수치이므로 분산도의 크기에 영향을 받을 뿐만 아니라 측정 단위가 다른 분포 간의 비교에는 적합하지 않다. 따라서 이 차이를 표준편차로 나눈 비율로써 비대칭도를 측정한다. 비대칭도는 보통 최빈치를 사용하여

$$Sk = \frac{\bar{x} - M_0}{\sigma} \tag{2-30}$$

로 표시된다. 이것을 피어슨의 비대칭계수(Pearsonian coefficient of skewness)라고 한다.

이 식에서 $Sk = 0$이면 $\bar{x} = M_0$를 의미하므로 대칭분포이다. 그러나 $Sk > 0$이면 $\bar{x} > M_0$로 되어 양(+)의 비대칭분포이고, $Sk < 0$이면 $\bar{x} < M_0$로 되어 음(−)의 비대칭분포이다. 그리고 Sk의 절대치가 클수록 분포의 비대칭의 정도는 커진다.

〈표 2−2〉에서 (2−30)식을 사용하여 비대칭도를 구해 보자. 앞에서 산술평균은 1,067.3, 최빈치는 1,076.9, 중위수는 1,070.5, 그리고 표준편차는 68.6으로 계산되었으므로, 이들을 이용하면 비대칭도는

$$\begin{aligned} Sk &= \frac{1{,}067.3 - 1{,}076.9}{68.6} \\ &= -0.14 \end{aligned}$$

로 되어, 이 분포는 음(−)의 비대칭분포를 이룬다는 것을 알 수 있다.

그런데 최빈치를 결정하기 곤란한 경우에는 앞의 (2−15)식에서

$$M_0 = \bar{x} - 3(\bar{x} - Me)$$

로 되므로 (2−30)식은

$$Sk = \frac{3(\bar{x} - Me)}{\sigma} \tag{2-31}$$

로 나타낼 수 있다. 이 식에 의해서 구한 비대칭도 Sk는

$$-3 < Sk < +3$$

의 범위에 있게 되나, 실제적인 도수분포에서는 1이상이 되는 경우는 드물다.

연 · 습 · 문 · 제

01 한 이발소에서 매일의 고객 수를 한 달 동안 조사한 자료가 다음과 같다. 물음에 답하라.

83 91 88 82 81 84 62 93 50 63 78 54 73 80 79 66
70 38 82 69 87 83 78 108 92 97 99 87 94 96

1) 도수분포표를 작성하라.
2) 상대도수분포표를 작성하라.

02 30명의 자동차 정비공들에 대해 그들의 월급을 조사한 결과가 다음과 같았다. 물음에 답하라. (단위: 만원)

106 84 110 91 109 91 111 107 99 94 119 87 118 97 103
106 85 106 101 105 96 105 107 121 105 95 106 128 111 101

1) 계급 폭을 8만원으로 하여 도수분포표를 작성하라.
2) 계급 폭을 10만원으로 하여 도수분포표를 작성하라.
3) 히스토그램을 각각 그려라.

03 다음과 같이 어느 대학교 통계학과의 학생 50명의 통계학 시험성적이 주어져 있다. 아래의 물음에 답하라.

44 13 47 27 55 41 58 35 58 48 37 45 55 32 45 48 54 78 66 58 66
57 30 72 57 81 33 63 54 79 45 82 36 45 51 24 79 26 33 60 53 42
35 22 18 58 47 35 64 68

1) 계급 폭을 10점으로 하고 10점부터 시작하는 도수분포표를 작성하라.
2) 누적도수분포표를 작성하라.
3) 누적도수곡선을 그려라.

04 다음 자료는 주택 크기와 주택 가격에 관한 자료이다. 물음에 답하라.

주택 크기	23	18	26	20	22	14	33	28	23	20	27	18
주택 가격	315	229	355	261	234	216	308	306	289	204	265	195

1) 위의 자료를 이용하여 산포도를 그려라.
2) 그려진 산포도로부터 경제적 함의를 도출해 보시오.

05 다섯 개의 관측치가 2, 2, 4, 5, 25 인 경우에

1) 산술평균　　2) 중앙값　　3) 최빈값을 구하라.

06 10명의 주부가 슈퍼마켓에서 쇼핑하는 시간을 조사한 결과, 17, 25, 6, 8, 14, 32, 37, 22, 20, 11분으로 나타났다.

1) 각 관찰치의 편차를 구하라.
2) 분산과 표준편차를 구하라.

07 A국의 소득분포는 B국보다 균등하게 되어 있다고 한다. 로렌쯔 곡선으로 이를 나타내어라.

08 다음과 같은 가상의 자료를 이용한 산포도가 있다. 물음에 답하라.

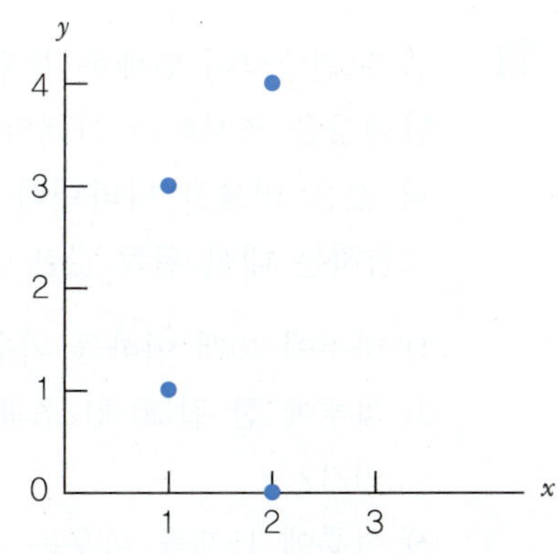

1) x의 평균은 1, 1.5와 2 중 어느 것일까?
2) x의 표준편차는?
3) y의 표준편차는?

09 다음 명제의 참 거짓을 판별하시오.

1) 분산의 값은 원자료의 단위와 같다.
2) 표준편차는 원자료의 단위과 같다.
3) 대칭적인 히스토그램은 평균과 분산이 같다.
4) 오른쪽으로 기운 분포는 중앙값이 평균보다 크다.
5) 왼쪽으로 기운 분포는 중앙값이 평균보다 크다.

10 아래의 히스토그램은 어느 기업의 비정규직 노동자들의 월급의 분포를 나타낸 것이다(괄호 내의 값은 비율을 나타낸다). 한 달에 200만원 이상을 받은 사람은 한명도 없다고 한다. 이때 40만원에서 100만원 이하를 벌어들인 사람에 대한 비율은 표현되어 있지 않다. 얼마일까?

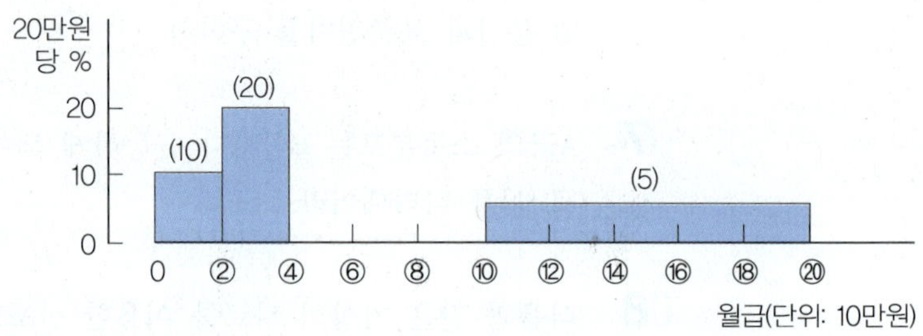

11 한 보건당국이 담배를 피우는 성인 남자들을 대상으로 하루에 피우는 담배량을 조사하여 아래와 같이 히스토그램으로 표현하였다. 괄호 내의 값은 비율을 나타낸다. 계급 구간은 각 계급 구간의 오른쪽 값을 포함하는 대신 왼쪽 값은 포함하지 않는다. 다음 물음에 답하라.

1) 하루에 10개 이하를 피우는 사람들의 비율은 얼마인가?
2) 하루에 한 갑(20개) 초과 30개 이하를 피우는 사람들의 비율은 얼마인가?
3) 하루에 15개를 피우는 사람들의 비율을 아래의 히스토그램으로 추정하면?

ⓐ 1%의 0.35　　ⓑ 1%의 0.5　　ⓒ 1.5%

ⓓ 3.5%　　ⓔ 10%

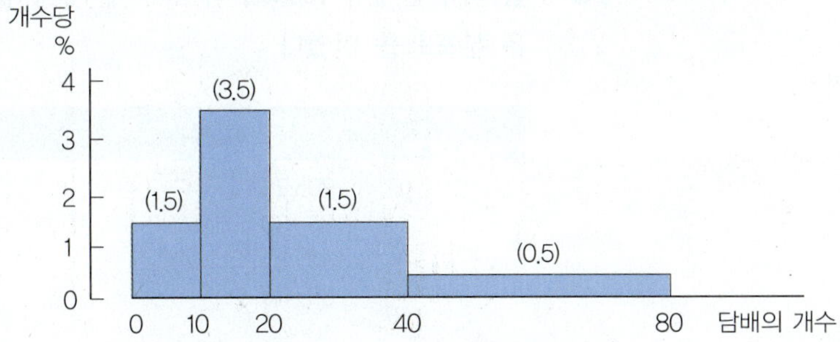

12 아래에 제시된 두 개의 히스토그램은 사람들이 사망하게 되는 시점의 나이에 관한 분포이다. 하나는 자연적 원인(예를 들어, 심장질환, 암 등 등)에 의해 사망하게 되는 시점의 나이에 관한 분포이고 다른 하나는 사고(예를 들어 살인, 교통사고, 자살)로 사망하게 되는 사람들의 사망 시점의 나이에 관한 분포이다. 각각의 경우의 히스토그램을 연결하시오.

13 어떤 제조업체의 생산량이 1985년에 23,000단위였던 것이 2005년에는 120,520단위로 증가하였다. 이때 연평균증가율을 구하라.

14 다음은 어떤 도시의 1920~1960년 사이의 인구증가를 나타내는 자료이다. 연평균증가율을 구하라.

연 도	인구(천명)	%
1960	138	–
1970	292	211.6
1980	385	131.8
1990	596	154.8
2000	938	157.4

15 6개의 도시에서 소비자 물가지수를 조사한 결과 129.8, 131.2, 130.1, 127.0, 129.8로 나타났다. 범위는 얼마인가?

16 한 과수원에서 160그루의 나무에 대해 높이를 조사한 결과 다음과 같은 분포표를 얻었다.

높이(inch)	나무의 수
20~25	12
25~30	54
30~35	49
35~40	37
40~45	8

1) 최빈치, 표준편차를 이용하여 피어슨의 비대칭계수를 구하고 분포의 형태를 설명하라.

2) 최빈치 대신 중위수를 이용하여 동 계수를 구하라. 이것은 앞의 값과 어떤 차이가 있는가?

c • h • a • p • t • e • r 03

확률이론

statistics

확률이론은 불확실성을 합리적으로 이해하고 측정하는 데 필요한 기초적인 지식을 제공해 준다. 즉 확률이론은 불확실성 하에서의 추론이 얼마나 정확한지를 판단하는 데 논리적인 근거를 제시해 준다. 따라서 확률이론은 앞으로 살펴볼 추측통계학의 기초를 제공한다. 그래서 이 장에서는 확률이론에 대해 살펴보기로 한다.

s • t • a • t • i • s • t • i • c • s

01 | 표본공간과 사건

우선 확률의 개념 및 여러 법칙 등을 이해하는 데 필요한 몇 가지 기초개념을 설명하기로 한다.

1. 표본공간

주사위의 각 숫자의 출현 횟수, 철도 사고의 발생 수, 전구의 수명, 어떤 제품의 생산과정에서의 불량품의 발생 개수 등을 조사하는 경우를 생각해 보자. 이런 현상들에 있어서의 공통점은 어떤 결과가 얻어질지에 대한 확정적인 규칙성은 없지만, 확률적인 규칙성은 존재한다는 것이다. 이처럼 실현결과가 확률적으로 얻어지는 현상[1]을 관찰하는 과정을 확률실험(random experiment)이라고 한다.

확률실험에서 출현 가능한 모든 결과(outcomes)의 집합을 표본공간(sample space)이라고 한다. 이러한 표본공간의 원소(element)를 이루는 실험의 가능한 결과를 표본점(sample point)이라고 한다. 예를 들어 두 개의 동전을 동시에 던지는 실험에서 앞면(head)이 나오는 것을 H, 뒷면(tail)이 나오는 것을 T라고 하면 표본공간 S는 다음과 같다.

$$S = \{HH,\ HT,\ TH,\ TT\} \tag{3-1}$$

그리고 하나의 주사위를 던지는 실험에서 표본공간은 다음과 같다.

1) 이것을 확률현상(random phenomena)이라고 한다.

$$S = \{1,\ 2,\ 3,\ 4,\ 5,\ 6\} \tag{3-2}$$

표본공간은 이산적인 원소들의 집합일 수 있지만, 연속적으로 측정되는 값들의 집합인 경우도 있다. 이때는 표본공간은 표본점들을 열거하여 나타낼 수는 없고, 어떤 규칙이나 구간으로 표현될 수 있다.

2. 사 건

표본공간의 부분집합을 사건(event) 또는 사상이라고 한다. 예를 들어 두 개의 동전을 동시에 던지는 실험에서 표본공간의 부분집합들은 모두 $2^4 = 16$개인데, 그 중에서 두 개가 모두 앞면인 경우를 A, 하나의 동전이 앞면인 경우를 B라 하고 집합으로 나타내면

$$A = \{HH\}$$
$$B = \{HT,\ TH\}$$

이다. 또 앞면이 나오지 않는 경우를 C라고 하면

$$C = \{TT\}$$

이다. 이러한 A, B, C 등은 표본공간 S의 부분집합이자 사건이다.

여기서 A 또는 C와 같이 하나의 결과만으로 이루어진 사건을 기본사건(elementary event) 또는 단순사건이라고 하고, B와 같이 두 개 혹은 그 이상의 결과들로 구성된 사건을 복합사건(compound event)이라고 한다.

따라서 어떤 확률실험에서 표본공간의 각 원소는 모두 하나의 기본사건이 된다. 그리고 표본공간 S 자신과 원소를 하나도 포함하지 않는 공집합(empty set, null set)도 표본공간의 부분집합이므로 사건이 된다.

3. 집합연산과 사건

필요에 따라서는 두 개 또는 그 이상의 사건을 하나의 사건으로 표현하는 경우도 있다. 이때는 두 개 혹은 그 이상의 부분집합들이 연산(operation)

을 통해 새로운 하나의 집합으로 표현된다. 집합연산을 통해 얻어지는 사건의 개념으로는 다음 세 가지가 있다.

1) 교사건

두 개의 사건 A와 B가 있을 때, A와 B가 동시에 일어나는 사건을 교사건(intersection) 혹은 공통사건이라고 하며 $A \cap B$로 나타낸다. 예를 들어 하나의 주사위를 두 번 던지는 실험에서 첫 번째로 던진 주사위에서 짝수가 나오는 사건을 A , 그리고 두 번째로 던진 주사위에서 4 이하의 숫자가 나오는 사건을 B라고 하면, A는 $\{2, 4, 6\}$이고 B 는 $\{1, 2, 3, 4\}$이다. 따라서 사건 A와 B의 교사건은

$$A \cap B = \{2,\ 4\}$$

가 된다. 이 교사건은 [그림 3-1]의 벤 다이어그램(Venn diagram)에서 두 원이 겹치는 빗금 친 부분으로 표시된다.

그런데 경우에 따라서는 두 개의 사건 A와 B가 동시에 발생하는 것이 불가능할 수도 있다. 이와 같이 두 사건이 동시에 일어날 수 없으면 두 사건 A와 B는 상호배반적(mutually exclusive) 또는 서로 소(disjoint)라고 한다. 예를 들어 하나의 주사위를 두 번 던지는 실험에서 짝수가 나오는 사건

그림 3-1 교사건

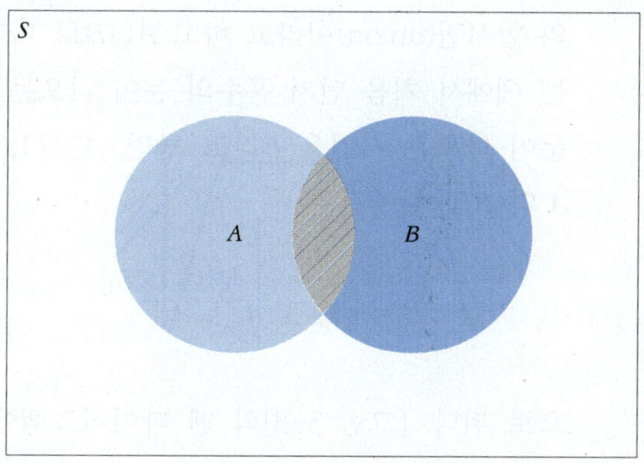

$A \cap B$

그림 3-2 상호배반사건

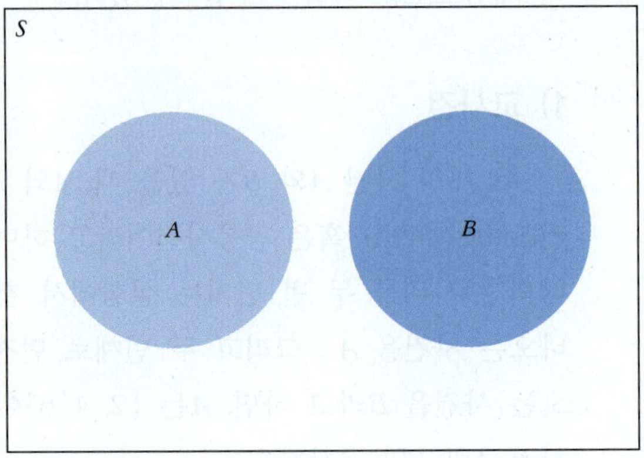

$A \cap B = \phi$

을 A, 그리고 홀수가 나오는 사건을 B라고 하면, 두 사건 A와 B는 상호배반사건(mutually exclusive events)이다. 이처럼 사건 A와 B가 상호배반적이면 A와 B는 [그림 3-2]에서와 같이 공통적인 요소가 없으므로

$$A \cap B = \phi \tag{3-3}$$

이 된다.

2) 합사건

두 사건 A와 B 중의 어느 하나, 즉 A 또는 B가 일어나는 사건을 A와 B의 합사건(union)이라고 하고 $A \cup B$로 나타낸다. 앞의 주사위를 두 번 던지는 예에서 처음 던져 홀수의 눈이 나오는 사건을 A, 두 번째 던져 3 이상의 눈이 나오는 사건을 B라고 하면, $A = \{1, 3, 5\}$, $B = \{3, 4, 5, 6\}$이므로 사건 A 와 B의 합사건은

$$A \cup B = \{1, 3, 4, 5, 6\}$$

으로 된다. [그림 3-3]의 벤 다이어그램에서 빗금 친 부분이 합사건 $A \cup B$를 나타낸다.

그림 3-3 합사건

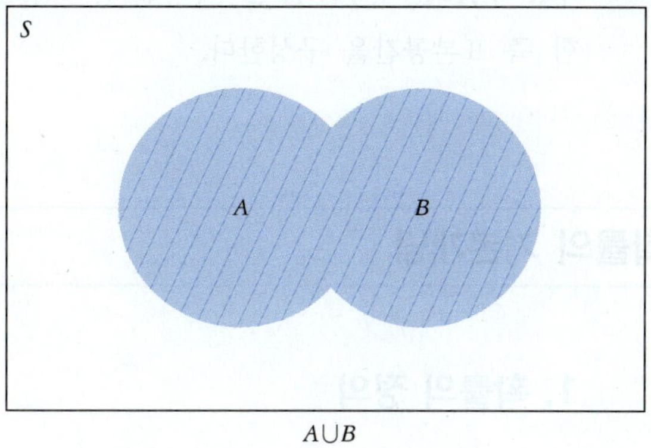

3) 여사건

*A*가 일어나지 않는 사건을 *A*의 여사건(complement of A)이라고 한다. 따라서 여사건은 표본공간을 구성하는 모든 요소 중에서 사건 *A*에 포함되지 않는 원소로 구성된 사건을 말한다. 이것은

$$\overline{A} \text{ 또는 } A^c \tag{3-4}$$

로 나타낸다. 예를 들어 주사위를 던져 짝수가 나타나는 사건을 *A*라고 하

그림 3-4 여사건

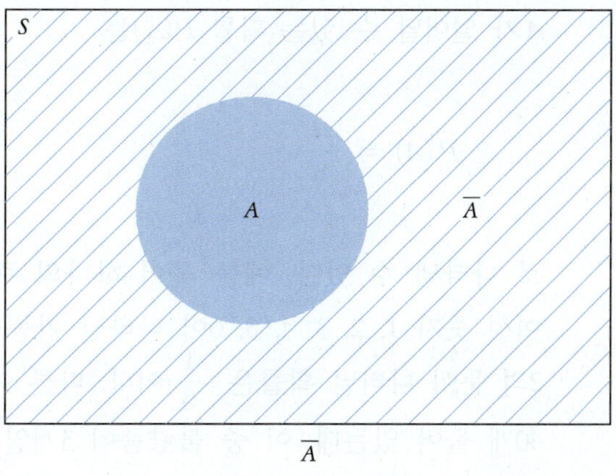

면 $\bar{A}$는 홀수가 나타나는 사건이다. [그림 3-4]의 벤 다이어그램의 빗금 친 부분이 A의 여사건 $\bar{A}$를 나타낸다. 사건 A와 여사건 $\bar{A}$는 사건의 전체 집합 즉 표본공간을 구성한다.

s・t・a・t・i・s・t・i・c・s

02 확률의 기본개념

1. 확률의 정의

확률(probability)이란 어떤 사건이 일어날 것인지 아닌지가 확실하게는 알 수 없을 때 그 사건이 일어날 확실성의 정도를 나타내는 척도를 말한다. 따라서 확률은 결과가 불확실한 상태에 관한 의사결정이나 판단에 매우 유용하게 사용된다. 확률에는 선험적 확률, 경험적 확률, 그리고 주관적 확률이 있다.

1) 선험적 확률

선험적 확률(a prior probability)은 동등하게 일어날 수 있는 모든 사건의 수와 어떤 특정의 사건이 일어날 경우의 수와의 비로서 확률을 정의한 것이다.

일정한 실험의 결과로 동등하게 일어날 수 있는 모든 경우의 수가 n이고, 어떤 특정 사건 A가 일어날 수 있는 경우의 수가 a이면, 이 특정 사건 A가 일어날 수 있는 확률 $P(A)$는

$$P(A) = \frac{a}{n} \tag{3-5}$$

로 나타낼 수 있다. 예를 들어 하나의 주사위를 던지는 경우에, 주사위의 여섯 숫자 1, 2, 3, 4, 5, 6이 나타날 가능성이 모두 동일하므로 한 번 던져 2의 눈이 나타날 확률은 $\frac{1}{6}$이다. 다른 예로서 하나의 상자에 어떤 상품이 40개 들어 있는데, 이 중 불량품이 3개일 경우 이 상자에서 무작위로 상품 1개를 끄집어 냈을 때 그 상품이 불량품일 확률을 구해 보자. 이 경우에 각

상품이 뽑힐 가능성은 모두 동일한데 불량품이 3개이므로, 뽑은 1개의 상품이 불량품일 확률은

$$P(A) = \frac{3}{40}$$

이다. 이와 같이 실험을 하지 않더라도 논리적 · 선험적인 판단에 기초해서 결정할 수 있는 확률을 선험적 확률 또는 고전적(classical) 확률이라고 한다.

이 선험적 확률이 성립되기 위해서는, 각 사건이 발생할 가능성이 동일하고 각 사건 상호 간에 출현의 전후관계에 인과성이 없으며 각 사건이 상호배반적이어야 한다. 예를 들면 주사위를 던지는 경우에 주사위의 각 숫자가 나타날 가능성이 동일해야 하고 각 숫자의 출현이 다른 숫자의 출현에 어떠한 영향도 주지 않아야 하며, 또 어떤 숫자가 출현할 경우에는 다른 숫자의 출현 가능성이 없어야 한다는 것이다.

그러나 많은 경우에는 이러한 조건이 실제로 성립되기 어렵다. 그럴 경우 선험적 확률을 대신하여 경험적 확률과 주관적 확률 개념이 사용된다.

2) 경험적 확률

선험적 확률개념은 주사위나 동전을 던지는 것과 같은 경우에는 유용하게 적용할 수 있지만, 현실적으로 당면하고 있는 문제에 대해서는 적용하기가 어렵다. 예를 들어 어떤 지역에서 누전에 의해서 화재가 발생할 확률을 구하는 경우에는 오랜 기간에 걸쳐 그 지역의 총 화재발생 횟수 중에서 누전에 의한 화재발생 횟수의 비율을 계속해서 조사해야 한다.

이와 같이 동일한 조건아래 반복시행하여, 시행 횟수에 대한 어떤 사건이 실제로 출현하는 횟수의 비율을 그 사건의 확률로 정하는 것이 경험적 확률의 개념이다. 같은 조건 하에서 n회 반복시행하여 특정 사건 A가 a회 나타나는 경우의 상대도수는 $\frac{a}{n}$이다. 이때 n을 크게 할 때 상대도수 $\frac{a}{n}$가 일정한 극한치 p에 접근해 간다면 이 극한치 p를 사건 A의 확률로 정한다. 즉 사건 A가 일어날 확률은

$$P(A) = \lim_{n \to \infty} \frac{a}{n} = p \qquad (3-6)$$

가 된다. 이와 같이 정의된 확률을 경험적 확률(empirical probability)이라고 한다. 예를 들어 주사위를 60회 던져 5의 눈이 9회 나타났다면 5의 눈 출현의 상대도수는

$$\frac{a}{n} = \frac{9}{60}$$

로 되는데, 그 시행 횟수를 600회, 6,000회 또는 그 이상으로 늘리면 5의 눈이 출현하는 확률은 $\frac{1}{6}$에 접근하게 될 것이다. 즉

$$p = \lim_{n \to \infty} \frac{a}{n} = \frac{1}{6}$$

로 될 것이다. 이와 같이 시행 횟수를 무한히 증가시켜서 얻은 상대도수의 극한치가 주사위의 5의 눈이 나올 확률이 된다.

3) 주관적 확률

경험이 실제로 불가능하거나 단 1회만의 실험에 의해서 어떤 사건이 출현할 확률을 구해야 하는 경우가 있을 수가 있다. 이 경우에는 개인의 주관에 의해서 어떤 사건이 출현할 것이라고 확신하는 정도를 그 사건이 출현할 확률로 정한다. 이 경우의 확률을 주관적 확률(subjective probability)이라고 한다. 이 주관적 확률은 개인의 주관에 의해서 결정되므로, 이것은 객관성을 상실하게 될 가능성이 크다. 또 동일한 사건에 대해서도 개인에 따라서 그 확률은 다르게 나타난다.

2. 확률의 성질

앞에서 다룬 확률의 정의로부터 다음과 같은 사실이 성립한다. 즉 표본공간을 S로, 이 표본공간의 특정 사건을 A와 B로 나타내고, 사건 A, B가 일어날 확률을 각각 $P(A)$, $P(B)$로 표시하면 확률의 성질로서는 다음과 같은 것이 있다.

① 확률은 사건 A가 일어나지 않는 것이 확실할 때는 0이고 일어나는 것이

확실한 경우는 1이므로 그 값은 0과 1 사이에서 정해진다. 따라서 사건 A가 일어날 확률 $P(A)$는 음수로 되지 않으며 1보다 크지는 않게 된다. 즉

$$0 \leq P(A) \leq 1 \tag{3-7}$$

이다.

② 표본공간은 발생 가능한 모든 사건을 포함하므로 표본공간의 확률은 1이며, 일어나지 않는 사건의 확률은 0이다. 즉

$$P(S) = 1,\ P(\phi) = 0 \tag{3-8}$$

이다.

③ 사건 A, B가 상호배반적이면, A와 B의 합사건의 확률은 각 사건의 확률의 합과 같다. 즉

$$P(A \cup B) = P(A) + P(B) \tag{3-9}$$

가 성립한다. 따라서 일반적으로 n개의 사건 $A_1, A_2, \cdots, A_n$이 상호배반적이라면

$$\begin{aligned} &P(A_1 \cup A_2 \cup \cdots \cup A_n) \\ &\quad = P(A_1) + P(A_2) + \cdots + P(A_n) \\ &\quad = \sum_{i=1}^{n} P(A_i) \end{aligned} \tag{3-10}$$

가 성립한다.

④ 사건 A의 여사건을 $\overline{A}$라고 하면, 표본공간 S는

$$S = A \cup \overline{A}$$

이고, A와 $\overline{A}$는 상호배반사건이기 때문에

$$P(S) = P(A) + P(\overline{A}) = 1 \tag{3-11}$$

이 성립된다. 따라서

$$P(\bar{A}) = 1 - P(A) \qquad (3-12)$$

가 성립된다. 이것은 사건 A가 일어나지 않을 확률 $P(\bar{A})$는 1에서 사건 A가 일어날 확률 $P(A)$를 뺀 것과 같다는 것을 의미한다.

s • t • a • t • i • s • t • i • c • s

03 확률의 정리

1. 확률의 덧셈 법칙

두 사건 A와 B 중에서 적어도 어느 하나가 일어날 확률을 합사건의 확률이라고 하고, 이 합사건이 일어날 확률 $P(A \cup B)$는

$$P(A \cup B) = P(A) + P(B) - P(A \cap B) \qquad (3-13)$$

로 된다.[2)] 이것을 확률의 덧셈법칙(addition rule)이라고 한다. 여기서 $P(A \cap B)$는 A와 B가 동시에 일어날 확률, 즉 동시확률 또는 결합확률(joint probability)을 나타낸다.

2) 이 식은 다음과 같이 구할 수가 있다. $A \cup B$는 [그림 3-3]에서와 같이 두 개의 상호배반사건 $(A \setminus B)$와 B와의 합의 형태로 표시할 수 있다. 즉,

$$A \cup B = (A \setminus B) \cup B$$

로 된다. 따라서

$$P(A \cup B) = P(A \setminus B) + P(B) \quad ①$$

가 된다. 그런데

$$A = (A \setminus B) \cup (A \cap B)$$

이며, $(A \setminus B)$와 $(A \cap B)$가 상호배반적이다. 따라서

$$P(A) = P(A \setminus B) + P(A \cap B) \quad ②$$

로 된다. 따라서

$$P(A \setminus B) = P(A) - P(A \cap B) \quad ③$$

로 된다. ③식을 ①식에 대입하면 (3-13)식

$$P(A \cup B) = P(A) + P(B) - P(A \cap B)$$

가 얻어진다.

예제 | 01

주사위를 한 번 던져 짝수의 눈 또는 3 이상의 눈이 나올 확률을 구하여라.

풀이 짝수의 눈이 나오는 사건을 A, 3 이상의 눈이 나오는 사건을 B라고 할 때, $A=\{2, 4, 6\}$이고, $B=\{3, 4, 5, 6\}$이며, $A\cap B=\{4, 6\}$이므로

$$P(A) = \frac{1}{2}$$
$$P(B) = \frac{2}{3}$$
$$P(A\cap B) = \frac{1}{3}$$

이므로,

$$P(A\cup B) = \frac{1}{2} + \frac{2}{3} - \frac{1}{3} = \frac{5}{6}$$

이다. 따라서 주사위를 한 번 던져 짝수의 눈 또는 3 이상의 눈이 나올 확률은 $\frac{5}{6}$이다.

예제 | 02

어떤 도시에서 전 세대의 65%가 자기집을 소유하고 있고, 또 전 세대의 55%가 자가용차를, 48%가 자기집과 자가용차 모두를 소유하고 있다고 한다. 이 도시에서 한 세대를 무작위로 추출했을 때 그 세대가 자기집 또는 자가용차를 소유하고 있을 확률을 구하여라.

풀이 자기집을 소유하고 있는 사건을 A, 자가용차를 소유하고 있는 사건을 B, 자기집과 자가용차를 소유하고 있는 사건을 $A\cap B$라고 하면,

$$P(A) = 0.65$$
$$P(B) = 0.55$$

$$P(A \cap B) = 0.48$$

이므로,

$$\begin{aligned} P(A \cup B) &= P(A) + P(B) - P(A \cap B) \\ &= 0.65 + 0.55 - 0.48 = 0.72 \end{aligned}$$

로 된다. 따라서 이 도시의 한 세대가 자기집 또는 자가용차를 가지고 있을 확률은 0.72이다.

그런데 사건 A, B가 상호배반적일 때, 즉 $A \cap B = \phi$ 일 때는

$$P(A \cap B) = 0$$

이므로, (3-13)식은

$$P(A \cup B) = P(A) + P(B) \tag{3-14}$$

로 된다.

확률의 덧셈법칙은 세 가지 사건 이상의 경우에도 확장시킬 수 있다. 표본공간 S의 부분집합이 A, B, C의 세 개가 있는 경우에는, (3-13)식은

$$\begin{aligned} P(A \cup B \cup C) = {} & P(A) + P(B) + P(C) - P(A \cap B) \\ & - P(B \cap C) - P(C \cap A) + P(A \cap B \cap C) \end{aligned} \tag{3-15}$$

로 확장된다. 여기서 사건 A, B, C가 상호배반적일 때는

$$P(A \cup B \cup C) = P(A) + P(B) + P(C)$$

로 된다.

2. 확률의 곱셈법칙

1) 조건부확률

앞에서 다룬 확률의 덧셈법칙은 합사건의 확률계산에 관한 정리인데, 이 합사건의 확률을 계산하는 데는 (3-13)식에서 알 수 있는 바와 같이, 교사건의 확률 $P(A \cap B)$를 알아야 한다. 이 교사건의 확률을 이해하기 위해서는 조건부확률(conditional probability)의 개념을 파악해야 한다.

조건부확률이란 특정한 사건이 일어난다는 조건 하에서 어떤 사건이 일어날 확률을 말한다. 하나의 실험에서 관련되는 두 사건 A, B가 있을 때 두 사건 A, B에 대하여, 사건 A가 일어난다는 조건 하에서 사건 B가 일어날 확률을 사건 A에 대한 사건 B의 조건부확률이라고 하고, 이를 $P(B|A)$로 표시한다. 이 조건부확률 $P(B|A)$는

$$P(B|A) = \frac{P(A \cap B)}{P(A)} \tag{3-16}$$

로 된다. 여기서 $P(A) > 0$라는 가정이 전제된다. 마찬가지로 B가 일어난다는 조건 하에서 A가 일어날 조건부확률 $P(A|B)$는

$$P(A|B) = \frac{P(A \cap B)}{P(B)} \tag{3-17}$$

로 된다. 마찬가지로 $P(B) > 0$이다.

예제 | 03

어떤 회사의 종업원 복지제도의 개선 방안에 대한 남녀 종업원 100명의 의견을 조사한 결과가 아래의 표에서와 같이 나타나 있다. 이 회사의 종업원 중에서 임의로 한 사람을 뽑았을 때, 그가 남자라는 조건 하에서 개선 방안에 찬성할 확률을 구하라.

종업원의 의견조사 결과

	찬 성	반 대	합 계
남 자	40	25	65
여 자	20	15	35
계	60	40	100

풀이 전체 종업원 중에서 남자인 사건을 A, 그리고 전체 종업원 중에서 찬성하는 종업원이 출현하는 사건을 B라고 하자. 이때 A의 출현 확률은

$$P(A) = \frac{65}{100} = 0.65$$

이고, 남자인 동시에 개선 방안에 찬성하는 종업원의 출현 확률은 사건 A와 B의 교집합이므로

$$P(A \cap B) = \frac{40}{100} = 0.4$$

로 된다. 따라서 뽑힌 사람이 남자라는 조건 하에서 그 개선 방안에 찬성하는 종업원의 출현 확률 $P(B \mid A)$는

$$P(B \mid A) = \frac{P(A \cap B)}{P(A)} = \frac{0.40}{0.65} = \frac{8}{13}$$

로 계산된다.

---

2) 확률의 곱셈법칙

위에서 조건부확률을 구했으므로, 이제 표본공간 S상의 두 사건 A와 B가 동시에 일어나는 교사건의 확률을 구해보기로 한다. 이 교사건의 확률 $P(A \cap B)$은 앞에서 살펴본 조건부확률 공식 (3-16)식과 (3-17)식으로부터 쉽게 계산할 수 있다.

사건 A와 B가 동시에 일어나려면 A가 먼저 일어나고 다음에 B가 일어나거나 또는 B가 먼저 일어난 다음에 A가 일어나야 한다. 따라서 A와 B가 동시에 일어날 확률 $P(A \cap B)$는, A가 일어날 확률 $P(A)$에 A가 일어날 것을 조건부로 하여 B가 일어날 확률 $P(B \mid A)$를 곱하면 된다. 또 순서를 바꾸면 A, B가 동시에 일어날 확률 $P(A \cap B)$는 $P(B)$에 $P(A \mid B)$를 곱한 것과 같다. 따라서 A와 B가 동시에 출현할 확률 $P(A \cap B)$는

$$\begin{aligned} P(A \cap B) &= P(A)P(B \mid A) \\ &= P(B)P(A \mid B) \end{aligned} \qquad (3-18)$$

로 된다. 단 $P(A) > 0$, $P(B) > 0$가 전제되어 있다. 이것을 확률의 곱셈법칙(multiplication rule)이라고 한다.

예제 | 04

어떤 상자 속에는 동일한 크기의 30개의 공이 들어 있는데, 이 가운데 3개는 흰 공이며 27개는 검은 공이다. 이 상자 속에서 차례로 공 2개를 무작위로 비복원 추출하였을 때, 2개 모두 검은 공일 확률을 구하라.

풀이 첫 번째에 추출한 공이 검은 공일 사건을 A, 두 번째에 추출한 공이 검은 공일 사건을 B라고 하면, $A \cap B$는 두 번 모두 검은 공이라는 교사건을 나타낸다. 첫 번째에 검은 공이 추출될 확률 $P(A)$는

$$P(A) = \frac{27}{30} = 0.9$$

이다. 그런데 첫 번째 추출한 것을 다시 넣지 않고 두 번째 것을 무작위 추출할 경우 상자 속에는 공이 29개가 들어 있으며, 그 중에 검은 공은 26개, 흰 공이 3개이다. 따라서 첫 번째에 검은 공을 추출한다는 조건 하에서 두 번째에도 검은 공을 추출하는 조건부확률 $P(B \mid A)$는

$$P(B \mid A) = \frac{26}{29}$$

로 된다. 따라서 2회 계속해서 검은 공을 추출할 확률 $P(A \cap B)$는 다음과 같다.

$$P(A \cap B) = P(A) \cdot P(B|A) = \frac{27}{30} \cdot \frac{26}{29} = \frac{117}{145}$$

(3-18)식을 확장하면 세 사건 A, B, C가 동시에 일어날 확률 $P(A \cap B \cap C)$는, $P(A \cap B) \neq 0$일 때

$$\begin{aligned} P(A \cap B \cap C) &= P(A \cap B) \cdot P(C \mid A \cap B) \\ &= P(A) \cdot P(B \mid A) \cdot P(C \mid A \cap B) \qquad (3-19) \end{aligned}$$

로 된다. 따라서 n개의 사건 A_1, A_2, A_3, $\cdots$, A_n가 동시에 나타날 확률은

$$\begin{aligned} &P(A_1 \cap A_2 \cap \cdots \cap A_n) \\ &= P(A_1) \cdot P(A_2|A_1) \cdot P(A_3|A_1 \cap A_2) \\ &\quad \cdots P(A_n|A_1 \cap A_2 \cap \cdots \cap A_{n-1}) \qquad (3-20) \end{aligned}$$

이다.

3) 사건의 독립과 종속

두 사건 간에 앞에서와 같이 하나의 사건의 발생이 그 다음의 다른 사건의 발생에 영향을 미칠 때 두 사건 A와 B는 서로 종속되어 있다고 말한다. 두 사건 A와 B가 종속되어 있을 경우, A사건이 발생했다는 전제 하에 B가 발생할 조건부확률 $P(B|A)$와 확률 $P(B)$는 같지 않다. 그러나 어떤 사건의 출현이 다른 사건의 출현 여부에 아무런 영향도 받지 않을 경우도 있다. 예를 들면 동전을 두 번 던지는 경우에 첫 번째 나온 결과는 두 번째의 결과에 아무런 영향을 미치지 않는다. 즉, 첫 번째 던져 앞면이 나오거나 뒷면이 나오거나 간에 두 번째에 앞면과 뒷면이 나올 확률은 언제나 1/2이 된다. 이와 같이 사건 A의 발생 여부가 B의 발생 확률에 영향을 미

치지 않을 때의 사건을 독립사건(independent events)이라고 한다.

사건 A와 B가 상호독립이면 A의 출현 확률은 B의 출현 여부에 관계없이 같으므로, 독립사건의 확률은

$$P(B|A) = P(B)$$
$$P(A|B) = P(A) \tag{3-21}$$

로 된다. 예를 들어 동전을 두 번 던지는 실험에서 첫 번째에 뒷면이 나왔을 때 두 번째에 앞면이 나올 조건부확률은, 첫 번째 뒷면이 나온 것에 관계없이

$$P(H|T) = P(H) = \frac{1}{2} \tag{3-22}$$

이다. 따라서 두 사건 A, B가 상호독립일 경우 확률의 곱셈법칙은

$$P(A \cap B) = P(A) \cdot P(B|A)$$

에서 $P(B|A) = P(B)$이기 때문에

$$P(A \cap B) = P(A) \cdot P(B) \tag{3-23}$$

로 된다.

이것은 사건 $A_1, A_2, A_3, \cdots, A_n$이 상호독립인 경우에는 다음과 같이 확장시킬 수가 있다.

$$P(A_1 \cap A_2 \cap \cdots \cap A_n)$$
$$= P(A_1) \cdot P(A_2) \cdot P(A_3) \cdots P(A_n) \tag{3-24}$$

예제 | 05

주사위를 세 번 던져 세 번 모두 짝수의 눈이 나올 확률을 구하여라.

풀이 주사위를 처음 던진 결과가 그 다음의 숫자 출현에 영향을 주지 않기

때문에 이 실험은 독립적이다. 따라서 이때의 확률은

$$P(A_1 \cap A_2 \cap A_3) = P(A_1) \cdot P(A_2) \cdot P(A_3) = \frac{1}{2} \cdot \frac{1}{2} \cdot \frac{1}{2} = \frac{1}{8}$$

이 된다.

---

3. 베이즈 정리

베이즈 정리(Bayes' theorem)는 어떤 사건 B가 일어났을 때 그것의 원인이 상호배반적인 두 사건 A_1, A_2 중 어느 하나에서 발생할 가능성을 구하는 확률 계산 방법을 말한다.

사건 B가 일어났을 때 그것이 사건 A_1 또는 A_2에 의해 일어날 확률 $P(A_i | B)$는

$$P(A_1 | B) = \frac{P(A_1) \cdot P(B | A_1)}{P(A_1) \cdot P(B | A_1) + P(A_2) \cdot P(B | A_2)}$$

$$P(A_2 | B) = \frac{P(A_2) \cdot P(B | A_2)}{P(A_1) \cdot P(B | A_1) + P(A_2) \cdot P(B | A_2)} \qquad (3-25)$$

로 되는데,[3] 이것이 베이즈 정리이다. 따라서 이것은 조건부확률을 사용해서 인과 관계(조건과 결과)를 역전시킨 확률을 구하는 방법이다.

---

3) 표본공간 S가 상호배반적인 두 사건 A_1, A_2로 분할되어 있으면 $A_1 \cup A_2 = S$이고, $A_1 \cap A_2 = \phi$이다. 그리고 표본공간 내에 사건 B가 발생했을 때 그 발생 원인이 상호배반적 사건 A_1, A_2 라면

$$B = (A_1 \cap B) \cup (A_2 \cap B)$$

이다. 따라서

$$P(B) = P(A_1 \cap B) + (A_2 \cap B)$$

의 관계가 성립하는데, 이 식은 확률의 곱셈법칙에 의하여

$$P(B) = P(A_1) \cdot P(B | A_1) + P(A_2) \cdot P(B | A_2)$$

와 같이 쓸 수 있다. 이 식을 전확률의 법칙(total probability rule)이라고 한다.
그러므로 사건 B가 일어났을 때 그것이 사건 A_1 또는 A_2라는 원인에 의해서 발생한 것일 확률 $P(A_i | B)$는,

$$P(A_1 | B) = \frac{P(A_1) \cdot P(B | A_1)}{P(B)} = \frac{P(A_1) \cdot P(B | A_1)}{P(A_1) \cdot P(B | A_1) + P(A_2) \cdot P(B | A_2)}$$

$$P(A_2 | B) = \frac{P(A_2) \cdot P(B | A_2)}{P(B)} = \frac{P(A_2) \cdot P(B | A_2)}{P(A_1) \cdot P(B | A_1) + P(A_2) \cdot P(B | A_2)}$$

로 된다.

예제 | 06

어느 공장에서 Ⅰ, Ⅱ 두 대의 기계를 사용하여 같은 제품을 각각 30%, 70%의 비율로 생산하고 있다. 기계 Ⅰ, Ⅱ에서 발생하는 불량품의 비율은 각각 2%, 5%로 나타났다고 한다. 이 공장의 제품 중에서 한 개를 무작위로 추출한 결과 그것이 불량품이었다면, 이 제품이 기계 Ⅰ에서 생산되었을 확률을 구하여라.

풀이 기계 Ⅰ에서 생산된 제품이 추출되는 사건을 A_1, 기계 Ⅱ에서 생산된 제품이 추출되는 사건을 A_2라고 하면, $A_1 \cap A_2 = \phi$ 이므로,

$$P(A_1) = 0.30$$
$$P(A_2) = 0.70$$

이다. 불량품이 출현할 사건을 B라고 하면 기계 Ⅰ에서 생산된 제품이 뽑혔을 때, 그것이 불량품일 확률은,

$$P(B \mid A_1) = 0.02$$

이고, 기계 Ⅱ에서 생산된 제품이 선택되었을 때, 그것이 불량품일 확률은

$$P(B \mid A_2) = 0.05$$

이다. 문제는 불량품이 추출된 후에 그것이 기계 Ⅰ에서 생산된 것일 확률 $P(A_1 \mid B)$을 구하는 것이므로, 베이즈 정리에 의하여

$$\begin{aligned} P(A_1 \mid B) &= \frac{P(A_1) \cdot P(B \mid A_1)}{P(A_1) \cdot P(B \mid A_1) + P(A_2) \cdot P(B \mid A_2)} \\ &= \frac{0.30 \times 0.02}{0.30 \times 0.02 + 0.70 \times 0.05} \\ &= 0.146 \end{aligned}$$

으로 계산된다.

이와 같이 베이즈 정리는 사건 A_i를 사건 B의 출현 원인으로 가정하여 사건 B가 발생하였을 때 사건 B의 출현 결과의 원인 사건 A_i가 출현할 확률의 계산에 유용한 방법이라고 할 수 있다. 여기에서 $P(A_i)$를 발생 원인 A_i의 사전적 확률(a prior probability), $P(A_i|B)$는 발생 원인 A_i의 사후적 확률(a posterior probability)이라고 한다. 따라서 베이즈 정리는 사후적 확률의 값을 구하기 위한 정리이다.

그러나 이 베이즈 정리는 조건부확률의 관계식에 그치는 것이 아니고, 불확실성 하에서의 의사결정에 관한 문제를 해결하는 데 많이 이용되고 있다. 그런데 실제로는 사전확률 $P(A_i)$가 일반적으로 명확하지 않은 경우가 많아 이 정리를 사용하는 데는 제약도 있다.

베이즈 정리를 결과 B에 영향을 미치는 원인이 사건 $A_1, A_2, \cdots, A_n$인 일반적인 형태로 확장하기로 한다. 사건 $A_1, A_2, \cdots, A_n$은 상호배반적이며, 전 사건을 구성하고, 사건 B가 그들 중의 어느 하나에 의해서 일어났다고 하자. 그러면 실제로 B가 일어났을 때 그 발생 원인이 A_i일 확률 $P(A_i|B)$는, 어떤 결과 B가 어떤 발생 원인 A_i에 의존하는 확률이다. 따라서 베이즈 정리의 일반적인 형태는

$$\begin{aligned}
P(A_i|B) &= \frac{P(A_i \cap B)}{P(B)} \\
&= \frac{P(A_i) \cdot P(B|A_i)}{P(A_1) \cdot P(B|A_1) + P(A_2) \cdot P(B|A_2) + \cdots + P(A_n) \cdot P(B|A_n)} \\
&= \frac{P(A_i) \cdot P(B|A_i)}{\sum_{i=1}^{n} P(A_i) \cdot P(B|A_i)} \qquad (3-26)
\end{aligned}$$

로 된다. 따라서 베이즈 정리는 결과에 대한 원인의 확률 $P(A_i|B)$를 계산하는 공식이다.

예제 | 07

어떤 회사에서 최근에 채용한 경력사원들을 출신대학별로 구분해 본 결과 갑 대학 출신이 60%를, 을 대학 출신이 30%, 그리고 나머지 10%는 병 대학 출신이었다. 한편 경력사원들을 전공별로 구분해 본 결과 갑 대학 출

신 가운데 9%, 을 대학 출신 가운데 20%, 그리고 병 대학 출신 가운데 6%가 각각 통계학을 전공하였다. 이 회사가 채용한 경력사원 가운데 한 사람을 무작위로 뽑았을 때 이 사람의 전공이 통계학일 확률을 구하여라. 또한 무작위로 추출한 한 사람의 전공이 통계학이라면 이 사람이 을 대학 출신일 확률은 얼마인가?

풀이 A_1, A_2, A_3를 각각 갑, 을 및 병 대학 출신이 추출되는 사건이라고 할 때, 각 사건의 확률은

$$P(A_1) = 0.6$$
$$P(A_2) = 0.3$$
$$P(A_3) = 0.1$$

이다. 통계학을 전공한 사람이 출현할 사건을 B라고 하면, 갑 대학, 을 대학 및 병 대학 출신이 통계학을 전공했을 확률은 각각

$$P(B|A_1) = 0.09$$
$$P(B|A_2) = 0.20$$
$$P(B|A_3) = 0.06$$

이다. 문제는 한 사람을 무작위로 뽑았을 때 통계학을 전공한 사람이 뽑혔다면, 그가 을 대학 출신일 확률을 구하는 것이다. 따라서 구하는 확률 $P(A_2|B)$는 (3-26)식을 이용하면

$$\begin{aligned} P(A_2|B) &= \frac{P(A_2)\cdot P(B|A_2)}{\sum_{i=1}^{3} P(A_i)\cdot P(B|A_i)} \\ &= \frac{P(A_2)\cdot P(B|A_2)}{P(A_1)\cdot P(B|A_1) + P(A_2)\cdot P(B|A_2) + P(A_3)\cdot P(B|A_3)} \\ &= \frac{0.3\times 0.2}{0.6\times 0.09 + 0.3\times 0.2 + 0.1\times 0.06} \\ &= 0.5 \end{aligned}$$

로 계산된다.

연 · 습 · 문 · 제

01 두 학생 A와 B가 통계학 강의에 등록하였다. A학생은 학기 중 80% 출석을 하고 B학생은 60% 출석을 한다고 가정하자. 그리고 두 학생이 결석하는 사건들 간에는 통계적으로 독립이라고 하자. 다음 물음에 답하라.

1) 특정한 날에 두 학생들 중 최소한 1명이 출석해 있을 확률은 얼마인가?
2) 어떤 날에 두 학생들 중 적어도 한 명이 출석한다면, 그 날 A가 출석해 있을 확률은 얼마인가?

02 사건 A, B, C가 독립사건들이고 확률은 각각 $P(A) = 1/4$, $P(B) = 1/3$, $P(C) = 1/2$이다. 다음 물음에 답하라.

1) 위 사건 A, B, C 중 어떤 사건도 발생하지 않을 확률을 구하라.
2) 위 세 개의 사건들 중 정확히 1개의 사건이 발생할 확률을 구하라.

03 한 곤충의 알이 부화될 확률은 0.4이다. 이때 4개의 알 중에서 적어도 3개가 부화될 확률은 얼마인가?

04 다음 각 경우에 기본사건을 열거하여 표본공간을 표시하시오.

1) 똑같은 주사위 2개를 동시에 던지는 실험에서 두 주사위 눈금의 합을 관찰한다.
2) 똑같은 동전 세 개를 동시에 던져 앞면이 몇 개 나오는지를 관찰한다.
3) 우리 대학 통계학과목 수강생의 평점을 알아본다.
4) 우리 대학 학생 6,000명의 평점평균을 알아본다.

05 어떤 질병에 걸렸을 때 회복될 확률이 1/2라고 한다.

1) 감염자 5명 중에서 단 1명만 회복될 확률은 얼마인가?
2) 적어도 1명이 회복될 확률은 얼마인가?

06 10개의 문제 중에서 6개만 풀 수 있는 학생이 있다. 만약 시험문제로 그 10개 중에서 5개가 출제된다면, 이 학생이 모두 풀 수 있을 확률은 얼마인가?

07 한번 또는 그 이상으로 앞면이 나올 확률이 적어도 0.95 이상이 되려면 최소한 몇 번의 동전을 던져야 할까?

08 특정한 질병을 발견하기 위해서 새로운 테스트 방법이 고안되었다. 이 테스트 방법은 그 질병을 가지고 있는 사람에게 실시될 경우, 양성반응으로 나타날 확률이 0.95이고 음성반응이 나타날 확률이 0.05이다. 그리고 이 테스트 방법은 그 질병이 없는 사람에게 적용할 경우에도 양성반응을 보일 수 있는데 그 확률은 0.05이다. 이제 어떤 집단에서 100,000명당 1명 꼴로 그 질병을 가지고 있다고 하자. 어떤 사람이 임의로 선택되어 테스트한 결과 양성으로 나타났다면 이 사람이 질병을 가지고 있을 확률은 얼마인가?

09 어떤 사람이 버스를 타고 출근할 확률은 0.3이고 지하철을 타고 출근할 확률은 0.7이라고 한다. 그런데 버스를 타는 날은 지각할 때가 30%이고 지하철의 경우는 그것이 20%라고 한다. 어느 날 이 사람이 지각을 했다면, 그가 타고 온 것이 버스일 확률은 얼마인가?

10 한 벌의 카드를 잘 섞어서 맨 위에 있는 두 장의 카드를 뽑는다. 만약 두 번째 카드가 하트 Q 이면 천 원을 상금으로 받는다고 하자.

1) 상금을 받을 확률은 얼마인가?
2) 첫 번째 카드가 클럽 7이었다면, 상금을 받을 확률은 얼마로 변하는가?

11 다음을 확률기호로 표시하라.

1) 사건 A와 사건 B가 상호독립적이다.
2) 사건 A와 사건 B가 상호배반적이다.

12 $P(A) = \dfrac{1}{2}$이고, $P(B) = \dfrac{1}{4}$ 이다. 다음 각 경우에 $P(A \cap B)$를 구하라.

1) 상호독립적일 경우
2) 상호배반적인 경우

13 결핵환자 5,000명과 건강인 5,000명을 대상으로 투베르클린 반응을 조사하여 다음의 분할표(contingency table)를 얻었다. 이 자료를 이용하여 다음 확률을 구하라.

건강상태 \ 결 과	음성(N)	양성(P)
결 핵(T)	250	4,750
건 강(H)	4,800	200

1) $P(T\|P)$
2) $P(P\|H)$
3) $P(P\|H \cup T)$
4) $P(N\|T)$
5) $P(H \cap N)$
6) $P(T \cap P)$

14 두 대의 기계로 벽돌을 생산하는 공장이 있다. 그런데 기계 I로는 45%를, 기계 Ⅱ로는 55%의 벽돌을 생산한다. 기계 I에서 만들어지는 벽돌 중에는 10%가 불량품이고, 기계 Ⅱ는 8%가 불량품이라고 한다. 이때 어떤 불량품이 기계 Ⅱ에서 만들어졌을 확률은 얼마인가?

15 두 개의 상자 A, B가 있다. 상자 A에는 흰 공 2개, 붉은 공 5개, B에는 흰 공 6개, 붉은 공 3개가 들어 있다. 임의로 한 개의 상자를 선택하였을 때 다음 물음에 답하라.

1) 그 상자에서 하나의 공을 집어내었을 때 그것이 흰 공일 확률을 구하라.
2) 처음 집어낸 공이 흰 공이었을 때, 다음 두 번째 집어낸 공도 흰 공일 조건부확률을 구하라.

c • h • a • p • t • e • r 04

확률분포

01 확률변수

02 확률분포의 개념 및 특성치

03 확률변수의 결합분포

연습문제

statistics

이 장에서는 앞에서 설명한 확률의 개념과 확률법칙을 기초로 하여 먼저 확률변수를 설명한 후에, 확률분포의 개념 및 그 특성치를 알아보고자 한다.

s • t • a • t • i • s • t • i • c • s

01 | 확률변수

확률변수(random variable)란 표본공간 내 모든 기본사건에 각각 부여되는 어떤 수치라고 할 수 있다. 이것은 보통 X, Y, Z 등의 알파벳 대문자로 표시한다. 한 개의 동전을 두 번 던지는 경우를 생각해보자. 이때의 표본공간 S는 $S = \{HH, HT, TH, TT\}$이다. 이 표본공간은 네 개의 기본사건으로 구성되어 있다. 이제 앞면이 나오는 횟수가 관심의 대상이고 이를 X라고 하면 X가 취할 수 있는 값들은 0. 1, 2이므로, 앞면이 나오는 횟수 X의 표본공간 S는 세 개의 숫자로 구성된 $S = \{0, 1, 2\}$로 변형된다. 이것은 앞의 네 개 기본사건에 각각 숫자 0. 1, 2를 대응시킨 결과이다.

이와 같이 표본공간의 원소인 기본사건 모두에 각각 하나씩 어떤 수치를 부여하는 대응규칙을 생각할 수 있는데, 이것은 다음과 같이 나타낼 수 있다.

$$X = f(E)$$

여기서 E는 정의역으로서 표본공간 즉 모든 기본사건이고, X는 치역으로서 해당수치인데 통계학에서는 실수값만 다룬다. 위의 예에서 X는 HH에 대해서는 2, HT와 TH에 대해서는 1, TT에 대해서는 0의 값을 가진다. 이 대응규칙 f는 함수(function)의 정의와 동일하다. 따라서 확률변수는 '표본공간의 함수로서 실수값을 갖는 변수'라고 정의된다.

확률변수는 기본사건을 나타낸 수치와 같은 값을 가질 경우도 있다. 예를 들어 한 개의 주사위를 던져 나타나는 눈금을 관찰하는 실험에서 모든 가능한 결과 또는 기본사건을 숫자로 표시한 표본공간 S는 $S = \{1, 2, 3, 4, 5, 6\}$이고, 주사위를 한번 던졌을 때 나타나는 숫자를 확률변수 X라 하면, X가 가질 수 있는 값도 1, 2, 3, 4, 5, 6이 되는 경우이다.

확률변수가 가지는 중요한 다른 하나의 성질은 확률변수는 수학에서 말하는 일반적인 변수와는 다르게 확률적으로 값을 취한다는 점이다. 즉 확률변수는 여러 가지 가능한 수치 중에서 어떤 값으로 실현될지는 실험을 하기 이전에는 알 수 없지만, 그것이 특정 값으로 실현될 확률은 알 수 있다.

일반적인 상황에 대한 설명과 함께 예를 들어본다. 가능한 결과가 n개인 어떤 실험에서 확률변수 X가 m개의 값을 가질 수 있다면 X에 대한 표본공간은

$$S = \{x_1,\ x_2,\ \cdots,\ x_m\}$$

이 되고, 이 표본공간 내의 모든 에 대해 X가 값 x_i를 취할 확률을 알 수 있다. 이 확률은 표본공간의 각 사건의 발생확률에 의해 정의되며, $P(X = x_i)$ 또는 간단히 $P(x_i)$로 나타낸다.

한 개의 동전을 두 번 던지는 실험에서 표본공간은 $S = \{HH,\ HT,\ TH,\ TT\}$이고, 앞면이 나오는 횟수 X의 표본공간은 $S = \{0,\ 1,\ 2\}$이다. 여기서 $P(0)$은 X가 0의 값을 가지는 사건의 출현확률을 의미하고 그 값은 1/4임을 알 수 있다. 왜냐하면 네 가지 가능한 결과 중에서 TT 한 가지만이 이에 해당되기 때문이다. $P(1)$은 X가 1의 값을 가지는 사건의 출현확률인데, 이 사건은 두 개의 기본사건 HT, TH으로 구성된 복합사건으로서 그 확률은 2/4 즉 1/2임을 알 수 있다. 그리고 $P(2) = 1/4$임도 알 수 있다.

주사위를 한번 던지는 실험의 경우 확률변수 X가 어느 하나의 값을 취할 확률은

$$P(X = x_i) = \frac{1}{6} \qquad (x_i = 1,\ 2,\ 3,\ 4,\ 5,\ 6)$$

이다. 여기서 X가 짝수일 확률이라든지 X가 3 이상일 확률과 같은 복합사건의 출현확률 등도 계산할 수 있다.

이와 같이 표본공간의 모든 기본사건에 각각 수치를 부여할 수 있고, 각각의 값을 가질 확률을 알 수 있을 때, 확률변수가 정의된다.

확률변수는 이산확률변수(discrete random variable)와 연속확률변수(continuous random variable)로 나눌 수 있다.

이산확률변수는 주사위나 동전을 던지는 실험에서와 같이 서로 간에 0

이 아닌 유한(finite)의 차이가 있는 값을 취하는 확률변수를 말한다. 보통 이산확률변수의 표본공간의 원소수는 유한개라서 셀 수 있다. 앞의 한 개의 동전을 두 번 던지는 실험의 예에서, 앞면이 나오는 횟수 X의 표본공간 $S=\{0, 1, 2\}$는 3개의 정수 값을 가지므로 이때의 확률변수는 이산확률변수이다.

연속확률변수는 가능한 결과가 무한개인 실험의 경우 그 확률변수의 표본공간의 원소수도 무한개인 확률변수를 말한다. 예를 들어 대학생들의 키, 전구의 수명, 물건의 무게 등과 같은 측정치는 어떠한 유한구간에 있어서도, 가령 165~170㎝ 사이에서도 무한히 많은 실수값을 측정치로 얻을 수 있으므로, 이러한 확률변수는 연속확률변수이다.

s • t • a • t • i • s • t • i • c • s

02 | 확률분포의 개념 및 특성치

1. 확률분포의 개념

확률변수 X가 취할 수 있는 모든 값 x_i와 이들 값을 취할 확률 $P(x_i)$와의 대응관계를 확률변수 X의 확률분포(probability distribution)라고 한다. 확률분포는 취급하는 확률변수가 이산확률변수인가 연속확률변수인가에 따라서 이산확률분포(discrete probability distribution)와 연속확률분포(continuous probability distribution)로 나뉜다. 그리고 확률분포는 표(table), 그래프 및 수학적 표현형태인 확률밀도함수 등으로 나타낸다.

1) 이산확률분포

이산확률분포란 이산확률변수 X가 취할 수 있는 모든 값 x_i와 각각의 값이 출현할 확률 $P(X=x_i)$를 대응시킨 것을 말한다. 이산확률변수 X의 확률분포는 〈표 4-1〉과 같다.

또한 이산확률변수 X가 x_i의 값을 취할 확률을 $f(x_i)$와 같이 간단하게 함수형태로 표현할 수 있다. 즉 $f(x_i)$는

표 4-1 이산확률변수의 확률분포

$X = x_i$	$P(X = x_i)$
x_1	$P(X = x_1)$
x_2	$P(X = x_2)$
$\vdots$	$\vdots$
x_n	$P(X = x_n)$

$$f(x_i) = P(X = x_i) \qquad (i = 1,\ 2,\ \cdots,\ n) \qquad (4-1)$$

로 나타낼 수 있다. 이것을 이산확률밀도함수(discrete probability density function)라 한다. 이 확률밀도함수는 다음 두 조건을 만족한다.

$$\text{i) } 0 \le f(x_i) \le 1 \qquad \text{ii) } \sum_{i=1}^{n} f(x_i) = 1 \qquad (i = 1,\ 2,\ \cdots,\ n)$$

즉, 확률변수 X가 어떤 값 x_i를 취할 확률이 0과 1 사이의 값이어야 하며, 또 X가 취할 수 있는 모든 값에 대응하는 확률의 합이 1이어야 한다.

예제 | 01

한 개의 동전을 두 번 던지는 앞의 예에서 앞면이 출현하는 횟수를 확률변수 X로 하고 이에 대응하는 확률 $P(X=x_i)$를 정리한 확률분포를 구하여라.

풀이 앞면이 나오는 횟수는 0, 1, 2이고 그것에 대응하는 확률이 각각 $\frac{1}{4}$, $\frac{2}{4}$, $\frac{1}{4}$이므로, 확률분포는 〈표 4-2〉와 같이 정리할 수 있다.

표 4-2 확률분포

$X = x_i$	$P(X = x_i)$
0	$\frac{1}{4}$
1	$\frac{2}{4}$
2	$\frac{1}{4}$

그림 4-1 확률분포도

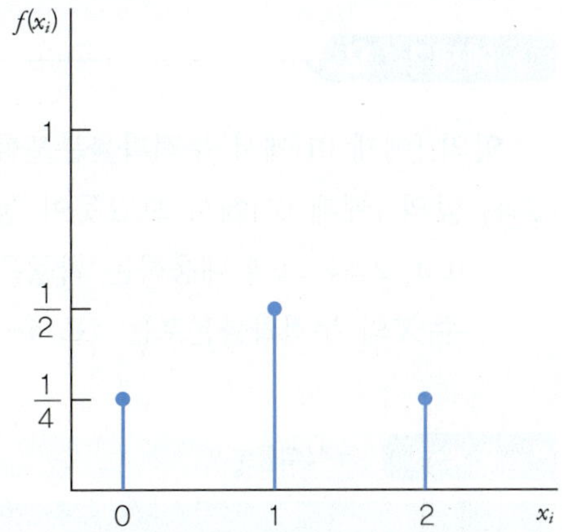

위의 확률분포를 그림으로 나타낸 것을 확률분포도라고 한다. 확률분포도는 직교좌표 위에 $(x_i,\ f(x_i))$를 표시한 것이다. 동전을 던지는 앞의 예를 이용하여 횡축에 동전의 앞면이 출현하는 횟수 $X = x_i$ 를, 종축에 각 앞면의 출현 횟수에 대응하는 확률 $f(x_i) = P(X = x_i)$를 표시하여 〈표 4-2〉의 확률분포를 그림으로 나타내면 [그림 4-1]과 같은 확률분포도가 얻어진다.

또한 이산확률변수 X가 특정한 값 x_j 보다 작거나 같은 값을 취할 확률을 나타내는 함수 $F(x)$를 이산확률변수 X의 누적분포함수(cumulative distribution function) 또는 분포함수(distribution function)라고 한다. 이 분포함수 $F(x_j)$는

$$F(x_j) = P(X \leq x_j) = \sum_{i=1}^{j} f(x_i) \tag{4-2}$$

로 나타내는데, 이 분포함수는 확률변수가 어떤 특정한 값 이하의 값을 취할 확률을 구할 때 사용된다.

이산확률변수 X의 분포함수 $F(x)$는 그 정의에서 다음과 같은 성질을 갖는다.

i) $0 \leq F(x) \leq 1$ (4-3)

ii) $F(-\infty) = 0,\ F(\infty) = 1$ (4-4)

iii) $P(x_1 < X \leq x_2) = F(x_2) - F(x_1)$[1)] $\quad (x_1 < x_2)$ (4-5)

예제 | 02

앞의 [예제 01]에서 누적확률분포를 구하고 그려라.

풀이 앞의 [예제 01]에서 보았듯이 동전을 두 개 던져 앞면이 나오는 횟수 0, 1, 2 와 그에 대응하는 확률은 각각 $\frac{1}{4}$, $\frac{2}{4}$, $\frac{1}{4}$이므로 이산확률변수 X의 누적확률분포는 〈표 4-3〉과 같다.

표 4-3 누적확률분포

$X = x_i$	$f(x_i) = P(X = x_i)$	$F(x_i)$
0	$\frac{1}{4}$	$\frac{1}{4}$
1	$\frac{1}{2}$	$\frac{3}{4}$
2	$\frac{1}{4}$	$\frac{4}{4}$

그림 4-2 이산확률변수의 분포함수

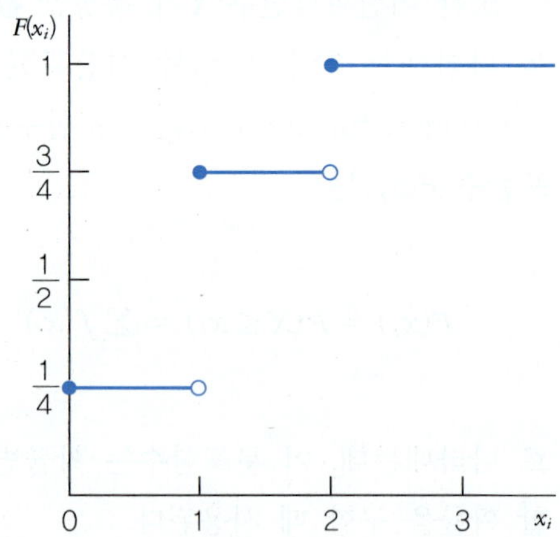

1) 확률의 값은 항상 음(−)이 아니므로,

$$F(x_2) - F(x_1) \geq 0$$

이다. 그러므로 $x_1 < x_2$이면

$$F(x_1) \leq F(x_2)$$

가 된다. 이것은 $F(x)$가 x 의 비감소함수(non-decreasing function)라는 것을 의미한다.

이 누적확률분포함수 $F(x_i)$ 를 그리면 [그림 4-2]와 같이 계단함수(step function)로서, 이산확률변수 X의 분포함수가 그 취하는 각 값에서 불연속임을 알 수 있다.

2) 연속확률분포

연속확률변수 X는 표본공간 내의 어떤 특정한 값 x를 정확하게 취할 수 없으므로, 어떤 특정한 값 x를 가질 확률은 정의되지 않는다. 따라서 연속확률변수 X에 대한 확률은 임의의 특정 구간의 확률로서 정의된다. 즉 연속확률변수 X가 어떤 값 a와 b 사이의 값을 취할 확률은

$$P(a \leq X \leq b) = \int_a^b f(x)dx \qquad (4-6)$$

로 구해진다. 그러므로 연속확률변수 X가 특정한 값, 예를 들어 a를 취할 확률 $P(X = a)$는 0이다. (4-6)식에서 $f(x)$를 연속확률변수 X에 대응하는 연속확률밀도함수(continuous probability density function)라고 한다. 이 연속확률밀도함수 $f(x)$를 확률변수 X가 취하는 전체 범위에 대응시킨 것이 확률변수 X의 연속확률분포라고 한다.

연속확률밀도함수 $f(x)$는 [그림 4-3]에서와 같이 그려지는데, 여기서 연속확률변수 X가 구간 $[a, b]$ 내의 값을 취할 확률, 즉 (4-6)식의 값은 [그림

그림 4-3 연속확률밀도함수와 확률계산

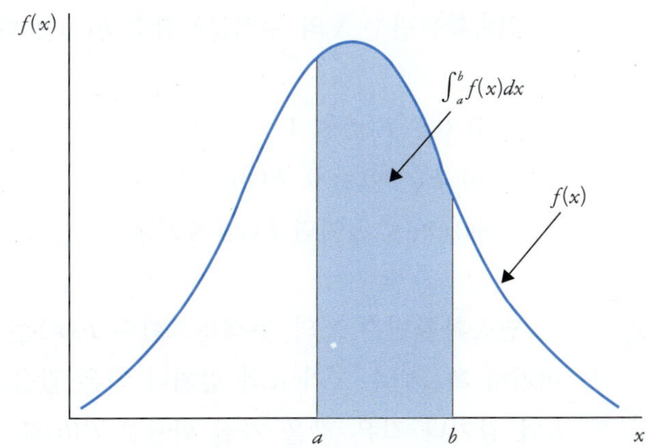

4-3]에서 직선 $x=a$, $x=b$, 횡축 및 곡선 $f(x)$로 둘러싸인 짙게 표시된 부분의 면적과 같다.

이 확률밀도함수는 다음과 같은 성질을 갖는다.

$$\text{i) } f(x) \geq 0, \quad -\infty < x < \infty \tag{4-7}$$

$$\text{ii) } P(-\infty < x < \infty) = \int_{-\infty}^{\infty} f(x)dx = 1 \tag{4-8}$$

그리고 누적분포함수 $F(x)$는 확률변수 X가 특정한 값 x와 같거나 x보다 작은 값을 가질 확률을 누적한 것이므로

$$F(x) = P(X \leq x) \qquad -\infty < x < \infty \tag{4-9}$$

로 되는데, 연속확률변수의 경우 누적분포함수는 확률밀도함수 $f(x)$를 임의의 x까지 적분함으로써 얻어진다. 즉

$$F(x) = \int_{-\infty}^{x} f(x)dx \tag{4-10}$$

로 된다. 따라서 확률밀도함수 $f(x)$는 누적분포함수 $F(x)$의 도함수이다. 즉

$$f(x) = \frac{d}{dx}F(x) = F'(x)$$

의 관계가 성립한다.

연속확률변수 X의 누적분포함수 $F(x)$는 다음과 같은 성질을 만족한다.

$$\text{i) } 0 \leq F(x) \leq 1$$

$$\text{ii) } F(-\infty) = 0,\ F(\infty) = 1 \tag{4-11}$$

$$\text{iii) } x_1 < x_2 \text{이면 } F(x_1) \leq F(x_2) \tag{4-12}$$

연속확률변수 X의 누적분포함수 $F(x)$는 [그림 4-4]와 같이 그려진다. 여기서 확률변수 X가 a와 같거나 작은 값을 가질 확률은 $F(a)$로 주어지고, b와 같거나 작은 값을 가질 확률은 $F(b)$로 주어진다. 그러므로 X가 구간

그림 4-4 연속확률변수의 누적 분포함수

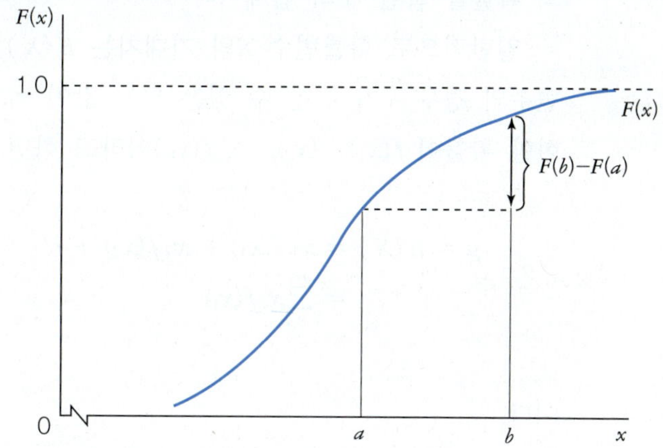

$[a, b]$ 내의 값을 취할 확률은

$$P(a \le X \le b) = F(b) - F(a)$$

로 된다.

2. 확률분포의 특성치

확률분포의 성격은 그 분포의 특성치에 의하여 규정된다. 확률분포의 대표적인 특성치로서는 기대치(expected value), 분산(variance) 등이 있다. 기대치와 분산을 먼저 다루고 이들을 적률개념으로 설명하기로 한다.

1) 기대치

동전을 던져서 앞면이 나오면 100원을 받고 뒷면이 나오면 50원을 주기로 한다면 동전을 한 번 던져서 기대되는 금액은 얼마인가를 알아보자.

동전을 계속 던지는 경우에 동전의 앞면과 뒷면이 나올 확률은 모두 $\frac{1}{2}$이다. 따라서 동전을 한 번 던져서 기대되는 금액은 평균적으로

$$100 \times \frac{1}{2} + (-50) \times \frac{1}{2} = 25(\text{원})$$

이 된다. 즉 기대금액은 앞면과 뒷면이 나올 때 주고 받는 금액에 그 각각의 확률을 곱한 것의 합계이다.

일반적으로 확률변수 X의 기대치는 $E(X)$ 또는 μ로 나타낸다. 이산확률변수의 경우 X가 취할 수 있는 모든 값이 $x_1, x_2, \cdots, x_n$이고, 그 값들이 출현할 확률이 $f(x_1), f(x_2), \cdots, f(x_n)$이라고 하면, 이산확률변수 X의 기대치는

$$\begin{aligned}\mu = E(X) &= x_1 f(x_1) + x_2 f(x_2) + \cdots + x_n f(x_n) \\ &= \sum_{i=1}^{n} x_i f(x_i) \qquad (4-13)\end{aligned}$$

이다.

예제 | 03

한 개의 주사위를 던질 때 나오는 눈의 수의 기대치를 구하여라.

풀이 주사위를 던지는 경우에 출현가능한 각 눈의 수는 1, 2, 3, 4, 5, 6 이며, 이들이 출현할 확률이 각각 $\frac{1}{6}$이므로, 기대치 $E(X)$는

$$\begin{aligned}E(X) &= \sum_{i=1}^{n} x_i f(x_i) \\ &= 1 \times \frac{1}{6} + 2 \times \frac{1}{6} + 3 \times \frac{1}{6} + 4 \times \frac{1}{6} + 5 \times \frac{1}{6} + 6 \times \frac{1}{6} \\ &= \frac{21}{6} = 3.5\end{aligned}$$

로 계산된다. 이것은 주사위를 한 번 던져서 기대되는 값이 평균적으로 3.5라는 것을 의미한다.

또한 함수 $g(X)$를 확률변수 X의 함수라고 할 때, X가 이산확률변수이면 함수 $g(X)$의 기대치 $E(g(X))$는

$$E[g(X)] = \sum_{i=1}^{n} g(x_i) f(x_i) \qquad (4-14)$$

와 같이 정의된다.

예제 | 04

X가 아래와 같은 확률분포를 가지는 확률변수일 때, $g(X)=(X-1)^2$의 기대치를 구하라.

표 4-4 X의 확률분포

x_i	0	1	2	3
$f(x_i)$	$\frac{1}{3}$	$\frac{1}{2}$	0	$\frac{1}{6}$

풀이 (4-14)식을 이용하면

$$\begin{aligned} E[(X-1)^2] &= \sum_{x=0}^{3}(x_i-1)^2 f(x_i) \\ &= (-1)^2\cdot f(0)+0^2\cdot f(1)+1^2\cdot f(2)+2^2\cdot f(3) \\ &= 1\times\frac{1}{3}+0\times\frac{1}{2}+1\times 0+4\times\frac{1}{6}=1 \end{aligned}$$

이 구해진다.

지금까지는 이산확률변수의 기대치에 대하여 살펴보았는데, 여기서는 연속확률변수의 기대치에 대해 살펴보기로 한다. X가 연속확률밀도함수 $f(x)$를 갖는 연속확률변수일 때, 확률변수 X의 기대치는 적분형태를 취하게 된다. 즉 확률변수 X의 기대치 $E(X)$는 X가 취할 수 있는 구간 $[a, b]$를 소구간 $\varDelta x$로 n등분하면 이산적인 경우의 $E(X)$의 정의에 해당하는 것으로서

$$\sum_{i=1}^{n} x_i P(x_i \le X \le x_i + \varDelta x) \tag{4-15}$$

를 생각할 수 있다. 이 $\varDelta x$가 극히 작으면 [그림 4-5]에서도 알 수 있는 바와 같이 근사적으로

● 그림 4-5 연속확률분포

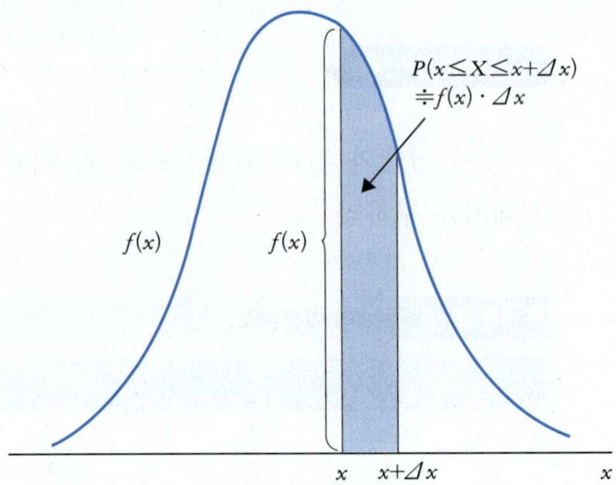

$$P(x_i \leq X \leq x_i + \Delta x) = f(x_i) \cdot \Delta x$$

가 되므로, (4-15)식은

$$\sum_{i=1}^{n} x_i f(x_i) \cdot \Delta x \tag{4-16}$$

로 된다.

따라서 기대치 $E(X)$는 (4-16)식에서 $n \to \infty$일 때의 극한치로 정의된다. 즉 연속확률변수 X가 취할 수 있는 값이 구간 $[a, b]$에 놓여 있는 경우에, 이 X의 기대치는

$$\mu = E(X) = \lim_{n \to \infty} \sum_{i=1}^{n} x_i f(x_i) \cdot \Delta x$$
$$= \int_a^b x f(x) dx \tag{4-17}$$

로 정의된다. 그런데 연속확률변수 X가 취하는 값이 $[-\infty, +\infty]$이므로, 기대치 $E(X)$는

$$\mu = E(X) = \int_{-\infty}^{\infty} x f(x) dx \tag{4-18}$$

로 정의된다.

예를 들어 연속확률변수 X의 확률밀도함수가 $f(x) = \frac{1}{2}$일 때($0 \le x \le 2$), X의 기대치 $E(X)$는

$$\begin{aligned} E(X) &= \int_0^2 xf(x)dx \\ &= \int_0^2 \frac{1}{2}xdx \\ &= \left[\frac{x^2}{4}\right]_0^2 \\ &= \frac{4}{4} - 0 \\ &= 1 \end{aligned}$$

로 계산된다.

또 X가 확률밀도함수 $f(x)$를 갖는 연속확률변수라면, 확률변수 X의 함수 $g(X)$의 기대치 $E(g(X))$는

$$E[g(X)] = \int_{-\infty}^{\infty} g(x)f(x)dx \tag{4-19}$$

가 된다.

지금까지 살펴본 기대치 $E(X)$의 성질에 대해서 설명한다. 여기서는 이산확률변수 X에 한정하여 설명한다. 하지만 도출되는 성질들은 연속확률변수의 경우에서도 그대로 성립한다.

① c가 임의의 상수이면, c의 기대치는

$$E(c) = c \tag{4-20}$$

이다. 즉 $\sum_{i=1}^{n} f(x_i) = 1$ 이므로

$$E(c) = \sum_{i=1}^{n} cf(x_i) = c\sum_{i=1}^{n} f(x_i) = c$$

로 된다.

② 확률변수 X에 상수 c를 곱한 값의 기대치는 확률변수 X의 기대치에 c를 곱한 값과 같다. 즉

$$E(cX) = cE(X) \tag{4-21}$$

이다.[2)]

③ 확률변수 X에 상수 c를 더한 확률변수의 기대치는 확률변수 X의 기대치에 c를 더한 것과 같다. 즉

$$E(X + c) = E(X) + c \tag{4-22}$$

로 된다.[3)] $aX + b$의 기대치는 동일한 방식에 의해

$$\begin{aligned} E(aX + b) &= E(aX) + E(b) \\ &= aE(X) + b \end{aligned} \tag{4-23}$$

로 된다.

④ 두 개의 독립적인 확률변수 X_1, X_2의 합계의 기대치는 각각의 기대치의 합계와 같다. 즉

$$E(X_1 + X_2) = E(X_1) + E(X_2) \tag{4-24}$$

이다. 따라서 이를 확장하여 서로 독립인 확률변수 $X_1, X_2, \cdots, X_n$의 합의 기대치는 각각의 기대치의 합과 같다. 즉

$$E(X_1 + X_2 + \cdots + X_n) = E(X_1) + E(X_2) + \cdots + E(X_n) \tag{4-25}$$

⑤ 두 개의 독립적인 확률변수 X_1, X_2의 곱의 기대치는 각각의 기대치

---

2) $\begin{aligned} E(cX) &= \sum cx_i f(x_i) \\ &= c\sum x_i f(x_i) \\ &= cE(X) \end{aligned}$

3) $\begin{aligned} E(X + c) &= \sum (x_i + c) f(x_i) \\ &= \sum x_i f(x_i) + \sum cf(x_i) \\ &= \sum x_i f(x_i) + c\sum f(x_i) \\ &= E(X) + c \end{aligned}$

의 곱과 같다. 즉

$$E(X_1 \cdot X_2) = E(X_1) \cdot E(X_2) \qquad (4-26)$$

이다. 이를 일반화하면, 독립적인 확률변수 $X_1, X_2, \cdots, X_n$의 곱의 기대치는 각각의 기대치의 곱과 같다. 즉

$$E(X_1 \cdot X_2 \cdots X_n) = E(X_1) \cdot E(X_2) \cdots E(X_n) \qquad (4-27)$$

으로 된다.[4)]

2) 분 산

앞에서 다룬 기대치는 확률분포의 집중경향치이다. 그런데 두 개 혹은 그 이상의 확률분포가 기대치가 같은 경우에도 각 분포의 분산 정도는 다를 수 있다. 따라서 확률분포의 특징을 알기 위해서는 기대치 외에도 확률변수가 취하는 값이 기대치의 주위에 어느 정도로 분산되어 있는가를 나타내는 특성치인 분산 또는 표준편차를 구해야 한다. 그래서 여기서는 확률분포의 분산 및 표준편차를 다룬다.

확률변수 X의 분산(variance)이란 확률변수 X와 그 기대치 $E(X)$의 차 $X-E(X)$의 제곱의 기대치를 말한다. 즉 확률변수 X의 분산은 편차의 제곱의 기대치이고 이를 $Var(X)$ 또는 σ^2으로 나타낸다. 즉

$$\sigma^2 = Var(X) = E\{X - E(X)\}^2 \qquad (4-28)$$

이다.

X가 이산확률변수인 경우에는 X의 분산 $Var(X)$는

$$Var(X) = \sum_{i=1}^{n} \{x_i - E(X)\}^2 f(x_i) \qquad (4-29)$$

이며, 확률변수 X가 연속확률변수인 경우에는

4) 상호독립이 아닌 확률변수들의 곱의 기대치에 대해서는 다음 절에서 설명하도록 한다.

$$Var(X) = \int_{-\infty}^{\infty} \{x - E(X)\}^2 f(x)dx \qquad -\infty \le x \le \infty \qquad (4-30)$$

로 된다.

그런데 분산은 다음과 같은 형태로 나타내면 계산에 편리한 경우가 많다.[5)]

$$\begin{aligned} Var(X) &= E\{X - E(X)\}^2 \\ &= E(X^2) - \{E(X)\}^2 \\ &= E(X^2) - \mu^2 \end{aligned} \qquad (4-31)$$

표준편차(standard deviation)는 분산의 제곱근 $\sqrt{Var(X)}$를 말하는데, 보통 σ로 표시한다.

확률분포의 분산 및 표준편차의 계산 예는 〈표 4-5〉에서와 같다.

$$E(X) = \sum x_i \cdot f(x_i) = 1.3$$
$$Var(X) = \sum [x_i - E(X)]^2 \cdot f(x_i) = 0.610$$
$$\sigma = \sqrt{0.610} = 0.781$$

분산 $Var(X)$는 다음과 같은 성질을 갖고 있다.

① 임의의 상수 c에 대한 분산 $Var(c)$는

$$Var(c) = 0 \qquad (4-32)$$

표 4-5 확률분포의 분산 및 표준편차의 계산 예

$X = x_i$	$f(x_i)$	$x_i \cdot f(x_i)$	$x_i - E(X)$	$[x_i - E(X)]^2$	$[x_i - E(X)]^2 \cdot f(x_i)$
0	0.2	0.0	-1.3	1.69	0.338
1	0.3	0.3	-0.3	0.09	0.027
2	0.5	1.0	0.7	0.49	0.245
계	1	1.3	-0.9	2.27	0.610

5) $\begin{aligned} E\{X - E(X)\}^2 &= E[X^2 - 2XE(X) + \{E(X)\}^2] \\ &= E(X^2) - 2E(X) \cdot E(X) + \{E(X)\}^2 \\ &= E(X^2) - \{E(X)\}^2 \end{aligned}$

이다. 즉, 분산의 정의에 의해서

$$Var(c) = E\{c - E(c)\}^2$$

인데, $E(c) = c$ 이므로

$$\begin{aligned} Var(c) &= E\{(c-c)^2\} \\ &= E(0) \\ &= 0 \end{aligned}$$

이 된다.

② 확률변수 X에 일정한 상수 c를 더하거나 빼더라도 분산은 변하지 않는다.

$$Var(X \pm c) = Var(X) \quad (4-33)$$

③ 확률변수 X에 상수 c를 곱한 값의 분산은 원래의 분산에 c^2을 곱한 것과 같다. 즉

$$Var(cX) = c^2 Var(X) \quad (4-34)$$

로 된다.[6)]

여기서 a, b가 상수이면

$$Var(aX + b) = a^2 Var(X) \quad (4-35)$$

로 된다는 것을 알 수 있다.

④ 독립인 두 확률변수 X_1과 X_2의 합 또는 차의 분산은 각각의 분산과 합과 같다. 즉

6) 이것은 분산의 정의에 의해서 다음과 같이 도출된다.

$$\begin{aligned} Var(cX) &= E\{cX - E(cX)\}^2 \\ &= E[c^2\{X - E(X)\}^2] \\ &= c^2 Var(X) \end{aligned}$$

$$Var(X_1 \pm X_2) = Var(X_1) + Var(X_2) \quad (4-36)$$

이다.[7)]

3) 적 률

앞에서 다룬 기대치와 분산 등의 확률분포의 특성치는 적률개념을 이용하여 나타낼 수도 있는데, 여기서 이를 설명한다.

(1) 원점적률

확률변수 X의 k제곱, 즉 X^k의 기대치를 원점에 대한 X의 k차 적률(kth moment) 또는 k차 원점적률(kth moment about the origin)이라고 하는데, 이것을 m_k'로 나타낸다.

이산확률변수 X의 k차 원점적률은

$$m_k' = E(X^k) = \sum x_i^k f(x_i) \quad (4-37)$$

이고, 연속확률변수 X의 k차 원점적률은

$$m_k' = E(X^k) = \int_{-\infty}^{\infty} x^k f(x) dx \quad (4-38)$$

이다.

확률변수의 원점적률 중에서 0차 원점적률과 1차 원점적률은 통계적으로 중요하다. (4-37)식을 이용하면 0차 원점적률은

$$m_0' = E(X^0) = \sum x_i^0 f(x_i) = 1$$

---

7) $Var(X_1 \pm X_2) = E\{(X_1 \pm X_2) - E(X_1 \pm X_2)\}^2$
$= E[\{X_1 - E(X_1)\} \pm \{X_2 - E(X_2)\}]^2$
$= E\{X_1 - E(X_1)\}^2 + E\{X_2 - E(X_2)\}^2 \pm 2E\{X_1 - E(X_1)\}\{X_2 - E(X_2)\}$

그런데 X_1과 X_2가 상호독립인 경우에는
$E[\{X_1 - E(X_1)\}\{X_2 - E(X_2)\}] = 0$
이므로
$Var(X_1 \pm X_2) = E\{X_1 - E(X_1)\}^2 + E\{X_2 - E(X_2)\}^2$
$= Var(X_1) + Var(X_2)$
로 된다.

표 4-6 이산확률변수의 기대치의 계산 예

$X = x_i$	$f(x_i)$	$x_i^0 \cdot f(x_i)$	$x_i^1 \cdot f(x_i)$
0	0.10	$(0^0) \cdot (0.10) = 0.10$	$(0^1) \cdot (0.10) = 0.00$
1	0.30	$(1^0) \cdot (0.30) = 0.30$	$(1^1) \cdot (0.30) = 0.30$
2	0.50	$(2^0) \cdot (0.50) = 0.50$	$(2^1) \cdot (0.50) = 1.00$
3	0.10	$(3^0) \cdot (0.10) = 0.10$	$(3^1) \cdot (0.10) = 0.30$
계	$\sum f(x_i) = 1$	$\sum x_i^0 f(x_i) = 1.00$	$\sum x_i^1 f(x_i) = 1.60$

이며, 확률변수 X의 확률분포의 총면적을 나타낸다. X의 1차 원점적률은

$$m_1' = E(X^1) = \sum x_i^1 f(x_i) = E(X)$$

로서 확률변수 X의 확률분포의 기대치 또는 평균이다. 이산확률변수 X의 확률분포와 0차, 1차 원점적률의 계산 예는 〈표 4-6〉과 같다.

(2) 중심적률

확률변수 X의 k차 중심적률(kth central moment)은 확률변수 X의 값에서 기대치 $E(X)$를 뺀 편차들의 k제곱의 기대치로 정의된다. 이를 m_k로 표시하면 확률변수 X가 이산확률변수인 경우에 k차 중심적률 m_k는

$$m_k = E(X - \mu)^k = \sum (x_i - \mu)^k \cdot f(x_i) \tag{4-39}$$

로 된다. 연속확률변수 X의 k차 중심적률은

$$\begin{aligned} m_k &= E\{X - E(X)\}^k \\ &= \int_{-\infty}^{\infty} (x - \mu)^k f(x)dx \end{aligned} \tag{4-40}$$

로 정의된다.

이산확률변수 X의 0차 중심적률 m_0는

$$m_0 = E(X - \mu)^0 = \sum (x_i - \mu)^0 f(x_i) = 1$$

이다. 이것은 확률변수 X가 취할 수 있는 모든 값에 대한 확률의 합계가 1이라는 것을 의미한다. 따라서 확률변수 X의 0차 중심적률은 확률분포의 총면적을 나타낸다. 1차 중심적률 m_1은

$$m_1 = E(X-\mu)^1 = \sum (x_i - \mu)^1 f(x_i) = 0$$

인데, 이것은 확률변수 X가 취할 수 있는 모든 값의 평균에 대한 편차의 합이 0이 된다는 것을 의미한다.

그리고 확률변수 X의 2차 중심적률은, 확률변수 X가 이산확률변수이면

$$m_2 = E(X-\mu)^2 = \sum (x_i - \mu)^2 f(x_i)$$

이며, 연속확률변수이면

$$m_2 = \int_{-\infty}^{\infty} (x-\mu)^2 f(x) dx$$

이다. 이것은 확률변수 X의 확률분포의 분산을 의미한다. 따라서 확률변수 X의 2차 중심적률은 그 확률분포의 분산 $Var(X)$를 나타낸다.

이산확률변수 X의 기대치에 대한 0차, 1차, 2차 중심적률의 계산 예는

표 4-7 이산확률변수의 중심적률의 계산 예

$X=x_i$	$f(x_i)$	$x_i f(x_i)$	$(x_i-\mu)^0 f(x_i)$	$(x_i-\mu)^1 f(x_i)$	$(x_i-\mu)^2 f(x_i)$
0	0.10	0(0.10) =0.00	$(0-2.00)^0(0.10)$ =0.10	$(0-2.00)^1(0.10)$ =−0.20	$(0-2.00)^2(0.10)$ =0.40
1	0.20	1(0.20) =0.20	$(1-2.00)^0(0.20)$ =0.20	$(1-2.00)^1(0.20)$ =−0.20	$(1-2.00)^2(0.20)$ =0.20
2	0.40	2(0.40) =0.80	$(2-2.00)^0(0.40)$ =0.40	$(2-2.00)^1(0.40)$ =0.00	$(2-2.00)^2(0.40)$ =0.00
3	0.20	3(0.20) =0.60	$(3-2.00)^0(0.20)$ =0.20	$(3-2.00)^1(0.20)$ =0.20	$(3-2.00)^2(0.20)$ =0.20
4	0.10	4(0.10) = 0.40	$(4-2.00)^0(0.10)$ =0.10	$(4-2.00)^1(0.10)$ =0.20	$(4-2.00)^2(0.10)$ =0.40
계	1.00	$\sum x_i \cdot f(x_i) = \mu = 2.00$	$E(X-\mu)^0 = 1.00$	$E(X-\mu)^1 = 0.00$	$E(X-\mu)^2 = 1.20$

〈표 4-7〉과 같다.

3차 중심적률은

$$m_3 = \int_{-\infty}^{\infty} (x-\mu)^3 f(x)dx$$

인데, 이것은 비대칭도를 의미하고 정규분포에서는 0이 된다.

4차 중심적률은

$$m_4 = \int_{-\infty}^{\infty} (x-\mu)^4 f(x)dx$$

로서, 첨도를 나타내고 있다. 즉 확률변수 X의 3차 중심적률은 비대칭도의 지표로 되며, 4차 중심적률은 첨도의 지표로 된다.

이상에서와 같이 적률 m_k는 분포의 성질과 밀접한 관계를 갖고 있다. 개개의 적률은 분포의 성질의 어느 일면을 나타내는 지표에 불과하지만, m_k 전체로써 확률변수의 분포의 형태를 규정할 수 있다.

s・t・a・t・i・s・t・i・c・s

03 | 확률변수의 결합분포

1. 결합확률분포와 주변확률분포

1) 결합확률분포

앞에서는 확률변수가 하나인 경우의 확률분포를 다루었다. 그러나 하나의 실험에서 두 개 또는 그 이상의 확률변수들이 동시에 관측되는 경우가 많고, 따라서 두 개 또는 그 이상의 확률변수가 관련되어 있는 경우의 확률분포를 다룰 필요가 있다. 예를 들어 어떤 도시에서 각 가구가 보유하고 있는 냉장고 수와 TV수상기 수를 동시에 관측하거나 세대규모와 소비지출에 대해서 조사하는 경우 등이 이에 해당된다. 이와 같이 두 개 또는 그 이상의 확률변수가 상호관련된 경우의 확률분포를 결합확률분포(joint probability distribution) 또는 동시확률분포라고 한다.

두 개의 이산확률변수 X와 Y가 각각 $x_1, x_2, \cdots, x_n$과 $y_1, y_2, \cdots, y_m$의 값을 취한다고 하면 X와 Y는 $n \times m$개의 서로 다른 쌍(x_i, y_j)의 값을 취할 수 있다. X, Y가 (x_i, y_j) 값을 취할 확률을 $f(x_i, y_j)$로 나타낸다. 즉

$$P(X = x_i, X = y_j) = f(x_i, y_j), \quad i = 1, 2, \cdots, n, \quad j = 1, 2, \cdots, m \tag{4-41}$$

인데, 이 $f(x_i, y_j)$를 이산확률변수 X와 Y의 결합확률밀도함수(joint probability density function)라고 한다. 이산확률변수 X, Y가 취할 수 있는 모든 (x_i, y_j)에 그 값을 취할 확률 $f(x_i, y_j)$를 대응시킨 것이 X와 Y의 결합확률분포이다.[8] 이는 〈표 4-8〉과 같이 나타낼 수 있다.

이산확률변수 X와 Y의 결합확률함수 $f(x_i, y_j)$는

i) $0 \le f(x_i, y_j) \le 1$ (4-42)

ii) $\sum_{i=1}^{n}\sum_{j=1}^{m} f(x_i, y_j) = 1$ (4-43)

의 조건을 만족시켜야 한다.

표 4-8 X와 Y의 결합확률분포

$Y=y_i$ / $X=x_i$	y_1	y_2	$\cdots$	y_j	$\cdots$	y_m	행의 합
x_1	$f(x_1, y_1)$	$f(x_1, y_2)$	$\cdots$	$f(x_1, y_j)$	$\cdots$	$f(x_1, y_m)$	$f_X(x_1)$
x_2	$f(x_2, y_1)$	$f(x_2, y_2)$	$\cdots$	$f(x_2, y_j)$	$\cdots$	$f(x_2, y_m)$	$f_X(x_2)$
$\vdots$	$\vdots$	$\vdots$	$\vdots$	$\vdots$	$\vdots$	$\vdots$	$\vdots$
x_i	$f(x_i, y_1)$	$f(x_i, y_2)$	$\cdots$	$f(x_i, y_j)$	$\cdots$	$f(x_i, y_m)$	$f_X(x_i)$
$\vdots$	$\vdots$	$\vdots$	$\vdots$	$\vdots$	$\vdots$	$\vdots$	$\vdots$
x_n	$f(x_n, y_1)$	$f(x_n, y_2)$	$\cdots$	$f(x_n, y_j)$	$\cdots$	$f(x_n, y_m)$	$f_X(x_n)$
열의 합	$f_Y(y_1)$	$f_Y(y_2)$	$\cdots$	$f_Y(y_j)$	$\cdots$	$f_Y(y_m)$	1

8) 연속확률변수의 경우에도 확률밀도함수가 존재하는 경우만을 생각하고, X가 취하는 값 x와 Y가 취하는 값 y에 대한 확률밀도함수의 값을 $f(x, y)$라고 하면, 이것에 의해 연속확률변수 X와 Y의 결합확률분포를 나타낼 수 있다. 따라서 이산확률변수의 결합분포에 대한 설명은 연속확률변수에 대해서도 마찬가지로 적용될 수 있다.

예제 | 05

하나의 상자에 빨강, 파랑, 초록의 세 종류의 공이 각각 2개씩이 들어 있다. 그 중에서 임의로 2개를 꺼낼 때, 빨간 공이 나오는 수를 X, 파란 공이 나오는 수를 Y라고 하여, 결합확률분포를 작성하라.

풀이 X, Y는 모두 이산확률변수이며 각각 0, 1, 2의 값을 가질 수 있다.

따라서 6개 중에서 두 개를 꺼낼 때 가능한 (x_i, y_j)의 조합은 (0, 0), (0, 1), (0, 2), (1, 0), (1, 1), (2, 0)이므로, 그에 대응하는 확률을 구하여 대응시키면 결합확률분포가 작성된다.

예를 들어, $f(0, 0)$의 값을 구해보자. 이 경우는 초록색 공만 2개가 나올 확률을 구해야 한다. 공 6개 중에서 2개를 꺼낼 가짓수는 ${}_6C_2 = 15$이고 초록색 공이 2개 중에서 2개가 나올 가짓수는 ${}_2C_2 = 1$이므로, $f(0, 0) = \frac{1}{15}$이다. 또 $f(1, 1)$의 값은 빨간 공과 파란 공이 각각 하나씩 나올 확률이다. 빨간 공 1개와 파란 공 1개가 나올 가짓수는 ${}_2C_1 \times {}_2C_1 = 4$이므로, $f(1, 1) = \frac{4}{15}$가 계산된다. 같은 방법으로 나머지 $f(x_i, y_j)$를 구하면 〈표 4-9〉와 같은 결합확률분포가 작성된다.

표 4-9 X와 Y의 결합확률분포

x_i \ y_i	0	1	2	행의 합
0	$\frac{1}{15}$	$\frac{4}{15}$	$\frac{1}{15}$	$\frac{2}{5}$
1	$\frac{4}{15}$	$\frac{4}{15}$	0	$\frac{8}{15}$
2	$\frac{1}{15}$	0	0	$\frac{1}{15}$
열의 합	$\frac{2}{5}$	$\frac{8}{15}$	$\frac{1}{15}$	1

2) 주변확률분포

앞에서는 이산확률변수 X와 Y의 결합확률분포를 다루었는데, 이 결합확률분포를 이용하여 X 또는 Y 하나만의 확률분포를 구할 수 있다. 이와 같이 X와 Y의 결합확률분포에서 구한 X 또는 Y의 어느 하나만의 확률분포를 주변확률분포(marginal probability distribution)라고 한다.

앞의 〈표 4-8〉에서 Y가 취하는 값에 관계없이 $X=x_i$로 되는 확률을 $f_X(x_i)$로 나타내면,

$$f_X(x_i) = P(X=x_i) = \sum_{j=1}^{m} f(x_i,\ y_j) \tag{4-44}$$

이다. 이것을 X의 주변확률밀도함수라고 한다. 〈표 4-8〉에서 이 값은 x_i에 해당하는 행의 모든 값을 합계한 것으로서 표의 오른쪽 가장자리에 나타난다. 이것을 X가 취하는 값과 대응시킨 것이 X의 주변확률분포이다.[9)]

한편 X가 취하는 값에 관계없이 $Y=y_j$로 되는 확률 $f_Y(y_j)$는

$$f_Y(y_j) = P(Y=y_j) = \sum_{i=1}^{n} f(x_i,\ y_j) \tag{4-45}$$

로 되는데, 이것이 Y의 주변확률밀도함수이다. 〈표 4-8〉에서 이 값은 y_j에 해당하는 열의 모든 값을 합계한 것으로서 표의 아래쪽 가장자리에 나타난다. 이것을 Y가 취하는 값과 대응시킨 것이 Y의 주변확률분포이다.

예제 | 06

〈표 4-10〉은 어떤 도시에서 조사한 각 가구가 보유하고 있는 냉장고 수 X와 TV수상기 수 Y의 결합확률분포이다. 이 표에서 냉장고 수 X와 TV 수상기 수 Y의 주변확률분포를 각각 구하라.

표 4-10 냉장고 수 X와 TV수상기 수 Y의 결합확률분포

x_i \ y_i	1	2	3	행의 합
1	0.30	0.15	0.07	0.52
2	0.16	0.14	0.05	0.35
3	0.02	0.05	0.06	0.13
열의 합	0.48	0.34	0.18	1

9) 연속확률변수의 경우에도 마찬가지로 X가 취하는 값 x에만 주목하면 $\int_{-\infty}^{\infty} f(x,\ y)dy$가 얻어진다. Y가 취하는 값 y에만 주목해도 동일하다.

풀이 이 문제는 결합확률분포로부터 주변확률분포를 구하는 것이다. 예를 들어 냉장고 수가 1대인 가구가 관측될 확률은 0.30 + 0.15 + 0.07 = 0.52로 되며, 다른 값도 같은 방법으로 구할 수 있다. 즉 〈표 4-10〉에서 냉장고 수 X의 확률분포는 행의 합으로, TV수상기 수 Y의 확률분포는 열의 합으로 각각 구해진다. 이를 정리하면 〈표 4-11〉과 〈표 4-12〉와 같은 냉장고 수 X와 TV수상기 수 Y의 주변확률분포를 각각 얻을 수 있다.

표 4-11 냉장고 수의 확률분포

x_i	$P(X=x_i)$
1	0.52
2	0.35
3	0.13
합계	1.0

표 4-12 TV수상기 수의 확률분포

y_j	$P(Y=y_j)$
1	0.48
2	0.34
3	0.18
합계	1.0

앞에서 이산확률변수 X, Y의 결합확률분포를 다루었고, 그 결합확률분포로부터 주변확률분포를 구했다. X, Y의 결합확률분포에서 모든 (x_i, y_j)에 대해

$$f(x_i, y_j) = f_X(x_i) \cdot f_Y(y_j) \tag{4-46}$$

가 성립하면, 확률변수 X와 Y는 통계적으로 독립(statistically independent)이라고 한다.

예제 | 07

이산확률변수 X와 Y의 결합분포가 〈표 4-13〉과 같이 주어졌을 때, 두 확률변수 X, Y의 독립성을 알아보라.

표 4-13 X와 Y의 결합확률분포

x_i \ y_i	0	1	2	$f_X(x_i)$
0	0.05	0.20	0.25	0.50
1	0.02	0.08	0.10	0.20
2	0.03	0.12	0.15	0.30
$f_Y(y_j)$	0.10	0.40	0.50	1

풀이 예를 들어, $f(0, 0) = 0.05$이고, $f_X(0) \cdot f_Y(0) = 0.50 \times 0.10 = 0.05$ 이므로, $f(0, 0) = f_X(0) \cdot f_Y(0)$가 성립한다. 또 $f(1, 0) = 0.02$이고 $f_X(1) \cdot f_Y(0) = 0.20 \times 0.10 = 0.02$ 이므로 역시 $f(1, 0) = f_X(1) \cdot f_Y(0)$이 성립한다. 이와 같은 방법에 의해 $f(x_i, y_j) = f_X(x_i) \cdot f_Y(y_j)$가 성립됨을 확인할 수 있다. 따라서 이산확률변수 X와 Y는 서로 독립이다.

2. 공분산과 상관계수

결합확률분포에서 살펴보았듯이, 확률변수 간에는 사람들의 신장과 체중과 같이 어떤 관련성이 존재하는 경우가 많다. 이와 같이 상호관련성을 가진 두 확률변수를 X, Y라고 할 때, 두 확률변수 간의 상호관계를 나타내는 측도가 공분산(covariance)과 상관계수(coefficient of correlation)이다.[10)]

두 확률변수 X, Y간의 상호의존관계가 어떠한가를 나타내는 측도가 공분산인데, 이것은 X와 Y의 기대치가 각각 $\mu_X = E(X)$, $\mu_Y = E(Y)$일 때, 두 확률변수 X, Y의 공분산 σ_{XY} 또는 $cov(X, Y)$는

$$\sigma_{XY} = E[(X - \mu_X)(Y - \mu_Y)]$$

10) 공분산과 상관계수에 대해서는 10장의 상관분석에서 자세히 다룬다.

$$= E(XY) - \mu_X \mu_Y \tag{4-47}$$

로 정의된다.[11] 이 식의 우변의 첫째 항 $E(XY)$는

$$E(XY) = \sum_{i=1}^{n} \sum_{j=1}^{m} x_i y_j f(x_i, y_j) \tag{4-48}$$

로 된다.

확률변수 X의 값이 그 기대치 μ_X보다 클 때(작을 때) Y의 값이 기대치 μ_Y보다 크면(작으면) $(X-\mu_X)$와 $(Y-\mu_Y)$의 부호가 동일하게 되어 $(X-\mu_X)\cdot(Y-\mu_Y)$는 양(+)의 값을 가진다. 따라서 공분산 $cov(X, Y)$는 양(+)이 된다. 공분산이 양(+)의 값을 가지면 두 확률변수 X, Y가 양(+)의 상관관계를 가지는 것을 의미한다. 반면에 확률변수 X가 그 기대치 μ_X보다 클 때(작을 때) 확률변수 Y가 그 기대치 μ_Y보다 작으면(크면) $(X-\mu_X)(Y-\mu_Y)$는 음(−)이 되므로 공분산은 음(−)의 값으로 된다. 공분산이 음(−)의 값을 가지면 두 확률변수 X와 Y가 반대방향으로 움직인다는 것을 의미한다. 또 공분산이 0이 되면 두 확률변수 X와 Y가 상호관계가 없다는 것을 말해준다.

그런데 공분산은 두 확률변수 X, Y의 측정 단위에 따라 그 값이 달라지는 단점이 있다. 따라서 측정 단위에 관계없이 두 확률변수 X와 Y의 상관관계를 측정하기 위한 측도가 필요한데, 그 측도가 상관계수이다. 상관계수는 공분산을 두 확률변수 X와 Y의 표준편차의 곱으로 나누어서 구한다. X, Y의 표준편차를 각각 σ_X, σ_Y라고 하면, 상관계수는

$$\rho = \frac{cov(X, Y)}{\sigma_X \sigma_Y} = \frac{\sigma_{XY}}{\sigma_X \sigma_Y} \tag{4-49}$$

로 정의된다.

상관계수 ρ가 양(+)의 값이면 두 확률변수 X와 Y간에는 양(+)의 상관관계를 가지고, 그것이 마이너스 값($\rho < 0$)이면 음(−)의 상관관계를 가진다. $\rho = 1$이면 완전한 양(+)의 상관관계를 가지고, $\rho = -1$이면 완전한 음(−)의

---

11) $\sigma_{XY} = E[(X-\mu_X)(Y-\mu_Y)]$
$= E(XY - \mu_X Y - \mu_Y X + \mu_X \mu_Y)$
$= E(XY) - \mu_X E(Y) - \mu_Y E(X) + E(\mu_X \mu_Y)$
$= E(XY) - \mu_X \mu_Y$

상관관계를 가진다. 따라서 상관계수 ρ는 −1과 +1 사이의 값을 갖는다. 즉

$$-1 \le \rho \le 1 \tag{4-50}$$

의 관계가 성립한다. $\rho = 0$이면 두 확률변수 간에 상관관계가 없다는 것을 의미한다. 따라서 상관계수의 값이 +1에 가까워질수록 양(+)의 상관관계가 크고, 그 값이 −1에 가까워질수록 음(−)의 상관관계가 크다는 것을 의미한다. 또 상관계수의 값이 0에 가까워질수록 상관관계가 작다는 것을 말해준다.

예제 | 08

앞의 〈표 4-10〉에서 주어진 X, Y의 결합확률분포에서 확률변수 X, Y의 공분산과 상관계수를 구하라.

풀이 먼저 〈표 4-14〉에서와 같이 두 확률변수 X, Y의 기대치, 분산 및 표준편차를 구한 후에, (4-48)식에 의해 $E(XY)$를 계산한다. 이들 계산된 값을 (4-47)식 및 (4-49)식에 대입하여 X, Y의 공분산과 상관계수를 계산한다.

표 4-14 기대치, 분산 및 표준편차의 계산

x_i	$f_X(x_i)$	$x_i f_X(x_i)$	$x_i^2 f_X(x_i)$
1	0.52	0.52	0.52
2	0.35	0.70	1.40
3	0.13	0.39	1.17
계	1	1.61	3.09

y_j	$f_Y(y_j)$	$y_j f_Y(y_j)$	$y_j^2 f_Y(y_j)$
1	0.48	0.48	0.48
2	0.34	0.68	1.36
3	0.18	0.54	1.62
계	1	1.70	3.46

$$E(X) = \mu_X = \sum x_i f_X(x_i) = 1.61$$

$$\begin{aligned} Var(X) &= E(X^2) - E(X)^2 \\ &= \sum x_i^2 f_X(x_i) - \mu_X^2 \\ &= 3.09 - 1.61^2 \\ &= 0.4979 \end{aligned}$$

$$\sigma_X = \sqrt{Var(X)} = 0.7056$$

$$E(Y) = \mu_Y = \sum y_j f_Y(y_j) = 1.70$$

$$\begin{aligned} Var(Y) &= E(Y^2) - E(Y)^2 \\ &= \sum y_j^2 f_Y(y_j) - \mu_Y^2 \\ &= 3.46 - 1.70^2 \\ &= 0.57 \end{aligned}$$

$$\sigma_Y = \sqrt{Var(Y)} = 0.7549$$

$$\begin{aligned} E(XY) &= \sum\sum x_i y_j f(x_i,\ y_j) \\ &= 1 \times 1 \times 0.30 + 1 \times 2 \times 0.15 + 1 \times 3 \times 0.07 \end{aligned}$$

$$+ 2 \times 1 \times 0.16 + 2 \times 2 \times 0.14 + 2 \times 3 \times 0.05$$
$$+ 3 \times 1 \times 0.02 + 3 \times 2 \times 0.05 + 3 \times 3 \times 0.06$$
$$= 2.89$$

로 계산된다.

위의 계산결과를 사용하면 두 확률변수 X와 Y의 공분산과 상관계수는 다음과 같이 계산된다.

$$\begin{aligned} cov(X,\ Y) &= E(XY) - \mu_X \mu_Y \\ &= 2.89 - 1.61 \times 1.70 \\ &= 0.153 \\ corr(X,\ Y) &= \frac{cov(X,\ Y)}{\sigma_X \cdot \sigma_Y} \\ &= \frac{0.153}{0.7056 \times 0.7549} \\ &= 0.287 \end{aligned}$$

연 · 습 · 문 · 제

01 다음 각 경우에 확률변수와 그 확률변수의 표본공간은 무엇인가?

1) 어느 학과 신입생 정원은 50명이다. 지난 자료로부터 합격생 중 80%가 등록한다는 것을 알았다. 75명을 합격시켰을 때 50명이 등록할 확률은?
2) 똑같은 주사위 2개를 동시에 던져 두 주사위 눈금의 합이 7이 될 확률은?
3) 유사한 열쇠 5개 중에 하나만이 문을 열 수 있는 열쇠이다. 세 번째 시도에서 문을 열게 될 확률은?
4) 어느 회사 제품의 불량률은 1%이다. 납품한 제품 500개 중에서 10개가 불량품이면 거래가 취소된다. 거래가 취소될 확률은?
5) 수강생이 20명인 어느 강의에서 3명 이상의 학생이 결석할 확률은?

02 이산확률변수 X의 확률분포가 다음과 같다.

X	$P(X=x_i)$
0	1/8
1	1/4
2	1/2
3	1/8

1) 확률분포도를 그려라.
2) 누적확률분포함수(분포함수)를 구하고 그림으로 나타내어라.
3) 확률분포의 기대치와 분산을 계산하여라.

03 이산확률변수 X가 다음과 같은 확률밀도함수를 가진다고 하자.

$$f(x) = \begin{cases} cx, & x = 1,\ 2,\ 3,\ 4,\ 5 \\ 0, & \text{그 외} \end{cases}$$

이때 상수 c의 값을 구하라.

04 어떤 복권이 1등에 당첨될 경우에는 10만원, 2등에 당첨될 경우에는 1

만원, 3등에 당첨 될 경우에는 천원을 각각 지급한다. 1, 2, 3등에 당첨 될 확률은 각각 0.0001, 0,001, 0.01이며, 각 등위에는 한 명씩만 당첨 된다.

1) 이 복권을 살 경우 받을 수 있는 상금의 확률분포와 누적확률분포를 구하라.
2) 이 복권의 상금의 기대치와 분산은 얼마인가?

05 어떤 프로야구 선수는 경기당 10만원의 경기 출전료를 받으며 안타를 칠 때마다 안타당 3만원을 보너스로 받는다고 하자. 이 선수의 경기당 안타 수는 다음과 같은 분포를 한다.

안타 수	확률
0	0.6
1	0.25
2	0.1
3	0.05

1) 경기당 안타 수와 경기당 수입을 각각 X와 Y라고 할 때, Y를 X에 관한 함수로 나타내어라.
2) 이 선수의 경기당 평균 수입과 분산은 얼마인가?

06 연속확률변수 X가 다음과 같은 확률밀도함수를 가진다고 하자.

$$f(x) = \begin{cases} cx, & 0 < x < 4 \\ 0, & \text{그 외} \end{cases}$$

1) 이때 상수 c의 값을 구하라.
2) $P(0 \le X \le 2)$ 와 $P(X > 2)$의 값을 구하라.

07 이산확률변수 X가 취하는 값은 $X = 2, 4, 6$이고 또 다른 이산확률변수 Y가 취하는 값은 $Y = 1, 3, 9$이다. 그리고 X와 Y의 결합분포는 다음과 같다.

X \ Y	1	3	9
2	1/8	1/24	1/12
4	1/4	1/4	0
6	1/8	1/24	1/12

1) Y의 주변확률을 구하라.
2) $X=2$라고 주어진 경우 Y의 조건부 확률밀도함수를 구하시오.
3) X와 Y의 공분산을 구하라.
4) X와 Y는 독립적인가?

08 특수 제작된 어떤 주사위는 특정 면이 나올 확률이 그 면 눈금의 크기에 비례한다. 예를 들어 4가 나올 확률은 2가 나올 확률의 두 배이다. 다음 확률을 구하라.

1) 3 보다 작은 눈금이 나올 확률
2) 4이상이 나올 확률
3) 홀수가 나올 확률
4) 5 이하가 나올 확률

09 어느 투자프로젝트는 100만원의 이익을 얻을 확률이 0.1, 50만원의 이익을 얻을 확률은 0.4, 50만원의 손실을 볼 확률은 0.3, 100만원의 손실을 볼 확률은 0.2라고 한다. 여기에 투자할 경우 기대수익은 얼마인가?

10 위 1번 2)와 3)의 문제에서 확률분포표를 작성하고 확률을 구하라.

11 어떤 도박에서 모두 52장으로 된 카드 가운데 퀸 혹은 킹을 꺼낼 경우 1,000원을 받게 되고, 에이스를 꺼낼 경우에는 2,000원을 받는다. 그러나 그 이외의 카드를 꺼낼 경우에는 400원을 지불하여야 한다. 이 게임의 기대치는 얼마인가?

12 서로 독립적으로 작동되는 엔진이 4개 부착되어 있는 수송기가 있다. 비행 중에 이들 엔진이 고장날 확률은 각각 0.01이다.

1) 어느 엔진도 고장나지 않을 확률을 구하라.
2) 한 개의 엔진만 고장날 확률을 구하라.

13 어떤 대학교의 경제학과 2학년 학생들의 통계학과 경제수학 시험의 결과 그 성적은 다음 표와 같은 확률적 관계를 가지고 관측되었다. 이산확률변수 X는 통계학의 성적을, Y는 경제수학의 성적을 각각 나타낸다.

X \ Y	90점	70점	50점	행의 합
90점	0.15	0.25	0.10	0.50
70점	0.08	0.22	0.05	0.35
50점	0.02	0.05	0.08	0.15
열의 합	0.25	0.52	0.23	1

1) 통계학과 경제수학 성적의 주변확률분포를 구하라.

2) 통계학과 경제수학 성적의 기대치와 분산을 각각 구하라.

3) 통계학과 경제수학 성적의 공분산과 상관계수를 구하라.

c • h • a • p • t • e • r 05

주요 확률분포

01 이산확률분포

02 연속확률분포

연습문제

statistics

제4장에서는 확률분포에 관한 기초적인 개념에 대하여 살펴보았다. 확률분포는 확률변수에 따라 여러 가지가 있을 수 있다. 그래서 이 장에서는 여러 종류의 확률분포 중에서 중요한 확률분포에 대해서 살펴보고자 한다. 먼저 대표적인 이산확률분포를 설명한 후에 연속확률분포에 대해서 살펴보기로 한다.

s • t • a • t • i • s • t • i • c • s

01 이산확률분포

1. 베르누이 분포

어떤 실험을 하였을 때 그 결과가 두 가지만으로 나타나는 경우가 있다. 예를 들면 동전을 던질 때 그 결과는 앞면이거나 뒷면이며, 어떤 제품의 검사 결과는 합격이거나 불합격이 된다. 이와 같이 어떤 시행의 결과가 택일적인 두 가지 경우만으로 나타나게 되는 시행을 베르누이 시행(Bernoulli trials)이라고 하고, 베르누이 시행에서의 확률변수를 베르누이 확률변수라고 한다.

베르누이 시행에서 원하는 결과가 얻어질 확률을 성공확률이라 하고 p로 나타내면, 다른 결과가 얻어질 확률, 즉 실패확률은 $q = 1 - p$가 된다. 그리고 베르누이 확률변수 X는 성공일 경우에는 1, 실패일 경우에는 0의 값을 가진다. 베르누이 확률변수 X가 취할 수 있는 값과 그 발생 확률은 〈표 5-1〉과 같이 정리할 수 있다. 이와 같이 베르누이 확률변수가 취할 수 있는 값과 그 출현 확률을 대응시킨 것을 베르누이 분포라고 한다.

표 5-1 베르누이 확률분포

$X = x$	$f(x)$
0	$q = 1 - p$
1	p
합 계	1

베르누이 시행에서 성공할 확률이 p일 때 확률변수 X가 취하는 값 x의 출현 확률 $f(x)$는

$$f(x) = p^x q^{1-x} \qquad x = 0,\ 1 \tag{5-1}$$

로 되는데, 이것이 베르누이 분포에서의 확률밀도함수이다.

베르누이 분포의 평균과 분산은 다음과 같이 계산된다. 즉 평균 μ는

$$\mu = E(X) = \sum_{x=0}^{1} x f(x) = 0 \cdot q + 1 \cdot p = p \tag{5-2}$$

이며, 분산 σ^2은

$$\sigma^2 = Var(X) = pq \tag{5-3}$$

로 된다.[1)]

예제 | 01

어떤 제품이 검사에서 합격될 확률이 98%이고, 불합격될 확률이 2%이다. $X = 1$을 불합격으로 둘 때의 베르누이 분포의 확률함수와 특성치를 구하라.

풀이 여기서 불합격과 합격의 확률이 각각

$$p = 0.02,\ q = 0.98$$

이므로 베르누이 분포의 확률함수는

$$f(x) = (0.02)^x \cdot (0.98)^{1-x}$$

로 된다. 그리고 X의 기대치는

---

1) $$\begin{aligned} Var(X) &= \sum_{x=0}^{1} [x_i - E(X)]^2 f(x) \\ &= (0-p)^2 \cdot q + (1-p)^2 \cdot p \\ &= p^2 q + pq^2 = pq(p+q) = pq \end{aligned}$$

$$\mu = E(X) = p = 0.02$$

이다. 이것은 이 제품이 불합격이 될($X=1$) 기대치가 100개 중에서 2개라는 것을 의미한다. X의 분산은

$$\begin{aligned}\sigma^2 = Var(X) = p \cdot q &= (0.02)(0.98) \\ &= 0.0196\end{aligned}$$

이다.

---

2. 이항분포

1) 이항분포의 개념

앞에서는 동전을 한번 던지는 실험과 같이 실험의 결과가 두 가지만의 발생가능성을 갖는 경우를 고려하였다. 그러나 세 가지 이상의 결과가 발생하는 실험의 경우에도 필요에 따라 실험 결과를 두 가지 범주로 나눌 수 있다. 예를 들어 주사위를 한번 던졌을 때 그 결과는 6가지의 가능성이 있겠지만, 이를 어느 하나의 숫자가 나올 가능성$\left(\frac{1}{6}\right)$과 그외의 숫자가 나올 가능성$\left(\frac{5}{6}\right)$으로 나눌 수 있다. 그리고 베르누이 시행은 1회만 시행한다는 것이지만, 같은 조건에서 반복해서 시행하는 경우도 생각할 수 있다.

이와 같이 베르누이 시행을 반복하는 것을 이항실험(binomial experiments)이라고 한다. 이항실험의 결과 성공하는 횟수 또는 실패하는 횟수를 이항확률변수(binomial random variable)라 하고, 이를 확률변수 X로 나타내면, 이 이항확률변수 X가 갖는 특정한 확률분포를 이항확률분포(binomial probability distribution) 또는 이항분포(binomial distribution)라고 한다.

하나의 동전을 세 번 던지는 실험을 예로 들어 이항분포를 설명해 보자. 동전을 세 번 던졌을 때 발생 가능한 모든 결과는 〈표 5-2〉에서와 같이 모두 8가지이므로, 이 중 어느 한 결과가 나타날 확률은 $\frac{1}{8}$이다.

이 실험에서 앞면의 출현 횟수를 확률변수 X로 나타내면 X가 취할 수 있는 값은 0, 1, 2, 3이며, 그 출현 확률은 〈표 5-3〉과 같이 정리할 수 있

표 5-2 동전을 세 번 던졌을 때의 발생가능한 모든 경우

첫 번째	두 번째	세 번째	앞면의 출현 횟수
H	H	H	3
H	H	T	2
T	H	H	2
H	T	H	2
H	T	T	1
T	H	T	1
T	T	H	1
T	T	T	0

표 5-3 동전의 앞면 출현 횟수 X의 확률분포

앞면의 출현 횟수 $X = x_i$	앞면의 출현 확률 $P(X = x_i)$
0	$\binom{3}{0}\left(\frac{1}{2}\right)^0\left(\frac{1}{2}\right)^3 = \frac{1}{8} = 0.125$
1	$\binom{3}{1}\left(\frac{1}{2}\right)^1\left(\frac{1}{2}\right)^{3-1} = \frac{3}{8} = 0.375$
2	$\binom{3}{2}\left(\frac{1}{2}\right)^2\left(\frac{1}{2}\right)^{3-2} = \frac{3}{8} = 0.375$
3	$\binom{3}{3}\left(\frac{1}{2}\right)^3\left(\frac{1}{2}\right)^{3-3} = \frac{1}{8} = 0.125$

다. 이 〈표 5-3〉은 앞면이 나올 횟수 X를 이항확률변수로 하여 이 확률변수가 취할 수 있는 값과 그 각각의 출현 확률을 대응시킨 이항분포이다.

성공할 확률이 p인 베르누이 시행을 n회 반복했을 때 성공 횟수 X가 x회 출현할 확률을 구해보자. 실험에서 성공 횟수가 x회일 경우의 하나로서 처음부터 x번째까지 모두 성공하고 나머지 $(n-x)$번이 모두 실패할 확률을 구해보면

$$\underbrace{p \times p \times \cdots \times p}_{x} \times \underbrace{(1-p) \times (1-p) \times \cdots (1-p)}_{n-x} = p^x(1-p)^{n-x}$$

가 된다. 또 처음부터 $(n-x)$번째까지는 모두 실패하고 그 나머지 x번은 모두 성공할 확률을 구해보면 동일한 방법에 의해 $p^x(1-p)^{n-x}$가 된다. 이

와 같이 생각하면 n번의 실험에서 x회 성공하고 $(n-x)$회 실패할 확률은 성공 혹은 실패의 순서와는 무관하게 $p^x(1-p)^{n-x}$로 계산된다. 그리고 일반적으로 n회 시행 중에서 x회 일어나는 경우의 수는 ${}_nC_x = \binom{n}{x}$이다. 따라서 n회 실험에서 성공할 확률이 p인 확률변수 X가 x회 출현할 확률은 $\binom{n}{x}p^x(1-p)^{n-x}$로 된다는 것을 알 수 있다.

따라서 이항실험을 n회 시행하여 성공할 확률 p를 갖는 확률변수 X가 x회($x=0, 1, 2, 3, \cdots, n$) 출현하는 확률 $b(x;\ n, p)$는

$$P(X=x) = b(x;\ n,\ p) = \binom{n}{x}p^x q^{n-x}$$

$$= \frac{n!}{x!(n-x)!}p^x q^{n-x} \qquad (5-4)$$

로 되는데, 이러한 확률함수에 의해서 주어지는 확률분포가 이항분포이다.

위의 〈표 5-3〉에서 앞면이 x회 출현할 확률은

$$P(X=x) = \binom{3}{x}\left(\frac{1}{2}\right)^x\left(\frac{1}{2}\right)^{3-x}$$

로 나타낼 수 있다.

〈표 5-3〉을 그림으로 나타낸 것이 [그림 5-1]이다.

그림 5-1 이항분포$\left(n=3,\ p=\frac{1}{2}\right)$

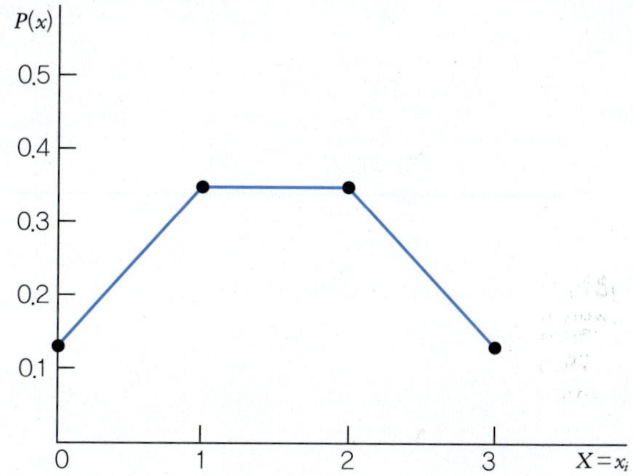

예제 | 02

하나의 주사위를 10번 던질 때 1의 눈이 나오는 횟수의 확률분포를 구해보라.

풀이 이것은 $p = \frac{1}{6}$, $n = 10$인 이항분포를 이용해서 구하면 된다. 이러한 이항분포는 〈표 5-4〉와 [그림 5-2]에서와 같이 된다.

표 5-4 이항분포

$X = x_i$	$P(X = x_i)$
0	${}_{10}C_0\left(\frac{1}{6}\right)^0\left(\frac{5}{6}\right)^{10}$ =0.1615
1	${}_{10}C_1\left(\frac{1}{6}\right)^1\left(\frac{5}{6}\right)^{10-1}$ =0.3230
2	${}_{10}C_2\left(\frac{1}{6}\right)^2\left(\frac{5}{6}\right)^{10-2}$ =0.2907
3	${}_{10}C_3\left(\frac{1}{6}\right)^3\left(\frac{5}{6}\right)^{10-3}$ =0.1550
4	${}_{10}C_4\left(\frac{1}{6}\right)^4\left(\frac{5}{6}\right)^{10-4}$ =0.0543
5	${}_{10}C_5\left(\frac{1}{6}\right)^5\left(\frac{5}{6}\right)^{10-5}$ =0.0130
6	${}_{10}C_6\left(\frac{1}{6}\right)^6\left(\frac{5}{6}\right)^{10-6}$ =0.0022
7	${}_{10}C_7\left(\frac{1}{6}\right)^7\left(\frac{5}{6}\right)^{10-7}$ =0.0000
8	${}_{10}C_8\left(\frac{1}{6}\right)^8\left(\frac{5}{6}\right)^{10-8}$ =0.0000
9	${}_{10}C_9\left(\frac{1}{6}\right)^9\left(\frac{5}{6}\right)^{10-9}$ =0.0000
10	${}_{10}C_{10}\left(\frac{1}{6}\right)^{10}\left(\frac{5}{6}\right)^{10-10}$ =0.0000
합 계	1.0000

그림 5-2 이항분포$\left(n=10,\ p=\frac{1}{6}\right)$

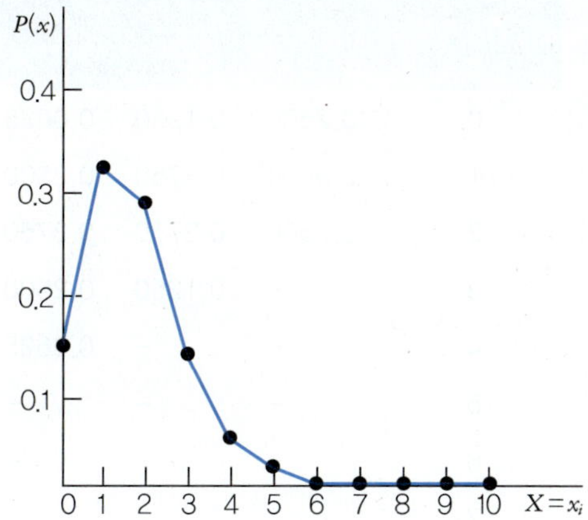

예제 | 03

4지 선다형 객관식 문제가 10문항이 있는 시험에서 임의로 답을 선택했을 경우 10문항 중 4문항이 맞을 확률은 얼마인가?

풀이 이 문제에서 맞는 답의 수 X는 $n=10$, $p=0.25$인 이항분포를 한다. 따라서

$$P(X=4)=\binom{10}{4}\left(\frac{1}{4}\right)^4\left(\frac{3}{4}\right)^6=0.1460$$

으로 계산된다.

---

2) 이항분포의 형태

이항분포의 확률함수 $b(x;\ n,\ p)=\binom{n}{x}p^x q^{n-x}$는 시행 횟수 n과 특정 사상이 일어나는 확률 p에 의해서 규정되므로, 이항확률분포의 형태는 n과 p에 의해서 결정된다. 따라서 이항확률함수의 모수(parameter)는 n과 p이다.

이항분포는 $p=q=\frac{1}{2}$일 때는 n의 크기에 관계없이 대칭분포로 된다. 이것은 〈표 5-5〉와 [그림 5-3]에서 보는 바와 같다.

표 5-5 $b\left(x\,;\,n, p=\frac{1}{2}\right)$ 의 전개

$X = x_i$ \ n	2	3	4	5	7	10	20
0	0.2500	0.1250	0.0625	0.03125	0.0078	0.0010	-
1	0.5000	0.3750	0.2500	0.15625	0.0547	0.0098	-
2	0.2500	0.3750	0.3750	0.31250	0.1641	0.0439	0.0002
3	-	0.1250	0.2500	0.31250	0.2734	0.1172	0.0011
4	-	-	0.0625	0.15625	0.2734	0.2051	0.0046
5	-	-	-	0.03125	0.1641	0.2460	0.0148
6	-	-	-	-	0.0547	0.2051	0.0370
7	-	-	-	-	0.0078	0.1172	0.0739
8	-	-	-	-	-	0.0439	0.1201
9	-	-	-	-	-	0.0098	0.1602
10	-	-	-	-	-	0.0010	0.1762
11	-	-	-	-	-	-	0.1602
12	-	-	-	-	-	-	0.1201
13	-	-	-	-	-	-	0.0739
14	-	-	-	-	-	-	0.0370
15	-	-	-	-	-	-	0.0148
16	-	-	-	-	-	-	0.0046
17	-	-	-	-	-	-	0.0011
18	-	-	-	-	-	-	0.0002
합계	1.0000	1.0000	1.0000	1.0000	1.0000	1.0000	1.0000

그러나 $p \neq q$ 인 경우에는 이항분포는 비대칭분포로 되는데, 〈표 5-6〉 및 [그림 5-4]에서 볼 수 있는 바와 같이 p와 q의 차가 클수록 비대칭도는 커진다. 예를 들면 $p=0.4$인 경우보다는 $p=0.1$인 경우의 비대칭도가 크다.

표 5-6 $b(x; n=20, p)$의 전개

$X = x_i$ \ p	0.5	0.4	0.3	0.2	0.1
0	–	–	0.0008	0.0115	0.1216
1	–	0.0005	0.0068	0.0576	0.2702
2	0.0002	0.0031	0.0278	0.1369	0.2852
3	0.0011	0.0123	0.0716	0.2054	0.1901
4	0.0046	0.0750	0.1304	0.2182	0.0898
5	0.0148	0.0746	0.1789	0.1746	0.0319
6	0.0370	0.1244	0.1916	0.1091	0.0089
7	0.0739	0.1659	0.1643	0.0545	0.0020
8	0.1201	0.1797	0.1144	0.0222	0.0003
9	0.1602	0.1597	0.0654	0.0074	–
10	0.1762	0.1171	0.0308	0.0020	–
11	0.1602	0.0710	0.0120	0.0005	–
12	0.1201	0.0355	0.0039	0.0001	–
13	0.0739	0.0146	0.0010	–	–
14	0.0370	0.0049	0.0002	–	–
15	0.0148	0.0013	–	–	–
16	0.0046	0.0003	–	–	–
17	0.0011	–	–	–	–
18	0.0002	–	–	–	–
합계	1.0000	1.0000	1.0000	1.0000	1.0000

그림 5-3 $b\left(x\,;\,n, p=\frac{1}{2}\right)$ 의 전개

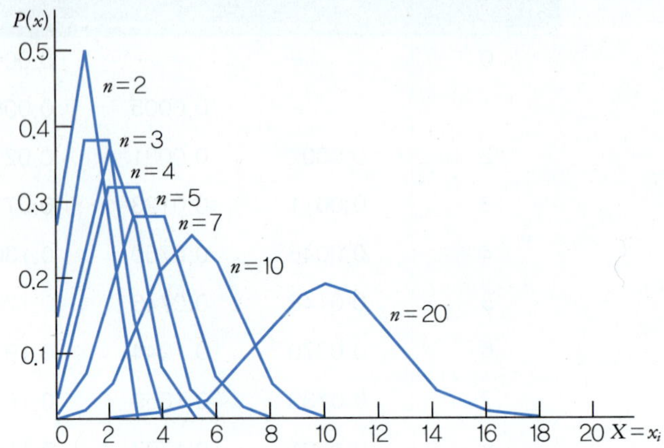

그림 5-4 $b(x\,;\,n=20, p)$의 전개

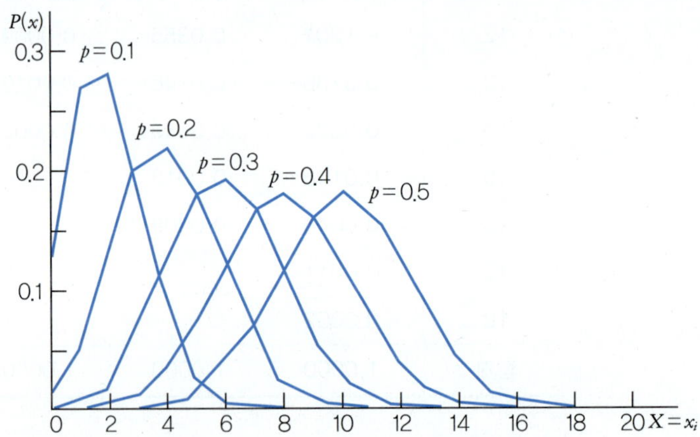

그리고 p와 q의 차가 커서 이항분포가 비대칭적인 경우에도 n이 커짐에 따라 〈표 5-7〉과 [그림 5-5]에서와 같이 비대칭도는 작아지게 된다. 즉 $n=10$인 경우보다는 $n=100$인 경우의 이항분포가 더욱 대칭적으로 된다. 그러므로 n을 무한히 크게 하면 이항분포는 대칭분포를 이룬다.

표 5-7 $b\left(x\,;n, p=\frac{1}{10}\right)$ 의 전개

$X=x_i$ \ n	2	10	20	50	100
0	0.8100	0.3487	0.1216	0.0051	–
1	0.1800	0.3874	0.2702	0.0286	0.0003
2	0.0100	0.1937	0.2852	0.0779	0.0016
3	–	0.0574	0.1901	0.1386	0.0059
4	–	0.0112	0.0898	0.1809	0.0159
5	–	0.0014	0.0319	0.1849	0.0338
6	–	0.0002	0.0089	0.1541	0.0596
7	–	–	0.0020	0.1076	0.0889
8	–	–	0.0003	0.0643	0.1148
9	–	–	–	0.0333	0.1304
10	–	–	–	0.0155	0.1319
11	–	–	–	0.0061	0.1199
12	–	–	–	0.0022	0.0988
13	–	–	–	0.0007	0.0743
14	–	–	–	0.0002	0.0513
15	–	–	–	–	0.0327
16	–	–	–	–	0.0193
17	–	–	–	–	0.0106
18	–	–	–	–	0.0054
19	–	–	–	–	0.0026
20	–	–	–	–	0.0012
21	–	–	–	–	0.0005
22	–	–	–	–	0.0002
23	–	–	–	–	0.0001
합계	1.0000	1.0000	1.0000	1.0000	1.0000

그림 5-5 $b\left(x\,;\,n, p=\frac{1}{10}\right)$ 의 전개

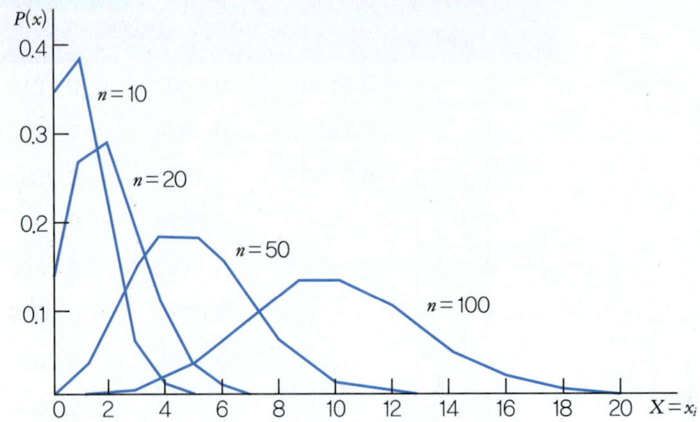

3) 이항분포의 특성치

이항분포의 평균과 분산은 다음과 같이 구해진다. 이항분포의 평균 μ는

$$\mu = E(X) = np \tag{5-5}$$

이다.[2] 그리고 분산은

$$\sigma^2 = Var(X) = npq \tag{5-6}$$

이며,[3] 따라서 표준편차는 다음과 같다.

$$\sigma = \sqrt{npq} \tag{5-7}$$

---

2) $\mu = E(X) = \Sigma x \cdot f(x) = \sum_{x=0}^{n} x \cdot \binom{n}{x} p^x \cdot q^{n-x} = \sum_{x=0}^{n} x \cdot \frac{n!}{x!(n-x)!} p^x \cdot q^{n-x}$

$= n \cdot p \cdot \sum_{x=0}^{n} \frac{(n-1)!}{(x-1)!(n-x)!} p^{x-1} \cdot q^{n-x}$

$= n \cdot p \cdot (p+q)^{n-1} = np \quad (\because p+q=1)$

3) $Var(X) = E(X^2) - \mu^2$

$= \sum_{x=0}^{n} x^2 \cdot f(x) - [E(X)]^2$

$= \sum_{x=0}^{n} [x(x-1)+x] f(x) - (np)^2$

예제 | 04

동전을 10번 던졌을 때, 출현한 앞면의 수 X의 평균과 분산을 구하여라.

풀이 앞면이 나올 확률은 $p=\frac{1}{2}$이므로, 평균 μ는

$$\mu = E(X) = np = 10 \times \frac{1}{2} = 5$$

이고, 분산은

$$\begin{aligned}\sigma^2 = Var(X) = npq &= 10 \times \frac{1}{2} \times \frac{1}{2} \\ &= 2.5\end{aligned}$$

이다.

---

3. 포아송 분포

포아송 분포(Poisson distribution)는 일정한 단위 시간 또는 공간에서 어떤 사상이 무작위로 발생할 때, 그 사상의 발생 횟수와 각 사상이 발생할 확률을 대응시킨 확률분포이다. 이 분포는 일정한 시간 내에 걸려오는 전화의 횟수, 어떤 도시에서 하루에 발생하는 교통사고에 의한 사망자 수, 어느 공장에서의 시간당 불량품의 발생 수 등과 같이 시간과 공간의 특정 구간에서 어떤 사상이 극히 낮은 확률로서 일어날 때 잘 적용된다.

이 분포가 성립하기 위해서는 다음과 같은 조건이 충족되어야 한다. 첫째, 각 단위 기간 또는 공간에서의 사상의 발생 횟수는 서로 독립적이어야 한다. 둘째, 단위 기간 또는 공간은 아주 작은 단위 구간으로 나누어질 수 있고, 그 단위 구간에서 어떤 사상이 발생할 확률은 매우 낮아서 하나의 단위 구간에

$$\begin{aligned}&= \Sigma x \cdot (x-1) \cdot f(x) + \Sigma x \cdot f(x) - (np)^2 \\ &= \Sigma x \cdot (x-1) \frac{n!}{x!(n-x)!} p^x q^{n-x} + np - (np)^2 \\ &= n(n-1)p^2 \cdot (q+p)^{n-2} + np - (np)^2 \\ &= n^2p^2 - np^2 + np - n^2p^2 \\ &= np(1-p) = npq\end{aligned}$$

서 둘 이상의 사상이 발생할 확률은 극히 낮아야 한다. 셋째, 일정한 기간 또는 공간에서 어떤 사상의 발생 횟수는 그 기간의 길이에 비례해야 한다.

위에서처럼 포아송 분포는 일정한 단위 시간 또는 공간에서 어떤 사상의 발생 횟수를 나타내는 확률변수 X의 확률분포인데, 포아송 분포의 확률함수는

$$p(x;\ \mu) = \frac{e^{-\mu} \cdot \mu^x}{x!} \qquad x = 0,\ 1,\ 2,\ \cdots \tag{5-8}$$

로 정의된다. 여기에서 μ는 일정한 단위 시간 및 구간 내에서의 사건의 발생 횟수의 평균이고, e는 자연대수의 밑인데 그 값은 2.71828…이다. 포아송 분포의 확률함수는 사건의 평균발생횟수 μ에 의해 결정되므로 μ는 포아송 분포의 모수이다.

(5−8)식의 확률밀도함수는 이항확률밀도함수의 극한 개념으로 볼 수 있다. 즉 이항분포에서 $np = \mu$이고 $n \to \infty$, $p \to 0$이면 이항분포는 평균이 μ인 포아송 분포에 접근한다. 즉 $\lim_{n\to\infty} {}_nC_x \cdot\ p^x \cdot q^{n-x} = e^{-\mu} \cdot \frac{\mu^x}{x!}$ 로 된다.[4)]

예제 | 05

어떤 제조업체에서 정상가동할 때의 생산공정에서는 1%의 불량품이 발

4) $np = \mu$이므로 $p = \frac{\mu}{n}$로 된다. 이것을 사용하면

$$\begin{aligned}
\lim_{n\to\infty} b(x; n, p) &= \lim_{n\to\infty} {}_nC_x \cdot p^x \cdot q^{n-x} \\
&= \lim_{n\to\infty} \frac{n!}{x!(n-x)!}\left(\frac{\mu}{n}\right)^x\left(1-\frac{\mu}{n}\right)^{n-x} \\
&= \lim_{n\to\infty} \frac{n(n-1)(n-2)\cdots(n-x+1)}{x!} \cdot \frac{\mu^x}{n^x} \cdot \left(1-\frac{\mu}{n}\right)^n\left(1-\frac{\mu}{n}\right)^{-x} \\
&= \lim_{n\to\infty} \frac{n(n-1)(n-2)\cdots(n-x+1)}{n^x} \cdot \frac{\mu^x}{x!} \cdot \left(1-\frac{\mu}{n}\right)^n\left(1-\frac{\mu}{n}\right)^{-x} \\
&= \lim_{n\to\infty}\left(1-\frac{1}{n}\right)\left(1-\frac{2}{n}\right)\cdots\left(1-\frac{x-1}{n}\right) \cdot \frac{\mu^x}{x!} \cdot \left(1-\frac{\mu}{n}\right)^n\left(1-\frac{\mu}{n}\right)^{-x}
\end{aligned}$$

여기에서 $n \to \infty$이면 유한의 x에 대해서

$$\left(1-\frac{1}{n}\right)\left(1-\frac{2}{n}\right)\cdots\left(1-\frac{x-1}{n}\right) \to 1$$

이며 또 마찬가지로 μ도 유한이므로

$$\left(1-\frac{\mu}{n}\right)^{-x} \to 1,\ \left(1-\frac{\mu}{n}\right)^n \to e^{-\mu}$$

이다. 따라서

$$\lim_{n\to\infty} b(x; n, p) = e^{-\mu} \cdot \frac{\mu^x}{x!}$$

생한다고 한다. 생산품 100개를 무작위로 추출하였을 때 불량품의 개수 X가 x개 ($x=0, 1, 2, \cdots$)일 확률을 구하여라. 또 추출한 100개 중에서 불량품이 4개 이상일 확률을 구하라.

풀이 이때는 $p=0.01$은 매우 작고, $n=100$으로 큰 수이며, $\mu=np=1$이므로, 확률변수 X는 포아송 분포를 이룬다고 볼 수 있다. 따라서 포아송 분포의 확률함수 $p(x;\mu)=\dfrac{e^{-1}\cdot 1^x}{x!}$에 의해 구하는 확률은 〈표 5-8〉과 같이 정리될 수 있다.

표 5-8 포아송 분포 ($\mu=1$)

$X=x_i$	$P(X=x_i)$
0	$\frac{1^0\cdot e^{-1}}{0!}=0.3679$
1	$\frac{1^1\cdot e^{-1}}{1!}=0.3679$
2	$\frac{1^2\cdot e^{-1}}{2!}=0.1839$
3	$\frac{1^3\cdot e^{-1}}{3!}=0.0613$
4	$\frac{1^4\cdot e^{-1}}{4!}=0.0153$
5	$\frac{1^5\cdot e^{-1}}{5!}=0.0031$
6	$\frac{1^6\cdot e^{-1}}{6!}=0.0005$
7	$\frac{1^7\cdot e^{-1}}{7!}=0.0001$
⋮	⋮
합 계	1.0000

그리고 추출한 100개 중에서 불량품이 4개 이상이 될 확률은 다음과 같이 계산된다.

$$
\begin{aligned}
P(X\geq 4) &= 1-P(X\leq 3)\\
&= 1-[P(X=0)+P(X=1)+P(X=2)+P(X=3)]
\end{aligned}
$$

$$= 1 - (0.3679 + 0.3679 + 0.1839 + 0.0613)$$
$$= 0.0190$$

또는 $P(X \geq 4) = P(4) + P(5) + P(6) + P(7) + \cdots$
$$= 0.0153 + 0.0031 + 0.0005 + 0.0001 + \cdots$$
$$= 0.0190$$

이 포아송 분포를 그림으로 나타내면 [그림 5-6]과 같다.

그림 5-6 포아송 분포 ($p = 0.01,\ n = 100$)

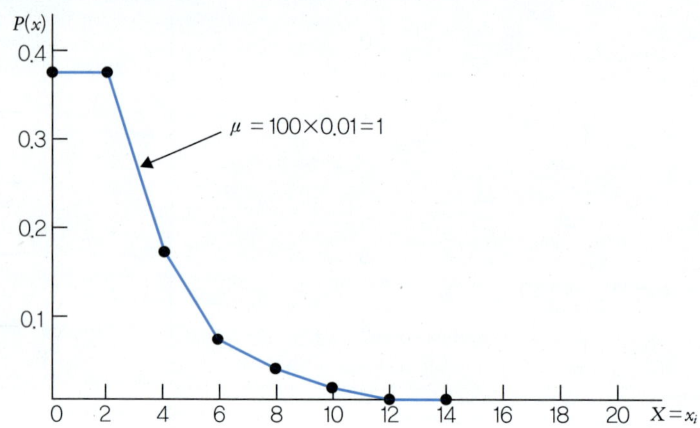

위의 예에서와 같이 n이 크고 p가 작은 경우에는 이항분포와 포아송 분포는 상당히 비슷하다는 것을 알 수 있는데, 이것은 〈표 5-9〉를 통해서 확인할 수 있다. 따라서 이항분포에서 n이 충분이 크고 p가 충분히 작은 경우에는 이항분포의 확률은 포아송 분포를 사용하여 근사적으로 계산할 수 있다. 그러나 포아송 분포에 의한 확률계산은 일반적으로 복잡하므로 [부표 Ⅲ]의 포아송 분포표에 의해서 구하는 것이 편리하다.

그리고 포아송 분포의 특성치인 평균과 분산은 다음과 같이 계산된다. 즉 평균은

$$E(X) = \mu \tag{5-9}$$

표 5-9 이항분포 및 포아송 분포의 비교

$X = x_i$	이항분포 $b(x;\ 20,\ 0.05)$	포아송 분포 $p(x;\ \mu=1)$
0	0.3585	0.3679
1	0.3774	0.3679
2	0.1877	0.1839
3	0.0596	0.0613
4	0.0133	0.0153
5	0.0022	0.0031
6	0.0003	0.0005

로 되며,[5)] 분산은

$$\sigma^2 = Var(X) = \mu \tag{5-10}$$

로 된다.[6)]

따라서 포아송 분포의 모수 μ는 분포의 평균이며 동시에 그 분산이다. 즉 포아송 분포는 평균과 분산이 같은 이항분포이다.

---

5) $\mu = E(X) = \sum_{x=0}^{\infty} x \cdot \frac{e^{-\mu} \cdot \mu^x}{x!}$
$= \mu \cdot e^{-\mu} \cdot \sum_{x=1}^{\infty} \frac{\mu^{x-1}}{(x-1)!}$
$= \mu \cdot e^{-\mu} \cdot e^{\mu}$
$= \mu$

6) $\sigma^2 = Var(X) = \Sigma x^2 \cdot f(x) - \mu^2$
$= \Sigma x^2 \cdot \frac{\mu^x \cdot e^{-\mu}}{x!} - \mu^2$
$= \Sigma x \cdot (x-1) \cdot \frac{\mu^x \cdot e^{-\mu}}{x!} + \Sigma x \cdot \frac{\mu^x \cdot e^{-\mu}}{x!} - \mu^2$
$= e^{-\mu} \cdot \mu^2 \Sigma \frac{\mu^{x-2}}{(x-2)!} + \mu - \mu^2$
$= e^{-\mu} \cdot \mu^2 \cdot e^{\mu} + \mu - \mu^2$
$= \mu^2 + \mu - \mu^2$
$= \mu$

4. 초기하분포

앞에서 살펴본 이항분포는 동일 사상을 반복 관찰할 때의 확률모형으로서 각 시행에서 출현하는 확률이 일정하다는 것을 전제로 하고 있다. 그러므로 이항분포는 각각의 시행이 서로 독립적인 경우에만 적용될 수 있다. 예를 들어 양품이 7개, 불량품이 3개 등 모두 10개의 제품이 들어 있는 상자 속에서 두 개의 제품을 추출하는 시행을 생각해 보자. 우선 첫 번째로 추출된 제품을 상자 속에 다시 넣고 나머지 한 개를 추출하는 복원추출을 하는 경우에는 첫 번째 추출의 결과는 두 번째 추출의 결과에 아무런 영향을 미치지 않으며, 따라서 불량품이 나올 확률은 항상 $\frac{3}{10}$으로 동일하다. 그러므로 이 경우에는 이항분포의 조건이 만족된다.

그런데 첫 번째 시행에서 추출된 제품을 상자 속에 다시 넣지 않고 상자 속에 남아 있는 제품 가운데서 또 하나를 추출하는 비복원추출을 할 경우에는 첫 번째와 두 번째 시행에서 불량품이 나올 확률은 달라지게 된다. 위의 예에서 비복원추출을 할 경우에는 첫 번째 추출에서 불량품이 나올 확률은 $\frac{3}{10}$이지만, 그 다음 번의 추출에서 불량품이 나올 확률은 $\frac{2}{9}$가 되는 등 불량품이 나올 확률이 달라진다. 이것은 두 시행이 상호 독립적이 아니어서 첫 번째 추출의 결과가 두 번째 추출의 결과에 영향을 미쳤기 때문이다.

이와 같이 유한모집단에서 비복원추출을 할 경우에는 각각의 시행이 서로 독립적이 아니어서 시행할 때마다 그 출현 확률이 달라지므로 이항분포를 이용할 수가 없다. 이처럼 두 가지 속성을 갖는 요소들로 구성된 유한모집단에서 비복원추출을 하는 경우에 적용되는 확률분포가 초기하분포(hypergeometric distribution)이다.

크기 N인 유한모집단이 어떤 성질을 갖는 사상 M개와 그 성질에 속하지 않는 나머지 $(N-M)$개의 요소로 구성되어 있을 때, 이 모집단에서 n개를 비복원추출하는 경우, 이 성질을 갖는 사상의 출현 횟수를 확률변수 X로 나타낼 때 $X=x$로 되는 확률은 다음과 같이 구해진다.

구하는 확률은 N개 가운데 n개 뽑는 경우의 수 $\binom{N}{n}$와 M개 중에서 x개 뽑고 $(N-M)$ 중에서 $(n-x)$개 취하는 모든 경우의 수 $\binom{M}{x}\cdot\binom{N-M}{n-x}$와의 비와 같다. 즉

$$P(X=x)=\frac{\binom{M}{x}\binom{N-M}{n-x}}{\binom{N}{n}} \qquad x=0,\ 1,\ 2,\ \cdots,\ n \qquad (5-11)$$

로 된다.

이러한 확률함수를 갖는 확률변수 X의 확률분포가 초기하분포이다.

예제 | 06

남자 7명, 여자 3명으로 구성된 어떤 위원회의 위원 10명 중에서 임의로 2명을 선택했을 때, 선택될 여자의 수를 X로 하면 X는 $N=10$, $M=3$, $n=2$인 초기하분포를 이룬다. X가 취할 수 있는 값 0, 1, 2에 대한 확률을 구하여라.

풀이

$$P(X=0)=\frac{\binom{M}{x}\binom{N-M}{n-x}}{\binom{N}{n}}=\frac{\binom{3}{0}\binom{10-3}{2-0}}{\binom{10}{2}}=0.467$$

$$P(X=1)=\frac{\binom{3}{1}\binom{10-3}{2-1}}{\binom{10}{2}}=0.467$$

$$P(X=2)=\frac{\binom{3}{2}\binom{10-3}{2-2}}{\binom{10}{2}}=0.067$$

초기하분포의 특성치인 평균 μ와 분산 σ^2은 다음과 같다.[7)][8)]

---

7) $\mu=E(X)=\sum_{x=0}^{n}x\cdot\frac{{}_MC_x\cdot{}_{N-M}C_{n-x}}{{}_NC_n}$

$$=\frac{n\cdot M}{N}\cdot\sum_{x=1}^{n}\frac{{}_{M-1}C_{x-1}\cdot{}_{N-M}C_{n-x}}{{}_{N-1}C_{n-1}} \quad \left(\because \begin{array}{l}{}_NC_n=\frac{N}{n}\cdot{}_{N-1}C_{n-1}\\ {}_MC_x=\frac{M}{x}\cdot{}_{M-1}C_{x-1}\end{array}\right)$$

그런데 $\sum_{x=1}^{n}\frac{{}_{M-1}C_{x-1}\cdot{}_{N-M}C_{n-x}}{{}_{N-1}C_{n-1}}=1$

이므로

$$E(X)=\frac{n\cdot M}{N}$$

$$=n\cdot p\ \left(\because p=\frac{M}{N}\right)$$

이다.

$$\mu = E(X) = n \cdot \frac{M}{N} = np \qquad (5-12)$$

$$\sigma^2 = Var(X) = npq\left(\frac{N-n}{N-1}\right) \qquad (5-13)$$

따라서 초기하분포의 평균은 이항분포의 평균과 같으나, 초기하분포의 분산은 이항분포의 분산에 유한모집단 수정계수의 제곱값인 $\left(\frac{N-n}{N-1}\right)$을 곱한 값과 같다는 것을 알 수 있다. 이 초기하분포는 비복원추출을 전제로 하고 있는데, 집단의 크기 N이 추출하는 표본의 크기 n에 비해서 극히 클 경우에는 $\left(\frac{N-n}{N-1}\right)$이 1과 거의 같아지므로 비복원추출은 복원추출로 간주해도 큰 차이가 없어져 초기하분포는 이항분포에 근사한다.

예제 | 07

하나의 상자 속에 동일한 종류의 상품이 50개 들어 있는데 이 중 불량품은 3개이다. 이 경우에 5개를 비복원추출할 때 그 중에 불량품이 포함될 확률을 초기하분포와 이항분포에 의해서 계산하라.

풀이 구하는 확률은 〈표 5-10〉과 같다. 이 〈표 5-10〉에서와 같이 두 값의 차이는 크지 않다는 것을 알 수 있다. 따라서 초기하분포는 이항확률의 근사치를 구하는 데 이용할 수 있다.

---

8) $\sigma^2 = Var(X) = E(X^2) - [E(X)]^2$

$$= \sum_{x=0}^{n} x^2 \cdot \frac{{}_MC_x \cdot {}_{N-M}C_{n-x}}{{}_NC_n} - \left(\frac{nM}{N}\right)^2$$

$$= \sum_{x=0}^{n} x(x-1) \cdot \frac{{}_MC_x \cdot {}_{N-M}C_{n-x}}{{}_NC_n} + \sum_{x=0}^{n} x \cdot \frac{{}_MC_x \cdot {}_{N-M}C_{n-x}}{{}_NC_n} - \left(\frac{nM}{N}\right)^2$$

$$= \frac{n(n-1)M(M-1)}{N(N-1)} + \frac{nM}{N} - \left(\frac{nM}{N}\right)^2$$

$$= \frac{nM\{n \cdot (M-1) + (N-M)\}}{N(N-1)} - \left(\frac{nM}{N}\right)^2$$

$$= \frac{nM \cdot (N-n) \cdot (N-M)}{N^2(N-1)}$$

$$= n \cdot \frac{M}{N} \cdot \frac{N-M}{N} \cdot \frac{N-n}{N-1}$$

$$= npq\left(\frac{N-n}{N-1}\right) \quad \left(\text{단}, p = \frac{M}{N}, q = 1-p\right)$$

표 5-10 초기하분포와 이항분포의 비교

불량품 수(X)	초기하확률 $p(x;N,n,p)$	이항확률 $b(x;n,p)$
0	$\frac{\binom{3}{0}\binom{47}{5}}{\binom{50}{5}}=0.7240$	$\binom{5}{0}(0.06)^0(0.94)^5=0.7339$
1	$\frac{\binom{3}{1}\binom{47}{4}}{\binom{50}{5}}=0.2526$	$\binom{5}{1}(0.06)^1(0.94)^4=0.2342$
2	$\frac{\binom{3}{2}\binom{47}{3}}{\binom{50}{5}}=0.0230$	$\binom{5}{2}(0.06)^2(0.94)^3=0.0299$
3	$\frac{\binom{3}{3}\binom{47}{2}}{\binom{50}{5}}=0.0005$	$\binom{5}{3}(0.06)^3(0.94)^2=0.0019$

5. 기하분포

성공확률이 p인 베르누이 시행을 반복하는 경우에, 첫 번째 성공할 때까지의 필요한 시행횟수 X의 확률분포를 기하분포(geometric distribution)라고 한다. 즉 x회 시행하여 처음 $(x-1)$회까지 연속적으로 실패한 후에 x회째에 비로소 성공한다고 할 때, 성공하기까지의 시행횟수 X를 확률변수로 하는 확률분포 $g(x;p)$가 기하분포인데, 기하분포의 확률함수는 다음과 같다.

$$g(x;p)=(1-p)^{x-1}p \qquad x=1,2,\cdots \tag{5-14}$$

예를 들어 주사위를 계속 10번 던져 10번째에 1의 눈이 나올 확률을 구해 보자. 1의 눈이 나올 확률은 $p=\frac{1}{6}$이고 그 외의 눈이 나올 확률은 $q=\frac{5}{6}$이므로, (10−1)번째까지는 $q=\frac{5}{6}$가 계속되고 10번째에 비로소 $p=\frac{1}{6}$이 출현하는 확률은

$$
\begin{aligned}
g(x;\, p) &= (1-p)^{x-1}p \\
&= \left(\frac{5}{6}\right)^{10-1} \cdot \left(\frac{1}{6}\right) \\
&= 0.0323
\end{aligned}
$$

으로 계산된다.

이 기하분포의 특성치인 평균과 분산은 다음과 같다. 즉 평균 μ는

$$\mu = E(X) = \frac{1}{p} \tag{5-15}$$

이고, 분산 σ^2은

$$\sigma^2 = Var(X) = \frac{1-p}{p^2} \tag{5-16}$$

이다.[9)]

6. 부의 이항분포

성공확률 p인 사상을 반복 시행할 때, x번의 시행에서 r번째에 성공할 확률을 구해보자. x번의 시행에서 r번째 성공하기 위해서는 처음의 $(x-1)$번까지의 시행에서 $(r-1)$번 성공하고 $(x-r)$번 실패한 다음 마지막 x번째

---

9) $$
\begin{aligned}
E(X) &= \sum_{x=1}^{n} x \cdot (1-p)^{x-1} \cdot p \\
&= p\sum x \cdot q^{x-1} \\
&= p(1 + 2q + 3q^2 + 4q^3 + \cdots) \\
&= p(1 + q + q^2 + q^3 + \cdots \\
&\qquad + q + q^2 + q^3 + \cdots \\
&\qquad\quad + q^2 + q^3 + \cdots \\
&\qquad\qquad + q^3 + \cdots) \\
&= p[\frac{1}{1-q}(1 + q + q^2 + q^3 + \cdots)] \\
&= p\left(\frac{1}{1-q}\right)^2 \\
&= \frac{1}{p}
\end{aligned}
$$

$$
\begin{aligned}
Var(X) &= E(X^2) - [E(X)]^2 \\
&= \sum_{x=1}^{n} x^2 \cdot (1-p)^{x-1} \cdot p - \left(\frac{1}{p}\right)^2 \\
&= \frac{1+(1-p)}{p^2} - \left(\frac{1}{p}\right)^2 \\
&= \frac{1-p}{p^2}
\end{aligned}
$$

에서 성공해야 한다. 이 각 사상을 A_1, A_2라고 하면, 각 사상의 확률은

$$P(A_1) = \binom{x-1}{r-1} p^{r-1} \cdot q^{x-r}$$
$$P(A_2) = p$$

로 된다. 그런데 사상 A_1과 A_2는 상호독립이므로, 구하는 확률은

$$\begin{aligned} P(x;\ r,\ p) &= P(A_1) \cdot P(A_2) \\ &= \binom{x-1}{r-1} \cdot p^{r-1} \cdot q^{x-r} \cdot p \\ &= \binom{x-1}{r-1} \cdot p^{r} \cdot q^{x-r} \qquad x = 0,\ 1,\ 2,\ \cdots,\ n \end{aligned} \tag{5-17}$$

이다. 이와 같이 x번 시행에서 r번째 성공하기까지의 시행횟수 X를 확률변수로 하는 확률분포가 부(−)의 이항분포(negative binomial distribution)인데, 이를 파스칼 분포(Pascal distribution)라고도 한다.

예제 | 08

두 가지 부품으로 조립된 제품에서 불량품이 10%라고 한다. 이때 임의로 추출된 6개의 조립품 중에서 2개가 불량품이고, 두 번째의 불량품이 여섯 번째로 추출된 조립품일 확률을 구하여라.

풀이

$$\begin{aligned} p(x;\ r,\ p) &= \binom{x-1}{r-1} \cdot p^{r} \cdot q^{x-r} \\ &= \binom{6-1}{2-1} \left(\frac{1}{10}\right)^2 \left(\frac{9}{10}\right)^4 \\ &= \binom{5}{1} \left(\frac{1}{10}\right)^2 \left(\frac{9}{10}\right)^4 \end{aligned}$$

부의 이항분포의 평균과 분산은 다음과 같다.

$$\mu = E(X) = \frac{r}{p} \tag{5-18}$$

$$\sigma^2 = Var(X) = \frac{rq}{p^2} \tag{5-19}$$

7. 다항분포

이항분포를 확장 · 적용하여 3개 이상의 사상이 결과로서 나타나는 실험에 대해서도 생각할 수 있다. 출현 가능한 결과를 k개의 배반사상 $E_1, E_2, \cdots, E_k$로 나타내고 그 각각의 출현 확률을 $p_1, p_2, \cdots, p_k$라고 할 때, n회 반복 시행에서 각 사상이 일어나는 횟수를 확률변수로 하는 확률분포를 다항분포(multinomial distribution)라고 한다.

이 때 각 사상이 출현할 확률 $p_1, p_2, \cdots, p_k$는 모두 시행이 반복되더라도 일정하여야 한다. 이 점은 유한모집단에서 복원추출을 할 경우이거나, 비복원추출이라 하더라도 표본에 비해 모집단의 크기가 충분히 크다면 문제가 되지 않으며, 이것이 유한모집단으로부터 비복원추출을 전제로 하는 초기하분포에서와 다른 점이다. 그리고 $p_1 + p_2 + \cdots + p_k = 1$이 된다.

다항분포에서 n 번의 시행 결과 사상 E_1이 n_1번, E_2가 n_2번, $\cdots$, E_k가 n_k번 일어날 확률은 다음과 같이 표시된다.

$$p(n_1, n_2, \cdots, n_k; p_1, p_2, \cdots, p_k) = \frac{n!}{n_1!n_2!\cdots n_k!} p_1^{n_1} p_2^{n_2} \cdots p_k^{n_k} \quad (\text{단 } n_1+n_2+\cdots+n_k=n) \tag{5-20}$$

예를 들어 어떤 대도시에서 전체 시청자의 40%가 채널 A, 25%가 채널 B, 35%가 채널 C의 TV프로그램을 선호한다고 하자. 이 도시의 전체 시청자들 중에서 임의로 6명을 선택하여 그들이 선호하는 채널을 조사한다고 할 때, 그 결과 채널 A를 선호하는 시청자가 2명, 채널 B를 선호하는 시청자가 3명, 채널 C를 선호하는 시청자가 1명일 확률을 구해보자.

먼저 이와 같은 구성으로 6명의 시청자가 선택될 경우의 수를 구한다. 임의로 선택된 n명 중에서 채널 A를 선호하는 시청자가 n_1명, 채널 B를 선호하는 시청자가 n_2명, 채널 C를 선호하는 시청자가 n_3명일 경우의 수는

$$\binom{n}{n_1}\binom{n-n_1}{n_2}\binom{n-n_1-n_2}{n_3}$$

$$= \frac{n!}{n_1!(n-n_1)!} \cdot \frac{(n-n_1)!}{n_2!(n-n_1-n_2)!} \cdot \frac{(n-n_1-n_2)!}{n_3!(n-n_1-n_2-n_3)!}$$
$$= \frac{n!}{n_1!n_2!n_3!}$$

가지이다. 따라서 위의 예에서 구하는 경우의 수는

$$\frac{n!}{n_1!n_2!n_3!} = \frac{6!}{2!3!1!} = 60$$

가지이다.

다음으로 6명의 시청자가 선택될 수 있는 방법 60가지 중에서 어느 하나의 경우가 나타날 확률, 예를 들어 선택된 6명의 선호 채널이 ABABBC일 확률은

$$p_1 \cdot p_2 \cdot p_1 \cdot p_2 \cdot p_2 \cdot p_3 = p_1{}^2 p_2{}^3 p_3{}^1 = 0.40^2 \cdot 0.25^3 \cdot 0.35^1$$

이 된다. 이를 일반화하면, 선택될 확률이 p_1인 집단에서 n_1명이, 선택될 확률이 p_2인 집단에서 n_2명이, 선택될 확률이 p_3인 집단에서 n_3명이 뽑힐 확률은

$$(p_1)^{n_1}(p_2)^{n_2}(p_3)^{n_3}$$

로 된다. 단, $p_1+p_2+p_3 = 1$이며, 복원추출을 전제로 하지 않더라도 이 예에서 p_1, p_2, p_3은 모두 일정하다고 할 수 있다.

이상을 종합하면, 임의로 선택된 n명 중에서 채널 A를 선호하는 시청자가 n_1명, 채널 B를 선호하는 시청자가 n_2명, 채널 C를 선호하는 시청자가 n_3명일 확률은

$$p\,(n_1,\ n_2,\ n_3;\ p_1,\ p_2,\ p_3) = \frac{n!}{n_1!n_2!n_3!} p_1{}^{n_1}\ p_2{}^{n_2}\ p_3{}^{n_3}$$

가 된다.

따라서 위 식에 의해 앞의 TV 시청자의 예에서 확률을 구하면

$$P(n_1, n_2, n_3; p_1, p_2, p_3) = \frac{6!}{2!3!1!}(0.40)^2(0.25)^3(0.35)^1$$
$$= (60)(0.000875)$$
$$= 0.0525$$

로 된다.

s·t·a·t·i·s·t·i·c·s

02 | 연속확률분포

앞에서는 중요한 이산확률분포를 다루었는데, 여기서는 대표적인 연속확률분포를 설명한다.

1. 균등분포

연속확률변수 X가 특정 구간 내에서 취할 수 있는 확률이 모두 균등한 경우가 있다. 이는 확률변수가 실수의 특정 구간에서 임의로 선택된 작은 구간에서 취하는 확률이 그 구간의 크기만 같으면 위치에 상관없이 모두 동일하다는 것을 말한다.

확률변수 X가 구간 $[a, b]$에서 취할 수 있는 확률이 모두 균등할 경우 확률변수 X의 확률밀도함수는

$$f(x) = \begin{cases} \dfrac{1}{b-a} & (a \le x \le b) \\ 0 & (x < a,\ x > b) \end{cases} \tag{5-21}$$

와 같이 나타낼 수 있다. 이러한 확률밀도함수를 갖는 확률변수 X의 확률분포를 균등분포 또는 일양분포(uniform distribution)라고 한다.[10)]

연속확률변수 X가 특정 구간 내에서 균등분포를 한다는 의미를 [그림

10) 균등분포는 이산확률변수에도 적용된다. 예를 들어 주사위를 던질 때 각 숫자 X가 나타날 확률 $p(X=x)$가 모두 $\frac{1}{6}$로 같으므로 균등분포를 이룬다. 이 같이 이산확률변수 X가 취하는 값이 k개이고 그 각각이 취할 확률이 모두 같은 $\frac{1}{k}$일 때 X는 (이산형) 균등분포가 된다.

그림 5-7 균등분포

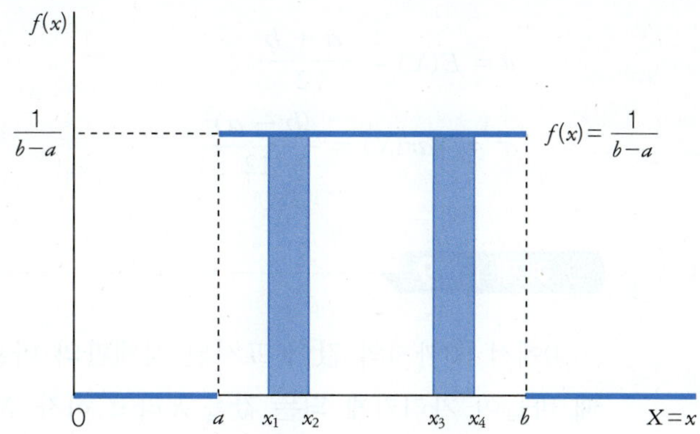

5-7]을 이용하여 살펴보자. [그림 5-7]에는 같은 크기의 두 구간 $[x_1, x_2]$와 $[x_3, x_4]$가 구간 $[a, b]$ 내에 그려져 있다. 이때 확률변수 X가 구간 $[a, b]$ 내에서 균등분포를 한다는 것은 X가 $[x_1, x_2]$의 값을 가질 확률과 $[x_3, x_4]$의 값을 가질 확률이 같다는 것이다. 즉 확률변수 X가 임의의 부분 내의 값을 가질 확률은 크기가 같다면 그 부분 구간의 위치와는 상관없이 동일하게 되는 분포가 균등분포이다.

확률변수 X의 분포함수 $F(x)$는 (5−21)식을 적분하여 구하는데, 이것은

$$
\begin{aligned}
F(x) &= \int_a^x f(x)dx = \int_a^x \frac{1}{b-a}dx = \left[\frac{x}{b-a}\right]_a^x \\
&= \frac{x-a}{b-a} \qquad (5-22)
\end{aligned}
$$

로 된다. 그런데 X는 구간 $[a, b]$내에서만 그 값을 취하므로

$$
F(x) = \begin{cases} 0 & (x < a) \\ \dfrac{x-a}{b-a} & (a \le x \le b) \\ 1 & (x > b) \end{cases} \qquad (5-23)
$$

로 된다.

균등분포의 평균과 분산은 다음과 같다.[11)]

$$\mu = E(X) = \frac{a+b}{2} \tag{5-24}$$

$$\sigma^2 = Var(X) = \frac{(b-a)^2}{12} \tag{5-25}$$

예제 | 09

0에서 60까지의 값이 표시된 시계판의 바늘을 돌리다 갑자기 멈추었을 때 바늘이 가리키게 되는 값을 X라고 하자. X의 확률밀도함수와 분포함수를 구하고, 이를 그림으로 나타내어라. 또한 바늘이 30과 40 사이의 값을 가리키게 될 확률을 구하여라.

풀이 시계바늘이 0에서 60까지의 구간에서 같은 크기의 임의의 구간 내의 값을 가질 수 있는 확률은 균등하므로 X의 분포는 균등분포가 된다. 따라서 X의 확률밀도함수는

$$f(x) = \begin{cases} \frac{1}{60} & (0 \le x \le 60) \\ 0 & (x < 0,\ x > 60) \end{cases}$$

이다. 한편 X의 분포함수는

$$F(x) = \int_0^x f(x)dx = \int_0^x \frac{1}{60}dx = \left[\frac{x}{60}\right]_0^x = \frac{x}{60}$$

이고 X는 구간 [0, 60]내의 값만 취하므로

11) $\mu = E(X) = \int_a^b x\frac{1}{b-a}dx = \frac{1}{b-a}\left[\frac{x^2}{2}\right]_a^b = \frac{a+b}{2}$

$$\sigma^2 = Var(X) = E(X^2) - [E(X)]^2 = \int_a^b \frac{x^2}{b-a}dx - \left(\frac{a+b}{2}\right)^2 = \frac{(b-a)^2}{12}$$

그림 5-8 균등분포의 확률밀도함수

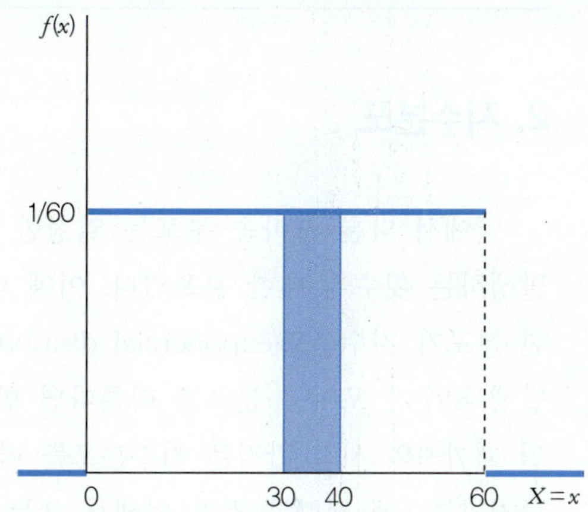

그림 5-9 분포함수

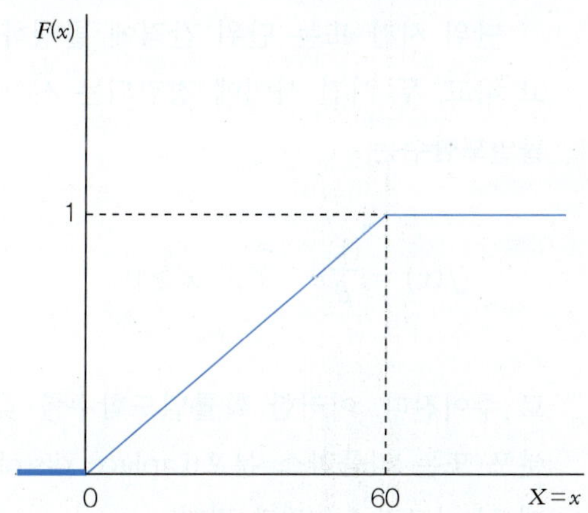

$$F(x) = \begin{cases} 0 & (x < 0) \\ \dfrac{x}{60} & (0 \le x \le 60) \\ 1 & (x > 60) \end{cases}$$

이다. 따라서 X의 확률밀도함수와 분포함수는 [그림 5-8] 및 [그림 5-9]와 같이 그려진다.

시계바늘이 30과 40사이의 값을 가질 확률은 위의 확률밀도함수의 그림에서 짙게 나타난 부분의 면적이며, $P(30 \le x \le 40) = 1/6$이 된다.

---

2. 지수분포

앞에서 다룬 포아송 분포는 일정한 시간이나 공간 내에서 어떤 사상이 발생하는 횟수에 대한 분포였다. 이에 대하여 어떤 사상의 발생 간격에 대한 분포가 지수분포(exponential distribution)이다. 단위 시간당 어떤 사건의 발생 횟수가 포아송 분포를 따른다면 한 사건이 발생된 후 다음 사건 발생될 때까지의 시간 간격은 지수분포를 따른다. 예를 들어 단위 시간 내에 공중전화부스에 전화를 걸기 위해서 오는 사람의 수가 포아송 분포에 따른다면, 이 경우에 사람이 전화부스에 도착하는 시간의 간격은 지수분포를 따르게 된다. 그러므로 지수분포에서는 어떤 사상이 발생하는 시간이나 공간의 간격이 확률변수로 된다.

단위 시간 또는 단위 간격에 발생하는 사상의 평균 횟수의 역수를 β라고 하고, 두 사건 사이에 경과되는 시간을 확률변수 X로 나타내면, X의 확률밀도함수는

$$f(x) = \frac{1}{\beta} e^{-\frac{x}{\beta}}, \quad x \ge 0 \tag{5-26}$$

로 주어진다. 이러한 확률밀도함수를 갖는 확률변수 X의 확률분포를 지수분포 또는 라플라스 분포(Laplace distribution)라고 한다. 이 지수분포의 그래프는 [그림 5-10]과 같다.

지수분포의 평균은

$$\mu = E(X) = \beta \tag{5-27}$$

이며[12] 분산은

---

12) $\mu = E(X) = \int_0^\infty x \frac{1}{\beta} e^{-\frac{x}{\beta}} dx$

$\quad = \frac{1}{\beta} \int_0^\infty x \cdot e^{-\frac{x}{\beta}} dx$

그림 5-10 지수분포

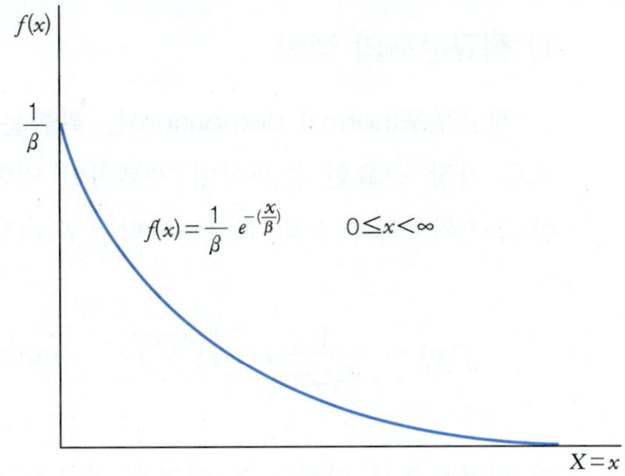

$$\sigma^2 = Var(X) = \beta^2 \tag{5-28}$$

이다.[13)]

예제 | 10

어떤 은행에서 오전 10시부터 11시 사이에 창구를 찾아오는 고객의 수는 평균이 10인 포아송 분포를 따른다. 한 고객이 창구에 도착한 후 다른 고객이 창구에 도착할 때까지의 시간 간격은 어떠한 분포를 하는가?

풀이 창구를 찾아오는 고객의 수가 평균이 $1/\beta = 10$인 포아송 분포를 하므로 창구에 도착하는 고객 간의 시간 간격은 평균이 $\beta = 1/10$, 분산이 $\beta^2 = 1/100$인 지수분포를 한다. 즉 오전 10시에서 11시 사이에는 평균적으로 1/10시간마다 한 명씩의 고객이 창구를 찾아온다.

$$= [x(-e^{-\frac{x}{\beta}})]_0^\infty + \int_0^\infty e^{-\frac{x}{\beta}}dx$$
$$= \beta$$

13) $\sigma^2 = Var(X) = \int_0^\infty x^2 \cdot \frac{1}{\beta}e^{-\frac{x}{\beta}}dx - \beta^2$

$$= [x^2(-e^{-\frac{x}{\beta}})]_0^\infty + 2\int_0^\infty x \cdot e^{-\frac{x}{\beta}}dx - \beta^2$$
$$= 2\beta^2 - \beta^2$$
$$= \beta^2$$

3. 정규분포

1) 정규분포의 정의

정규분포(normal distribution)는 확률분포 중에서도 이론적으로나 실제적으로 가장 중요한 분포이며 기본적인 역할을 하는 확률분포이다. 정규분포란 연속확률변수 X의 확률밀도함수 $f(x)$가

$$f(x) = \frac{1}{\sigma\sqrt{2\pi}} e^{-\frac{1}{2}\left(\frac{x-\mu}{\sigma}\right)^2} \qquad -\infty < x < \infty \tag{5-29}$$

인 확률분포를 말하는데, 이것을 가우스 분포(Gaussian distribution)라고도 한다. 여기에서 μ는 정규분포의 평균, σ는 표준편차이고, e는 $e = 2.71828\cdots$의 값을 가지는 자연대수의 밑이다. (5-29)식에서 알 수 있듯이 정규분포는 μ, σ^2에 의해서 그 형태가 결정되므로 μ와 σ^2이 모수가 된다.

평균이 μ이고, 분산이 σ^2인 정규분포는 $N(\mu, \sigma^2)$과 같이 나타낸다. 정규분포의 확률밀도함수 $f(x)$를 그림으로 나타낸 것을 정규곡선(normal curve)이라고 하는데 [그림 5-11]과 같다. 이 곡선은 (5-29)식을 x로써 미분하면 알 수 있는 바와 같이 $X = \mu$일 때 최대로 되며 그 값은 $\frac{1}{\sigma\sqrt{2\pi}}$로 된다. 또 이 곡선은 직선 $X = \mu$에 관해서 대칭이다. 그리고 이론적으로는 정규분포의 정의역은 실수 전체$(-\infty, \infty)$이므로

그림 5-11 정규곡선

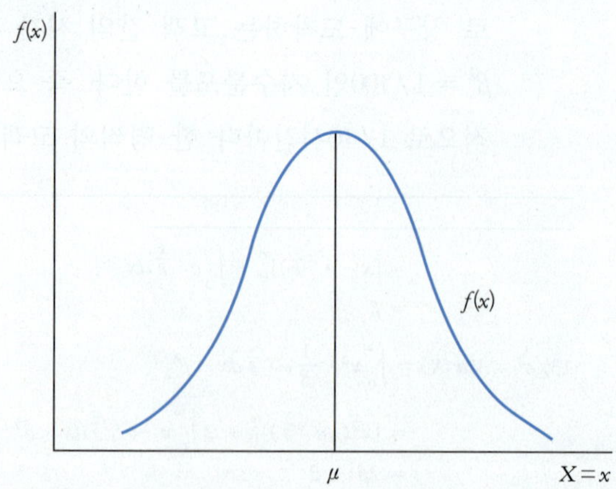

$$\int_{-\infty}^{\infty} f(x)dx = 1 \tag{5-30}$$

이 성립한다.

2) 정규분포의 형태

정규분포 $N(\mu, \sigma^2)$의 형태는 모수인 평균 μ와 분산 σ^2에 의해서 결정된다. 평균 μ는 정규곡선의 중심의 위치를 결정하고, 표준편차 σ는 곡선의 모양을 결정한다. μ와 σ가 변함에 따라 정규곡선이 어떻게 변하는지를 보자.

우선 표준편차 σ가 일정한데 평균 μ만 변동하면 [그림 5-12]의 (A)와

그림 5-12 정규분포의 형태

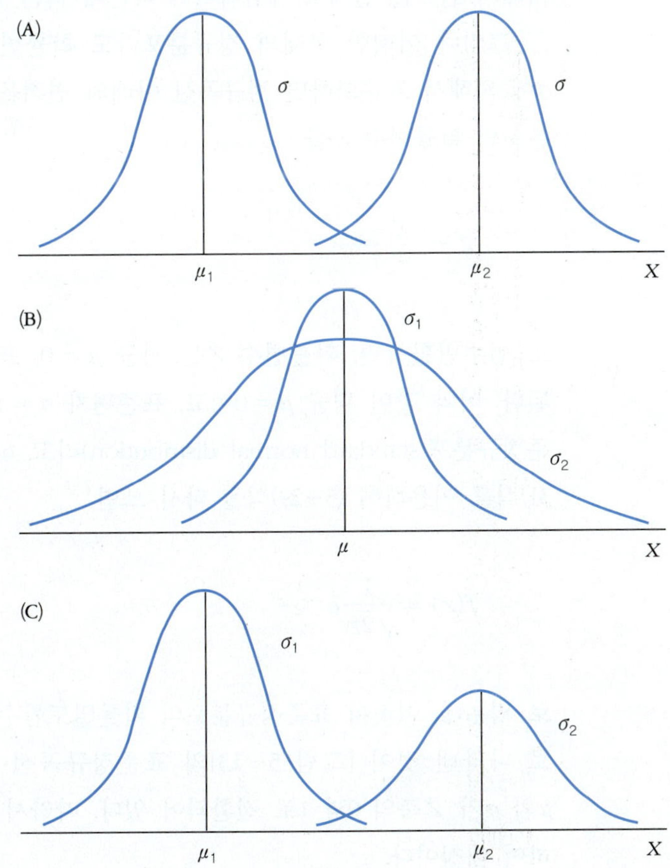

같이 정규곡선의 모양은 변하지 않고 그 중심의 위치만 변동한다. μ가 작아지면 좌측으로, 커지면 우측으로 이동한다. 다음으로 평균은 일정한데 표준편차가 달라지면 [그림 5－12]의 (B)와 같이 곡선의 중심 위치는 변동하지 않으나 그 형태가 변한다. σ가 작아지면 X의 값이 μ근방에 집중하게 되어 정규곡선은 뾰족해지고, σ가 커지면 X의 값이 μ에서 멀어져 정규곡선은 평평해진다. 따라서 평균과 표준편차가 모두 변동하면 [그림 5－12]의 (C)와 같이 곡선의 중심의 위치와 그 형태가 변동하게 된다.

3) 표준정규분포

정규분포에서의 확률은 정규곡선 아래의 면적에 의해서 구해진다. 그리고 앞에서 살펴본 바와 같이 정규곡선의 형태는 평균 μ와 표준편차 σ에 의해서 결정된다. 따라서 확률계산을 위해서는 μ와 σ가 다른, 모든 형태의 정규곡선 아래의 면적을 실제로 계산하여야 하는데 이는 실제로는 매우 힘든다.

그러나 어떠한 형태의 정규분포라도 확률변수 X를 평균 μ와 표준편차 σ에 의해서 표준화하면 정규곡선 아래의 면적을 쉽게 계산할 수 있다. 정규분포의 확률변수 X를

$$Z = \frac{X-\mu}{\sigma} \qquad (5-31)$$

로 변수변환하면, 확률변수 Z는 평균 $\mu = 0$, 표준편차 $\sigma = 1$인 정규분포로 된다. 이와 같이 평균 $\mu = 0$이고, 표준편차 $\sigma = 1$로 표준화된 정규분포를 표준정규분포(standard normal distribution)라고 하고 $N(0, 1)$로 표시한다. (5－31)식을 이용하여 (5－29)식을 다시 쓰면

$$f(z) = \frac{1}{\sqrt{2\pi}} e^{-\frac{1}{2}z^2} \qquad (5-32)$$

로 되는데, 이것이 표준정규분포의 확률밀도함수이다. 이 (5－32)식을 그림으로 나타낸 것이 [그림 5－13]의 표준정규곡선이다. 이 그림에서는 X축의 μ와 σ가 Z축의 0과 1로 전환되어 있다. 따라서 이 곡선은 직선 $Z = 0$에 관하여 대칭이다.

그림 5-13 정규곡선의 표준화

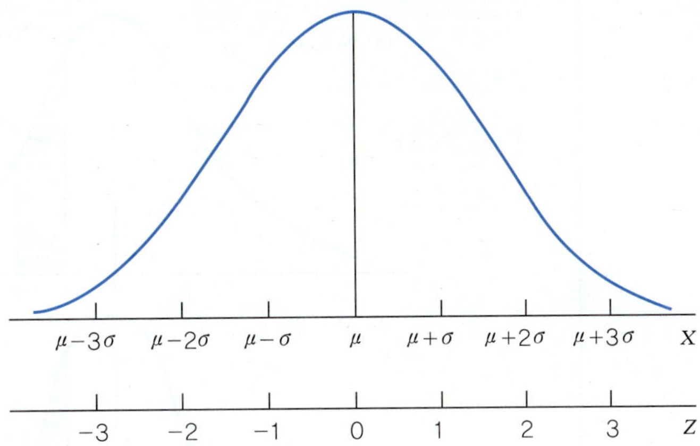

정규분포에서의 확률은 정규분포 $N(\mu,\ \sigma^2)$을 표준정규분포 $N(0,\ 1)$로 변환한 다음 [부표 Ⅳ]의 표준정규분포표를 이용하여 구하면 된다.

확률변수 X가 정규분포 $N(\mu,\ \sigma^2)$에서 구간 $[x_1,\ x_2]$ 사이의 값을 취할 확률은

$$P(x_1 \le X \le x_2) = \int_{x_1}^{x_2} \frac{1}{\sigma\sqrt{2\pi}} e^{-\frac{(x-\mu)^2}{2\sigma^2}} dx \qquad (5-33)$$

로 계산된다. 이것은 [그림 5-14]의 (A)에서 짙은 색으로 표시된 부분의 면적으로 표시되어 있다. (5-31)식에 의해서 확률변수 X를 Z로 변환하면 (5-33)식은

$$P(z_1 \le Z \le z_2) = \int_{z_1}^{z_2} \frac{1}{\sqrt{2\pi}} e^{-\frac{1}{2}z^2} dz \qquad (5-34)$$

로 된다.[14)]

14) x_1, x_2에 대응하는 값을 z_1, z_2라고 하면

$$z_1 = \frac{x_1 - \mu}{\sigma},\ z_2 = \frac{x_2 - \mu}{\sigma}$$

이므로

$$P(x_1 \le X \le x_2) = \int_{x_1}^{x_2} \frac{1}{\sigma\sqrt{2\pi}} e^{-\frac{1}{2}\left(\frac{x-\mu}{\sigma}\right)^2} dx$$

그림 5-14 일반정규분포와 표준정규분포와의 관계

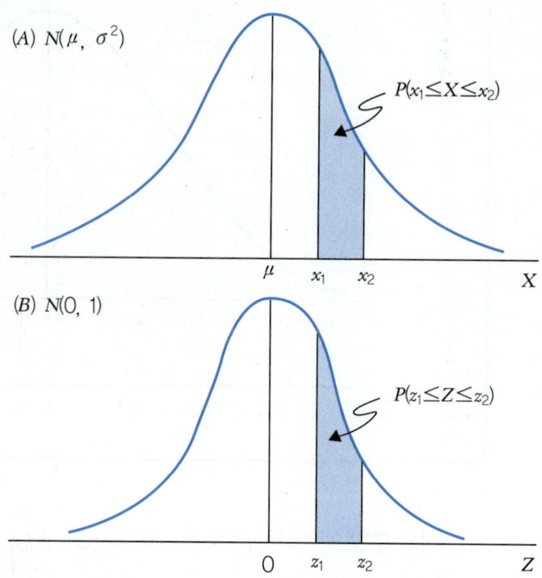

이것은 [그림 5-14] (B)의 짙은 색으로 표시된 부분이다. 따라서 [그림 5-14]의 (A)와 (B)의 짙은 색으로 표시된 부분의 면적은 같다. 그러므로 $N(\mu, \sigma^2)$에 있어서 $P(x_1 \leq X \leq x_2)$는 $N(0, 1)$에서의 $P(z_1 \leq Z \leq z_2)$에 의해서 계산된다.

Z의 분포가 $N(0, 1)$일 때, 여러 Z값에 대한 확률은 [그림 5-15]에서와 같이

$$P(0 \leq Z \leq z) = \int_0^z f(z)dz = \phi(z) \tag{5-35}$$

로 되는데, 이 값은 [부표 Ⅳ]의 표준정규분포표에 계산되어 있다. 즉 표준정규분포표는 Z가 0.00에서 3.09까지의 값을 취할 때 평균을 중심으로 한 표준정규곡선 아래의 우측부분에서 0과 z값 사이의 면적을 나타내고 있다.

$$= \int_{z_1}^{z_2} \frac{1}{\sqrt{2\pi}} e^{-\frac{z^2}{2}} dz$$
$$= P(z_1 \leq Z \leq z_2)$$

로 된다.

그림 5-15 표준정규분포

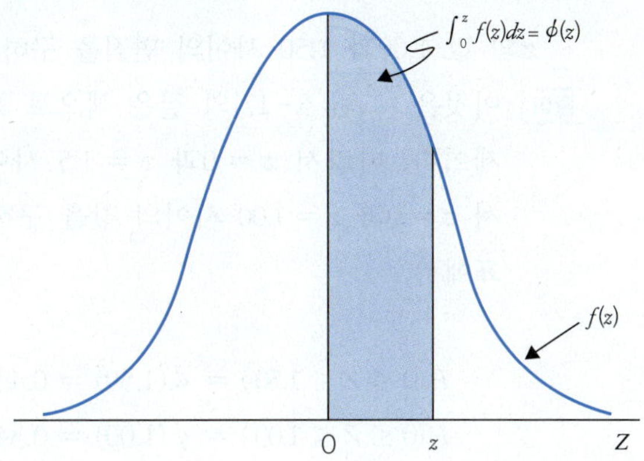

예제 | 11

$z_1 = 0.00$에서 $z_2 = 1.25$까지의 면적을 구하여라.

풀이 이것은 [그림 5-16]의 짙은 색으로 표시된 부분을 나타내므로, [부표 Ⅳ]의 표준정규분포표에 의하면 0.3944이다. 즉

$$P(0 \le Z \le 1.25) = 0.3944$$

이다.

그림 5-16 $P(0 \le Z \le 1.25)$의 계산

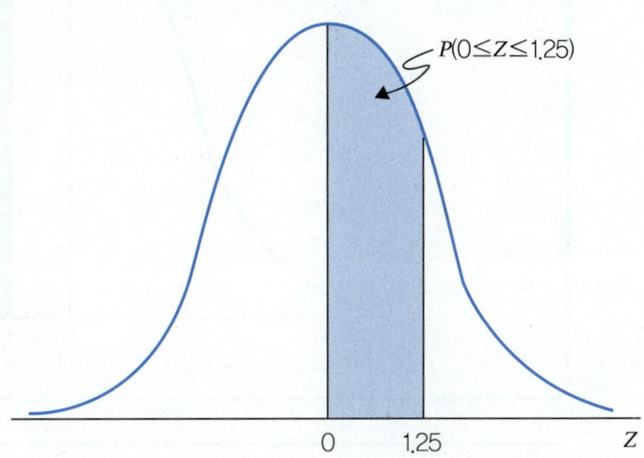

예제 | 12

z의 값 1.00과 1.50 사이의 면적을 구하여라.

풀이 이것은 [그림 5-17]의 짙은 색으로 표시된 부분의 면적을 구하는 문제이다. 따라서 $z=0$과 $z=1.5$ 사이의 값을 먼저 구하고 그 값에서 $z=0$과 $z=1.00$ 사이의 값을 구하여 빼면 된다. 즉 표준정규분포표에서

$$P(0 \le Z \le 1.50) = \phi(1.50) = 0.4332$$
$$P(0 \le Z \le 1.00) = \phi(1.00) = 0.3413$$

이므로

$$P(1.00 \le Z \le 1.50) = \phi(1.50) - \phi(1.00) = 0.4332 - 0.3413 = 0.0919$$

이다. 따라서 $z=1.00$에서 $z=1.50$ 사이의 면적, 즉 확률은 0.0919라는 것이다.

그림 5-17 $P(1.00 \le Z \le 1.50)$의 계산

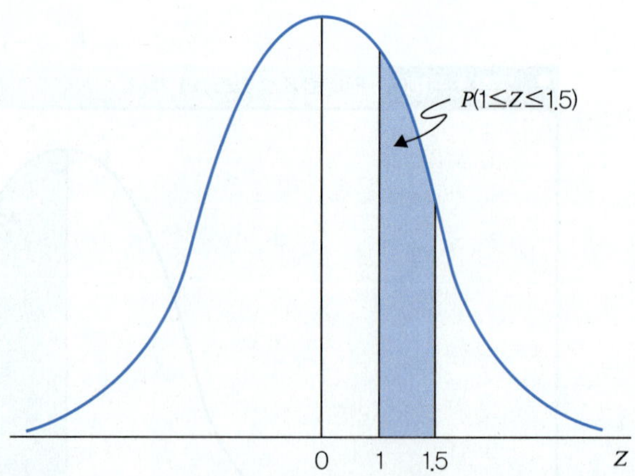

예제 | 13

$z = 2.00$ 이상의 면적을 구하여라.

풀이 이것은 [그림 5-18]의 짙은 색으로 표시된 부분의 면적을 구하면 된다. 따라서 곡선 아래의 우측 절반 부분의 면적 0.5에서 $z = 0$과 $z = 2.00$ 사이의 면적을 빼면 된다. 즉

$$\begin{aligned} P(Z \geq 2.00) &= 0.5 - P(0 \leq Z \leq 2.00) \\ &= 0.5 - 0.4772 \\ &= 0.0228 \end{aligned}$$

로 된다.

그림 5-18 $P(Z \geq 2.00)$의 계산

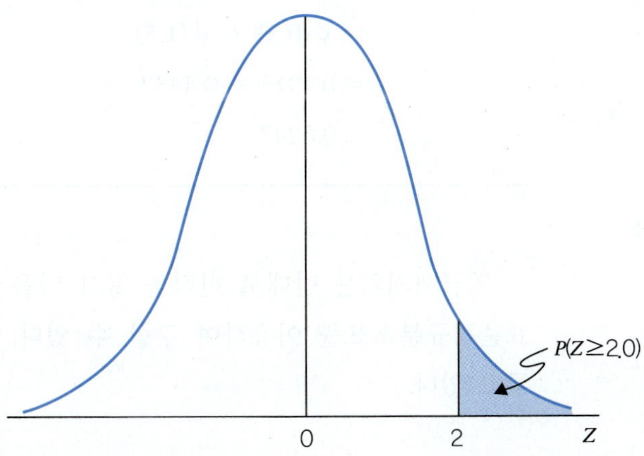

예제 | 14

$z = -0.5$와 $z = 1.5$ 사이의 면적을 구하여라.

풀이 이것은 [그림 5-19]의 짙은 색으로 표시된 부분의 면적을 구하는 것이므로, 확률은 다음과 같이 계산한다.

그림 5-19 $P(-0.5 \le Z \le 1.5)$

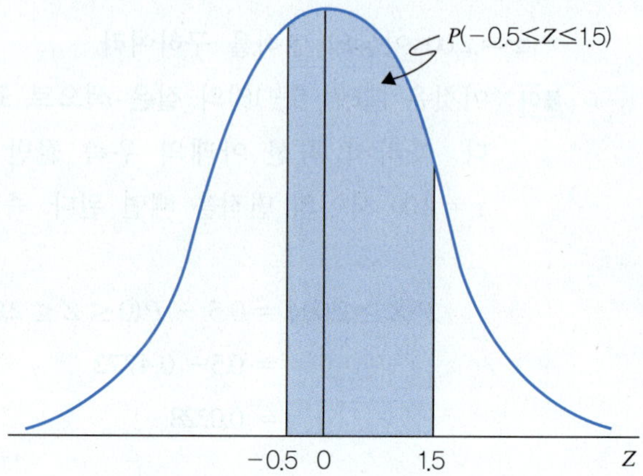

$$\begin{aligned} &P(-0.5 \le Z \le 1.5) \\ &\quad = P(-0.5 \le Z \le 0) + P(0 \le Z \le 1.5) \\ &\quad = \phi(0.5) + \phi(1.5) \\ &\quad = 0.1915 + 0.4332 \\ &\quad = 0.6247 \end{aligned}$$

지금까지와는 반대로 면적을 알고 있을 때는 그것에 대응하는 z의 값도 표준정규분포표를 이용하여 구할 수 있다. 다음의 두 예제는 이 문제를 다루고 있다.

예제 | 15

$P(0 \le Z \le z_0) = 0.35$에서 해당하는 z_0의 값을 구하여라.

풀이 표준정규분포표에서 0.35에 가장 가까운 값을 찾아 그것에 대응하는 z의 값을 찾으면 된다. 표준정규분포표에서 0.35에 가장 가까운 z의 값은 1.04이다.

● 그림 5-20 $P(0 \leq Z \leq z_0) = 0.35$인 z_0값의 계산

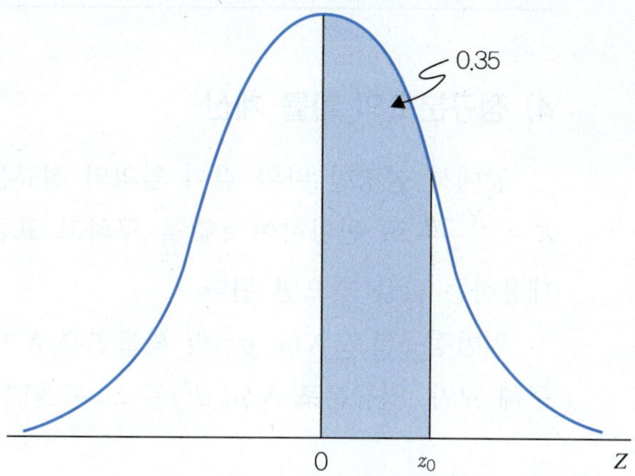

💡 예제 | 16

$P(Z \geq z_0) = 0.025$인 z_0의 값을 구하여라.

풀이 [그림 5-21]에서와 같이 곡선 아래의 우측 절반 부분의 면적이 0.5이므로, 짙은 색으로 표시된 부분 이외의 면적은

$$0.5 - 0.025 = 0.475$$

● 그림 5-21 $P(Z \geq z_0) = 0.025$인 z_0값의 계산

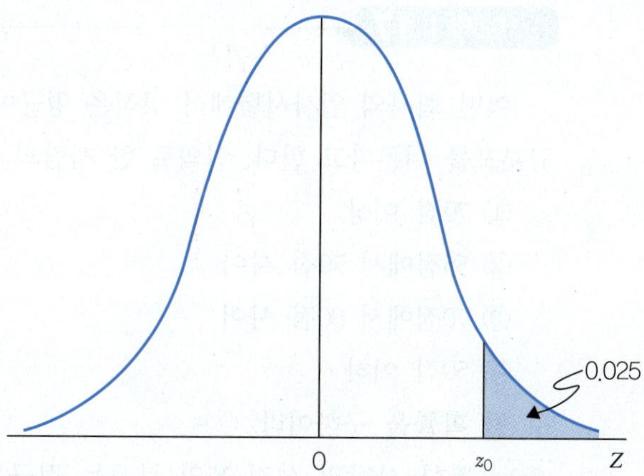

가 되어야 한다. 따라서 0.475에 대응하는 z의 값은 1.96이다.

4) 정규분포의 확률 계산

앞에서 설명한 바와 같이 임의의 정규분포에서의 확률은 확률변수 X를 $Z=\frac{X-\mu}{\sigma}$로 변환하여 z값을 구하고 표준정규분포표를 사용하여 이 z에 대응하는 값을 찾으면 된다.

일반정규분포 $N(\mu,\ \sigma^2)$의 확률변수 X가 구간 $a \le X \le b$에 있을 확률을 구해 보자. 정규분포 $N(\mu,\ \sigma^2)$은 그 확률변수 X를

$$Z=\frac{X-\mu}{\sigma}$$

로 변환하면 Z는 표준정규분포 $N(0,\ 1)$로 되므로, $P(a \le X \le b)$는

$$\begin{aligned} P(a \le X \le b) &= P\left(\frac{a-\mu}{\sigma} \le \frac{X-\mu}{\sigma} \le \frac{b-\mu}{\sigma}\right) \\ &= P\left(\frac{a-\mu}{\sigma} \le Z \le \frac{b-\mu}{\sigma}\right) \qquad (5-36) \end{aligned}$$

로 된다. 그 다음에는 표준정규분포표를 이용하여 앞에서의 표준정규분포에서의 확률계산에서와 같은 방법으로 계산하면 된다.

예제 | 17

어떤 회사의 입사시험에서 성적은 평균이 60점이고 표준편차는 10점인 정규분포를 이룬다고 한다. 임의로 한 사람의 응시자를 뽑았을 때 그의 성적이

① 70점 이상

② 55점에서 70점 사이

③ 70점에서 80점 사이

④ 50점 이하

로 될 확률을 구하여라.

풀이 뽑힌 사람의 성적 X의 분포는 정규분포 $N(60,\ 10^2)$이므로 각 확률은

(5-36)식의 절차에 따라 다음과 같이 구한다.

$$
\text{①}\ P(X \geq 70) = P\left(Z \geq \frac{70-60}{10}\right)
$$
$$
= P(Z \geq 1)
$$
$$
= 0.5 - \phi(1)
$$
$$
= 0.5 - 0.3413
$$
$$
= 0.1587
$$

그림 5-22 $P(Z \geq 1)$의 계산

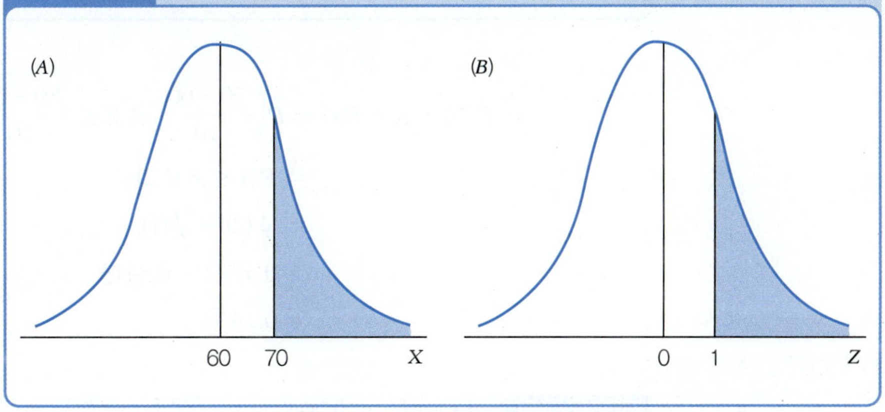

$$
\text{②}\ P(55 \leq X \leq 70) = \left(\frac{55-60}{10} \leq Z \leq \frac{70-60}{10}\right)
$$
$$
= P(-0.5 \leq Z \leq 1)
$$
$$
= \phi(-0.5) + \phi(1)
$$
$$
= 0.1915 + 0.3413
$$
$$
= 0.5328
$$

그림 5-23 $P(-0.5 \leq Z \leq 1)$ 의 계산

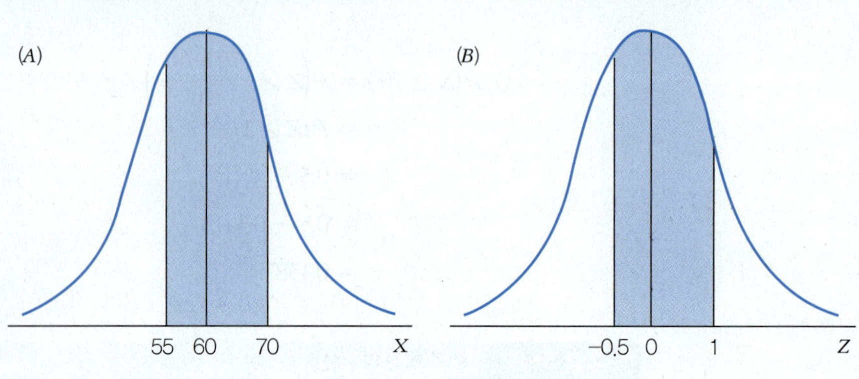

③ $P(70 \leq X \leq 80) = P\left(\frac{70-60}{10} \leq Z \leq \frac{80-60}{10}\right)$

$= P(1 \leq Z \leq 2)$

$= \phi(2) - \phi(1)$

$= 0.4772 - 0.3413$

$= 0.1359$

그림 5-24 $P(1 \leq Z \leq 2)$ 의 계산

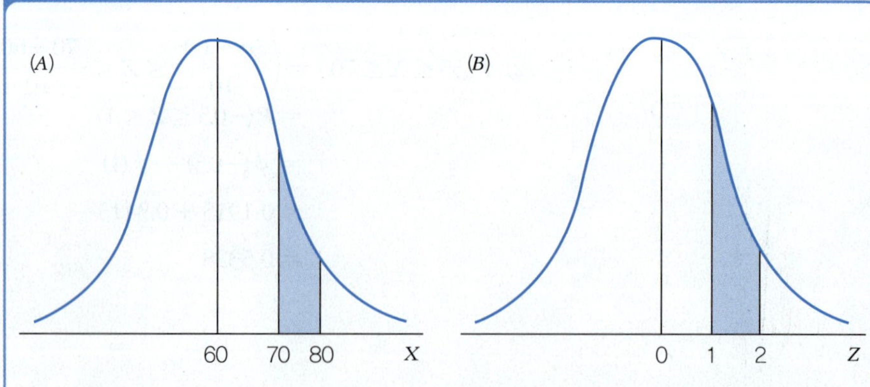

④ $P(X \leq 50) = P\left(Z \leq \frac{50-60}{10}\right)$

$= P(Z \leq -1)$

$= 0.5 - \phi(-1)$

$$= 0.5 - 0.3413$$
$$= 0.1587$$

● 그림 5-25 $P(Z \leq -1)$ 의 계산

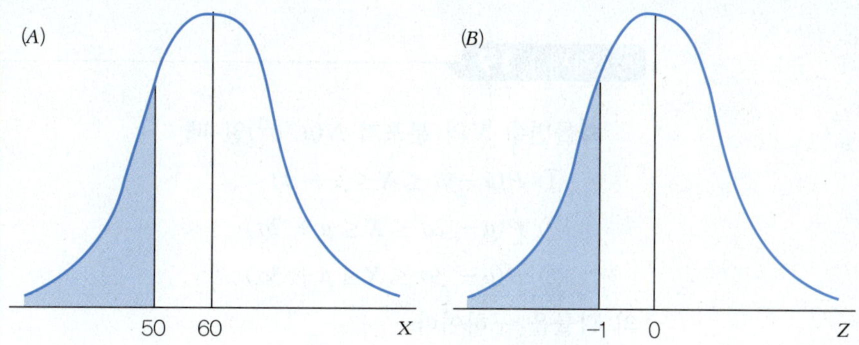

예제 | 18

앞의 예에서 하위 20%에 해당하는 응시자의 성적은 몇 점인지를 구하여라.

풀이 하위 20%에 해당하는 Z의 값은 정규분포에서 면적이 $0.5000 - 0.2000 = 0.3000$에 대응하는 Z값이다. 0.3000에 대응하는 Z값을 표준정규분포표에서 찾으면 가장 가까운 값이 $Z = 0.84$이다. 점수를 알기 위해 이 Z값을 X로 바꾸면

$$Z = \frac{X-\mu}{\sigma}$$

에서

$$-0.84 = \frac{X-60}{10}$$

이므로

$$X = 60 - 8.4 = 51.6$$

이다. 따라서 하위 20%에 해당하는 응시자의 성적은 51.6점이다.

예제 | 19

확률변수 X의 분포가 $N(\mu, \sigma^2)$일 때

① $P(\mu - \sigma \leq X \leq \mu + \sigma)$

② $P(\mu - 2\sigma \leq X \leq \mu + 2\sigma)$

③ $P(\mu - 3\sigma \leq X \leq \mu + 3\sigma)$

의 확률을 구하여라.

풀이 ① $P(\mu - \sigma \leq X \leq \mu + \sigma)$

$$= P\left(\frac{\mu - \sigma - \mu}{\sigma} \leq Z \leq \frac{\mu + \sigma - \mu}{\sigma}\right)$$
$$= P(-1.00 \leq Z \leq +1.00)$$
$$= \phi(-1.00) + \phi(1.00)$$
$$= 2 \times 0.34134$$
$$= 0.68268$$

② $P(\mu - 2\sigma \leq X \leq \mu + 2\sigma)$

$$= P\left(\frac{\mu - 2\sigma - \mu}{\sigma} \leq Z \leq \frac{\mu + 2\sigma - \mu}{\sigma}\right)$$
$$= P(-2.00 \leq Z \leq 2.00)$$
$$= \phi(-2.00) + \phi(2.00)$$
$$= 2 \times 0.47725$$
$$= 0.9545$$

③ $P(\mu - 3\sigma \leq X \leq \mu + 3\sigma)$

$$= P\left(\frac{\mu - 3\sigma - \mu}{\sigma} \leq Z \leq \frac{\mu + 3\sigma - \mu}{\sigma}\right)$$
$$= P(-3.00 \leq Z \leq 3.00)$$
$$= \phi(-3.00) + \phi(3.00)$$
$$= 2 \times 0.49865$$
$$= 0.99730$$

그림 5-26 정규곡선

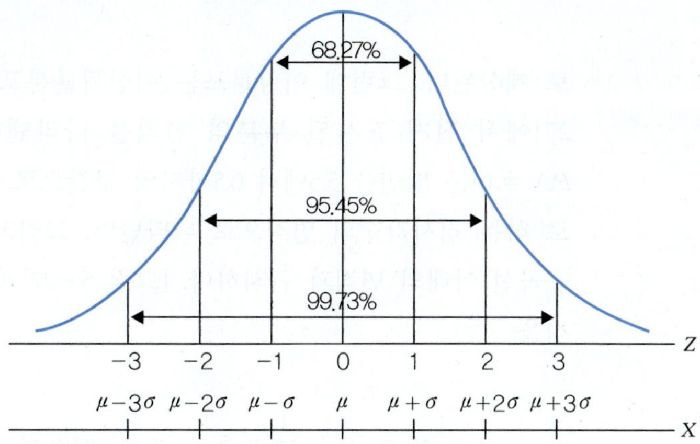

위의 [예제 19]에서 알 수 있듯이 정규곡선에서는 [그림 5−26]에서와 같이 평균 μ를 중심으로 하여 표준편차의 ± 1배의 범위 내에서는 전면적의 68.27%, 표준편차의 ± 2배의 범위 내에서는 95.45%, 그리고 표준편차의 $\pm$ 3배의 범위 내에서는 99.73%가 포함된다.

5) 정규분포에 의한 이항분포의 근사계산

이항분포의 경우 1회 시행에서 성공하는 확률 p가 극단적으로 작거나 큰 값이고 시행 횟수 n이 큰 값인 경우에는 포아송 분포를 이용하여 이항분포의 확률을 근사적으로 계산할 수 있다는 것을 앞에서 보았다.

여기서는 n이 큰 값이고 p가 극단적으로 작거나 크지 않을 경우에는 정규분포에 의해 이항분포의 확률을 근사적으로 계산할 수 있음을 보기로 한다. 이를 위해 이항분포에 의한 확률과 정규분포에 의하여 구한 확률과의 근사정도를 알아보자. 예를 들어 동전을 10회 던져 앞면이 6회 나올 확률을 구해 보기로 한다. 앞면의 출현 횟수를 X라고 하면, X는 $n=10$, $p=q=\dfrac{1}{2}$인 이항분포 $b(6;\ 10,\ \dfrac{1}{2})$를 이룬다. 따라서 앞면이 6회 나올 확률은 식

$$P(X=x) = \binom{10}{x} \cdot \left(\frac{1}{2}\right)^x \cdot \left(\frac{1}{2}\right)^{10-x} \qquad x = 0,\ 1,\ 2,\ \cdots,\ 10$$

에서 x에 6을 대입하여

$$P(X=6)=\binom{10}{6}\cdot\left(\frac{1}{2}\right)^6\cdot\left(\frac{1}{2}\right)^4=0.2051$$

로 계산된다. 그런데 이항분포는 이산확률분포이므로 이 확률은 [그림 5-27]에서 짙게 표시된 부분의 면적을 나타낸다. 이 예에서 구하는 확률 $P(X=6)$는 밑변을 5.5에서 6.5까지의 구간으로 하고 그 높이를 막대의 길이로 하는 직사각형의 면적으로 나타난다. 그리고 이 면적은 같은 구간의 정규곡선 아래의 면적과 근사하다. [그림 5-27]에서 구간 5.5와 6.5 사이의 면적을

$$\mu=np=10\times\frac{1}{2}=5,\qquad \sigma=\sqrt{npq}=\sqrt{10\times\frac{1}{2}\times\frac{1}{2}}=1.5811$$

인 정규분포를 이용하여 근사적으로 확률을 계산하려면 $5.5\le X\le 6.5$인 경우의 확률 $P(5.5\le X\le 6.5)$의 값을 구하면 된다. 즉

$$\begin{aligned}
&P(5.5\le X\le 6.5)\\
&=P\left(\frac{5.5-5}{1.5811}\le Z\le\frac{6.5-5}{1.5811}\right)\\
&=P(0.32\le Z\le 0.95)\\
&=\phi(0.95)-\phi(0.32)\\
&=0.3289-0.1255\\
&=0.2034
\end{aligned}$$

로 된다. 이 값은 이항분포에 의해서 구한 확률 0.2051에 상당히 접근하고 있음을 알 수 있다. 즉, n이 크고 p가 0 혹은 1에 가까운 값이 아니면서 이항분포를 하는 확률변수 X는 평균이 np이고 분산이 $np(1-p)$인 정규분포와 근사한 형태를 가진다.

그림 5-27 이항분포 $b\left(6;\ 10,\ \frac{1}{2}\right)$의 히스토그램과 그 근사정규분포곡선

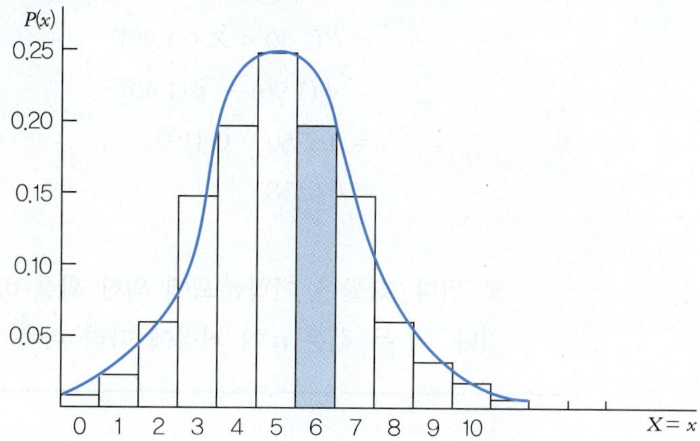

예제 | 20

어떤 제품 중에서 불량품이 나올 확률이 0.2라고 한다. 이 제품 중에서 20개를 임의로 추출하였을 때 그 중 7개가 불량품일 확률을 구하여라.

풀이 이항분포에 의하면, 구하는 확률은

$$\begin{aligned} P(X=7) &= b(7;\ 20,\ 0.2) \\ &= \binom{20}{7}(0.2)^7(0.8)^{13} \\ &= 0.0545 \end{aligned}$$

가 된다. 이를 정규분포에 의해서 근사적으로 구해보면, 평균 μ와 표준편차 σ는

$$\mu = np = 20 \times 0.2 = 4$$
$$\sigma = \sqrt{npq} = \sqrt{20 \times 0.2 \times 0.8} = 1.7889$$

이므로, 구하는 확률은

$$
\begin{aligned}
P(6.5 \le X \le 7.5)& \\
&= P\left(\frac{6.5-4}{1.7889} \le Z \le \frac{7.5-4}{1.7889}\right) \\
&= P(1.40 \le Z \le 1.96) \\
&= \phi(1.96) - \phi(1.40) \\
&= 0.4750 - 0.4192 \\
&= 0.0558
\end{aligned}
$$

로 된다. 확률은 이항분포에 의한 확률 0.0545의 근사치로 간주할 수 있다. 이 두 값은 n이 커짐에 따라 더욱 접근해간다.

이상에서 보면 이항분포 $b(x;\ n,\ p)$에서 p의 값이 0 또는 1에 가까운 값이 아니고, n이 충분히 클 경우에는 확률변수 X에 대하여 표준화된 확률변수

$$Z = \frac{X - np}{\sqrt{npq}} \tag{5-37}$$

의 분포는 표준정규분포 $N(0,\ 1)$에 가까워진다는 것을 알 수 있다.

따라서 정규분포는 p가 극단적으로 작거나 크지 않고, n이 충분히 큰 경우의 이항분포의 근사계산에 사용될 수 있다.

연 · 습 · 문 · 제

01 확률변수 X는 a, b의 값을 가지며, 그 각각의 확률은 다음과 같다.

$P(X=a)=p$

$P(X=b)=1-p$

이때 확률변수 X의 확률밀도함수를 나타내시오.

02 어떤 실험이 성공할 확률은 0.4라고 하자. X는 이 실험을 독립적으로 15번 시행할 때 얻을 수 있는 성공 횟수를 나타내는 확률변수이다. 이항분포를 사용하여 $P(6 \le X \le 9)$를 구하라.

03 이항분포는 시행 횟수 n과 성공확률 p에 의해 특징지워진다. $n=8$, $p=0.3$이라고 할 때 이항분포표를 이용하여 $P(X \ge 5)$를 구하라.

04 어떤 가정의 한 아이가 질병을 유전적으로 가질 확률은 p이다. 만약 n명의 자녀를 둔 가정에서 최소한 한 아이는 질병이 있다는 것이 알려져 있을 때 그 가정에서 질병을 유전적으로 가질 아이의 평균 숫자는 얼마나 될까?

05 어떤 책에서는 페이지당 평균적으로 m개의 오타가 있다고 한다. 그리고 오타는 포아송 분포를 하는 것으로 알려져 있다. 이때 어느 특정 페이지에서 오타가 발생하지 않을 확률을 구하라.

06 한 항공회사는 198개의 좌석을 가지고 있는 비행기에 대해 200개 티켓을 판매한다. 이것은 평균적으로 판매된 티켓 수의 1%에 해당하는 고객들이 나타나지 않는다는 경험에 기초하고 있다. 비행을 위해 공항에 나타나는 모든 사람들이 자리를 잡을 확률을 구하라.

07 어떤 특수한 병으로 1년 동안 한 사람이 사망할 확률은 0.00001이다. 어떤 보험회사의 보험가입자가 10만명이라면 1년 동안 이 병으로 피보험자가 사망하여 보험금이 지급되는 건수가 5건 이상일 확률을 포아송

분포를 이용하여 구하라.

08 나사못을 생산하고 있는 기계가 있다. 100개씩 한 상자로 포장하는데 상자당 평균적으로 36개씩의 불량 나사못이 들어 있다고 한다.

1) 한 상자에 20개의 불량 나사못이 들어 있을 확률을 이항분포를 이용하여 구하라.
2) 한 상자에 40개 이하의 불량 나사못이 들어 있을 확률을 정규분포를 이용하여 근사적으로 계산하시오.

09 어떤 자동세탁기의 수명은 평균이 3.4년이고 표준편차가 1.2년인 정규분포를 이룬다고 한다. 이 회사는 이 세탁기를 판매한 후 1년간 보증한다고 한다. 처음 100대를 판매했을 경우 몇 대를 수리 · 교환해 주어야 하는가?

10 공무원 채용시험에서 응시자들이 문제를 푸는데 걸리는 시간은 평균 70분, 표준편차 12분의 정규분포를 한다고 한다. 감독관이 응시자들의 90%가 문제를 다 풀 수 있을 만큼의 시간을 주고자 한다면, 시험이 시작된 후 몇 분 후에 끝마쳐야 하는가?

11 다음 물음에 답하라.

1) 어떤 경우에 이항분포를 포아송 분포로 근사시키는가?
2) 이항분포의 근사 외에 포아송 분포는 어떤 경우에 적용시킬 수 있는가?

12 다음 중 포아송 분포에 따른다고 할 수 있는 것은 어느 것인가? 포아송 분포에 따르지 않는 것은 그 이유를 설명하라.

1) 10대의 시내버스 중 하루에 2대가 고장날 확률, 단 버스 1대가 고장날 확률은 각각 0.001이다.
2) 1년 동안 화재가 발생할 확률이 0.002인 1,000개의 기업들이 한 보험회사에 보험을 들고 있다고 할 때 이 보험회사가 1년 동안 보험금을 지분하지 않아도 좋을 확률.
3) 평균 15분에 한 번씩 전화가 걸려올 때는 1시간 동안 이 전화기로 걸려오는 전화가 5통화일 확률.

4) 한 외판원이 고객을 상대로 물건을 팔 때 성공할 확률이 0.4라고 한다. 이 외판원이 100명을 상대로 적어도 25명에게 물건을 팔 확률.

13 한 임대아파트 관리자가 세대당 임대기간을 조사하여 다음의 자료를 얻었다.

기간(년)	1	2	3	4
세대 수	44	17	9	5

1) 평균임대기간을 구하라.
2) 임대기간은 지수분포를 한다고 가정하고 한 세대가 1년 이상 임대할 확률을 계산하라.

14 확률변수 X는 평균이 10이고 분산이 2.25인 정규분포를 한다. 다음 확률을 구하라.

1) $P(X > 8.5)$
2) $P(X < 12)$
3) $P(9.25 \leq X \leq 11.25)$
4) $P(7.5 \leq X \leq 9.2)$
5) $P(12.25 \leq X \leq 13.25)$

15 $n = 25$, $p = 0.4$인 이항실험을 하였을 때 확률 $P(8 \leq X \leq 11)$을 다음과 같이 구하라.

1) 이항분포에 따라 계산하라.
2) 정규분포에 의해 근사계산하라.

c • h • a • p • t • e • r 06

표본분포

statistics

분석대상이 되는 집단을 모두 관찰하는 데는 경제적 · 시간적 제약이 따를 수 있고, 경우에 따라서는 관찰이 현실적으로 불가능한 경우도 있을 수 있다. 그래서 실제로는 분석대상인 집단을 구성하고 있는 개체의 일부분만을 표본으로 추출하고, 표본에서 구한 통계량을 이용하여 집단 전체의 특성을 가능한 한 정확하게 추측하고자 한다. 이를 위해서는 될 수 있는 한 집단 전체를 잘 대표할 수 있는 표본을 추출해야 함은 물론이고, 이와 함께 표본을 관찰하여 얻은 정보로써 모집단의 특성을 추측하는 방법을 알아야 한다.

이와 같이 어떤 모집단으로부터 표본을 추출하고 거기서 관찰 · 수집한 자료에서 얻은 통계량을 기초로 하여 모집단의 특성을 추론하는 지식체계가 추측통계학인데, 이 장에서는 앞의 3 · 4 · 5장에서 다룬 확률 및 확률분포를 기초로 하여 추정 및 검정 등의 통계적 추론에 있어서 기본적인 역할을 하는 통계량의 표본분포에 대해 설명하기로 한다.

s • t • a • t • i • s • t • i • c • s

01 | 표본분포의 의미

앞의 제5장에서는 다양한 확률분포에 대해서, 모집단과 표본을 구별하지 않고, 그 집단의 특성을 규정하는 확률분포의 기대치와 분산에 대해 살펴보았다. 거기서 설명한 확률분포와 그 특성치는 기술통계에서와 같은 개념이라고 할 수 있다.

그런데 표본에서 얻은 통계량으로써 모수를 추정하는 추측통계에서는 표본통계량의 확률분포가 핵심이 되는데 그 개념은 다음과 같다.

동일한 모집단에서 임의로 추출한 같은 크기의 표본이라 하더라도 그 표본들의 구성 단위가 달라짐에 따라 각 표본들로부터 계산된 통계치는 달라진다. 이 값은 추출가능한 표본의 수만큼 많을 수 있다. 예를 들어 10,000명 중에서 50명을 무작위로 추출하여 평균키를 조사할 경우를 생각해 보자. 이 때 ${}_{10,000}C_{50}$개의 표본이 추출될 수 있고 각각의 표본에서 평균키 ${}_{10,000}C_{50}$개의 값을 구할 수 있을 것이다. 이들을 모두 구했다고 가정하고 그것을 하나의 분포로 나타낸 것이 표본평균이라는 표본통계량의 분포이다.

앞의 예를 통해 설명하였듯이 하나의 표본을 구성하는 각 구성단위는 모집단의 구성단위 중에서 확률적으로 추출되는 변수이므로 표본의 구성단위들로부터 계산되는 통계치를 하나의 변량으로 나타내는 표본통계량도 확률변수가 된다. 바로 이 '확률변수로서의 표본통계량이 이루는 확률분포'를 표본분포(sampling distribution)라고 한다.

이 장에서는 확률표본을 전제로 하여 표본평균($\overline{X}$)을 비롯하여 표본비율($\hat{p}$), 표본분산(s^2), 표본평균의 차($\overline{X}_1 - \overline{X}_2$), 표본비율의 차($\hat{p}_1 - \hat{p}_2$), 표본분산비($s_1^2/s_2^2$) 등 여섯 가지의 표본통계량의 분포를 다룰 것이다.

s • t • a • t • i • s • t • i • c • s

02 | 표본평균의 분포

1. 표본평균분포의 개념

모집단에서 추출 가능한 모든 표본의 평균 $\overline{X}$ 의 값들과 그 각각의 출현확률과의 관계를 대응시켜 나타낸 것을 표본평균의 분포(distribution of sample means)라고 한다. 이 표본평균의 분포를 간단한 예를 들어 설명하기로 한다.

상자 안에 똑같은 크기의 공 다섯 개가 들어 있고, 각 공에는 1, 2, 3, 4, 5 중의 하나의 숫자가 적혀 있다. 이 중에서 두 개의 공을 복원추출법으로 꺼내 적혀 있는 숫자를 확인하는 실험을 생각해 본다. 추출된 공에 적힌 숫자를 확률변수 X라 하면 X의 표본공간은 $\{1, 2, 3, 4, 5\}$이다. 이 다섯 개의 숫자가 모집단인데, 복원추출이므로 이것은 무한모집단에 해당한다. 그리고 하나의 표본은 두 개의 숫자로 구성되므로 표본의 크기는 $n = 2$이다.

먼저 모집단의 평균 μ와 분산 σ^2는 각각 다음과 같이 계산된다. 일반적으로 모집단의 평균이나 분산은 알려져 있지 않지만, 여기서는 표본분포를 설명하기 위해 그것들이 모두 알려져 있는 경우를 예로 들고 있다.

$$\mu = \frac{\sum x_i}{N} = \frac{1+2+3+4+5}{5} = 3$$

$$\sigma^2 = \frac{\sum (x_i - \mu)^2}{N}$$

표 6-1 표본단위와 표본평균

표본의 구성 단위	표본평균($\overline{X}$)	표본의 구성 단위	표본평균($\overline{X}$)
1, 1	1.0	3, 4	3.5
1, 2	1.5	3, 5	4.0
1, 3	2.0	4, 1	2.5
1, 4	2.5	4, 2	3.0
1, 5	3.0	4, 3	3.5
2, 1	1.5	4, 4	4.0
2, 2	2.0	4, 5	4.5
2, 3	2.5	5, 1	3.0
2, 4	3.0	5, 2	3.5
2, 5	3.5	5, 3	4.0
3, 1	2.0	5, 4	4.5
3, 2	2.5	5, 5	5.0
3, 3	3.0		

$$= \frac{1}{5}\{(1-3)^2 + (2-3)^2 + (3-3)^2 + (4-3)^2 + (5-3)^2\}$$
$$= 2$$

다음으로 크기가 $n = 2$인 표본의 평균을 구해보자. 이 모집단에서 추출할 수 있는 표본의 수는 무한하지만 서로 다른 표본은 모두 $5^2 = 25$가지 종류이다. 이들 추출 가능한 서로 다른 25가지의 표본에서 계산된 표본평균 $\overline{X}$ 는 〈표 6-1〉에서 보는 바와 같다. 여기서 모든 가능한 25가지의 표본에 대해서 각 표본이 실제 표본으로 추출될 확률은 모두 1/25로서 같다.

〈표 6-1〉은 각 표본의 산술평균을 나타내고 있다. 이 산술평균 $\overline{X}$ 의 표본공간은 9개의 숫자로 구성되는데, $\overline{X}$ 의 각 값과 그에 해당하는 표본종류 수를 상대도수분포표로 작성할 수 있다. 이렇게 작성한 것이 〈표 6-2〉인데, 이것은 표본평균 $\overline{X}$ 의 확률분포를 나타내고 있다.

이 〈표 6-2〉의 표본평균 $\overline{X}$ 의 분포를 히스토그램으로 나타낸 것이 [그림 6-1]이다.

표 6-2 표본평균의 분포

표본평균($\bar{X}$)	$P(\bar{X})$
1.0	$\frac{1}{25}=0.04$
1.5	$\frac{2}{25}=0.08$
2.0	$\frac{3}{25}=0.12$
2.5	$\frac{4}{25}=0.16$
3.0	$\frac{5}{25}=0.20$
3.5	$\frac{4}{25}=0.16$
4.0	$\frac{3}{25}=0.12$
4.5	$\frac{2}{25}=0.08$
5.0	$\frac{1}{25}=0.04$
합 계	1.00

그림 6-1 표본평균의 분포도

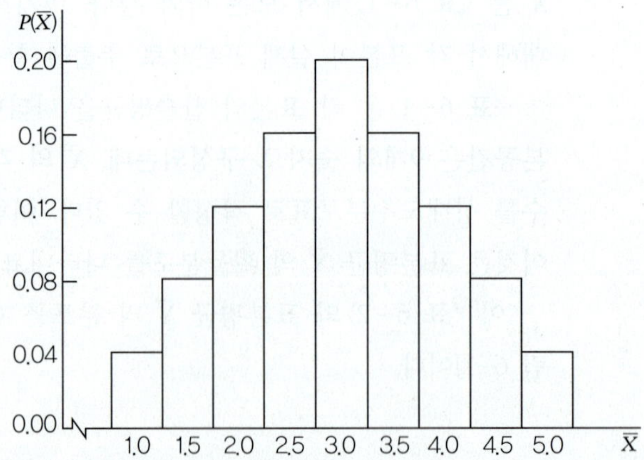

표 6-3 표본평균분포에서 평균과 분산 계산

$\overline{X}$	$P(\overline{X})$	$\overline{X}P(\overline{X})$	$(\overline{X}-\mu_{\overline{X}})$	$(\overline{X}-\mu_{\overline{X}})^2$	$(\overline{X}-\mu_{\overline{X}})^2P(\overline{X})$
1.0	0.04	0.04	−2.0	4.00	0.16
1.5	0.08	0.12	−1.5	2.25	0.18
2.0	0.12	0.24	−1.0	1.00	0.12
2.5	0.16	0.40	−0.5	0.25	0.04
3.0	0.20	0.60	0.0	0.00	0.00
3.5	0.16	0.56	0.5	0.25	0.04
4.0	0.12	0.48	1.0	1.00	0.12
4.5	0.08	0.36	1.5	2.25	0.18
5.0	0.04	0.20	2.0	4.00	0.16
합 계	1.00	$\mu_{\overline{X}}=3.00$			$\sigma_{\overline{X}}^2=1.00$

2. 표본평균분포의 평균과 분산

〈표 6-2〉로부터 제4장에서 설명한 바와 같이 표본평균 $\overline{X}$ 를 확률변수로 하는 확률분포의 기대치와 분산을 계산할 수 있다. 〈표 6-3〉이 그 계산 과정을 보여준다. 먼저 표본평균분포의 기대치 $E(\overline{X})$ 또는 평균 $\mu_{\overline{X}}$ 는

$$\mu_{\overline{X}} = E(\overline{X}) = \sum \overline{X} \cdot P(\overline{X}) = 3$$

이다. 이것은 앞에서 계산된 모집단의 평균 $\mu = 3$과 같다는 것을 알 수 있다. 즉

$$\mu_{\overline{X}} = \mu \tag{6-1}$$

이다. 그리고 표본평균분포의 분산 $\sigma_{\overline{X}}^2$은

$$\sigma_{\overline{X}}^2 = \sum (\overline{X} - \mu_{\overline{X}})^2 \cdot P(\overline{X}) = 1$$

이다. 모집단의 분산은 $\sigma^2 = 2$이고 표본의 크기는 $n = 2$이므로, 표본평균분포의 분산 $\sigma_{\overline{X}}^2$과 모분산 σ^2간에는

$$\sigma_{\overline{X}}^2 = 1 = \frac{\sigma^2}{n} = \frac{2}{2}$$

의 관계가 있다는 것을 알 수 있다. 즉 표본평균분포의 분산 $\sigma_{\overline{X}}^2$은 모집단의 분산 σ^2을 표본의 크기 n으로 나눈 값

$$\sigma_{\overline{X}}^2 = \frac{\sigma^2}{n} \tag{6-2}$$

과 같다.

위와 같은 관계를 일반화하면 다음과 같이 된다. 평균 μ, 분산 σ^2인 모집단에서 무작위로 추출한 n개의 관측치를 $X_1, X_2, \cdots, X_n$이라고 하면, 이는 하나의 확률표본을 이룬다. 이 표본의 평균 $\overline{X}$는

$$\overline{X} = \frac{1}{n}(X_1 + X_2 + \cdots + X_n)$$

로 된다. 이 표본평균분포의 평균 $\mu_{\overline{X}}$는

$$\begin{aligned}\mu_{\overline{X}} &= E(\overline{X}) \\ &= E\left\{\frac{1}{n}(X_1 + X_2 + \cdots + X_n)\right\} \\ &= \frac{1}{n}\{E(X_1) + E(X_2) + \cdots + E(X_n)\}\end{aligned}$$

그런데 $X_1, X_2, \cdots, X_n$은 모두 동일한 모집단의 변수이므로

$$\begin{aligned}E(X_1) &= E(X_2) = \cdots = E(X_n) \\ &= \mu\end{aligned} \tag{6-3}$$

이다. 따라서

$$\begin{aligned}\mu_{\overline{X}} = E(\overline{X}) &= \frac{1}{n}(\mu + \mu + \cdots + \mu) \\ &= \frac{1}{n}(n\mu) \\ &= \mu\end{aligned}$$

로 된다. 그리고 표본평균분포의 분산은 $X_1, X_2, \cdots, X_n$이 상호독립이므로 분산의 가법성을 이용하면

$$\begin{aligned}\sigma_{\bar{X}}^2 &= Var(\bar{X}) \\ &= Var\left\{\frac{1}{n}(X_1 + X_2 + \cdots + X_n)\right\} \\ &= \left(\frac{1}{n}\right)^2 \left\{Var(X_1 + X_2 + \cdots + X_n)\right\} \\ &= \left(\frac{1}{n}\right)^2 \{Var(X_1) + Var(X_2) + \cdots + Var(X_n)\}\end{aligned}$$

이 되는데, 여기서 $X_1, X_2, \cdots, X_n$은 동일 모집단의 변수이므로

$$\begin{aligned}Var(X_1) &= Var(X_2) = \cdots = Var(X_n) \\ &= \sigma^2\end{aligned}$$

이다. 따라서

$$\begin{aligned}\sigma_{\bar{X}}^2 &= Var(\bar{X}) \\ &= \left(\frac{1}{n}\right)^2 (\sigma^2 + \sigma^2 + \cdots + \sigma^2) \\ &= \frac{1}{n^2} n\sigma^2 \\ &= \frac{\sigma^2}{n}\end{aligned} \qquad (6-4)$$

로 된다.

3. 모집단의 분포와 표본평균분포의 관계

표본평균분포의 형태는 모집단의 분포형태에 따라 달라진다. 그러므로 표본평균분포의 형태가 모집단의 분포형태와 어떠한 관계를 갖는지를 정규모집단과 비정규모집단으로 나누어 살펴보기로 한다.

1) 정규모집단과 표본평균의 분포

모집단이 정규분포를 하고 그 정규모집단에서 추출한 표본의 평균의 분포는 표본의 크기 n에 관계없이 언제나 정규분포를 이룬다. 즉 모집단이 평균 μ, 분산 σ^2인 정규분포를 이룬다면, 이 정규모집단에서 추출한 크기가 n인 표본의 평균 $\overline{X}$는 평균 μ, 분산 $\frac{\sigma^2}{n}$인 정규분포를 한다.

따라서 다음과 같이 나타낼 수 있다.

$$\overline{X} \sim N(\mu, \frac{\sigma^2}{n}) \tag{6-5}$$

이것을 표준화한

$$Z = \frac{\overline{X} - \mu}{\sigma/\sqrt{n}}$$

는 평균이 0, 분산이 1인 표준정규분포를 이룬다.

예제 | 01

전체 학생이 10,000명인 어느 대학교의 학생들의 체중은 평균 65kg, 표준편차 20kg의 정규분포를 이룬다고 한다. 지금 전체 학생 10,000명 중에서 복원추출법에 의해서 선택한 25명에 대한 평균 체중은 어떠한 분포를 하는가를 알아보아라.

풀이 모집단이 $\mu = 65\text{kg}$, $\sigma = 20\text{kg}$인 정규분포를 이루므로, $n = 25$인 표본의 평균의 분포는, 그 평균과 표준편차가

$$\mu_{\overline{X}} = \mu = 65$$
$$\sigma_{\overline{X}} = \frac{\sigma}{\sqrt{n}} = \frac{20}{\sqrt{25}} = 4$$

인 정규분포를 이룬다. 이것을 그림으로 나타내면 다음 [그림 6-2]와 같다.

그림 6-2 정규모집단분포와 표본평균분포

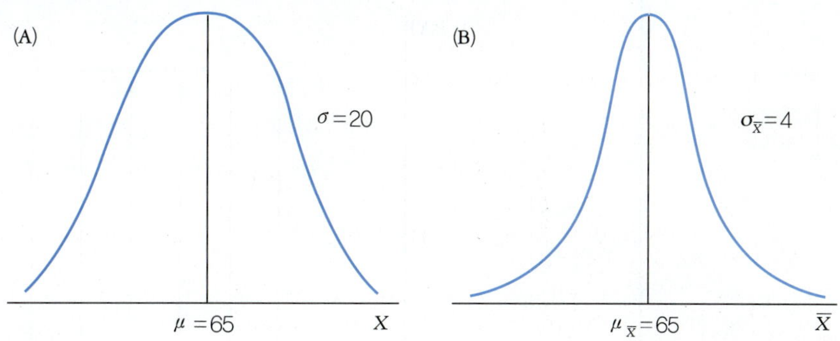

2) 비정규모집단과 표본평균의 분포

실제로 사회현상이나 자연현상에서 추출된 자료의 모집단이 정규분포를 이루는 경우는 드물다. 예를 들어 모집단이 1, 2, 3, 4, 5의 다섯 개의 숫자로 구성되는 앞의 예에 있어서는 각 숫자가 나올 확률이 $\frac{1}{5}$이고 〈표 6-4〉와 [그림 6-3]에서 볼 수 있듯이 균등분포를 이루므로, 정규분포를 이루지 않는다. 이와 같이 모집단이 정규분포를 이루지 않는 경우에는 표본평균 $\overline{X}$의 분포가 반드시 정규분포를 이룬다고는 할 수 없다.

하지만 모집단의 분포형태에 관계없이 평균 μ, 분산 σ^2인 모집단에서 추

표 6-4 모집단의 분포

X	$P(X)$
1	$\frac{1}{5}$
2	$\frac{1}{5}$
3	$\frac{1}{5}$
4	$\frac{1}{5}$
5	$\frac{1}{5}$
합 계	1.0

그림 6-3 모집단의 분포도

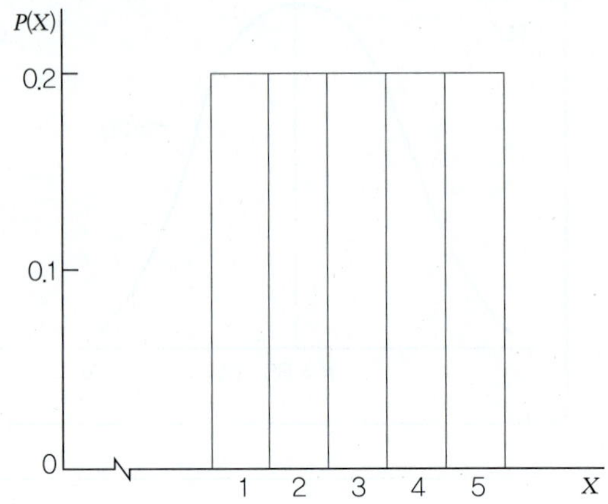

출된 표본평균 $\overline{X}$는 표본의 크기 n이 커짐에 따라 평균이 μ, 분산 $\frac{\sigma^2}{n}$인 정규분포에 접근한다. 이것을 중심극한의 정리(central limit theorem)라고 한다. 대체로 표본의 크기가 30 이상이면 모집단의 분포형태에 관계없이 표본평균은 정규분포를 이룬다고 할 수 있다. 중심극한의 정리에 의해, 모집단이 정규분포를 이루지 않는다고 하더라도, 표본의 크기 n이 30 이상이면 다음과 같이 나타낼 수 있다.

$$Z = \frac{\overline{X} - \mu}{\sigma/\sqrt{n}} \sim N(0,\ 1) \qquad (6-6)$$

4. 대수의 법칙

표본평균 $\overline{X}$의 분포는 표본의 크기 n이 달라짐에 따라 그 모양이 달라진다. 이것을 알아보기 위해, 모집단이 1, 2, 3, 4, 5의 다섯 개의 숫자로 구성되는 앞의 예에서, 표본의 크기를 3으로 늘리면 이 경우 표본평균 $\overline{X}$의 분포는 〈표 6-5〉와 [그림 6-4]와 같이 된다.

그리고 표본의 크기 $n=3$일 때의 표본평균분포의 평균 및 분산을 〈표 6-5〉에서 계산해 보면 다음과 같다.

$$\mu_{\overline{X}} = \sum \overline{X} \cdot P(\overline{X})$$

표 6-5 표본평균의 분포($n=3$)

$\bar{X}$	$P(\bar{X})$
1.00	0.008
1.33	0.024
1.67	0.048
2.00	0.080
2.33	0.120
2.67	0.144
3.00	0.152
3.33	0.144
3.67	0.120
4.00	0.080
4.33	0.048
4.67	0.024
5.00	0.008
합 계	1.000

그림 6-4 표본평균의 분포도($n=3$)

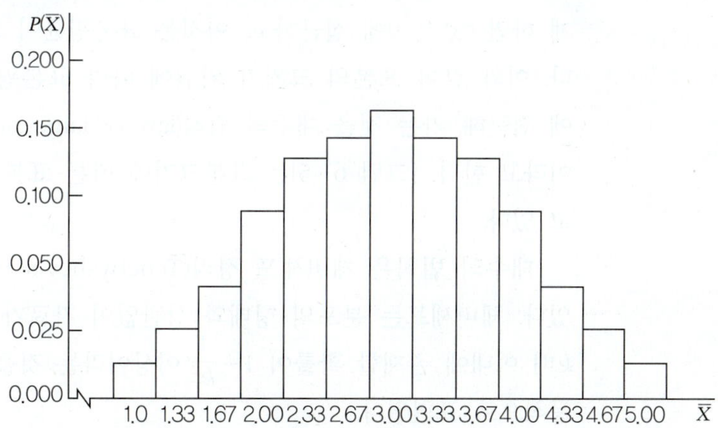

$$= (1.00)\cdot(0.008) + (1.33)\cdot(0.024) + \cdots + (5.00)\cdot(0.008)$$

$$= 3 = \mu$$

$$\sigma_{\bar{X}}^2 = \sum(\bar{X} - \mu_{\bar{X}})^2 \cdot P(\bar{X})$$

$$= (1.00-3)^2\cdot(0.008) + (1.33-3)^2\cdot(0.024) + \cdots + (5.00-3)^2\cdot(0.008)$$

$$= \frac{2}{3} \fallingdotseq 0.67$$

그림 6-5 표본 크기에 따른 표본평균의 분포

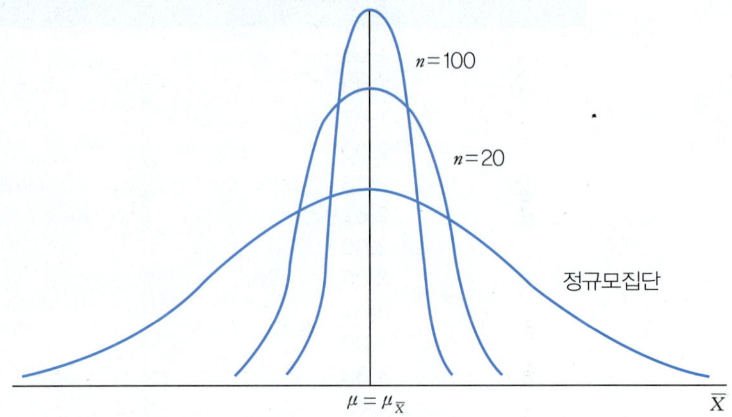

따라서 $n=3$일 때의 표본평균분포의 평균($\mu_{\overline{X}}$)은 모평균(μ)과 같으나, 분산($\sigma_{\overline{X}}^2$)은 0.67로서 $n=2$일 때의 분산 1보다 작다. 따라서 표본의 크기 n이 커짐에 따라 분산 $\sigma_{\overline{X}}^2$이 작아진다는 것을 알 수 있다. 만약 n을 무한히 크게 하면 $\sigma_{\overline{X}}^2$은 0에 접근하고, 이것은 표본평균이 모평균과 같아짐을 의미한다. 이와 같이 표본의 크기가 커짐에 따라 표본평균($\overline{X}$)이 모집단의 평균 μ에 접근해 가는 것을 대수의 법칙(law of large numbers) 또는 평균의 법칙이라고 한다. [그림 6-5]는 표본크기에 따른 표본평균분포의 변화를 나타내고 있다.

대수의 법칙은 체비셰프 정리(Tchebyshev's theorem)와 밀접한 관계가 있다. 체비셰프는 분포의 형태와 상관없이 자료가 평균으로부터 표준편차의 k배 이내에 존재할 확률이 $1-\frac{1}{k^2}$ 이상이라는 것을 증명하였는데, 다음의 부등식으로 표현된다.

$$P(|X-\mu| \le k\sigma) \ge 1-\frac{1}{k^2} \tag{6-7}$$

이 식을 체비셰프의 부등식(Tchebyshev inequality)이라 부른다. 체비셰프 정리를 확률변수 $\overline{X}$에 적용하면 다음과 같이 나타낼 수 있다.

$$P\left(|\overline{X}-\mu| \le k\frac{\sigma}{\sqrt{n}}\right) \ge 1-\frac{1}{k^2} \tag{6-8}$$

이 식은 표본의 크기를 충분히 크게 하면 표본평균과 모평균의 차이를 원하는 만큼 작게 할 수 있음을 보여준다.

5. 표본오차

통계량 $\overline{X}$ 는 모수 μ에 대한 추정치이므로 모수 μ와 일치하지 않고 오차가 생기는데, 이것이 표본오차(sampling error)이다. 즉 표본오차는

$$\text{표본오차} = \text{통계량} - \text{모수}$$

로 정의된다. 이 표본오차의 크기는 그 표본분포의 표준편차(standard deviation of sampling distribution)로써 측정된다. 추측통계학에서는 표본분포의 표준편차를 표준오차(standard error)라고 한다. 그러므로 표본평균분포의 표준편차인 $\sigma_{\overline{X}}$가 표본평균의 표준오차이다.

표준오차 개념을 사용해서 대수의 법칙을 설명할 수 있다 즉 표본의 크기 n이 커질수록 표본평균의 표준오차도 점점 작아지게 되고, 따라서 표본평균은 확률적으로 모수 μ에 접근하게 된다는 것이다.

6. 유한모집단 수정계수와 표준오차

모집단은 무한모집단과 유한모집단으로 구분된다. 유한모집단이라 하더라도 모집단의 크기에 비해 표본의 크기가 작거나 복원추출법으로 표본이 추출된 경우는 무한모집단에서 추출된 것과 같이 취급하면 된다. 그러나 유한모집단의 경우 비복원추출에 의해 표본을 추출하는 경우에는 표본평균분포의 평균은 $\mu_{\overline{X}} = \mu$로 되지만, 표준편차는 조정이 필요하다.

크기가 N인 유한모집단에서 추출한 표본의 평균의 분포에서 조정된 표준편차 $\sigma_{\overline{X}}$는

$$\sigma_{\overline{X}} = \frac{\sigma}{\sqrt{n}} \cdot \sqrt{\frac{N-n}{N-1}} \qquad (6\text{–}9)$$

로 된다. 이 식에서 $\sqrt{\frac{N-n}{N-1}}$을 유한모집단 수정계수(finite population correction factor)라고 한다.

이 식에서 유한모집단 수정계수는

$$\sqrt{\frac{N-n}{N-1}} \fallingdotseq \sqrt{\frac{N-n}{N}} = \sqrt{1-\frac{n}{N}} \tag{6-10}$$

로 되는데, 모집단의 크기 N이 아주 크고 N에 비하여 표본의 크기 n이 아주 작으면 이 값은 1에 접근해 가지만, 모집단의 크기 N에 비하여 표본의 크기 n이 클수록 1보다 작아지므로 표본평균의 표준오차는 유한모집단 수정계수로써 조정할 필요가 있다. 보편적으로 모집단의 크기에 비해 표본의 크기가 5%미만이라면 표준오차를 조정할 필요가 없다.

예제 | 02

전체 사원의 수가 400명인 어느 기업에서 사원들의 임금은 월평균임금이 100만원, 표준편차가 15만원인 정규분포를 이루고 있다. 이 기업의 사원 중에서 9명을 임의추출한 경우에 표본평균분포의 평균 $\mu_{\bar{X}}$와 표준편차 $\sigma_{\bar{X}}$를 구하고 사원의 월평균임금 $\bar{X}$가 95만원 이하일 확률을 구하여라. 또 이 기업의 사원 중에서 100명을 임의로 추출하였을 경우에 표본평균분포의 평균과 표준편차를 구하고, 사원의 월평균임금 $\bar{X}$가 101만원 이상일 확률을 구하라.

풀이 이 기업의 종업원 수가 400명이어서 모집단은 유한모집단이므로 표본평균분포의 표준편차를 구하기 위해서는 일반적으로 수정계수를 고려해야 한다.

그런데 표본의 크기가 $n=9$이면 표본의 크기가 모집단의 크기 $N=400$에 비해 아주 작으므로 수정계수는 $\sqrt{\frac{N-n}{N-1}} \fallingdotseq \sqrt{\frac{400-9}{400-1}} = \sqrt{\frac{391}{399}}$ $\fallingdotseq 0.98$로서 거의 1에 접근하므로 무시해도 좋다. 따라서 $n=9$인 경우에는 평균 $\mu_{\bar{X}}$는

$$\mu_{\bar{X}} = \mu = 1{,}000{,}000$$

이고, 표준편차는 $\sigma_{\bar{X}}$는

그림 6-6 표본평균의 분포($n = 9$)

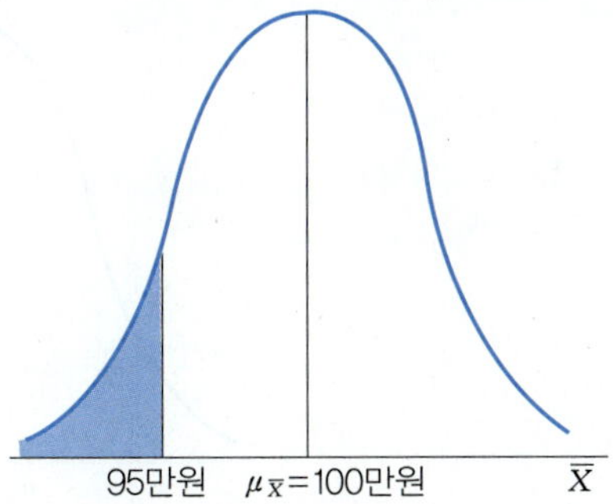

$$\sigma_{\overline{X}} = \frac{\sigma}{\sqrt{n}} = \frac{150,000}{\sqrt{9}} = 50,000$$

으로 계산되므로, 표본평균분포는 $\mu_{\overline{X}} = 1,000,000$원, $\sigma_{\overline{X}} = 50,000$원인 정규분포를 이룬다. 따라서 $\overline{X}$가 950,000이하일 확률은 [그림 6-6]의 짙은 부분의 면적으로 표시되는데, 그 확률은 다음과 같이 계산된다.

$$\begin{aligned}
&P(\overline{X} \le 950,000) \\
&= P\left(\frac{\overline{X} - \mu}{\sigma_{\overline{X}}} \le \frac{950,000 - 1,000,000}{50,000}\right) \\
&= P(z \le -1) \\
&= 0.5 - \phi(1) \\
&= 0.5 - 0.3413 \\
&= 0.1587
\end{aligned}$$

즉 이 기업의 사원의 월평균임금이 950,000원 이하일 확률은 0.1587이다. 그러나 $n = 100$인 경우에는 모집단의 크기에 비하여 표본의 크기가 상대적으로 크므로 표본평균분포의 표준편차를 계산하기 위해서는 수정계수를 고려하여야 한다. 이 경우에는 평균 $\mu_{\overline{X}}$와 표준편차 $\sigma_{\overline{X}}$는 각각

$$\mu_{\overline{X}} = \mu = 1,000,000$$

$$\sigma_{\overline{X}} = \frac{\sigma}{\sqrt{n}}\sqrt{\frac{N-n}{N-1}} = \frac{150,000}{\sqrt{100}}\sqrt{\frac{400-100}{400-1}} = 13,007$$

그림 6-7 표본평균의 분포($n=9$)

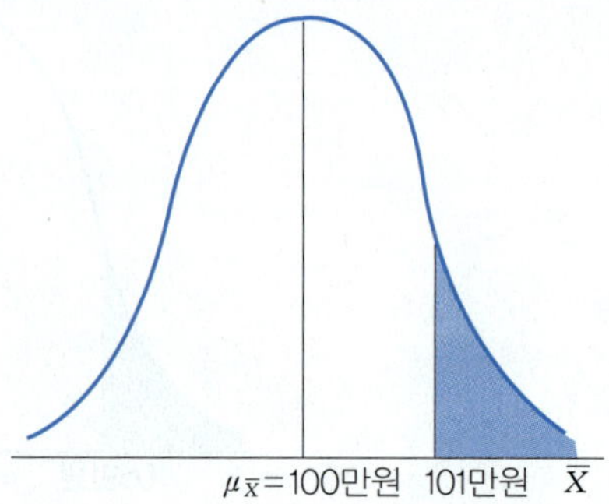

로 구해지고, 따라서 표본평균분포는 $\mu_{\bar{X}}=1{,}000{,}000$원, $\sigma_{\bar{X}}=13{,}007$원인 정규분포를 이룬다. 따라서 $\bar{X}$가 1,010,000원 이상일 확률은 [그림 6-7]의 짙은 부분의 면적으로 표시되는데, 그것은

$$\begin{aligned} &P(\bar{X} \geq 1{,}010{,}000) \\ &= P\left(\frac{\bar{X}-\mu}{\sigma_{\bar{X}}} \geq \frac{1{,}010{,}000 - 1{,}000{,}000}{13{,}007}\right) \\ &= P(Z \geq 0.77) \\ &= 0.5 - \phi(0.77) \\ &= 0.5 - 0.2794 \\ &= 0.2206 \end{aligned}$$

으로 계산된다. 즉 이 기업의 사원의 월평균임금이 1,010,000원 이상일 확률은 0.2206이다.

s·t·a·t·i·s·t·i·c·s

03 표본비율의 분포

1. 이항모집단과 표본비율

모집단 중에는 각 단위가 갖는 특성이 두 가지 범주로만 구분되고 그

두 가지 범주의 비율이 일정하게 주어지는 경우가 있는데, 이러한 모집단을 이항모집단(binomial population)이라고 한다. 예를 들면 제품을 합격품과 불합격품으로 나누거나, 노동인구를 취업자와 실업자로 나누어 관찰한다면, 그 모집단은 이항모집단이 된다.

이항모집단에서 어떤 사상이 출현할 확률 p를 모집단의 비율(population proportion)이라고 한다. 예를 들어 하나의 상자 속에 흰공이 4개, 빨간공이 6개 들어 있다고 하면 10개의 공은 이항모집단이며, 흰공의 비율

$$p = \frac{4}{10} = 0.4$$

가 모집단의 비율이다.

모집단의 비율이 p인 이항모집단으로부터 임의로 추출한 크기 n인 표본에서 특정 사상의 출현 횟수 X와 표본 크기 n과의 비율을

$$\hat{p} = \frac{X}{n} \tag{6-11}$$

로 나타낼 수 있다. 이 $\hat{p}$를 표본비율(sample proportion)이라고 한다. 모집단의 비율이 p인 모집단에서 추출가능한 모든 표본에서 구해진 표본비율 $\hat{p}$의 분포를 표본비율의 분포(distribution of sample proportion)라고 한다.

2. 표본비율분포의 평균과 분산

위에서 예로 든 모집단에서 크기 5인 표본을 복원추출법에 의해서 추출하면 추출된 5개 중에서 흰공이 포함 가능한 개수를 X라고 하면, X의 표본공간은 {0, 1, 2, 3, 4, 5}이다. 이 X에 대응하는 표본비율 $\hat{p}$의 표본공간은 {0.00, 0.20, 0.40, 0.60, 0.80, 1.00}이 된다. 그리고 각각의 표본비율이 나타날 확률은 앞에서 다룬 이항분포에 의해서 구해진다.

모집단의 비율이 $p = 0.4$인 모집단에서 $n = 5$인 추출 가능한 모든 표본의 비율 $\hat{p}$의 분포는 〈표 6-6〉 및 [그림 6-8]과 같다.

〈표 6-6〉으로부터 표본비율의 분포의 평균과 분산을 계산하면 다음과 같다. 표본비율분포의 평균 $\mu_{\hat{p}}$는

그림 6-8 표본비율의 분포도

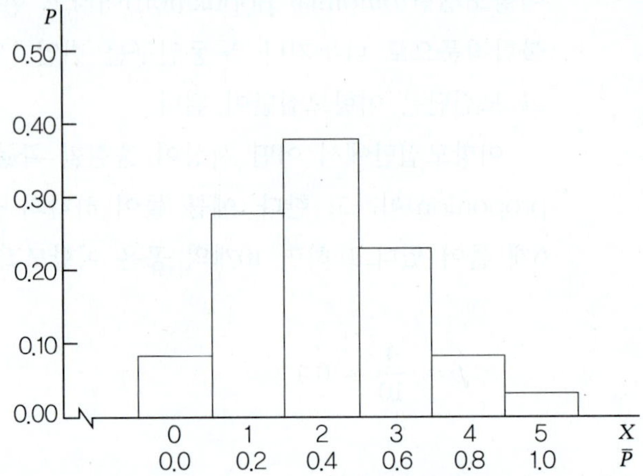

표 6-6 표본비율의 분포

흰공 포함 수(X)	표본비율$\left(\hat{p}=\frac{X}{n}\right)$	확률$\left(f(\hat{p})=\binom{n}{x}(0.4)^x(0.6)^{n-x}\right)$
0	0.00	0.0778
1	0.20	0.2592
2	0.40	0.3456
3	0.60	0.2304
4	0.80	0.0768
5	1.00	0.0102
합 계		1.0000

$$\begin{aligned}\mu_{\hat{p}} &= \sum \hat{p}_i f(\hat{p}_i)\\ &= 0.00 \times 0.0778 + 0.20 \times 0.2592 + \cdots + 1.00 \times 0.0102\\ &= 0.40\end{aligned}$$

으로서 모집단의 비율 $p=0.4$와 같다. 그리고 표본비율분포의 분산 $\sigma_{\hat{p}}^2$은

$$\begin{aligned}\sigma_{\hat{p}}^2 &= \sum(\hat{p}_i - \mu_{\hat{p}})^2 \cdot f(\hat{p}_i)\\ &= (0.00-0.40)^2 \cdot 0.0778 + (0.20-0.4)^2 \cdot 0.2592\\ &\quad + \cdots + (1.00-0.4)^2 \cdot 0.0102\\ &= 0.048\end{aligned}$$

이고, 따라서 표본비율분포의 표준편차 $\sigma_{\hat{p}}$는 다음과 같이 계산된다.

$$\begin{aligned}\sigma_{\hat{p}} &= \sqrt{\sum(\hat{p}_i - \mu_{\hat{p}})^2 \cdot f(\hat{p}_i)} \\ &= \sqrt{0.048} = 0.219\end{aligned}$$

이상의 결과를 일반화시켜 보자. 앞에서 확률변수 X가 이항분포를 이룰 때, 그 평균 $E(X)$와 분산 $Var(X)$는 각각

$$\begin{aligned}&E(X) = np \\ &Var(X) = np(1-p)\end{aligned}$$

라는 것을 보았는데, 이항모집단에서 추출한 표본의 비율 $\hat{p} = \dfrac{X}{n}$도 결국 이항분포를 하는 확률변수 X의 함수이므로 평균과 분산은 다음과 같이 계산된다. 표본비율분포의 평균 $\mu_{\hat{p}}$는

$$\begin{aligned}\mu_{\hat{p}} &= E(\hat{p}) = E\left(\frac{X}{n}\right) = \frac{1}{n}E(X) \\ &= \frac{1}{n}(n \cdot p) = p \qquad (6-12)\end{aligned}$$

로 되어, 표본비율분포의 평균 μ는 모집단의 비율 p와 같다. 그리고 표본비율분포의 분산 $\sigma_{\hat{p}}$은

$$\begin{aligned}\sigma_{\hat{p}}^2 &= Var(\hat{p}) = Var\left(\frac{X}{n}\right) = \frac{1}{n^2}Var(X) \\ &= \frac{1}{n^2}[n \cdot p(1-p)] = \frac{p(1-p)}{n} \qquad (6-13)\end{aligned}$$

로 된다. 따라서 표본비율분포의 표준편차는 $\sigma_{\hat{p}}$는

$$\sigma_{\hat{p}} = \sqrt{\frac{p(1-p)}{n}} \qquad (6-14)$$

로 된다. 이 식의 $\sigma_{\hat{p}}$를 표본비율의 표준오차라고 한다.

3. 중심극한정리와 표본비율의 분포

위의 예에서 모집단비율이 $p=0.4$이므로 표본비율분포는 [그림 6-8]에서처럼 비대칭분포를 보이고 있으나, $p=0.5$인 경우에는 대칭분포로 된다.

그런데 $p\neq 0.5$인 경우라도 표본의 크기 n이 커짐에 따라 표본비율의 분포는 대칭분포로 되며, n이 충분히 큰 경우에는 중심극한의 정리가 적용되어 정규분포로 된다. 대개 표본의 크기가 $np\geq 10$과 $n(1-p)\geq 10$을 만족하면 표본비율 $\hat{p}$의 분포는 정규분포에 접근한다. 따라서 다음과 같이 나타낼 수 있다.

$$\hat{p}\sim N\left(p,\frac{p(1-p)}{n}\right) \tag{6-15}$$

그리고 이것을 표준화한

$$Z=\frac{\hat{p}-p}{\sigma_{\hat{p}}}=\frac{\hat{p}-p}{\sqrt{\dfrac{p(1-p)}{n}}} \tag{6-16}$$

은 표준정규분포 $N(0,\ 1)$에 접근하게 된다.

예제 | 03

어느 제조업체에서 생산되는 어떤 제품의 불량률이 20%라고 한다. 이 업체에서 생산되는 제품 중에서 임의로 100개를 추출하여 이에 대한 불량률을 조사하려고 한다 이 표본에서 불량률이 15% 이하일 확률을 구하여라.

풀이 이 제조업체에서 제품을 계속해서 생산하고 있다고 볼 수 있으므로, 이 제품의 모집단은 무한모집단이다. 그리고 $p=0.20$이고 표본의 크기가 $n=100$이므로 정규근사법을 적용시킬 수 있다. 즉 표본비율 $\hat{p}$의 분포는 평균 $\mu_{\hat{p}}$가

$$\mu_{\hat{p}}=p=0.20$$

그림 6-9 표본비율의 분포

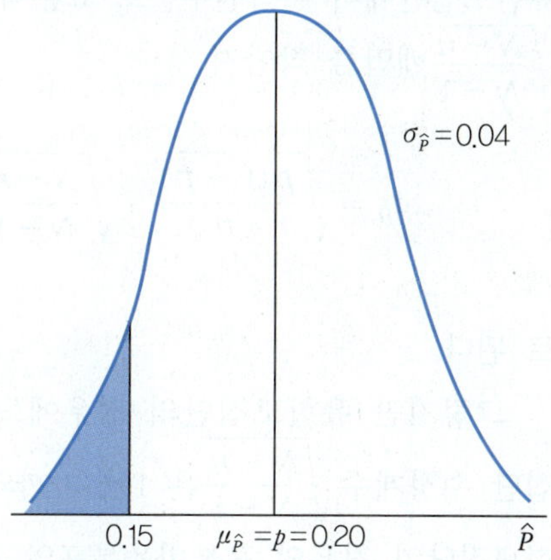

이고, 표준편차 $\sigma_{\hat{p}}$가

$$\sigma_{\hat{p}} = \sqrt{\frac{p(1-p)}{n}} = \sqrt{\frac{(0.2)(0.8)}{100}} = 0.04$$

인 정규분포로 볼 수 있다. 따라서 구하는 확률은 [그림 6-9]의 짙게 표시된 부분의 면적을 구하면 되므로, 다음과 같이 계산된다.

$$\begin{aligned} P(\hat{p} \leq 0.15) & \\ &= P\left(\frac{\hat{p}-p}{\sigma_{\hat{p}}} \leq \frac{0.15-p}{\sigma_{\hat{p}}}\right) \\ &= P\left(Z \leq \frac{0.15-0.20}{0.04}\right) \\ &= P(Z \leq -1.25) \\ &= 0.5 - \phi(1.25) \\ &= 0.5 - 0.3944 \\ &= 0.1056 \end{aligned}$$

즉 $p=0.20$인 모집단에서 추출한 $n=100$인 표본 중에서 불량률이 0.15 이하인 표본이 추출될 확률은 0.1056이라는 것을 의미한다.

그런데 (6-14)식의 표본비율분포의 표준편차는, 모집단의 크기가 N인 유한모집단에서 비복원추출로 표본이 추출될 경우에는 유한모집단 수정계수 $\sqrt{\frac{N-n}{N-1}}$배만큼 작아져

$$\sigma_{\hat{p}} = \sqrt{\frac{p(1-p)}{n}} \cdot \sqrt{\frac{N-n}{N-1}} \qquad (6-17)$$

로 된다.

그렇지만 유한모집단의 경우에도 N에 비해서 n이 아주 작으면 유한모집단 수정계수 $\sqrt{\frac{N-n}{N-1}}$은 1에 가까와지므로 표본비율분포의 표준편차는 무한모집단인 경우의 표본비율분포의 표준편차와 같아진다.

예제 | 04

어떤 지방정부의 지역개발위원회는 모두 40명의 위원으로 구성되어 있다. 특정지역개발사업에 대한 민자유치에 관한 찬반 투표의 결과 28명이 찬성을 하였다. 이 위원회의 전체 위원 가운데서 임의로 10명을 비복원추출했을 때, 찬성률이 80% 이상일 확률을 구하여라.

풀이 우선 표본비율분포의 평균 $\mu_{\hat{p}}$은

$$\mu_{\hat{p}} = p = 0.70$$

으로 구해진다. 그런데 이 경우 모집단은 $N=40$인 유한모집단이므로 표본비율분포의 표준편차를 구하기 위해서는 수정계수를 사용하여야 한다. 즉

$$\begin{aligned}\sigma_{\hat{p}} &= \sqrt{\frac{p(1-p)}{n}} \cdot \sqrt{\frac{N-n}{N-1}} \\ &= \sqrt{\frac{0.7 \times 0.3}{10}}\sqrt{\frac{40-10}{40-1}} \fallingdotseq 0.1271\end{aligned}$$

이 된다. 따라서 찬성률이 80% 이상일 확률은 [그림 6-10]의 짙은 색으로 표시된 부분의 면적을 구하면 되는데. 그것은 다음과 같이 계산

그림 6-10 표본비율의 분포

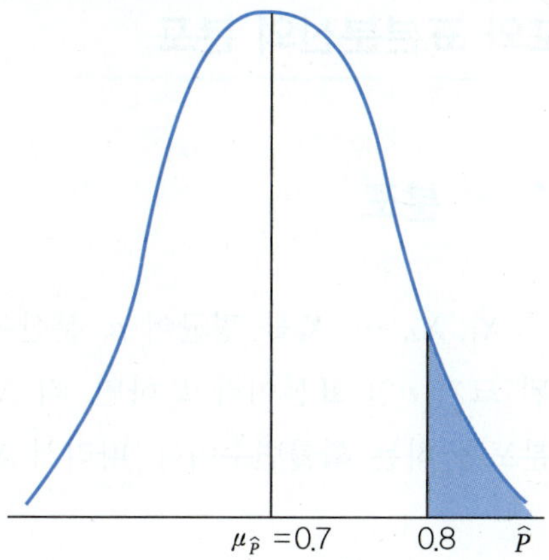

된다.

$$
\begin{aligned}
&P(\hat{p} \geq 0.80) \\
&\quad = P\left(\frac{\hat{p}-p}{\sigma_{\hat{p}}} \geq \frac{0.80-p}{\sigma_{\hat{p}}}\right) \\
&\quad = P\left(Z \geq \frac{0.80-0.70}{0.1271}\right) \\
&\quad = P(Z \geq 0.79) \\
&\quad = 0.5 - \phi(0.79) \\
&\quad = 0.5 - 0.2852 \\
&\quad = 0.2148
\end{aligned}
$$

따라서 전체 위원 40명 가운데 10명을 임의로 뽑았을 때 찬성률이 80% 이상일 확률은 0.2148이 된다.

s·t·a·t·i·s·t·i·c·s

04 | χ^2분포와 표본분산의 분포

1. χ^2 분포

$X_1, X_2, \cdots, X_v$를 평균이 μ, 분산이 σ^2인 정규모집단으로부터 임의로 추출된 크기 v인 표본이라고 하면, 각 $X_i(i=1, 2, \cdots, v)$는 서로 독립이고 정규분포를 하는 확률변수이다. 따라서 X_i를 표준화하면

$$Z_i = \frac{X_i - \mu}{\sigma} \qquad i = 1,\ 2,\ \cdots,\ v$$

로 되는데, 이것은 상호독립적이고 모두 평균이 0, 분산이 1인 표준정규분포를 이룬다. 이 Z_i를 제곱하여 합계한

$$\chi^2 = \sum_{i=1}^{v} Z_i^2 = \sum_{i=1}^{v}\left(\frac{X_i - \mu}{\sigma}\right)^2 = \frac{\sum_{i=1}^{v}(X_i - \mu)^2}{\sigma^2} \tag{6-18}$$

는 자유도 v인 χ^2분포(Chi-square distribution)를 이룬다.[1)]

여기서 자유도(degree of freedom)란 주어진 어떤 통계량을 구성하는 일련의 변수들 중에서 어떤 값이든 자유롭게 취할 수 있는 변수들의 수를 말한다. 예를 들어 $\sum_{i=1}^{v}(X_i - \bar{X})^2$의 값은 v개의 X_i의 값에 좌우되지만, 이들 v개의 변수 X_i는 $\sum_{i=1}^{v}(X_i - \bar{X}) = 0$이라는 조건을 만족해야 한다. 따라서 v개의 X_i 중에서 자유롭게 아무 값이나 취할 수 있는 변수의 수는 $v-1$개로 된다. 따라서 자유도는 $v-1$이다. 그러나 (6-14)식의 분자 $\sum(X_i - \mu)^2$에서는 X_i와 모평균 μ 간에 제약이 존재하지 않으므로 자유도는 변수 X_i의 수,

---

1) χ^2분포의 확률밀도함수는 다음과 같다.

$$f(\chi^2) = \frac{1}{2^{\frac{v}{2}}\Gamma\left(\frac{v}{2}\right)}(\chi^2)^{\frac{v}{2}-1} \cdot e^{-\frac{\chi}{2}}$$

여기서 파라미터 v는 자유도이다.

● 그림 6-11 χ^2 분포

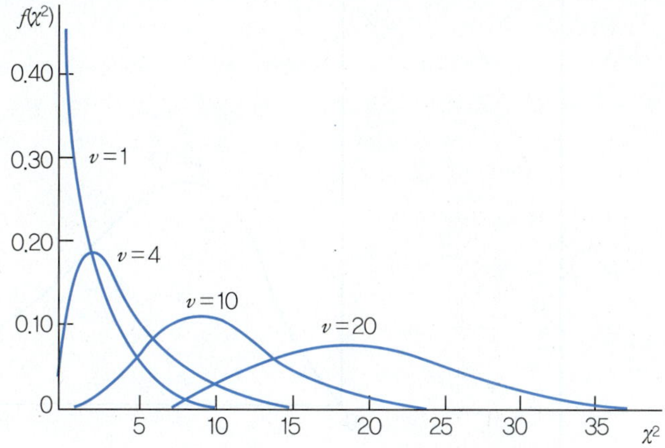

즉 v가 된다. 일반적으로 표본 통계량으로써 모수를 대신하는 경우 그 표본 통계량의 수만큼 자유도를 상실한다.

χ^2의 값은 Z_i를 제곱하여 합계한 것이므로 $0 \le \chi^2 \le \infty$의 범위 내에 있다. 그리고 χ^2분포의 평균 $E(\chi^2)$과 분산 $Var(\chi^2)$은 다음과 같다.

$$E(\chi^2) = v \tag{6-19}$$

$$Var(\chi^2) = 2v \tag{6-20}$$

따라서 이 χ^2분포의 형태는 자유도 v에 의존한다. 자유도 v의 몇 가지 값에 대한 χ^2분포를 나타내면 [그림 6-11]과 같이 된다.

[그림 6-11]에서 알 수 있는 바와 같이 χ^2분포의 형태는 정의 비대칭분포를 이루지만 자유도 v가 증가함에 따라 비대칭의 정도는 감소하며, 자유도가 무한히 커지면 중심극한의 정리에 의해 χ^2분포는 정규분포에 접근하게 된다.

한편 두 개 혹은 그 이상의 확률변수가 상호독립적으로 χ^2분포를 한다면 이 변수들의 합도 또한 χ^2분포를 하며 그 자유도는 각 변수의 자유도의 합과 같아진다. 즉 두 개의 독립적인 확률변수 U_1과 U_2가 각각 자유도 v_1과 v_2의 χ^2분포를 한다면 두 변수의 합 $(U_1 + U_2)$는 자유도 $(v_1 + v_2)$의 χ^2분포를 하게 된다.

그림 6-12 χ^2 분포

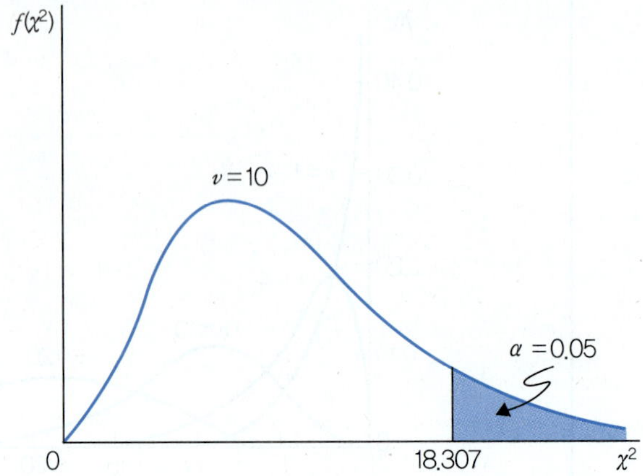

χ^2분포의 확률계산은 [부표 VI]에 의한다. 이 χ^2분포표는 자유도 v의 여러 값과 관찰치 χ^2가 특정한 값 χ_α^2 이상되는 확률

$$P(\chi^2 \geq \chi_\alpha^2) = \int_{\chi_\alpha^2}^{\infty} f(\chi^2)d\chi^2 = \alpha \qquad (6-21)$$

의 여러 값에 따라서 정해지는 χ^2의 값을 나타내고 있다. 즉 χ^2분포표는 여러 자유도 v에 대해서 $P(\chi^2 \geq \chi_\alpha^2) = \alpha$로 되는 χ_α^2을 여러 α에 대응시켜 나타낸 것이다. 예를 들면 자유도가 $v=10$인 χ^2분포에서 관찰치 χ^2의 값이 18.307 이상일 확률은 $\alpha=0.05$가 된다는 것이다. 즉

$$P(\chi^2 \geq 18.307) = 0.05$$

로 되는데, 이것을

$$\chi^2_{0.05;10} = 18.307$$

로 표시하기도 한다. 이것은 χ^2분포에서 우측 끝 부분의 면적의 5%가 18.307의 우측에 분포되어 있다는 것을 의미한다. 즉 [그림 6-12]의 $\chi^2 = 18.307$의

그림 6-13 χ^2 분포

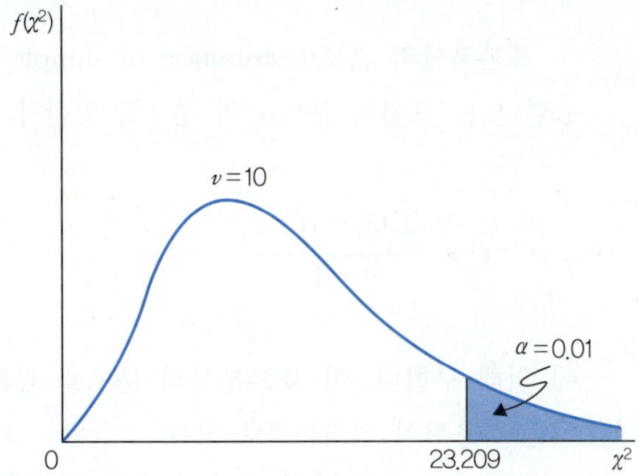

우측의 짙은 부분의 면적이 0.05라는 것이다. 따라서 자유도가 10인 χ^2의 분포에서는 면적의 95%가 18.307의 좌측에 분포되어 있다는 것을 알 수 있다. 즉

$$P(\chi^2 < 18.307) = 0.95$$

로 된다. 또 $\nu = 10$인 분포에서 우측 끝의 면적이 1%인 χ^2의 값은

$$\chi^2_{0.01;10} = 23.209$$

이다. 즉

$$P(\chi^2 \geq 23.209) = 0.01$$

이다. 이것은 $\nu = 10$인 χ^2분포에서, 즉 [그림 6-13]에서의 우측 끝부분의 면적이 1%로 되는 χ^2의 하한값이 23.209라는 것을 의미한다.

2. 표본분산의 분포

표본분산의 분포(distribution of sample variance)는 모집단에서 추출가능한 모든 표본의 분산 s^2의 분포를 말한다. 여기서 표본분산 s^2은

$$s^2 = \frac{\sum_{i=1}^{n}(X_i - \overline{X})^2}{n-1} \qquad (6-22)$$

에 의해 구한다. 이 표본분산의 분포를 앞의 표본평균의 분포에서 들었던 예를 사용하여 설명하기로 한다.

1, 2, 3, 4, 5의 다섯 개의 숫자로 구성되어 있는 모집단에서 복원추출법

표 6-7 표본분산

표본의 구성 단위	표본분산(s^2)	표본의 구성 단위	표본분산(s^2)
1, 1	0.0	3, 4	0.5
1, 2	0.5	3, 5	2.0
1, 3	2.0	4, 1	4.5
1, 4	4.5	4, 2	2.0
1, 5	8.0	4, 3	0.5
2, 1	0.5	4, 4	0.0
2, 2	0.0	4, 5	0.5
2, 3	0.5	5, 1	8.0
2, 4	2.0	5, 2	4.5
2, 5	4.5	5, 3	2.0
3, 1	2.0	5, 4	0.5
3, 2	0.5	5, 5	0.0
3, 3	0.0		

표 6-8 표본분산의 분포

표본분산(s^2)	확률$P(s^2)$
0.0	5/25=0.20
0.5	8/25=0.32
2.0	6/25=0.24
4.5	4/25=0.16
8.0	2/25=0.08
합계	1.00

에 의해 크기가 $n=2$인 표본을 뽑는 경우에 모든 추출가능한 표본과 그로부터 (6-18)식에 의해서 계산된 표본분산은 s^2는 〈표 6-7〉에서 보는 바와 같다.

표본분산 s^2은 추출되는 표본에 따라 그 값이 달라지므로 표본분산 s^2을 확률변수로 하는 확률분포를 작성할 수 있다. 〈표 6-7〉을 정리하여 구한 표본분산 s^2의 분포는 〈표 6-8〉과 같고, 〈표 6-8〉의 표본분산의 분포를 막대그림으로 나타낸 것이 [그림 6-14]이다.

표본분산분포의 기대치 $E(s^2)$을 〈표 6-8〉에서 계산하면 다음과 같다.

$$\begin{aligned} E(s^2) &= \sum_{i=1}^{n} {s_i}^2 \cdot P({s_i}^2) \\ &= 0.0 \times 0.20 + 0.5 \times 0.32 + 2.0 \times 0.24 + 4.5 \times 0.16 + 8.0 \times 0.08 \\ &= 2.0 \end{aligned}$$

그런데 위의 예에서 모집단의 분산 σ^2을 계산하면

$$\begin{aligned} \sigma^2 &= \sum_{i=1}^{n} (X_i - \mu)^2 \cdot P(X_i) \\ &= 0.20(1-3)^2 + 0.20(2-3)^2 + 0.20(3-3)^2 + 0.20(4-3)^2 + 0.20(5-3)^2 \\ &= 2.0 \end{aligned}$$

이다. 따라서 표본분산 s^2의 분포의 기대치 $E(s^2)$은 모집단의 분산 σ^2과 같

그림 6-14 표본분산의 분포

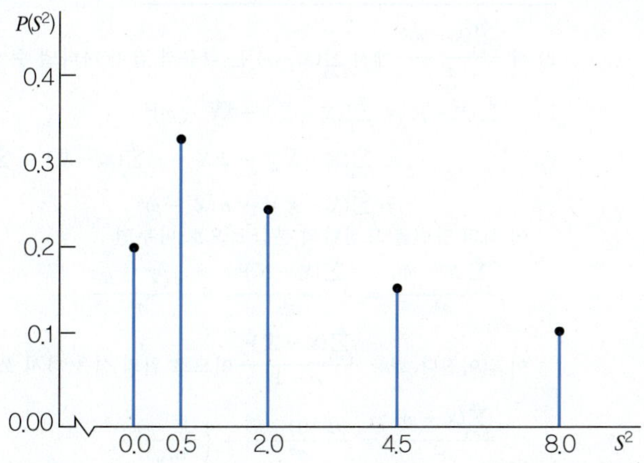

음을 알 수 있다. 그러나 표본분산분포는 표본의 크기 n이 충분히 크지 않으면 정규분포에 접근하지 않고 정(+)의 비대칭분포로 된다. 앞에서 설명한 χ^2 분포와의 관련 하에서 표본분산분포를 다음에서 설명하기로 한다.

3. 표본분산의 분포와 χ^2분포의 관계

여기서는 앞에서 살펴본 χ^2분포와 표본분산 s^2의 분포와의 관계를 알아보고자 한다. 평균이 μ, 분산이 σ^2인 정규모집단으로부터 추출한 크기 n인 확률표본 $X_1, X_2, \cdots, X_n$에서 이 X_i를 표준화한 다음 그것을 제곱하여 합계한

$$\sum_{i=1}^{n} Z_i^2 = \sum_{i=1}^{n}\left(\frac{X_i-\mu}{\sigma}\right)^2 = \frac{\sum_{i=1}^{n}(X_i-\mu)^2}{\sigma^2}$$

는 자유도 n인 χ^2분포를 이룬다는 것을 보았다. 그런데 위 식은 다시

$$\frac{\sum_{i=1}^{n}(X_i-\mu)^2}{\sigma^2} = \frac{(n-1)s^2}{\sigma^2} + \left(\frac{\overline{X}-\mu}{\sigma/\sqrt{n}}\right)^2 \tag{6-23}$$

와 같이 전개된다.[2)]

(6-23)식의 좌변 $\sum_{i=1}^{n}(X_i-\mu)^2/\sigma^2$ 은 표준정규분포를 하는 n개의 확률변수의 제곱의 합계이므로 자유도 n인 χ^2분포를 한다.

---

2) 식 $\dfrac{\sum_{i=1}^{n}(X_i-\mu)^2}{\sigma^2}$에서 $\sum_{i=1}^{n}(X_i-\mu)^2$는 다음과 같이 나타낼 수 있다.

$$\begin{aligned}\sum_{i=1}^{n}(X_i-\mu)^2 &= \sum_{i=1}^{n}[(X_i-\overline{X}) + (\overline{X}-\mu)]^2 \\ &= \sum_{i=1}^{n}(X_i-\overline{X})^2 + 2(\overline{X}-\mu)\sum_{i=1}^{n}(X_i-\overline{X}) + \sum_{i=1}^{n}(\overline{X}-\mu)^2 \\ &= \sum_{i=1}^{n}(X_i-\overline{X})^2 + n(\overline{X}-\mu)^2\end{aligned}$$

이 식의 양변을 모집단의 분산 σ^2으로 나누면

$$\frac{\sum_{i=1}^{n}(X_i-\mu)^2}{\sigma^2} = \frac{\sum_{i=1}^{n}(X_i-\overline{X})^2}{\sigma^2} + \frac{n(\overline{X}-\mu)^2}{\sigma^2}$$

이 얻어진다. $s^2 = \dfrac{\sum_{i=1}^{n}(X_i-\overline{X})^2}{n-1}$이므로 위의 식을 다시 쓰면

$$\frac{\sum_{i=1}^{n}(X_i-\mu)^2}{\sigma^2} = \frac{(n-1)\cdot s^2}{\sigma^2} + \left(\frac{\overline{X}-\mu}{\sigma/\sqrt{n}}\right)^2$$

으로 된다.

그런데 (6–23)식의 우변의 둘째항 $\left(\frac{\overline{X}-\mu}{\sigma/\sqrt{n}}\right)^2$은 표본평균 $\overline{X}$를 표준화한 확률변수의 제곱이므로 자유도 1인 χ^2분포를 이룬다. 그리고 우변은 s^2항과 $\overline{X}$ 항의 합으로써 이루어져 있는데 이들은 상호독립이다. 따라서 우변의 첫째항 $\frac{(n-1)\cdot s^2}{\sigma^2}$은 자유도가 n과 1인 두 χ^2 분포의 차이이므로 자유도 $n-1$인 χ^2분포를 한다.

이상에서와 같이 평균 μ, 분산 σ^2의 정규모집단에서 추출한 크기 n인 확률분포에서 계산된 표본분산 s^2에 $\frac{(n-1)}{\sigma^2}$을 곱한 확률변수 $\frac{(n-1)\cdot s^2}{\sigma^2}$은 자유도 $n-1$인 χ^2분포를 한다. 따라서 $\chi^2=\frac{(n-1)\cdot s^2}{\sigma^2}$의 평균과 분산은 다음과 같다.

$$E(\chi^2) = n-1 \tag{6–24}$$

$$Var(\chi^2) = 2(n-1) \tag{6–25}$$

그리고 $\chi^2=\frac{(n-1)\cdot s^2}{\sigma^2}$에서 $s^2=\frac{\sigma^2}{(n-1)}\chi^2$로 나타낼 수 있으므로 표본분산 s^2의 분포의 평균 $E(s^2)$과 분산 $Var(s^2)$은 다음과 같이 구해진다.[3)]

$$E(s^2) = \sigma^2 \tag{6–26}$$

$$Var(s^2) = \frac{2\sigma^4}{(n-1)} \tag{6–27}$$

---

3) $$\begin{aligned} E(s^2) &= E\left(\frac{\sigma^2}{n-1}\chi^2\right) \\ &= \frac{\sigma^2}{n-1}E(\chi^2) \\ &= \frac{\sigma^2}{n-1}(n-1) \\ &= \sigma^2 \\ Var(s^2) &= Var\left(\frac{\sigma^2}{n-1}\chi^2\right) \\ &= \frac{\sigma^4}{(n-1)^2}Var(\chi^2) \\ &= \frac{\sigma^4}{(n-1)^2}\cdot 2(n-1) \\ &= \frac{2\sigma^4}{n-1} \end{aligned}$$

s • t • a • t • i • s • t • i • c • s

05 | t분포와 F분포

1. t분포

두 개의 확률변수 Z, V가 상호독립적이며 Z는 표준정규분포를 하고, V는 자유도 $n-1$인 χ^2분포를 할 때 그 비율로 정해지는 확률변수

$$t = \frac{Z}{\sqrt{\frac{V}{n-1}}} \qquad (6-28)$$

은 자유도가 $n-1$인 t분포(t-distribution)를 이룬다. 이 분포는 영국의 고셋(W.S. Gosset)의 필명 Student에 따라 스튜던트의 t분포(Student's t-distribution)라 부르기도 한다.

t분포의 평균과 분산은 다음과 같다. 여기서 v는 자유도이다.[4] 그리고 표준정규분포를 이루는 확률변수 Z가 $-\infty < Z < \infty$의 값을 가지므로 t는 $-\infty < t < \infty$의 값을 가진다.

$$E(t) = 0 \qquad (6-29)$$

$$Var(t) = \frac{v}{v-2} \qquad v > 2 \qquad (6-30)$$

t분포는 평균 0을 중심으로 대칭이며 [그림 6-15]와 같이 정규분포보다 첨도는 낮고 분산의 정도는 크다. 그러나 t분포는 자유도가 커짐에 따라 정규분포에 접근하게 되는데, 대략 자유도가 30 이상인 경우는 t분포는 정규분포에 근사하게 된다.

그런데 $Z = \dfrac{\bar{X} - \mu}{\sigma/\sqrt{n}}$는 표준정규분포를 하고, $V = \dfrac{(n-1)\cdot s^2}{\sigma^2}$은 자유도

---

4) 자유도가 v인 t분포의 확률밀도함수는

$$f(t) = \frac{\Gamma(\frac{v+1}{2})}{\sqrt{v\pi}\Gamma(v/2)} \cdot (1 + \frac{t^2}{v})^{-\frac{v+1}{2}} \qquad -\infty < t < \infty$$

로 주어진다.

그림 6-15 t분포와 정규분포

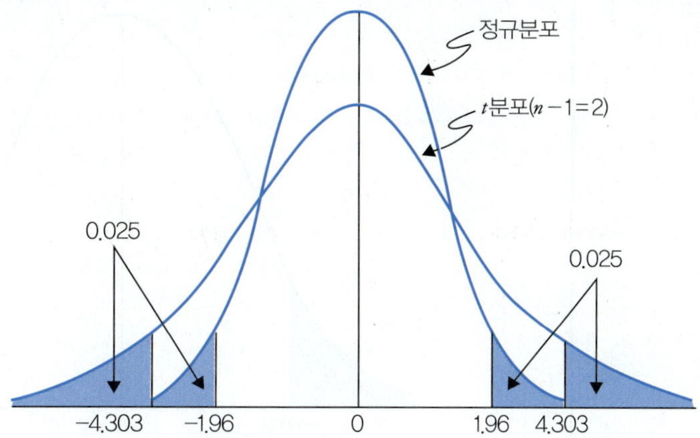

$n-1$인 χ^2분포를 이루므로 (6-28)식에 의해

$$t = \frac{\bar{X}-\mu}{\sigma/\sqrt{n}} \Bigg/ \sqrt{\frac{(n-1)\cdot s^2}{\sigma^2}\Big/ n-1}$$

$$= \frac{\bar{X}-\mu}{s/\sqrt{n}}$$

로 된다. 따라서 정규모집단에서 추출된 크기 n인 확률표본의 평균이 $\bar{X}$, 분산이 s^2일 때, 확률변수

$$t = \frac{\bar{X}-\mu}{s/\sqrt{n}} \tag{6-31}$$

은 자유도 $n-1$인 t분포를 한다.

t분포의 형태는 모수인 자유도에 따라 달라지고 그 확률계산은 t분포표를 이용한다. t분포표는 [부표 V]에 주어져 있는데, 이것은 여러 자유도에 대하여 t분포의 우측 끝부분의 면적 α에 대응하는 t값 t_α를 나타내고 있다. 즉 t분포표는 각 자유도에 대해서

$$P(t \geq t_\alpha) = \alpha \tag{6-32}$$

그림 6-16 t 분포($n-1=10$)

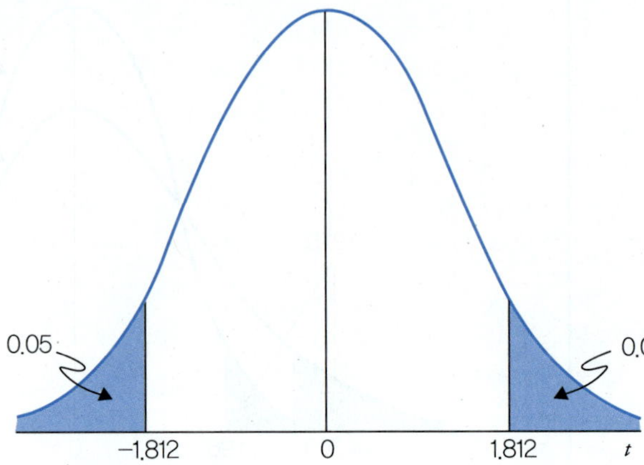

로 정의되는 t값 t_α가 주어져 있다. 또 t분포는 $t=0$을 기준으로 한 대칭분포이므로

$$P(t \leq -t_\alpha) = \alpha \qquad (6-33)$$

가 성립한다.

일반적으로 자유도가 $n-1$인 경우 우측 끝부분의 면적이 α가 되는 t값은 보통 $t_{\alpha;n-1}$로 나타낸다. 예를 들어 자유도가 $n-1=10$이고 t분포의 우측 끝부분의 면적이 $\alpha=0.05$인 경우의 t값 $t_{\alpha;n-1}=t_{0.05;10}=1.812$이다. 즉

$$P(t \geq 1.812) = 0.05$$

가 된다. 이것은 [그림 6-16]에서 볼 수 있듯이 자유도가 $n-1=10$인 t분포에서 확률변수 t의 값이 1.812보다 클 확률이 0.05라는 것을 의미한다. 또 t분포는 대칭분포이므로

$$P(t \leq -1.812) = 0.05$$

로 된다. 즉 $-t_{\alpha;n-1}=-t_{0.05;10}$의 값이 1.812라는 것을 뜻한다.

예제 | 05

표본의 크기 $n = 15$인 t분포의 오른쪽 끝부분의 면적이 0.01인 t값을 구하여라.

풀이 구하는 t값은 자유도 $n - 1 = 14$와 $\alpha = 0.01$에 대응하는 t값인 $t_{0.01;14} = 2.624$이다. 즉

$$P(t \geq 2.624) = 0.01$$

임을 의미한다. 이것은 [그림 6-17]에 나타나 있다.

그림 6-17 t분포($n-1=14$)

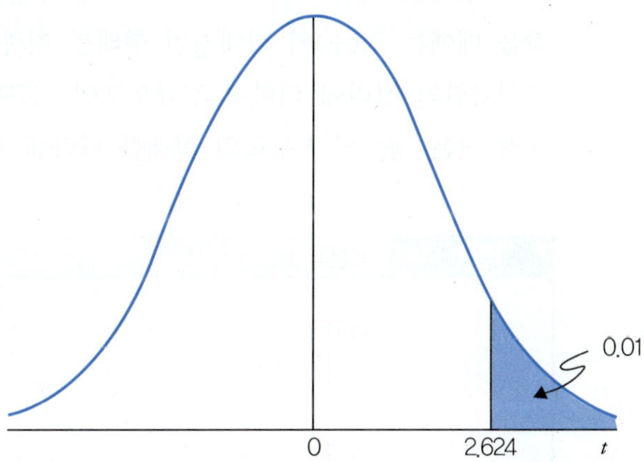

2. F분포와 표본분산비율의 분포

1) F분포

상호독립적인 두 확률변수 U와 V가 각각 자유도 v_1, v_2인 χ^2분포를 이룰 때, 이 U와 V를 각각의 자유도로 나눈 값의 비율

$$F = \frac{U/v_1}{V/v_2} \tag{6-34}$$

를 분산비율 또는 F 비율이라고 하는데 확률변수 F는 자유도 v_1, 자유도 v_2를 가지는 F분포(F-distribution)를 한다.[5)]

확률변수 F의 값은 $\frac{U}{v_1}$의 값이 아주 작고 $\frac{V}{v_2}$의 값이 아주 크면 0에 접근하게 되고, 이와 반대의 경우에는 ∞에 접근하게 된다. 따라서 F의 값은 $0 \le F \le \infty$의 범위 내에 있다.

F분포의 평균 $E(F)$와 분산 $Var(F)$는 각각 다음과 같다.

$$E(F) = \frac{v_2}{v_2 - 2} \qquad v_2 > 2 \qquad (6-35)$$

$$Var(F) = \frac{2v_2^2(v_1 + v_2 - 2)}{v_1(v_2 - 2)^2(v_2 - 4)} \qquad v_2 > 4 \qquad (6-36)$$

이와 같이 F분포의 평균과 분산은 자유도에 의해서만 표현되므로 이 분포의 형태는 자유도의 크기에 따라 달라진다. 이 분포는 자유도 v_1과 v_2가 작을 때에는 정(+)의 비대칭인 형태를 취하며 자유도 v_1, v_2가 커짐에 따라 중심극한의 정리에 의하여 정규분포에 접근한다. [그림 6-18]은 v_1, v_2가 비교적 작은 경우의 F분포의 형태를 나타낸 것이다.

그림 6-18 F분포

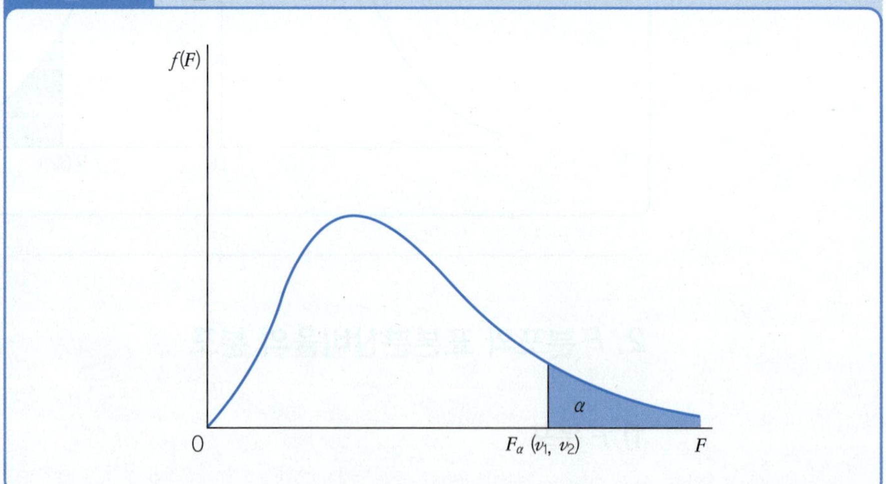

5) 확률변수 F의 확률밀도함수는 다음과 같다.

$$f(F) = \frac{\Gamma\left(\frac{v_1+v_2}{2}\right)}{\Gamma\left(\frac{v_1}{2}\right) \cdot \Gamma\left(\frac{v_2}{2}\right)} \left(\frac{v_1}{v_2}\right)^{\frac{v_1}{2}} \cdot F^{\frac{v_1}{2}-1} \cdot \left(1+\frac{v_1}{v_2}F\right)^{-\frac{v_1+v_2}{2}} \qquad 0 \le F \le \infty$$

F분포에 있어서의 확률계산은 F분포표를 이용한다. F분포표는 [그림 6-18]에서와 같이 F분포의 우측 끝부분의 면적을 나타내는 확률 α가 주어진 경우에 임의의 자유도 v_1과 v_2에 대하여

$$P(F \geq F_\alpha) = \int_{F_\alpha}^{\infty} f(F)dF = \alpha \qquad (6-37)$$

를 만족하는 F의 값을 나타내고 있다. 자유도 v_1, v_2에 대해 F분포의 우측 끝부분의 면적이 α인 F값은 $F_\alpha(v_1,\ v_2)$로 표시한다. 이 $F_\alpha(v_1,\ v_2)$값은 α가 주어지면 자유도 v_1, v_2에 의해 달라지므로 실제로 많이 사용되는 $\alpha = 0.01$, $\alpha = 0.05$에 대한 F분포표가 [부표 VIII]에 주어져 있다. 이 F분포표를 사용하는 방법을 설명하기로 한다.

예를 들어 [그림 6-19]는 $v_1 = 5$, $v_2 = 5$인 F분포인데 $\alpha = 0.05$ 및 $\alpha = 0.01$에 대한 F값을 구해 보자. $\alpha = 0.05$에 대한 F의 값은 자유도 $v_1 = 5$, $v_2 = 5$의 열과 행이 교차하는 F값이므로 구하는 값은 5.05이다. 즉

$$P(F \geq F_{0.05}(5,\ 5)) = P(F \geq 5.05) = 0.05$$

이다. $\alpha = 0.01$이면

$$P(F \geq F_{0.01}(5,\ 5)) = P(F \geq 10.97) = 0.01$$

● 그림 6-19 F분포

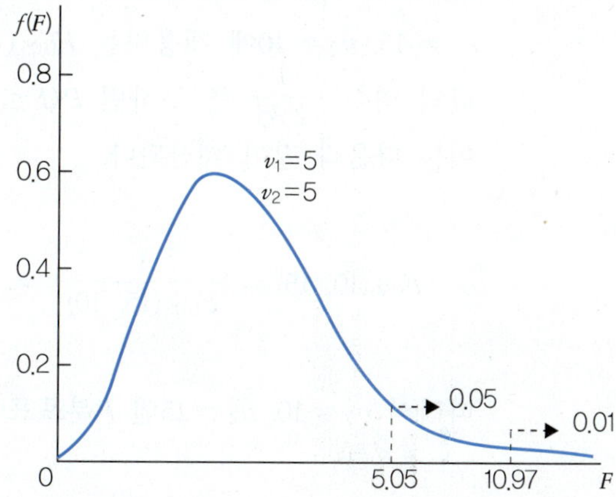

이 되므로 $F_{0.01}(5,\ 5)$에 해당하는 값은 10.97이다. 위의 예에서 이용된 F분포표는 분자가 분모보다 큰 경우, 즉 $F=\dfrac{U/v_1}{V/v_2}\geq 1$인 경우로서 F분포의 우측 끝부분의 면적이 α이고 따라서 좌측 끝면적이 $1-\alpha$인 경우에 대하여 계산된 값이다.

그런데 분모가 분자보다 커서 계산된 F값이 $F<1$인 경우, 즉 F분포의 좌측 끝부분의 면적 α와 우측 끝부분의 면적 $1-\alpha$에 대응하는 F값을 구하기 위해서는 우측의 면적이 $1-\alpha$에 대응하는 F값을 구해야 한다.

그러나 이는 F분포표에 나타나 있지 않다. 이 값은 두 자유도를 서로 바꾸어서 F분포표에서 구한 F값의 역수를 취하면 된다. 다시 말하면 F분포의 좌측 끝부분의 면적 α에 대응하는 F값을 구하기 위해서는

$$F_{1-\alpha}(v_1,\ v_2)=\frac{1}{F_\alpha(v_2,\ v_1)} \tag{6-38}$$

인 관계를 이용하면 된다. 이것은 F의 역수 F^{-1}의 분포는 자유도 $(v_2,\ v_1)$인 F분포를 하기 때문이다.

예제 | 06

$v_1=10,\ v_2=15$일 때의 분포의 좌측 끝부분의 면적이 0.05가 되는 F값을 구하여라.

풀이 $P(F\leq F_\alpha)=0.05$가 되는 F값을 구하기 위해서는 F분포에서 우측면적이 0.95로 되는 F값, 즉 $P(F\geq F_\alpha)=0.95$로 되는 F_α를 구하면 된다. 그러나 F분포표에는 $\alpha=0.95$가 없으므로 자유도를 서로 바꾼 $v_1=15,\ v_2=10$에 대응하는 $F_{0.05}(15,\ 10)$을 구하면 2.85가 되는데, 이 값의 역수 $\dfrac{1}{2.85}$를 구하면 $P(F\leq F_\alpha)=0.05$가 되는 F값으로 된다. 이는 다음과 같이 계산된다.

$$F_{0.95}(10,\ 15)=\frac{1}{F_{0.05}(15,\ 10)}=\frac{1}{2.85}=0.351$$

따라서 $v_1=10,\ v_2=15$인 F분포표에서

그림 6-20 F 분포

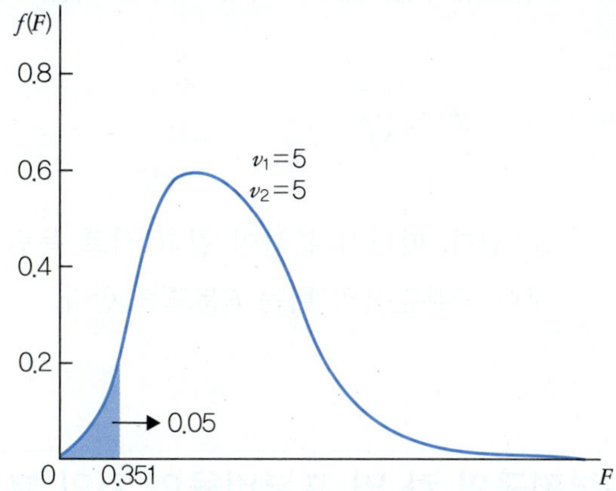

$$P(F \leq 0.351) = \int_0^{0.351} f(F)dF = 0.05$$

가 된다. [그림 6-20]은 이 관계를 나타내고 있다.

---

2) 표본분산비율의 분포

이상에서 설명한 F 분포를 이용하여 표본분산비율의 분포를 알아보자. 정규분포를 하는 두 개의 독립된 모집단의 분산이 각각 σ_1^2, σ_2^2이라고 하자. 이 두 모집단에서 추출한 크기가 각각 n_1, n_2인 확률표본에서 구한 표본분산을 각각 s_1^2, s_2^2이라고 하면, $\frac{(n_1-1)s_1^2}{\sigma_1^2}$은 자유도 n_1-1인 χ^2분포를 하고, $\frac{(n_2-1)s_2^2}{\sigma_2^2}$은 자유도 n_2-1인 χ^2분포를 한다. 따라서

$$F = \frac{\frac{s_1^2}{\sigma_1^2}}{\frac{s_2^2}{\sigma_2^2}} \tag{6-39}$$

---

6) $F = \frac{\frac{(n_1-1)s_1^2}{\sigma_1^2} \Big/ (n_1-1)}{\frac{(n_2-1)s_2^2}{\sigma_2^2} \Big/ (n_2-1)}$

는 자유도 n_1-1, n_2-1인 F분포를 한다.[6)] 이때 만약 두 모집단의 분산이 서로 같다면, 즉 $\sigma_1^2=\sigma_2^2$이라면 비율 F는 두 표본분산의 비

$$F=\frac{s_1^2}{s_2^2} \tag{6-39$'$}$$

로 된다. 따라서 분산이 같고 서로 독립된 두 모집단에서 추출한 표본에서 구한 표본분산의 비는 F분포를 한다.

s • t • a • t • i • s • t • i • c • s

06 | 표본평균의 차 및 표본비율의 차의 분포

1. 표본평균의 차의 분포

1) 모분산을 알고 있는 경우

두 모집단에서 각각 독립적으로 추출한 임의의 두 표본의 평균의 차들의 분포를 표본평균의 차의 분포라고 한다.

지금 평균이 μ_1, 분산이 σ_1^2인 정규모집단에서 추출한 크기 n_1인 확률표본의 평균이 $\overline{X}_1$, 분산이 s_1^2이고, 평균이 μ_2, 분산이 σ_2^2인 정규모집단에서 추출한 크기 n_2인 확률표본의 평균이 $\overline{X}_2$, 분산이 s_2^2이라고 할 때, 표본평균의 차 $\overline{X}_1-\overline{X}_2$의 분포는 정규분포를 이룬다. 두 모집단이 정규분포를 이루지 않더라도 표본의 크기 n_1, n_2가 모두 30 이상이면 표본평균의 차 $\overline{X}_1-\overline{X}_2$의 분포는 중심극한정리에 의하여 정규분포에 접근하게 된다.

표본평균차의 분포의 평균과 분산은

$$\begin{aligned}\mu_{\overline{X}_1-\overline{X}_2}&=E(\overline{X}_1-\overline{X}_2)=E(\overline{X}_1)-E(\overline{X}_2)\\&=\mu_1-\mu_2\end{aligned} \tag{6-40}$$

---

6) $$=\frac{\dfrac{(n_1-1)s_1^2}{(n_1-1)\sigma_1^2}}{\dfrac{(n_2-1)s_2^2}{(n_2-1)\sigma_2^2}}=\frac{\dfrac{s_1^2}{\sigma_1^2}}{\dfrac{s_2^2}{\sigma_2^2}}$$

$$\sigma^2_{\overline{X}_1-\overline{X}_2} = Var(\overline{X}_1 - \overline{X}_2) = Var(\overline{X}_1) + Var(\overline{X}_2)$$
$$= \frac{\sigma_1^2}{n_1} + \frac{\sigma_2^2}{n_2} \tag{6-41}$$

이다. 따라서 다음과 같이 나타낼 수 있다.

$$(\overline{X}_1 - \overline{X}_2) \sim N\left(\mu_1 - \mu_2, \frac{\sigma_1^2}{n_1} + \frac{\sigma_2^2}{n_2}\right) \tag{6-42}$$

그러므로 이것을 표준화한

$$Z = \frac{(\overline{X}_1 - \overline{X}_2) - (\mu_1 - \mu_2)}{\sqrt{\dfrac{\sigma_1^2}{n_1} + \dfrac{\sigma_2^2}{n_2}}} \tag{6-43}$$

는 표준정규분포 $N(0,\ 1)$을 이룬다.

2) 모분산을 모르는 경우

두 모집단의 분산 σ_1^2과 σ_2^2이 알려져 있지 않으면 표본분산 s_1^2과 s_2^2를 대신 사용해야 하는데, 이 경우는 두 모집단의 분산이 같은 경우($\sigma_1^2 = \sigma_2^2$)와 같지 않은 경우($\sigma_1^2 \fallingdotseq \sigma_2^2$)로 나누어 생각할 수 있다. 먼저 두 모집단의 분산을 모르고 $\sigma_1^2 = \sigma_2^2$인 경우를, 표본의 크기 n_1과 n_2가 모두 30이상인 대표본의 경우와 그 미만인 소표본의 경우로 나누어 $\overline{X}_1 - \overline{X}_2$의 분포를 설명한 다음, 모집단의 분산을 모르고 $\sigma_1^2 \fallingdotseq \sigma_2^2$인 경우를 설명하기로 한다.

(1) 두 모분산이 같은 경우($\sigma_1^2 = \sigma_2^2 = \sigma^2$)

① 대표본의 경우

모분산 σ_1^2과 σ_2^2을 모르지만 두 모분산이 같고($\sigma_1^2 = \sigma_2^2$) 두 표본이 모두 대표본(n_1, n_2이 30이상)인 경우에는, 표본평균의 차 $\overline{X}_1 - \overline{X}_2$의 분포는 모집단분포의 형태에 관계없이 중심극한의 정리에 따라 근사적으로 정규분포를 이룬다. 이 경우에는 σ_1^2, σ_2^2 대신에 표본분산 s_1^2, s_2^2을 사용한다. 그러면 표본평균차 $\overline{X}_1 - \overline{X}_2$의 분포의 분산은

$$s^2_{\overline{X}_1-\overline{X}_2} = \frac{s_1^2}{n_1} + \frac{s_2^2}{n_2} \tag{6-44}$$

로 된다 따라서 통계량

$$\begin{aligned} Z &= \frac{(\overline{X}_1 - \overline{X}_2) - (\mu_1 - \mu_2)}{s^2_{\overline{X}_1-\overline{X}_2}} \\ &= \frac{(\overline{X}_1 - \overline{X}_2) - (\mu_1 - \mu_2)}{\sqrt{\dfrac{s_1^2}{n_1} + \dfrac{s_2^2}{n_2}}} \end{aligned} \tag{6-45}$$

는 근사적으로 표준정규분포 $N(0, 1)$을 이룬다.

② **소표본의 경우**

두 모집단의 분산을 모르지만 분산이 서로 같고($\sigma_1^2 = \sigma_2^2$) 소표본(n_1, n_2가 30미만)인 경우에는, 표본평균의 차 $\overline{X}_1 - \overline{X}_2$의 분포는 t분포를 이룬다. 이 경우에는 모분산이 같다는 정보를 이용하여 두 표본의 분산 s_1^2, s_2^2에 각각의 자유도로써 가중치를 주어 가중평균한 합동분산(pooled variance)

$$s_p^2 = \frac{(n_1 - 1)s_1^2 + (n_2 - 1)s_2^2}{n_1 + n_2 - 2} \tag{6-46}$$

를 구하여 σ_1^2과 σ_2^2 대신에 사용한다. 그러면 표본평균차의 분포의 분산 $s^2_{\overline{X}_1-\overline{X}_2}$는

$$s^2_{\overline{X}_1-\overline{X}_2} = \frac{s_p^2}{n_1} + \frac{s_p^2}{n_2} = s_p^2\left(\frac{1}{n_1} + \frac{1}{n_2}\right) \tag{6-47}$$

로 된다. 따라서 두 모집단의 분산을 모르지만 분산이 같고 소표본일 때에는, 통계량

$$t = \frac{(\overline{X}_1 - \overline{X}_2) - (\mu_1 - \mu_2)}{s_p \sqrt{\dfrac{1}{n_1} + \dfrac{1}{n_2}}}$$

$$= \frac{(\overline{X}_1 - \overline{X}_2) - (\mu_1 - \mu_2)}{\sqrt{\frac{(n_1-1)s_1^2 + (n_2-1)s_2^2}{n_1+n_2-2}} \cdot \sqrt{\frac{1}{n_1}+\frac{1}{n_2}}} \qquad (6-48)$$

는 자유도 $n_1 + n_2 - 2$인 t분포를 이룬다.

(2) 두 모분산이 다른 경우($\sigma_1^2 \neq \sigma_2^2$)

앞에서는 두 모집단의 분산이 서로 같다는 가정 하에 설명하였으나, 그러한 경우는 실제적으로 드물다. 이와 같이 두 모집단의 분산 σ_1^2과 σ_2^2을 모르고 또 σ_1^2과 σ_2^2이 서로 다를 때에는, σ_1^2, σ_2^2을 각각 s_1^2, s_2^2으로써 대용하고, 대표본이면 중심극한의 정리에 의해 근사적으로 정규분포를 이루므로 (6-45)식을 사용하면 된다. 그러나 소표본이면 표본평균의 차 $\overline{X}_1 - \overline{X}_2$의 분포의 분산은

$$s^2_{\overline{X}_1-\overline{X}_2} = \frac{s_1^2}{n_1} + \frac{s_2^2}{n_2}$$

이므로, 통계량

$$t = \frac{(\overline{X}_1 - \overline{X}_2) - (\mu_1 - \mu_2)}{\sqrt{\frac{s_1^2}{n_1} + \frac{s_2^2}{n_2}}} \qquad (6-49)$$

는 근사적으로 t분포를 따른다. 이때의 자유도 v는

$$v = \frac{\left(\frac{s_1^2}{n_1} + \frac{s_2^2}{n_2}\right)^2}{\frac{\left(\frac{s_1^2}{n_1}\right)^2}{n_1-1} + \frac{\left(\frac{s_2^2}{n_2}\right)^2}{n_2-1}} \qquad (6-50)$$

로 정해진다. 이 자유도 v를 계산하면 정수로 되는 경우는 드물다. 그러므로 가장 가까운 자연수를 취하면 된다.

2. 표본비율의 차의 분포

모집단의 비율이 각각 p_1, p_2인 두 이항모집단에서 추출한 임의의 두 표본의 비율의 차 $\hat{p}_1 - \hat{p}_2$의 분포를 표본비율의 차의 분포라고 한다.

모집단의 비율이 p_1인 이항모집단에서 추출한 크기 n_1인 표본의 비율은 $\hat{p}_1$이고, 모집단의 비율이 p_2인 이항모집단에서 추출한 크기 n_2인 표본의 비율을 $\hat{p}_2$라고 할 때, 표본의 크기 n_1과 n_2가 모두 30 이상인 경우에는 표본비율의 차 $\hat{p}_1 - \hat{p}_2$의 분포는, 평균 $\mu_{\hat{p}_1 - \hat{p}_2}$가

$$\mu_{\hat{p}_1 - \hat{p}_2} = E(\hat{p}_1 - \hat{p}_2) = p_1 - p_2 \tag{6-51}$$

이고, 분산 $\sigma^2_{\hat{p}_1 - \hat{p}_2}$가

$$\sigma^2_{\hat{p}_1 - \hat{p}_2} = Var(\hat{p}_1 - \hat{p}_2) = \frac{p_1(1-p_1)}{n_1} + \frac{p_2(1-p_2)}{n_2} \tag{6-52}$$

인 정규분포를 이룬다. 따라서 다음과 같이 나타낼 수 있다.

$$(\hat{p}_1 - \hat{p}_2) \sim N\left(p_1 - p_2, \frac{p_1(1-p_1)}{n_1} + \frac{p_2(1-p_2)}{n_2}\right) \tag{6-53}$$

이를 표준화한 통계량

$$Z = \frac{(\hat{p}_1 - \hat{p}_2) - (p_1 - p_2)}{\sqrt{\dfrac{p_1(1-p_1)}{n_1} + \dfrac{p_2(1-p_2)}{n_2}}} \tag{6-54}$$

는 근사적인 표준정규분포 $N(0, 1)$을 이룬다.

연 · 습 · 문 · 제

01 $\overline{X}$가 $\mu = 10$, $\sigma = 2$인 정규분포에서 추출된 25개의 관측값의 표본평균이라고 하자. 이때 다음 값을 구하라.

1) $\overline{X}$ 분포의 평균, 분산, 표준오차
2) $P(\overline{X} \geq 12)$

02 어떤 투수는 스트라이크의 비율이 $\frac{2}{3}$이라고 한다. 이 투수가 100개의 투구를 할 경우의 스트라이크 비율을 $\hat{p}$이라고 할 때 다음을 구하라.

1) $\hat{p}$ 분포의 평균, 분산, 표준오차
2) $P(0.6 \leq \hat{p} \leq 0.7)$

03 $P(\chi^2 > \chi_\alpha^2) = \alpha$에서 α와 자유도 v가 다음과 같이 주어졌을 때 χ_α^2을 구하라.

1) $\alpha = 0.05$의 $v = 17$
2) $\alpha = 0.95$의 $v = 18$
3) $\alpha = 0.005$의 $v = 7$
4) $\alpha = 0.975$의 $v = 29$

04 다음의 각 경우에 대하여 $P(t > t_\alpha) = \alpha$가 되는 t_α값을 구하라.

1) $\alpha = 0.05$의 $v = 10$
2) $\alpha = 0.01$의 $v = 10$
3) $\alpha = 0.05$의 $v = 25$
4) $\alpha = 0.01$의 $v = 25$

05 F분포표를 사용하여 다음을 구하라.

1) 자유도가 (7, 9)이고 $\alpha = 0.05$의 $F_{0.05}(7, 9)$
2) 자유도가 (3, 8)이고 $\alpha = 0.01$의 $F_{0.01}(3, 8)$
3) 자유도가 (12, 7)이고 $\alpha = 0.95$의 $F_{0.95}(12, 7)$
4) 자유도가 (4, 8)이고 $\alpha = 0.99$의 $F_{0.99}(4, 8)$

06 동전 2개를 동시에 던져 앞면이 나온 개수를 확률변수 X라 하자.

1) 확률변수 X의 평균과 분산을 구하여라.
2) 위의 시행을 2번 반복한 것을 표본으로 했을 때 표본평균의 확률분포를 작성하라.
3) 표본평균분포의 평균과 분산을 구하라.

07 우리 나라 사람의 지능지수가 평균이 110이고 표준편차가 10인 정규분포를 한다고 가정해 보자.

1) 우리 나라 사람 중에서 지능지수가 120 이상인 사람의 비율은?
2) 25명을 무작위로 추출하여 표본평균을 구하면 표본평균이 120 이상인 확률은 얼마인가?

08 어떤 공장에서 생산하는 퓨즈의 평균수명은 300일이고 표준편차는 20일이다. 크기 $n = 100$인 확률표본을 추출하였다.

1) 표본평균의 표준오차는 얼마인가?
2) 평균이 296일 이하일 확률을 구하라.

09 크기가 $N = 6$인 유한모집단 2, 3, 4, 5, 6, 7에서 크기 $n = 2$인 단순임의 표본을 추출하는 경우(단, 복원추출법에 의함)

1) 표본평균의 분포를 표로 나타내고 평균과 분산을 계산하라.
2) 위의 결과가 $E(\overline{X}) = \mu$, $Var(\overline{X}) = \dfrac{\sigma^2}{n}$을 만족하는가를 확인하라.

10 1) 정상적인 동전을 4,000회 임의로 던졌을 때, 표면이 나타나는 횟수와 기대치 2,000과의 차이가 60 이상일 확률을 구하여라.

2) 어떤 도시의 투표에 관한 조사 결과 60%에 해당하는 투표자는 모 정당에 투표한다고 한다. 이들 투표자 중에서 임의로 추출한 100명 가운데 그 정당에의 투표자가 과반수에 달하지 않을 확률을 구하라.

11 볼베아링을 자동생산하는 기계가 있다. 여기서 생산되는 볼베아링의 직경은 어떤 분포를 하고 있는지는 알려져 있지 않다. 임의로 하나의 대표본을 추출하여 직경에 대한 표본평균 $\overline{X}$를 구했을 때 이것이 모평균 μ와 표준편차의 2배 이상 차이가 날 확률은 얼마인가?

12 백화점 내 한 신발가게에서 재고를 조사하였더니 40%는 A사 제품이고 나머지는 B사 제품이었다. 임의로 크기 $n = 100$인 표본을 추출하였을 때 A사 제품이 이 표본에 포함될 비율의 기대치는 얼마인가? 또 이때 표준오차는 얼마인가?

13 갑회사에서 생산하는 볼펜은 10%가 불량품이고, 을회사에서 생산하는 볼펜은 5%가 불량품이라 한다. 갑회사 제품에서 크기 $n_1 = 250$인 임의 표본을 추출하였더니 그 중 20개가 불량품이었고, 을회사 제품에서 크기 $n_2 = 300$인 임의표본을 추출하였더니 18개가 불량품이었다. 두 회사제품의 불량율 차의 분포를 설명하라.

c·h·a·p·t·e·r 07

통계적 추정

statistics

앞 장에서는 모집단으로부터 표본을 추출하는 방법과 그에 의해 추출한 표본에서 구한 통계량이 어떠한 분포를 하며, 그리고 통계량과 모수 간에는 어떠한 관계를 가지는가에 대해서 살펴보았다.

여기서는 표본에서 구한 통계량에 기초하여 모집단의 분포형태 및 모수를 추정하는 문제를 다루기로 한다. 추정에는 모집단의 형태는 알려져 있는 것으로 전제하고 미지의 모수를 추정하는 경우가 많다. 이와 같이 모집단의 분포형태가 주어진 것으로 전제하고 미지의 모수를 추정하는 것을 모수적 추정(parametric estimation)이라고 한다. 이에 대해 모집단의 분포형태가 주어진 것으로 하지 않고 모수를 추정하는 것을 비모수적 추정(nonparametric estimation)이라고 한다. 여기서는 모수적 추정의 문제만을 다룬다.

s • t • a • t • i • s • t • i • c • s

01 | 통계적 추정의 의미

앞 장의 표본분포 분석에서는 모집단의 분포형태나 평균, 분산 등 모수를 알고 있다는 가정 하에 모집단에서 추출한 표본으로부터 계산한 통계량의 분포에 대해 설명하였다.

그러나 실제로는 모집단의 분포형태나 모수는 알려져 있지 않으며, 실제의 자료분석을 통해 모집단의 모수를 추정하는 것이 문제로 된다. 모수를 추정하기 위해서는 모집단에서 표본을 추출하여 그로부터 통계량을 계산하고, 이것을 기초로 모집단의 특성을 분석해야 한다. 이와 같이 표본에서 구한 통계량을 기초로 하여 모집단의 평균, 비율, 분산 및 표준편차 등의 모수를 추정하는 것을 통계적 추정(statistical estimation)이라고 한다.

예를 들면 어떤 백화점에서 특정 지역에 지점을 설치하려고 하고 있으나, 그 지역주민의 평균소득수준을 알지 못하면 그 지점의 규모나 구비해야 할 상품의 종류 등을 합리적으로 결정하기 힘들다. 그런데 그 지역주민의 평균소득을 파악하기 위해 그 지역의 세대 모두를 조사한다는 것은 비용이나 시간이 많이 들게 되므로, 전체 세대를 모집단으로 하고 그것에서 일정 크기의 표본을 추출하여 그 표본의 평균소득을 구하고 그것으로써 이 지역주민의 전체의 평균소득, 즉 평균을 추정할 수 있다. 또 소득 격차가 크면 고가품과 저가품을 함께 비치하여 두지 않으면 안되기 때문에 모집단의 소득분포의 표준편차도 추정할 필요가 있다.

이와 같이 모집단의 모수를 추정하기 위해서 사용되는 통계량을 그 모수의 추정량(estimator)이라고 한다. 그리고 이 추정량에 실제의 관찰치를 대입하여 계산한 구체적인 통계치를 추정치(estimate)라고 한다. 예를 들어 모집단의 평균 μ나 분산 σ^2을 추정하기 위해서 이용되는 표본평균 $\overline{X}$ 나 표본분산 s^2 등과 같은 표본 통계량은 추정량이 되고, 표본관찰의 결과 계산된 구체적인 값인 $\overline{X} = 150$이라든지 $s^2 = 25$ 등은 추정치가 된다. 그러므로 추정량은 그 값이 표본분포에 따라 변동하는 확률변수이나, 추정치는 특정한 표본으로부터 계산된 상수이다.

모수의 추정은 점추정(point estimation)과 구간추정(interval estimation)으로 나눌 수 있다.

점추정은 표본에서 얻은 정보를 이용하여 미지의 모수를 하나의 값으로 추정하는 방법이다. 이에 대해 구간추정은 미지의 모수가 일정한 확률 하에서 포함된다고 기대되는 구간을 추정하는 것을 말한다. 이는 점추정이 갖는 문제점을 보완하는 방법이라 할 수 있다. 예를 들어 어떤 도시의 세대당 월평균소득을 알기 위해 그 도시에서 일정 수의 세대를 표본으로 추출하여 평균소득을 조사한 결과 그들의 평균소득이 월 130만원이었다고 하자. 이때 그 도시의 세대당 월평균소득은 월 130만원일 것이라고 추정하였다면 이것이 점추정이며, 점추정치는 130만원으로 된다. 이 경우 점추정치인 130만원이 세대당 월평균소득의 참값과 정확하게 일치할 가능성은 매우 적다. 그러므로 월평균소득의 참값을 하나의 소득수준으로 추정하는 대신에, 120만원과 140만원의 구간에 세대당 월평균소득이 포함될 확률이 얼마이다라는 식으로 추정하면 이는 구간추정이 된다.

여기서는 통계적 추정을 점추정과 구간추정으로 나누어 설명하기로 한다.

s · t · a · t · i · s · t · i · c · s

02 | 점추정

1. 추정량의 결정기준

모수의 추정에 사용되는 추정량은 여러 가지가 있을 수 있다. 예를 들면 모집단의 평균은 모집단의 집중경향치이므로 모집단의 평균에 대한 추정량으로서는 표본의 집중경향을 나타내는 통계량인 표본평균, 표본중위수, 표본최빈치 등을 들 수 있다. 이러한 통계량들 중에서 어느 것을 모집단의 평균의 추정량으로 사용해야 하는가가 문제로 된다. 따라서 모수의 추정에 사용되는 통계량 중에서 가장 좋은 통계량을 선택하기 위해서는 어떤 판단기준을 세워야 한다.

좋은 추정량의 조건으로서 몇 개의 성질이 제시되고 있다. 여기서는 그 중에서 가장 기본적인 조건이라고 할 수 있는 불편성(unbiasedness), 일치성(consistency), 유효성(efficiency) 등의 3가지의 성질을 설명하기로 한다.

1) 불편성

모수 θ에 대한 추정량 $\hat{\theta}$는 표본을 구성하는 관측치의 함수이므로 확률표본이 $X_1, X_2, \cdots, X_n$로 구성된다면 모수에 대한 추정량 $\hat{\theta}$는

$$\hat{\theta} = \hat{\theta}(X_1, X_2, \cdots, X_n)$$

으로 나타낼 수 있다.

불편성이란 추정량 $\hat{\theta}$의 기대치 $E(\hat{\theta})$가 모수 θ와 같을 때, 즉

$$E(\hat{\theta}) = \theta \tag{7-1}$$

가 성립할 때를 말한다. 이때의 추정량 $\hat{\theta}$를 모수 θ의 불편추정량(unbiased estimator)이라 한다. 이것은 같은 모집단에서 추출가능한 모든 표본으로부터 계산한 $\hat{\theta}$의 평균은 그 모수 θ와 같다는 것을 의미한다.

예를 들어, 앞에서 다룬 표본분포의 설명에서 본 바와 같이, 표본평균 $\overline{X}$의 분포의 기대치 $E(\overline{X})$는 모집단의 평균 μ와 같으므로, 즉

$$E(\overline{X}) = \mu$$

가 성립하므로, 표본평균 $\overline{X}$는 모집단의 평균 μ의 불편추정량이다.

또 표본분산의 분포에 관해서도 6장에서 본 바와 같이

$$E(s^2) = \sigma^2, \qquad s^2 = \sum(X_i - \overline{X})^2/(n-1)$$

가 성립하므로, 표본분산 s^2은 모집단의 분산 σ^2의 불편추정량이다.

또 표본비율 $\hat{p}$의 분포의 경우에도

$$\begin{aligned} E(\hat{p}) &= E\left(\frac{X}{n}\right) \\ &= \frac{1}{n} \cdot E(X) \\ &= \frac{1}{n} np \\ &= p \end{aligned}$$

가 되므로, 표본비율 $\hat{p}$는 모비율 p의 불편추정량이 된다.

추정량 $\hat{\theta}$의 기대치 $E(\hat{\theta})$가 모수 θ와 같지 않을 때, 즉

$$E(\hat{\theta}) \neq \theta \tag{7-2}$$

일 때, 추정량 $\hat{\theta}$를 모수 θ의 편의추정량(biased estimator)이라 하고,

$$b = E(\hat{\theta}) - \theta \tag{7-3}$$

를 편의(bias)라고 한다.

2) 유효성

추정량 $\hat{\theta}$가 불편추정량이라도 그 분산이 크다면 추정량 $\hat{\theta}$의 오차범위가 크게 되므로 좋은 추정량이라고 할 수 없다. 그러므로 두 개의 추정량이 불편일 때, 분산이 작은 추정량이 분산이 큰 추정량보다 모수를 중심으로 그 구성 단위가 더 집중된다고 할 수 있으므로, 분산이 더 작은 추정량을 그렇지 못한 추정량보다 더 유효하다고 한다. 즉, 두 불편추정량 $\hat{\theta}_1$과 $\hat{\theta}_2$ 간에

$$Var(\hat{\theta}_1) < Var(\hat{\theta}_2)$$

가 성립하면 $\hat{\theta}_1$이 $\hat{\theta}_2$보다 더 유효한 추정량이라고 한다.

그러므로 추정량 중에서 불편성을 가지면서 동시에 분산이 최소인 추정량이 가장 유효하다고 할 수 있다. 이와 같이 분산이 가장 작은 불편추정량을 유효추정량(efficient estimator) 또는 최소분산추정량(minimum variance unbiased estimator)이라고 한다.

위에서와는 달리 각 추정량의 분산의 비율에 의해 추정량의 유효성을 평가할 수 있는데, 두 추정량 $\hat{\theta}_1$, $\hat{\theta}_2$의 분산의 비율을 상대적 유효성(relative efficiency)이라 한다. 즉 상대적 유효성은

$$E_f = \frac{Var\ \hat{\theta}_2}{Var\ \hat{\theta}_1}$$

로 나타낼 수 있는데, 이 상대적 유효성 E_f가 1보다 크게 되면 추정량 $\hat{\theta}_1$의 분산이 $\hat{\theta}_2$의 그것보다 작다는 것을 의미하므로, 추정량 $\hat{\theta}_1$가 $\hat{\theta}_2$보다 상대적으로 유효하다는 것을 의미한다.

3) 일치성

표본의 크기 n이 무한히 커짐에 따라 표본에서 구한 추정량 $\hat{\theta}_n$이 모수 θ에 수렴해 갈 때, 이 추정량 $\hat{\theta}_n$을 일치추정량(consistent estimator)라고 한다. 즉

$$\lim_{n \to \infty} P(|\hat{\theta}_n - \theta| > \varepsilon) = 0$$

가 성립할 때 $\hat{\theta}_n$은 θ의 일치추정량이 된다. 여기서 ε은 임의의 양수이다.

이 일치추정량은 표본의 크기가 무한히 증가함에 따라 추정량 $\hat{\theta}_n$의 분산 $Var(\hat{\theta}_n)$은 0에 수렴하는 성질을 갖게 된다. 따라서 어떤 추정량이 일치추정량인지의 여부는 n을 무한대로 증가시킬 때 분산이 0으로 수렴하는가의 여부로 판단할 수 있다. 예를 들어 $\overline{X}_n$을 크기 n인 표본의 평균이라고 하자. 그러면 표본평균분포의 분산 $Var(\overline{X})$는

$$Var(\overline{X}) = \frac{\sigma^2}{n}$$

이므로

$$\lim_{n \to \infty} Var(\overline{X}) = \lim_{n \to \infty} \frac{\sigma^2}{n} = 0$$

가 되어 표본평균 $\overline{X}$는 모집단의 평균 μ의 일치추정량임을 알 수 있다.

그런데 표본분산 $s^2 = \dfrac{\sum(X_i - \overline{X})^2}{n-1}$ 대신 $\hat{s}^2 = \dfrac{\sum(X_i - \overline{X})^2}{n}$ 으로써 모분산 σ^2을 추정하는 경우에 $\hat{s}^2$이 일치추정량인지를 알아보자. 추정량 $\hat{s}^2$의 분포의 기대치 $E(\hat{s}^2)$은

$$E(\hat{s}^2) = \frac{n-1}{n}\sigma^2 \qquad (7-4)$$

으로 된다.[1)] 따라서 추정량 $\hat{s}^2$은 모수 σ^2의 불편추정량이 아니다. 그러나 표본의 크기가 무한히 커짐에 따라 $E(\hat{s}^2)$은 σ^2에 접근해 간다. 즉

$$\lim_{n \to \infty} E(\hat{s}^2) = \lim_{n \to \infty} \frac{n-1}{n} \cdot \sigma^2 = \sigma^2$$

이 성립한다. 그리고 추정량 $\hat{s}^2$의 분포의 분산 $Var(\hat{s}^2)$은

---

1) $\hat{s}^2 = \frac{1}{n}\sum(X_i - \overline{X})^2$

$= \frac{1}{n}\sum\{(X_i - \mu) - (\overline{X} - \mu)\}^2$

$= \frac{1}{n}\sum\{(X_i - \mu)^2 - 2(\overline{X} - \mu)(X_i - \mu) + (\overline{X} - \mu)^2\}$

$= \frac{1}{n}\{\sum(X_i - \mu)^2 - 2(\overline{X} - \mu)\sum(X_i - \mu) + n(\overline{X} - \mu)^2\}$

그런데

$\sum(X_i - \mu) = \sum X_i - n\mu$

$= n\overline{X} - n\mu = n(\overline{X} - \mu)$

이므로, 이것을 대입하면

$\hat{s}^2 = \frac{1}{n}\{\sum(X_i - \mu)^2 - 2n(\overline{X} - \mu)^2 + n(\overline{X} - \mu)^2\}$

$= \frac{1}{n}\sum\{(X_i - \mu)^2 - (\overline{X} - \mu)^2\}$

로 된다. 따라서

$E(\hat{s}^2) = \frac{1}{n}\sum E(X_i - \mu)^2 - E(\overline{X} - \mu)^2$

$= \frac{1}{n}\sum\sigma^2 - \frac{\sigma^2}{n} = \sigma^2 - \frac{\sigma^2}{n} = \frac{n-1}{n} \cdot \sigma^2$

그림 7-1 일치추정량($n_1 < n_2 < n_3$)

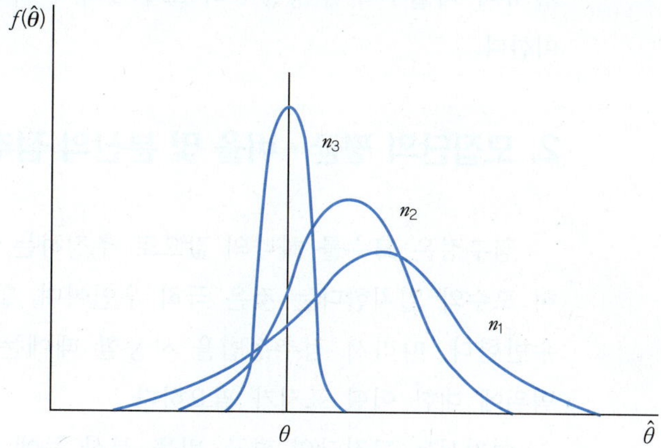

$$Var(\hat{s}^2) = \frac{2(n-1)}{n^2} \cdot \sigma^4 \qquad (7-5)$$

이다.[2] 그런데 n이 무한히 커지면 $Var(\hat{s}^2)$은 0에 수렴한다. 즉

$$\lim_{n \to \infty} Var(\hat{s}^2) = \lim_{n \to \infty} \frac{2(n-1)}{n^2} \cdot \sigma^4 = 0$$

으로 된다. 따라서 편의추정량 $\hat{s}^2$도 모분산 σ^2의 일치추정량이 된다.

[그림 7-1]은 추정량 $\hat{\theta}$가 θ의 불편추정량은 아니나, 표본의 크기가 커

2) $\hat{s}^2$은

$$\hat{s}^2 = \frac{n-1}{n} s^2$$

으로 나타낼 수 있으므로 $\hat{s}^2$의 분산은

$$Var(\hat{s}^2) = \left(\frac{n-1}{n}\right)^2 Var(\hat{s}^2)$$

으로 되는데, 앞의 6장에서 본 바와 같이 s^2의 분산은

$$Var(s^2) = \frac{2\sigma^4}{n-1}$$

이다. 따라서

$$Var(\hat{s}^2) = \left(\frac{n-1}{n}\right)^2 \cdot \frac{2\sigma^4}{n-1} = \frac{2(n-1)}{n^2} \cdot \sigma^4$$

로 된다.

짐에 따라 모수 θ에 접근해 가고 있음을 나타내고 있다. 이것은 표본의 크기 n이 커질수록 추정량 $\hat{\theta}$와 모수 θ와의 차이가 점차 작아진다는 것을 의미한다.

2. 모집단의 평균 · 비율 및 분산의 점추정

점추정은 모수를 하나의 값으로 추정하는 것을 말한다. 점추정치가 정확히 모수와 일치한다는 것은 극히 우연이며, 일반적으로는 크든 작든 오차를 수반한다. 따라서 점추정법을 사용할 때에는 추정치의 정확성, 즉 오차의 범위에 대한 어떤 표시가 필요하다.

여기서는 모집단의 평균, 비율, 분산 등에 대한 점추정 문제를 다룬다.

1) 모집단 평균의 점추정

임의의 표본에서 계산된 표본평균 $\overline{X}$는 최소분산불편추정량이며 일치추정량이다. 그러므로 표본평균 $\overline{X}$는 모집단의 평균 μ의 가장 좋은 점추정량이다.

표본평균 $\overline{X}$가 모집단 평균 μ의 점추정량으로 사용될 경우에 오차가 발생하므로 표본평균 $\overline{X}$의 신뢰도는 표준오차의 상대적 크기에 의해 평가될 수 있다. 표본평균 $\overline{X}$로써 모집단의 평균 μ를 점추정할 때의 표준오차는 $\sigma_{\overline{X}} = \frac{\sigma}{\sqrt{n}}$이다.

그런데 모분산 σ^2이 거의 알려져 있지 않으므로 모분산 대신에 표본분산

$$s^2 = \frac{\sum(X_i - \overline{X})^2}{n-1}$$

을 사용하면, 표본평균의 표준오차는

$$s_{\overline{X}} = \frac{s}{\sqrt{n}} \qquad (7-6)$$

로 된다.

예제 | 01

어느 대학교 학생들의 평균체중을 조사하기 위하여 표본으로 뽑은 학생 100명의 평균체중 $\overline{X}$는 65kg, 표본표준편차 s는 12kg이었다. 이 대학교 학생들의 평균체중을 점추정하여라.

풀이 이 대학교 학생들의 평균체중은 점추정법에 따르면 65kg으로 추정된다. 그리고 이 추정치의 표준오차는 다음과 같다.

$$s_{\overline{X}} = \frac{s}{\sqrt{n}} = \frac{s}{\sqrt{100}} = \frac{12}{10} = 1.2$$

예제 | 02

어느 지역의 가구당 월평균 소비지출액을 조사하기 위하여 30가구를 임의로 추출하였는데, 이들의 월평균 소비지출액은 85만원이고 표준편차는 18만원이었다. 이 지역의 가구당 월평균 소비지출액을 점추정하라.

풀이 이 지역의 가구당 월평균 소비지출액은 표본평균인 85만원으로 추정된다. 추정치의 표준오차는

$$s_{\overline{X}} = \frac{s}{\sqrt{n}} = \frac{180{,}000}{\sqrt{30}} = 32{,}863.4\text{원}$$

으로 계산된다.

2) 모집단 비율의 점추정

표본비율 $\hat{p} = \frac{X}{n}$는 모비율 p의 최소분산불편추정량이고, 동시에 표본의 크기 n이 무한히 커짐에 따라 표본비율분포의 분산 $\sigma_{\hat{p}}^2 = \frac{p(1-p)}{n}$는 0에 수렴하므로 $\hat{p}$는 모비율 p의 일치추정량이다. 따라서 모집단 비율 p의 좋은 점추정량으로 표본비율 $\hat{p}$를 사용한다.

표본비율 $\hat{p}$는 모비율 p가 극단적으로 크거나 작지 않고, 표본의 크기

n이 크면, 평균이 p, 표준편차가 $\sqrt{\dfrac{p(1-p)}{n}}$인 정규분포를 이룬다. 따라서 표본비율 $\hat{p}$를 모집단의 비율 p의 추정량으로 하는 경우에, 그 신뢰도는 추정량 $\hat{p}$의 표준오차 $\sqrt{\dfrac{p(1-p)}{n}}$에 의하여 평가한다.

그런데 모비율 p는 거의 알려져 있지 않으므로, 표본의 크기가 충분히 클 때에는 모비율 p 대신에 표본비율 $\hat{p}$를 사용하면 표본비율 $\hat{p}$의 표준오차는

$$s_{\hat{p}} = \sqrt{\frac{\hat{p}(1-\hat{p})}{n}} \tag{7-7}$$

로 된다.

예제 | 03

어떤 지역에서 공해를 유발하는 공장시설의 유치에 관한 여론조사를 하기 위하여 지역주민들 가운데 100명을 추출하여 찬반을 조사한 결과 35명이 찬성하였다. 이 지역 전체 주민의 찬성비율을 점추정하라.

풀이 이 지역 전체 주민의 찬성비율의 추정치인 표본비율은

$$\hat{p} = \frac{X}{n} = \frac{35}{100} = 0.35$$

이며, 추정치의 표본오차는

$$s_{\hat{p}} = \sqrt{\frac{\hat{p}(1-\hat{p})}{n}} = \sqrt{\frac{0.35 \cdot 0.65}{100}} = 0.0477$$

으로 계산된다.

3) 모집단 분산의 점추정

표본분산 $s^2 = \dfrac{\sum(X_i - \overline{X})^2}{n-1}$은 모집단의 분산 σ^2의 불편추정량이다. 따라서 이 표본분산 s^2을 모분산 σ^2의 추정량으로 사용하여 추정한다.

s • t • a • t • i • s • t • i • c • s

03 | 구간추정

앞에서는 모수가 특정한 하나의 값으로 추정되는 점추정에 대해서 설명했다. 그런데 점추정치는 일정한 표본오차를 수반하므로 모집단의 모수와 정확히 일치하지는 않는다. 즉, 점추정치가 모수와 같을 확률은 아주 낮다고 할 수 있다. 따라서 점추정치가 갖게 되는 오차의 범위를 정해야 한다. 그러므로 모수가 일정 확률을 갖고 포함되리라고 기대되는 어떤 구간을 결정하는 것이 바람직하다. 예를 들어, 우리 나라 대학생의 한달 용돈의 평균을 추정해 보자. 전국에서 임의로 1000명을 추출하여 조사한 결과, 월평균 용돈 $\bar{X}$는 20만원이었다고 하자. 그러나 모집단에 해당하는 대학생 전체의 한달 용돈이 정확히 20만원이라고는 주장할 수는 없을 것이다. 그런데 예를 들어 월평균 용돈을 15만원~25만원의 구간에 포함될 것이라고 추정하면 20만원이라고 추정하는 것보다 모수가 포함될 확률이 더 높을 것이다. 이와 같이 모수를 특정한 하나의 값이 아니라 일정 확률 하에 모수가 포함될 구간을 추정하는 것을 구간추정(interval estimation)이라고 한다.

모수 θ가 일정한 확률하에서 포함될 것이라고 추정한 구간을 $[L, U]$라 하고, 이 구간 내에 모수가 포함될 확률을 $1-\alpha$라고 하면, 모수 θ에 대한 신뢰구간은

$$P(L \le \theta \le U) = 1 - \alpha \qquad (7-8)$$

로 쓸 수 있다. 이때 모수 θ의 참값이 포함될 것이라고 기대되는 구간 $[L, U]$를 모수 θ의 $100(1-\alpha)\%$ 신뢰구간(confidence interval)이라고 한다. 그리고 구간의 하한값 L과 상한값 U를 신뢰한계(confidence limits), 확률 $1-\alpha$를 신뢰수준(confidence level) 또는 신뢰계수(confidence coefficient)라고 한다.

여기서는 모집단의 평균, 비율 및 분산에 대한 구간추정에 대해 살펴보기로 한다.

1. 모집단 평균의 구간추정

여기서는 앞에서 다룬 표본평균 $\overline{X}$ 의 분포를 이용하여 표본평균 $\overline{X}$ 에 의한 모집단의 평균 μ 의 구간추정을 설명한다.

1) 단일 모평균의 구간추정

(1) 모집단의 분산을 알고 있는 경우

먼저 모집단이 평균 μ, 분산 σ^2의 정규분포를 이루고, 분산 σ^2이 주어진 경우의 모집단 평균 μ의 구간추정을 설명한다. 앞에서 보았듯이 평균이 μ, 분산이 σ^2인 정규모집단에서 추출한 크기 n인 확률표본의 평균 $\overline{X}$ 는 평균이 μ이고 분산이 $\dfrac{\sigma^2}{n}$인 정규분포를 이루므로

$$Z = \frac{\overline{X} - \mu}{\sigma/\sqrt{n}}$$

는 표준정규분포 $N(0,\ 1)$을 이룬다. 따라서 [그림 7-2]에서 보는 바와 같이 표준정규확률변수 Z가 $z_{\alpha/2}$ 이상일 확률을

$$P(Z \geq z_{\alpha/2}) = \frac{\alpha}{2} \qquad (7-9)$$

로 나타내고, Z가 $-z_{\alpha/2}$ 이하일 확률을

$$P(Z \leq -z_{\alpha/2}) = \frac{\alpha}{2} \qquad (7-10)$$

로 나타내면, Z가 $-z_{\alpha/2}$와 $z_{\alpha/2}$ 사이에 있을 확률은

$$P(-z_{\alpha/2} \leq Z \leq z_{\alpha/2}) = 1 - \alpha \qquad (7-11)$$

로 된다.

(7-11)식에서 Z를 $\dfrac{\overline{X} - \mu}{\sigma/\sqrt{n}}$로 바꾸어 쓰면, 이 식은

그림 7-2 표준정규분포와 신뢰구간

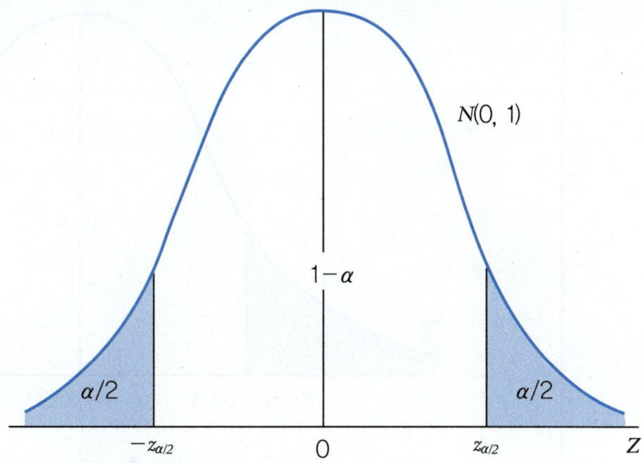

$$P\left(-z_{\alpha/2} \leq \frac{\bar{X}-\mu}{\sigma/\sqrt{n}} \leq z_{\alpha/2}\right) = 1 - \alpha \tag{7-12}$$

로 되는데, 이것을 μ 에 관해서 정리하면

$$P\left(\bar{X} - z_{\alpha/2} \cdot \frac{\sigma}{\sqrt{n}} \leq \mu \leq \bar{X} + z_{\alpha/2} \cdot \frac{\sigma}{\sqrt{n}}\right) = 1 - \alpha \tag{7-13}$$

가 된다. 이것은 구간 $\bar{X} \pm z_{\alpha/2} \cdot \frac{\sigma}{\sqrt{n}}$에 모평균 μ 가 있을 확률이 $1 - \alpha$라는 것이다. 따라서 모평균 μ 의 $100(1 - \alpha)$% 신뢰구간은

$$\bar{X} - z_{\alpha/2} \cdot \frac{\sigma}{\sqrt{n}} \leq \mu \leq \bar{X} + z_{\alpha/2} \cdot \frac{\sigma}{\sqrt{n}} \tag{7-14}$$

로 정해진다.

(7-14)식에서의 신뢰한계

$$\bar{X} - z_{\alpha/2} \cdot \frac{\sigma}{\sqrt{n}}, \quad \bar{X} + z_{\alpha/2} \cdot \frac{\sigma}{\sqrt{n}}$$

의 의미를 알아보자. 하나의 모집단에서 표본의 크기가 n 인 표본을 계속해

그림 7-3 μ에 대한 구간추정의 의미

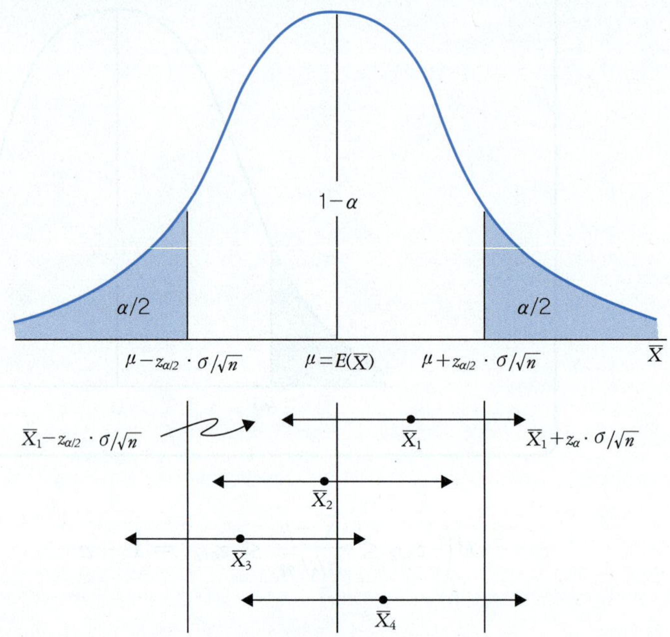

서 추출하면, 그때마다 표본평균 $\bar{X}$의 값이 달라지고, 이에 따라 [그림 7-3]에서 볼 수 있는 바와 같이 각각의 표본평균 $\bar{X}$에 의해서 구해질 수 있는 구간

$$\left[\bar{X} - z_{\alpha/2} \cdot \frac{\sigma}{\sqrt{n}},\ \bar{X} + z_{\alpha/2} \cdot \frac{\sigma}{\sqrt{n}}\right]$$

은 달라지는데, 이 구간 안에 모집단의 평균 μ가 포함될 확률이 $100(1-\alpha)\%$라는 것을 의미한다.

따라서 (7-14)식은 이러한 여러 구간 중에서 $100(1-\alpha)\%$는 모평균을 포함하고, 나머지 $100\alpha\%$는 포함하지 않는다는 것을 나타낸다. 이것을 그림으로 나타낸 것이 [그림 7-3]이다.

여기에서 각 신뢰계수 $1-\alpha$에 대응하는 $z_{\alpha/2}$값은 표준정규분포표에서 각 신뢰계수의 반인 $\frac{1-\alpha}{2}$의 값에 대응하는 z값을 찾으면 된다. 따라서 이 $z_{\alpha/2}$값은 표준정규분포에서 우측 끝부분의 면적이 $\frac{\alpha}{2}$로 되는 z값이다.

표 7-1 신뢰계수($1-\alpha$)와 그에 대응하는 $z_{\alpha/2}$값

$1-\alpha$	$z_{\alpha/2}$
0.9973	3.00
0.99	2.58
0.98	2.33
0.9545	2.00
0.95	1.96
0.90	1.645
0.6827	1.00
0.50	0.6745

예를 들면 신뢰계수 95%에 대응하는 z값은 표준정규분포표에서 0.95의 반인 0.475에 대응하는 $z=1.96$이다. 〈표 7-1〉은 약간의 신뢰계수와 그에 대응하는 z값을 나타낸 것이다.

예제 | 04

어느 공장에서 대량 생산하고 있는 전구 중에서 추출한 36개에 대해 실험을 하였더니, 그들의 평균수명은 1,450시간이었다. 이 공장에서 생산하는 전구 전체의 평균수명의 95% 신뢰구간을 추정하라. 단 전구의 수명은 정규분포를 이루며 표준편차는 100시간이라고 한다.

풀이 $n=36$, $\sigma=100$, $\overline{X}=1{,}450$이다. 그리고 신뢰계수가 0.95이므로 $\alpha=0.05$이고, $\frac{\alpha}{2}=0.025$이므로 $z_{0.025}=1.96$이다. 따라서 μ의 95% 신뢰구간은 다음과 같이 구해진다.

$$\overline{X}-z_{\alpha/2}\cdot\frac{\sigma}{\sqrt{n}}\le\mu\le\overline{X}+z_{\alpha/2}\cdot\frac{\sigma}{\sqrt{n}}$$

$$\overline{X}-z_{0.025}\cdot\frac{\sigma}{\sqrt{n}}\le\mu\le\overline{X}+z_{0.025}\cdot\frac{\sigma}{\sqrt{n}}$$

$$1{,}450-1.96\cdot\frac{100}{\sqrt{36}}\le\mu\le1{,}450+1.96\cdot\frac{100}{\sqrt{36}}$$

$$1{,}417.33\le\mu\le1{,}482.67$$

으로 된다. 이것은 이 공장에서 생산되고 있는 전구들의 평균수명이 1,482.67시간에서 1,417.33시간 사이에 있을 가능성이 95%라는 것이다.

위에서 모집단의 분산 σ^2이 알려져 있으며, 정규분포를 이루는 경우의 모평균 μ의 구간추정 문제를 다루었다. 그러나 모집단이 정규분포를 하지 않는 경우에도 표본의 크기가 $n \geq 30$이면, 중심극한의 정리에 의하여 변수 $\frac{\overline{X}-\mu}{\sigma/\sqrt{n}}$ 는 표준정규분포에 접근하므로 모집단 평균의 구간추정은 위와 같은 방법으로 행하면 된다.

예제 | 05

각 기업의 대졸 신입사원 100명을 임의로 추출하여 월평균임금을 조사한 결과 120만원으로 나타났다. 모집단의 표준편차가 6만원일 경우 모평균 μ의 95%와 99% 신뢰구간을 각각 구하여라.

풀이 $n = 100$, $\overline{X} = 1{,}200{,}000$, $\sigma = 60{,}000$인 경우이다. 이 예에서는 비록 모집단의 분포형태를 알 수는 없지만 대표본($n \geq 30$)의 경우이므로 중심극한의 정리에 의하여 $\overline{X}$는 근사적으로 정규분포를 따르게 되고, 따라서 위에서 설명한 방법에 의하여 모평균 μ의 구간추정을 할 수 있다.

우선 신뢰계수가 95%인 경우에는 $\alpha/2 = 0.025$이므로 $z_{0.025} = 1.96$이 된다. 따라서 μ의 95% 신뢰구간은 다음과 같이 계산된다.

$$\overline{X} - z_{0.025} \cdot \frac{\sigma}{\sqrt{n}} \leq \mu \leq \overline{X} + z_{0.025} \cdot \frac{\sigma}{\sqrt{n}}$$

$$1{,}200{,}000 - 1.96 \cdot \frac{60{,}000}{\sqrt{100}} \leq \mu \leq 1{,}200{,}000 + 1.96 \cdot \frac{60{,}000}{\sqrt{100}}$$

$$1{,}188{,}240 \leq \mu \leq 1{,}211{,}760$$

다음으로 신뢰계수가 99%인 경우에는 $\alpha/2 = 0.005$이므로 $z_{0.005} = 2.58$이 된다. 따라서 μ의 99% 신뢰구간은 다음과 같다.

$$\overline{X} - z_{0.005} \cdot \frac{\sigma}{\sqrt{n}} \leq \mu \leq \overline{X} + z_{0.005} \cdot \frac{\sigma}{\sqrt{n}}$$

$$1{,}200{,}000 - 2.58 \cdot \frac{60{,}000}{\sqrt{100}} \leq \mu \leq 1{,}200{,}000 + 2.58 \cdot \frac{60{,}000}{\sqrt{100}}$$

$$1{,}184{,}520 \leq \mu \leq 1{,}215{,}480$$

위의 예에서 각기 다른 신뢰계수로부터 계산된 두 신뢰구간을 비교해 보면, 신뢰계수를 높임에 따라 신뢰구간의 범위가 넓어진다는 것을 알 수 있다. 그러나 그 범위가 넓어질수록 구간추정의 정밀도는 낮아진다. 여기서 정밀도가 낮다는 것은 신뢰구간의 상 · 하한값의 차이가 크다는 것을 의미한다.

(2) 모집단의 분산을 모르는 경우

다음으로 모집단의 분산을 모르는 경우의 모집단 평균 μ 의 구간추정을 대표본과 소표본의 경우로 나누어 설명한다.

① 대표본의 경우

모집단의 분산 σ^2을 모르는 경우라도 표본의 크기가 $n \geq 30$이면, 모집단의 분산을 알고 있는 경우와 같은 방법으로 모집단의 평균 μ의 구간추정을 행할 수 있다. 다만 모분산 σ^2 대신에 표본분산 s^2을 사용하면 된다. 그러므로 이 경우의 모집단의 평균 μ의 $100(1-\alpha)\%$ 신뢰구간은

$$\bar{X} - z_{\alpha/2} \cdot \frac{s}{\sqrt{n}} \leq \mu \leq \bar{X} + z_{\alpha/2} \cdot \frac{s}{\sqrt{n}} \qquad (7-15)$$

로 정해진다.

예제 | 06

어느 도시의 전체 대학생 중에서 144명을 임의추출하여 가슴둘레를 잰 결과, 그 평균은 93.2㎝, 표준편차는 5.7㎝로 나타났다. 이 도시 학생 전체에 대한 평균 가슴둘레의 99% 신뢰구간을 추정하여라.

풀이 신뢰계수가 99%이므로 $\alpha = 0.01$이고 $\frac{\alpha}{2} = 0.005$이다. 따라서 $z_{0.005} = 2.58$이다. 또 $n = 144$, , $\bar{X} = 93.2$ 그리고 $s = 5.7$이므로 μ 의 99% 신뢰구간은 다음과 같이 구해진다.

$$\begin{aligned} \mu &= \bar{X} \pm z_{\alpha/2} \cdot \frac{s}{\sqrt{n}} \\ &= 93.2 \pm 2.58 \cdot \frac{5.7}{\sqrt{144}} \\ &= 93.2 \pm 1.23 \end{aligned}$$

따라서 이 도시의 전체 학생들의 평균가슴둘레가 91.97㎝와 94.43㎝ 사이에 있을 확률은 99%가 되는 것이다.

---

② 소표본의 경우

지금까지는 모집단의 분산 σ^2이 알려져 있거나, 또는 알려져 있지 않더라도 표본의 크기가 $n \geq 30$인 경우의 모집단 평균 μ의 구간추정 문제를 다루었다.

여기서는 모집단의 분산 σ^2이 알려져 있지 않으며, 표본의 크기가 $n < 30$인 경우의 모집단의 평균 μ의 구간추정 문제를 설명하기로 한다.

모집단의 분산 σ^2을 모르고, $n < 30$인 경우에는

$$t = \frac{\overline{X} - \mu}{s/\sqrt{n}}$$

로 정의되는 t는 자유도 $n-1$인 t분포를 이룬다. σ^2을 모르고 소표본인 경우에는 이 t분포를 이용하여 모평균 μ의 구간추정을 행할 수 있다. [그림 7-4]에서 알 수 있는 바와 같이 확률변수 t가 $-t_{\alpha/2;n-1}$와 $t_{\alpha/2;n-1}$ 사이에 포함될 확률은

그림 7-4 t분포와 신뢰구간

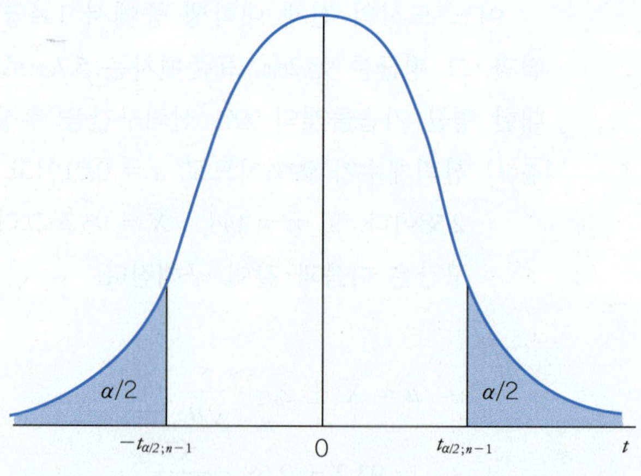

$$P(-t_{\alpha/2;n-1} \leq t \leq t_{\alpha/2;n-1}) = 1 - \alpha \tag{7-16}$$

로 된다. 여기에서 t값을 바꾸어 쓰면,

$$P\left(-t_{\alpha/2;n-1} \leq \frac{\overline{X} - \mu}{\sigma/\sqrt{n}} \leq t_{\alpha/2;n-1}\right) = 1 - \alpha \tag{7-17}$$

로 된다. 이것을 μ에 대해서 풀면 다음과 같이 된다.

$$P\left(\overline{X} - t_{\alpha/2;n-1} \cdot \frac{s}{\sqrt{n}} \leq \mu \leq \overline{X} + t_{\alpha/2;n-1} \cdot \frac{s}{\sqrt{n}}\right) = 1 - \alpha \tag{7-18}$$

따라서 모집단의 평균 μ의 $100(1-\alpha)\%$ 신뢰구간은

$$\overline{X} - t_{\alpha/2;n-1} \cdot \frac{s}{\sqrt{n}} \leq \mu \leq \overline{X} + t_{\alpha/2;n-1} \cdot \frac{s}{\sqrt{n}} \tag{7-19}$$

로 정해진다.

예제 | 07

어느 대학교 통계학과 학생들의 월평균 용돈을 조사하기 위하여 20명을 추출하여 조사한 결과 월평균 용돈은 13만원, 표준편차는 1만 5천원으로 나타났다. 통계학과 학생들의 월평균 용돈이 정규분포를 따른다고 할 때, 월평균 용돈을 신뢰계수 95%에서 구간추정하여라.

풀이 $n = 20$, $\overline{X} = 130{,}000$, $s = 15{,}000$이며, 신뢰계수가 95%이므로 $\alpha/2 = 0.025$이다. 또한 자유도는 $v = n - 1 = 19$이므로 $t_{0.025;19} = 2.093$이다. 따라서 모평균의 μ 의 신뢰구간은

$$\overline{X} - t_{0.025;19} \cdot \frac{s}{\sqrt{n}} \leq \mu \leq \overline{X} + t_{0.025;19} \cdot \frac{s}{\sqrt{n}}$$

$$130{,}000 - 2.093 \cdot \frac{15{,}000}{\sqrt{20}} \leq \mu \leq 130{,}000 + 2.093 \cdot \frac{15{,}000}{\sqrt{20}}$$

$$122{,}979.8 \leq \mu \leq 137{,}020.2$$

로 구해진다. 따라서 통계학과 학생들의 월평균 용돈이 112,979.8원과 137,020.2원 사이에 있을 확률은 95%이다.

---

2) 두 모집단 평균 차의 구간추정

제 6 장에서 두 모집단으로부터 각각 독립적으로 추출한 표본의 평균 차의 분포에 대해서 설명하였다. 여기서는 두 표본의 평균 차의 분포를 이용하여 두 모평균의 차 $\mu_1-\mu_2$에 대한 신뢰구간을 추정하기로 한다. 두 모집단의 분산 σ_1^2과 σ_2^2을 알고 있는 경우와 모르는 경우로 나누어서 두 모집단의 평균 차의 구간추정을 설명하기로 한다.

(1) 두 모집단의 분산을 알고 있는 경우

평균이 각각 μ_1, μ_2이고 분산이 각각 σ_1^2, σ_2^2인 두 개의 정규모집단에서 각각 독립적으로 추출한 크기가 n_1, n_2인 임의표본의 평균을 각각 $\overline{X}_1$, $\overline{X}_2$라고 하면 표본평균 차 $(\overline{X}_1-\overline{X}_2)$의 분포는 정규분포를 따르므로

$$Z=\frac{(\overline{X}_1-\overline{X}_2)-(\mu_1-\mu_2)}{\sqrt{\dfrac{\sigma_1^2}{n_1}+\dfrac{\sigma_2^2}{n_2}}} \tag{7-20}$$

는 평균 0, 분산 1인 표준정규분포를 이룬다는 것을 앞에서 보았다. 그러므로 단일 모평균의 구간추정방법에서와 같이

$$P\left[(\overline{X}_1-\overline{X}_2)-z_{\alpha/2}\cdot\sqrt{\frac{\sigma_1^2}{n_1}+\frac{\sigma_2^2}{n_2}}\le\mu_1-\mu_2\le(\overline{X}_1-\overline{X}_2)+z_{\alpha/2}\cdot\sqrt{\frac{\sigma_1^2}{n_1}+\frac{\sigma_2^2}{n_2}}\right]=1-\alpha$$

로 된다. 따라서 두 모집단 간의 평균차 $\mu_1-\mu_2$의 $100(1-\alpha)\%$ 신뢰구간은

$$(\overline{X}_1-\overline{X}_2)-z_{\alpha/2}\cdot\sqrt{\frac{\sigma_1^2}{n_1}+\frac{\sigma_2^2}{n_2}}\le\mu_1-\mu_2\le(\overline{X}_1-\overline{X}_2)+z_{\alpha/2}\cdot\sqrt{\frac{\sigma_1^2}{n_1}+\frac{\sigma_2^2}{n_2}} \tag{7-21}$$

로 정해진다.

예제 | 08

A시와 B농촌 간의 어떤 상품에 대한 세대당 월평균구입액의 차이를 조사하기 위해서, A시에서 150세대, B농촌에서 100세대를 상호독립적으로 임의추출하였더니, A시에서는 월평균구입액이 $\overline{X}_1 = 1{,}000$원, B농촌에서는 월평균구입액이 $\overline{X}_2 = 900$원이었다. A시와 B농촌 간의 이 상품에 대한 세대당 월평균구입액의 차 $\mu_1 - \mu_2$의 95% 신뢰구간을 구하라(단, 두 모집단의 분산은 각각 $\sigma_1^2 = 100$원, $\sigma_2^2 = 80$원이다).

풀이

$$\sigma_1^2 = 100, \quad \sigma_2^2 = 80$$
$$n_1 = 150, \quad n_2 = 100$$
$$\overline{X}_1 = 1{,}000, \quad \overline{X}_2 = 900\text{원}$$

신뢰계수가 0.95이므로 $z_{0.025} = 1.96$이다. 따라서 $\mu_1 - \mu_2$의 95% 신뢰구간은 다음과 같이 계산된다.

$$(\overline{X}_1 - \overline{X}_2) - z_{\alpha/2} \cdot \sqrt{\frac{\sigma_1^2}{n_1} + \frac{\sigma_2^2}{n_2}} \le \mu_1 - \mu_2 \le (\overline{X}_1 - \overline{X}_2) + z_{\alpha/2} \cdot \sqrt{\frac{\sigma_1^2}{n_1} + \frac{\sigma_2^2}{n_2}}$$

$$(1{,}000 - 900) - 1.96 \cdot \sqrt{\frac{100}{150} + \frac{80}{100}} \le \mu_1 - \mu_2 \le (1{,}000 - 900) + 1.96 \cdot \sqrt{\frac{100}{150} + \frac{80}{100}}$$

$$97.63 \le \mu_1 - \mu_2 \le 102.37$$

이를 다음과 같이 쓰기도 한다.

$$\mu_1 - \mu_2 = 100 \pm 2.37$$

(2) 두 모집단의 분산을 모르는 경우

두 모집단의 분산을 모르지만, 두 모집단의 분산이 같은 경우를 대표본과 소표본으로 나누어 모집단의 평균 차 $\mu_1 - \mu_2$의 신뢰구간의 추정 문제를 설명하기로 한다.

① 대표본의 경우

앞에서 본 바와 같이 두 모집단에서 추출한 크기 n_1, n_2인 두 표본의 분산을 각각 s_1^2, s_2^2이라고 하면, 대표본인 경우에는 표본평균 차 $(\bar{X}_1 - \bar{X}_2)$의 분포는 정규분포를 이루므로

$$Z = \frac{(\bar{X}_1 - \bar{X}_2) - (\mu_1 - \mu_2)}{\sqrt{\dfrac{s_1^2}{n_1} + \dfrac{s_2^2}{n_2}}}$$

는 표준정규분포를 따른다. 따라서 두 모집단의 평균의 차 $\mu_1 - \mu_2$의 $100(1-\alpha)\%$ 신뢰구간은 다음과 같다.

$$(\bar{X}_1 - \bar{X}_2) - z_{\alpha/2} \cdot \sqrt{\frac{s_1^2}{n_1} + \frac{s_2^2}{n_2}} \le \mu_1 - \mu_2 \le (\bar{X}_1 - \bar{X}_2) + z_{\alpha/2} \cdot \sqrt{\frac{s_1^2}{n_1} + \frac{s_2^2}{n_2}} \qquad (7-22)$$

예제 | 09

A대학과 B대학에서 각각 100명, 80명을 독립적으로 추출하여 그들의 신장을 쟀더니, A대학 학생들의 신장은 평균이 $\bar{X}_1 = 171$cm, 분산이 $s_1^2 = 20$cm 이었고, B대학 학생들의 신장의 평균은 $\bar{X}_2 = 169$cm, 분산이 $s_2^2 = 16$cm이었다. 두 대학 전체 학생들의 평균신장의 차의 99% 신뢰구간을 추정하여라.

풀이

$n_1 = 100,\quad n_2 = 80$

$\bar{X}_1 = 171,\quad \bar{X}_2 = 169$

$s_1^2 = 20,\quad s_2^2 = 16$

신뢰계수가 99%이므로 $\alpha = 0.01$이고 $\frac{\alpha}{2} = 0.005$이다. 그러므로 $z_{0.005} = 2.58$이다. 따라서 $\mu_1 - \mu_2$의 99% 신뢰구간은 다음과 같다.

$$(\overline{X}_1 - \overline{X}_2) - z_{\alpha/2} \cdot \sqrt{\frac{s_1^2}{n_1} + \frac{s_2^2}{n_2}} \le \mu_1 - \mu_2 \le (\overline{X}_1 - \overline{X}_2) + z_{\alpha/2} \cdot \sqrt{\frac{s_1^2}{n_1} + \frac{s_2^2}{n_2}}$$

$$(171 - 169) - 2.58 \cdot \sqrt{\frac{20}{100} + \frac{16}{80}} \le \mu_1 - \mu_2 \le (171 - 169) + 2.58 \cdot \sqrt{\frac{20}{100} + \frac{16}{80}}$$

$$0.37 \le \mu_1 - \mu_2 \le 3.63$$

따라서 $\mu_1 - \mu_2$가 0.37cm와 3.63cm 사이에 있을 확률이 99%라고 할 수 있다.

---

② **소표본의 경우**

두 모집단의 분산을 모르지만 두 모집단의 분산이 서로 같고, 두 표본의 크기가 모두 30미만인 경우에는

$$t = \frac{(\overline{X}_1 - \overline{X}_2) - (\mu_1 - \mu_2)}{\sqrt{\frac{(n_1 - 1)s_1^2 + (n_2 - 1)s_2^2}{n_1 + n_2 - 2}} \cdot \sqrt{\frac{1}{n_1} + \frac{1}{n_2}}} = \frac{(\overline{X}_1 - \overline{X}_2) - (\mu_1 - \mu_2)}{\sqrt{\frac{n_1 + n_2}{n_1 n_2} \cdot \frac{(n_1 - 1)s_1^2 + (n_2 - 1)s_2^2}{n_1 + n_2 - 2}}}$$

는 자유도 $n_1 + n_2 - 2$인 t분포를 이룬다. 따라서 $\mu_1 - \mu_2$의 $100(1 - \alpha)\%$ 신뢰구간은 앞에서와 마찬가지로

$$(\overline{X}_1 - \overline{X}_2) - t_{\alpha/2;n_1+n_2-2} \cdot \sqrt{\frac{n_1 + n_2}{n_1 n_2} \cdot \frac{(n_1 - 1)s_1^2 + (n_2 - 1)s_2^2}{n_1 + n_2 - 2}} \le \mu_1 - \mu_2 \le (\overline{X}_1 - \overline{X}_2)$$

$$+ t_{\alpha/2;n_1+n_2-2} \cdot \sqrt{\frac{n_1+n_2}{n_1 n_2} \cdot \frac{(n_1-1)s_1^2+(n_2-1)s_2^2}{n_1+n_2-2}} \tag{7-23}$$

로 정해진다.

예제 | 10

A제조업체의 상품 6개를 임의추출하여 무게를 달았더니 평균이 $\overline{X}_1 = 21$kg, 표준편차가 $s_1 = 0.25$kg이었다. 또 같은 종류의 상품을 생산하는 B제조업체의 상품을 10개 임의추출하여 달아 본 결과 평균이 $\overline{X}_2 = 20$kg, 표준편차는 $s_2 = 0.20$kg이었다. 각각의 상품의 무게는 정규분포를 하고, 두 모집단의 분산은 같다고 한다. 이때 $\mu_1 - \mu_2$의 99% 신뢰구간을 구하여라.

풀이

$$n_1 = 6, \quad \overline{X}_1 = 21, \quad s_1 = 0.25$$
$$n_2 = 10 \quad \overline{X}_2 = 20 \quad s_2 = 0.20$$

자유도는 $n_1 + n_2 - 2 = 6 + 10 - 2 = 14$이고, $\alpha = 0.01$이므로 $t_{0.005;14} = 2.977$이다. 따라서 $\mu_1 - \mu_2$의 99% 신뢰구간은 다음과 같이 계산된다.

$$(21-20) - 2.977 \cdot \sqrt{\frac{6+10}{6 \cdot 10} \cdot \frac{(6-1)(0.25)^2+(10-1)(0.2)^2}{6+10-2}}$$
$$\leq \mu_1 - \mu_2 \leq$$
$$(21-20) + 2.977 \cdot \sqrt{\frac{6+10}{6 \cdot 10} \cdot \frac{(6-1)(0.25)^2+(10-1)(0.2)^2}{6+10-2}}$$
$$0.66 \leq \mu_1 - \mu_2 \leq 1.33$$

3) 모평균의 구간추정과 표본의 크기

위에서 본 바와 같이 모평균 μ의 신뢰구간은

$$\mu = \overline{X} \pm z_{\alpha/2} \frac{\sigma}{\sqrt{n}}$$

로 정해지므로, μ의 신뢰구간은 신뢰계수에 따라서 정해지는 $z_{\alpha/2}$와 표본의 크기 n에 의존하는 $\sigma/\sqrt{n}$에 의해서 결정된다. 그런데 $z_{\alpha/2}$는 신뢰계수가 정해지면 결정되므로 모평균 μ의 신뢰구간의 폭은 신뢰계수와 표본의 크기에 의하여 결정된다고 할 수 있다.

표본의 크기 n이 커지면 표본오차와 신뢰구간의 폭이 작아져 추정의 정밀도는 높아진다. 그러나 n이 커짐에 따라 표본의 추출 및 처리에 비용과 시간이 많이 들어가고, n이 너무 작으면 필요한 정보를 얻을 수 없다. 그러므로 모평균 μ를 추정하는 데는 오차의 한계를 정해 놓고 이에 필요한 표본의 크기를 결정하는 것이 중요한 문제가 된다. 따라서 모집단의 평균 μ의 추정에 필요한 표본의 크기를 결정하는 문제에 대하여 설명하고자 한다.

(1) σ^2을 알고 있는 경우

모집단의 분산 σ^2을 알고 있는 경우에는 (7-14)식에서 보았듯이 모집단의 평균 μ의 $100(1-\alpha)\%$ 신뢰구간은

$$\mu = \bar{X} \pm z_{\alpha/2} \cdot \frac{\sigma}{\sqrt{n}}$$

이다. 따라서 신뢰계수 $100(1-\alpha)\%$에 대한 허용된 오차 $E = |\bar{X} - \mu|$는

$$E = z_{\alpha/2} \cdot \frac{\sigma}{\sqrt{n}}$$

로 된다 그러므로 신뢰구간의 폭을 정해진 E보다 작게 하려고 한다면 표본의 크기 n은 다음과 같이 정해진다.

$$z_{\alpha/2} \cdot \frac{\sigma}{\sqrt{n}} \le E$$

$$n \ge \left(\frac{z_{\alpha/2} \cdot \sigma}{E} \right)^2 \qquad (7-24)$$

예제 | 11

어느 제조업체의 종업원의 월평균임금을 추정하려고 할 때, 95%의 신뢰수

준에서 오차의 범위를 5,000원으로 하려면, 표본의 크기는 얼마로 하면 좋은가 (단, 과거의 경험에서 월평균 임금에 대한 표준편차는 15,000원이라고 한다).

풀이

$$n \geq \left(\frac{z_{\alpha/2} \cdot \sigma}{E}\right)^2$$

$$n \geq \left(\frac{1.96 \times 15{,}000}{5{,}000}\right)^2 = 34.6$$

따라서 표본의 크기는 35명 정도로 하면 된다.

---

(2) σ^2을 모르는 경우

모집단의 분산 σ^2을 모르는 경우에는 σ^2 대신에 표본분산 s^2을 사용하고, t분포를 사용하여 축차적인 대입법으로 표본의 크기를 결정한다.

모평균의 $100(1-\alpha)\%$ 신뢰구간은

$$\mu = \overline{X} \pm t_{\alpha/2} \cdot \frac{s}{\sqrt{n}}$$

이므로, 오차의 허용된 한계 E는

$$E = t_{\alpha/2} \cdot \frac{s}{\sqrt{n}}$$

로 된다. 따라서 신뢰구간의 폭을 정해진 E보다 작게 하려면 표본의 크기는 다음과 같이 정해진다.

$$t_{\alpha/2} \cdot \frac{s}{\sqrt{n}} \leq E$$

$$n \geq \left(\frac{t_{\alpha/2} \cdot s}{E}\right)^2 \qquad (7-25)$$

그런데 이 식의 $t_{\alpha/2}$는 표본의 크기에 따라 그 값이 달라지므로 n을 바로 구할 수는 없다. 따라서 축차적인 대입법에 의하여 (7-25)식이 성립하는 n값을 표본의 크기로 결정하면 된다.

예제 | 12

어느 대학의 금년도 신입생의 수학능력시험의 평균성적을 추정하려고 한다. 95%의 확신을 갖고 추정오차가 ±5점 이내이도록 하려면 표본의 크기를 얼마로 하면 좋은가? (단, 시험적으로 실시한 소표본에서 얻은 표준편차가 10점이라고 한다.)

풀이 (7−25)식에서 $s=10$, $E=5$이므로

$$n \geq \left(\frac{t_{\alpha/2} \cdot s}{E}\right)^2$$

$$n \geq \left(\frac{10 \cdot t_{\alpha/2}}{5}\right)^2 = 4(t_{\alpha/2})^2$$

로 된다. 여기에서 축차적인 대입법에 의해 n을 구해보면 다음과 같다.

$n = 5$이면 $t_{0.025} = 2.776$이므로 $4(t_{0.025})^2 = 30.82$

$n = 10$이면 $t_{0.025} = 2.262$이므로 $4(t_{0.025})^2 = 20.47$

$n = 15$이면 $t_{0.025} = 2.145$이므로 $4(t_{0.025})^2 = 18.40$

$n = 16$이면 $t_{0.025} = 2.132$이므로 $4(t_{0.025})^2 = 18.18$

$n = 17$이면 $t_{0.025} = 2.120$이므로 $4(t_{0.025})^2 = 17.98$

$n = 18$이면 $t_{0.025} = 2.110$이므로 $4(t_{0.025})^2 = 17.81$

$n = 19$이면 $t_{0.025} = 2.101$이므로 $4(t_{0.025})^2 = 17.66$

따라서 $n = 18$일 때부터 부등식 $n \geq 4(t_{0.025})^2$이 성립하므로 표본의 크기는 18 이상이라야 한다.

2. 모집단 비율의 구간추정

1) 단일 모집단 비율의 구간추정

앞의 6장에서 표본비율 $\hat{p}$의 분포는 평균이 $E(\hat{p}) = p$이고, 그 분산이 $Var(\hat{p}) = p(1-p)/n$이라는 것을 보았다. 따라서 표본비율 $\hat{p}$는 모집단의

비율 p의 불편추정량인 동시에 일치추정량이며, 최소분산추정량이므로, 표본비율 $\hat{p}$는 모집단의 비율 p의 가장 좋은 추정량이다.

따라서 여기서는 표본비율분포의 성질을 이용하여 표본비율 $\hat{p}$에 의한 모집단의 비율 p의 신뢰구간의 추정방법을 설명하고자 한다. 표본비율 $\hat{p}$에 의한 모집단의 비율 p의 구간추정은 모집단의 평균의 신뢰구간을 추정하는 방법과 마찬가지로 구할 수 있다.

표본의 크기 n이 크고 모집단의 비율 p가 극단적인 값이 아닌 경우에는, 표본비율 $\hat{p}$의 분포는 평균이 p이고 분산이 $\frac{p(1-p)}{n}$인 정규분포에 접근한다. 따라서

$$Z = \frac{\hat{p} - p}{\sqrt{\frac{p(1-p)}{n}}}$$

는 평균이 0, 분산이 1인 표준정규분포에 접근한다. 따라서 표준정규변수 Z가 $z_{\alpha/2}$ 이상일 확률을 $P(Z \geq z_{\alpha/2}) = \frac{\alpha}{2}$로 나타내고, Z가 $-z_{\alpha/2}$ 이하일 확률을 $P(Z \leq -z_{\alpha/2}) = \frac{\alpha}{2}$ 로 나타내면, 변수 Z가 $-z_{\alpha/2}$와 $z_{\alpha/2}$사이에 있을 확률은

$$P(-z_{\alpha/2} \leq Z \leq z_{\alpha/2}) = 1 - \alpha$$

로 된다. 여기서 Z값을 대입하면

$$P\left(-z_{\alpha/2} \leq \frac{\hat{p} - p}{\sqrt{\frac{p(1-p)}{n}}} \leq z_{\alpha/2}\right) = 1 - \alpha$$

가 성립한다. 따라서 모집단의 비율 p에 대한 $100(1-\alpha)\%$ 신뢰구간은

$$\hat{p} - z_{\alpha/2} \cdot \sqrt{\frac{p(1-p)}{n}} \leq p \leq \hat{p} + z_{\alpha/2} \cdot \sqrt{\frac{p(1-p)}{n}} \qquad (7-26)$$

으로 정해진다.

그런데 실제로는 모집단의 비율 p가 알려져 있지 않으므로, 근호 내의 p 대신에 그 불편추정량 $\hat{p}$를 사용하여 모집단의 비율 p의 신뢰구간을 구할 수 있다. 따라서 $\hat{p}$를 사용한 모집단의 비율 p의 신뢰구간은 다음과 같이 정해진다.

$$\hat{p} - z_{\alpha/2} \cdot \sqrt{\frac{\hat{p}(1-\hat{p})}{n}} \le p \le \hat{p} + z_{\alpha/2} \cdot \sqrt{\frac{\hat{p}(1-\hat{p})}{n}} \qquad (7-27)$$

예제 | 13

어느 도시에서 저녁 9시의 TV 뉴스를 매일 시청하는 시청자들 가운데 100명을 임의로 추출한 결과 58명이 A채널의 뉴스를 시청한다고 대답하였다. 이 도시에서 저녁 9시 뉴스를 시청하는 시청자 전체의 A채널 뉴스에 대한 시청률의 95% 신뢰구간을 구하여라.

풀이 표본의 크기가 $n = 100$이므로 정규분포를 이용하여 신뢰구간을 구할 수 있다. 신뢰계수가 0.95이므로 $\alpha/2 = 0.025$이고, 따라서 $z_{0.025} = 1.96$이다. 표본비율 $\hat{p} = 0.58$이므로 모집단비율 p의 95% 신뢰구간은

$$\hat{p} - z_{\alpha/2} \cdot \sqrt{\frac{\hat{p}(1-\hat{p})}{n}} \le p \le \hat{p} + z_{\alpha/2} \cdot \sqrt{\frac{\hat{p}(1-\hat{p})}{n}}$$

$$0.58 - 1.96 \cdot \sqrt{\frac{0.58 \times 0.42}{100}} \le p \le 0.58 + 1.96 \cdot \sqrt{\frac{0.58 \times 0.42}{100}}$$

$$0.48 \le p \le 0.68$$

그러므로 이 도시의 저녁 9시 뉴스 시청자들의 A채널 뉴스에 대한 시청률이 48%와 68% 사이에 있을 확률은 95%이다.

예제 | 14

어떤 자동차 회사가 신모델 개발의 필요성을 파악하기 위해서 자사에서 현재 생산하여 시판하고 있는 중형승용차의 성능에 대한 소비자 만족도를 조사하고자 한다. 자사의 중형승용차를 사용하고 있는 소비자 가운데 200명을 임의로 추출하여 의사를 물어 본 결과 그 중 65명이 현재 사용하고 있

는 승용차의 성능에 만족한다고 대답하였다. 이 회사의 중형승용차에 대한 소비자 만족도의 99% 신뢰구간을 구하여라.

풀이 표본으로 뽑은 200명 중 65명이 이 회사의 중형승용차의 성능에 만족하고 있으므로 표본비율 $\hat{p} = \frac{65}{200} = 0.325$ 이며, 신뢰계수가 99%이므로 $\alpha = 0.01$이고, $z_{0.005} = 2.58$이다. 그러므로 이 회사의 중형승용차의 성능에 대한 만족도의 99% 신뢰구간은 다음과 같이 계산된다.

$$\hat{p} - z_{\alpha/2} \cdot \sqrt{\frac{\hat{p}(1-\hat{p})}{n}} \le p \le \hat{p} + z_{\alpha/2} \cdot \sqrt{\frac{\hat{p}(1-\hat{p})}{n}}$$

$$0.325 - 2.58 \cdot \sqrt{\frac{0.325 \times 0.675}{200}} \le p \le 0.325 + 2.58 \cdot \sqrt{\frac{0.325 \times 0.675}{200}}$$

$$0.24 \le p \le 0.41$$

그러므로 이 회사에서 생산한 중형승용차의 성능에 대한 소비자들의 만족도가 24%와 41% 사이에 있을 확률은 99%이다.

위에서는 표본의 크기가 큰 경우의 모집단의 비율 p에 대한 구간추정 문제를 다루었다. 그러나 표본의 크기가 작을 때에는 이항분포는 정규분포에 근사하지 않으므로, 모집단의 비율 p에 대한 신뢰구간을 구하는 데는 그 계산이 매우 복잡하므로 그 계산 결과가 표시되어 있는 [부표 IX]의 이항분포의 신뢰구간표(binomial confidence interval table)를 사용한다.

예제 | 15

표본비율이 0.45이고 표본의 크기가 $n = 16$인 경우에, 모집단의 비율 p의 95% 신뢰구간을 추정하여라.

풀이 $n = 16$이므로 p의 신뢰구간은 [부표 IX]의 이항분포의 신뢰구간표를 이용하여 구해야 한다. [그림 7-5]에서와 같이 [부표 IX]에서 $\hat{p}$를 표시한 횡축의 0.45를 찾고, 그 점에서 수직선을 올려 $n = 16$인 두 등고선과 만나는 점의 종축의 p값이 구하는 신뢰구간이다. 즉 p의 신뢰구간은 근사적으로 [0.22, 0.73]으로 정해진다.

그림 7-5 이항분포의 신뢰구간표($\alpha = 0.05$)

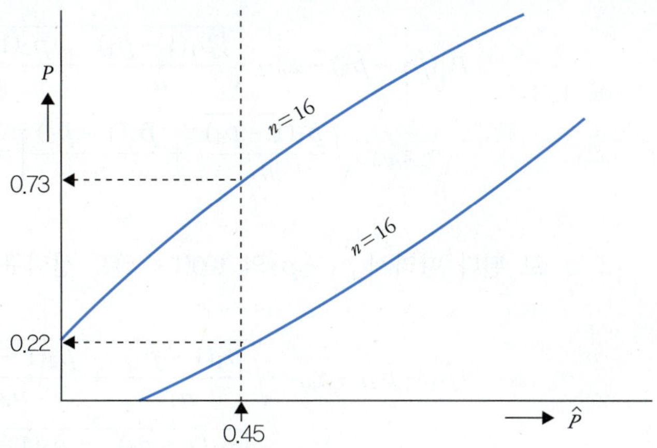

2) 두 모집단 비율 차의 구간추정

모집단의 비율이 p_1인 모집단에서 추출한 크기 n_1인 표본의 비율을 $\hat{p}_1$, 모집단의 비율이 p_2인 모집단에서 추출한 크기 n_2인 표본의 비율을 $\hat{p}_2$라고 할 때, n_1과 n_2가 큰 경우에는

$$Z = \frac{(\hat{p}_1 - \hat{p}_2) - (p_1 - p_2)}{\sqrt{\dfrac{p_1(1-p_1)}{n_1} + \dfrac{p_2(1-p_2)}{n_2}}}$$

는 평균이 0, 분산이 1인 표준정규분포를 이룬다. 따라서 정규확률변수 Z가 $z_{\alpha/2}$이상일 확률을 $P(Z > z_{\alpha/2}) = \frac{\alpha}{2}$로, $-z_{\alpha/2}$이하일 확률을 $P(Z < -z_{\alpha/2}) = \frac{\alpha}{2}$로 나타내면, Z가 $-z_{\alpha/2}$와 $z_{\alpha/2}$ 사이에 있을 확률은

$$P(-z_{\alpha/2} \le Z \le z_{\alpha/2}) = 1 - \alpha$$

로 된다. 여기에서 Z의 값을 대입하면

$$P\left(-z_{\alpha/2} \le \frac{(\hat{p}_1 - \hat{p}_2) - (p_1 - p_2)}{\sqrt{\dfrac{p_1(1-p_1)}{n_1} + \dfrac{p_2(1-p_2)}{n_2}}} \le z_{\alpha/2}\right) = 1 - \alpha$$

로 된다. 이것을 $p_1 - p_2$에 대해서 풀면

$$P\left[(\hat{p}_1 - \hat{p}_2) - z_{\alpha/2} \cdot \sqrt{\frac{p_1(1-p_1)}{n_1} + \frac{p_2(1-p_2)}{n_2}} \le p_1 - p_2 \le (\hat{p}_1 - \hat{p}_2) + z_{\alpha/2} \cdot \sqrt{\frac{p_1(1-p_1)}{n_1} + \frac{p_2(1-p_2)}{n_2}}\right] = 1 - \alpha$$

로 된다 따라서 $p_1 - p_2$의 $100(1-\alpha)\%$ 신뢰구간은 다음과 같이 정해진다.

$$(\hat{p}_1 - \hat{p}_2) - z_{\alpha/2} \cdot \sqrt{\frac{p_1(1-p_1)}{n_1} + \frac{p_2(1-p_2)}{n_2}} \le p_1 - p_2 \le (\hat{p}_1 - \hat{p}_2) + z_{\alpha/2} \cdot \sqrt{\frac{p_1(1-p_1)}{n_1} + \frac{p_2(1-p_2)}{n_2}} \tag{7-28}$$

그러나 p_1과 p_2는 모르는 것이 일반적이므로, 근호 내의 p_1과 p_2 대신에 $\hat{p}_1$과 $\hat{p}_2$를 사용하면 $p_1 - p_2$의 $100(1-\alpha)\%$ 신뢰구간은

$$(\hat{p}_1 - \hat{p}_2) - z_{\alpha/2} \cdot \sqrt{\frac{\hat{p}_1(1-\hat{p}_1)}{n_1} + \frac{\hat{p}_2(1-\hat{p}_2)}{n_2}} \le p_1 - p_2 \le (\hat{p}_1 - \hat{p}_2) + z_{\alpha/2} \cdot \sqrt{\frac{\hat{p}_1(1-\hat{p}_1)}{n_1} + \frac{\hat{p}_2(1-\hat{p}_2)}{n_2}}$$

로 정해진다.

예제 | 16

어느 대기업에서 생산직 사원 200명과 사무직 사원 150명을 각각 추출하여 흡연 여부를 조사하였더니, 생산직 사원은 102명이, 사무직 사원은 51명이 각각 흡연을 하는 것으로 밝혀졌다. 이 회사 전체의 생산직 사원의 흡연율 p_1과 사무직 사원의 흡연율 p_2의 차 $p_1 - p_2$의 99% 신뢰구간을 구하라.

풀이 $n_1 = 200$, $n_2 = 150$, $\hat{p}_1 = \frac{102}{200} = 0.51$, $\hat{p}_2 = \frac{51}{150} = 0.34$이다. 신뢰계수가 99%이므로 $\alpha = 0.01$이고, $z_{0.005} = 2.58$이다. 그러므로 $p_1 - p_2$의 99% 신뢰구간은 다음과 같이 계산된다.

$$(0.51-0.34)-2.58\cdot\sqrt{\frac{0.51\times 0.49}{200}+\frac{0.34\times 0.66}{150}}\le p_1-p_2\le$$

$$(0.51-0.34)+2.58\cdot\sqrt{\frac{0.51\times 0.49}{200}+\frac{0.34\times 0.66}{150}}$$

$$0.035\le p_1-p_2\le 0.305$$

즉 이 회사에서 생산직 직원과 사무직 사원 간의 흡연율의 차이가 3.5%에서 30.5% 사이에 있을 확률은 99%가 된다.

---

3) 모집단 비율의 추정과 표본의 크기

모집단의 비율의 신뢰구간을 추정하는 데 필요한 표본의 크기는 앞에서 다룬 모집단의 평균을 추정하기 위해 필요한 표본의 크기를 구하는 경우와 마찬가지 방법으로 구할 수 있다.

표본비율 $\hat{p}$의 분포는 이항분포를 이루지만, 표본의 크기 n이 크면 정규분포에 접근하므로 정규분포의 분석방법을 이용하여 필요한 표본의 크기를 결정할 수 있다. 따라서 표본의 크기 n이 큰 경우에는 모집단의 비율의 $100(1-\alpha)\%$ 신뢰구간은

$$p=\hat{p}\pm z_{\alpha/2}\cdot\sqrt{\frac{p(1-p)}{n}}$$

로 정해진다. 그러므로 표본비율 $\hat{p}$로써 모집단의 비율 p를 추정할 때 신뢰계수 $100(1-\alpha)\%$에서의 $\hat{p}$와 p간의 오차 E는

$$E=Z_{\alpha/2}\cdot\sqrt{\frac{p(1-p)}{n}}$$

로 된다. 따라서 $100(1-\alpha)\%$의 신뢰수준에서 오차를 정해진 E보다 작게 하려고 한다면 표본의 크기는 다음과 같이 구해진다.

$$n\ge p(1-p)\cdot\left[\frac{z_{\alpha/2}}{E}\right]^2 \qquad (7-29)$$

만약 p값이 알려져 있다면 이 공식을 사용할 수 있다. 그러나 일반적으로 p의 값은 알려져 있지 않으므로 이 공식을 사용할 수 없으며, 이 경우에는 $p(1-p)$가 최대값을 가지게 되는 p값을 구하여 n값을 결정하는 것이 안전하다. $p(1-p)$의 최대값은 다음과 같이 구해진다. 즉

$$p(1-p) = -\left(p - \frac{1}{2}\right)^2 + \frac{1}{4}$$

이 되므로 $p = \frac{1}{2}$일 때 $p(1-p)$의 값은 최대값 $\frac{1}{4}$을 가진다. 따라서 표본의 크기는

$$n \geq \frac{1}{4}\left[\frac{z_{\alpha/2}}{E}\right]^2$$

$$n \geq \frac{z^2_{\alpha/2}}{4E^2} \qquad (7-30)$$

로 정할 수 있다.

예제 | 17

어떤 전구 제조업체에서 생산하는 전구의 불량품의 비율을 추정하려고 한다. 95%에서 오차의 범위를 ±0.05로 하려면 표본의 크기는 얼마로 하면 되겠는가?

풀이

$$n \geq \frac{z^2_{\alpha/2}}{4E^2}$$

$$n \geq \frac{1.96^2}{4 \times 0.05^2} = 384.2$$

따라서 표본의 크기 n은 385 이상이어야 한다.

3. 모집단 분산의 구간추정

1) 단일 모집단 분산의 구간추정

표본분산 s^2은 모집단의 분산 σ^2의 불편추정량이고 일치추정량이므로 모집단의 분산의 추정에는 표본분산 s^2이 이용된다.

앞 6장에서 평균이 μ, 분산이 σ^2인 정규모집단에서 추출한 크기 n인 표본에서 계산된 표본분산을 s^2이라고 하면

$$\frac{(n-1)s^2}{\sigma^2} = \chi^2$$

는 자유도 $n-1$인 χ^2분포를 한다는 것을 보았다. 따라서 [그림 7-6]에서와 같이 변수 χ^2가 $\chi^2_{1-\alpha/2;n-1}$와 $\chi^2_{\alpha/2;n-1}$ 사이에 있을 확률이 $1-\alpha$이면

$$P(\chi^2_{1-\alpha/2;n-1} \leq \chi^2 \leq \chi^2_{\alpha/2;n-1}) = 1-\alpha$$

로 된다. 여기에 χ^2의 값을 대입하면

$$P\left(\chi^2_{1-\alpha/2;n-1} \leq \frac{(n-1)s^2}{\sigma^2} \leq \chi^2_{\alpha/2;n-1}\right) = 1-\alpha$$

그림 7-6 χ^2분포와 신뢰구간

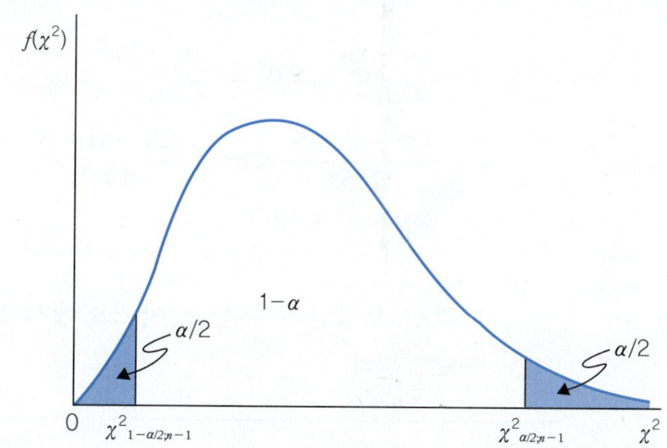

로 되는데, 이것을 σ^2에 대해서 풀면

$$P\left[\frac{(n-1)s^2}{\chi^2_{\alpha/2;n-1}} \le \sigma^2 \le \frac{(n-1)s^2}{\chi^2_{1-\alpha/2;n-1}}\right] = 1-\alpha$$

로 된다. 따라서 모집단의 분산 σ^2의 $100(1-\alpha)\%$ 신뢰구간은 다음과 같이 정해진다.

$$\frac{(n-1)s^2}{\chi^2_{\alpha/2;n-1}} \le \sigma^2 \le \frac{(n-1)s^2}{\chi^2_{1-\alpha/2;n-1}} \qquad (7-31)$$

예제 | 18

어떤 제조업체에서 생산되는 제품 20개를 뽑아서 조사한 결과 표본분산이 $s^2 = 5$로 나타났다. 모집단이 정규분포를 이룬다는 가정 하에 모집단의 분산 σ^2의 95% 신뢰구간을 구하여라.

풀이 자유도가 $n-1=19$이고 신뢰계수 95%이므로 χ^2분포표에서 $\chi^2_{0.975;19}$와 $\chi^2_{0.025;19}$의 값은 각각

$$\chi^2_{0.975;19} = 8.907,\ \chi^2_{0.025;19} = 32.852$$

로 얻어진다. 따라서 모집단의 분산 σ^2의 95%의 신뢰구간은 다음과 같이 계산된다.

$$\frac{(n-1)s^2}{\chi^2_{\alpha/2;n-1}} \le \sigma^2 \le \frac{(n-1)s^2}{\chi^2_{1-\alpha/2;n-1}}$$

$$\frac{(20-1)\times 5}{32.852} \le \sigma^2 \le \frac{(20-1)\times 5}{8.907}$$

$$2.89 \le \sigma^2 \le 10.67$$

따라서 모집단의 분산 σ^2이 2.89에서 10.67 사이에 있게 될 확률이 95%로 된다.

2) 두 모집단 분산 비의 구간추정

앞 6장의 (6 − 33)식에서 본 바와 같이 분산이 각각 σ_1^2, σ_2^2인 두 정규모집단에서 뽑은 크기가 각각 n_1, n_2인 확률표본에서 구한 표본분산을 각각 s_1^2, s_2^2이라고 하면

$$F = \frac{s_1^2/\sigma_1^2}{s_2^2/\sigma_2^2} = \frac{s_1^2/s_2^2}{\sigma_1^2/\sigma_2^2}$$

은 자유도 $n_1 - 1$, $n_2 - 1$인 F분포를 한다. 따라서 [그림 7−7]에서와 같이 변수 F가 $F_{1-\alpha/2}$와 $F_{\alpha/2}$ 사이에 있을 확률이 $1 - \alpha$이면

$$P[F_{1-\alpha/2}(v_1, v_2) \le F \le F_{\alpha/2}(v_1, v_2)] = 1 - \alpha$$

가 성립한다. 여기에 F의 값을 대입하면

$$P\left[F_{1-\alpha/2}(v_1, v_2) \le \frac{s_1^2/s_2^2}{\sigma_1^2/\sigma_2^2} \le F_{\alpha/2}(v_1, v_2)\right] = 1 - \alpha$$

로 된다. 이것을 $\dfrac{\sigma_1^2}{\sigma_2^2}$에 대해서 풀면

그림 7−7 F 분포와 신뢰구간

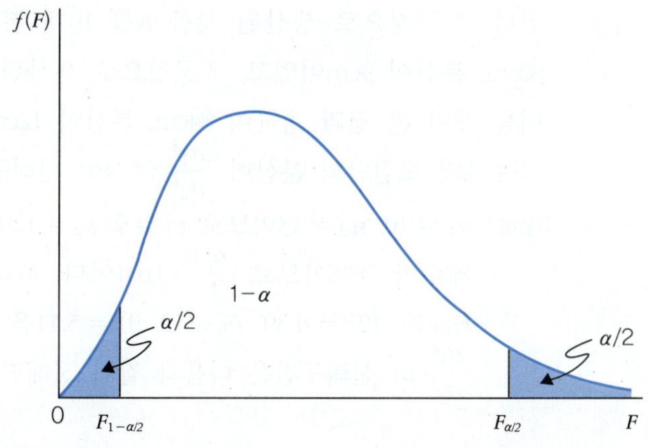

$$P\left[\frac{1}{F_{\alpha/2}(v_1,\ v_2)} \cdot \frac{s_1^2}{s_2^2} \le \frac{\sigma_1^2}{\sigma_2^2} \le \frac{1}{F_{1-\alpha/2}(v_1,\ v_2)} \cdot \frac{s_1^2}{s_2^2}\right] = 1-\alpha \quad (7-32)$$

로 된다. 그런데 앞 6장에서 본 바와 같이

$$F_{1-\alpha}(v_1,\ v_2) = \frac{1}{F_\alpha(v_2,\ v_1)}$$

이므로 (7-32)식은 다음과 같이 된다.

$$P\left[\frac{1}{F_{\alpha/2}(v_1,\ v_2)} \cdot \frac{s_1^2}{s_2^2} \le \frac{\sigma_1^2}{\sigma_2^2} \le F_{\alpha/2}(v_2,\ v_1) \cdot \frac{s_1^2}{s_2^2}\right] = 1-\alpha$$

따라서 모분산의 비 $\frac{\sigma_1^2}{\sigma_2^2}$의 100(1 − α)% 신뢰구간은

$$\frac{1}{F_{\alpha/2}(v_1,\ v_2)} \cdot \frac{s_1^2}{s_2^2} \le \frac{\sigma_1^2}{\sigma_2^2} \le F_{\alpha/2}(v_2,\ v_1) \cdot \frac{s_1^2}{s_2^2} \quad (7-33)$$

로 정해진다.

예제 | 19

어떤 제조업체에서 상품 A를 Ⅰ, Ⅱ의 두 가지 공정에 의해서 생산하고 있다. Ⅰ공정으로 생산된 상품 A를 10개 뽑아 그 길이를 쟀더니, 평균이 80cm, 분산이 9cm이었고, Ⅱ공정으로 생산된 상품 A를 13개를 뽑아 그 길이를 재어 본 결과 평균이 84cm, 분산이 12cm였다. 이 두 공정에서 생산된 상품 A의 모집단의 분산비 $\frac{\sigma_1^2}{\sigma_2^2}$의 98% 신뢰구간을 구하여라.

풀이 $n_1 = 10,\ n_2 = 13$이므로 $v_1 = 9,\ v_2 = 12$이고, $s_1^2 = 9,\ s_2^2 = 12$이다. 신뢰계수가 98%이므로 $\frac{\alpha}{2} = 0.01$이다. 따라서 [부표 Ⅶ]의 F분포표에서 $F_{0.01}(9,\ 12) = 4.39$, $F_{0.01}(12,\ 9) = 5.11$을 찾아서 (7-33)식에 대입하면, $\frac{\sigma_1^2}{\sigma_2^2}$의 신뢰구간은 다음과 같이 정해진다.

$$\frac{1}{F_{0.01}(9,\ 12)} \cdot \frac{9}{12} \le \frac{\sigma_1^2}{\sigma_2^2} \le F_{0.01}(12,\ 9) \cdot \frac{9}{12}$$

$$\frac{1}{4.39}\cdot\frac{9}{12}\le\frac{\sigma_1^2}{\sigma_2^2}\le 5.11\cdot\frac{9}{12}$$

$$0.17\le\frac{\sigma_1^2}{\sigma_2^2}\le 3.83$$

연 · 습 · 문 · 제

01 $n=16$으로 얻은 평균의 표준오차가 4일 때 이 표준오차를 반으로 줄이기 위해서는 표본의 크기를 얼마 이상으로 해야 하나?

02 우리 나라 근로자들의 임금수준을 파악하기 위하여 50명의 근로자를 임의로 선발하여 월급을 조사한 결과, 평균과 분산이 각각 $\overline{X}=1{,}500{,}000$원, $s=300{,}000$원이었다. 우리 나라 근로자들의 임금이 정규분포를 따른다고 할 때 근로자들의 평균월급에 대한 95% 신뢰구간을 구하라. 또한 90% 신뢰구간을 구하라.

03 10대 청소년들이 임시직으로 일하는 시간이 표준편차가 20분인 정규분포를 한다고 알려져 있다. 100명의 학생을 임의로 추출하여 평균을 구해보니 125분이었다. 모집단 평균의 95% 신뢰구간을 구하라. 또한 90% 신뢰구간을 구하라.

04 위 3번의 문제에서 모집단 표준편차를 10으로 할 때의 모집단 평균에 대한 95% 신뢰구간과 90% 신뢰구간을 구하라.

05 위 3번의 문제에서 표본크기를 25로 하여 모집단 평균에 대한 95% 신뢰구간과 90% 신뢰구간을 구하라.

06 다음과 같은 상황에서 구간추정의 폭은 어떻게 되는지 설명하시오.

1) 신뢰도(confidence level)를 높일 때.
2) 표준편차를 감소시킬 때.
3) 표본크기를 증가시킬 때.

07 다음과 같은 자료가 정규분포를 이루는 집단으로부터 추출되었다.
7, 9, 7, 5, 4, 8, 4, 10, 9

모집단 평균에 대한 90% 신뢰구간을 추정하시오.

08 영희는 그녀가 생활하고 있는 기숙사에서 기숙사 음식에 대한 사생들의 만족도를 추정하고 싶다. 기숙사에 거주하고 있는 50명을 단순임의 추출하였는데 그 중 20명만이 좋아한다고 응답하였다.

1) 영희가 추출한 표본에서 표본비율 $\hat{p}$는 얼마인가?
2) 모집단 비율 p에 대한 95% 신뢰구간을 추정하시오.

09 어떤 의학 통계학자가 새로운 다이어트 프로그램의 성능을 평가하기 위해 이 프로그램을 수행하고 있는 사람들의 평균 체중감량치를 추정해 보려고 한다. 그는 모집단의 평균 체중감량치의 표준편차가 약 10kg이라고 생각하고 있다. 이때 평균 체중감량치를 추정하려고 할 때 90%의 신뢰수준에서 오차의 범위를 2kg으로 하려면 표본의 크기를 얼마로 해야 하나?

10 보험회사에서 추정한 바에 의하면 약 18%의 비행기 탑승객이 보험에 가입한다고 한다. 그 정확한 비율을 추정함에 있어 모집단 비율과의 차가 0.05이내일 확률을 95%로 하려면 최소한 몇 명의 승객을 표본으로 추출하여야 할까?

11 다음 자료는 두 종류의 로프 A, B의 장력강도를 조사한 것이다. 평균 장력강도의 차이의 98% 신뢰구간을 구하라.

	(로프 A)	(로프 B)
표본의 크기	200	200
평균장력강도	68.2	59.1
표준편차	4	5

12 어떤 공장에서 생산되는 불량품의 비율을 알기 위하여 그 공장에서 생산되는 제품 중에서 임의로 50개를 추출하였더니 그 중 3개가 불량품이었다. 이때 불량품 비율의 95% 신뢰구간을 구하라.

13 t통계량을 사용할 때 자유도는 무엇으로 결정되는가?

14 어떤 지역에서 채취하고자 하는 원목의 평균직경을 추정하려고 한다.

$\sigma = 8$인치임을 알고 있을 때 95% 신뢰수준으로 2.5인치 이내의 오차로 평균직경을 추정하려면 적어도 몇 그루의 원목을 표본으로 추출하여야 하는가?

15 어떤 여학교에서 임의로 5명의 학생을 추출하여 그들의 100m 달리기 기록을 측정해 보았더니 다음과 같았다. 이때 모분산 σ^2의 95% 신뢰구간을 구하라.

20.2, 15.7, 19.8, 19.2, 22.7

c • h • a • p • t • e • r 08

통계적 가설검정

statistics

앞의 제7장에서는 통계적 추론의 한 방법으로 통계적 추정의 문제를 다루었는데, 통계적 추정에서는 우선 모집단에서 표본을 추출하고, 추출한 표본으로부터 구한 통계량을 이용하여 모집단의 특성을 추론하는 방법을 사용하였다. 이와는 대조적으로 통계적 추론의 다른 한 방법인 통계적 가설검정에서는 모수에 대한 예상, 주장 등 모집단의 특성에 관한 가설을 먼저 설정한 후에 표본관찰에서 얻은 정보를 이용하여 일정한 절차에 따라 가설의 채택 또는 기각을 결정함으로써 가설의 타당성을 판단하게 된다. 이 장에서는 이러한 통계적 가설검정의 문제를 살펴보기로 한다.

s・t・a・t・i・s・t・i・c・s

01 | 통계적 가설검정의 기초

1. 통계적 가설검정의 의미

우리는 일상 생활에서 어떤 모집단의 특성에 대한 예상이나 주장을 자주 접하게 된다.

예를 들어 국회의원 선거에 나선 어떤 후보자가 자신의 지지율이 50%를 상회한다고 주장한다고 하자. 이러한 주장의 타당성 여부를 판단할 수 있는 가장 좋은 방법은 지역구의 모든 유권자를 상대로 지지율 조사를 하는 것이다. 하지만 이것이 불가능할 경우 표본을 이용해서 지지율을 추정할 수밖에 없다. 이때 만약 표본자료에서의 지지율이 30%정도로 나타났다고 하면 우리는 앞의 주장, 즉 지지율이 50% 이상이라는 주장을 어떻게 받아들여야 할까? 만약 표본의 지지율이 20%로 나왔다면, 앞의 주장은 믿기 어려울 것이다. 그렇지만 이를 근거로 앞의 주장을 완전히 틀렸다고 하기도 힘들다. 왜냐하면 표본을 추출하는 과정에서 그 후보를 지지하지 않는 유권자가 많이 추출될 가능성을 배제할 수 없기 때문이다. 그러면 45%는 어떤가? 그 후보를 지지하는 유권자가 특별히 많이 표본에 추출되었을 가능성도 배제할 수 없지만, 그 후보자의 주장이 틀렸다고 쉽게 말하기가 어려울 것이다. 그러면 앞의 주장을 기각시킬 수 있는 표본 지지율의 범위는 어디까지인가. 그리고 표본자료의 지지율에 근거하여 어떤 주장을 받아들이지 않을 때 어느 정도로 잘못일 가능성이 있을까?

이와 같은 의문에 대해서는 모집단에서 추출한 표본에서 일정한 방법에 따라 얻은 정보에 의해 어떤 예상이나 주장의 타당성 여부에 대해 판단할 수 있게 된다. 이처럼 모집단에 대한 주장과 관련하여 가설을 설정하고 그 모집단에서 추출한 표본으로부터 얻은 정보를 근거로 하여 가설의 타당성 여부를 판단하는 절차를 통계적 가설검정(statistical hypothesis test)이라고 한다.

2. 통계적 가설검정의 절차

1) 통계적 가설의 설정

(1) 귀무가설과 대립가설

앞의 예에서와 같이 실증적인 증명과정을 거치지 않은 모집단의 특성에 관한 기술을 통계적 가설(statistical hypothesis)이라고 한다. 이 가설은 모집단의 분포형태에 관한 것과 그 모수에 관한 것으로 나눌 수 있다. 그런데 가설검정에서는 모집단의 분포형태는 주어진 것으로 하고 모수에 관한 가설을 검정하는 것이 일반적이다.

가설검정에 있어서는 두 개의 택일적인 가설을 설정하게 된다. 귀무가설(null hypothesis)과 대립가설(alternative hypothesis)이 그것이다. 일반적으로 귀무가설은 직접 검정의 대상이 되는 가설로서 기각시키고자 하는 것이다. 이 가설은 구체성을 띠고 있는 내용으로 설정된다. 이에 대해 귀무가설을 기각했을 때 받아들이게 되는 가설을 대립가설이라고 한다. 귀무가설은 H_0로, 대립가설은 H_a 또는 H_1으로 나타내는 것이 보통이다.

예를 들어 정사각형 타일을 생산하는 어느 회사의 공정은 제품의 한 변의 길이가 15cm이어야 양호하다고 한다. 공정이 양호한지를 검정하려고 한다면 이 내용이 귀무가설로 설정되는데, 이 귀무가설은

$$H_0 : \mu = 15.0\text{cm}$$

로 나타낸다. 이 귀무가설에 대하여 직경이 15cm와 다르다는 것을 가설로 세우면 이것이 대립가설이 되며, 대립가설은

$$H_a : \mu \neq 15.0\text{cm}$$

로 나타낸다.

어떤 가설이 절대적으로 옳다는 것을 증명하기는 어려우므로, 통계적 가설검정에서는 통상적으로 받아들이기 어려운, 즉 기각하고자 하는 내용을 귀무가설로 설정한다. 즉 귀무가설이 거부되면 대립가설이 타당한 것으로 받아들여지게 되므로, 증명하고자 하는 내용과는 대립되거나 그것을 부정하는 내용을 귀무가설로 설정하고 이 귀무가설을 기각함으로써 대립가설, 즉 목적으로 하는 내용이 증명되도록 가설을 설정한다. 그러므로 구체적이지 않아서 검정하기 어렵거나 불가능한 내용은 귀무가설로 설정하는 것은 바람직하지 않다.

이상에서처럼 통계적 가설검정에서는 궁극적으로 증명하고자 하는 것을 대립가설로 설정하고, 그에 대립 또는 그것을 부정하는 귀무가설을 기각함으로써 대립가설이 채택되도록 하여 목적으로 하는 내용이 증명되도록 한다.

그런데 표본관찰의 결과 귀무가설이 기각되지 않아 대립가설이 받아들여지지 않는 경우도 생길 수 있다. 그렇지만 이때 통계적 가설검정에서는 귀무가설의 내용이 옳다고 해석하기 보다는 귀무가설의 기각에 실패한 것으로 해석하는 것이 타당하다. 즉 귀무가설을 기각할 수 있는 새로운 관찰결과가 얻어질 때까지만 귀무가설이 채택되는 것이다.

이와 같이 가설검정은 귀무가설이 옳다는 것을 증명하는 데는 취약한 면이 있지만, 모집단의 내용에 대한 주장에 대해 그 타당성을 판단할 수 있게 해주는 합리적인 통계적 방법을 제공해 준다고 할 수 있다.

(2) 양측검정과 단측검정

가설검정에서 대립가설이 위의 예처럼 '모수가 특정값과 다르다($\mu \neq \mu_0$).' 라는 내용으로 되어 있는 경우의 검정을 양측검정(two-tailed test)이라고 한다. 그리고 대립가설이 '모수가 특정값보다 크다($\mu > \mu_0$).' 라는 내용으로 되어 있는 경우의 검정을 우측검정(right-tailed test)이라고 하고, 대립가설이 '모수가 특정값보다 작다($\mu < \mu_0$)' 라는 내용으로 되어 있는 경우의 검정을 좌측검정(left-tailed test)이라고 한다. 우측검정과 좌측검정을 단측검정(one-tailed test)이라고 한다. 단측검정과 양측검정 중에서 어느 것을 적용할 것인가는 주어진 통계자료를 분석하여 결정해야 한다.

단측검정은 모수가 특정한 방향으로 치우쳐 있다고 생각될 경우에 사용된다. 양측검정은 모수가 양쪽 끝에 치우쳐 있다고 생각될 경우, 즉 표본관찰치의 결과가 어떤 방향으로 나타날 것인지를 예상할 수 없는 경우에 사용한다. 예를 들어 도시의 가구당 평균소득이 농촌의 가구당 평균소득보다 높다는 것을 검정하려고 할 때는 평균소득 차이의 방향이 명시되어 있으므로 단측검정이 사용된다. 이에 대하여 이 두 지역 간의 가구당 평균소득에 차이가 있는지 없는지를 검정하는 경우에는 어느 지역의 평균소득이 높다든지 또는 낮다든지 하는 것이 명시되어 있지 않다. 즉 두 지역의 평균소득이 어느 방향으로 차이가 있는지가 명확하게 표시되어 있지 않다. 이러한 경우에는 양측검정이 적용된다.

2) 검정통계량의 선정

귀무가설이 설정되면 모집단에서 추출한 표본을 관찰하여 그 가설을 기각할 것인가, 아니면 채택할 것인가를 판정하는 수단이 되는 통계량을 구해야 한다. 이러한 귀무가설의 채택여부의 판정수단이 되는 통계량을 검정통계량(test statistic)이라고 한다. 이 검정통계량은 추출된 표본을 관찰한 결과로부터 모집단이 귀무가설에서 설정된 대로의 특성을 가진다는 전제 하에 계산된다. 당연히 검정통계량은 표본관찰치의 함수이므로 확률변수이며 일정한 확률분포를 갖는다. 그러므로 가설검정을 수행하기 위해서는 반드시 검정통계량이 어떤 확률분포를 갖는가를 파악해야 한다.

그런데 표본의 관측 결과에서 얻어지는 통계량은 앞의 6장과 7장에서 설명한 바와 같이 표본의 크기나 모집단의 특성에 따라 그 분포형태가 달라지게 된다. 이와 마찬가지로 검정통계량의 분포는 모집단의 특성을 나타내는 모수에 대한 가정을 포함하고 있는 내용과 표본의 크기에 의해 규정된다.

3) 유의수준 및 기각역의 설정

검정통계량의 분포를 알게 되면, 그 분포의 전영역을 기각역(rejection region)과 채택역(acceptance region)의 두 영역으로 나눈다. 기각역은 표본관찰 결과에서 계산된 검정통계량의 값이 이 영역에 위치할 때 귀무가설을 기각하게 되는 영역이다. 다시 말해서 검정통계량의 값이 이 기각역에 포함되면 검정통계량의 값을 계산할 때 사용된 표본의 관찰치가 귀무가설에 반영된 관찰치와는 내용이 일치하지 않는 것으로 판단할 수 있으므로, 귀무가설을 기각하게 된다. 이에 대하여 채택역은 귀무가설을 타당하다고 받아들이는 영역, 다시 말하면 귀무가설을 기각하는 데 실패하는 영역을 말한다. 이러한 두 영역의 구분은 유의수준에 의해서 이루어진다.

유의수준(significance level)은 귀무가설이 진실일 경우에 표본에서 계산된 검정통계량이 기각역에 포함될 확률을 말한다. 이를 위험률이라고도 하고, α로 나타낸다. 이 유의수준은 연구자의 여러 가지 조건에 따라 결정되지만 판단이 잘못될 경우에는 손실이 크므로 일반적으로 높지 않은 수준을 선정해야 한다. 유의수준의 크기는 0.05 또는 0.01이 많이 사용된다.

유의수준은 표본에서 구한 통계량이 기각역에 들어갈 확률을 나타내므로, 유의수준이 결정되면 이에 따라 검정통계량의 확률분포에서 귀무가설이 기각되거나 채택될 영역이 정해진다. 주어진 유의수준에서 검정통계량의 확률분포를 두 영역으로 나누는 기준이 되는 검정통계량의 값을 임계치(critical value)라고 한다. 즉 임계치는 검정통계량의 분포에서 기각역과 채택역의 경계가 되는 값이다. 임계치는 검정의 종류와 유의수준 α에 의해 정해지는데, 검정통계량의 분포형태에 따라 z_{α}, $\pm z_{\alpha/2}$, t_{α}, $\pm t_{\alpha/2}$ 등으로 나타낸다.

가설검정에서 기각역은 양측검정이냐 단측검정이냐에 따라 위치가 다르게 된다. 양측검정에서는 기각역이 검정통계량분포의 양쪽 끝에 있게 되고 우측검정은 기각역이 검정통계량분포의 오른쪽에만 있고, 좌측검정은 그 분포의 왼쪽에만 있게 된다. 따라서 임계치는 양측검정에서는 두 개가 되고, 단측검정에서는 하나만 있게 된다.

4) 검정통계량의 계산 및 채택 여부 결정

모집단에서 추출된 표본의 자료와 귀무가설을 이용하여 검정통계량의 값을 계산한다. 검정통계량의 값이 계산되면 이 계산된 검정통계량의 값이 이미 정해진 판정기준에 의하여 기각역에 속하는지 채택역에 속하는지를 확인한다. 양측검정에서는 검정통계량의 값이 두 임계치 사이인 채택역에 위치하면 귀무가설이 채택되고, 두 임계치보다 극단적인 값으로 계산되면 기각역에 속하므로 귀무가설을 기각한다. 우측검정에서는 검정통계량의 값이 임계치보다 크면 귀무가설을 기각하고, 같거나 작으면 귀무가설을 채택한다. 좌측검정에서는 검정통계량의 값이 임계치보다 작으면 귀무가설을 기각하고, 같거나 크면 귀무가설을 채택한다.

5) 검정결과의 해석

채택여부가 결정되면 그 의미를 해석한다. 검정통계량의 계산 결과 귀무가설이 기각될 때, 유의수준이 몇 % 인가가 반드시 병기된다. 유의수준에 따라 결정이 달라질 수도 있다. 특정 유의수준에서 검정통계량의 값이 채택역에 놓이게 되는 경우가 흔히 있는데, 이때는 귀무가설이 채택된다고 말한다. 그렇지만 이것은 귀무가설을 기각시키는데 실패했다는 의미이지 귀무가설이 증명된 것으로 받아들이는 것은 아니다. 기각되지 않은 귀무가설은 계속적으로 검정대상이 될 수 있고, 새로운 자료나 검정방법이 발견되면 기각될 수 있음은 물론이다.

3. 가설검정의 오류

통계적 가설검정은 오차를 포함하고 있는 표본의 관찰 결과를 기초로 한 판단이기 때문에 오류를 범할 위험을 갖고 있다. 이러한 가설검정에서 실제로 오류를 범하게 될 가능성은 두 가지로 생각할 수 있다. 귀무가설이 실제로 옳은데도 불구하고 이를 기각하는 오류를 제 1 종의 오류(type Ⅰ error)라고 한다. 제 1 종의 오류를 범할 확률을 α로 나타내는데 이것은 앞에서 설명한 유의수준이다. 이와는 반대로 귀무가설이 그릇된 가설인데도 불구하고 이를 채택하는 오류를 제 2 종의 오류(type Ⅱ error)라고 한다. 이 제 2 종의 오류를 범하게 될 확률을 β로 나타낸다.

예를 들어 정규분포를 하고 있는 모집단의 평균에 대한 가설을

$$H_0 : \mu = \mu_0$$
$$H_a : \mu > \mu_0$$

로 설정했다고 하자. 유의수준을 α로 두고 가설검정을 한 결과 귀무가설을 채택한다면 모평균은 μ_0라는 것이 되며, 귀무가설을 기각하게 되면 모평균은 μ_0보다 큰 값, 예를 들어 $\mu_1 (> \mu_0)$이 된다는 것이다. 이때 α와 β의 관계는 [그림 8-1]에 나타나 있다. [그림 8-1]에서 짙게 표시한 부분인 α는 모집단이 $\mu = \mu_0$를 중심으로 한 분포에 속함에도 불구하고 임계치를 c로 선택하였기 때문에 $\mu = \mu_1$을 중심으로 한 분포로 잘못 판단할 가능성의 정도, 즉 제 1 종의 오류를 나타낸다. 반면에 [그림 8-1]의 빗금친 부분인 β는 모

그림 8-1 제 1 종의 오류(α)와 제 2 종의 오류(β)의 비교

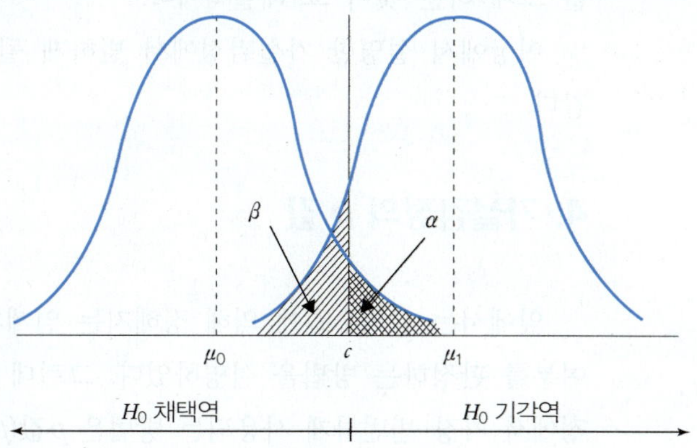

집단이 $\mu = \mu_1$를 중심으로 한 분포에 속함에도 불구하고 $\mu = \mu_0$를 중심으로 한 분포로 잘못 판단할 가능성의 정도, 즉 제2종의 오류를 나타낸다.

이 그림에서 알 수 있는 바와 같이 제1종 오류를 범할 확률 α를 낮추고자 하면 임계치 c가 우측으로 이동하고 제2종 오류를 범할 확률 β는 커진다. 반면에 α를 크게 하면 임계치 c가 좌측으로 이동하여 β는 줄어든다. 그러므로 표본의 크기가 정해진 경우에는 α와 β를 동시에 작게 할 수는 없다.

진실인 귀무가설을 채택하는 것과 마찬가지로 귀무가설이 허위인 경우 이를 기각하는 것도 옳은 결정이다. 후자의 결정을 내릴 확률은 $1-\beta$인데, 이것을 검정력(power of test) 또는 검출력이라고 한다. 즉 검정력은 귀무가설이 허위인 경우에 이를 기각할 확률이다. 가설검정에서는 이 검정력이 클수록 바람직하다. 같은 유의수준에서는 단측검정이 양측검정 보다 항상 검정력이 크다.

검정력을 높이는 방법으로 α를 크게 하는 것을 생각할 수 있다. 그러나 이때는 제1종 오류를 범할 확률이 높아진다. 따라서 가설검정에서는 α를 미

표 8-1 제 1 종의 오류와 제 2 종의 오류

	H_0 채택	H_0 기각
H_0 진실	옳은 결정	제 1 종의 오류(α)
H_0 허위	제 2 종의 오류(β)	옳은 결정

리 정해 놓고, 검정력 $1-\beta$가 최대가 되는 방법을 연구하는데, 표본의 크기을 크게 하는 것이 그 해결책이다.

이상에서 설명한 가설검정에서 범하게 될 오류를 정리하면 〈표 8-1〉과 같다.

4. 가설검정의 p 값

앞에서는 유의수준에 의해 정해지는 임계치를 기준으로 귀무가설의 기각 여부를 판정하는 방법을 설명하였다. 그런데 통계패키지를 사용하는 가설검정에서 가장 빈번하게 사용되는 방법은 p값(p-value)을 이용한 판정법이다.

p값이란 관찰된 표본으로부터 귀무가설이 옳다는 전제하에 얻어진 검정통계량의 값이 그것과 같거나 더 극단적인 값을 가질 확률을 말한다. 예를 들어 검정통계량이 표준정규분포를 이루고 검정통계량의 값이 $z_0(>0)$이라면, 우측검정의 경우는 $P(Z \geq z_0)$, 좌측검정의 경우는 $P(Z \leq -z_0)$가 p값이다. 대칭분포에서 양측검정의 경우의 p값은 한쪽 꼬리부분의 면적의 두 배가 된다. 검정통계량이 t 분포를 이루는 경우도 같은 방식으로 계산된다.

p값을 이용하여 귀무가설의 기각여부를 판정하는 방법은 간단하다. p값이 유의수준 α보다 작으면 귀무가설을 기각하고, 그렇지 않으면 귀무가설을 채택한다.

p값을 이용한 판정법의 장점을 예를 들어 설명해 보자. 어떤 양측검정에서 검정통계량의 값이 $Z=2.17$이라면 p값은 $2 \times P(Z \geq 2.17) = 2 \times 0.0150 =$

그림 8-2 양측 검정에서의 p값($Z=2.17$)

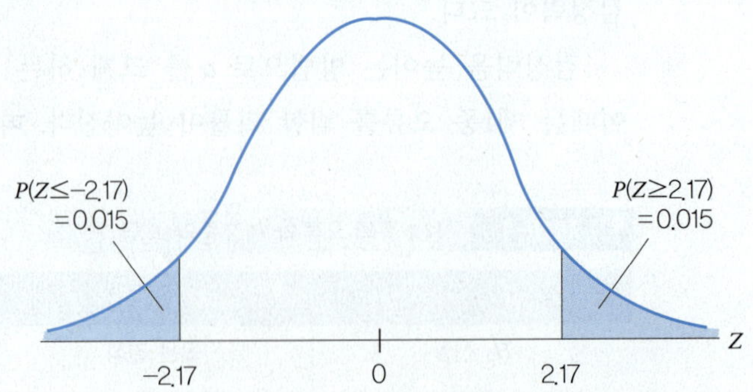

0.03으로 계산된다. 이 경우 유의수준 $\alpha = 0.05$에서는 귀무가설을 기각할 수 있지만, 유의수준 에서는 귀무가설을 기각할 수 없다. 이때 어떤 유의수준을 선택하느냐를 해당문제의 성격에 맞게 연구자가 직접 결정할 수 있을 것이다. 그리고 p값을 밝힘으로써 다른 연구자에게 더 많은 정보를 제공하는 의미가 있다. 이와 같이 p값을 이용한 귀무가설의 기각여부 판정법은 임계치를 기준으로 하는 방법에 비해 장점을 지닌다.

s·t·a·t·i·s·t·i·c·s

02 | 단일 모집단 평균에 대한 가설검정

여기서는 앞의 6장에서 다룬 표본평균의 분포를 이용하여 단일 모집단의 평균에 대한 가설검정을 설명한다. 단일 모집단의 평균에 대한 가설검정은 모집단의 분산 σ^2이 알려져 있는 경우와 알려져 있지 않은 경우로 나누어 살펴본다. 또 모집단의 분산 σ^2을 모르는 경우에는 표본의 크기가 $n \geq 30$인 대표본의 경우와 $n < 30$인 소표본의 경우로 나누어 설명하기로 한다.

1. 모집단의 분산을 알고 있는 경우

모집단이 정규분포를 이루고 모분산 σ^2이 알려져 있는 경우의 모평균 μ에 대한 검정을 양측검정과 단측검정으로 나누어 설명한다.

1) 양측검정

먼저 가설이

$$
\begin{aligned}
&H_0 : \mu = \mu_0 \\
&H_a : \mu \neq \mu_0
\end{aligned}
\qquad (8-1)
$$

로 설정되는 양측검정을 설명하기로 한다. 앞의 7장에서 본 바와 같이 표본평균 $\overline{X}$가 모집단의 평균 μ의 가장 좋은 추정량이므로, 모평균 μ에 대한 가설검정에는 표본평균 $\overline{X}$의 분포를 이용한다.

표본평균 $\overline{X}$는 모집단이 정규분포를 이루고 모집단의 분산을 알고 있는

그림 8-3 양측검정의 기각역(Z분포)

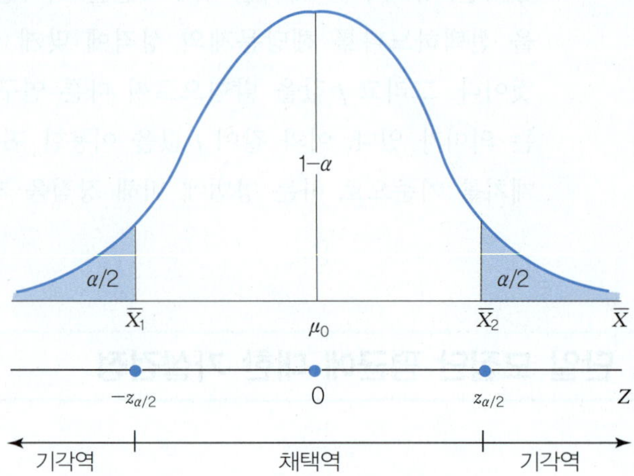

경우에는 정규분포를 이루므로, 모평균 μ에 대한 가설검정에서 검정통계량은 다음과 같다.

$$Z = \frac{\bar{X} - \mu_0}{\sigma/\sqrt{n}} \tag{8-2}$$

$\bar{X}$의 확률분포를 알면, 유의수준 α에 따라 그 검정통계량분포에서 귀무가설이 기각되거나 채택될 영역이 정해진다. 양측검정에서 유의수준이 α로 정해지면, [그림 8-3]에서 보는 바와 같이 검정통계량분포의 양쪽 끝부분의 기각역의 면적이 각각 $\frac{\alpha}{2}$로 되도록 임계치가 정해진다.

검정통계량이 (8-2)식과 같은 양측검정에서 자주 이용되는 유의수준과 그에 대한 임계치를 정리하면 〈표 8-2〉와 같다.

표 8-2 양측검정에서의 유의수준과 임계치

유의수준	임계치($\pm z_{\alpha/2}$)
0.1	±1.645
0.05	±1.96
0.02	±2.33
0.01	±2.58

두 임계치가 정해지면, 모집단에서 추출한 크기 n인 임의표본의 평균 $\overline{X}$를 계산하고, 이 $\overline{X}$에 해당하는 Z값을 구한다. 이 검정통계량 Z의 값이 구해지면 두 임계치 $z_{\alpha/2}$와 $-z_{\alpha/2}$의 값과 비교하여 판정을 내린다. 즉 $Z < -z_{\alpha/2}$ 또는 $Z > z_{\alpha/2}$이면 귀무가설 H_0을 기각하고, $-z_{\alpha/2} \le Z \le z_{\alpha/2}$ 이면 귀무가설 H_0를 채택한다.

예제 | 01

어떤 용기를 생산하는 공정에서 생산된 제품의 직경이 6.0cm일 때 그 공정은 양호하다고 한다. 지금 100개의 용기를 임의로 선택해서 그 표본평균이 6.1cm라는 것을 알았다. 표준편차를 0.4cm로 하여 이 공정이 양호한지 그렇지 않은지를 유의수준 5%에서 검정하라.

풀이 이 경우에는 평균직경이 6.0cm보다 크거나 작은 것에 대한 검정이므로 양측검정이다. 따라서 가설은 다음과 같이 설정된다.

$$H_0 : \mu = 6.0$$
$$H_a : \mu \neq 6.0$$

유의수준이 $\alpha = 0.05$이므로, 두 임계치는 $z_{0.025} = 1.96$과 $-z_{0.025} = -1.96$으로 정해진다. 그리고 $\overline{X} = 6.1$, $\sigma = 0.4$, $n = 100$이므로, 검정통계량 Z의 값은 다음과 같이 계산된다.

$$Z = \frac{\overline{X} - \mu_0}{\sigma / \sqrt{n}} = \frac{6.1 - 6.0}{0.4 / \sqrt{100}} = 2.5$$

따라서 $Z = 2.5 > z_{0.025} = 1.96$로 되어 귀무가설 H_0는 기각된다. 그러므로 이 공정은 양호하다고 할 수 없다.

예제 | 02

앞 예제에서 p값을 이용하여 귀무가설의 기각여부를 판정하라.

풀이 앞에서 계산된 검정통계량의 값 $Z=2.5$에 대해 먼저 확률

$$p(Z \geq 2.5) = 0.5 - \phi(2.5) = 0.0062$$

를 구한다. 다음으로 양측검정이므로 [그림 8-4]에서와 같이 양쪽 끝 부분의 면적을 합하여 p값은 다음과 같이 계산된다.

$$p\text{값} = 0.0062 \times 2 = 0.0124$$

이 p값과 유의수준을 비교하면 $0.0124 < 0.05$이므로 귀무가설은 기각된다. 여기서 만약 유의수준이 0.01이라면 앞 예제에서 귀무가설을 기각할 수 없다는 것을 알 수 있다.

그림 8-4 양측검정에서의 p값($Z=2.5$)

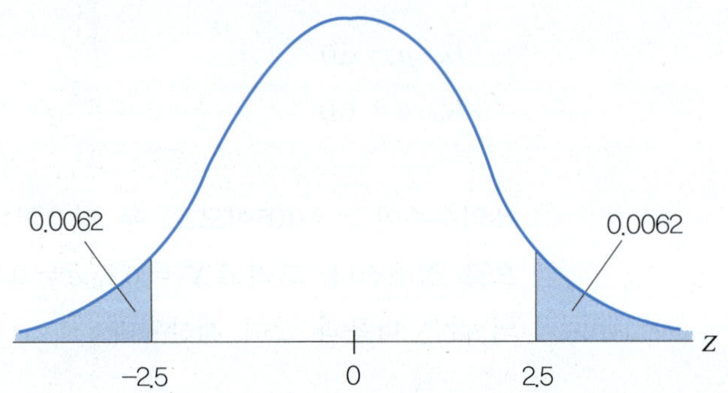

---

2) 우측검정

다음 단측검정으로서 가설이

$$H_0: \mu = \mu_0$$
$$H_a: \mu > \mu_0 \tag{8-3}$$

로 설정되는 우측검정부터 설명하기로 한다.

그림 8-5 우측검정의 기각역(Z분포)

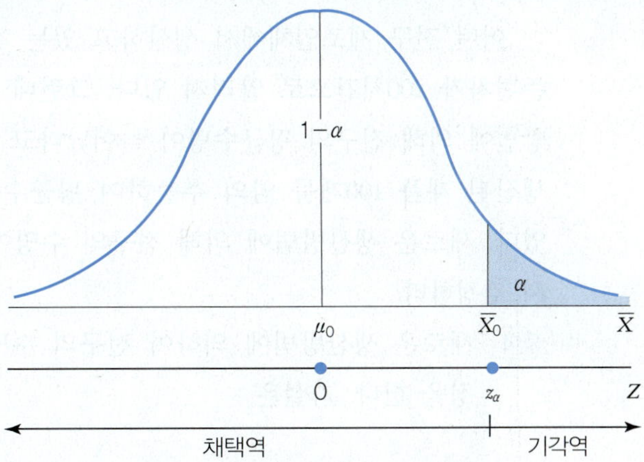

우측검정에서도 검정통계량은 앞의 양측검정에서와 마찬가지이다. 즉

$$Z = \frac{\overline{X} - \mu_0}{\sigma/\sqrt{n}}$$

이다.

유의수준이 α로 정해지면 우측검정에서는 [그림 8-5]에서와 같이 기각역이 $\overline{X} > \overline{X}_0$로, 채택역은 $\overline{X} \le \overline{X}_0$로 되는 검정의 임계치 z_α를 구할 수 있다. 우측검정에서 몇 가지 유의수준 α에 대한 임계치를 정리하면 〈표 8-3〉과 같다.

검정통계량 Z값과 임계치가 구해지면 둘을 비교하여 판정을 내린다. 즉 $Z > z_\alpha$이면 귀무가설을 기각하고 $Z \le z_\alpha$이면 귀무가설을 채택한다.

표 8-3 우측검정에서의 유의수준과 임계치

유의수준	임계치(z_α)
0.1	1.28
0.05	1.645
0.01	2.33
0.005	2.58

예제 | 03

어떤 전구 제조업체에서 생산하고 있는 전구는 평균수명이 1,900시간, 표준편차가 200시간으로 알려져 있다. 그런데 최근 들어 도입한 새로운 생산방법에 의해 전구의 평균수명이 늘어났다고 한다. 이 사실을 알아보기 위해 생산된 제품 100개를 임의 추출하여 평균수명을 조사하였더니 1,960시간이었다. 새로운 생산방법에 의해 전구의 수명이 늘어났는지를 유의수준 5%에서 검정하라.

풀이 새로운 생산방법에 의하여 전구의 수명이 늘어났다고 하므로 단측검정을 한다. 가설은

$$H_0 : \mu = 1{,}900$$
$$H_a : \mu > 1{,}900$$

로 된다. $\alpha = 0.05$이므로 임계치는 $z_{0.05} = 1.645$이다.

한편 검정통계량 Z의 값은 다음과 같이 계산된다.

$$Z = \frac{\bar{X} - \mu_0}{\sigma / \sqrt{n}} = \frac{1{,}960 - 1{,}900}{200 / \sqrt{100}} = 3.0$$

따라서 $Z = 3.0 > z_\alpha = 1.645$이므로 귀무가설 H_0는 기각되고 대립가설이 채택된다. 그러므로 새로운 생산방법의 도입으로 이 제조업체의 전구의 평균수명이 늘어났다고 판단할 수 있다.

이 문제에서 p값을 구해보면 다음과 같다.

$$p\,(Z \geq 3) = 0.0013$$

이 p값이 유의수준 0.05보다 작으므로 귀무가설 H_0는 기각된다. 그리고 유의수준 1%에서도 같은 결정을 내릴 수 있음을 알 수 있다. [그림 8-6]은 우측검정에서의 p값과 두 임계치 간의 관계를 보여준다.

그림 8-6 우측검정에서의 p값(Z=3)

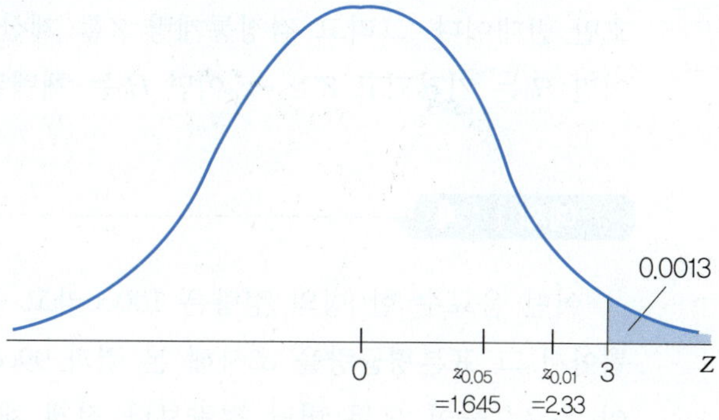

3) 좌측검정

다음으로 가설이

$$H_0 : \mu = \mu_0$$
$$H_a : \mu < \mu_0 \qquad (8-4)$$

로 설정되는 좌측검정에 대해 설명한다.

그림 8-7 좌측검정의 기각역(Z분포)

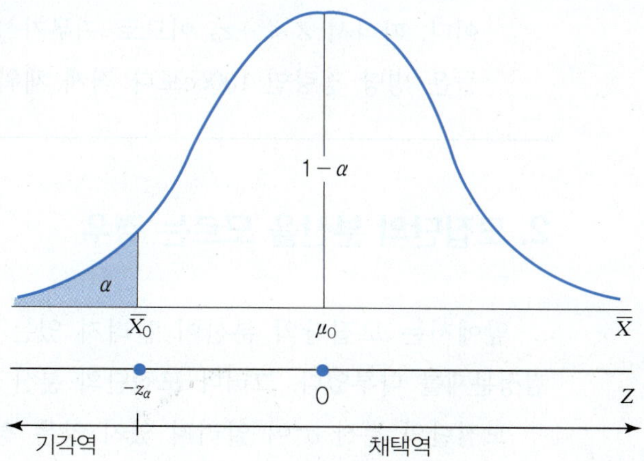

검정통계량은 (8 - 1)식과 같다. 다음으로 유의수준 α에 대한 임계치는 [그림 8-7]에서 보는 바와 같이 $-z_\alpha$이다. 이것은 〈표 8-3〉의 임계치와는 부호만 반대이다. 그리고 검정통계량 Z를 계산하여 $-z_\alpha$와 비교하여 $Z < -z_\alpha$이면 H_0는 기각되고 $Z \geq -z_\alpha$이면 H_0는 채택된다.

예제 | 04

어떤 음료수 한 병의 정량은 100cc라고 규정되어 있다. 임의로 144병을 뽑아서 그 표본평균량을 조사해 본 결과 99cc였다. 표본조사의 결과로 보아 이 음료수들이 모두 병당 정량보다 적게 채워져 있다고 보아도 좋은지를 유의수준 1%에서 검정하여라(단, 모집단의 표준편차는 4cc라 한다).

풀이 음료수들이 정량보다 적은 양으로 채워졌다는 것을 검정하는 것이므로 좌측검정으로 된다. 따라서 가설은 다음과 같이 설정된다.

$$H_0 : \mu = 100$$
$$H_a : \mu < 100$$

$\alpha = 0.01$이므로 임계치 $-z_\alpha = -z_{0.01} = -2.33$이다.

그리고 검정통계량 Z의 값은

$$Z = \frac{\overline{X} - \mu}{\sigma / \sqrt{n}} = \frac{99 - 100}{4 / \sqrt{144}} = -3$$

이다. 따라서 $Z < -z_a$ 이므로 귀무가설 H_0는 기각된다. 즉 이 음료수들은 병당 정량인 100cc보다 적게 채워져 있다고 보아도 좋다.

2. 모집단의 분산을 모르는 경우

앞에서는 모집단의 분산이 알려져 있는 경우의 모집단의 평균에 대한 검정문제를 다루었다. 그러나 모집단의 분산 σ^2은 거의 알려져 있지 않다.

모집단의 분산 σ^2이 알려져 있지 않은 경우에는 모분산의 추정량인 표본분산

$$s^2 = \frac{\sum (X_i - \overline{X})^2}{n-1}$$

을 모분산 σ^2 대신에 사용한다.

1) 대표본의 경우

모집단의 분산 σ^2이 알려져 있지 않지만 표본의 크기가 $n \geq 30$인 대표본의 경우부터 설명한다. 표본의 크기가 $n \geq 30$이면 검정통계량은 (8-2)식에서 σ 대신 s를 사용하여 다음과 같이 된다.

$$Z = \frac{\overline{X} - \mu_0}{s/\sqrt{n}} \tag{8-5}$$

따라서 앞의 모집단의 분산 σ^2을 알고 있는 경우의 검정방법과 마찬가지로 표준정규분포를 이용하여 모집단의 평균 μ에 대한 검정을 행할 수 있다.

2) 소표본의 경우

그러나 모집단의 분산 σ^2을 모르고 표본의 크기가 $n < 30$인 경우에는 표본평균의 분포는 정규분포를 하지 않는다. 이 경우에는 앞의 6장에서 본 바와 같이

$$t = \frac{\overline{X} - \mu_0}{s/\sqrt{n}} \tag{8-6}$$

는 자유도 $n-1$인 t분포를 이룬다.

따라서 소표본이고, 모집단의 분산 σ^2을 모르는 경우에는 t분포를 사용하여 모집단의 평균 μ에 대한 검정을 행할 수 있다. t분포를 이용하여 검정을 할 때에는 t분포표에서 검정의 임계치를 구해야 하는데, 이 t분포에 의한 검정을 양측검정과 단측검정으로 나누어 설명하기로 한다.

그림 8-8 양측검정의 기각역(t분포)

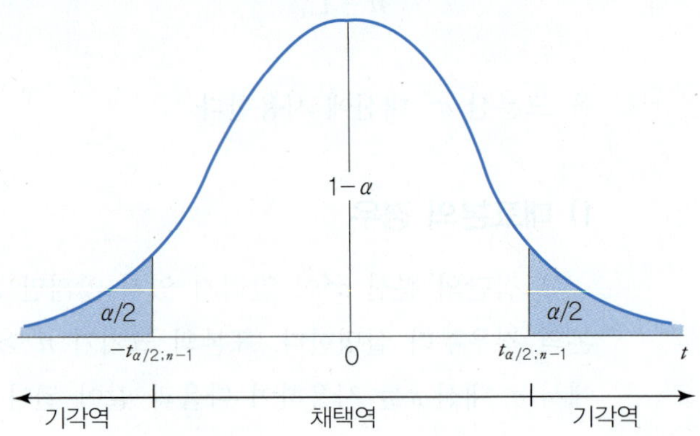

(1) 양측검정

먼저 가설이

$$H_0 : \mu = \mu_0$$
$$H_a : \mu \neq \mu_0$$

로 설정되는 양측검정을 설명한다.

양측검정에서는 유의수준이 α로 주어지면 [그림 8-8]에서와 같이 검정통계량분포의 양쪽 끝부분의 기각역의 면적이 각각 $\frac{\alpha}{2}$로 되는 두 임계치 $t_{\alpha/2;n-1}$과 $-t_{\alpha/2;n-1}$이 정해진다. 이 두 임계치는 표본의 크기가 정해지면 t 분포표에서 구할 수 있다.

다음은 모집단에서 추출한 크기 n인 표본관찰치에서 검정통계량 t의 값을 구한다. 이 검정통계량 t의 값과 두 임계치 $t_{\alpha/2;n-1}$과 $-t_{\alpha/2;n-1}$을 비교하여 결정을 내린다. 즉 $t < -t_{\alpha/2;n-1}$ 또는 $t > t_{\alpha/2;n-1}$이면 귀무가설 H_0는 기각되고, $-t_{\alpha/2;n-1} \leq t \leq t_{\alpha/2;n-1}$이면 귀무가설 H_0는 채택된다.

예제 | 05

쌀을 자동으로 20kg씩 담는 어떤 기계가 있다. 이 기계의 성능이 달라졌는지를 알아보기 위해 이 기계가 담은 쌀 25포를 조사하였더니 그 평균은 20.3kg, 표준편차는 1.0kg이었다. 표본조사의 결과로 보아 이 기계의 성능이 달라졌다고 볼 수 있는가? 유의수준 5%에서 검정하여라.

풀이 가설은 다음과 같이 설정된다.

$$H_0 : \mu = 20$$
$$H_a : \mu \neq 20$$

표본의 크기가 $n = 25$이고, 유의수준이 $\alpha = 0.05$이므로, 두 임계치를 t 분포표에서 구하면 $-t_{0.025;24} = -2.064$, $t_{0.025;24} = 2.064$로 된다. 그리고 $\overline{X} = 20.3$, $s = 1.0$이므로, 검정통계량 t는 다음과 같이 계산된다.

$$t = \frac{20.3 - 20}{1.0/\sqrt{25}} = 1.5$$

그런데 $-t_{0.025;24} = -2.064 < t = 1.5 < t_{0.025;24} = 2.064$이므로 귀무가설 H_0는 채택된다. 즉 이 기계의 성능은 달라졌다고 할 수 없다.
이 예제에서 p값을 구해보자. p값은

$$P(t \geq 1.5)$$

인데, 이 값은 통계패키지를 이용할 경우는 해당 프로그램에서 계산되어 제시되지만, 부록의 t분포표를 이용하는 경우는 그 범위만을 알 수 있다.
예제에서 구한 검정통계량의 값은 $t = 1.5$인데, 자유도가 24일 경우 표에서 알 수 있는 것은 이 값이 $t_{0.1} = 1.318$과 $t_{0.05} = 1.711$ 사이에 있다는 것이다. 따라서 p값은 양측검정이므로 $0.2 > p\text{값} > 0.1$로 구해진다. 이와 같이 p값이 구간으로 구해지더라도 주어진 유의수준 0.05 보다는 크므로 귀무가설을 기각할 수 없다.

---

(2) 우측검정

다음으로 가설이

그림 8-9 우측검정의 기각역(t분포)

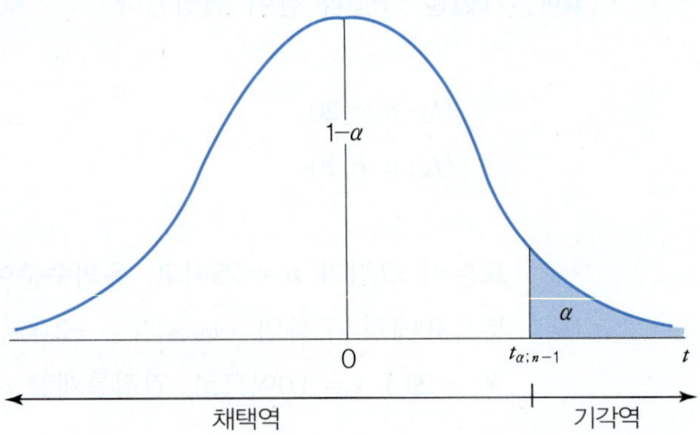

$$H_0 : \mu = \mu_0$$
$$H_a : \mu > \mu_0$$

로 설정되는 우측검정을 설명한다.

유의수준이 α로 정해지면, [그림 8-9]에서 볼 수 있는 바와 같이 검정의 임계치는 $t_{\alpha;n-1}$로 결정된다.

임계치 $t_{\alpha\,;\,n-1}$이 정해지면 모집단에서 추출된 크기 n인 표본의 평균 $\overline{X}$와 분산 s^2을 계산하여 검정통계량

$$t = \frac{\overline{X} - \mu_0}{s/\sqrt{n}}$$

을 계산한다. 이 계산된 검정통계량 t와 위에서 결정된 임계치 $t_{\alpha;n-1}$를 비교하여 판정을 내린다. 즉 $t > t_{\alpha;n-1}$이면 귀무가설 H_0를 기각하고, $t \le t_{\alpha;n-1}$이면 귀무가설 H_0를 채택한다.

예제 | 06

자동차 타이어를 제작하는 한 회사에서는 자기 회사에서 판매하는 타이어는 50,000km 이상의 주행거리를 보증한다고 광고하고 있다. 이 회사의 타이어 가운데 10개를 임의로 추출하여 시험을 한 결과 평균주행거리는

52,500km, 표준편차는 4,280km를 기록하였다. 이 회사의 광고를 신뢰할 수 있는가? 유의수준 5%에서 검정하라.

풀이 표본의 크기가 10이고 모집단의 분산을 모르므로 t분포를 사용하여 검정한다. 가설은

$$H_0 : \mu = 50{,}000$$
$$H_a : \mu > 50{,}000$$

으로 설정된다.

$n = 10$, $\alpha = 0.05$이므로 검정의 임계치는 $-t_{0.05;9} = 1.833$이 된다. $\overline{X} = 52.500$, $s = 4{,}280$, $n = 10$을 이용하면 검정통계량은

$$t = \frac{\overline{X} - \mu_0}{s/\sqrt{n}} = \frac{52{,}500 - 50{,}000}{4{,}280/\sqrt{10}} = 1.847$$

로 계산된다. $t = 1.847 > t_{0.05;9} = 1.833$이므로 귀무가설 기각된다. 따라서 이 회사가 제작하는 타이어의 평균주행거리는 50,000km 이상이라고 할 수 있다.

그리고 p값의 범위는, 자유도 9에서 $t_{0.05} = 1.833$, $t_{0.025} = 2.262$이므로, $0.05 > p$값 > 0.025가 된다. p값이 유의수준 보다 작으므로 귀무가설을 기각한다.

---

(3) 좌측검정

다음으로 가설이

$$H_0 : \mu = \mu_0$$
$$H_a : \mu < \mu_0$$

로 설정되는 좌측검정을 설명한다.

좌측검정의 경우 유의수준 α에 대한 임계치는 [그림 8-10]에서 볼 수 있는 바와 같이 $-t_{\alpha;n-1}$이다.

그림 8-10 좌측검정의 기각역(t분포)

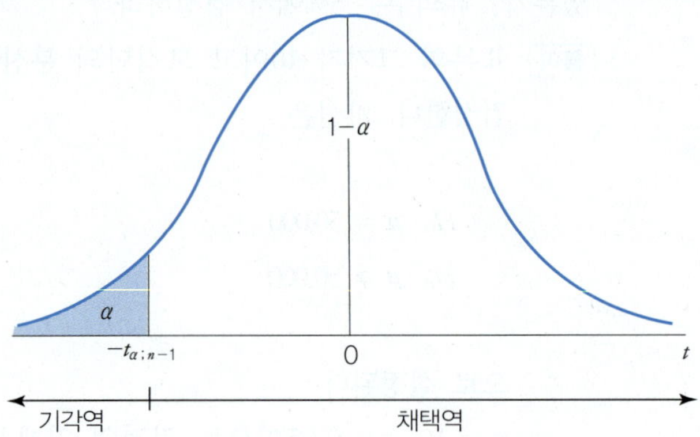

이 임계치 $-t_{\alpha;n-1}$와 표본관찰치에서 계산된 검정통계량 t값을 비교하여 판정을 내린다. 즉 $t < -t_{\alpha;n-1}$이면 귀무가설 H_0를 기각하고, $t \geq -t_{\alpha;n-1}$이면 귀무가설 H_0를 채택한다.

예제 | 07

어느 지역의 미곡이 평균작인 경우에는 단위면적당 생산량이 450kg이라고 한다. 이 지역에서 25가구를 임의로 추출하여 금년의 생산량을 조사한 결과 평균생산량이 435kg이고, 표준편차가 30kg이었다. 이 지역의 금년의 단위면적당 미곡수확량이 평년작에 비해 감산되었다고 할 수 있는지를 유의수준 5%에서 검정하여라.

풀이 이것은 좌측검정으로서 가설은 다음과 같이 설정된다.

$$H_0 : \mu = 450$$
$$H_a : \mu < 450$$

자유도는 $n-1=24$, $\alpha=0.05$이므로, 검정의 임계치를 t분포표에서 구하면 $-t_{0.05;24}=-1.711$로 된다. $\bar{X}=435$, $s=30$이므로, 검정통계량 t의 값은

$$t = \frac{\overline{X} - \mu}{s/\sqrt{n}} = \frac{435 - 450}{30/\sqrt{25}} = -2.5$$

로 계산된다. $t = -2.5 < -t_{0.05;24} = -1.711$이므로 귀무가설 H_0는 기각되고 대립가설 H_a가 채택된다. 즉 이 지역의 금년의 단위면적당 생산량은 평년작보다 감산되었다고 할 수 있다.

---

s • t • a • t • i • s • t • i • c • s

03 두 모집단 평균 차에 대한 가설검정

여기서는 두 모집단의 평균 차에 대한 검정을 두 모집단에서 각각 표본이 독립적으로 추출된 경우와 두 표본이 쌍(pair)을 이루는 경우 두 가지로 나누어 설명하기로 한다.

1. 두 모집단 평균 차에 대한 가설검정: 독립표본의 경우

두 모집단이 모두 정규분포를 이루고 있다고 가정하고, 두 모집단의 분산 σ_1^2과 σ_2^2이 알려져 있는 경우와 알려져 있지 않은 경우를 구분하여 설명한다.

1) 두 모집단의 분산을 알고 있는 경우

여기에서는 두 모집단의 분산 σ_1^2과 σ_2^2이 알려져 있는 경우의 두 모집단의 평균 차에 대한 검정문제를 양측검정과 단측검정으로 나누어 설명한다.

(1) 양측검정

두 모집단의 평균 차에 대한 검정은 두 모집단의 평균 간에 차이가 있는지 없는지를 검정하는 것이므로 가설은 다음과 같이 설정된다.

$$H_0 : \mu_1 = \mu_2$$

$$H_a : \mu_1 \neq \mu_2 \tag{8-7}$$

이와 같이 가설이 설정되면 판정기준을 결정하기 위한 검정통계량을 선정해야 한다. 앞 7장에서 본 바와 같이 표본평균의 차 $\overline{X}_1 - \overline{X}_2$는 모평균의 차 $\mu_1 - \mu_2$의 불편추정량이므로 두 모집단의 평균차 $\mu_1 - \mu_2$에 대한 검정에서는 표본평균의 차 $\overline{X}_1 - \overline{X}_2$의 분포를 이용한다. 따라서 (6-43)식이 검정통계량이 된다.

그런데 (6-43)식은 귀무가설 $\mu_1 = \mu_2$ 하에서는 $\mu_1 - \mu_2 = 0$이므로, 검정통계량은 표준정규분포를 이루는

$$Z = \frac{\overline{X}_1 - \overline{X}_2}{\sqrt{\dfrac{\sigma_1^2}{n_1} + \dfrac{\sigma_2^2}{n_2}}} \tag{8-8}$$

가 된다.

다음으로 유의수준이 α로 주어지면 [그림 8-11]에서 볼 수 있는 바와 같이 검정통계량분포의 양 끝부분의 기각역에 속하는 면적이 각각 $\alpha/2$가 되도록 검정의 임계치 $z_{\alpha/2}$와 $-z_{\alpha/2}$가 정해진다. 그러면 표본관측치에서 계산된 검정통계량 Z의 값과 검정의 임계치 $\pm z_{\alpha/2}$를 비교하여 판정한다. 즉 $Z > z_{\alpha/2}$ 또는 $Z < -z_{\alpha/2}$이면 귀무가설을 기각하고, $-z_{\alpha/2} \leq Z \leq z_{\alpha/2}$이면 귀

그림 8-11 양측검정의 기각역

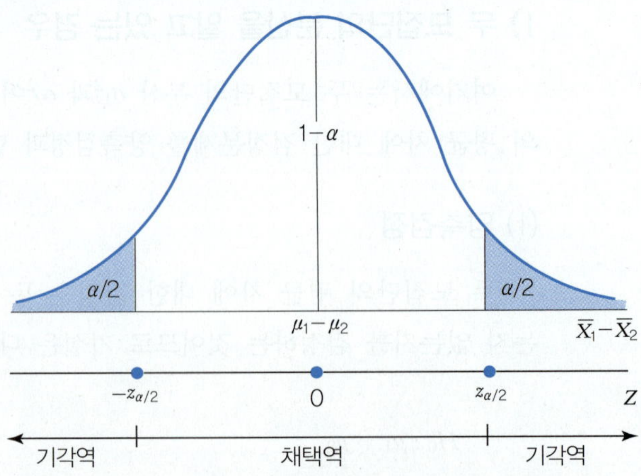

무가설을 채택한다.

예제 | 08

A고등학교와 B고등학교 학생들의 지능수준을 비교해 보기 위하여 A고등학교에서 50명, B고등학교에서 60명을 서로 독립적으로 임의추출하여 지능지수를 조사한 결과, A고등학교 학생들의 평균지능지수는 113.7, B고등학교의 그것은 121.2로 나타났다. A, B 두 고등학교 학생들의 지능수준이 현저히 다르다고 할 수 있는지를 유의수준 5%에서 검정하여라. 단, 과거의 경험에 의하여 A, B 두 고등학교 학생들의 지능지수 분포의 표준편차는 각각 25, 27로 알려져 있다.

풀이 어느 고등학교 학생들의 지능지수가 더 높은지 낮은지를 알 수 없으므로 이 검정은 양측검정이 된다. 가설은 다음과 같이 설정된다.

$$H_0 : \mu_1 = \mu_2$$
$$H_a : \mu_1 \neq \mu_2$$

$\alpha = 0.05$이므로 임계치는 $\pm z_{\alpha/2} = \pm 1.96$이다. 따라서 귀무가설 H_0의 기각역은 $Z > 1.96$ 또는 $Z < -1.96$이고, 채택역은 $-1.96 \leq Z \leq 1.96$이다. 그리고 $n_1 = 50$, $n_2 = 60$, $\overline{X}_1 = 113.7$, $\overline{X}_2 = 121.2$, $\sigma_1 = 25$, $\sigma_2 = 27$이므로 검정통계량의 값은 다음과 같이 계산된다.

$$Z = \frac{\overline{X}_1 - \overline{X}_2}{\sqrt{\frac{\sigma_1^2}{n_1} + \frac{\sigma_2^2}{n_2}}} = \frac{113.7 - 121.2}{\sqrt{\frac{(25)^2}{50} + \frac{(27)^2}{60}}} = -1.51$$

따라서 $Z = -1.51 > -z_{0.025} = -1.96$이므로 귀무가설 H_0이 채택된다. 즉 두 고등학교 학생들의 지능수준에는 차이가 없다고 말할 수 있다.

(2) 단측검정

위에서 설명한 양측검정과는 달리 귀무가설

$$H_0 : \mu_1 = \mu_2$$

에 대하여 대립가설이

$$H_a : \mu_1 > \mu_2 \tag{8-9}$$

또는

$$H_a : \mu_1 < \mu_2 \tag{8-10}$$

인 두 모집단의 평균 차에 대한 단측검정을 설명하기로 한다.

우측검정의 경우에는 유의수준이 α로 주어지면 [그림 8-12]에서와 같이 검정통계량분포의 우측 끝부분의 기각역의 면적이 α로 되도록 검정의 임계치 z_α를 정한다. 따라서 표본관찰치에서 계산된 검정통계량 Z의 값과 z_α를 비교하여 $Z > z_\alpha$이면 H_0를 기각하고, $Z \leq z_\alpha$이면 채택한다.

다음으로 좌측검정의 경우에는 주어진 유의수준 α에서의 검정의 임계치

그림 8-12 우측검정의 기각역

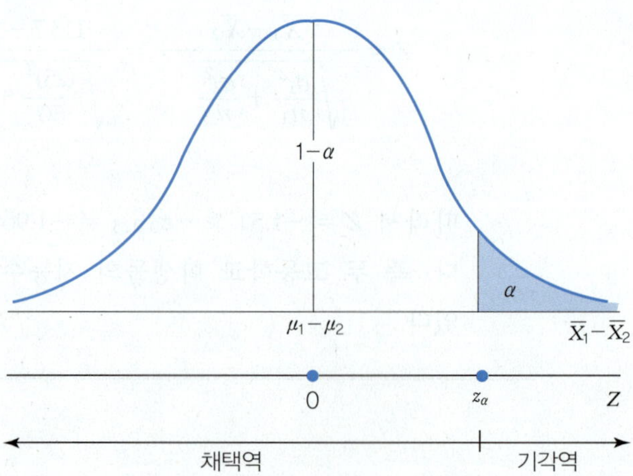

그림 8-13 좌측검정의 기각역

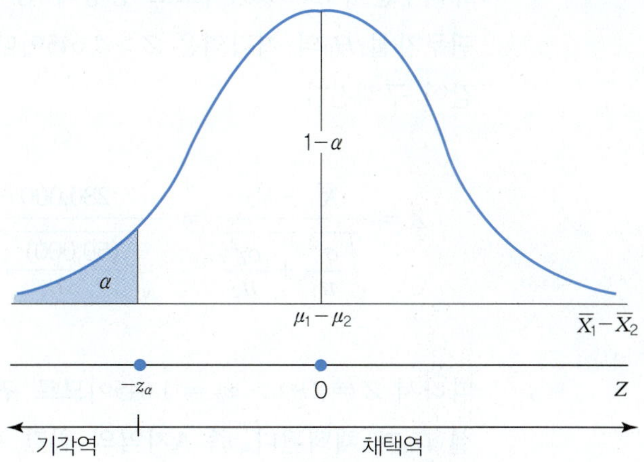

는 [그림 8-13]에서와 같이 검정통계량분포의 좌측의 끝부분의 기각역의 면적이 α로 되도록 $-z_\alpha$를 정한다. 따라서 표본관찰치에서 구한 검정통계량 Z의 값과 검정의 임계치 $-z_\alpha$를 비교하여 $Z < -z_\alpha$이면 귀무가설을 기각하고, $Z \geq -z_\alpha$이면 귀무가설을 채택한다.

예제 | 09

A지역과 B지역 간의 가구당 식료품비 지출수준의 차이를 조사하기 위해서 A지역에서 81세대, B지역에서 64세대를 서로 독립적으로 임의 추출하여 조사한 결과 A지역의 월간 평균 식료품비 지출액이 28만원이고 B지역의 월간 평균 식료품비 지출액은 25만원이었다. A지역의 가구당 월간 평균 식료품비 지출수준이 B지역의 가구당 월간 평균 식료품비 지출수준보다 높다고 해도 좋은지를 유의수준 5%에서 검정하여라. 단, 과거의 경험에서 A지역과 B지역의 월간 식료품비 지출액 분포의 표준편차는 각각 5만원, 7만원으로 알려져 있다.

풀이 A지역의 월간 식료품비 지출수준이 B지역의 그것보다 높다고 할 수 있는지를 검정하는 것이므로, 이 검정은 단측검정이 된다. 가설은

$$H_0: \mu_1 = \mu_2$$
$$H_a: \mu_1 > \mu_2$$

로 설정된다.

유의수준이 $\alpha = 0.05$이므로 검정의 임계치는 $z_{0.05} = 1.645$이다. 따라서 귀무가설 H_0의 기각역은 $Z > 1.645$이다. 그리고 검정통계량은 다음과 같이 구해진다.

$$Z = \frac{\overline{X}_1 - \overline{X}_2}{\sqrt{\frac{\sigma_1^2}{n_1} + \frac{\sigma_2^2}{n_2}}} = \frac{280{,}000 - 250{,}000}{\sqrt{\frac{(50{,}000)^2}{81} + \frac{(70{,}000)^2}{64}}} = 2.89$$

따라서 $Z = 2.89 > z_\alpha = 1.645$이므로 귀무가설 H_0는 기각되고 대립가설 H_a가 채택된다. 즉 A지역의 월간 평균 식료품비 지출수준이 B지역의 그것보다 높다고 할 수 있다.

---

2) 두 모집단의 분산을 모르는 경우

모집단의 분산은 일반적으로 알려져 있지 않다. 그래서 여기서는 두 모집단의 분산을 모르는 경우의 두 모집단의 평균 차 $\mu_1 - \mu_2$에 대한 가설검정을 설명한다. 두 모집단의 분산을 모르지만 분산이 서로 같은 경우를 대표본과 소표본으로 나누어 두 모집단의 평균 차에 대한 가설검정을 설명하기로 한다.

(1) 대표본인 경우

두 모집단의 분산 σ_1^2과 σ_2^2을 모르지만 서로 같다는 것을 알고 있고, 두 표본의 크기가 각각 $n \geq 30$인 대표본의 경우에는, 두 모집단이 정규분포를 이루는 경우는 물론이고 두 모집단이 정규분포를 이루지 않더라도, 두 모집단에서 독립적으로 추출한 크기가 n_1, n_2인 두 표본의 분산이 각각 s_1^2, s_2^2이라면, 검정통계량

$$Z = \frac{\overline{X}_1 - \overline{X}_2}{\sqrt{\frac{s_1^2}{n_1} + \frac{s_2^2}{n_2}}} \qquad (8-11)$$

를 사용하여 앞에서와 같이 표준정규분포표를 이용하여 검정하면 된다.

예제 | 10

어느 도시에서 자기집을 갖고 있는 근로자 세대 중에서 200세대를, 자기집을 갖지 못한 근로자 세대 중에서 250세대를 각각 임의로 추출하여 각 세대당 월평균 소비지출액을 조사한 결과, 자기 집을 갖고 있는 근로자 세대당 월평균 소비출액은 825,000원, 그 표준편차는 128,000원이었다. 자기집을 갖지 못한 근로자 세대당 월평균 소비지출액은 783,000원, 그 표준편차는 94,000원이었다. 자기집을 가진 근로자 세대와 자기집을 갖지 못한 근로자 세대 간에 세대당 월평균 소비지출액이 차이가 있다고 할 수 있는지를 유의수준 5%에서 검정하여라.

풀이 양자 간에 세대당 월평균 소비지출액이 차이가 있는지에 대한 검정이므로 이 검정은 양측검정으로 된다. 따라서 가설은

$$H_0 : \mu_1 = \mu_2$$
$$H_a : \mu_1 \neq \mu_2$$

로 설정된다. 유의수준이 $\alpha = 0.05$이므로 검정의 임계치는 $\pm z_{0.025} = \pm 1.96$이다. 그리고 검정통계량의 값은 다음과 같이 계산된다.

$$Z = \frac{\overline{X}_1 - \overline{X}_2}{\sqrt{\frac{s_1^2}{n_1} + \frac{s_2^2}{n_2}}} = \frac{825{,}000 - 783{,}000}{\sqrt{\frac{(128{,}000)^2}{200} + \frac{(94{,}000)^2}{250}}} = 3.88$$

따라서 $Z = 3.88 > z_{0.025} = 1.96$이므로 귀무가설 H_0는 기각된다. 즉 자기집을 가진 근로자 세대와 자기집을 갖지 않은 근로자 세대 간에는 세대당 월평균 소비지출액에 차이가 있다고 할 수 있다.

(2) 소표본인 경우

다음으로 두 모집단의 분산을 모르고 표본의 크기가 30미만인 소표본인

경우의 두 모집단의 평균 차 $\mu_1 - \mu_2$에 대한 가설검정을 설명한다. 이 경우는 두 모집단이 정규분포를 이루고 두 모분산이 같다는 가정 하에서만 가설검정이 가능하다. 앞 6장에서 본 바와 같이 두 모분산을 모르지만 서로 같고, 두 모집단에서 각각 독립적으로 추출한 크기 n_1, n_2인 소표본의 평균을 각각 $\overline{X}_1$, $\overline{X}_2$, 그 분산을 각각 s_1^2, s_2^2이라고 하면, 귀무가설 하에서 검정통계량은

$$t = \frac{\overline{X}_1 - \overline{X}_2}{\sqrt{\dfrac{(n_1-1)s_1^2 + (n_2-1)s_2^2}{n_1+n_2-2}} \cdot \sqrt{\dfrac{1}{n_1} + \dfrac{1}{n_2}}} \qquad (8-12)$$

으로 되며, 이 t는 자유도 $n_1 + n_2 - 2$인 t분포를 한다. 따라서 두 모분산이 알려져 있지 않지만 서로 같고, 소표본인 경우에는 t분포를 적용하여 모집단의 평균 차 $\mu_1 - \mu_2$에 대한 검정을 행한다.

① 양측검정

먼저 가설이 다음과 같이 설정되는 양측검정부터 설명한다.

$$H_0 : \mu_1 = \mu_2$$
$$H_a : \mu_1 \neq \mu_2$$

가설이 설정되면 유의수준 α에 따라 검정통계량분포의 양측 끝부분의 기각역의 면적이 각각 $\dfrac{\alpha}{2}$가 되도록 검정의 임계치 $-t_{\alpha/2}$와 $t_{\alpha/2}$를 t분포표에서 구한다. 또 표본관찰치에서 검정통계량 t의 값을 계산하여 검정의 임계치 $\pm t_{\alpha/2\,;\,n_1+n_2-2}$와 비교하여 결정한다. $t > t_{\alpha/2\,;\,n_1+n_2-2}$ 또는 $t < -t_{\alpha/2\,;\,n_1+n_2-2}$이면 귀무가설 H_0는 기각되고, $-t_{\alpha/2\,;\,n_1+n_2-2} \leq t \leq t_{\alpha/2\,;\,n_1+n_2-2}$이면 귀무가설은 채택된다.

예제 | 11

어떤 공장에서 생산기계를 교체하기 위하여 A와 B 두 제조업체에서 제작한 동일한 성능을 가진 기계의 내구성을 조사하고자 한다. A제조업체의 기계 5대와 B제조업체의 기계 8대를 임의로 추출하여 평균수명을 조사한

결과 A제조업체가 생산한 기계의 평균수명은 12,500시간, 표준편차는 1,470시간, 그리고 B제조업체가 생산한 기계의 평균수명은 13,800시간, 표준편차는 1,810시간으로 각각 나타났다. 두 제조업체에서 생산한 기계는 내구성에 차이가 있다고 할 수 있는가? 유의수준 1%에서 검정하여라.

풀이 두 모집단의 평균에 차이가 있는지 여부에 대한 검정이므로 가설은

$$H_0 : \mu_1 = \mu_2$$
$$H_a : \mu_1 \neq \mu_2$$

로 설정된다.

유의수준이 $\alpha = 0.01$이고 자유도는 $n_1 + n_2 - 2 = 11$이므로 검정의 임계치는 $t_{0.005\,;\,11} = 3.106$과 $-t_{0.005\,;\,11} = -3.106$이다. $n_1 = 5$, $n_2 = 8$인 표본들의 관찰로부터 구한 자료 $\bar{X}_1 = 12{,}500$, $\bar{X}_2 = 13{,}800$, $s_1^2 = 1{,}470^2$, $s_2^2 = 1{,}810^2$를 이용하면, 검정통계량은

$$t = \frac{\bar{X}_1 - \bar{X}_2}{\sqrt{\dfrac{(n_1-1)s_1^2 + (n_2-1)s_2^2}{n_1+n_2-2}} \cdot \sqrt{\dfrac{1}{n_1} + \dfrac{1}{n_2}}}$$

$$= \frac{12{,}500 - 13{,}800}{\sqrt{\dfrac{(5-1) \times 1{,}470^2 + (8-1) \times 1{,}810^2}{5+8-2}} \cdot \sqrt{\dfrac{1}{5} + \dfrac{1}{8}}}$$

$$= -1.3459$$

로 계산된다.

따라서 $-t_{0.005\,;\,11} = -3.106 < t = -1.3459 < t_{0.005\,;\,11} = 3.106$이므로 귀무가설은 채택된다. 즉 두 제조업체에서 생산한 기계의 내구성은 차이가 있다고 할 수 없다.

---

② 단측검정

다음으로 가설이 다음과 같이 설정되는 단측검정을 설명한다.

$$H_0 : \mu_1 = \mu_2$$
$$H_a : \mu_1 > \mu_2$$

또는

$$H_a : \mu_1 < \mu_2$$

유의수준 α가 주어지면 검정통계량분포의 좌측 또는 우측 끝부분의 면적이 α가 되도록 검정의 임계치 $\pm t_{\alpha;n_1+n_2-2}$를 구한다. 검정통계량 t의 값은 표본관측치에서 계산된다.

따라서 검정통계량 t의 값과 검정의 임계치 $\pm t_{\alpha;n_1+n_2-2}$를 비교하여 검정을 행하는데 우측검정의 경우에는 $t > t_{\alpha;n_1+n_2-2}$이면 귀무가설을 기각하고, $t \leq t_{\alpha;n_1+n_2-2}$이면 귀무가설을 채택한다. 그리고 좌측검정의 경우에는 $t < -t_{\alpha;n_1+n_2-2}$이면 귀무가설을 기각하고, $t \geq -t_{\alpha;n_1+n_2-2}$이면 귀무가설을 채택한다.

예제 | 12

닭의 사육에 사용되는 특별영양사료의 효과를 알아보기 위하여 특별영양사료로 사육한 닭을 12마리, 보통사료로 사육한 닭을 9마리 임의추출하여 닭의 중량을 조사하였더니 특별영양사료로 사육된 닭의 평균중량은 3.1kg, 표준편차는 0.3kg이었고, 보통사료에 의하여 사육된 닭의 평균중량은 2.7kg, 표준편차는 0.2kg이었다. 특별영양사료가 닭의 발육에 더 좋은 효과를 나타냈다고 할 수 있는지를 유의수준 5%에서 검정하여라.

풀이 이 검정은 특별영양사료가 더 좋은 효과를 나타냈는지를 알기 위한 것이므로 우측검정으로 된다. 따라서 가설은 다음과 같다.

$$H_0 : \mu_1 = \mu_2$$
$$H_a : \mu_1 > \mu_2$$

$\alpha = 0.05$이고 자유도 $n_1 + n_2 - 2 = 12 + 9 - 2 = 19$이다. 따라서 검정의 임계치는 $t_{0.05;19} = 1.729$이다. 표본관측치에서 검정통계량의 값은

다음과 같이 계산된다.

$$t = \frac{\overline{X}_1 - \overline{X}_2}{\sqrt{\frac{(n_1-1)s_1{}^2 + (n_2-1)s_2{}^2}{n_1+n_2-2}} \cdot \sqrt{\frac{1}{n_1} + \frac{1}{n_2}}}$$

$$= \frac{3.1 - 2.7}{\sqrt{\frac{(12-1) \times 0.3^2 + (9-1) \times 0.2^2}{12+9-2}} \cdot \sqrt{\frac{1}{12} + \frac{1}{9}}}$$

$$= 3.45$$

따라서 $t = 3.45 > t_{0.05\,;\,19} = 1.729$이므로 귀무가설 H_0는 기각되고 대립가설이 채택된다. 즉 닭의 발육에 특별영양사료가 보통사료보다 더 좋다고 할 수 있다.

예제 | 13

어떤 담배제조회사는 신제품의 니코틴 함량은 기존 제품에 비해 낮다고 발표하였다. 이 발표를 확인하기 위해 신제품 12개와 기존 제품 15개를 임의로 추출하여 니코틴 함유량을 조사해 본 결과 신제품의 개당 니코틴 함유량은 2.3mg, 표준편차는 0.09mg이었으며, 기존 제품의 개당 니코틴 함유량은 2.48mg, 표준편차는 0.17mg이었다. 이 회사의 발표를 믿을 수 있는지를 유의수준 5%에서 검정하여라.

풀이 가설은 다음과 같이 설정된다.

$$H_0 : \mu_1 = \mu_2$$
$$H_a : \mu_1 < \mu_2$$

유의수준이 $\alpha = 0.05$이고 자유도는 $n_1 + n_2 - 2 = 25$이므로 임계치는 $-t_{0.05\,;\,25} = -1.708$이다. $n_1 = 12$, $n_2 = 15$인 표본들의 관찰로부터 구한 자료 $\overline{X}_1 = 2.31$, $\overline{X}_2 = 2.39$, $s_1{}^2 = 0.09^2$, $s_2{}^2 = 0.17^2$에서 검정통계량은

$$t = \frac{\overline{X}_1 - \overline{X}_2}{\sqrt{\frac{(n_1-1)s_1^2+(n_2-1)s_2^2}{n_1+n_2-2}} \cdot \sqrt{\frac{1}{n_1}+\frac{1}{n_2}}}$$
$$= \frac{2.30 - 2.48}{\sqrt{\frac{(12-1)\times 0.09^2+(15-1)\times 0.17^2}{12+15-2}} \cdot \sqrt{\frac{1}{12}+\frac{1}{15}}}$$
$$= -3.308$$

로 계산된다.

따라서 $t = -3.308 < -t_{0.05\,;\,25} = -1.708$이므로 귀무가설은 기각된다. 즉 신제품의 니코틴 함량이 기존 제품에 비해 낮아졌다는 이 회사의 주장은 믿을 수가 있다.

---

2. 두 모집단 평균 차에 대한 가설검정 : 쌍인 표본의 경우

표본관찰결과 두 표본이 쌍(pair)을 이루는 경우가 종종 있다. 예를 들어 어떤 부서 직원 모두에게 업무효율성을 높이기 위한 특별교육과정을 이수하게 하고 교육과정 이수 전과 후의 업무효율성에 차이가 있는지를 분석한다든가, 같은 반 학생들을 대상으로 두 과목 시험성적을 비교하는 경우를 생각할 수 있다. 이런 경우 두 표본은 서로 독립적으로 추출된 것으로 볼 수 없다.

1) 표본평균 차의 분포의 변환 : $\overline{D}$의 분포

쌍을 이루는 두 표본의 평균 차의 분포에서 표본평균 차의 기대치는 독립표본의 경우와 마찬가지로 모집단 평균 차와 같다. 그러나 분산은 다음과 같이 되는데,

$$Var(\overline{X}_1 - \overline{X}_2) = E\{(\overline{X}_1 - \overline{X}_2) - (\mu_1 - \mu_2)\}^2$$
$$= \sigma_1^2 + \sigma_2^2 - 2E(\overline{X}_1 - \mu_1)(\overline{X}_2 - \mu_2)$$

이 식에서 마지막 항인 두 표본평균 간의 공분산은 0이 아니므로 이 공분산을 추정해야 한다. 그것은 쉬운 일이 아니어서, 쌍인 표본의 경우 두 모집단 평균 차에 대한 가설검정에서는 다음과 같은 방법을 적용한다.

쌍인 두 표본의 구성단위는 다음과 같이 나타낼 수 있다.

표본 1 : $X_{11},\ X_{12},\ \cdots,\ X_{1n}$

표본 2 : $X_{21},\ X_{22},\ \cdots,\ X_{2n}$

여기서 쌍을 이루는 두 표본 구성단위 간의 차를 $D_i = X_{1i} - X_{2i}$라 하면, $D_1 = X_{11} - X_{21}$, $D_2 = X_{12} - X_{22}$, $\cdots$, $D_n = X_{1n} - X_{2n}$이 되는데, D_i들로 구성된 하나의 표본을 생각할 수 있다. 즉 쌍으로 된 두 표본을 하나의 표본으로 생각하는 것이다. 이 표본은 평균이 μ_D이고 분산이 σ_D^2인 모집단에서 추출된 것으로 볼 수 있다.

새로운 하나의 표본의 평균을 $\bar{D}$라 하면

$$\bar{D} = \frac{\sum D_i}{n} = \frac{\sum X_{1i} - \sum X_{2i}}{n} = \bar{X}_1 - \bar{X}_2 \qquad (8-13)$$

이고, 이것은 표본평균의 차와 같다.

이제 $\bar{D}$를 확률변수로 하는 표본분포를 생각하면, 분포의 평균은 다음과 같다.

$$\begin{aligned}\mu_{\bar{D}} &= E(\bar{D}) = E(\bar{X}_1 - \bar{X}_2) = \mu_1 - \mu_2 \\ &= \mu_D \end{aligned} \qquad (8-14)$$

그리고 $\bar{D}$의 표준오차 $\sigma_{\bar{D}}$는

$$\sigma_{\bar{D}} = \frac{\sigma_D}{\sqrt{n}} \qquad (8-15)$$

인데, σ_D^2을 모르는 경우 σ_D 대신 그 추정량인 s_D를 사용한

$$s_{\bar{D}} = \frac{s_D}{\sqrt{n}} \qquad (8-16)$$

가 $\bar{D}$의 표준오차가 된다. 여기서 s_D는 다음과 같이 계산하면 된다.

$$s_D = \sqrt{\frac{\sum(D_i - \bar{D})^2}{n-1}} \tag{8-17}$$

2) $\bar{D}$분포를 이용한 가설검정

지금까지 살펴본 $\bar{D}$의 분포를 이용하여, 단일 모평균에 대한 가설검정과 같은 방법으로, 쌍인 표본의 경우 두 모집단 평균 차에 대한 가설검정을 하면 된다. 여기서는 σ_D^2을 모르고 소표본인 경우에 대해서만 설명한다.

먼저 귀무가설은 다음과 같이 설정된다.

$$H_0 : \mu_D = 0 \tag{8-18}$$

대립가설은 양측검정인 경우는

$$H_a : \mu_D \neq 0 \tag{8-19}$$

단측검정의 경우에는

$$H_a : \mu_D > 0 \quad \text{또는} \quad H_a : \mu_D < 0 \tag{8-20}$$

로 설정된다.

검정통계량은 σ_D^2을 모르고 소표본인 경우에는 다음과 같다.

$$t = \frac{\bar{D} - \mu_D}{s_D / \sqrt{n}} \tag{8-21}$$

이것은 단일모평균의 경우와 같이 자유도가 $n-1$인 t 분포를 이룬다.

다음으로 유의수준 α와 검정의 종류에 따라 기각역과 채택역이 정해지면, 검정통계량의 값이 어느 영역에 속하는지 판단하여 귀무가설의 기각여부를 판정하면 된다.

예제 | 14

어떤 다이어트식품 제조회사에서 자사제품의 효과를 시험하기 위해 9명의 지원자를 선정하였다. 시작 전과 시험 1개월 후의 체중을 측정한 자료가 다음 표와 같다. 이 회사 다이어트식품의 효과가 있는지를 유의수준 5% 하에서 검정하여라.

지원자	시험 전 체중	시험 후 체중	차이(D)
A	108.3	102.8	5.5
B	95.0	93.2	1.8
C	92.8	91.1	1.7
D	87.2	87.0	0.2
E	102.5	99.7	2.8
F	89.4	89.0	0.4
G	113.3	110.6	2.7
H	100.6	98.5	2.1
I	98.5	95.9	2.6

풀이 다이어트 효과가 있는지를 알아보는 것이므로 가설은 다음과 같이 설정된다.

$$H_0 : \mu_D = 0$$
$$H_a : \mu_D > 0$$

그리고 유의수준이 5%이고, 자유도가 $n-1=8$인 t 분포를 이용한 우측검정이므로 임계치는 $t_{0.05\,;\,8} = 1.860$이다.
자료에서 구한 $n=9$, $\overline{D}=2.2$, $s_D=1.554$를 이용하여 검정통계량을 계산하면 다음과 같다.

$$t = \frac{\overline{D}}{s_D / \sqrt{n}} = \frac{2.2}{1.554 \ / \sqrt{9}} = 4.247$$

$t = 4.247 > t_{0.05\,;\,8} = 1.860$이므로 귀무가설을 기각한다. 즉 이 다이

어트식품은 체중감량에 효과가 있다고 할 수 있다.

---

s·t·a·t·i·s·t·i·c·s

04 | 모집단 비율에 대한 가설검정

1. 단일 모집단 비율에 대한 가설검정

모집단의 비율 p에 대한 가설검정은 모집단의 비율 p가 어떤 가정한 값 p_0와 같은지의 여부를 검정하는 것이다.

1) 양측검정

먼저 단일 모집단 비율에 대한 양측검정부터 설명한다. 모비율 p에 대한 양측검정에 있어서의 가설은 다음과 같이 설정된다.

$$H_0 : p = p_0$$
$$H_a : p \neq p_0 \qquad (8-22)$$

이와 같이 가설이 설정되면 판단기준을 결정하기 위하여 검정통계량이 선정되어야 한다. 앞의 7장에서 본 바와 같이 표본비율 $\hat{p}$는 모집단의 비율 p의 불편추정량이므로 표본비율 $\hat{p}$의 확률분포를 이용하여 모집단의 비율 p에 대한 가설검정을 행한다. 앞의 6장에서 본 바와 같이 표본비율 $\hat{p}$의 분포는 표본의 크기 n이 클 경우에는 평균이 p, 분산이 $\dfrac{p(1-p)}{n}$인 정규분포에 접근한다. 따라서 귀무가설 하에서

$$Z = \frac{\hat{p} - p_0}{\sqrt{\dfrac{p_0(1-p_0)}{n}}} \qquad (8-23)$$

는 평균이 0, 분산이 1인 표준정규분포에 따르는데, 이 Z를 검정통계량으로 사용하게 된다.

그리고 유의수준이 α로 정해지면 검정통계량분포의 양 끝부분의 기각역의 면적이 각각 $\frac{\alpha}{2}$로 되는 검정의 임계치 $z_{\alpha/2}$와 $-z_{\alpha/2}$가 결정된다. 다음으로 표본관찰치에서 검정통계량 Z의 값을 구하여 검정의 임계치 $\pm z_{\alpha/2}$와 비교하여 판정을 내린다. 즉 $Z > z_{\alpha/2}$ 또는 $Z < -z_{\alpha/2}$이면 귀무가설을 기각하고 $-z_{\alpha/2} \le Z \le z_{\alpha/2}$이면 귀무가설을 채택한다.

예제 | 15

어느 도시에서 신생아 100명을 조사하였을 때 그 중 남아가 56명이었다. 이 자료에서 남녀의 출생비율이 각각 $\frac{1}{2}$이라고 할 수 있는지를 유의수준 5%에서 검정하여라.

풀이 가설은 다음과 같이 설정된다.

$$H_0 : p = \frac{1}{2}$$
$$H_a : p \neq \frac{1}{2}$$

유의수준 $\alpha = 0.05$에 대응하는 임계치는 정규분포에서 $z_{0.025} = 1.96$과 $-z_{0.025} = -1.96$이다. $p = \frac{1}{2}$, $n = 100$, $\hat{p} = 0.56$이므로 검정통계량 Z의 값은 다음과 같이 구해진다.

$$Z = \frac{\hat{p} - p_0}{\sqrt{\frac{p_0(1-p_0)}{n}}} = \frac{\frac{56}{100} - \frac{1}{2}}{\sqrt{\frac{\frac{1}{2}(1-\frac{1}{2})}{100}}} = 1.2$$

따라서 $Z = 1.2 < z_{0.025} = 1.96$이므로 귀무가설은 채택된다. 즉 남녀 출생비율은 $\frac{1}{2}$이라고 볼 수 있다.

2) 우측검정

다음으로 모집단의 비율에 대한 단측검정을 설명한다. 우선 가설이 다음과 같이 설정되는 모집단 비율 p에 대한 우측검정을 설명한다.

$$H_0 : p = p_0$$
$$H_a : p > p_0 \tag{8-24}$$

이 경우에는 유의수준이 α로 주어지면 검정통계량분포의 우측 끝부분의 기각역의 면적이 α가 되도록 검정의 임계치 z_α를 결정한다. 또 표본관찰치로부터 검정통계량 Z를 계산하고 이 값과 검정의 임계치를 비교하여 판정을 내린다. 즉 $Z > z_\alpha$이면 귀무가설을 기각하고, $Z \leq z_\alpha$이면 귀무가설을 채택한다.

예제 | 16

국회의원선거에 입후보한 여당의 후보자는 선거유세를 하면서 자신에 대한 지지율이 60% 이상이라고 주장하였다. 한 여론 조사기관이 이 후보자의 선거구에서 140명의 유권자를 무작위로 추출하여 이 후보자에 대한 지지율을 조사한 결과 85명이 이 후보자를 지지한다고 밝혔다. 이 후보자에 대한 지지율이 60% 이상이라고 보아도 좋은지를 유의수준 5%에서 검정하여라.

풀이 가설은 다음과 같이 설정할 수 있다.

$$H_0 : p = 0.6$$
$$H_a : p > 0.6$$

유의수준이 $\alpha = 0.05$이므로 검정의 임계치는 $z_{0.05} = 1.645$이며, $p = 0.6$, $\hat{p} = \frac{85}{140}$, $n = 140$이므로 검정통계량 Z는

$$Z = \frac{\hat{p} - p_0}{\sqrt{\frac{p_0(1-p_0)}{n}}} = \frac{0.607 - 0.6}{\sqrt{\frac{0.6(1-0.6)}{140}}} = 0.1691$$

로 계산된다. 따라서 $Z = 0.1691 < z_{0.05} = 1.645$이므로 귀무가설은 채택된다. 즉 이 후보자에 대한 지지율은 60% 이상이라고 볼 수 없다.

---

3) 좌측검정

다음에는 가설이

$$H_0 : p = p_0$$
$$H_a : p < p_0 \qquad (8-25)$$

로 설정되는 모집단의 비율 p에 대한 좌측검정을 설명하기로 한다.

모집단의 비율 p에 대한 좌측검정은 위에서 설명한 우측검정과 같은 방법으로 행할 수 있다. 즉 유의수준 α에 대한 임계치 $-z_\alpha$는 검정통계량 분포의 좌측 끝부분의 기각역의 면적이 α로 되는 z값이다. 이 임계치와 표본관찰치에서 계산한 검정통계량 Z의 값을 비교하여 귀무가설의 기각 여부를 결정한다. 즉 $Z < -z_\alpha$이면 귀무가설 H_0를 기각하고, $Z \geq -z_\alpha$이면 귀무가설 H_0를 채택한다.

예제 | 17

어느 대도시에서는 가정용 에어컨의 보급률이 30%라고 한다. 그런데 500세대를 임의추출하여 가정용 에어컨 보급률을 조사한 결과 보급률은 28%였다. 이 도시의 가정용 에어컨 보급률을 30%라고 하여도 좋은지를 유의수준 5%에서 검정하여라.

풀이 이 문제는 귀무가설

$$H_0 : p = 0.3$$

을 대립가설

$$H_a : p < 0.3$$

에 대해서 검정하는 것이다.

우선 유의수준 α에 대응하는 검정의 임계치 $-z_{0.05}$의 값은 정규분포표에서 -1.645로 구해진다. 다음으로 $p = 0.30$, $\hat{p} = 0.28$, $n = 500$이므로 검정통계량의 값은 다음과 같다.

$$Z = \frac{\hat{p} - p_0}{\sqrt{\dfrac{p_0(1-p_0)}{n}}} = \frac{0.28 - 0.30}{\sqrt{\dfrac{0.30(1-0.30)}{500}}} = -0.98$$

따라서 $Z = -0.98 > -z_{0.05} = -1.645$이므로 귀무가설 H_0를 채택한다. 즉 이 도시의 가정용 에어컨 보급률을 30%로 볼 수 있을 것이다.

---

2. 두 모집단 비율 차에 대한 가설검정

두 모집단의 비율 차에 대한 검정은 두 모집단의 비율의 차이가 유의적인가를 검정하는 것이다. 이 두 모집단 비율의 차에 대한 검정을 양측검정과 단측검정으로 나누어 설명하기로 한다.

1) 양측검정

먼저 가설이 다음과 같이 설정되는 양측검정 문제를 다룬다.

$$\begin{aligned} &H_0 : p_1 = p_2 \\ &H_a : p_1 \neq p_2 \end{aligned} \tag{8-26}$$

이와 같이 가설이 설정되면 먼저 검정통계량이 선정되어야 한다. 앞 7장에서와 같이 두 이항모집단에서 독립적으로 추출한 크기가 각각 n_1, n_2인 두 표본의 비율을 각각 $\hat{p}_1 = \dfrac{X_1}{n_1}$, $\hat{p}_2 = \dfrac{X_2}{n_2}$라고 하면, n_1과 n_2가 큰 경우에는

$$Z = \frac{(\hat{p}_1 - \hat{p}_2) - (p_1 - p_2)}{\sqrt{\dfrac{p_1(1-p_1)}{n_1} + \dfrac{p_2(1-p_2)}{n_2}}}$$

는 표준정규분포에 접근한다는 것을 알았다. 여기에서 귀무가설이 두 모집단의 비율 간에 차이가 없다고 가정하고 있으므로 위의 식은

$$Z = \frac{\hat{p}_1 - \hat{p}_2}{\sqrt{\frac{p_1(1-p_1)}{n_1} + \frac{p_2(1-p_2)}{n_2}}} \tag{8-27}$$

로 되는데, 이 Z는 평균이 0, 분산인 1인 표준정규분포를 이룬다.

그런데 일반적으로 모집단의 비율은 알려져 있지 않으므로 귀무가설을 사실이라고 가정하고 두 표본비율을 가중평균한 공통비율(pooled ratio)을 이용하여 모비율 $p_1 = p_2 = p$에 대한 불편추정치 $\hat{p}$를 구해야 한다. 이것은

$$\hat{p} = \frac{n_1\hat{p}_1 + n_2\hat{p}_2}{n_1 + n_2} = \frac{X_1 + X_2}{n_1 + n_2} \tag{8-28}$$

로 구해진다. 이것을 사용하면 (8-27)식은

$$Z = \frac{\hat{p}_1 - \hat{p}_2}{\sqrt{\hat{p}(1-\hat{p})(\frac{1}{n_1} + \frac{1}{n_2})}} \tag{8-29}$$

로 된다. 이것을 검정통계량으로 하여 두 모집단의 비율의 차 $p_1 - p_2$에 대한 검정을 할 수 있다.

유의수준이 α이면 검정통계량분포의 양쪽 끝부분의 기각역의 면적이 각각 $\frac{\alpha}{2}$로 되도록 검정의 임계치 $z_{\alpha/2}$와 $-z_{\alpha/2}$가 정해진다. 따라서 표본관찰치에서 계산된 Z와 임계치 $\pm z_{\alpha/2}$를 비교하여 판단을 내린다. 즉 $Z > z_{\alpha/2}$ 또는 $Z < -z_{\alpha/2}$이면 귀무가설 H_0는 기각되고 $-z_{\alpha/2} \leq Z \leq z_{\alpha/2}$이면 귀무가설은 채택된다.

예제 | 18

어느 지방자치단체가 그 지역경제의 발전을 위해서는 필요하지만 공해를 유발시킬 가능성이 있는 산업의 유치에 대한 주민들의 의견을 조사하였

다. 그 산업이 입지할 지역 근처에 거주하고 있는 주민 150명과 다른 지역에 거주하고 있는 주민 120명을 각각 임의로 추출하여 찬반조사를 실시한 결과 그 산업에 입지할 지역 근처에 사는 주민 78명과 다른 지역에 사는 주민 54명이 그 산업의 입지에 대한 반대의사를 각각 밝혔다. 양 지역주민들 간에 의견의 차이가 있는지를 유의수준 5%에서 검정하여라.

풀이 양 지역주민들 간에 의견차이가 있는지를 알아보고자 하는 검정이므로, 가설은 다음과 같이 설정된다.

$$H_0 : p_1 = p_2$$
$$H_a : p_1 \neq p_2$$

유의수준이 5%이므로 임계치는 $z_{0.025} = 1.96$과 $-z_{0.025} = -1.96$이다. 그리고 공통비율 $\hat{p}$은

$$\hat{p} = \frac{X_1 + X_2}{n_1 + n_2} = \frac{78 + 54}{150 + 120} = 0.489$$

이므로, 검정통계량은

$$Z = \frac{\hat{p}_1 - \hat{p}_2}{\sqrt{\hat{p}(1-\hat{p})(\frac{1}{n_1} + \frac{1}{n_2})}}$$
$$= \frac{0.52 - 0.45}{\sqrt{0.489(1-0.489)(\frac{1}{150} + \frac{1}{120})}} = 1.144$$

으로 계산된다. 따라서 $-z_{0.025} = -1.96 < Z = 1.144 < z_{0.025} = 1.96$이므로 귀무가설은 채택된다. 즉 양 지역주민 간의 의견차이는 없다고 할 수 있다.

---

2) 우측검정

다음은 두 모집단 비율의 차에 대한 단측검정을 설명한다. 먼저 가설이

$$H_0 : p_1 = p_2$$
$$H_a : p_1 > p_2 \qquad (8-30)$$

로 설정되는 우측검정부터 보기로 한다.

이 경우도 검정통계량 Z의 값은 표본관찰치에서 계산되며, 검정의 임계치는 유의수준 α에 따라 검정통계량분포의 우측의 기각역의 면적이 α로 되는 z_α로 정해진다. 따라서 검정통계량 Z의 값과 검정의 임계치 z_α를 비교하여 $Z > z_\alpha$이면 귀무가설을 기각하고 $Z \leq z_\alpha$이면 귀무가설을 채택한다.

예제 | 19

어떤 제조업체에서 동일한 상품을 A, B 두 공장에서 생산하고 있다. A공장에서 생산되는 상품 중에서 임의로 250개를 추출한 결과 불량품이 15개 포함되어 있었고, B공장에서 생산되는 상품 중에서 300개를 임의로 뽑았더니 그 중에는 불량품이 6개 포함되어 있었다. 이때 A공장에서 생산되는 상품의 불량률이 B공장에서 생산되는 상품의 불량률보다 높다고 볼 수 있는지를 유의수준 5%에서 검정하라.

풀이 가설은 다음과 같이 설정된다.

$$H_0 : p_1 = p_2$$
$$H_a : p_1 > p_2$$

$\alpha = 0.05$이므로 임계치는 $z_{0.05} = 1.645$이다. 검정통계량 Z의 값은 다음과 같이 계산된다.

$$\hat{p} = \frac{X_1 + X_2}{n_1 + n_2} = \frac{15 + 6}{250 + 300} = 0.038$$
$$\hat{p}_1 = \frac{X_1}{n_1} = \frac{15}{250} = 0.06$$
$$\hat{p}_2 = \frac{X_2}{n_2} = \frac{6}{300} = 0.02$$

이므로

$$Z = \frac{0.06 - 0.02}{\sqrt{0.038(1-0.038)\left(\frac{1}{250}+\frac{1}{300}\right)}} = 2.44$$

따라서 $Z = 2.44 > z_{0.05} = 1.645$이므로 귀무가설 H_0을 기각하고 대립가설 H_a를 채택한다. 즉 A공장의 생산품의 불량률이 B공장의 불량률보다 높다고 할 수 있다.

---

3) 좌측검정

다음으로 가설이

$$H_0 : p_1 = p_2$$
$$H_a : p_1 < p_2 \qquad (8-31)$$

로 설정되는 좌측검정을 설명한다.

좌측검정도 위의 우측검정에서와 같이 행할 수 있다. 유의수준 α가 주어지면 검정통계량 분포에서 검정의 임계치 $-z_\alpha$가 정해진다. 이 임계치 $-z_\alpha$와 표본관찰치에서 계산된 검정통계량 Z의 값을 비교하여 판정을 내린다. 즉 $Z < -z_\alpha$이면 귀무가설을 기각하고 $Z \geq -z_\alpha$이면 귀무가설을 채택한다.

예제 | 20

어느 여성단체가 결혼생활을 하고 있는 남성 100명과 여성 130명을 각각 임의로 추출하여 주부들의 취업에 관한 의견조사를 실시하였더니 남성은 62명, 여성은 87명이 각각 주부들의 취업에 대하여 찬성의사를 밝혔다. 남성의 찬성률이 여성의 찬성률에 비해 낮다고 할 수 있는지를 유의수준 5%에서 검정하여라.

풀이 가설은 다음과 같이 설정된다. 즉

$$H_0 : p_1 = p_2$$
$$H_a : p_1 < p_2$$

로 설정된다.

유의수준이 5%이므로 임계치는 $-z_{0.05} = -1.645$이다. 그리고

$$\hat{p} = \frac{X_1 + X_2}{n_1 + n_2} = \frac{62 + 87}{100 + 130} = 0.648$$

이고, $\hat{p}_1 = \frac{62}{100} = 0.62$, $\hat{p}_2 = \frac{87}{130} = 0.669$이므로 검정통계량의 값은 다음과 같이 계산된다.

$$Z = \frac{\hat{p}_1 - \hat{p}_2}{\sqrt{\hat{p}(1-\hat{p})(\frac{1}{n_1} + \frac{1}{n_2})}}$$

$$= \frac{0.62 - 0.669}{\sqrt{0.648(1-0.648)(\frac{1}{100} + \frac{1}{130})}} = -0.772$$

따라서 $-z_{0.05} = -1.645 < Z = -0.772$이므로 귀무가설은 채택된다. 즉 주부들의 취업에 대한 남성의 찬성률이 여성의 찬성률보다 낮다고 할 수 없다.

---

s・t・a・t・i・s・t・i・c・s

05 | 모집단 분산에 대한 가설검정

1. 단일 모집단 분산에 대한 가설검정

단일 모집단의 분산에 대한 가설검정은 모집단의 분산 σ^2이 어떤 특정한 값과 같은지의 여부를 검정하는 것이다.

1) 양측검정

먼저 모분산에 대한 양측검정을 설명한다. 모분산 σ^2에 대한 양측검정에

있어서의 가설은 다음과 같이 설정된다.

$$H_0 : \sigma^2 = \sigma_0^2$$
$$H_a : \sigma^2 \neq \sigma_0^2 \tag{8-32}$$

이와 같이 가설이 설정되면 모집단의 분산에 대한 가설검정을 하기 위하여 그 판정기준이 되는 검정통계량을 선정해야 한다. 앞 6장에서 본 바와 같이 평균이 μ, 분산이 σ^2인 정규모집단에서 추출된 크기 n인 확률표본에서 계산된 표본분산이

$$s^2 = \frac{\sum (X_i - \overline{X})^2}{n-1}$$

일 때

$$\chi^2 = \frac{(n-1)s^2}{\sigma^2}$$

는 자유도 $n-1$인 χ^2분포를 한다. 단일 모집단의 분산에 대한 가설검정에서는 이 χ^2를 검정통계량으로 사용한다.

먼저 유의수준이 α로 주어지면 검정통계량의 임계치 $\chi^2_{\alpha/2;n-1}$과 $\chi^2_{1-\alpha/2;n-1}$

● 그림 8-14 양측검정의 기각역(χ^2분포)

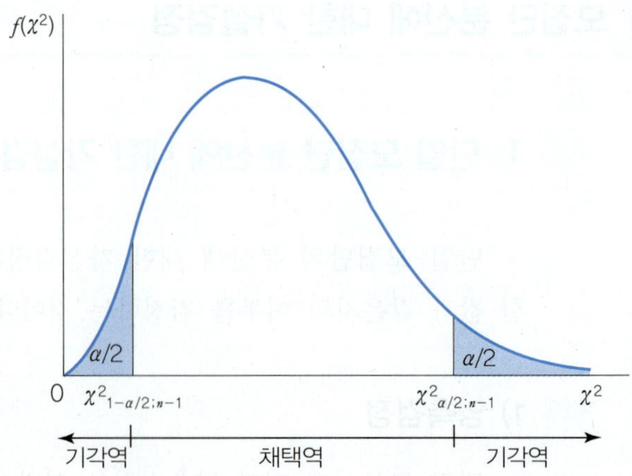

가 [그림 8-14]에서 볼 수 있는 바와 같이 검정통계량분포의 양 끝부분의 기각역의 면적이 동일하게 $\frac{\alpha}{2}$로 되도록 정해진다. 이 값은 자유도 $n-1$인 χ^2분포표에서 구한다. 다음에는 표본관찰치를 사용하여 검정통계량 χ^2의 값을 계산한다. 임계치 $\chi^2_{\alpha/2;n-1}$ 및 $\chi^2_{1-\alpha/2;n-1}$와 검정통계량의 값을 비교하여 $\chi^2 > \chi^2_{\alpha/2;n-1}$ 또는 $\chi^2 < \chi^2_{1-\alpha/2;n-1}$이면 귀무가설을 기각하고, $\chi^2_{1-\alpha/2;n-1} \leq \chi^2 \leq \chi^2_{\alpha/2;n-1}$이면 귀무가설을 채택한다.

예제 | 21

어느 제조업체에서 제품을 분산 $\sigma^2 = 5.2^2$으로 생산관리하고 있다고 한다. 어느 날 이 제품 중에서 25개를 임의로 추출하여 조사한 결과 분산이 $s^2 = 7.7^2$이었다. 이것으로 제조과정에 변동이 생겼다고 볼 수 있는지를 유의수준 5%에서 검정하여라.

풀이 가설은 다음과 같이 설정된다.

$$H_0 : \sigma^2 = (5.2)^2$$
$$H_a : \sigma^2 \neq (5.2)^2$$

$\alpha = 0.05$, $n-1 = 24$이므로 검정의 임계치를 χ^2분포표에서 구하면 $\chi^2_{0.025\,;\,24} = 39.364$, $\chi^2_{0.975\,;\,24} = 12.401$이다. 한편 검정통계량은

$$\chi^2 = \frac{(n-1)s^2}{\sigma^2} = \frac{(25-1)\,(7.7)^2}{(5.2)^2} = 52.62$$

로 구해지는데 $\chi^2 = 52.62 > \chi^2_{0.025\,;\,24} = 39.364$이므로 귀무가설은 기각된다. 즉 제품의 제조과정에 변동이 생겼다고 말할 수 있다.

2) 우측검정

다음으로 우측검정의 경우에는 가설은

$$H_0 : \sigma^2 = \sigma_0^2$$

그림 8-15 우측검정의 기각역(χ^2분포)

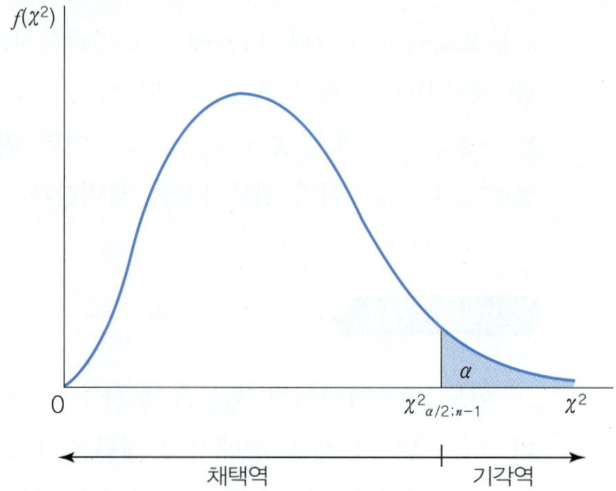

$$H_a : \sigma^2 > \sigma_0{}^2 \qquad (8-33)$$

으로 설정된다. 이 경우에 유의수준 α에 대응하는 검정의 임계치는 [그림 8-15]에서와 같이 검정통계량 χ^2분포의 우측 끝의 기각역의 면적이 α가 되도록 $\chi^2_{\alpha;n-1}$가 정해진다. 이 임계치와 표본관찰치에서 계산된 검정통계량 χ^2의 값을 비교하여 판정을 내린다. 즉 $\chi^2 > \chi^2_{\alpha;n-1}$이면 귀무가설 H_0는 기각되고 $\chi^2 \leq \chi^2_{\alpha;n-1}$이면 귀무가설은 채택된다.

3) 좌측검정

다음으로 가설이

$$H_0 : \sigma^2 = \sigma_0{}^2$$
$$H_a : \sigma^2 < \sigma_0{}^2 \qquad (8-34)$$

으로 설정되는 좌측검정의 경우에도 마찬가지로 설명할 수 있다. 유의수준이 α이면 검정의 임계치 $\chi^2_{1-\alpha}$는 [그림 8-16]에서 볼 수 있는 것처럼 검정통계량 χ^2분포의 좌측 끝부분의 기각역의 면적이 α로 되는 χ^2의 값이다.

그리고 표본관찰의 결과에서 검정통계량 χ^2의 값을 계산하고, 이 검정통계량 χ^2의 값과 임계치 $\chi^2_{1-\alpha;n-1}$를 비교하여 판정한다. 즉 $\chi^2 < \chi^2_{1-\alpha;n-1}$이

그림 8-16 좌측검정의 기각역(χ^2분포)

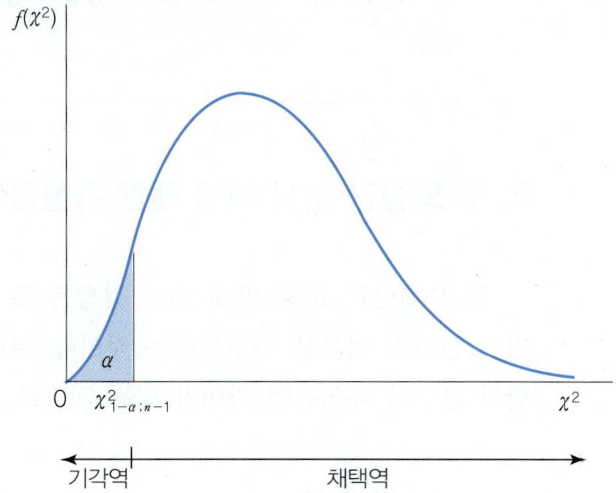

면 귀무가설을 기각하고, $\chi^2 \geq \chi^2_{1-\alpha;n-1}$이면 귀무가설을 채택한다.

예제 | 22

컴퓨터에 내장되는 어떤 칩은 고도의 정밀도를 요구하기 때문에 그 칩의 생산에 사용되는 부품의 두께는 분산이 6.8μ(마이크로 미터) 이하가 되어야 한다. 그 부품 가운데 임의로 27개를 추출하여 두께의 분산을 조사한 결과 8.1μ로 측정되었다면 부품의 생산과정은 잘 제어되고 있다고 말할 수 있는가? 유의수준 1%에서 검정하라.

풀이 가설은 다음과 같이 설정된다.

$$H_0 : \sigma^2 = 6.8$$
$$H_a : \sigma^2 > 6.8$$

$\alpha = 0.01$, $n-1 = 26$이므로 검정의 임계치는 $\chi^2_{\alpha;n-1} = \chi^2_{0.01;26} = 45.642$이다. $s^2 = 8.1$이므로 검정통계량 χ^2의 값은

$$\chi^2 = \frac{(n-1)s^2}{\sigma^2} = \frac{(26-1)8.1}{6.8} = 29.779$$

으로 계산된다. 따라서 $\chi^2 = 29.779 < \chi^2_{0.01;26} = 45.642$이므로 귀무가설은 채택된다. 즉 이 부품의 생산과정은 잘 제어되고 있다고 말할 수 있다.

---

2. 두 모집단 분산 비에 대한 가설검정

두 모집단의 분산 비에 대한 검정은 두 모집단의 분산이 유의적인 차이가 있는지의 여부를 검정하려는 것이다. 따라서 검정하려는 가설은 두 모집단의 분산이 유의적인 차이가 없는 것으로 보아 다음과 같이 설정된다.

$$H_0 : \sigma_1^2 = \sigma_2^2$$
$$H_a : \sigma_1^2 \neq \sigma_2^2 \qquad (8-35)$$

이 두 모집단의 분산 비에 대한 검정을 행하기 위해서는 검정통계량을 알아야 한다. 그런데 앞의 6장에서 본 바와 같이 분산이 각각 σ_1^2, σ_2^2인 두 정규모집단에서 임의추출한 크기가 각각 n_1, n_2인 확률표본에서 구한 표본분산을 각각

$$s_1^2 = \frac{\sum (X_i - \overline{X})^2}{n_1 - 1} \quad s_2^2 = \frac{\sum (X_i - \overline{X})^2}{n_2 - 1}$$

이라고 하면

$$F = \frac{\dfrac{(n_1 - 1)s_1^2}{\sigma_1^2} / (n_1 - 1)}{\dfrac{(n_2 - 1)s_2^2}{\sigma_2^2} / (n_2 - 1)} = \frac{s_1^2 / \sigma_1^2}{s_2^2 / \sigma_2^2}$$

는 자유도 $n_1 - 1$, $n_2 - 1$인 F분포를 한다. 그러므로 귀무가설에서 설정된 것과 같이 $\sigma_1^2 = \sigma_2^2$인 경우에는

$$F = \frac{s_1^2}{s_2^2} \qquad (8-36)$$

그림 8-17 양측 검정의 기각역(F분포)

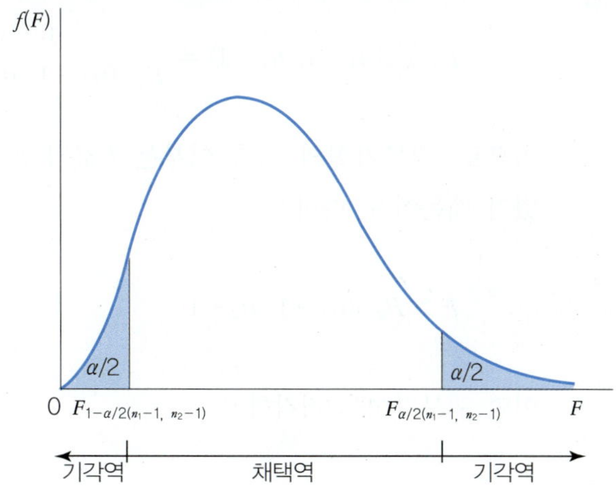

은 자유도 n_1-1, n_2-1인 F분포를 한다.

이 F값이 1보다 지나치게 작으면 $\sigma_1^2 < \sigma_2^2$일 가능성이 크고 1보다 지나치게 크면 $\sigma_1^2 > \sigma_2^2$일 가능성이 크다. 그리고 이 F비율이 1에 가까워지면 $\sigma_1^2 = \sigma_2^2$으로 될 가능성이 크다. 그러므로 (8−12)식의 F값을 사용하여 두 모집단의 분산의 동일성에 대한 검정을 할 수 있다.

이와 같이 검정통계량 F의 분포를 알게 되면, 유의수준 α에 따라서 [그림 8−17]에서와 같이 F분포의 양측 끝부분의 기각역의 면적이 $\frac{\alpha}{2}$로 되도록 검정의 임계치 $F_{1-\alpha/2}(n_1-1,\ n_2-1)$과 $F_{\alpha/2}(n_1-1,\ n_2-1)$이 정해진다. 그리고 표본관찰치에서 구한 검정통계량 F의 값을 검정의 임계치와 비교하여 검정할 수 있다. 즉 H_0의 채택역은

$$F_{1-\alpha/2}(n_1-1,\ n_2-1) \le F \le F_{\alpha/2}(n_1-1,\ n_2-1) \qquad (8-37)$$

이고, 기각역은

$$F < F_{1-\alpha/2}(n_1-1,\ n_2-1) \text{ 또는 } F > F_{\alpha/2}(n_1-1,\ n_2-1) \qquad (8-38)$$

이다.

그런데 F검정에 있어서는 사실상 위와 같은 양측검정이 필요치 않다.

다시 말해서 s_1^2과 s_2^2 중 큰 쪽을 분자로 하여 값을 계산하게 되면

$$F_{1-\alpha/2}(n_1-1,\ n_2-1)=\frac{1}{F_{\alpha/2}(n_1-1,\ n_2-1)}<1$$

이므로, 귀무가설의 기각 여부는 F값과 $F_{\alpha/2}$만을 비교함으로써 결정될 수 있기 때문이다. 따라서

$$F>F_{\alpha/2}(n_1-1,\ n_2-1)$$

이면 귀무가설을 기각하고

$$F\le F_{\alpha/2}(n_1-1,\ n_2-1)$$

이면 귀무가설을 채택하면 된다.

예제 | 23

A회사에서 생산하는 부품을 임의로 10개 추출하여 무게를 측정하였더니 그 평균무게가 20g, 표준편차는 0.4g이었다. 또 B회사에서 생산하는 같은 종류의 부품을 임의로 16개 추출하여 무게를 측정하였더니 그 평균무게는 19.5g, 표준편차는 0.35g이었다. 이 부품 전체의 무게는 정규분포를 이룬다고 한다. A회사와 B회사가 생산하는 부품의 무게의 분산 σ_1^2과 σ_2^2이 같다고 말할 수 있는지를 유의수준 2%에서 검정하여라.

풀이 가설은 다음과 같이 설정된다.

$$H_0:\sigma_1^2=\sigma_2^2$$
$$H_a:\sigma_1^2\neq\sigma_2^2$$

표본관찰치에서 계산한 분산비 F는

$$F=\frac{(0.4)^2}{(0.35)^2}=\frac{0.16}{0.1225}=1.31$$

로 된다. 한편 $\alpha = 0.02$이므로 F분포표에서 자유도(9, 15)에 대응하는 검정의 임계치는

$$F_{\alpha/2}(n_1 - 1,\ n_2 - 1) = F_{0.01}(9,\ 15) = 3.89$$

이다. 따라서 $F = 1.31 < F_{0.01}(9,\ 15) = 3.89$이므로 귀무가설은 채택된다. 즉 두 모집단의 분산은 같다고 할 수 있다.

연 · 습 · 문 · 제

01 우리 나라의 성인 남녀의 일년 동안의 독서량을 살펴보기 위해, 임의 추출된 49명을 상대로 설문조사를 하였다. 표본평균은 10.9권으로 나타났다. 여기서 모집단분포의 표준편차는 3.4권이라고 가정해보자. 이때 우리 나라 모든 성인 넘녀가 한 달에 1권, 즉 1년에 12권 정도의 수준으로 독서를 한다고 할 수 있을까? 5% 유의수준 하에서 좌측검정하라. 유의수준을 1%로 하면 검정결과가 달라지는가?

02 다음 물음에 각각 답하시오.

1) 위 1번의 문제에서 $n = 25$일 때 5% 유의수준 하에서 가설검정하시오.
2) 위 1번의 문제에서 $\sigma = 7$일 때 5% 유의수준 하에서 가설검정하시오.
3) 위 1번의 문제에서 $\overline{X} = 13$권일 때 5% 유의수준 하에서 가설검정 하시오.

03 어떤 모집단으로부터 크기가 n인 표본을 추출한 상태에서 다음의 각 경우에 대해 가설검정을 하라.

1) $H_0: \mu = 20,\ H_1: \mu \neq 20,\ n = 25,\ \overline{X} = 25,\ S = 9,\ \alpha = 0.05$
2) $H_0: \mu = 20,\ H_1: \mu > 20,\ n = 25,\ \overline{X} = 25,\ S = 9,\ \alpha = 0.05$
3) $H_0: \mu = 780,\ H_1: \mu \neq 780,\ n = 49,\ \overline{X} = 771,\ S = 21,\ \alpha = 0.05$
4) $H_0: \mu = 780,\ H_1: \mu < 780,\ n = 49,\ \overline{X} = 771,\ S = 21,\ \alpha = 0.05$

04 400명의 유권자를 표본으로 추출한 조사에서, 215명이 기성 정치인에게 투표하겠다고 했고 185명이 정치신인에게 투표하겠다고 응답하였다. 여기서 p를 모집단에서 기성정치인에 대한 지지성향이라고 하고 $\hat{p}$을 이에 대응하는 표본에서의 표본비율이라고 하자.

1) $\hat{p}$을 구하라.
2) 추정량 $\hat{p}$의 표준오차를 구하라.

05 청소년의 흡연율을 조사하기 위해 전국에서 청소년 400명을 임의로 추출하였더니 그 중에서 88명이 흡연자였다. 청소년 흡연율이 20% 보다 높다고 할 수 있는지를 유의수준 5% 하에서 검정하라.

06 대학생 30명을 대상으로 지능지수를 테스트한 결과 분산이 275로 나타났다. 과거의 지능지수 분포에서의 분산은 250이었다고 할 때 분산이 커졌다고 할 수 있는지를 유의수준 1% 하에서 검정하라.

07 두 모집단에서 각각 독립적으로 추출한 크기가 $n_1 = n_2 = 25$인 두 표본의 분산이 $s_1^2 = 225$, $s_2^2 = 100$이다. 두 모집단의 분산이 다르다고 할 수 있는지를 유의수준 2% 하에서 검정하라.

08 새로 개발된 바퀴벌레약 A와 기존에 사용 중인 바퀴벌레약 B의 효과를 비교분석하기 위하여 두 개의 동일한 크기의 밀폐된 공간에 각각 바퀴벌레 200마리씩 넣은 후 바퀴벌레약 A와 B를 뿌리고 한 시간 후에 죽은 바퀴벌레의 수를 측정한 결과가 표와 같다. 표에 주어진 자료에 의할 때 새로 개발된 바퀴벌레약 A의 효과가 B의 효과보다 더 좋다고 할 수 있는지 유의수준 5%하에서 검정하라.

	바퀴벌레약 A	바퀴벌레약 B
바퀴벌레의 수	200	200
죽은 바퀴벌레 수	120	80

09 새로 제안된 사회보장제도에 대한 여론을 조사한다고 하자. 조사의 결과는 지지의 경우에는 1, 반대의 경우에는 0의 값을 매긴다고 하자. 100명을 조사한 결과, 다음과 같은 정보를 얻었다.

$$\sum_{i=1}^{100} X_i = 45$$

단, $X_i = 1$; 지지의 경우

$X_i = 0$; 반대의 경우

여기서 $H_0 : p = 0.5$, $H_a : p < 0.5$를 유의수준 5% 하에서 가설검정하시오.

10 가설이 다음과 같이 설정되어 있다.

$$H_0 ; \mu = 145,\ H_a : \mu < 145$$

위의 가설을 검정하기 위하여 크기 $n = 100$인 표본을 추출하였더니 $\overline{X} = 140$이고 $s = 20$이었다. 실제로 $\mu = 137$이라면 유의수준 $\alpha = 0.05$에서 제2종 오류를 범할 확률은 얼마인가?

11 어떤 제조업자는 자기제품에 대한 선호도가 노년층보다 청년층에 있어서 더 크다고 믿고 있다. 실제로 40세 미만인 800명을 대상으로 조사하였더니 200명이 그 회사제품을 선호하고 있었으며, 40세 이상인 800명을 대상으로 조사하였더니 120명이 선호를 표시하였다. 과연 이 제조업자의 주장이 옳다고 할 수 있는가? $(\alpha = 0.01)$

12 철사를 5m의 길이로 자르고 감아서 생산하는 기계가 있었다. 어느 날 이 기계가 생산한 제품 중 50개를 임의로 추출하여 조사해 보았더니 평균이 5.3m, 표준편차가 0.9m였다. 이 기계의 성능이 종전과 같다고 할 수 있는지를 유의수준 $\alpha = 0.05$에서 검정하고 진정한 모평균이 5.3m라 할 때 제 2종의 과오를 범할 확률을 계산하라.

13 한 부동산업자가 지은 수많은 주택들은 모두 크기가 같고 가격도 같으며 그 평균가격은 25,000만원을 넘지 않는다고 한다. 어떤 전문가가 임의로 다섯 주택을 선택하여 그 가격을 평가한 것이 24,500만원, 27,000만원, 26,000만원, 25,000만원, 25,500만원이었다. 이때 부동산업자가 말한 바와 같이 평균가격이 25,000만원 이하임을 믿을 수 있겠는가? $(\alpha = 0.05)$

14 A회사의 플라스틱 제품과 B회사의 플라스틱 제품의 강도를 비교해 보기 위해 실험을 한 결과 다음의 자료를 얻었다. B회사 플라스틱 제품이 A회사제품보다 강도가 높다고 할 수 있는가? $(\alpha = 0.05)$

A사	15.3	18.7	22.3	17.6	19.1	14.8
B사	21.2	22.4	18.3	19.3	17.1	27.7

15 두 가지 종류의 암기법이 서로 차이가 있는지를 검정하기 위하여 10명의 학생에게 단어를 암기시키고 기억하고 있는 단어가 몇 개인가를

알아보았더니 다음의 자료를 얻을 수 있었다.

학생	1	2	3	4	5	6	7	8	9	10
암기법 A	5	2	4	7	4	4	8	3	7	6
암기법 B	6	5	4	9	4	6	8	5	6	7

위 자료를 가지고 두 암기법의 효율성에 차이가 있다고 할 수 있는가를 $\alpha = 0.05$에서 검정하라.

16 16명의 학생을 대상으로 실시한 두 과목의 시험성적자료로부터 다음 결과를 얻었다. 유의수준 5% 하에서 두 과목의 평균성적이 같다고 할 수 있는지를 검정하라.

$\bar{D} = 18.0 \quad S_D = 36.4$

c • h • a • p • t • e • r 09

분산분석

statistics

앞의 8장에서는 하나의 모집단의 평균 또는 두 모집단의 평균 차에 관한 가설검정 문제를 다루었다. 그런데 실제로는 동시에 셋 이상의 모집단의 평균들 간에 유의적인 차이가 있는지를 검정해야 할 경우가 많다. 이런 경우에는 앞의 8장에서 다룬 검정방법은 적합하지 않다. 즉 앞에서 살펴본 검정방법은 한번에 두 모집단의 평균 간의 차이만을 비교해서 검정할 수밖에 없으므로 여러 개의 모집단의 평균 간에 유의적인 차이가 있는지를 검정하려면 여러 차례 검정을 하지 않을 수 없다. 그런데 그렇게 할 경우 그 검정과정이 매우 복잡하게 될 뿐만 아니라 여러 차례의 검정들은 서로 독립적이지 못하게 되므로 바람직한 검정 결과를 얻기가 어렵다. 따라서 그러한 방법으로는 전체적으로 타당한 결론을 내리기가 곤란하다.

이 때문에 서로 독립적인 셋 이상의 모집단의 평균에 대하여 그들 간에 유의적인 차이가 있는지를 동시에 검정할 수 있는 통계적 방법이 필요하게 된다. 그래서 여기서는 표본평균을 이용하는 대신 표본분산을 이용하여 동시에 여러 개의 모집단의 평균들 간에 유의적인 차이가 있는지를 검정하는 통계적 방법인 분산분석(analysis of variance; ANOVA)을 다룬다.

s·t·a·t·i·s·t·i·c·s

01 | 분산분석의 개념

분산분석의 개념을 〈표 9-1〉을 사용해서 설명한다. 〈표 9-1〉은 5개의 농장에서 각 농장마다 A, B, C, D의 네 종류의 비료를 사용한 경우의 연간 수확한 곡물량의 관측치를 나타내고 있다. 이 표는 네 종류의 비료사용에 의해 곡물 수확량에 차이가 있는지를 분석하기 위한 것이다. 따라서 이 표에 나타난 관측치를 사용해서 네 종류의 비료 사용에 의한 곡물 수확량에 차이가 있는지를 분석하는 것은, 하나의 인자(비료)의 여러 수준에 있어서 그 차이를 검정하는 문제로 된다.

〈표 9-1〉에는 네 종류의 비료에 대한 곡물 수확량을 관찰한 자료로서 4개의 집단 또는 표본이 나타나 있다. 각 집단은 서로 다른 모집단을 대표하고 있다는 것이 된다. 여기에는 관찰 결과 얻은 자료에 나타나는 변동에는 모든 집단이 같은 모평균을 가지더라도 나타날 수 있는 우연한 부분도 들어 있지만, 그것보다는 관측치의 변동을 야기하는 어떤 특정한 요인에 의한

표 9-1 비료의 종류별 수확량

농장 \ 비료	A	B	C	D
Ⅰ	2	2	3	5
Ⅱ	4	5	5	5
Ⅲ	5	5	6	7
Ⅳ	3	7	6	7
Ⅴ	1	1	5	6
평 균	3	4	5	6

부분이 더 많이 들어 있을 것이라는 것이 전제로 되어 있다.

여기서 관측치의 변동에 주된 영향을 미치는 요인을 인자(factor)라고 한다. 인자는 종류 또는 다른 질적인 면에서의 차이에 따라 몇 가지로 나눌 수 있는데, 이렇게 나누어진 인자의 종류나 질적인 차이, 즉 관측치에 영향을 미치는 한 인자의 여러 가지 특별한 형태를 수준(levels)이라고 한다. 이 수준이 집단을 구분하는 기준이 되며, 집단의 개수는 수준의 개수와 같다. 그리고 수준을 달리하는 것을 처리(treatment)라고 한다. 〈표 9-1〉에서 인자는 비료이며, 수준은 비료의 네 종류 A, B, C, D를 말한다. 〈표 9-1〉과 같은 자료에 기초하여 비료의 종류가 곡물 수확량에 영향을 미친다고 볼 수 있는지에 대한 답을 얻기 위해 분산분석을 하게 된다.

이와 같이 인자와 인자의 수준에 의해 구분되는 집단들을 관찰한 자료를 이용하여, 각 집단이 대표할 것으로 보는 모집단의 평균 간에 유의적인 차이가 있는지를 셋 이상의 모집단에 대하여 동시에 검정할 수 있게 해주는 통계적 방법이 분산분석이다. 다시 말해서 인자에 의한 처리가 유의적인 효과를 가지는가를 세 가지 이상의 수준에 대해서 동시에 검정하고자 할 때 사용하는 방법이 분산분석이다.

분산분석은 표본평균을 직접 비교하는 앞의 8장에서와는 달리, 집단 간 분산과 집단 내 분산을 비교하여 여러 모집단의 평균을 동시에 비교하는 통계적 검정방법이다. 따라서 분산분석에서는 F검정을 응용하게 된다.

앞의 예에서는 하나의 인자만을 고려한 분산분석을 설명하였지만, 인자가 두 개인 경우에도 분산분석을 할 수 있다. 인자가 한 개인 분산분석을 일원분산분석(one-way or one-factor ANOVA) 또는 일원배치법에 의한 분산분석(one-way classification ANOVA)이라고 하고, 인자가 두 개인 경우를 이원분산분석(two-way or two-factor ANOVA) 또는 이원배치법에 의한 분산분석이라고 한다. 인자가 세 개 이상인 경우에도 분산분석을 할 수 있는데 여기서는 다루지 않기로 한다.

s•t•a•t•i•s•t•i•c•s

02 일원분산분석

일원분산분석은 관찰하고자 하는 변수에 영향을 미친다고 생각되는 하나의 인자만을 선택하고, 그것을 셋 이상의 수준으로 나누어 각 수준 간에 처리효과(treatment effect)가 있는지의 여부를 검정하는 방법이다. 일원분산분석에서는 각 수준에 따라 관찰된 목적변수에 관한 자료는 수준의 개수만큼의 집단 또는 표본으로 구분되는데, 이 표본들은 각각의 모집단을 대표하는 것으로 가정되며, 이 모집단들의 평균들이 모두 같다고 볼 수 있는지를 검정한다. 일원분산분석을 각 표본의 크기가 모두 같은 경우와 같지 않은 경우로 나누어 설명하기로 한다.

1. 표본의 크기가 같은 경우

1) 일원배치표

관찰하고자 하는 변수를 X라 하고 이 변수 X에 영향을 미치는 하나의 인자를 A라 하자. 이 인자 A를 k개의 수준으로 나누고 각 수준에 대해 n

표 9-2 일원배치표

	인자 A					
	A_1	A_2	…	A_j	…	A_k
관측값	X_{11} X_{21} ⋮ X_{i1} ⋮ X_{n1}	X_{12} X_{22} ⋮ X_{i2} ⋮ X_{n2}	… … … …	X_{1j} X_{2j} ⋮ X_{ij} ⋮ X_{nj}	… … … …	X_{1k} X_{2k} ⋮ X_{ik} ⋮ X_{nk}
평 균	$\bar{X}_1$	$\bar{X}_2$	…	$\bar{X}_j$	…	$\bar{X}_k$

개씩의 관찰치를 구하고, 이를 〈표 9−2〉와 같이 배열할 수 있다. 이와 같은 표를 일원배치표라고 하는데, 이것은 각각 크기가 n인 k개의 표본들로 구성된 것으로 볼 수 있다. 여기서 각 표본들은 상호독립이라고 가정한다.

이 일원배치표에서 X_{ij}는 j번째 수준 또는 표본에 있어서 i번째 관측치를 나타내고 있다. 또 $\overline{X}_j$는 j번째의 수준 또는 표본의 평균을 나타낸다. 즉

$$\overline{X}_j = \frac{1}{n}\sum_{i=1}^{n} X_{ij}$$

이다.

2) 일원분산분석의 확률모형과 가설의 설정

분산분석에서는 일반적으로 각각의 관측치 X_{ij}는 변수 X 전체에 영향을 미치는 공통의 효과(전체 모집단의 평균) μ와 인자 A의 j번째 수준이 주는 효과 θ_j 및 오차 ε_{ij}의 합계로 이루어진다고 가정한다. 따라서 〈표 9−2〉에 나타나 있는 X_{ij}를 발생시키는 통계적 모형을 다음과 같이 나타낼 수 있다.

$$X_{ij} = \mu + \theta_j + \varepsilon_{ij} \qquad (9-1)$$

$$i = 1,\ 2,\ \cdots,\ n$$

$$j = 1,\ 2,\ \cdots,\ k$$

여기서 X_{ij}는 개개의 관측치를 나타내고, μ는 각 표본들이 대표하는 모집단의 평균을 μ_j라 할 때 μ_j의 평균을 의미한다. 즉 $\mu = \frac{1}{k}\sum_{j=1}^{k}\mu_j$이다. 이를 전체 평균이라고 부른다. θ_j는 인자 A의 j번째 수준이 관측치에 주는 효과의 크기로서 j번째 수준의 평균의 전체 평균 μ에 대한 편차를 나타낸다. 그리고 ε_{ij}는 표본추출오차 또는 우연적 오차(chance error)로서 관측치 X_{ij}의 j번째 수준의 평균 $\mu_j = \mu + \theta_j$에 대한 편차를 나타낸다. 각 오차 ε_{ij}는 평균이 0, 분산이 σ^2인 정규분포를 이룬다고 가정된다.

분산분석은 자료 전체의 변동에 미치는 각 수준의 영향에 차이가 있는지의 여부에 대하여 검정하는 것이므로, 귀무가설은 각 수준의 영향에는 차이가 없다는 것으로 된다. 이것은 수준 또는 처리의 효과가 없다는, 다시 말해서 각 수준 또는 표본이 대표하는 모집단의 평균이 모두 동일하다는

것과 같은 의미이다. 따라서 즉, μ_j를 j번째 모집단의 평균이라고 할 때 귀무가설은 다음과 같이 설정된다.

$$H_0 : \mu_1 = \mu_2 = \cdots = \mu_k$$

그리고 대립가설은 $\mu_1, \cdots, \mu_k$ 중 적어도 하나는 다른 것들과는 다르다는 것이 된다. 즉

$$H_a : \mu_j\text{가 모두 같지는 않다.}$$

이러한 귀무가설과 대립가설을 검정하는 분산분석의 방법을 살펴보기 위해, 우선 앞에서 소개된 관측치 X_{ij}에 관한 통계적 모형에 대응되는 것으로서 실제 관찰에서 얻을 수 있는 통계값으로 X_{ij}를 표현하면 다음과 같다.

$$X_{ij} = \overline{X} + (\overline{X}_j - \overline{X}) + (X_{ij} - \overline{X}_j)$$

여기서는 $\overline{X}$는

$$\overline{X} = \frac{1}{k \cdot n} \sum_{j=1}^{k} \sum_{i=1}^{n} X_{ij}$$

로서 자료 전체의 평균(총평균)이고, $(X_{ij} - \overline{X}_j)$는 각 관측치와 각 표본평균 간의 차이이다. 그리고 $(\overline{X}_j - \overline{X})$는 j번째 표본평균과 자료 전체의 평균(총평균)간의 차이로서 j번째 수준의 영향을 나타낸다.

위 식에서 우변의 첫째항인 $\overline{X}$를 좌변으로 옮기면

$$X_{ij} - \overline{X} = (\overline{X}_j - \overline{X}) + (X_{ij} - \overline{X}_j)$$

로 된다. 그리고 위 식의 양변을 각각 제곱한 뒤 전체 관측 횟수만큼 합하면

$$\sum_{j=1}^{k} \sum_{i=1}^{n} (X_{ij} - \overline{X})^2 = n \sum_{j=1}^{k} (\overline{X}_j - \overline{X})^2 + \sum_{j=1}^{k} \sum_{i=1}^{n} (X_{ij} - \overline{X}_j)^2 \qquad (9-2)$$

으로 된다.[1])

(9−2)식의 좌변은 각 관측치와 총평균 간의 편차를 제곱하여 합계한 것으로서 총변동(total variation; total sum of squares; *TSS*) 또는 총제곱합이라 한다. 우변의 첫째 항은 각 표본평균과 총평균 간의 편차를 제곱하여 합계한 것으로서 집단 간 변동(variation between groups; sum of squares due to treatment; *SST*) 또는 처리제곱합이라 한다. 이것은 총평균에 대한 표본평균들의 분산, 즉 표본 또는 집단 간 분산을 계산할 때 사용되는 것이며 표본평균 간의 차이에 기인한다. 그리고 우변의 둘째 항은 각 표본 내에서의 각 관측치와 그 표본평균 간의 편차를 제곱하여 합한 것을 k개의 표본에 대해 합계한 것으로서 집단 내 변동(variation within groups; sum of squares due to errors; *SSE*) 또는 오차제곱합이라 한다. 이것은 표본추출오차를 반영하는 것으로 표본 또는 집단 내 분산을 계산할 때 사용된다.

이상을 정리해 보면 다음과 같다.

$$TSS = \sum_{j=1}^{k}\sum_{i=1}^{n}(X_{ij} - \overline{X})^2 \qquad (9-3)$$

$$SST = \sum_{j=1}^{k}\sum_{i=1}^{n}(\overline{X}_j - \overline{X})^2 = n\sum_{j=1}^{k}(\overline{X}_j - \overline{X})^2 \qquad (9-4)$$

$$SSE = \sum_{j=1}^{k}\sum_{i=1}^{n}(X_{ij} - \overline{X}_j)^2 \qquad (9-5)$$

$$TSS = SST + SSE \qquad (9-6)$$

---

1) $\sum_{j=1}^{k}\sum_{i=1}^{n}(X_{ij} - \overline{X})^2 = \sum_{j=1}^{k}\sum_{i=1}^{n}\{(X_{ij} - \overline{X}_j) + (\overline{X}_j - \overline{X})\}^2$

$= \sum_{j=1}^{k}\sum_{i=1}^{n}(X_{ij} - \overline{X}_j)^2 + 2\sum_{j=1}^{k}\sum_{i=1}^{n}(X_{ij} - \overline{X}_j)\cdot(\overline{X}_j - \overline{X}) + \sum_{j=1}^{k}\sum_{i=1}^{n}(\overline{X}_j - \overline{X})^2$

여기서

$2\sum_{j=1}^{k}\sum_{i=1}^{n}(X_{ij} - \overline{X}_j)\cdot(\overline{X}_j - \overline{X})$

$= 2\sum_{j=1}^{k}\{(\overline{X}_j - \overline{X})\sum_{i=1}^{n}(X_{ij} - \overline{X}_j)\}$

$= 0 (\because \sum_{i=1}^{n}(X_{ij} - \overline{X}_j) = 0)$

이므로

$\sum_{j=1}^{k}\sum_{i=1}^{n}(X_{ij} - \overline{X})^2 = \sum_{j=1}^{k}\sum_{i=1}^{n}(\overline{X}_j - \overline{X})^2 + \sum_{j=1}^{k}\sum_{i=1}^{n}(X_{ij} - \overline{X}_j)^2$

으로 된다. 또

$\sum_{j=1}^{k}\sum_{i=1}^{n}(X_j - \overline{X})^2 = n\sum_{j=1}^{k}(\overline{X}_j - \overline{X})^2$

이므로, 총변동은

$\sum_{j=1}^{k}\sum_{i=1}^{n}(X_{ij} - \overline{X})^2 = n\sum_{j=1}^{k}(\overline{X}_j - \overline{X})^2 + \sum_{j=1}^{k}\sum_{i=1}^{n}(X_{ij} - \overline{X}_j)^2$

으로 된다.

예제 | 01

어느 공장에서 3대의 기계를 가동시켜 제품을 생산해 내고 있는데, 이들 기계의 성능을 비교해 보기 위하여 이들 기계가 1시간당 생산해 내는 제품의 수량을 각각 네 번 관찰한 결과가 〈표 9-3〉과 같다. 이 자료를 이용하여 *TSS*와 *SST* 및 *SSE*를 계산하라.

표 9-3 제품의 생산량 (단위: 개)

수준 / 제품	기계 I	기계 Ⅱ	기계 Ⅲ	합 계
1	72	72	75	
2	73	74	78	
3	71	75	79	
4	76	75	80	
합 계	292	296	312	900
평 균	73	74	78	75

풀이

$$SST = n\sum_{j=1}^{k}(\bar{X}_j - \bar{X})^2$$
$$= 4\{(73-75)^2 + (74-75)^2 + (78-75)^2\}$$
$$= 56$$
$$SSE = \sum_{j=1}^{k}\sum_{i=1}^{n}(X_{ij} - \bar{X}_j)^2$$
$$= (72-73)^2 + (73-73)^2 + (71-73)^2 + (76-73)^2$$
$$+ (72-74)^2 + (74-74)^2 + (75-74)^2 + (75-74)^2$$
$$+ (75-78)^2 + (78-78)^2 + (79-78)^2 + (80-78)^2$$
$$= 14 + 6 + 14$$
$$= 34$$
$$TSS = SST + SSE = 56 + 34 = 90$$

그런데 위의 예에서와 같이 *SST*와 *SSE*를 계산하는 것은 매우 복잡하므로 다음 (9-3)′ 식, (9-4)′ 식 및 (9-5)′ 식과 같이 간편계산식이 이용된다.

$$TSS = \sum_{j=1}^{k}\sum_{i=1}^{n} X_{ij}^2 - \frac{(\sum_{j=1}^{k}\sum_{i=1}^{n} X_{ij})^2}{k \cdot n}$$

$$= \sum_{j=1}^{k}\sum_{i=1}^{n} X_{ij}^2 - \frac{T^2}{k \cdot n} \qquad (9-3)'$$

$$SST = \frac{\sum_{j=1}^{k}(\sum_{i=1}^{n} X_{ij})^2}{n} - C \qquad (9-4)'$$

$$SSE = TSS - SST \qquad (9-5)'$$

여기서 T는 자료의 총합으로서

$$T = \sum_{j=1}^{k}\sum_{i=1}^{n} X_{ij}$$

이다. 그리고

$$C = \frac{(\sum_{j=1}^{k}\sum_{i=1}^{n} X_{ij})^2}{k \cdot n} = \frac{T^2}{k \cdot n} \qquad (9-7)$$

을 수정항(correction factor)이라고 한다.

예제 | 02

〈표 9-3〉의 자료를 이용하여 간편계산식에 의해 TSS, SST, SSE를 계산하여라.

풀이 $C = \frac{(900)^2}{3 \times 4} = 67{,}500$

$$TSS = 72^2 + 73^2 + 71^2 + 76^2 + 72^2 + 74^2 + 75^2 + 75^2 + 75^2 + 78^2 + 79^2 + 80^2 - 67{,}500 = 90$$

$$SST = \frac{(292)^2 + (296)^2 + (312)^2}{4} - 67{,}500$$

$$= 67{,}556 - 67{,}500 = 56$$

$$SSE = 90 - 56 = 34$$

3) 검정통계량의 도출

분산분석에 사용되는 검정통계량(test statistic)을 도출하기 위해 우선 귀무가설이 사실이라고 가정해 보자. 귀무가설이 사실이라는 것은 모집단들의 평균이 모두 동일하다는 것을 의미한다. 그러면 통계적으로 볼 때 표본들의 평균 또한 서로 비슷한 값을 가질 것이라고 기대할 수 있다.

여기서 표본평균들의 유사성의 정도를 측정하는 통계량이 바로 SST이다. 앞에서 도출한 SST의 공식에서 직접 유추해 낼 수 있듯이, 만약 표본평균들($\overline{X}_1$, ⋯, $\overline{X}_k$)이 서로 비슷하다면, 모든 표본평균들은 총평균 $\overline{X}$에 근접할 것이고 따라서 SST의 값은 작아질 것이다. 실제로 모든 표본평균이 동일하다고 할 때 SST는 최소값으로 된다. 즉, $\overline{X}_1 = \overline{X}_2 = \cdots = \overline{X}_k$ 이라면 $SST = 0$이 된다. 요약하면 다음과 같이 정리될 수 있다. 모든 모집단들의 평균이 동일하다면 표본들의 평균 또한 통계적으로 비슷한 값을 가질 것이고 따라서 SST의 값은 작아질 것이다. 그러므로 SST의 값이 작다는 것은 귀무가설이 옳다는 것을 간접적으로 보여주는 것이라고 할 수 있다.

하지만 대립가설이 사실이라면, 즉 모집단 평균들이 모두 같지는 않다면 일부의 표본평균들 간에는 귀무가설이 사실일 때보다는 더 큰 차이가 존재할 것이다. 그리고 표본평균들 사이에 큰 차이가 존재한다면 SST의 값은 커질 것이다. 이럴 경우 모든 모집단의 평균들이 서로 같다는 귀무가설을 쉽게 받아들이기 힘들 것이다. 따라서 SST의 값이 크면 귀무가설을 기각하고 대립가설을 받아들일 가능성이 커진다.

그런데 여기에 해결해야 할 중요한 의문이 하나 있다. 즉, 귀무가설을 기각시키기 위해서 이 SST라는 통계량의 값이 얼마나 커야 하는가라는 것이다. 이러한 문제에 답하기 위해서는 SSE의 크기를 살펴볼 필요가 있다.

먼저, 동일한 수준에서 평균은 같지만 분산은 다른 두 가지 관찰자료인 〈표 9-4〉와 〈표 9-5〉를 비교해 보자. 〈표 9-4〉와 〈표 9-5〉를 살펴보면 각 수준에서의 평균은 10, 15, 20로 동일하다. 따라서 SST는 두 표의 경우 동일하다. 하지만, 〈표 9-4〉에서는 각각의 표본 내에서의 변동이 작은 대신 〈표 9-5〉에서의 각각의 표본 내에서의 변동은 상대적으로 매우 크다. 따라서 표본평균들 간의 차이가 실제로 모집단 평균들 간의 차이에 기인할 가능성은 〈표 9-5〉보다 〈표 9-4〉의 경우에 더욱 크다는 것을 알 수 있다. 이것은 동일한 SST라 할지라도 표본 내에서의 변동의 크기인 SSE에 따라서 어떤 경우에는 실제 모집단 평균의 차이에서 비롯된 것으로 파악되기도

표 9-4 표본 내의 변동이 작은 경우

수 준	관측치					$\bar{X}_j$
1	10	10	11	10	9	$\bar{X}_1 = 10$
2	15	16	14	16	14	$\bar{X}_2 = 15$
3	20	20	20	20	20	$\bar{X}_3 = 20$

표 9-5 표본 내의 변동이 큰 경우

수 준	관측치					$\bar{X}_j$
1	1	12	20	10	7	$\bar{X}_1 = 10$
2	19	31	4	9	12	$\bar{X}_2 = 15$
3	5	33	20	12	30	$\bar{X}_3 = 20$

하고 또 다른 경우에서는 우연적 오차에서 비롯된 것으로 해석되기도 한다는 것을 의미한다. 이상에서 모집단 간에 평균에 차이가 존재하는지의 여부를 통계적으로 검정하는 검정통계량은 대략적으로 볼 때 SST와 SSE의 상대적 크기를 나타내는 것이라는 것을 유추해 볼 수 있다.

이제 일원분산분석에서 귀무가설을 검정하기 위해 사용하는 검정통계량을 도출해 보자. 앞에서 살펴 본 제곱합 TSS, SST, SSE는 각각의 자유도를 갖는다. 즉 TSS는 $nk-1$, SST는 $k-1$, SSE는 $k(n-1)$의 자유도를 갖는다. 그런데 통계학에서는 제곱합(sum of squares)을 그것의 자유도로 나누면 분산의 개념이 된다. 즉 $\frac{TSS}{nk-1}$은 총표본분산, $\frac{SST}{k-1}$은 집단 간 분산, $\frac{SSE}{k(n-1)}$는 집단 내 분산이 된다. 분산분석에서는 이것들을 평균제곱(mean square)이라고 부르는 것이 일반적이다. 이에 따라 집단 간 분산을 처리평균제곱(treatment mean square: TMS), 집단 내 분산을 오차평균제곱(error mean square: EMS)이라고 한다. 즉

$$TMS = \frac{SST}{k-1}$$

$$EMS = \frac{SSE}{k(n-1)}$$

이다. 여기서 TMS를 집단 간 평균제곱(mean square between groups: MSB),

EMS를 집단 내 평균제곱(mean square within groups: MSW)이라고도 한다.

그런데, TMS와 EMS는 모두 표본분산이므로, 앞의 6장에서 본 바와 같이 이들의 비율

$$F = \frac{TMS}{EMS} = \frac{SST/k-1}{SSE/k(n-1)} \tag{9-8}$$

은 자유도가 $k-1$, $k(n-1)$인 F분포를 이룬다. 일원분산분석에서는 (9-8)식의 F값을 검정통계량으로 사용한다.

4) 일원분산분석표와 가설검정

지금까지의 설명을 다음과 같이 하나의 표로 정리할 수 있는데, 이를 분산분석표라고 한다.

〈표 9-6〉에서는 제곱합과 자유도, 그리고 그것들로부터 구한 평균제곱 및 검정통계량 F값이 정리되어 있다. 이제 분산분석에서 행하는 F검정의 의미와 방법을 설명하기로 한다.

먼저 F값의 분모인 EMS는 귀무가설의 진위여부에 관계없이 일정한 값을 가진다. 왜냐하면 앞의 분산분석모형에서 본 바와 같이 오차는 평균이 0이고 분산이 σ^2인 정규분포를 이룬다고 가정되어 있기 때문이다. 그런데 F값의 분자인 TMS는 귀무가설의 진위 여부에 따라 값이 달라진다. 즉 귀무가설이 옳다면 SST가 작아져 TMS는 작아질 것이고, 귀무가설이 옳지 않다면 SST는 커질 것이므로 TMS도 커지게 될 것이다. 따라서 귀무가설이 옳다면 F값은 작아지고 귀무가설이 옳지 않다면 F값은 커질 것이다. 이를 이용해서 주어진 유의수준에서 F값과 검정의 임계치 $F_\alpha[k-1,\ k(n-1)]$을 비교하여 귀무가설을 검정할 수 있다. 즉 $F > F_\alpha[k-1,\ k(n-1)]$이면 귀무가설을 기각하고 $F \leq F_\alpha[k-1,\ k(n-1)]$이면 귀무가설을 채택한다.

표 9-6 분산분석표

변 동	제곱합	자유도	평균제곱	F값
집단 간	$SST = n\sum_{j=1}^{k}(\bar{X}_j - \bar{X})^2$	$k-1$	$TMS = \frac{SST}{k-1}$	$F = \frac{SST/k-1}{SSE/k(n-1)}$
집단 내	$SSE = \sum_{j=1}^{k}\sum_{i=1}^{n}(X_{ij} - \bar{X}_j)^2$	$k(n-1)$	$EMS = \frac{SSE}{k(n-1)}$	$= \frac{TMS}{EMS}$
총	$TSS = \sum_{j=1}^{k}\sum_{i=1}^{n}(X_{ij} - \bar{X})^2$	$kn-1$		

예제 | 03

[예제 01]의 자료를 이용하여 3대의 기계의 성능에 차이가 있는지를 유의수준 $\alpha = 0.05$에서 검정하라.

풀이 기계 3대의 1시간당 평균생산량은 각각 μ_1, μ_2, μ_3라 하면, 가설은 다음과 같이 설정된다.

H_0: $\mu_1 = \mu_2 = \mu_3$

H_a: μ_j가 모두 같지는 않다.

그리고 두 개의 평균제곱은

$$TMS = 28 \quad EMS = 3.78$$

이므로, 이들의 비율 F는

$$F = \frac{28}{3.78} = 7.41$$

로 된다. 이상의 결과에서 다음 〈표 9-7〉의 분산분석표를 얻을 수 있다.

표 9-7 일원분산분석표

변 동	제곱합	자유도	평균제곱	F값
집단 간	56	2	28	7.41
집단 내	34	9	3.78	
총	90	11		

그리고 $\alpha = 0.05$이므로 $F_{0.05}(2,\ 9) = 4.26$이다. 따라서

$$F = 7.41 > F_{0.05}(2,\ 9) = 4.26$$

으로 되어, 3대의 기계 간에 성능의 차이가 없다는 귀무가설 H_0를 기

각한다. 즉 3대의 기계 간에 성능의 차이가 있다.

2. 표본의 크기가 같지 않은 경우

앞의 〈표 9-2〉의 자료와는 표본의 크기만 서로 다른 경우의 가설검정 문제는, 앞에서 다룬 공식에 약간의 수정을 가하여 분산분석을 행할 수 있다. 이것을 간단히 설명하기 위하여 아래 〈표 9-8〉의 분산분석표를 이용하기로 한다.

먼저 편차의 제곱합 *SST*, *SSE*, *TSS*를 구하는 공식은 각 표본의 크기가 $n_1, n_2, \cdots, n_k$로 서로 다르므로, (9-6)식, (9-7)식 및 (9-8)식을 다음과 같이 약간 수정하여 구할 수 있다. 단, $N = n_1 + n_2 + \cdots + n_k$이다.

$$TSS = \sum_{j=1}^{k}\sum_{i=1}^{n} X_{ij}^2 - C \qquad (9-9)$$

$$SST = \sum_{j=1}^{n} \frac{T_j^2}{n_j} - C \qquad (9-10)$$

$$SSE = TSS - SST \qquad (9-11)$$

여기서 $C = \dfrac{T^2}{N}$이다.

그리고 처리평균제곱(*TMS*)과 오차평균제곱(*EMS*)은 앞에서와 같이 *SST*와 *SSE*를 각각 자유도로 나누어 구할 수 있다. 즉

$$TMS = \frac{SST}{k-1}$$

$$EMS = \frac{SSE}{N-k}$$

표 9-8 일원분산분석표(표본의 크기가 같지 않은 경우)

변 동	제곱합	자유도	평균제곱	F값
집단 간	SST	$k-1$	$TMS = \dfrac{SST}{k-1}$	$F = \dfrac{TMS}{EMS}$
집단 내	SSE	$N-k$	$EMS = \dfrac{SSE}{N-k}$	
총	TSS	$N-1$		

(단, N은 관측치의 총수)

이다. 그리고 이들의 비율 F를 계산하여 귀무가설을 검정하는 방법도 표본의 크기가 같은 경우와 마찬가지이므로 여기서는 이를 생략하기로 한다.

예제 | 04

다음 〈표 9-9〉의 자료는 5대의 기계로써 생산한 상품에서 추출한 표본들이다. 각 표본의 관측치 수는 최저 2개에서 최고 5개이며, 전체 관측치 수는 18개이다. 이것을 가지고 각 기계의 1시간당 평균생산량 간에 유의적인 차이가 있는지를 유의수준 $\alpha = 0.05$로 검정하여라.

표 9-9 상품생산량 (단위: 개)

	기 계					
	Ⅰ	Ⅱ	Ⅲ	Ⅳ	Ⅴ	
	72	82	86	70	80	
	80	80	83	73	80	
	78	84	82	70	…	
	70	…	80	75	…	
	…	…	79	…	…	
합 계	300	246	410	288	160	1,404
평 균	75	82	82	72	80	

풀이 ① $H_0: \mu_1 = \mu_2 = \mu_3 = \mu_4 = \mu_5$

$H_a: \mu_j$가 모두 같지는 않다.

② 자유도

$k - 1 = 4$

$N - k = 18 - 5 = 13$

$\therefore F_{0.05}(4,\ 13) = 3.18$

③ $C = \dfrac{T^2}{N} = \dfrac{(1{,}404)^2}{18} = 109{,}512$

$$SST = \sum_{j=1}^{k} \frac{T_j^2}{n_j} - C$$

$$= \frac{300^2}{4} + \frac{246^2}{3} + \frac{410^2}{5} + \frac{288^2}{4} + \frac{160^2}{2} - 109{,}512$$

$$= 316$$

$$TSS = \sum_{j=1}^{k}\sum_{i=1}^{n} X_{ij}^2 - C$$
$$= (72)^2 + (80)^2 + (78)^2 + \cdots + (80)^2 - 109{,}512$$
$$= 440$$
$$SSE = TSS - SST$$
$$= 440 - 316$$
$$= 124$$

④ $TMS = \dfrac{SST}{k-1} = \dfrac{316}{5-1} = \dfrac{316}{4} = 79$

$EMS = \dfrac{SSE}{N-k} = \dfrac{124}{18-5} = \dfrac{124}{13} = 9.54$

$\because F = \dfrac{TMS}{EMS} = \dfrac{79}{9.54} = 8.28$

⑤ $F = 8.28 > F_{0.05}(4,\ 13) = 3.18$

이므로 H_0를 기각한다. 즉 각 기계의 평균생산량 간에 유의적인 차이가 있다고 볼 수 있다.

---

s • t • a • t • i • s • t • i • c • s

03 이원분산분석

1. 이원분산분석의 기본개념

앞에서 살펴본 일원분산분석에서는 목적변수에 영향을 미치는 인자가 하나 뿐인 경우를 논의하였으나. 여기서는 목적변수에 영향을 미치는 인자가 두 개인 경우를 다룬다. 이 경우 두 개의 인자를 행인자(row factor)와 열인자(column factor)라고 부르는데, 이들 두 인자의 효과를 함께 고려한 것이 이원분산분석이다.

이원분산분석의 개념을 예를 들어 설명한다. 만약 어떤 기업이 제품의 판매량을 증가시키기 위해 여러 가지의 마케팅전략과 광고전략을 구사한다고 하자. 마케팅전략은 세 종류(수준)로서 편리성(convenience)을 강조하는 마케팅전략, 품질(quality)을 강조하는 마케팅전략 그리고 가격(price)의 우위성에 강조점을 두는 전략을 실행하고 있다. 광고전략은 TV광고와 라디오

광고를 선택하고 있다.

그런데 이 기업은 다음과 같은 의문을 가질 수 있다. 즉 첫째, 마케팅전략의 서로 다른 수준(편리성, 품질 및 가격)들이 판매량에 유의적인 차이를 가져오는가 하는 것이다. 둘째, 광고전략에서의 차이가 판매량의 차이를 생기게 하는가 하는 것이다. 마지막으로, 마케팅전략들이 광고전략의 종류에 따라 다른 차이를 만들어 내는가 하는 것이다.

첫번째와 두번째의 문제는 마케팅전략과 광고전략이라는 두 인자의 효과를 분석함으로써 그 해답을 알 수 있는데, 이 분석을 주효과(main effect) 분석이라고 한다. 주효과분석은 일원분산분석방법을 각 인자에 적용하면 된다. 그러나 세 번째 문제에 대한 답은 일원분산분석법으로는 얻을 수 없고 상호작용효과(interaction effect)분석을 통해서 얻을 수 있다. 이원분산분석의 가장 큰 특징은 바로 이 상호작용효과분석이 가능하다는 점에 있다. 앞의 예로써 설명한다. 세 가지 의문에 대한 답을 구하기 위해 기업은 6개의 도시를 선정한 다음, 각 도시에 3개의 수준을 가지는 마케팅전략과 2개의 수준을 가지는 광고전략을 혼합한 6개의 조합을 도시별로 할당하여 적용한 후에 주별 판매량을 조사하였다. 도시 1에는 (편리성, TV광고), 도시 2에는 (편리성, 라디오광고), 도시 3에는 (품질, TV광고), 도시 4에는 (품질, 라디오광고), 도시 5에는 (가격, TV광고), 그리고 도시 6에는 (가격, 라디오광고)의 전략을 적용한 후에 실시한 10주간의 주별 판매량의 조사 결과는 〈표 9-10〉에서 볼 수 있는 바와 같다.

표 9-10 각 도시별 기업의 주별 판매량

도시					
1	2	3	4	5	6
49	46	67	68	57	80
71	55	62	65	61	58
55	75	59	70	70	52
44	55	63	65	48	49
47	52	68	57	47	81
62	67	76	83	65	56
54	53	69	62	58	70
44	65	54	69	53	54
58	55	57	49	57	61
67	47	64	84	79	58

표 9-11 각 전략별 판매량 현황

		마케팅전략		
		편리성	품 질	가 격
광고전략	TV광고	49	67	57
		71	62	61
		55	59	70
		44	63	48
		47	68	47
		62	76	65
		54	69	58
		44	54	53
		58	57	57
		67	64	79
	라디오광고	46	68	80
		55	65	58
		75	70	52
		55	65	49
		52	57	81
		67	83	56
		53	62	70
		65	79	54
		55	49	61
		47	84	58

그런데 앞에서 제기된 물음에 답하기 위해서는 〈표 9-10〉을 각 전략들의 수준별로 관측치를 재정리할 필요가 있다. 그래서 마케팅전략의 3개 수준과 광고전략의 2개 수준에 따라 주별 판매량을 배열하여 기록한 결과가 〈표 9-11〉에 나타나 있다.

이원분산분석에서는 이와 같이 구성된 관측치에 대해 주효과와 함께 상호작용효과의 존재 여부를 분석하게 된다. 이 이원분산분석법은 두 인자가 있는 경우의 분산분석방법인데, 두 인자의 각 수준이 결합된 조건 하에서 관측치가 단 1개 존재하는, 즉 비반복의 경우와 관측치가 여러 개인 반복의 경우로 나누어 분석해야 한다. 여기서는 두 인자의 각 수준의 조합에 반복적인 관측치가 있는 경우를 다룬다. 〈표 9-11〉에는 두 인자의 각 수준이 결합된 경우에 대해 모두 6개의 표본이 나타나 있다. 그런데 열인자를 A, 행인자를 B라 하고, 두 인자의 각 수준의 결합에 대해 구한 관측치들의 평균(평균판매량)을 그림으로 나타낸 것이 [그림 9-1]에서 [그림 9-4]이다.

그림 9-1 평균판매량과 인자

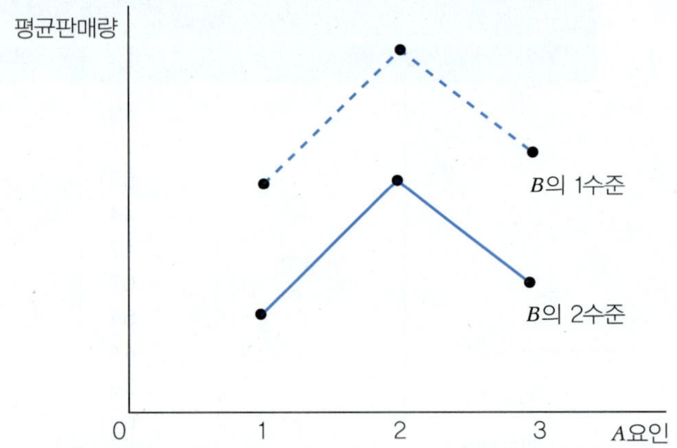

그림 9-2 평균판매량과 인자

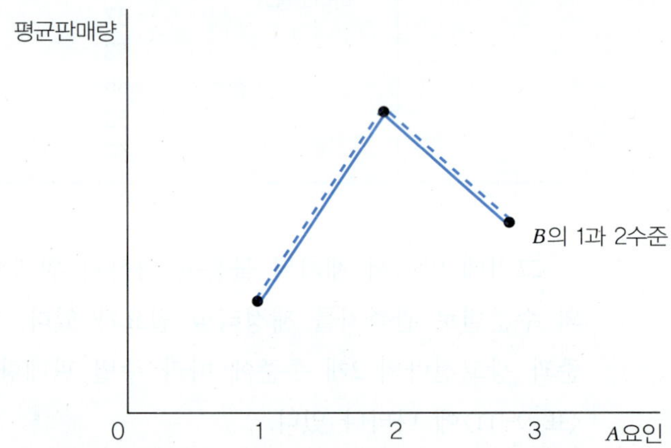

이들 그림에서 가로축은 인자 A의 세 가지 수준을, 세로축은 평균판매량을 나타낸다. 먼저 [그림 9-1]을 보자. 이 그림은 각 인자의 수준 차이가 평균판매량에 영향을 미친다는 것을 보여주고 있다. 즉 인자 A의 수준 2에서의 평균판매량이 수준 1이나 수준 3에서의 그것보다 크게 나타나고 있고, 또 인자 B의 수준 1에서의 평균판매량이 수준 2에서의 그것보다 크게 나타나고 있다. 이것은 두 인자 모두에 대해 처리효과가 있음을 의미한다.

그런데 [그림 9-1]은 두 인자의 상호작용효과가 없음을 보여주고 있다.

그림 9-3 평균판매량과 인자

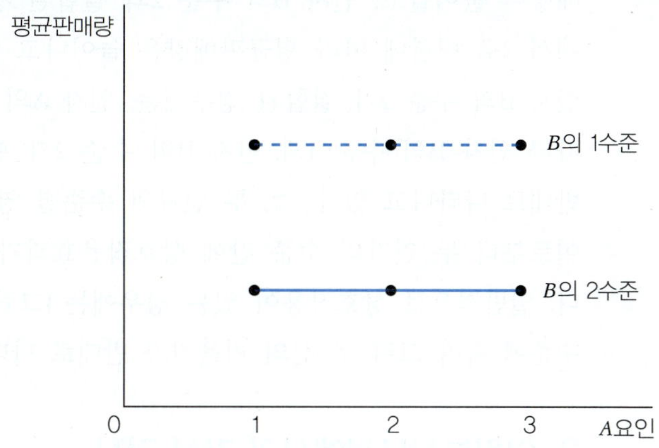

그림 9-4 평균판매량과 인자

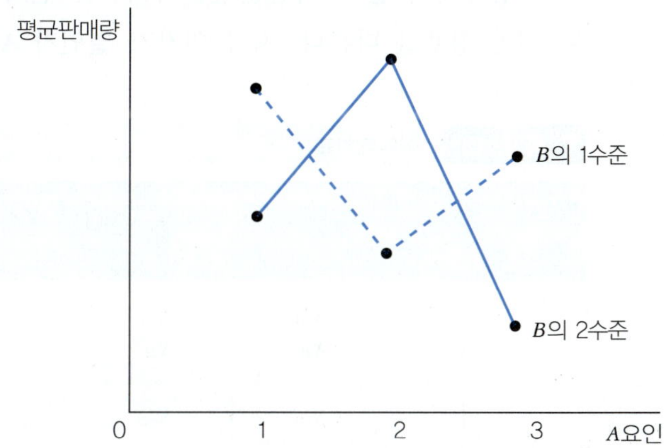

이것은 인자 A의 각 수준이 평균판매량에 미치는 영향은 인자 B의 수준이 달라지더라도 그 패턴이 달라지지 않으므로 상호작용효과가 없다는 것을 말해준다. 다음으로 [그림 9-2]는 인자 A는 처리효과가 있지만 인자 B는 처리효과가 없는 경우를 나타내고, [그림 9-3]은 인자 A는 처리효과가 없고 인자 B는 처리효과가 있는 경우를 보여주고 있다. 그리고 [그림 9-2]와 [그림 9-3]은 모두 상호작용효과가 없음을 보여주고 있다.

이에 대해 [그림 9-4]에서 알 수 있듯이, 인자 A의 수준 1과 인자 B의

수준 1이 결합된 경우에는 인자 A의 수준이 1에서 2로 변함에 따라 평균판매량이 줄어들고, 인자 B의 수준 2와 결합된 경우에는 인자 A의 수준이 1에서 2로 변함에 따라 평균판매량은 늘어나고 있다. 또 인자 A의 수준 2와 인자 B의 수준 2가 결합된 경우에는, 인자 A의 수준이 2에서 3으로 변함에 따라 인자 B의 수준 1과 인자 B의 수준 2가 평균판매량에 미치는 영향이 반대로 나타나고 있다. 즉, 두 인자의 수준별 영향이 다르게 나타나고 있다. 이로부터 두 인자의 수준 간에 상호작용효과가 있다는 것을 추측할 수 있다. 일반적으로 상호작용이 있는 경우에는 [그림 9-4]에서와 같이 인자 B의 수준에 따라 그린 두 선의 기울기가 반대로 나타난다.

2. 이원분산분석에서의 가설 검정

1) 이원배치표와 확률모형

이상에서와 같이 이원분산분석에서는 관측치에 영향을 미치는 인자가 두 개인 경우를 다룬다. 지금 인자가 열인자 A와 행인자 B의 2개이고 A인

표 9-12 이원배치표

		열인자 A				
		1	2	…	J	$\bar{X}_{\cdot k}$
행인자 B	1	X_{111} X_{211} … X_{n11}	X_{121} X_{221} … X_{n21}	…	X_{1J1} X_{2J1} … X_{nJ1}	$\bar{X}_{\cdot 1}$
	2	X_{112} X_{212} … X_{n12}	X_{122} X_{222} … X_{n22}	…	X_{1J2} X_{2J2} … X_{nJ2}	$\bar{X}_{\cdot 2}$
	…	…	…	…	…	
	K	X_{11K} X_{21K} … X_{n1K}	X_{12K} X_{22K} … X_{n2K}	…	X_{1JK} X_{2JK} … X_{nJK}	$\bar{X}_{\cdot K}$
	$\bar{X}_{j\cdot}$	$\bar{X}_{1\cdot}$	$\bar{X}_{2\cdot}$	…	$\bar{X}_{J\cdot}$	

자는 J개의 수준을, B인자는 K개의 수준을 가지고 있다고 하자. 그리고 A, B 두 인자의 각 수준의 결합에 대해 n개씩의 관측치를 갖는다고 한다. 인자 A의 j번째 수준과 인자 B의 k번째 수준이 결합된 조건에서의 i번째의 관측치를 X_{ijk}로 나타내면, 관측자료는 다음의 〈표 9-12〉와 같이 정리할 수 있다. 이를 이원배치표라고 한다.

이원분산분석에서는 관측치 X_{ijk}에 나타나는 변동을 분석함에 있어 다음과 같은 선형확률모형을 사용한다.

$$X_{ijk} = \mu + \theta_j + \delta_k + (\theta\delta)_{jk} + \varepsilon_{ijk} \qquad (9-12)$$

단, $i = 1,\ 2,\ \cdots,\ n$
$j = 1,\ 2,\ \cdots,\ J$
$k = 1,\ 2,\ \cdots,\ K$

여기서 μ는 관측치의 전체 평균, θ_j는 인자 A의 j번째 수준이 관측치에 미치는 효과, δ_k는 인자 B의 k번째 수준이 관측치에 미치는 효과, $(\theta\delta)_{jk}$는 인자 A의 j번째 수준과 인자 B의 k번째 수준 간의 상호작용의 효과를 나타낸다. 그리고 ε_{ijk}는 개별적 오차항인데, 이는 서로 독립이고 평균이 0, 분산이 σ^2인 정규분포를 이룬다고 가정한다.

관측치 X_{ijk}는 실제 관측에서 얻을 수 있는 통계치를 이용하여

$$\begin{aligned} X_{ijk} &= \overline{X} + (\overline{X}_{j\cdot} - \overline{X}) + (\overline{X}_{\cdot k} - \overline{X}) \\ &\quad + (\overline{X}_{jk} - \overline{X}_{j\cdot} - \overline{X}_{\cdot k} + \overline{X}) + (X_{ijk} - \overline{X}_{jk}) \end{aligned} \qquad (9-13)$$

로 나타낼 수 있다. (9-13)식에서 관측치의 전체 평균 $\overline{X}$를 좌변으로 옮기면 다음과 같다.

$$\begin{aligned} X_{ijk} - \overline{X} &= (\overline{X}_{j\cdot} - \overline{X}) + (\overline{X}_{\cdot k} - \overline{X}) \\ &\quad + (\overline{X}_{jk} - \overline{X}_{j\cdot} - \overline{X}_{\cdot k} + \overline{X}) + (X_{ijk} - \overline{X}_{jk}) \end{aligned} \qquad (9-14)$$

단, $(X_{ijk} - \overline{X})$: 각 관찰값과 전체 평균 간의 차이
$(\overline{X}_j - \overline{X})$: 인자 A 의 j번째 수준의 영향
$(\overline{X}_k - \overline{X})$: 인자 B 의 k번째 수준의 영향

$(\overline{X}_{jk} - \overline{X}_{j} \cdot - \overline{X} \cdot_{k} + \overline{X})$: 인자 A의 j번째 수준과 인자 B의 k번째 수준의 상호작용의 영향

$(X_{ijk} - \overline{X}_{jk})$: 개별적 오차

그리고 (9–14)식은 다음과 같이 제곱합으로 표현할 수 있다.

$$TSS = SSC + SSR + SSI + SSE$$

단, $TSS = \sum_{i=1}^{n} \sum_{j=1}^{J} \sum_{k=1}^{K} (X_{ijk} - \overline{X})^2$

$$SSC = \sum_{i=1}^{n} \sum_{j=1}^{J} \sum_{k=1}^{K} (\overline{X}_{j} \cdot - \overline{X})^2 = nK \sum_{j=1}^{J} (\overline{X}_{j} \cdot - \overline{X})^2$$

$$SSR = \sum_{i=1}^{n} \sum_{j=1}^{J} \sum_{k=1}^{K} (\overline{X}_{k} - \overline{X})^2 = nJ \sum_{k=1}^{K} (\overline{X} \cdot_{k} - \overline{X})^2$$

$$SSI = n \sum_{j=1}^{J} \sum_{k=1}^{K} (\overline{X}_{jk} - \overline{X}_{j} \cdot - \overline{X} \cdot_{k} + \overline{X})^2$$

$$SSE = \sum_{i=1}^{n} \sum_{j=1}^{J} \sum_{k=1}^{K} (X_{ijk} - \overline{X}_{jk})^2$$

2) 이원분산분석표와 가설검정

이상에서 설명한 결과는 〈표 9–13〉과 같이 이원분산분석표로 정리할 수 있다.

표 9–13 이원 분산분석표

변동요인	제곱합	자유도	평균제곱	F값
열인자 간	SSC	$J-1$	MSC	$F_c = MSC/MSE$
행인자 간	SSR	$K-1$	MSR	$F_R = MSR/MSE$
상호작용	SSI	$(J-1)(K-1)$	MSI	$F_I = MSI/MSE$
오 차	SSE	$JK(n-1)$	MSE	
합 계	TSS	$N-1$		

단, $MSC = SSC/(J-1)$

$$MSR = SSR/(K-1)$$

$$MSI = SSI/(J-1)(K-1)$$

$$MSE = SSE/(JK(n-1))$$

이상의 분석결과에 기초하여 작성한 이원분산분석표 〈표 9-13〉을 이용하여 가설을 검정하는 방법을 설명하기로 한다.

먼저 인자 A의 j개의 수준에서의 평균 간에는 차이가 있는지를 검정하고자 한다. 이때 가설은 다음과 같다.

H_0: 인자 A의 J개의 수준에서의 평균은 모두 같다.

H_a: J개의 평균들이 모두 같지는 않다.

위 가설을 검정하기 위한 검정통계량은 $F_c = MSC/MSE$로서 분자의 자유도가 $J-1$, 분모의 자유도가 $JK(n-1)$인 F분포를 한다. 이를 이용하여 주어진 유의수준 α에서 F_c값과 검정의 임계치 $F_\alpha[J-1, JK(n-1)]$을 비교하여 가설검정을 행한다. 즉 $F_c > F_\alpha[J-1, JK(n-1)]$이면 귀무가설을 기각하고, $F_c \leq F_\alpha[J-1, JK(n-1)]$이면 귀무가설을 채택한다.

다음으로 인자 B의 K개의 수준의 평균 간에 차이가 있는지에 대한 검정방법을 다룬다. 이를 위한 가설은 다음과 같다.

H_0: 인자 B의 K개의 수준에서의 평균은 모두 같다.

H_a: K개의 평균들이 모두 같지는 않다.

이때의 검정통계량은 $F_R = MSR/MSE$로서 분자의 자유도가 $K-1$, 분모의 자유도가 $JK(n-1)$인 F분포를 한다. 이를 이용해서 일정 유의수준 α에서 F_R값과 검정의 임계치 $F_\alpha[K-1, JK(n-1)]$을 비교하여 귀무가설을 검정할 수 있다. 즉 $F_R > F_\alpha[K-1, JK(n-1)]$이면 귀무가설을 기각하고, $F_R \leq F_\alpha[K-1, JK(n-1)]$이면 귀무가설을 채택한다.

그리고 인자 A와 B사이의 상호작용 존재 여부에 대한 검정방법을 설명한다. 이를 위해 가설은 다음과 같이 설정된다.

H_0: 인자 A와 인자 B의 상호작용이 없다.

H_a: 인자 A와 인자 B의 상호작용이 있다.

이 가설을 검정하기 위한 검정통계량은 $F_I = MSI/MSE$인데, 이것은 분자의 자유도가 $(J-1)(K-1)$, 분모의 자유도가 $JK(n-1)$인 F분포를 한다.

이를 이용해서 주어진 유의수준 α에서 F_I값과 $F_\alpha[(J-1)(K-1), JK(n-1)]$을 비교하여 귀무가설을 검정한다. $F_I > F_\alpha[(J-1)(K-1), JK(n-1)]$이면 귀무가설을 기각하고, $F_I \le F_\alpha[(J-1)(K-1), JK(n-1)]$이면 귀무가설을 채택한다.

예제 | 05

다음 〈표 9-14〉는 어느 공장에서 2명의 기능공 갑, 을이 각각 I, II 2대의 기계를 사용하여 각 기계당 1시간씩 생산한 제품의 수를 조사한 것이다. 이 자료에서 *TSS*, *SSC*, *SSR*, *SSI* 및 *SSE*를 구하시오. 그리고 인자 A와 인자 B가 상호작용의 효과가 있는지를 유의수준 5%에서 검정하시오.

표 9-14 기능공별 기계별 생산량 (단위: 개)

		기능공(A)	
		갑	을
기계(B)	I	8	12
		9	11
		7	13
	II	9	15
		10	14
		5	13

풀이 각 인자의 수준별 평균과 전체 평균은 다음과 같다.

$$\bar{X}_{11} = 8,\ \bar{X}_{12} = 8,\ \bar{X}_{21} = 12,\ \bar{X}_{22} = 14$$

$$\bar{X}_{1\cdot} = 8,\ \bar{X}_{\cdot 1} = 10,\ \bar{X}_{2\cdot} = 13,\ \bar{X}_{\cdot 2} = 11$$

$$\bar{X} = 10.5$$

따라서 *TSS*, *SSC*, *SSR*, *SSI* 및 *SSE*는 다음과 같이 구해진다.

$$\begin{aligned} TSS = & (8-10.5)^2 + (9-10.5)^2 + (7-10.5)^2 + (12-10.5)^2 \\ & + (11-10.5)^2 + (13-10.5)^2 + (9-10.5)^2 + (10-10.5)^2 \\ & + (5-10.5)^2 + (15-10.5)^2 + (14-10.5)^2 + (13-10.5)^2 \end{aligned}$$

$$= 352$$

$$\begin{aligned} SSC &= (3 \times 2)\sum_{j=1}^{2}(\overline{X}_{j} \cdot - \overline{X})^2 \\ &= 6 \times \{(8-10.5)^2 + (13-10.5)^2\} \\ &= 75 \end{aligned}$$

$$\begin{aligned} SSR &= (3 \times 2)\sum(\overline{X}_{\cdot k} - \overline{X})^2 \\ &= 6 \cdot \{(10-10.5)^2 + (11-10.5)^2\} \\ &= 3 \end{aligned}$$

$$\begin{aligned} SSI &= n \cdot \{(\overline{X}_{11} - \overline{X}_{1} \cdot - \overline{X}_{\cdot 1} + \overline{X})^2 + (\overline{X}_{12} - \overline{X}_{1} \cdot - \overline{X}_{\cdot 2} + \overline{X})^2 \\ &\quad + (\overline{X}_{21} - \overline{X}_{2} \cdot - \overline{X}_{\cdot 1} + \overline{X})^2 + (\overline{X}_{22} - \overline{X}_{2} \cdot - \overline{X}_{\cdot 2} + \overline{X})^2\} \\ &= 3 \cdot \{(8-8-10-10.5)^2 + (8-8-11-10.5)^2 \\ &\quad + (12-13-10-10.5)^2 + (14-13-11-10.5)^2 \\ &= 3 \end{aligned}$$

$$\begin{aligned} SSE &= (8-8)^2 + (9-8)^2 + (7-8)^2 + (12-12)^2 \\ &\quad + (11-12)^2 + (13-12)^2 + (9-8)^2 + (10-8)^2 \\ &\quad + (5-8)^2 + (15-14)^2 + (14-14)^2 + (13-14)^2 \\ &= 20 \end{aligned}$$

다음으로 인자 A와 인자 B간에 상호작용효과가 있는지를 살펴보기로 한다. 이때 귀무가설과 대립가설은 다음과 같다.

H_0 : 인자 A와 B의 상호작용효과가 없다.
H_a : 인자 A와 B는 상호작용을 한다.

여기서 검정통계량 F_I의 값은 다음과 같이 계산된다.

$$\begin{aligned} F_I &= \frac{MSI}{MSE} = \frac{SSI/(J-1)(K-1)}{SSE/JK(n-1)} \\ &= \frac{3/1}{20/8} = \frac{24}{20} = 1.2 \end{aligned}$$

그리고 유의수준 $\alpha = 0.05$에서의 검정의 임계치는, 이 F_I값이 분자의 자유도가 1이고 분모의 자유도가 8인 F분포를 하므로, $F_{0.05}[(J-1)(K-1), JK(n-1)] = F_{0.05}(1, 8)$로 된다. 따라서 $F_I = 1.2 < F_{0.05}(1, 8) = 5.32$로 되어 귀무가설은 기각할 수 없다. 즉 두 인자 A와 B간에 상호작용효과가 없다고 할 수 있다.

연 · 습 · 문 · 제

01 다음은 5명의 외판원을 대상으로 그들의 월수입을 조사한 자료이다. 이들 5명의 월평균수입이 서로 다르다고 할 수 있는지를 유의수준 5%에서 검정하라.

(단위: 천원)

A	B	C	D	E
167	151	147	171	114
177	179	134	166	120
199	156	121	143	150

02 6일에 걸쳐서 8시에서 12시까지 4시간 동안 톨게이트를 통과하는 차량의 수를 조사하였더니 다음의 자료를 얻을 수 있었다. 각 톨게이트당 통과차량의 평균대수가 다르지 않다고 할 수 있겠는가? ($\alpha = 0.01$)

(단위: 대)

게이트 Ⅰ	게이트 Ⅱ	게이트 Ⅲ	게이트 Ⅳ
490	525	475	527
450	506	460	507
510	473	525	492
478	526	420	505
504	502	499	530
482	505	472	555

03 동일 소득계층에 속하는 세대를 대상으로 저축률을 조사하였더니 다음과 같았다. 이때 직업의 효과가 저축성향에 영향을 미치는지를 분석하라.($\alpha = 0.05$)

(단위: 대)

직 업	A	13	11	15	13		
	B	15	18	21	17	20	23
	C	14	18	14	16	15	

04 도시 규모에 따른 임금격차를 알아보기 위하여 도시를 대 · 중 · 소로 구분하여 임금을 조사하였더니 다음 표와 같았다. 이 자료에서 도시 규모에 따라 임금격차가 있다고 할 수 있는지를 $\alpha = 0.05$에서 검정하라.

(단위: 천원)

대	73	75		
중	68	72	65	67
소	60	65	61	

05 기능공 갑 · 을 · 병이 기계 A, B, C, D를 각각 하루씩 조작하여 동일 개수의 제품을 생산하였을 때, 불량품의 개수가 다음 표와 같았다. 불량품 발생에 대하여 기계 간에 유의적 차가 있는지를 $\alpha = 0.05$에서 검정하라.

(단위: 천원)

기능공 \ 기 계	A	B	C	D
갑	31	33	35	30
을	24	26	32	20
병	28	39	31	30

06 A, B, C 세 자동차회사의 제품을 각각 7대씩 추출하여 휘발유 1ℓ 당 주행거리를 조사해 보았더니 다음과 같았다.

(단위: 천원)

차 종	1	2	3	4	5	6	7
A	13	11	12	12	10	10	12
B	11	12	10	12	12	12	11
C	9	11	10	11	9	10	10

1) 분산분석표를 작성하라.

2) 각 회사 제품의 평균주행거리가 같은지를 $\alpha = 0.05$의 수준에서 검정하라.

07 다음은 음료수 판매량에 미치는 음료수 색깔의 효과를 비교하기 위해 자료를 조사한 결과이다. 주어진 물음에 답하라.

무색 (1)	분홍 (2)	오렌지 (3)	초록 (4)
$\overline{X}_1 = 27$	$\overline{X}_2 = 29$	$\overline{X}_3 = 26$	$\overline{X}_4 = 31$
$n_1 = 6$,	$n_2 = 6$,	$n_3 = 6$,	$n_4 = 6$
$TSS = 126.5$,	$SST = 88.5$,		$SSE = 38$

단, $ni = i$ 색깔 음료의 표본의 크기

1) 앞의 자료를 가지고 분산분석표를 작성하라.
2) 음료수의 색깔의 효과가 있는지 $\alpha = 0.05$의 수준에서 검정하라.

08 인자 A의 세 수준과 인자 B의 두 수준에 대한 관찰자료가 다음과 같다.

인자 B \ 인자 A	수준1	수준2	수준3
수준 1	135 165	90 66	75 93
수준 2	125 95	127 105	120 136

두 인자 사이에 상호작용효과가 있는지를 유의수준 5%로 검정하라.

09 다음 자료를 이용하여 아래 물음에 답하라.

인자 B \ 인자 A	수준1	수준2
1	23 18 17 20	23 17 16 19
2	27 23 21 28	29 23 27 25
3	23 21 24 16	27 19 20 22

1) 인자 A와 인자 B가 상호작용하는지를 5%의 유의수준에서 검정하라.

2) 인자 A의 수준들 간에 차이가 존재하는지를 5%의 유의수준에서 검정하라.
3) 인자 B의 수준들 간에 차이가 존재하는지를 5%의 유의수준에서 검정하라.

c • h • a • p • t • e • r 10

상관분석과 회귀분석

statistics

통계적 분석에 있어서는 한 변수의 양적 성질 뿐만 아니라 둘 또는 그 이상의 변수들 간의 상호관련성을 분석해야 하는 경우가 많다. 그런데 변수 간의 관계에는 변수 간의 단순한 상호의존관계를 나타내는 경우와 하나 또는 그 이상의 변수가 다른 변수의 결정요인(설명요인)으로 되는 인과관계를 나타내는 경우가 있다. 학생들의 신장과 체중 간에서와 같이 인과관계는 다루지 않고 변수 간의 단순한 상호의존관계를 분석하는 것을 상관분석이라고 한다. 이에 대해 가처분소득과 소비지출 간의 관계에서처럼 가처분소득이 소비지출을 결정하는 요인으로 되는 변수 간의 인과관계를 분석하는 것을 회귀분석이라고 한다.

여기에서는 변수 간의 상호관련성의 분석을 상관분석과 회귀분석으로 나누어 설명한다.

s • t • a • t • i • s • t • i • c • s

01 | 상관분석

1. 상관분석의 의의

변수 간의 상호의존관계를 파악하고자 하는 경우에 변수 간의 관계에 독립변수와 종속변수를 구분하는 명확한 기준이 없을 수 있다. 예를 들어 사람의 신장(X)과 체중(Y)과의 관계를 보면, 두 변수는 모두 확률변수이고 이들 간의 인과관계를 명확하게 구별할 수가 없다. 신장이 체중에 영향을 미칠 수도 있으며 그 반대로 체중이 신장에 영향을 미칠 수도 있기 때문이다.

이와 같이 변수 간의 인과관계가 아닌 단순한 상호의존관계를 상관관계라고 한다. 두 변수 간의 상관관계를 단순상관(simple correlation)이라고 하고, 셋 또는 그 이상의 변수 간의 상관관계를 다중상관(multiple correlation)이라고 한다. 그리고 다중상관에서 다른 변수는 일정한 것으로 했을 때의 특정한 두 변수 간의 상관관계를 편상관(partial correlation) 또는 부분상관이라고 한다.

따라서 상관분석(correlation analysis)에서는 변수 간의 상호의존관계의 강도를 분석하는 것이 주된 과제이다.

2. 단순상관계수

1) 표본상관계수

두 변수 간의 상호의존관계의 강도를 측정하는 척도인 공분산과 상관계수에 대해서는 앞의 4장에서 살펴본 바 있다. 여기서는 표본관측치로부터 이들을 추정 및 검정하는 문제에 대해 설명하기로 한다.

표본관측치로부터 산포도를 그리면 두 변수가 어느 정도로 함께 움직이는 경향을 갖고 있는지를 알 수 있다. 예를 들어 두 변수 X와 Y의 표본관측치에서 그린 산포도가 [그림 10-1]과 같다고 하면, 이들 변수가 함께 움직이는 경향을 갖고 있다는 것을 볼 수 있다. 즉 평균을 기준으로 큰 X는 큰 Y와 관련되고, 작은 X는 작은 Y와 관련되는 경향이 있다.

이들의 변수가 어느 정도로 함께 움직이는가를 측정하는 기준을 정해야 하는데, 그것은 평균에 대한 편차로 나타내는 것이 편리하다. 이를 위해, 이 산포도에서 $(\bar{X}, \bar{Y})$를 통과하는 양축에 수직인 두 직선을 그어 사분면으로 나눈다. 그리고 좌표 (X_i, Y_i)를 갖는 임의의 점 P에 대하여 편차 $x_i = X_i - \bar{X}$ 및 $y_i = Y_i - \bar{Y}$ 를 구하면 다음과 같은 사실을 알 수 있다.[1] 즉 [그림 10-1]의 제1사분면과 제3사분면에 있는 모든 점에 대한 편차의 곱 x_iy_i는 양(+)이지만, 제2사분면과 제4사분면에 있는 모든 점에 대한 편차의 곱 x_iy_i는 음

그림 10-1 산포도

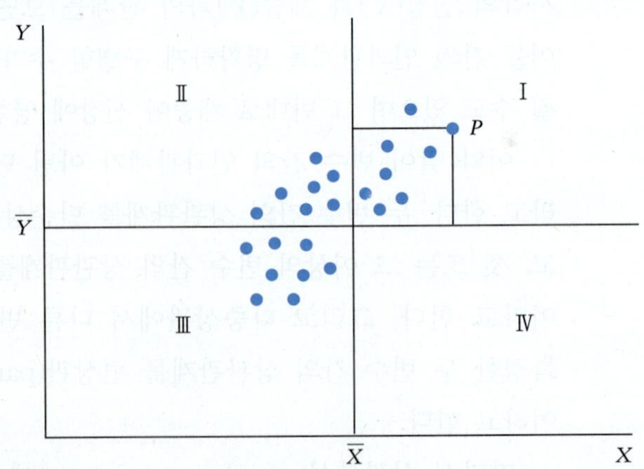

1) 이 장에서는 지금까지와는 달리 표본관측치를 X_i, Y_i와 같이 나타내고, x_i와 y_i는 표본관측치의 평균에 대한 편차를 나타낸다.

(−)이다. 이러한 사실에서 이들 편차의 곱의 합 $\Sigma x_i y_i = \Sigma(X_i - \bar{X})\ (Y_i - \bar{Y})$는 두 변수 X와 Y가 어느 정도로 함께 움직이는가를 나타내는 측도가 된다는 것을 알 수 있다.

$\Sigma x_i y_i$를 $n-1$로 나누면

$$\begin{aligned} s_{XY} &= \frac{1}{n-1}\Sigma(X_i - \bar{X})(Y_i - \bar{Y}) \\ &= \frac{1}{n-1}\Sigma x_i y_i \end{aligned} \qquad (10-1)$$

가 얻어지는데, 이것을 두 변수 X와 Y의 표본공분산(sample covariance)이라고 한다.

그러나 공분산은 두 변수 X와 Y의 측정 단위가 달라짐에 따라 그 값이 달라진다. 예를 들어 소득과 소비에 대한 공분산을 원화로 측정했을 때와 달러화로 측정했을 때와는 그 값이 다르다. 즉 공분산으로 변수 간의 상관관계의 방향은 측정할 수 있지만, 두 변수 간의 상관관계의 강도를 측정할 수는 없다. 따라서 두 변수 간의 상관관계의 강도를 측정하기 위해서는 두 변수의 표본공분산을 표본표준편차인 s_X와 s_Y의 곱으로 나누어 얻을 수 있다. 즉

$$\begin{aligned} r &= \frac{s_{XY}}{s_X s_Y} \\ &= \frac{\Sigma(X_i - \bar{X})(Y_i - \bar{Y})}{\sqrt{\Sigma(X_i - \bar{X})^2 \Sigma(Y_i - \bar{Y})^2}} \\ &= \frac{\Sigma x_i y_i}{\sqrt{\Sigma x_i^2 \Sigma y_i^2}} \end{aligned} \qquad (10-2)$$

로 되는데, 이것을 표본상관계수(sample correlation coefficient)라고 한다. $r>0$이면 두 변수는 양의 상관관계를 가지고, $r<0$이면 음의 상관관계를 가진다. 그리고 두 변수 X와 Y가 완전한 양의 상관관계를 가진다면 $r=1$이 되고, 완전한 음의 상관관계를 가진다면 $r=-1$이 되므로, 표본상관계수는

$$-1 \leq r \leq 1 \qquad (10-3)$$

의 범위의 값을 갖게 된다. $r=0$이면 두 변수가 상관관계를 가진다고 할 수 없다.

그러나 상관계수는 다음과 같은 한계를 가진다. 첫째, 상관계수만으로는 독립변수와 종속변수 간의 구별을 할 수 없으므로 상관계수는 변수 간의 인과관계를 설명하지 못한다. 둘째, 상관계수는 선형의 상관관계를 나타낼 뿐이고, 선형이 아닌 상관관계는 보여주지 못한다.

예제 | 01

다음 자료는 10명의 학생들의 통계학과 수학의 성적을 조사한 것이다.

표 10-1 10명의 통계학 및 수학 성적

학생번호	통계학 성적	수학 성적
1	91	80
2	82	94
3	80	68
4	68	86
5	72	87
6	69	75
7	82	74
8	90	80
9	51	46
10	65	71

표 10-2 상관계수의 계산 예

학생	X	Y	$X-\bar{X}$	$(X-\bar{X})^2$	$Y-\bar{Y}$	$(Y-\bar{Y})^2$	$(X-\bar{X})(Y-\bar{Y})$
1	91	80	16	256	3	9	48
2	82	94	7	49	17	289	119
3	80	68	5	25	−9	81	−45
4	68	86	−7	49	9	81	−63
5	72	87	−3	9	10	100	−30
6	69	75	−6	36	−2	4	12
7	82	74	7	49	−3	9	−21
8	90	80	15	225	12	144	180
9	51	46	−24	576	−31	961	744
10	65	71	−10	100	−6	36	60
합계				1,374		1,714	1,004

$\bar{X}=75$, $\bar{Y}=77$

통계학 성적과 수학 성적 사이의 상관계수를 구하여라.

풀이 먼저 〈표 10-1〉의 자료를 〈표 10-2〉에서와 같이 계산한 다음 (10-2)식에 대입하면 된다.

$$r = \frac{\Sigma(X_i - \bar{X})(Y_i - \bar{Y})}{\sqrt{\Sigma(X_i - \bar{X})^2 \Sigma(Y_i - \bar{Y})^2}}$$

$$= \frac{1{,}004}{\sqrt{1{,}374(1{,}714)}}$$

$$= 0.6542$$

---

2) 모상관계수에 대한 가설검정

표본상관계수는 모상관계수의 추정량이므로, 이 표본상관계수를 이용하여 (4-49) 식으로 정의된 모상관계수에 대해 추정 및 가설검정을 행한다. 여기서는 가설이

$$H_0 : \rho = 0$$
$$H_a : \rho \neq 0$$

로 설정되는 모상관계수에 대한 가설검정을 설명한다.

먼저 표본상관계수의 분포는 평균이 ρ, 분산이 $\sigma_r^2 = \dfrac{1-\rho^2}{n-2}$ 인 정규분포를 이룬다고 가정되지만, ρ를 모르면 r을 사용하여 표본상관계수의 표준오차 s_r은

$$s_r = \sqrt{\frac{1-r^2}{n-2}} \qquad (10\text{-}4)$$

이 된다. 그리고 표본의 크기가 작을 때는 검정통계량은 다음과 같다.

$$t = \frac{r-\rho}{\sqrt{\dfrac{1-r^2}{n-2}}} = r\sqrt{\frac{n-2}{1-r^2}} \qquad (10\text{-}5)$$

이 검정통계량은 자유도가 $n-2$인 t 분포를 이룬다.

다음으로 유의수준이 α로 주어지면 양측검정에서의 임계치는 $\pm t_{\alpha/2\,;\,n-2}$이다. 검정통계량의 값을 임계치와 비교하여 귀무가설의 기각여부를 판정하면 된다.

예제 | 02

앞 예제에서 두 과목 성적 간에 상관관계가 있는지를 유의수준 5% 하에서 양측검정하라.

풀이 가설은 다음과 같이 설정된다.

$$H_0: \rho = 0$$
$$H_a: \rho \neq 0$$

$\alpha = 0.05$, $n = 10$이므로 임계치는 $\pm t_{0.025;8} = \pm 2.306$이다. 검정통계량은

$$t = r\sqrt{\frac{n-2}{1-r^2}} = (0.6542)\sqrt{\frac{10-2}{1-0.6542^2}} = 2.447$$

이고, $t = 2.447 > t_{0.025;8} = 2.306$이므로 귀무가설을 기각한다. 즉 10명 학생의 두 과목 성적 간에는 상관관계가 있다고 할 수 있다.

3. 다중상관계수와 편상관계수

1) 다중상관계수

변수가 셋 또는 그 이상일 경우에 이 변수들 중에서 한 변수와 다른 변수들 간의 관련 정도를 나타내는 계수를 다중상관계수(multiple correlation coefficient)라 한다. 예컨대, 변수가 X_1, X_2 및 Y의 세 개인 경우에 Y와 X_1, X_2의 종합적인 상관의 정도를 측정하는 척도가 다중상관계수이다.

표본에서의 다중상관계수를 $r_{Y.12}$라고 표시하면, 앞에서 설명한 단순표본

상관계수를 사용하여 다음과 같이 나타낼 수 있다.

$$r_{Y.12} = \sqrt{\frac{r_{Y1}^2 + r_{Y2}^2 - 2r_{Y1}r_{Y2}r_{12}}{1 - r_{12}^2}} \tag{10-6}$$

여기서 r_{Y1}, r_{Y2} 및 r_{12}는 각각 다음과 같다.

$$r_{Y1} = \frac{\Sigma x_{1i}y_i}{\sqrt{\Sigma x_{1i}^2 \Sigma y_i^2}} \tag{10-7}$$

$$r_{Y2} = \frac{\Sigma x_{2i}y_i}{\sqrt{\Sigma x_{2i}^2 \Sigma y_i^2}} \tag{10-8}$$

$$r_{Y12} = \frac{\Sigma x_{1i}x_{2i}}{\sqrt{\Sigma x_{1i}^2 \Sigma x_{2i}^2}} \tag{10-9}$$

2) 편상관계수

편상관계수(partial correlation coefficient)는 셋 또는 그 이상의 변수들 중에서 다른 모든 변수들을 고정시켰을 때 특정한 두 변수 간의 관련 정도를 나타내는 계수이다. 지금 세 변수 Y, X_1, X_2가 주어졌을 때 임의의 하나의 변수를 고정시키고 나머지 두 변수 간의 상관관계를 나타내는 계수가 편상관계수이다. X_2의 영향을 제거한 경우의 Y와 X_1 간의 편상관계수를 $r_{Y1.2}$, X_1의 영향을 제거한 경우의 Y와 X_2 간의 편상관계수를 $r_{Y2.1}$, 그리고 Y의 영향을 제거한 X_1과 X_2 간의 편상관계수를 $r_{12.Y}$로 나타내면, $r_{Y1.2}$, $r_{Y2.1}$ 및 $r_{12.Y}$는 각각 다음과 같다.

$$r_{Y1.2} = \frac{r_{Y1} - r_{Y2}r_{12}}{\sqrt{1 - r_{Y2}^2}\sqrt{1 - r_{12}^2}} \tag{10-10}$$

$$r_{Y2.1} = \frac{r_{Y2} - r_{Y1}r_{12}}{\sqrt{1 - r_{Y1}^2}\sqrt{1 - r_{12}^2}} \tag{10-11}$$

$$r_{12.Y} = \frac{r_{12} - r_{Y1}r_{Y2}}{\sqrt{1 - r_{Y1}^2}\sqrt{1 - r_{Y2}^2}} \tag{10-12}$$

예제 | 03

다음 표는 연령 및 근속연별 주당 평균임금에 대한 자료이다. 다중상관계수 및 편상관계수를 구하여라.

표 10-3 연령별 및 근속연별 주당 평균임금

주당 평균임금(만원) Y	평균연령(세) X_1	평균 근속연수(년) X_2
17	42	12
15	38	8
14	36	9
13	32	7
15	33	8
16	38	6
16	37	12
19	37	16
13	36	7

풀이 위의 〈표 10-3〉의 자료에 (10-7)~(10-9)식을 적용하면 다음과 같이 계산된다.

$$r_{Y1} = 0.5600$$

$$r_{Y2} = 0.8090$$

$$r_{12} = 0.3796$$

이들을 위에서 본 다중상관계수 및 편상관계수의 공식에 대입하면 다음과 같이 계산된다.

$$r_{Y.12} = \sqrt{\frac{{r_{Y1}}^2 + {r_{Y2}}^2 - 2r_{Y1}r_{Y2}r_{12}}{1-{r_{12}}^2}}$$

$$= \sqrt{\frac{(0.5600)^2 + (0.8090)^2 - 2(0.5600)(0.8090)(0.3796)}{1-(0.3796)^2}}$$

$$= 0.8539$$

$$r_{Y1.2} = \frac{r_{Y1} - r_{Y2}r_{12}}{\sqrt{1-{r_{Y2}}^2}\sqrt{1-{r_{12}}^2}}$$

$$= \frac{0.5600 - 0.8090(0.3796)}{\sqrt{1-(0.8090)^2}\sqrt{1-(0.3796)^2}}$$

$$= 0.4651$$

$$r_{Y2.1} = \frac{r_{Y2} - r_{Y1}r_{12}}{\sqrt{1-r_{Y1}^2}\sqrt{1-r_{12}^2}}$$

$$= \frac{0.8090 - 0.5600(0.3796)}{\sqrt{1-(0.5600)^2}\sqrt{1-(0.3796)^2}}$$

$$= 0.7781$$

$$r_{12.Y} = \frac{r_{12} - r_{Y1}r_{Y2}}{\sqrt{1-r_{Y1}^2}\sqrt{1-r_{Y2}^2}}$$

$$= \frac{0.3796 - 0.5600(0.8090)}{\sqrt{1-(0.5600)^2}\sqrt{1-(0.8090)^2}} = -0.1508$$

---

s • t • a • t • i • s • t • i • c • s

02 | 단순회귀분석

1. 회귀분석의 의의

회귀분석(regression analysis)은 둘 또는 그 이상의 변수들 중에서 어느 하나 또는 둘 이상의 변수들이 다른 변수의 결정요인 또는 설명요인으로 작용하는 것으로 하여 이들 변수들 간의 인과관계를 분석하는 것을 말한다. 회귀분석에서는 먼저 변수들 간의 상호관계를 함수식으로 나타내고, 이 관계식의 타당성 여부를 실제 자료를 이용하여 판단하거나 그 관계식에 의해 주어진 어느 한 변수의 변동으로부터 알려져 있지 않은 다른 변수의 변동을 예측하게 된다.

예를 들어 가처분소득이 소비지출에 영향을 미치는지의 여부를 살펴보기 위해 가처분소득과 소비지출 간의 관계를 나타내는 함수식을 구하고, 실제 자료를 이용하여 그 함수식의 적절성 여부를 판단하거나, 가처분소득의 변동에 따른 장래 소비지출을 예측하는 것과 같은 분석이 회귀분석이다. 이때 소비지출액과 같이 다른 변수의 영향을 받는 변수를 종속변수

(dependent variable)라고 하고, 가처분소득과 같이 다른 변수에 영향을 미치는 변수를 독립변수(independent variable) 혹은 설명변수(explanatory variable)라고 한다.

회귀분석에 있어서 종속변수에 대해 설명변수가 하나인 경우의 회귀분석을 단순회귀분석(simple regression analysis)이라고 하고, 설명변수가 두 개 이상인 회귀분석을 다중회귀분석(multiple regression analysis)이라고 한다.

여기서는 단순회귀분석에 대해서 설명한 후에 다중회귀분석을 다루기로 한다.

2. 단순회귀분석

1) 단순회귀모형의 설정

(1) 모형의 설정

회귀분석에서는 인과관계를 갖는 변수 간의 관계를 하나의 방정식으로 표현하는 데, 이러한 변수 간의 관계를 나타내는 방정식을 회귀방정식(regression equation)이라고 한다. 그리고 이 방정식을 그래프로 나타낸 것이 회귀선(regression line)이다. 여기서는 두 변수 간의 선형 관계를 전제로 하는 단순회귀에 대해 설명한다. 지금 변수 X를 독립변수, Y를 종속변수라고 하면, 두 변수 간의 함수관계는

$$Y = f(X)$$

로 되는데, 이를 선형방정식(linear equation)으로 나타내면

$$Y = a + bX$$

로 된다. 이 식에서는 계수 a, b가 확정되면, X의 값이 주어짐에 따라 Y의 값이 확정적으로 결정된다. 이 식은 독립변수 X가 주어지면 그에 따라 종속변수 Y가 오차없이 확정적으로 결정되는 방정식이므로, 이것을 확정적 모형(deterministic model)이라고 한다.

그러나 대부분의 사회현상에 있어서는 이러한 확정적인 관계가 주어지지

않고 우연적인 오차가 따르게 된다. 위 식에서 이러한 오차를 고려하면

$$Y_i = a + bX_i + u_i \qquad (i = 1,\ 2,\ \cdots,\ n) \qquad (10-13)$$

로 된다. 이 (10－13)식은 확률적 모형(stochastic model)인데, 이것을 단순 선형회귀모형(simple linear regression model)이라고 한다. 여기서 u_i는 확률변수로서 교란항(disturbance term) 또는 오차항(error term)이라고 하는데, 이 u_i는 일정한 확률분포를 한다. 설명의 편의를 위해 독립변수 X_i를 비확률변수라고 가정하는데, 교란항 u_i가 확률변수이기 때문에 그 함수인 종속변수 Y_i도 확률변수로 된다.

(2) 회귀모형의 교란항

(10－13)식의 회귀모형에 교란항 u_i를 포함시키는 이유는 다음과 같다. 종속변수 Y에 영향을 미치는 요인은 독립변수 X외에도 실제로는 다른 많은 요인이 있을 수 있는데, 이들 변수들의 영향을 교란항에 반영시키고자 한 것이다. 예를 들면 소비지출은 가처분소득 외에도 물가수준, 이자율 등에 의해서도 영향을 받는 것이지만 회귀모형에서는 가처분소득만을 독립변수로 취급하였기 때문에 그 외의 변수들의 영향은 교란항 u_i에 반영된다.

교란항 u_i에 대해서는 다음과 같은 것을 가정한다.

첫째, 교란항 u_i의 기대치는 0이다. 주어진 X에 대하여 가능한 모든 u_i의 값의 평균은 0이 된다. 즉

$$E(u_i) = 0 \qquad (i = 1,\ 2,\ \cdots,\ n) \qquad (10-14)$$

이 된다. 예를 들어 소비지출에 영향을 미치는 설명변수로서는 가처분소득만을 취급하고 그 외의 소비지출에 영향을 미치는 여러 요인의 효과 또는 오차들이 종속변수에 미치는 효과는 서로 상쇄된다고 가정한다.

둘째, 교란항 u_i는 서로 독립이다. 교란항들이 상관관계가 없기 때문에

$$Cov(u_i,\ u_j) = E(u_i u_j) = 0 \qquad (i \neq j) \qquad (10-15)$$

의 관계가 성립한다. 그런데 경우에 따라서는 교란항들이 서로 독립이 아닐

수도 있는데, 이러한 경우를 계열상관 혹은 자기상관(autocorrelation)이 존재한다고 한다. 여기서는 서로 다른 교란항들이 서로 독립되어 자기상관이 존재하지 않는 경우를 가정한다.

셋째, 교란항 u_i는 모든 X값에 대하여 동일한 분산 σ_u^2을 갖는다. 즉

$$Var(u_i) = E(u_i^2) = \sigma_u^2 \qquad (i = 1, 2, \cdots, n) \qquad (10-16)$$

이다. 따라서 교란항 u_i의 분포형태는 모든 X에 대해서 같다. 이와 같이 모든 독립변수의 값에 대해 교란항의 분산이 같은 경우를 동분산(homoskedasticity)이라고 한다. 반면에 독립변수의 값이 달라짐에 따라서 교란항의 분산이 달라지는 경우를 이분산(heteroskedasticity)이라고 한다. 여기서는 동분산을 가정한다.

넷째, 교란항 u_i와 독립변수 X는 상관관계를 가지지 않는다. 즉

$$Cov(u_i, X_i) = E(u_i X_i) = 0 \qquad (i = 1, 2, \cdots, n) \qquad (10-17)$$

이 된다.

이상에서와 같이 교란항 u_i는 서로 독립적이고 평균이 0, 분산이 σ_u^2인 정규분포를 이룬다. 그리고 위에서 살펴본 교란항의 기대치와 분산이 각각 (10－14), (10－16)식과 같이

$$E(u_i) = 0 \qquad Var(u_i) = \sigma_u^2$$

이므로, Y_i의 기대치와 분산은

$$E(Y_i) = E(a + bX_i + u_i) = a + bX_i \qquad (10-18)$$

$$\begin{aligned} Var(Y_i) &= E[\{Y_i - E(Y_i)\}^2] \\ &= E[\{(a + bX_i + u_i) - (a + bX_i)\}^2] \\ &= E(u_i^2) = \sigma_u^2 \end{aligned} \qquad (10-19)$$

으로 구해진다. 이때 교란항 u_i가 정규분포를 이룬다고 가정할 경우 Y_i도 정규분포를 하게 된다. 이러한 관계를 그림으로 나타낸 것이 [그림 10－2]이다.

● 그림 10-2 Y의 확률분포

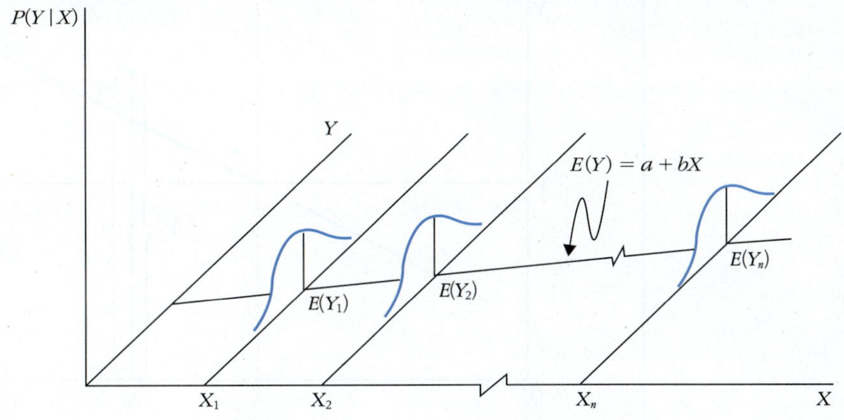

위의 [그림 10-2]에서 직선

$$E(Y_i) = a + bX_i \tag{10-20}$$

를 모회귀선(population regression line) 또는 진회귀선(true regression line)이라 한다. 그리고 a와 b를 회귀모수(regression parameter)라고 한다.

2) 회귀방정식의 추정

회귀모형이 설정되면 모수 a, b의 값을 구해야 한다. 그러나 모집단 전체를 대상으로 조사하여 모수 a, b를 구한다는 것은 일반적으로 비용과 시간이 많이 요구될 뿐만 아니라 불가능한 경우도 있다. 따라서 두 변수 X, Y의 표본관측치로부터 회귀모수 a, b를 추정해야 한다. a, b의 추정량을 각각 $\hat{a}$, $\hat{b}$ 라고 하면, Y_i의 추정치 $\hat{Y}_i$는

$$\hat{Y}_i = \hat{a} + \hat{b}X_i \qquad (i = 1, 2, \cdots, n) \tag{10-21}$$

로 된다. 이 (10-21)식을 추정된 회귀선(estimated regression line) 또는 표본회귀선(sample regression line)이라고 한다. 그리고 $\hat{a}$, $\hat{b}$ 를 추정된 회귀계수(estimated regression coefficient)라고 한다. 여기서 모수 a와 b 대신에

그림 10-3 잔차 e_i

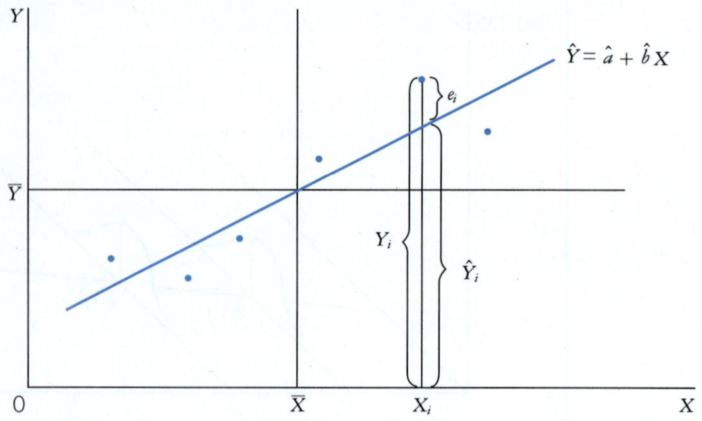

그 추정치 $\hat{a}$ 와 $\hat{b}$ 가 계수로 사용되므로 추정치 $\hat{Y}_i$ 는 실제치 Y_i 와 일치하지 않는다. 즉 $\hat{Y}_i$ 와 Y_i 간에는 차이가 생기는데, 이 차이를 잔차(residual)라고 한다. 잔차를 e_i 로 표시하면, [그림 10-3]에서와 같이

$$e_i = Y_i - \hat{Y}_i$$

로 된다. 따라서

그림 10-4 교란항 u_i 와 잔차 e_i

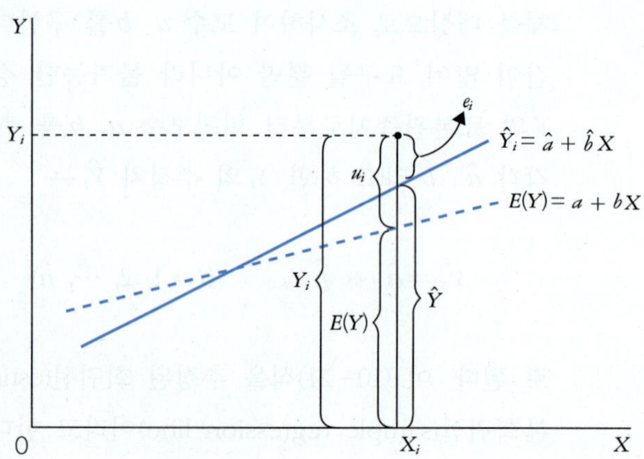

$$Y_i = \hat{Y}_i + e_i = \hat{a} + \hat{b}X_i + e_i \qquad (i = 1,\ 2,\ \cdots,\ n) \qquad (10-22)$$

의 관계가 성립한다.

앞의 (10-13)식과 (10-22)식을 비교해 보면, 회귀모수 a, b와 추정된 회귀계수 $\hat{a}$, $\hat{b}$는 각각 서로 다르기 때문에 u_i와 e_i는 서로 다르다. 이 u_i와 e_i의 관계를 나타낸 것이 [그림 10-4]이다.

(1) 최소자승법에 의한 회귀방정식의 추정

여기서는 회귀선

$$\hat{Y}_i = \hat{a} + \hat{b}X_i$$

를 추정하는 방법에 대해서 설명한다.

표본관찰치로부터 두 변수 간의 관계를 보다 잘 설명할 수 있는 회귀선을 구하기 위해서는 여러 가지 방법이 있을 수 있다. 그 중 우선 잔차 e_i의 합을 최소로 하는 방법을 생각할 수 있다.

즉, 모든 잔차들의 합계

$$\sum e_i = \sum (Y_i - \hat{Y}_i) \qquad (10-23)$$

가 최소가 되도록 회귀선을 구하는 방법을 생각할 수 있다. 그러나 이 방법

그림 10-5 잔차 합계를 기준으로 한 회귀선의 비교

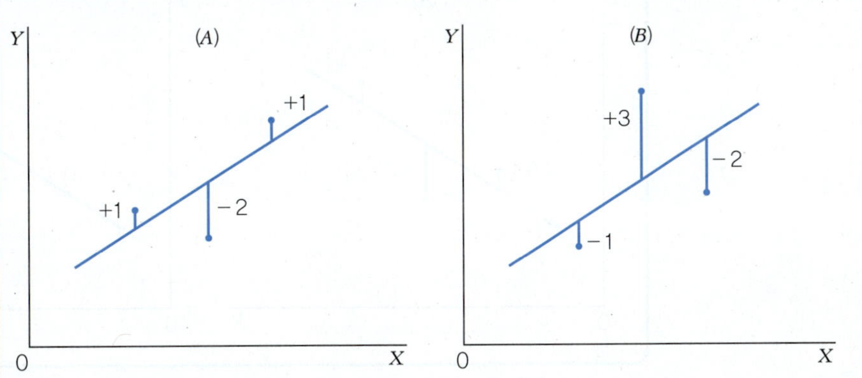

은 잔차들을 합계할 때 양(+)의 잔차와 음(−)의 잔차가 상쇄되므로 실제의 잔차가 그 잔차들의 합계에 반영되지 않는다. 따라서 잔차 합계를 기준으로 하여 회귀선을 구하는 방법은 적합하다고 할 수 없다. 이것은 [그림 10−5]를 보면 알 수 있다. 즉 [그림 10−5]의 (A)와 (B)는 잔차의 합계가 모두 같으나, (A)의 회귀선이 (B)의 회귀선보다 두 변수 간의 관계를 더 정확하게 나타낸다고 할 수 있다.

다음으로 잔차들이 갖는 부호 때문에 생기는 문제를 해결하기 위하여 잔차들의 절대치의 합계

$$\sum|e_i| = \sum|Y_i - \hat{Y}_i| \tag{10-24}$$

를 최소를 하는 방법을 생각할 수 있다. 이 방법은 잔차의 부호로부터 생기는 문제는 제거할 수 있으나, [그림 10−6]에서 보는 바와 같이 여기에도 또 다른 문제점이 있다. 즉 (A)보다 (B)의 회귀선의 경우가 잔차의 절대치의 합계는 작게 되지만, (A)의 회귀선이 (B)의 그것보다 모든 관측치를 적절하게 고려하고 있다는 점에서 (A)가 보다 적합한 회귀선이라고 할 수 있다.

잔차들의 부호에 따른 문제점을 제거하기 위한 다른 방법으로서 잔차들의 제곱의 합계

$$\sum e_i^2 = \sum(Y_i - \hat{Y}_i)^2 \tag{10-25}$$

그림 10-6 잔차의 절대치의 합계를 기준으로 한 회귀선의 비교

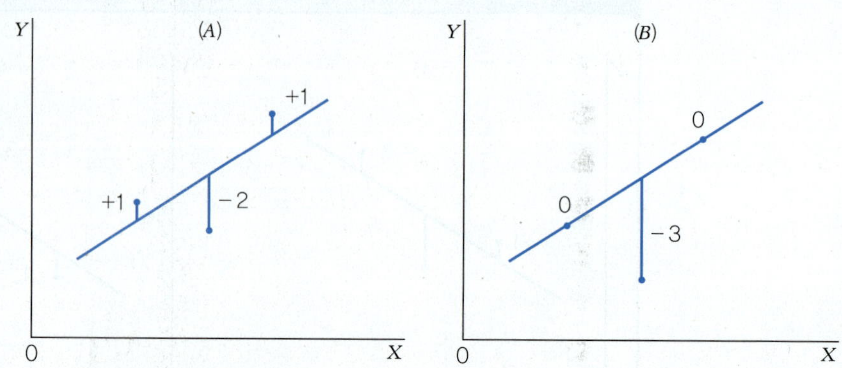

을 최소로 하는 방법이 있다. 이 방법을 최소자승법(method of least squares)이라고 한다. 이 방법은 부호 상의 문제점을 해결해 줄 뿐아니라 수학적으로 다루기가 편리하다. 때문에 회귀선의 추정에는 이 최소자승법이 널리 이용되고 있다. 여기서는 이 최소자승법에 의해서 회귀선을 구하는 방법에 대해서 설명하기로 한다.

최소자승법은 앞에서 본 바와 같이 잔차들의 자승의 합계

$$\sum e_i^2 = \sum (Y_i - \hat{Y}_i)^2$$

이 최소가 되는 회귀선을 구하는 방법이다. 따라서 표본관측치로부터

$$\sum e_i^2 = \sum (Y_i - \hat{Y}_i)^2$$

이 최소로 되는

$$\hat{Y} = \hat{a} + \hat{b}X$$

의 $\hat{a}$ 와 $\hat{b}$ 를 구하면 된다.

앞의 (10−25)식에 $\hat{Y}_i = \hat{a} + \hat{b}X_i$를 대입하면 잔차의 자승합 $\sum e_i^2$은

$$\begin{aligned}\sum e_i^2 &= \sum (Y_i - \hat{Y}_i)^2 \\ &= \sum (Y_i - \hat{a} - \hat{b}X_i)^2 \qquad (10-26)\end{aligned}$$

이 된다. 이 (10−26)식을 최소로 하는 $\hat{a}$, $\hat{b}$ 의 값을 구하면 된다. (10−26)식을 최소로 하는 $\hat{a}$, $\hat{b}$ 의 값을 구하기 위해서는 (10−26)식을 $\hat{a}$ 와 $\hat{b}$에 대하여 각각 편미분하고 그것을 0으로 두면 된다.

(10−26)식을 $\hat{a}$, $\hat{b}$ 에 대하여 각각 편미분하여 그 값을 0으로 두면 다음 식이 얻어진다.

$$\frac{\partial}{\partial \hat{a}}(\sum e_i^2) = -2\sum (Y_i - \hat{a} - \hat{b}X_i) = 0$$
$$\frac{\partial}{\partial \hat{b}}(\sum e_i^2) = -2\sum X_i (Y_i - \hat{a} - \hat{b}X_i) = 0$$

이 두 식을 정리하면

$$\sum Y_i = n\hat{a} + \hat{b}\sum X_i \tag{10-27}$$

$$\sum X_i Y_i = \hat{a}\sum X_i + \hat{b}\sum X_i^2 \tag{10-28}$$

으로 되는데, 이 두 방정식을 정규방정식(normal equation)이라고 한다. 이 정규방정식을 풀면 $\hat{a}$, $\hat{b}$ 가 다음과 같이 구해진다.

$$\hat{a} = \frac{\sum X_i^2 \sum Y_i - \sum X_i \sum X_i Y_i}{n\sum X_i^2 - (\sum X_i)^2} \tag{10-29}$$

$$\hat{b} = \frac{n\sum X_i Y_i - \sum X_i \sum Y_i}{n\sum X_i^2 - (\sum X_i)^2}$$

$$= \frac{\sum X_i Y_i - \bar{X}\sum Y_i}{\sum X_i^2 - \bar{X}\sum X_i} \tag{10-30}$$

여기서 $\hat{a}$ 는 표본회귀선의 절편을 나타내고, $\hat{b}$는 표본회귀선의 기울기를 나타낸다. (10－27)식을 n로 나누면

$$\bar{Y} = \hat{a} + \hat{b}\bar{X} \tag{10-31}$$

로 된다. 따라서 최소자승법으로 구한 회귀선은 평균점($\bar{X}$, $\bar{Y}$)를 항상 지나게 된다는 것을 알 수 있다.

그런데 (10－30)식의 $\hat{b}$는

$$\hat{b} = \frac{\sum (X_i - \bar{X})(Y_i - \bar{Y})}{\sum (X_i - \bar{X})^2} \tag{10-32}$$

로 쓸 수 있으므로,[2] (10－32)식에서 $x_i = X_i - \bar{X}$, $y_i = Y_i - \bar{Y}$로 두면, $\hat{b}$ 는

---

2) (10－30)식의 $\sum X_i Y_i - \bar{X}\sum Y_i$는

$$\sum X_i Y_i - \bar{X}\sum Y_i = \sum X_i Y_i - n\bar{X}\bar{Y} = \sum (X_i - \bar{X})(Y_i - \bar{Y})$$

이고, $\sum X_i^2 - \bar{X}\sum X_i$는

$$\sum X_i^2 - \bar{X}\sum X_i = \sum X_i^2 - n\bar{X}^2 = \sum (X_i - \bar{X})^2$$

이다.

$$\hat{b} = \frac{\sum x_i y_i}{\sum x_i^2} \qquad (10-33)$$

로 된다. 그리고 $\hat{a}$ 의 값은 (10−31)식에 $\hat{b}$를 대입하면

$$\hat{a} = \overline{Y} - \hat{b}\overline{X} \qquad (10-34)$$

로 된다.

예제 | 04

〈표 10−4〉의 총소비지출(Y)과 총가처분소득(X)의 자료에서 최소자승법에 의하여 X에 대한 Y의 회귀선을 구하고 그것을 그려라.

표 10−4 총가처분소득액과 총소비지출액 (단위: 백억원)

연 도	총소비지출액(Y)	총가처분소득액(X)
2006	331	350
2007	333	364
2008	357	385
2009	385	405
2010	396	438
2011	431	473
2012	456	512
2013	502	543
2014	530	590
2015	579	630

풀이 〈표 10−4〉의 자료에 대한 회귀계수 $\hat{a}$, $\hat{b}$의 계산을 간단하게 하기 위하여 〈표 10−5〉를 이용한다.

〈표 10−5〉의 계산 결과를 (10−32)식 또는 (10−33)식과 (10−34)식에 대입하면 $\hat{a}$와 $\hat{b}$는 다음과 같이 구해진다.

$$\hat{b} = \frac{\sum(X_i - \overline{X})(Y_i - \overline{Y})}{\sum(X_i - \overline{X})^2}$$
$$= \frac{74,571}{85,202}$$

표 10-5 회귀직선의 계산 예

연 도	Y_i ①	X_i ②	$y_i = Y_i - \overline{Y}$ ③	$x_i = X_i - \overline{X}$ ④	$x_i y_i = (X_i - \overline{X}) \cdot (Y_i - \overline{Y})$ ⑤=③×④	$x_i^2 = (X_i - \overline{X})^2$ ⑥=④²	$y_i^2 = (Y_i - \overline{Y})^2$ ⑦=③²
2006	331	350	−99	−119	11,781	14,161	9,801
2007	333	364	−97	−105	10,185	11,025	9,409
2008	357	385	−73	−84	6,132	7,056	5,329
2009	385	405	−45	−64	2,880	4,096	2,025
2010	396	438	−34	−31	1,054	691	1,156
2011	431	473	1	4	4	16	1
2012	456	512	26	43	1,118	1,849	676
2013	502	543	72	74	5,328	5,476	5,184
2014	530	590	100	121	12,100	14,641	10,000
2015	579	630	149	161	23,989	25,921	22,201
합 계	4,300	4,690	0	0	74,571	85,202	65,782

$$= 0.8752$$

$$\begin{aligned} \hat{a} &= \overline{Y} - \hat{b}\overline{X} \\ &= 430 - (0.8752)(469) \\ &= 19.5312 \end{aligned}$$

그림 10-7 총가처분소득액에 대한 총소비지출액의 회귀선

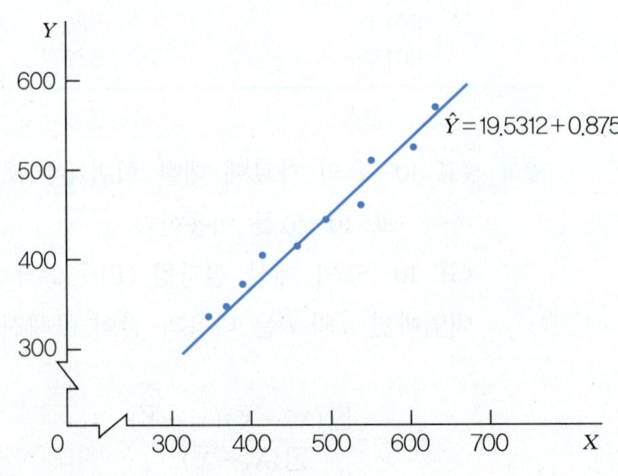

따라서 추정된 회귀방정식은

$$\hat{Y} = 19.5312 + 0.8752X$$

로 된다. 이 회귀방정식을 그리면 [그림 10-7]과 같다.

---

(2) 최소자승추정량의 성질

앞에서는 최소자승법에 의하여 회귀모수 a와 b에 대한 추정량 $\hat{a}$와 $\hat{b}$를 구하였다. 최소자승법에 의해서 구한 추정량을 최소자승추정량이라고 하는데, 여기서는 이들 최소자승추정량 $\hat{a}$와 $\hat{b}$가 갖는 성질에 관하여 설명하기로 한다. $\hat{a}$와 $\hat{b}$가 갖는 성질은 다음과 같다. 이에 관한 증명은 생략한다.

① 선형추정량

최소자승추정량 $\hat{a}$와 $\hat{b}$는 Y의 관측치의 선형추정량(linear estimator)이다. 즉 $\hat{a}$와 $\hat{b}$가 각각 Y_i와 선형관계를 갖는다.

② 불편추정량

최소자승추정량 $\hat{a}$와 $\hat{b}$는 각각 회귀모수 a와 b의 불편추정량(unbiased estimator)이 된다. $\hat{a}$와 $\hat{b}$의 불편성은

$$E(\hat{a}) = a, \; E(\hat{b}) = b$$

가 된다는 것을 의미한다.

③ 최소분산추정량

최소자승추정량 $\hat{a}$, $\hat{b}$는 모든 선형불편추정량 중에서 가장 작은 분산을 가진다. $\hat{a}$와 $\hat{b}$의 분산을 구하면, $\hat{a}$의 분산 $Var(\hat{a})$는

$$Var(\hat{a}) = \sigma_u^2\left(\frac{1}{n} + \frac{\overline{X}^2}{\sum x_i^2}\right) \qquad (10-35)$$

이고, $\hat{b}$의 분산 $Var(\hat{b})$은

$$Var(\hat{b}) = \frac{\sigma_u{}^2}{\sum x_i{}^2} \tag{10-36}$$

으로 된다.

위에서 구한 $\hat{a}$, $\hat{b}$의 분산 $Var(\hat{a})$와 $Var(\hat{b})$는 각각 다른 어떤 선형불편추정량의 분산보다도 작다.

이상에서 최소자승추정량 $\hat{a}$와 $\hat{b}$는 회귀모수 a와 b의 모든 선형불편추정량 중에서 최소분산을 갖는 최량추정량이라는 것을 알았다. 따라서 최소자승법에 의해서 구한 추정량 $\hat{a}$와 $\hat{b}$가 갖는 이러한 성질 때문에 이 $\hat{a}$와 $\hat{b}$를 회귀모수 a와 b의 최량선형불편추정량(best linear unbiased estimator; BLUE)이라고 한다. 그리고 이와 같이 최소자승추정량 $\hat{a}$와 $\hat{b}$가 회귀모수 a와 b의 선형불편추정량 중에서 최량선형불편추정량(BLUE)이라는 사실을 가우스-마르코프 정리(Gauss-Markov theorem)라고 한다.

(3) 교란항의 분산 추정

앞의 (10-35)식과 (10-36)식에서 보았듯이 추정량 $\hat{a}$와 $\hat{b}$의 분산 $Var(\hat{a})$와 $Var(\hat{b})$은 모두 교란항의 분산 $\sigma_u{}^2$을 포함하고 있다. 따라서 $Var(\hat{a})$와 $Var(\hat{b})$을 구하기 위해서는 교란항의 분산 $\sigma_u{}^2$을 알아야 한다. 그러나 교란항 u의 분산 $\sigma_u{}^2$을 알 수가 없다. 따라서 $\hat{a}$과 $\hat{b}$의 분산을 추정하기 위해서는 잔차 e를 이용하여 $\sigma_u{}^2$의 추정량을 구해야 한다.

교란항의 분산 $\sigma_u{}^2$을 잔차 e를 이용하여 추정해 보기로 한다. 앞에서 본 바와 같이 잔차 e_i는 다음과 같이 쓸 수 있다.

$$\begin{aligned} e_i &= Y_i - \hat{Y}_i \\ &= (Y_i - \overline{Y}) - (\hat{Y}_i - \overline{Y}) \\ &= y_i - \hat{y}_i \quad \text{단, } y_i = Y_i - \overline{Y},\ \hat{y}_i = \hat{Y}_i - \overline{Y} \end{aligned}$$

(10-21)식에서 (10-31)식을 빼면 $\hat{y}_i = \hat{b}x_i$이므로 e_i는

$$e_i = y_i - \hat{b}x_i \tag{10-37}$$

로 된다. 그리고 (10-13)식 $Y_i = a + bX_i + u_i$를 n개의 표본관측치에 대해

평균하면

$$\overline{Y} = a + b\overline{X} + \overline{u} \tag{10-38}$$

로 되므로, (10−13)식에서 (10−38)식을 빼면

$$Y_i - \overline{Y} = a + bX_i + u_i - a - b\overline{X} - \overline{u}$$
$$y_i = bx_i + (u - \overline{u})$$

가 얻어진다. 이것을 e_i에 대입하면

$$e_i = -(\hat{b} - b)x_i + (u_i - \overline{u})$$

가 된다. 이 잔차 e_i 의 자승합을 구하면

$$\sum e_i^2 = (\hat{b} - b)^2 \sum x_i^2 + \sum (u_i - \overline{u})^2 - 2(\hat{b} - b)\sum x_i (u_i - \overline{u})$$

로 된다. 이 $\sum e_i^2$의 기대치는

$$E(\sum e_i^2) = (n - 2)\sigma_u^2$$

으로 구해진다.

여기서 $\hat{\sigma}_u^2$을

$$\hat{\sigma}_u^2 = s_e^2 = \frac{\sum e_i^2}{n - 2} \tag{10-39}$$

으로 정의하면, $\hat{\sigma}_u^2 = s_e^2$의 기대치는

$$E(\hat{\sigma}_u^2) = E\left(\frac{\sum e_i^2}{n - 2}\right) = \sigma_u^2$$

이므로, $\hat{\sigma}_u^2 = s_e^2$은 교란항의 분산 σ_u^2에 대한 불편추정량이 된다. 이 교란

항의 분산에 대한 추정량 s_e^2을 잔차분산(residual variance)이라고도 한다. 그리고 이 s_e^2의 제곱근

$$s_e = \sqrt{\frac{\sum e_i^2}{n-2}} \tag{10-40}$$

을 회귀의 표준오차(standard error of regression; *SER*)라고 한다. 이 회귀의 표준오차는 관찰치들이 추정된 회귀선을 중심으로 분산되어 있는 정도를 나타내므로 회귀선의 적합도(goodness of fitting)의 척도가 된다. 즉 s_e의 값이 작을수록 n개의 관찰치들이 모두 회귀선 주위에 밀집해 있다는 것을 나타낸다.

(4) 회귀계수의 표준오차

(10-35)식과 (10-36)식의 σ_u^2을 $\hat{\sigma}_u^2$으로 대체하면 $\hat{a}$와 $\hat{b}$의 표준오차 $s_{\hat{a}}$와 $s_{\hat{b}}$는

$$s_{\hat{a}} = s_e\sqrt{\frac{1}{n} + \frac{\bar{X}^2}{\sum x_i^2}} = \sqrt{\left(\frac{\sum e_i^2}{n-2}\right)\left(\frac{1}{n} + \frac{\bar{X}^2}{\sum x_i^2}\right)} \tag{10-41}$$

$$s_{\hat{b}} = s_e\sqrt{\frac{1}{\sum x_i^2}} = \sqrt{\frac{\sum e_i^2}{(n-2)\sum x_i^2}} \tag{10-42}$$

로 구해지는데, 이들을 회귀계수의 표준오차(standard error of regression coefficients)라고 한다. 이 값들은 추정량 $\hat{a}$ 와 $\hat{b}$의 표준오차들을 계산가능한 형태로 구한 것이다.

예제 | 05

[예제 04]를 이용하여 회귀의 표준오차와 추정량 $\hat{a}$, $\hat{b}$ 의 표준오차를 구하라.

풀이 먼저 잔차의 제곱합 $\sum e_i^2$을 다음 식에 의해 구한다. 잔차는 $e_i = y_i - \hat{b}x_i$이므로

$$\sum e_i^2 = \sum(y_i - \hat{b}x_i)^2$$

$$\begin{aligned}
&= \sum(y_i^2 - 2\hat{b}x_iy_i + \hat{b}^2x_i^2) \\
&= \sum y_i^2 - 2\hat{b}\sum x_iy_i + \hat{b}^2\sum x_i^2 \\
&= \sum y_i^2 - 2\hat{b}\sum x_iy_i + \left(\frac{\sum x_iy_i}{\sum x_i^2}\right)^2\sum x_i^2 \\
&= \sum y_i^2 - 2\hat{b}\sum x_iy_i + \hat{b}\sum x_iy_i \\
&= \sum y_i^2 - \hat{b}\sum x_iy_i \qquad (10-43)
\end{aligned}$$

이 식을 이용하여 잔차의 제곱합을 구하면

$$\begin{aligned}
\sum e_i^2 &= 65{,}782 - \frac{74{,}571}{85{,}202}(74{,}571) \\
&= 515.527
\end{aligned}$$

이다. 따라서 회귀의 표준오차 및 회귀계수의 표준오차는 〈표 10-5〉에서의 결과를 같이 이용하여 다음과 같이 계산된다.

$$\begin{aligned}
s_e &= \sqrt{\frac{\sum e_i^2}{n-2}} = \sqrt{\frac{515.527}{8}} = 8.0275 \\
s_{\hat{a}} &= s_e\sqrt{\frac{1}{n} + \frac{\bar{X}^2}{\sum x_i^2}} = (8.0275)\sqrt{\frac{1}{10} + \frac{469^2}{85{,}202}} = 13.1456 \\
s_{\hat{b}} &= s_e\sqrt{\frac{1}{\sum x_i^2}} = (8.0275)\sqrt{\frac{1}{85{,}202}} = 0.0275
\end{aligned}$$

여기에서 계산된 회귀계수의 표준오차를 [예제 04]에서 측정한 회귀방정식과 함께 표시할 때에는 다음과 같이 각 추정치 아래 표시하는 것이 일반적이다.

$$\begin{aligned}
\hat{Y} = \ &19.5312 + 0.8752X \\
&(13.1456) \quad (0.0275)
\end{aligned}$$

---

3) 회귀선의 결정계수

앞에서는 단순회귀모형을 설정하여 최소자승법에 의해서 표본관측치로부터 표본회귀직선을 추정하는 방법에 대해서 설명하였다. 그런데 추정된 회귀선이 모든 관찰점들을 지난다고는 할 수 없다. 추정된 회귀선이 모든 관찰점들 가까이 지나가게 되면 잔차들의 대부분이 작게 나타나게 되어, 회귀선의 적합도는 높아지지만, 그렇지 못하고 잔차들의 대부분이 크게 나타나면 회귀선의 적합도는 낮아진다. 그러므로 회귀선이 표본관측치에 얼마나 적합하게 추정되었는지를 검토해 볼 필요가 있다. 따라서 여기서는 표본관측치로부터 추정된 회귀선이 그 관측자료에 어느 정도 적합한가를 측정하는 계수인 결정계수(coefficient of determination)에 대해서 설명한다.

회귀선의 적합도는 잔차의 크기에 의존하므로, 추정된 회귀선의 적합도를 결정하는 데는 잔차가 이용된다. 잔차 e_i는 앞에서 본 바와 같이

$$e_i = Y_i - \hat{Y}_i$$

인데, 이것을 고쳐 쓰면

$$Y_i = \hat{Y}_i + e_i$$

로 된다. 이 식의 양변에 Y의 평균 $\overline{Y}$를 빼면

$$(Y_i - \overline{Y}) = (\hat{Y}_i - \overline{Y}) + e_i \qquad (10-44)$$

그림 10-8 Y의 변동의 분해

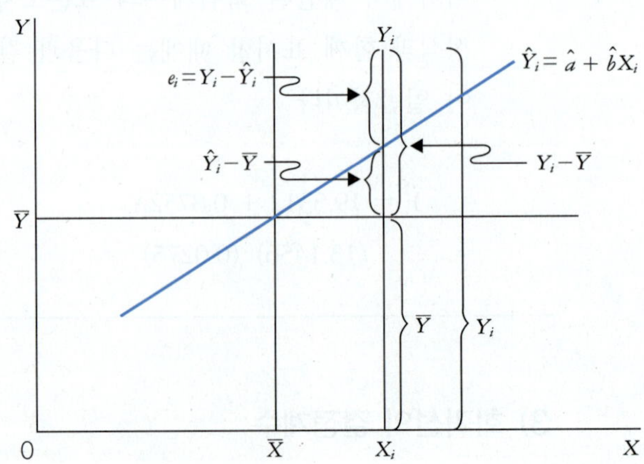

로 된다. 이 (10-44)식에서 $\overline{Y}$에서 Y_i까지의 거리는 [그림 10-8]에서와 같이 $\overline{Y}$에서 $\hat{Y}_i$까지의 거리와 $\hat{Y}_i$에서 Y_i까지의 거리로 나누어진다는 것을 알 수 있다.

회귀선이 실제관측치에 어느 정도 적합하게 추정되었는지를 보기 위해서 (10-44)식의 양변의 자승합을 구하면

$$\sum(Y_i - \overline{Y})^2 = \sum(\hat{Y}_i - \overline{Y})^2 + \sum e_i^2 \qquad (10-45)$$

로 된다.[3]

이 (10-45)식에서 좌변 $\sum(Y_i - \overline{Y})^2$은 $\overline{Y}$를 기준으로 한 Y의 총변동을 나타낸다. 이것은 Y의 변동을 $\overline{Y}$에 대한 편차의 제곱합으로 측정한 것이므로 총제곱합(total sum of squares; TSS)이라고 한다. $\sum(\hat{Y}_i - \overline{Y})^2$은 Y의 총변동 중에서 회귀선에 의해서 설명된 변동(explained variation)인데, 회귀제곱합(regression sum of squares; RSS)이라고 한다. 그리고 $\sum e_i^2$은 총변동 중에서 회귀선에 의해서 설명되지 않은 변동(unexplained variation)인데, 이것을 오차제곱합(error sum of squares; ESS)이라고 부른다.

따라서 Y의 총변동은 회귀선에 의해서 설명된 변동과 설명되지 않은 변동으로 나누어진다. 즉

$$TSS = RSS + ESS \qquad (10-46)$$

로 된다. 여기서 설명된 변동이 총변동 중에서 차지하고 있는 비율

$$R^2 = \frac{RSS}{TSS} = \frac{\sum(\hat{Y}_i - \overline{Y})^2}{\sum(Y_i - \overline{Y})^2} \qquad (10-47)$$

---

3) (10-44)식의 양변의 제곱합은

$$\begin{aligned}\sum(Y_i - \overline{Y})^2 &= \sum[(\hat{Y}_i - \overline{Y}) + \sum e_i]^2 \\ &= \sum(\hat{Y}_i - Y)^2 + 2\sum(\hat{Y}_i - \overline{Y})\epsilon_i + \sum e_i^2 \qquad ①\end{aligned}$$

으로 된다. 여기서 $2\sum(\hat{Y}_i - \overline{Y})e_i$에 $\hat{Y}_i = \hat{a} + \hat{b}X_i$를 대입하면

$$\begin{aligned}2\sum(\hat{Y}_i - \overline{Y})e_i &= 2\sum(\hat{a} + \hat{b}X_i - \overline{Y})e_i \\ &= 2[\hat{a}\sum e_i + \hat{b}\sum X_i e_i - \overline{Y}\sum e_i]\end{aligned}$$

로 되는데, $\sum e_i = 0$, $\sum X_i e_i = 0$이므로 $2\sum(\hat{Y}_i - \overline{Y})e_i = 0$으로 된다.
또 $\sum X_i e_i = \sum X_i(Y_i - \hat{a} - \hat{b}X_i) = \sum X_i Y_i - \hat{a}\sum X_i - \hat{b}\sum X_i^2$에서 $\sum X_i Y_i = \hat{a}\sum X_i + \hat{b}\sum X_i^2$이므로 $\sum X_i e_i = 0$이다. 따라서 ①식에서 다음과 관계가 성립한다.

$$\sum(Y_i - \overline{Y})^2 = \sum(\hat{Y}_i - \overline{Y})^2 + \sum e_i^2$$

을 회귀선의 결정계수(coefficient of determination)라고 한다. 또한 이것은

$$R^2 = 1 - \frac{ESS}{TSS} = 1 - \frac{\sum e_i^2}{\sum(Y_i - \bar{Y})^2} \qquad (10-48)$$

으로도 나타낼 수 있다.

결정계수 R^2은 Y의 총변동 중에서 추정된 회귀선에 의해서 설명된 부분이 얼마인가를 나타낸다. 따라서 결정계수 R^2은 추정된 회귀선이 표본관측치에 얼마나 적합한가를 나타내는 척도가 된다.

그런데 (10-48)식에서 알 수 있듯이 $\sum e_i^2$이 0이면 R^2는 1이 되고 $\sum e_i^2$이 크면 클수록 R^2은 1보다 작아진다. 그러므로 R^2값의 범위는

$$0 \leq R^2 \leq 1$$

이 된다. R^2이 1이라는 것은 Y의 총변동이 회귀선에 의해 완전히 설명된다는 것이며, 따라서 이때에는 모든 관측치가 선형회귀선 상에 있게 된다. 이에 대해 R^2이 0이면 회귀선이 X와 Y 간의 관계를 전혀 설명하지 못한다는 것을 의미한다. 그러므로 결정계수 R^2이 크다는 것은 종속변수와 독립변수 간의 함수관계가 깊다는 것을 의미한다. 즉 R^2이 1에 가까울수록 회귀선은 그 적합도가 높고 또 그만큼 추정이 잘 되었다는 것을 뜻한다.

예제 | 06

〈표 10-4〉의 자료에서 결정계수 R^2을 구하라.

풀이 〈표 10-5〉의 $\sum y_i^2$과 [예제 05]에서 계산한 $\sum e_i^2$ 값을 (10-48)식에 대입하면 다음과 같이 계산된다.

$$R^2 = 1 - \frac{\sum e_i^2}{\sum(Y_i - \bar{Y})^2} = 1 - \frac{515.527}{65,782}$$
$$= 1 - 0.0078 \fallingdotseq 0.992$$

이처럼 R^2의 값이 0.992라는 것은 Y의 전체 변동 중에서 회귀선에 의해서 설명된 부분이 99.2%라는 것을 의미한다.

4) 구간추정과 가설검정

지금까지 단순회귀모형

$$Y_i = a + bX_i + u_i$$

를 가정하고, 두 변수 X, Y의 실제 관측에서 얻은 자료로써 최소자승법을 사용하여 표본회귀선

$$\hat{Y}_i = \hat{a} + \hat{b}X_i$$

를 구하는 방법을 살펴보았다. 즉 이 회귀선은 모집단에서 추출된 하나의 표본으로부터 구한 것이므로 모회귀선

$$E(Y_i) = a + bX_i$$

을 추정한 것이다. 따라서 추정량 $\hat{a}$ 와 $\hat{b}$의 값이 통계적으로 신뢰할 수 있는지의 여부를 검토할 필요가 있다. 이와 관련된 것이 회귀모수 및 모회귀선에 대한 구간추정과 가설검정이다. 여기서는 먼저 통계량인 $\hat{a}$, $\hat{b}$및 $\hat{Y}$의 표본분포에 대해 알아보고 나서 이를 기초로 하여 구간추정과 가설검정에 대하여 살펴보기로 한다.

(1) 구간추정

① 회귀모수의 구간추정

최소자승법에 의해서 구한 회귀계수 $\hat{a}$ 와 $\hat{b}$는 표본을 이용하여 구해진 것이기 때문에 $\hat{a}$ 와 $\hat{b}$는 회귀모수 a 및 b와 일치하지 않는다. 일반적인 추정방법과 마찬가지로 회귀모수 a, b에 대한 구간추정에 대해 설명한다.

회귀모수 a와 b의 구간추정을 위하여 먼저 그 추정량 $\hat{a}$ 와 $\hat{b}$가 어떠한 표본분포를 갖는지를 알아 보기로 한다. 표본이 달라짐에 따라 $\hat{a}$ 와 $\hat{b}$가 달라지므로 회귀선이 달라진다. 크기가 n인 표본을 계속적으로 추출하여 $\hat{a}$ 와 $\hat{b}$를 구하면 $\hat{a}$ 와 $\hat{b}$는 각각 일정한 분포를 갖는다. 그런데 앞의 회귀모형의 설명에서 본 바와 같이 u_i는 정규분포를 이룬다고 했으므로 Y_i도 정

규분포를 이룬다. 따라서 Y_i 와 선형관계에 있는 $\hat{a}$ 와 $\hat{b}$도 각각 정규분포를 이룬다. 그러므로 $\hat{a}$ 와 $\hat{b}$의 분산 $\sigma_{\hat{a}}{}^2$과 $\sigma_{\hat{b}}{}^2$이 알려져 있을 경우에는

$$Z = \frac{\hat{a}-a}{\sigma_{\hat{a}}}$$

$$Z = \frac{\hat{b}-b}{\sigma_{\hat{b}}}$$

는 각각 표준정규분포를 이룬다. 따라서 표준정규분포를 이용하여 각 신뢰수준에 따라서 회귀모수 a와 b의 구간추정을 행할 수 있다.

먼저 회귀모수인 b의 구간추정에 대해서 설명한다. $\hat{b}$의 분산 $\sigma_{\hat{b}}{}^2$이 알려져 있을 경우에는, $\hat{b}$는 앞에서 살펴본 바와 같이 평균이 b, 분산이 $\sigma_{\hat{b}}{}^2 = \dfrac{\sigma_u{}^2}{\sum(X_i - \bar{X})^2}$인 정규분포를 이룬다. 따라서

$$Z = \frac{\hat{b}-b}{\sigma_{\hat{b}}}$$

는 표준정규분포를 이룬다. 그러므로 표준정규분포표를 이용하여 각 신뢰수준에 따라서 회귀모수인 b의 구간추정을 행할 수 있다.

b에 대한 $100(1-\alpha)\%$ 신뢰구간은 다음과 같이 구한다. 여기서 α는 유의수준을 나타낸다. Z가 $-z_{\alpha/2}$와 $z_{\alpha/2}$사이에 포함될 확률이 $100(1-\alpha)\%$이므로

$$P(-z_{\alpha/2} \leq Z \leq z_{\alpha/2}) = 1-\alpha$$

가 된다. Z를 고쳐 쓰면

$$P\left(-z_{\alpha/2} \leq \frac{\hat{b}-b}{\sigma_{\hat{b}}} \leq z_{\alpha/2}\right) = 1-\alpha$$

이 얻어진다. 이 식의 괄호 안의 부등식을 b에 대해서 풀면, b의 신뢰구간은

$$\hat{b} - z_{\alpha/2} \cdot \sigma_{\hat{b}} \leq b \leq \hat{b} + z_{\alpha/2} \cdot \sigma_{\hat{b}} \qquad (10-49)$$

로 정해진다. a의 경우에도 마찬가지로

$$Z = \frac{\hat{a} - a}{\sigma_{\hat{a}}}$$

가 정규분포를 이루므로, a에 대한 $100(1-\alpha)\%$ 신뢰구간은

$$\hat{a} - z_{\alpha/2} \cdot \sigma_{\hat{a}} \leq a \leq \hat{a} + z_{\alpha/2} \cdot \sigma_{\hat{a}} \qquad (10-50)$$

로 된다.

예를 들어 b에 대한 95% 신뢰구간은

$$\hat{b} - 1.96 \cdot \sigma_{\hat{b}} \leq b \leq \hat{b} + 1.96 \cdot \sigma_{\hat{b}}$$

로 된다.

그런데 현실적으로 교란항의 분산 σ_u^2을 알지 못하므로 $\sigma_{\hat{b}}$를 계산할 수 없다. 그래서 앞에서 구한 $\sigma_{\hat{b}}$의 추정치인 $\hat{b}$의 표준오차 $s_{\hat{b}}$를 대용하여 b의 구간추정을 행해야 한다. 이와 같이 $\sigma_{\hat{b}}$이 알려져 있지 않을 때에는

$$t = \frac{\hat{b} - b}{s_{\hat{b}}} \qquad (10-51)$$

로 정의되는 t통계량을 이용해야 한다. 이 통계량은 자유도 $n-2$인 t분포를 이룬다. 따라서 t분포표를 이용하여 각 신뢰수준에서의 b의 신뢰구간을 추정할 수 있다. b에 대한 $100(1-\alpha)\%$ 신뢰구간은 다음과 같이 구한다. t가 $-t_{\alpha/2;n-2}$와 $t_{\alpha/2;n-2}$ 사이에 포함될 확률이 $100(1-\alpha)\%$ 이므로

$$p(-t_{\alpha/2;n-2} \leq t \leq t_{\alpha/2;n-2}) = 1 - \alpha$$

로 된다. 여기서 t값을 고쳐 쓰면

$$P\left(-t_{\alpha/2;n-2} \leq \frac{\hat{b} - b}{s_{\hat{b}}} \leq t_{\alpha/2;n-2}\right) = 1 - \alpha$$

이 얻어지는데, 이 식의 괄호 안의 부등식을 b에 대해서 풀면 b의 신뢰구간은 다음과 같이 정해진다.

$$\hat{b} - t_{\alpha/2;n-2} \cdot s_{\hat{b}} \leq b \leq \hat{b} + t_{\alpha/2;n-2} \cdot s_{\hat{b}} \qquad (10-52)$$

a에 대해서도 마찬가지로

$$t = \frac{\hat{a} - a}{s_{\hat{a}}}$$

가 자유도 $n-2$인 t분포를 이루므로, a에 대한 $100(1-\alpha)\%$ 신뢰구간은

$$\hat{a} - t_{\alpha/2;n-2} \cdot s_{\hat{a}} \leq a \leq \hat{a} + t_{\alpha/2;n-2} \cdot s_{\hat{a}} \qquad (10-53)$$

로 정해진다.

예를 들어 신뢰수준이 95%라면 b의 신뢰구간은

$$\hat{b} - t_{0.025;n-2} \cdot s_{\hat{b}} \leq b \leq \hat{b} + t_{0.025;n-2} \cdot s_{\hat{b}}$$

로 정해진다.

예제 | 07

[예제 04]의 자료에서 회귀모수 a와 b의 95% 신뢰구간을 구하라.

풀이 [예제 04]에서 구한 회귀계수와 [예제 05]에서 계산된 표준오차를 이용한다. 그리고 표본의 크기가 10이므로 t통계량을 이용하여 계산한다. 신뢰수준이 95%이고 자유도는 10 − 2 = 8이므로 [부표 V]에서 $t_{0.025;8} = 2.306$이 얻어진다. 따라서 a와 b의 신뢰구간은 각각 다음과 같이 정해진다.

$$\hat{a} - t_{0.025;8} \cdot s_{\hat{a}} \leq a \leq \hat{a} + t_{0.025;8} \cdot s_{\hat{a}}$$
$$19.5312 - 2.306(13.1456) \leq a \leq 19.5312 + 2.306(13.1456)$$
$$-10.783 \leq a \leq 49.845$$

$$\hat{b} - t_{0.025;8} \cdot s_{\hat{b}} \leq b \leq \hat{b} + t_{0.025;8} \cdot s_{\hat{b}}$$

$$0.8752 - 2.306(0.0275) \leq b \leq 0.8752 + 2.306(0.0275)$$

$$0.812 \leq b \leq 0.939$$

---

② 모회귀선의 구간추정

모회귀선은 $E(Y_i) = a + bX_i$인데 그 추정량으로는 $\hat{Y}_i = \hat{a} + \hat{b}X_i$를 이용한다. X가 일정치 X_0로 주어졌을 때 그것에 대응하는 $E(Y_0)$의 신뢰구간을 구하기 위해서는 $\hat{Y}_0 = \hat{a} + \hat{b}X_0$가 그 추정량이 된다. 따라서 $E(Y_0)$에 대한 구간추정을 행하기 위해서는 그 추정량인 $\hat{Y}_0$가 어떠한 분포를 하는지를 알아야 한다.

앞의 가정에서 본 바와 같이 $\hat{a}$와 $\hat{b}$가 모두 정규분포를 이루므로 $\hat{Y}_0$도 정규분포를 이루는데, 그 평균과 분산은 각각 다음과 같다.

$$\begin{aligned} E(\hat{Y}_0) &= E(\hat{a} + \hat{b}X_0) \\ &= E(\hat{a}) + E(\hat{b})X_0 \\ &= a + bX_0 = E(Y_0) \end{aligned} \qquad (10-54)$$

$$Var(\hat{Y}_0) = \sigma_u^2\left\{\frac{1}{n} + \frac{(X_0-\bar{X})^2}{\sum x_i^2}\right\} = \sigma_{\hat{Y}_0}^2 \qquad (10-55)$$ [4)]

그리고 (10－54)식과 (10－55)식을 이용하면

$$Z = \frac{\hat{Y}_0 - E(Y_0)}{\sigma_{\hat{Y}_0}}$$

---

4) $$\begin{aligned} \sigma_{\hat{Y}_0}^2 &= Var(\hat{Y}_0) \\ &= E[\{\hat{Y}_0 - E(\hat{Y}_0)\}^2] \\ &= E[\{(\hat{a}-a) + (\hat{b}-b)X_0\}^2] \\ &= E[(\hat{a}-a)^2 + X_0^2(\hat{b}-b)^2 + 2X_0(\hat{a}-a)(\hat{b}-b)] \\ &= E[(\hat{a}-a)^2 + X_0^2E(\hat{b}-b)^2] + 2X_0E[(\hat{a}-a)(\hat{b}-b)] \\ &= Var(\hat{a}) + X_0^2Var(\hat{b}) + 2X_0Cov(\hat{a}, \hat{b}) \\ &= \sigma_u^2\left(\frac{1}{n} + \frac{\bar{X}^2}{\sum x_i^2}\right) + X_0^2\frac{\sigma_u^2}{\sum x_i^2} - 2X_0\frac{\sigma_u^2\bar{X}}{\sum x_i^2} \\ &= \sigma_u^2 \cdot \frac{1}{n} + \frac{\sigma_u^2}{\sum x_i^2}(\bar{X}^2 + X_0^2 - 2X_0\bar{X}) \\ &= \sigma_u^2\left\{\frac{1}{n} + \frac{(X_0-\bar{X})^2}{\sum x_i^2}\right\} \end{aligned}$$

는 표준정규분포를 이루는데, $\sigma_{\hat{Y}_0}$가 알려져 있는 경우에는 Z를 이용하여 각 신뢰수준에 따라 $E(Y_0)$의 신뢰구간을 구할 수 있다. 따라서 $E(Y_0)$의 95% 신뢰구간은

$$\hat{Y}_0 - 1.96 \cdot \sigma_{\hat{Y}_0} \leq E(Y_0) \leq \hat{Y}_0 + 1.96 \cdot \sigma_{\hat{Y}_0}$$

로 구해진다.

그러나 σ_u^2이 알려져 있지 않으므로 σ_u^2 대신에 그 추정치 s_e^2을 사용한다. 동시에 $n < 30$인 경우에는, $E(Y_0)$의 구간추정은

$$t = \frac{\hat{Y}_0 - E(Y_0)}{s_{\hat{Y}_0}} \tag{10-56}$$

로 정의되는 t통계량을 이용한다. 이 t통계량은 자유도 $n-2$인 t분포를 따른다. 여기서 $S_{\hat{Y}_0}$는

$$S_{\hat{Y}_0} = s_e\sqrt{\frac{1}{n} + \frac{(X_0 - \overline{X})^2}{\sum x_i^2}} \tag{10-57}$$

이다. 그러므로 $E(Y_0)$의 $100(1-\alpha)\%$ 신뢰구간은 다음과 같이 정해진다.

$$\hat{Y}_0 - t_{\alpha/2;\mathrm{n-2}} \cdot s_{\hat{Y}_0} \leq E(Y_0) \leq \hat{Y}_0 + t_{\alpha/2;\mathrm{n-2}} \cdot s_{\hat{Y}_0} \tag{10-58}$$

또는

$$E(Y_0) = \hat{Y}_0 \pm t_{\alpha/2;\mathrm{n-2}} \cdot s_{\hat{Y}_0} \tag{10-59}$$

로 된다.

그런데 X_0의 값이 변함에 따라 $\hat{Y}_0$의 값이 변할 뿐 아니라 (10-55)식에서 볼 수 있는 바와 같이 $\hat{Y}_0$의 분산도 변하게 된다. 즉 $\hat{Y}_0$의 분산은 $X_0 = \overline{X}$일 때 최소로 되고, X_0와 $\overline{X}$의 차이가 커질수록 $\hat{Y}_0$의 분산은 커지게 된다. 이것을 그림으로 나타내면 [그림 10-9]와 같다. 여기서 볼 수 있는 바와 같이 X_0가 $\overline{X}$에서 멀리 떨어질수록 $E(Y_0)$의 신뢰구간의 폭은 점점 넓어지게 된다.

그림 10-9 $E(Y_0)$ 의 신뢰구간

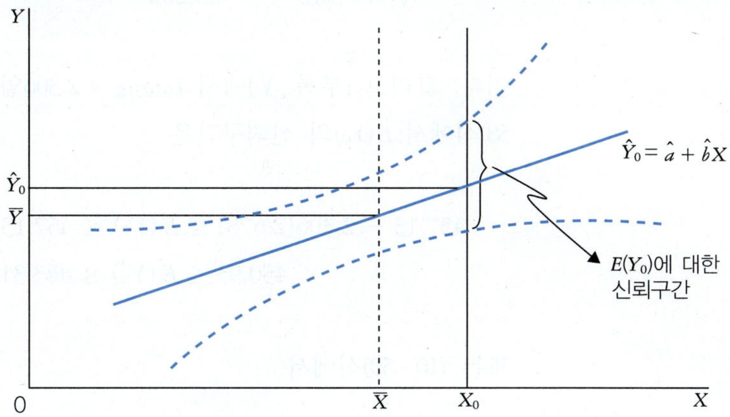

예제 | 08

〈표 10－4〉자료에서 가처분소득액이 $X_0 = 500$일 때 소비지출액이 Y_0의 기대치 $E(Y_0)$의 95% 신뢰구간을 구하여라. 또 이것을 $X_0 = 600$일 때의 $E(Y_0)$의 95% 신뢰구간과 비교하여라.

풀이 $X_0 = 500$일 때, [예제 04]에서 구한 회귀방정식을 이용하면 $\hat{Y}_0$는

$$\begin{aligned}\hat{Y}_0 &= \hat{a} + \hat{b}X_0 \\ &= 19.5312 + (0.8752)(500) \\ &= 457.13\end{aligned}$$

임을 알 수 있다. 또 σ_u^2에 대한 추정치 s_e^2은

$$s_e^2 = \frac{\sum e_i^2}{n-2} = \frac{515.527}{8} = 64.44$$

이므로 (10－57)식에서

$$s_{\hat{Y}_0} = \sqrt{s_e^2\left\{\frac{1}{n} + \frac{(X_0 - \overline{X})^2}{\sum x_i^2}\right\}}$$

$$= \sqrt{64.44\left\{\frac{1}{10} + \frac{(500-469)^2}{85{,}202}\right\}} = \sqrt{7.17} = 2.678$$

이다. 그리고 [부록 Ⅴ]에서 $t_{0.025;8} = 2.306$임을 알 수 있으므로, (10-58)식에서 $E(Y_0)$의 신뢰구간은

$$457.13 - 2.306(2.678) \le E(Y_0) \le 457.13 + 2.306(2.678)$$
$$450.95 \le E(Y_0) \le 463.31$$

또는 (10-59)식에서

$$E(Y_0) = 457.13 \pm 6.18$$

로 구해진다.

다음으로 $X_0 = 600$일 때는

$$\hat{Y}_0 = 19.5312 + 0.8752(600) = 544.65$$
$$s_{\hat{Y}_0} = \sqrt{64.44\left\{\frac{1}{10} + \frac{(600-469)^2}{85{,}202}\right\}} = \sqrt{19.42} = 4.41$$

이므로, 신뢰구간은

$$544.65 - 2.306(4.41) \le E(Y_0) \le 544.65 + 2.306(4.41)$$
$$534.48 \le E(Y_0) \le 554.82$$

이것을 $X_0 = 500$일 경우와 비교해 보면 신뢰구간의 폭이 더 넓어졌음을 알 수 있다.

---

(2) 가설검정

앞에서 모회귀선이

$$E(Y_i) = a + bX_i$$

로 주어지는 모형을 설정했다. 이것은 X와 Y의 함수적 관계를 설정한 것으로 하나의 가설을 제시한 것이며, 이 가설은 추출된 표본에 의해서 검정되지 않으면 안된다. 따라서 여기서는 회귀모수 a와 b에 대한 가설검정을 설명하기로 한다.

먼저 b에 대한 가설검정을 설명한다. 회귀모수 b에 대한 가설검정은 $Y_i = a + bX_i$에서 $b=0$라는 가설을 표본관측치에서 구한 $\hat{b}$로써 검정하는 것이다. 물론 $b=0$이 아닌 경우에도 가설검정은 가능하지만, 회귀분석에 있어서 그 대부분이 독립변수 X가 종속변수 Y에 영향을 미치는가 혹은 미치지 않는가 하는 가설을 검정하는 것이므로, 가설은 다음과 같이 설정된다.

$$H_0: b=0$$
$$H_a: b \neq 0$$

가설이 설정되면 일정한 유의수준에 따른 기각역의 임계치를 구하여 이것과 검정통계량의 값을 비교하여 가설검정을 행한다. 검정통계량으로는 $\sigma_{\hat{b}}$가 알려져 있지 않으므로 t통계량을 사용한다. 즉 t통계량

$$t = \frac{\hat{b} - b}{s_{\hat{b}}} \tag{10-60}$$

를 이용하여 가설을 검정한다. 여기서 귀무가설 H_0를 $b=0$으로 두었기 때문에, 이 귀무가설 H_0를 검정하기 위해서는 $b=0$을 위의 t통계량에 적용시키면

$$t = \frac{\hat{b} - 0}{s_{\hat{b}}} = \frac{\hat{b}}{s_{\hat{b}}} \tag{10-61}$$

로 된다. 그러므로 이 t를 이용하여 각 유의수준에 따라 b에 대한 가설검정을 행할 수 있다.

유의수준이 α인 경우에는 검정통계량 t값이

$$\frac{\hat{b}}{s_{\hat{b}}} < -t_{\alpha/2;\mathrm{n}-2} \quad \text{또는} \quad \frac{\hat{b}}{s_{\hat{b}}} > t_{\alpha/2;\mathrm{n}-2} \tag{10-62}$$

이면 귀무가설은 기각된다. 귀무가설 H_0가 기각되면 b는 0과 통계적으로 다르다는 것이므로, X와 Y의 인과관계가 성립된다는 것이다. 즉 X가 Y에 영향을 미치는 중요한 변수라는 것이다. 그리고 t값이

$$-t_{\alpha/2;n-2} \leq \frac{\hat{b}}{s_{\hat{b}}} \leq t_{\alpha/2;n-2} \tag{10-63}$$

이면 귀무가설 H_0는 채택된다. H_0가 채택되면 b는 0과 통계적으로 현저하게 다르다고 할 수 없는 것이다. 이는 X가 Y에 영향을 미치는 중요한 변수라고 할 수 없다는 것이다.

그런데 b의 부호를 결정적으로 말해주는 사전 지식이 주어진 경우에는, 귀무가설을 H_0: $b=0$로 설정하고 이에 대하여 대립가설은 H_a: $b>0$ 또는 H_a: $b<0$으로 설정할 수 있으며, 이 경우에는 단측검정을 해야 한다. 단측검정은 유의수준에 따라 기각역을 한쪽에만 정하고 앞의 8장에서 설명한 일반적인 방법과 마찬가지로 행하면 된다. 그러나 앞에서 설명한 바와 같이 회귀분석에 있어서는 종속변수와 독립변수 간의 관계를 설명하려는 것이므로 대체로 양측검정을 행하게 된다.

그리고 a에 대한 가설검정은 b의 경우와 같은 방법으로 행할 수 있다.

예제 | 09

[예제 04]의 $\hat{Y} = 19.5312 + 0.8752X$를 이용하여 유의수준 $\alpha = 0.05$에서 귀무가설 H_0: $b=0$을 검정하여라.

풀이 검정통계량은 다음과 같이 계산된다.

$$t = \frac{\hat{b}}{s_{\hat{b}}} = \frac{0.8752}{0.0275} = 31.825$$

또 [부표 V]에서 $t_{0.025;8} = 2.306$을 구할 수 있다. 따라서

$$t = 31.825 > t_{0.025;8} = 2.306$$

이므로 귀무가설 H_0를 기각한다. 즉 가처분소득액 X는 소비지출액 Y에 영향을 미치는 변수라고 할 수 있다.

---

(3) 회귀의 분산분석

앞에서 설명한 회귀모수 b에 대한 가설검정, 즉 독립변수 X가 종속변수 Y에 영향을 미치는지에 대한 검정은 분산분석으로도 가능하다.

(10−45)식과 (10−46)식에서 보았듯이 관찰치 Y의 총변동(TSS)은 회귀선에 의해 설명된 변동(RSS)과 설명되지 않은 변동(ESS)으로 나누어진다. 독립변수 X와 종속변수 Y 간에 인과관계가 존재한다면 RSS가 ESS 보다 분명히 크게 나타날 것이다.

이들 두 변동은 서로 다른 자유도를 가지는데 각 변동을 그 자유도로 나누면 교란항의 모분산 $\sigma_u{}^2$의 불편추정량이 된다. 이것을 다음과 같이 나타낼 수 있다.

$$MSR = RSS/1 = \sum(\hat{Y}_i - \overline{Y})^2 \qquad (10-64)$$

$$MSE = ESS/(n-2) = \frac{\sum e_i{}^2}{n-2} \qquad (10-65)$$

즉 회귀제곱합은 그 자체로 $\sigma_u{}^2$의 불편추정량인데, 이것을 회귀평균제곱(mean square of regression)이라고 한다. 그리고 오차제곱합을 자유도 $n-2$로 나눈 것을 오차평균제곱(mean square of error)이라고 하는데, 이것은 (10−39)식에서 살펴본 잔차분산과 같다. 이 둘은 서로 독립이기 때문에

$$F = \frac{MSR}{MSE} = \frac{RSS}{ESS/(n-2)} \qquad (10-66)$$

는 자유도 $(1, n-2)$인 F분포를 이룬다. 이것을 검정통계량으로 하여 가설

표 10-6 분산분석표

변동원인	제곱합	자유도	평균제곱	F비율
회 귀 오 차	$RSS=\Sigma(\hat{Y}_i-\bar{Y})^2$ $ESS=\Sigma e_i^2$	1 $n-2$	$MSR=RSS/1$ $MSE=\dfrac{ESS}{n-2}$	$F=\dfrac{MSR}{MSE}$
합 계	$TSS=\Sigma(Y_i-\bar{Y})^2$	$n-1$		

$$H_0: b=0$$
$$H_a: b\neq 0$$

에 대한 기각여부를 판정한다. 즉 (10-66)식의 검정통계량 값과 유의수준 α에서의 임계치 $F_\alpha(1,\ n-2)$를 비교하여 $F > F_\alpha(1,\ n-2)$이면 귀무가설을 기각하고, $F \le F_\alpha(1,\ n-2)$이면 귀무가설을 채택한다. 지금까지의 설명은 다음 〈표 10-6〉의 분산분석표로 요약된다.

예제 | 10

[예제 4]의 자료로부터 분산분석표를 작성하고, $H_0: b=0$을 유의수준 5%에서 검정하라.

풀이 분산분석표는 다음과 같다.

표 10-7 분산분석표

변동원인	제곱합	자유도	평균제곱	F비율
회 귀 오 차	65,233.473 515.527	1 8	65,233.473 64.441	F=1,012.30
합 계	65,782.000	9		

$F=1{,}012.30>F_{0.05}(1,\ 8)=5.32$이므로 귀무가설을 기각한다. 따라서 X, Y 간에는 인과관계가 존재한다고 할 수 있다.

5) 회귀분석과 예측

앞에서 X가 일정치 X_0로 주어졌을 때 그에 대응하는 Y의 기대치 $E(Y_0)$에 대한 신뢰구간을 구하는 문제를 설명하였는데, 여기서는 X_0에 대응하는 개개의 Y_0의 예측문제를 설명한다.

Y_0의 점예측치 $\hat{Y}_0$는 추정된 회귀선

$$\hat{Y}_0 = \hat{a} + \hat{b}X$$

에 독립변수 X의 미래의 어떤 값 X_0를 대입하면 구해진다. 즉

$$\hat{Y}_0 = \hat{a} + \hat{b}X_0$$

로 된다. 그러나 점예측치 $\hat{Y}_0$는 실제치 Y_0와는 일반적으로 차이가 생기는데, 이 차이를 예측오차(prediction error)라고 한다. 점예측치 $\hat{Y}_0$와 그 시점에서의 실제치 Y_0는 각각

$$\hat{Y}_0 = \hat{a} + \hat{b}X_0$$
$$Y_0 = a + bX_0 + u_0$$

로 나타내지므로, 예측오차 ε은

$$\begin{aligned} \varepsilon &= Y_0 - \hat{Y}_0 \\ &= a + bX_0 + u_0 - \hat{a} - \hat{b}X_0 \\ &= (a - \hat{a}) + (b - \hat{b})X_0 + u_0 \end{aligned} \qquad (10-67)$$

로 된다. 여기서 알 수 있듯이 예측오차는 a, b의 추정량의 오차와 교란항 u 때문에 생긴다. 그런데 u와 a, b가 모두 정규분포를 이루므로 예측오차 ε도 정규분포를 이루는 확률변수이다.

이 예측오차의 기대치 $E(\varepsilon)$는

$$\begin{aligned} E(\varepsilon) &= E(Y_0 - \hat{Y}_0) \\ &= E[(a - \hat{a}) + (b - \hat{b})X_0 + u_0] \end{aligned}$$

$$= E(a-\hat{a}) + E(b-\hat{b})X_0 + E(u_0)$$
$$= 0 \tag{10-68}$$

로 된다. 그리고 이 예측오차의 분산 $Var(\varepsilon)$은

$$Var(\varepsilon) = \sigma_u^2\left\{1 + \frac{1}{n} + \frac{(X_0-\overline{X})^2}{\sum x_i^2}\right\} \tag{10-69}$$

이다.[5] 따라서 예측오차 ε은 평균이 0, 분산이 $Var(\varepsilon)$인 정규분포를 이룬다.

그런데 위의 예측오차의 분산 $Var(\varepsilon)$에서 σ_u^2은 알려져 있지 않으므로 s_e^2으로 대체하면, 예측오차의 분산 추정량 s_ε^2은

$$s_\varepsilon^2 = s_e^2\left[1 + \frac{1}{n} + \frac{(X_0-\overline{X})^2}{\sum x_i^2}\right] \tag{10-70}$$

으로 된다. 이것의 제곱근

$$s_\varepsilon = s_e\sqrt{1 + \frac{1}{n} + \frac{(X_0-\overline{X})^2}{\sum x_i^2}} \tag{10-71}$$

을 예측의 표준오차(standard error of prediction)라고 한다.

이때 통계량

$$t = \frac{Y_0 - \hat{Y}_0}{s_\varepsilon} = \frac{\varepsilon}{s_\varepsilon} \tag{10-72}$$

은 자유도가 $n-2$인 t분포를 이룬다. 따라서 예측하고자 하는 Y_0의

---

5) $Var(\varepsilon) = E[(Y_0-\hat{Y}_0) - E(Y_0-\hat{Y}_0)]^2 = E[(Y_0-\hat{Y}_0)^2]$

$= E[\{(a-\hat{a}) + (b-\hat{b})X_0 + u_0\}^2]$

$= E[u_0^2 + \{(\hat{a}-a) + (\hat{b}-b)X_0\}^2 - 2u_0\{(\hat{a}-a) + (\hat{b}-b)X_0\}]$

$= E(u_0^2) + E[\{(\hat{a}-a) + (\hat{b}-b)X_0\}^2] - 2E[u_0\{(\hat{a}-a) + (\hat{b}-b)X_0\}]$

$= \sigma_u^2 + \sigma_u^2\left\{\frac{1}{n} + \frac{(X_0-\overline{X})^2}{\sum x_i^2}\right\}$

$= \sigma_u^2\left\{1 + \frac{1}{n} + \frac{(X_0-\overline{X})^2}{\sum x_i^2}\right\}$

그림 10-10 Y_0에 대한 예측구간

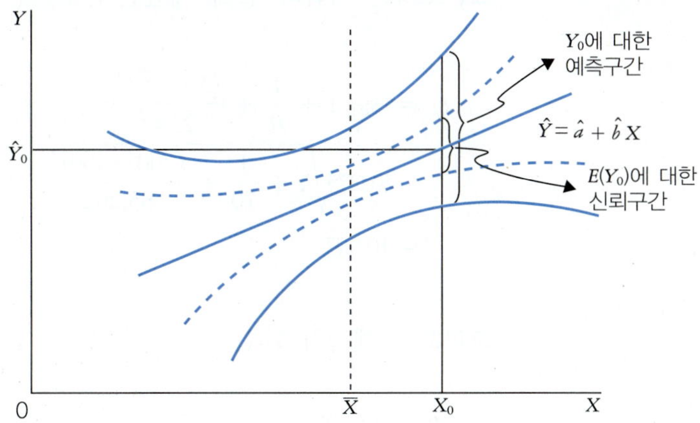

$100(1-\alpha)\%$ 신뢰구간은

$$-t_{\alpha/2;n-2} \leq \frac{Y_0-\hat{Y}_0}{s_\varepsilon} \leq t_{\alpha/2;n-2}$$

$$\hat{Y}_0 - t_{\alpha/2;n-2} \cdot s_\varepsilon \leq Y_0 \leq \hat{Y}_0 + t_{\alpha/2;n-2} \cdot s_\varepsilon \tag{10-73}$$

로 주어진다. 이것은 X_0가 주어졌을 때 Y_0에 대한 예측구간(prediction interval)을 나타낸다.

(10-73)식에 의하면 (10-71)식에서 주어진 s_ε 때문에 $X_0=\bar{X}$일 때 예측구간의 폭이 가장 좁고 X_0가 $\bar{X}$에서 멀리 떨어질수록 예측구간의 폭은 넓어진다. 즉 예측의 신빙성은 점차 낮아진다는 것을 알 수 있다. 이것을 그림으로 나타낸 것이 [그림 10-10]이다. 이 그림에서 나타나 있는 모든 가능한 X_0에 대한 Y_0의 예측구간의 상 · 하 한계선을 예측대(prediction band)라고 한다. 이 예측구간의 폭은 s_ε의 크기에 의존하는데, s_ε은 $s_{\hat{Y}_0}$보다 크다. 따라서 예측구간이 $E(Y_0)$의 신뢰구간보다 넓다.

예제 | 11

〈표 10-4〉의 자료에서 구한 회귀선 $\hat{Y}=19.5312+0.8752X$를 이용하여 2018년의 가처분소득이 $X_0=700$으로 될 것이 예상될 때 2018년의 소비지출액 Y_0의 95% 예측구간을 구하여라.

풀이 먼저 [부표 V]에서 $t_{0.025;8} = 2.306$을 구할 수 있다. 그리고 예측의 표준오차는 다음과 같이 계산된다.

$$
\begin{aligned}
s_\varepsilon &= s_e\sqrt{1+\frac{1}{n}+\frac{(X_0-\bar{X})^2}{\sum x_i^2}} \\
&= 8.0275\sqrt{1+\frac{1}{10}+\frac{(700-469)^2}{85,202}} \\
&= 10.547
\end{aligned}
$$

그리고 점예측치 $\hat{Y}_0$는

$$
\begin{aligned}
\hat{Y}_0 &= \hat{a} + \hat{b}X_0 \\
&= 19.5312 + 0.8752(700) \\
&= 632.17
\end{aligned}
$$

이므로, 이상의 값들을 (10−73)식에 대입하면 예측구간을 구할 수 있다.

$$
\hat{Y}_0 - t_{\alpha/2;n-2}\cdot s_\varepsilon \le Y_0 \le \hat{Y}_0 + t_{\alpha/2;n-2}\cdot s_\varepsilon
$$

$$
632.17 - (2.306)(10.547) \le Y_0 \le 632.17 + (2.306)(10.547)
$$

$$
607.85 \le Y_0 \le 656.49
$$

즉, 2018년의 소비지출액이 607.85와 656.49 사이에 있을 확률이 0.95라는 것을 의미한다.

s • t • a • t • i • s • t • i • c • s

03 | 다중회귀분석

1. 다중회귀분석의 의의

앞에서는 독립변수가 하나만 있는 경우의 단순회귀모형에 관하여 설명하였다. 그런데 때때로 어떤 종속변수는 두 개 또는 그 이상의 독립변수들에 의해서 영향을 받게 되는 경우가 있다. 특히 대부분의 사회현상을 설명하는 데 있어서 종속변수의 변화는 두 개 이상의 독립변수에 의해서 좌우되므로 두 변수 간의 관계만을 나타내는 단순회귀모형으로 설명한다는 것은 적절하지 못하다. 이러한 경우에는 적절한 독립변수를 여러 개 선택하여 이들의 함수로써 종속변수를 나타내는 것이 더욱 적합할 것이다. 예를 들어 어떤 재화에 대한 수요량은 그 재화의 가격의 감소함수로 나타나는데, 그외에도 소득, 다른 재화의 가격 등이 그 재화의 수요량에 영향을 미친다. 따라서 어떤 재화의 가격 외에 소득, 다른 재화의 가격 등을 함께 고려해야 그 재화의 수요량 변동을 보다 정확히 나타낼 수 있을 것이다.

이와 같이 두 개 이상의 독립변수를 함께 고려하여 종속변수의 변화를 설명하고자 하는 회귀분석을 다중회귀분석(multiple regression analysis) 또는 중회귀분석이라고 한다. 아래에서는 앞에서 다룬 단순선형회귀모형을 설명변수가 두 개 이상인 다중선형회귀모형으로 확장시켜 변수 간의 제관계를 설명하기로 한다.

2. 다중회귀방정식의 추정

1) 다중회귀모형의 설정

종속변수 Y와 k개의 독립변수 X_1, X_2, ⋯, X_k간의 다중선형회귀모형은 다음 (10-71)식과 같이 나타낼 수 있다.

$$Y_i = a + b_1X_{1i} + b_2X_{2i} + \cdots + b_kX_{ki} + u_i \qquad (10-74)$$
$$(i = 1,\ 2,\ \cdots,\ n)$$

이 다중선형회귀모형에서도 단순선형회귀모형에서와 마찬가지로 교란항 u_i는 평균이 0이고 분산이 σ_u^2인 정규분포를 이룬다고 가정한다. 따라서 종속변수 Y는 평균과 분산이 각각

$$E(Y_i) = a + b_1X_{1i} + b_2X_{2i} + \cdots + b_kX_{ki} \tag{10-75}$$

$$Var(Y_i) = \sigma_u^2 \tag{10-76}$$

인 정규분포를 이룬다. 회귀모수 a, b_1, $\cdots$, b_k의 추정량을 $\hat{a}$, $\hat{b}_1$, $\cdots$, $\hat{b}_k$라고 하면, 추정된 회귀식은 다음과 같이 쓸 수 있다.

$$\hat{Y}_i = \hat{a} + \hat{b}_1X_{1i} + \hat{b}_2X_{2i} + \cdots + \hat{b}_kX_{ki} \tag{10-77}$$

다중선형회귀모형이 설정되면 최소자승법을 사용하여 회귀계수 $\hat{a}$, $\hat{b}_1$, $\cdots$, $\hat{b}_k$를 구하면 된다. 그런데 독립변수의 수가 이와 같이 많은 경우에는 최소자승법에 의하여 $\hat{a}$, $\hat{b}_1$, $\cdots$, $\hat{b}_k$를 구하기 위해서는 벡터(vector)와 행렬(matrix)을 이용해야 하나, 여기서는 이들을 사용하여 다중선형회귀모형을 다루는 것을 생략하기로 한다. 다만 여기서는 다중선형회귀모형 중에서 가장 단순한 형태인 독립변수가 두 개인 선형회귀모형에 대해서 설명하기로 한다.

(10-74)식의 다중선형회귀모형에서 독립변수를 두 개로 한정시키면 다중선형회귀모형은

$$Y_i = a + b_1X_{1i} + b_2X_{2i} + u_i \tag{10-78}$$

로 된다. 다중선형회귀모형에 있어서 교란항 u_i에 대한 가정은 앞의 단순선형모형에서의 u_i에 대한 가정이 그대로 적용된다. 그런데 앞의 가정에 추가하여 다중선형회귀모형에서는 표본의 수가 독립변수의 수보다 더 커야 회귀계수를 추정할 수 있다. 또한 독립변수들 간에 1차함수 관계가 성립되어 완전한 상관관계가 존재하면 회귀계수를 추정할 수 없는데 이러한 현상을 다중공선성(multicollinearity)이라고 한다.

2) 최소자승법에 의한 다중회귀방정식의 추정

앞에서 본 바와 같이 독립변수가 2개인 다중선형회귀모형은

$$Y_i = a + b_1 X_{1i} + b_2 X_{2i} + u_i \qquad (10-79)$$

로 된다. 여기서 회귀모수 a, b_1, b_2의 값을 추정해야 하지만, 모회귀선에서 a, b_1, b_2를 구할 수가 없기 때문에 X_1, X_2, Y의 표본관측치에서 a, b_1, b_2를 추정해야 한다. a, b_1, b_2의 추정치를 각각 $\hat{a}$, $\hat{b}_1$, $\hat{b}_2$라고 하면, Y_i의 추정치 $\hat{Y}_i$는

$$\hat{Y}_i = \hat{a} + \hat{b}_1 X_{1i} + \hat{b}_2 X_{2i}$$

로 된다. 이 추정된 $\hat{Y}_i$는 관찰에 의해서 얻은 실제치 Y_i와 일치하지 않는데 그 차이가 잔차이다. 단순회귀모형의 경우와 마찬가지로 최소자승법은 이 잔차들의 자승합

$$\Sigma e_i^2 = \Sigma (Y_i - \hat{a} - \hat{b}_1 X_{1i} - \hat{b}_2 X_{2i})^2$$

이 최소로 되는 $\hat{a}$, $\hat{b}_1$, $\hat{b}_2$의 값을 구하는 것이다. 따라서 Σe_i^2을 $\hat{a}$, $\hat{b}_1$, $\hat{b}_2$에 대하여 편미분하고 그것을 0으로 두면 다음과 같은 식이 얻어진다.

$$\frac{\partial \Sigma e_i^2}{\partial \sum \hat{a}} = -2\Sigma (Y_i - \hat{a} - \hat{b}_1 X_{1i} - \hat{b}_2 X_{2i}) = 0$$

$$\frac{\partial \Sigma e_i^2}{\partial \sum \hat{b}_1} = -2\Sigma X_{1i}(Y_i - \hat{a} - \hat{b}_1 X_{1i} - \hat{b}_2 X_{2i}) = 0$$

$$\frac{\partial \Sigma e_i^2}{\partial \sum \hat{b}_2} = -2\Sigma X_{2i}(Y_i - \hat{a} - \hat{b}_1 X_{1i} - \hat{b}_2 X_{2i}) = 0$$

위의 식을 정리하면 다음과 같은 정규방정식이 얻어진다.

$$\Sigma Y_i = n\hat{a} + \hat{b}_1 \Sigma X_{1i} + \hat{b}_2 \Sigma X_{2i} \qquad (10-80)$$

$$\Sigma Y_i X_{1i} = \hat{a}\,\Sigma X_{1i} + \hat{b}_1 \Sigma X_{1i}^2 + \hat{b}_2 \Sigma X_{1i} X_{2i} \qquad (10-81)$$

$$\Sigma Y_i X_{2i} = \hat{a}\,\Sigma X_{2i} + \hat{b}_1 \Sigma X_{1i} X_{2i} + \hat{b}_2 \Sigma X_{2i}^2 \qquad (10-82)$$

이 정규방정식을 풀면 $\hat{a}$, $\hat{b}_1$, $\hat{b}_2$가 다음과 같이 구해진다.

$$\hat{a} = \bar{Y} - \hat{b}_1\bar{X}_1 - \hat{b}_2\bar{X}_2 \tag{10-83}$$

$$\hat{b}_1 = \frac{\Sigma x_{2i}{}^2 \Sigma y_i x_{1i} - \Sigma x_{1i}x_{2i}\Sigma y_i x_{2i}}{\Sigma x_{1i}{}^2 \Sigma x_{2i}{}^2 - (\Sigma x_{1i}x_{2i})^2} \tag{10-84}$$

$$\hat{b}_2 = \frac{\Sigma x_{1i}{}^2 \Sigma y_i x_{2i} - \Sigma x_{1i}x_{2i}\Sigma y_i x_{1i}}{\Sigma x_{1i}{}^2 \Sigma x_{2i}{}^2 - (\Sigma x_{1i}x_{2i})^2} \tag{10-85}$$

예제 | 12

다음의 〈표 10-8〉은 임의의 10 가계를 대상으로 일주일 간의 가계소득액(X_1), 가족 수(X_2) 및 소비지출액(Y)을 조사한 자료이다. 이것을 이용하여 다중회귀방정식을 추정하여라.

표 10-8 10 가계의 소득액, 가족수 및 소비지출액

가 계	소비지출액(Y)	소득액(X_1)	가족 수(X_2)
1	33	41	2
2	52	57	5
3	50	64	4
4	47	70	3
5	38	45	4
6	61	70	5
7	58	62	7
8	52	60	3
9	71	85	5
10	38	43	3

풀이 회귀계수 $\hat{a}$, $\hat{b}_1$, $\hat{b}_2$를 구하기 위해서는 〈표 10-8〉의 자료를 〈표 10-9〉와 같이 계산하여, (10-80) ~ (10-82)식의 정규방정식에 대입하여 풀면 된다.

표 10-9 다중 회귀선의 계산 예

Y	X_1	X_2	X_1^2	X_2^2	X_1X_2	X_1Y	X_2Y
33	41	2	1,681	4	82	1,353	66
52	57	5	3,249	25	285	2,964	260
50	64	4	4,096	16	256	3,200	200
47	70	3	4,900	9	210	3,290	141
38	45	4	2,025	15	180	1,710	152
61	70	5	4,900	25	350	4,270	305
58	62	7	3,844	49	434	3,596	406
52	60	3	3,600	9	180	3,120	156
71	85	5	7,225	25	425	6,035	355
38	43	3	1,849	9	129	1,634	114
$\Sigma Y=$ 500	$\Sigma X_1=$ 597	$\Sigma X_2=$ 41	$\Sigma X_1^2=$ 37,369	$\Sigma X_2^2=$ 187	$\Sigma X_1X_2=$ 2,531	$\Sigma X_1Y=$ 31,172	$\Sigma X_2Y=$ 2,155

$\bar{Y}_1 = 50 \quad \bar{X}_1 = 59.7 \quad \bar{X}_2 = 4.1$

$$10\hat{a} + 597\hat{b}_1 + 41\hat{b}_2 = 500$$
$$597\hat{a} + 37{,}369\hat{b}_1 + 2{,}531\hat{b}_2 = 31{,}172$$
$$41\hat{a} + 2{,}531\hat{b}_1 + 187\hat{b}_2 = 2{,}155$$
$$\hat{a} = 0.9400$$
$$\hat{b}_1 = 0.6313$$
$$\hat{b}_2 = 2.7730$$

을 얻을 수 있다. 따라서 회귀방정식은 다음과 같다.

$$\hat{Y} = 0.9400 + 0.6313X_1 + 2.7730X_2$$

이 식에서 다른 조건이 불변이라면 소득이 10,000원 증가할 때 소비지출은 6,313원 증가하고, 또 다른 조건이 변하지 않는다면 가족 수가 1명 늘어남에 따라 소비지출은 27,730원이 증가하게 된다는 것을 알 수 있다.

연 · 습 · 문 · 제

01 다음의 자료는 20명의 세일즈 맨의 판매활동에 관한 적성검사 점수(X)와 일정 기간에 있어서의 판매실적(Y)을 나타낸 것이다.

X	41	30	34	35	33	42	37	42	30	45	38	38	46	36	32	43	42	30	41	45
Y	32	20	35	24	27	28	31	33	26	37	29	33	36	23	22	38	26	20	30	30

1) 최소자승법에 의해 회귀방정식을 구하라.
2) 추정치의 표준오차를 구하라.
3) 가설 $H_0: b = 0$을 검정하라. ($\alpha = 0.05$)
4) b의 95% 신뢰구간을 구하라.

02 다음의 자료는 학생의 입학시험점수(X)와 학기말시험점수(Y)의 관계를 나타낸 것이다. 회귀직선을 구하라.

X	129	179	347	328	286	256	477	430	327	245	286	326
Y	370	361	405	302	496	323	374	332	435	165	375	446

03 다음의 자료는 알루미늄의 인장강도(Y)와 경도(X)의 관계를 나타낸 것이다. 경도에서 인장강도를 추정하도록 회귀직선을 구하라. 또 추정치의 표준오차를 계산하라.

인장강도(Y)	293	349	362	301	340	308	354	313	322	334	377	247
경 도(X)	53	70	85	55	78	64	71	53	82	67	70	56

04 3번 문제에서

1) b의 95% 신뢰구간을 구하라.
2) $H_0: b = 2.5$를 검정하라. ($\alpha = 0.05$)

05 임의의 5세대를 표본으로 추출하여 소득과 개인저축을 조사해 보았더니 다음과 같았다.

세 대	소 득(Y)	저 축(S)
A	8,000	600
B	11,000	1,200
C	9,000	1,000
D	6,000	700
E	6,000	300

1) 저축 S의 소득 Y에 대한 회귀직선을 추정하라.
2) 절편 a의 의미를 설명하라.
3) b의 95% 신뢰구간을 구하라.

06 어떤 공장에서 포장작업을 하는 데 있어 제품의 부피(X)와 소요시간(Y)과의 관계를 알아보기 위해 다음과 자료를 수집하였다.

시 간(Y)	10.8	14.4	19.6	18.0	8.4	15.2	11.0	13.3	22.5
부 피(X)	0.72	0.88	1.23	1.12	0.48	1.09	0.63	0.82	1.40

1) 산포도를 그리고 최소자승법에 의해 회귀직선을 추정하라.
2) 추정치의 표준오차를 구하라.
3) $H_0 : b = 0$를 유의수준 0.05에서 검정하라.
4) $X = 1.15$일 때 $E(Y)$의 95% 신뢰구간을 구하라.
5) $X = 0.80$일 때 단일 예측치 Y의 95% 신뢰구간을 구하라.

07 다음의 자료에 대해 물음에 답하라.

X	−3	−2	−1	0	1	2	3
Y	−1	−1	0	1	2	2	3

1) 최소자승법에 의해 회귀선을 추정하라.
2) 표본상관계수 r과 결정계수 r^2을 구하라.
3) X가 한 단위 변할 때 Y의 평균변화치의 95% 신뢰구간을 구하라.
4) $X = 1$일 때 단일 예측치 Y의 90% 신뢰구간을 구하라.

08 적어도 1회의 사고를 일으킨 운전기사만을 고려하였을 때, 연간 자동차사고의 횟수와 운전기사의 연령 간의 상관계수가 $r = -0.60$이라면,

이것에서 무엇을 말할 수 있겠는가?

09 다섯 세대를 임의로 추출하여 다음 자료를 얻었다.

(단위: 백만원)

세 대	저 축(S)	소 득(X)	자 산(W)
A	0.6	8	12
B	1.2	11	6
C	1.0	9	6
D	0.7	6	3
E	0.3	6	18

1) X와 W에 대한 S의 다중선형회귀방정식을 추정하라.
2) $X=8$, $W=5$인 세대의 경우 S는 얼마일 것으로 예상되는가?
3) 자산은 변동이 없고 소득이 200만원 증가했을 때, 한 세대의 저축은 얼마나 증가되겠는가?
4) 소득이 100만원, 자산이 300만원 증가했을 때, 한 세대의 저축증가액을 추정하라.

10 다음의 자료에 대해 물음에 답하라.

X_1	1	7	6	2	5	2	8	3	7	6
X_2	4	6	8	0	1	5	8	8	3	0
Y	11	21	23	7	13	18	30	18	21	20

1) 다중선형회귀방정식을 구하라.
2) 추정치의 표준오차를 계산하라.

c • h • a • p • t • e • r 11

시계열 분석

statistics

지금까지는 통계자료의 수집과 분석과정에서 시간이 경과함에 따라 발생하는 영향은 고려하지 않았다. 그러나 통계자료들은 많은 경우에 시간이 경과함에 따라 그 값이 변하게 된다. 따라서 통계자료의 시간적 변동을 분석할 수 있는 방법을 알 필요가 있다.

시간의 경과와 함께 변동하는 통계계열을 시계열이라고 하는데, 이 장에서는 시계열 자료에 나타나는 시간적 변동을 분석하고 그에 기초하여 미래를 예측하는 방법을 다루는 시계열 분석에 대하여 살펴보기로 한다.

01 | 시계열 분석의 개념

시간이 변동함에 따라 그에 대응하여 변동하는 통계계열을 시간순서대로 배열한 것을 시계열(time series)이라고 한다. 시간변동에 대응해서 관찰되는 자료가 시계열 자료(time series data)이다. 예를 들어 GDP, 화폐공급량, 기업의 월간 매출액 등은 월별이나 분기별 또는 연도별로 나타낸 시계열 자료라고 할 수 있다.

이와 같은 시계열 자료의 구성요소의 분석 및 시간적 변동 메커니즘을 파악하고 그에 기초해서 여러 상황 하에서의 미래값을 예측하는 방법을 다루는 것이 시계열 분석이다. 따라서 시계열 분석은, 그 자료의 시간적 변동 메커니즘을 파악하고 그 메커니즘에 기초해서 여러 상황 하에서의 미래치를 예측하는 데 주요한 목적이 있다.

여기서는 시계열 자료의 구성 요소에 대한 분석과 그에 기초하여 시계열 자료의 미래치를 예측하는 방법에 대해 설명한다.

02 | 시계열 변동의 구조

시계열의 변동은 서로 다른 성질을 갖는 여러 가지 요소들의 종합적인 변동에 기인된다고 할 수 있다. 시계열 변동의 구성 요소는 여러 가지로 분류될 수 있으나, 전통적으로 이 시계열의 변동은 추세변동(secular trend),

순환변동(cyclical fluctuations), 계절변동(seasonal variations) 및 불규칙변동(irregular variations)으로 나뉜다.

추세변동은 장기에 걸친 지속적이고 규칙적인 시계열의 변동을 말한다. 이 추세변동이 장기적으로 상승하거나 하강하는 경향을 나타낼 경우 선형으로 나타낼 수 있지만 비선형일 경우도 있다.

순환변동은 주기는 일정하지 않으나 상승과 하강의 운동을 반복하는 시계열의 변동을 말하는데, 그 예로서 경기변동을 들 수 있다.

계절변동은 1년을 주기로 하여 대체로 규칙적인 순환을 반복하는 시계열의 변동을 말한다. 이것은 기후조건 등의 자연적 요인 및 사회제도나 관습 등의 변동에 크게 좌우된다. 농작물의 생산량, 난방용 연료의 판매량, 백화점의 연말의 거래액 등은 계절변동의 예이다.

그리고 불규칙변동은 천재, 지변, 전쟁, 혁명 등의 예측할 수 없는 우발적 원인에 의하여 일어나는 시계열의 변동을 말한다. 따라서 이것은 시계열의 전체 변동 중에서 위에서 설명한 세 가지 변동을 제외한 나머지 변동이므로 잔차변동(residual variations) 또는 확률변동(random variations)이라고도 한다.

위에서 본 바와 같이 시계열의 변동은 네 가지의 요소가 종합적으로 작용한 결과에 의한 것이라고 할 수 있다. 따라서 시계열 변동을 제대로 분석하기 위해서는 이들 네 요소의 변동을 분해하여 파악하지 않으면 안된다. 시계열을 구성하는 요소들의 변동분석을 위해서는 이들 각 요소들의 변동이 서로 어떻게 관련되어 있는가를 나타내는 구조모형을 일단 상정해야 한다.

이 구조모형은 가법모형(additive model)과 승법모형(multiplicative model)으로 나눌 수 있다. 지금 시계열을 Y, 그 구성요소인 추세변동을 T, 순환변동을 C, 계절변동을 S, 그리고 불규칙변동을 I라고 하면 가법모형은 이들 네 구성요소의 합계로서 주어진다. 즉

$$Y = T + C + S + I$$

로 된다. 반면에 승법모형은 네 구성요소의 곱으로 주어진다. 즉

$$Y = T \times C \times S \times I$$

로 된다. 위 두 모형 모두 다 시계열 분석에 사용될 수 있다. 하지만 승법모형을 이용하여 시계열 분석을 하는 경우가 일반적이고 이해하기가 더 쉽다. 따라서 여기에서도 시계열의 구성요소가 승법모형의 형태로 구성되어 있다고 가정하고 시계열 변동을 설명하고자 한다.

시계열의 구성요소 분석에서는 그 요소 중에서 어느 하나 또는 몇 개를 전체 계열에서 분리하여 그 성질을 파악한다. 보통 확률변동을 먼저 시계열에서 제거하고 그 다음 순차적으로 다른 구성요소들을 분리하는 방법을 취한다.

다음에서 시계열 변동을 분석하기 위하여 그 구성요소별로 분해하여 각각 설명하기로 한다.

s • t • a • t • i • s • t • i • c • s

03 추세변동

시계열의 구성요소 중에서 예측에 가장 중요한 역할을 하는 것이 추세변동이므로 추세변동에 대한 분석부터 다루기로 한다.

추세분석은 시계열 상의 장기적인 예측에 유용하다. 이때는 계절적인 변동이나 불규칙변동의 많은 부분이 제거된 연 단위의 시계열 자료가 많이 사용된다.

추세변동을 파악하기 위해서는 시계열 자료에 적합한 추세선(trend line)을 도출해야 한다. 그 도출방법에는 여러 가지가 있다. 가장 간편하게 구하는 방법은 시계열 좌표평면에 산포도로 나타낸 다음, 눈짐작으로 평균점들을 연결하여 추세선을 구하는 방법이 있다. 이를 목측법(free-hand method)이라고 하는데, 개인의 자의에 크게 좌우되므로 합리성이 결여된다. 다음으로 전체 기간을 반으로 나누어 두 기간의 시계열에 대한 산술평균을 구한 다음, 이 두 산술평균치를 연결하여 추세선을 구할 수 있는데, 이를 절반평균법(semi-average method)이라고 한다. 이 방법은 계산이 쉽고 어느 정도의 객관성을 가지기는 하나, 극단적인 계열의 영향이 커서 실제 추세와 괴리되기 쉬우며 추세선이 곡선일 때에는 적용할 수 없다는 문제가 있다. 따라서 추세선을 구하는 방법으로는 평활법(smoothing method)이 가장 널리 사용된다. 평활법은 시계열 자료에서 전반적인 추세를 파악하기 위해 자료를 평활시키는 방법을 말하는데, 불규칙변동을 제거하는 가장 효율적인 방법이다.

여기서는 대표적인 평활법인 이동평균법과 지수평활법에 대해 설명한다. 그리고 앞 장에서 설명한 최소자승법에 의해 추세직선을 추정하는 방법과 곡선으로 된 추세선을 추정하는 몇 가지 경우에 대해서도 살펴보기로 한다.

1. 이동평균법

이동평균법(moving average method)은 먼저 시계열의 제1항부터 제k항까지 홀수 개의 항을 합쳐서 평균을 구한 뒤 이것을 $\frac{k+1}{2}$번째의 관측치로 삼고 다음으로 제2항부터 제$(k+1)$항까지의 평균을 구하여 $\frac{2+k+1}{2}$번째의 관측치로 삼는 방식과 같이, 동일 시계열에 대하여 평균하는 항을 하나씩 차례로 이동시켜 나가면서 평균을 계산하고 이들을 연결시켜 시계열자료를 재구성하는 방법이다. 이와 같이 몇 개의 항을 이동하면서 평균하면 그 항 근방의 우연적인 변동에 의한 불규칙성이 제거된다.

이동평균법에서는 일반적으로 3항 이동평균법, 5항 이동평균법, 7항 이동평균법 등이 많이 사용된다.

평균치계산에 사용되는 항수의 결정에 대해서는 일정한 규칙은 없지만, 중앙항을 쉽게 결정할 수 있도록 홀수 개의 항을 사용하는 것이 편리하다. 만일 짝수 개의 항을 사용할 경우에는 계산한 평균치를 그 인접하는 두 항

표 11-1 3항 이동평균법의 계산 예

시계열	추세치
Y_1	
Y_2	$\frac{1}{3}(Y_1+Y_2+Y_3)=\hat{Y}_2$
Y_3	$\frac{1}{3}(Y_2+Y_3+Y_4)=\hat{Y}_3$
Y_4	$\frac{1}{3}(Y_3+Y_4+Y_5)=\hat{Y}_4$
Y_5	$\frac{1}{3}(Y_4+Y_5+Y_6)=\hat{Y}_5$
Y_6	$\frac{1}{3}(Y_5+Y_6+Y_7)=\hat{Y}_6$
Y_7	

에 대하여 이동평균하여 그것으로써 중앙항을 결정해야 된다. 이것에 대해서 곧이어 자세히 설명한다.

3항 이동평균법을 예로 들어 보자. 시계열의 제1항에서 제3항까지 3개항의 평균치 $\frac{1}{3}(Y_1 + Y_2 + Y_3)$를 구하여, 평균치 계산에 사용된 3개항 중에서 제2항의 추세치로 한다. 다음으로 1항만 이동한 제2항에서 제4항까지의 3개항의 평균치 $\frac{1}{3}(Y_2 + Y_3 + Y_4)$를 제3항의 추세치로 한다. 이와 같이 차례로 평균치를 구하고 이들을 각 평균치의 계산에 사용된 항들의 중앙항의 추세치로 하고, 이들 추세치를 차례로 구한다. 이러한 계산과정을 정리한 것이 앞의 〈표 11-1〉이다.

예제 | 01

다음 〈표 11-2〉는 어떤 기업의 2006~2015년간의 연간 매출액이다. 이동평균법을 이용하여 이 기업의 연간 매출액의 추세치를 구하라.

풀이 이 자료는 대체로 3년 주기의 순환변동을 나타내고 있다. 따라서 그

표 11-2 기업의 연간매출액 (단위: 천억원)

연 도	매출액	3항 이동평균법 계산
2006	1	
2007	4	$\frac{1}{3}(1+4+10)=5$
2008	10	$\frac{1}{3}(4+10+7)=7$
2009	7	$\frac{1}{3}(10+7+4)=7$
2010	4	$\frac{1}{3}(7+4+13)=8$
2011	13	$\frac{1}{3}(4+13+10)=9$
2012	10	$\frac{1}{3}(13+10+13)=12$
2013	13	$\frac{1}{3}(10+13+19)=14$
2014	19	$\frac{1}{3}(13+19+16)=16$
2015	16	

순환변동을 제거하기 위하여 3항 이동평균법을 사용하면 추세치는 〈표 11-2〉에서와 같이 된다. 그리고 이상의 값들로 시계열을 다시 그리면 [그림 11-1]의 점선으로 표시된다.

그림 11-1 3항 이동평균법에 의해 구한 새로운 시계열

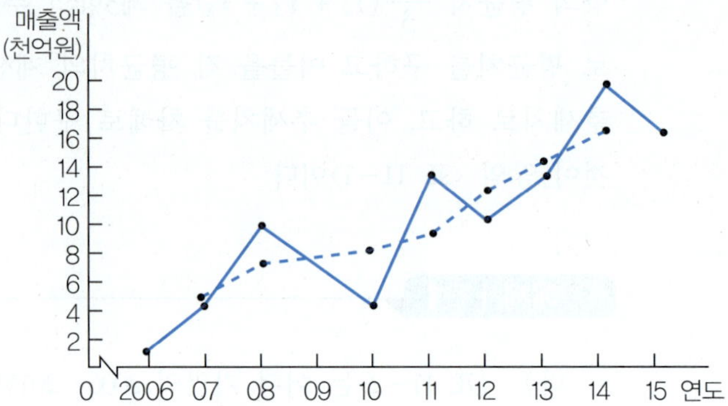

앞에서 살펴본 바와 같이 이동평균을 할 때는 보통 홀수 개의 기간을 선정하여 계산한다. 그런데 짝수 개의 기간을 이용하여 이동평균을 계산할 경우에는 계산된 이동평균값은 그에 대응하는 기간에 맞추기가 어렵게 된다. 예를 들어 〈표 11-3〉과 같은 시계열 자료를 이용하여 4기간 이동평균을 계산하여 보자.

표 11-3 시계열 자료의 예

기 간	시계열
1	15
2	27
3	20
4	14
5	25
6	11

그러면 첫 번째 이동평균의 값은

$$\frac{15 + 27 + 20 + 14}{4} = 19.0$$

로 된다. 하지만 19.0은 기간 1, 2, 3, 4 중의 기간 2와 3사이의 기간과 대응시켜야만 한다. 두 번째 이동평균치는 마찬가지로 계산해 보면

$$\frac{27 + 20 + 14 + 25}{4} = 21.5$$

가 구해지는데, 이 값은 기간 3과 4사이와 대응하게 된다. 그 다음의 이동평균치는 위에서와 같은 방법에 의해

$$\frac{20 + 14 + 25 + 11}{4} = 17.5$$

로 계산되므로, 그 값은 기간 4와 5사이에 대응할 수 밖에 없다.

이러한 문제를 해결하기 위해 짝수 개의 항으로 된 시계열의 이동평균 두 개를 다시 평균하여 그 값을 기간과 일치시킬 수 밖에 없다. 이렇게 구한 값을 중앙이동평균(centered moving average)이라고 한다. 이 방법에 의해 기간 3에 대응하는 이동평균치, 즉 중앙이동평균치는

$$\frac{19.0 + 21.5}{2} = 20.25$$

로 계산할 수 있고, 마찬가지로 기간 4의 중앙이동평균값도

$$\frac{21.5 + 17.5}{2} = 19.5$$

로 구해진다.

이상의 결과를 〈표 11-4〉에서 보여주고 있다.

표 11-4 이동평균의 계산 예

기 간	시계열	4기간 이동평균	4기간 중앙이동평균
1	15		
2	27	–	
3	20	19.0	20.25
4	14	21.5	19.50
5	25	17.5	
6	11	–	

이동평균법은 계산이 간편하고 이해하기 쉬운 장점을 갖고 있지만, 문제점도 있다. 먼저 시계열의 처음과 마지막 부분에 대해서는 이동평균치를 구할 수 없다. 따라서 시계열의 항수가 작거나 계산하는 항의 수가 많은 경우 중요한 정보를 상실할 수도 있다. 또 이동평균 계산의 항수 결정에 일정한 규칙이 없기 때문에 항수가 달라짐에 따라 추세치가 달라지는 등의 문제점도 있다.

그런데 이동평균법은 관찰치에 대한 가중치를 부여하여 이동평균을 구할 수도 있는데, 이러한 방법을 가중이동평균법(weighted moving average method)이라고 한다. 여기서는 그에 대한 설명은 생략한다.

2. 지수평활법

지수평활법(exponential smoothing method)은 과거의 관찰치들에 지수적인 가중치를 부여하고 평균하여 추세변동을 파악하고 예측하는 방법이다. 각 시점 간의 시계열 자료의 관찰치들은 서로 상관되어 있는 경우가 종종 있다. 이것을 변수의 관성이라고 하는데 특히 경제변수의 시계열 자료에 잘 나타나는 것으로 알려져 있다. 예를 들어 최근 몇 년 동안의 GDP나 실업률의 큰 변화가 현재의 GDP나 실업률에도 영향을 미치고 있는 것으로 알려져 있다. 이럴 경우 이러한 관성효과는 불규칙변동이라기 보다는 시계열에 내재되어 있는 것으로 파악해야 한다.

하지만 앞에서 보았듯이 이동평균법은 불규칙변동의 제거과정에서 과거의 시계열값을 모두 고려하지 못하는 단점이 있다. 그러나 지수평활화 기법은 이와 같은 문제점을 보완 또는 해결할 수 있다는 장점을 가진다.

지수평활법의 기본모형은 다음과 같다.

$$S_{t+1} = wX_t + (1-w)S_t \tag{11-1}$$

여기서 S_{t+1}과 S_t는 각각 $t+1$기 및 t기에 대한 지수평활치 또는 예측치이고, X_t는 t기의 원시계열치이다. 그리고 w는 평활상수(smoothing constant)라고 하는데, 이것은 평활의 정도를 결정하는 상수이며 0과 1사이의 값을 취한다.

위 모형에 의해 원시계열로부터 예측치를 구하기 위해서는 초기에 대한 예측치가 필요한데, $S_1 = X_1$이라고 가정한다. 그러면

$$\begin{aligned} S_2 &= wX_1 + (1-w)S_1 = X_1 \\ S_3 &= wX_2 + (1-w)S_2 = wX_2 + (1-w)X_1 \\ S_4 &= wX_3 + (1-w)S_3 = wX_3 + w(1-w)X_2 + (1-w)^2X_1 \end{aligned} \tag{11-2}$$

과 같이 되는데, 이와 같은 방법을 반복하면

$$\begin{aligned} S_{t+1} &= wX_t + w(1-w)X_{t-1} + w(1-w)^2X_{t-2} + \cdots + w(1-w)^{t-2} \\ &\quad X_2 + (1-w)^{t-1}X_1 \\ &= w\sum_{i=1}^{t-2}(1-w)^iX_{t-i} + (1-w)^{t-1}X_1 \end{aligned} \tag{11-3}$$

로 된다.

위 식들로부터 어떤 기에 대해 지수평활법에 따라 구한 예측치는 그 전기까지의 원시계열상 관찰치들의 가중평균임을 알 수 있다. 그리고 가중치는 지수적인 형태를 가지는데 $0 \le w \le 1$이므로 시점 t로부터 과거 시점으로 소급해 갈수록 S_{t+1}에 미치는 영향이 작아진다는 것을 알 수 있다. 그리고 지수평활법에서는 예측오차가 최소가 되도록 하는 w의 값을 평활상수로 선택하는데, 아주 안정적인 시계열에 대해서는 1에 가까운 값을, 아주 변동이 심한 시계열에 대해서는 0에 가까운 값을 평활상수의 값으로 사용하는 것이 일반적이다.

예제 | 02

앞의 [예제 01]에서의 기업의 연간 매출액 자료에서 지수평활치를 $w = 0.1$

일 경우와 $w = 0.8$일 경우에 대해 각각 구하여라. 그리고 2016년에 대한 예측치도 구하여라.

풀이 먼저 〈표 11-2〉에 나타난 자료에 $w = 0.1$로 두고 지수평활법을 적용한다. 우선 $S_1 = X_1$으로 두면 $S_1 = 1$이 된다. 또한 S_2와 S_3는 각각

$$S_2 = (0.1)1 + (1 - 0.1)1 = 1.0$$
$$S_3 = (0.1)4 + (1 - 0.1)1 = 1.3$$

으로 구해진다. 동일한 방법을 이용하여 $w = 0.8$인 경우에도 적용하면, 지수평활치는 〈표 11-5〉와 같이 구해진다.

그리고 2016년에 대한 예측치는 $w = 0.1$일 경우에는 8.68, $w = 0.8$일 경우에는 16.34로 구해진다. 이상에서 $w = 0.8$일 경우에 보다 나은 예측치가 계산됨을 알 수 있다.

표 11-5 기업의 매출액에 대한 지수평활치

시 점(t)	매출액(X_t)	지수평활치(S_t)($w = 0.1$)	$w = 0.8$
2006	1	1.0	1.0
2007	4	1.0	1.0
2008	10	1.3	3.4
2009	7	2.17	8.68
2010	4	2.65	7.34
2011	13	2.79	4.67
2012	10	3.81	11.33
2013	13	4.43	10.27
2014	19	6.63	12.45
2015	16	7.87	17.69
2016		8.68	16.34

3. 최소자승법에 의한 추세선 추정

여기서는 원시계열로부터 앞 장에서 살펴본 최소자승법에 의해 장기추세선을 유도해 내는 방법을 알아보고자 한다. 앞에서도 언급했다시피, 추세는 선형(linear)일 수도 있고 비선형(nonlinear)의 형태를 취할 수도 있다.

여기서는 최소자승법을 사용하여 원시계열의 시간 t에 대한 추세선을 구하기로 한다. 그리고 다양한 형태의 추세선을 구해 보고 각 추세선의 적합도를 측정하는 방법에 대해 살펴보고자 한다.

1) 직선

직선으로서의 추세선은 방정식

$$\hat{Y} = a + bt \tag{11-4}$$

로 된다. 여기서 a, b의 값은 주어진 시계열 자료를 이용하여 계산한다. 이 a, b의 값을 구할 때는 회귀선을 구하는 경우와 같이 정규방정식

$$\sum Y = na + b\sum t$$
$$\sum tY = a\sum t + b\sum t^2$$

의 Y 및 t에 실제의 시계열의 값을 대입하여 a, b의 값을 구한다. 또는 정규방정식을 풀면

$$a = \frac{\sum t^2 \sum Y - \sum t \sum tY}{n\sum t^2 - (\sum t)^2}$$

$$b = \frac{n\sum tY - \sum t \sum Y}{n\sum t^2 - (\sum t)^2}$$

로 되므로, 여기에 실제의 시계열의 값을 대입하여 구할 수도 있다. 여기에서 Y는 시계열의 각 항의 값을, n은 시계열의 항수를 나타낸다. 그리고 t는 시점을 표시한다.

예제 | 03

다음 〈표 11－6〉은 A회사의 2011년부터 2015년까지의 연간 수입을 나타낸 것이다. 최소자승법을 이용하여 추세선을 구하여라.

표 11-6 A회사의 연간 수입 (단위: 백만원)

연 도	연간 수입
2011	50.6
2012	58.1
2013	104.7
2014	117.5
2015	157.4

풀이 먼저 시계열 자료를 〈표 11-7〉에서와 같이 계산한 다음 이것을 정규방정식에 대입하여 a, b의 값을 구한다.

표 11-7 추세선의 계산 예(직선의 경우)

연 도	t	Y	$t \cdot Y$	t^2
2011	0	50.6	0	0
2012	1	58.1	58.1	1
2013	2	104.7	209.4	4
2014	3	117.5	352.5	9
2015	4	157.4	629.6	16
합 계	10	488.3	1,249.6	30

〈표 11-7〉의 계산 결과를 정규방정식에 대입하면,

$$488.3 = 5a + 10b$$
$$1{,}249.6 = 10a + 30b$$

로 되고 a, b의 값은 다음과 같이 구해진다.

$$a = 43.06$$
$$b = 27.3$$

따라서 추세선은

$$\hat{Y} = 43.06 + 27.3t \text{ (원점; 2011년, } t\text{ 단위; 1년)}$$

로 된다. 이것을 그림으로 나타내면 [그림 11-2]와 같다.

그림 11-2 추세선

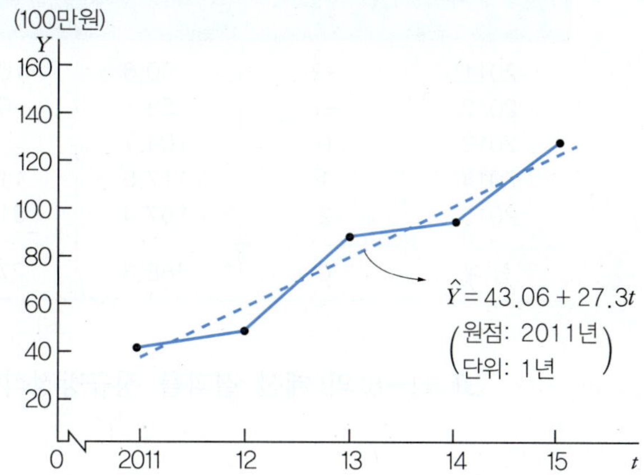

위의 추세방정식에서 $\hat{Y}$는 추정치이며 실제치는 아니다. 또 위 식의 원점과 t의 단위가 표시되어 있는 경우에만 의미가 있으므로 원점과 t의 단위를 표시해야 한다. 일반적으로 연도의 중앙, 즉 7월 1일을 취해서 그 해의 자료를 대표하게 하는 것이 통례로 되어 있다.

그런데 시점 t는 그 어느 것을 원점으로 정해도 되지만, t값의 합이 될 수 있는 한 작을 경우가 계산에 편리하다. 특히 계열의 중앙항을 원점으로 하면 t가 홀수인 경우에는 그 합 $\sum t$가 0으로 되어 계산이 편리하게 된다. 그렇게 되면 정규방정식은

$$\sum Y = na$$
$$\sum tY = b\sum t^2$$

으로 되어 계산이 간편하게 된다.

예제 | 04

앞의 [예제 03]에서 원점을 계열의 중앙항으로 하여 추세선을 구하여라.

풀이 원점을 2013년으로 하면 다음 〈표 11-8〉과 같이 계산된다.

표 11-8 추세선의 계산 예

연 도	t	Y	$t \cdot Y$	t^2	$\hat{Y}$
2011	−2	50.6	−101.2	4	43.06
2012	−1	58.1	−58.1	1	70.36
2013	0	104.7	0	0	97.66
2014	1	117.5	117.5	1	124.96
2015	2	157.4	314.8	4	152.26
합 계	0	488.3	273.0	10	488.30

〈표 11-8〉의 계산 결과를 정규방정식에 대입하면

$$488.3 = 5a$$
$$273.0 = 10b$$

로 되어 a, b의 값은 다음과 같이 계산된다.

$$a = \frac{\sum Y}{n} = \frac{488.30}{5} = 97.66$$

$$b = \frac{\sum tY}{\sum t^2} = \frac{273.0}{10} = 27.3$$

따라서 추세방정식은 다음과 같이 구해진다.

$$\hat{Y} = 97.66 + 27.3t \text{ (원점; 2013년, } t \text{단위; 1년)}$$

그런데 주어진 계열의 수가 짝수인 경우에 $\sum t = 0$로 하려 할 때에는 t의 원점이 중앙 2개항으로 되므로 시간 t의 간격을 2단위로 하여 계산하는 것이 편리하다. 이때에는 계산된 추세선에서 2단위로 되어 있는 t를 수정하여 1단위로 되어 있는 방정식이 되도록 바꾸어야 한다. 그러나 계열의 제1항을 원점으로 하면 항수가 홀수이거나 짝수이거나 간에 [예제 05]에서와 같이 추세선을 구할 수 있다.

예제 | 05

다음 표는 어떤 회사의 2010년부터 2015년까지의 6년간의 생산량을 나타내고 있다. 최소자승법을 이용하여 추세선을 구하라.

표 11-9 생산량 추이 (단위: 천개)

연 도	생산량
2010	5
2011	8
2012	12
2013	15
2014	20
2015	25

풀이 먼저 2010년을 원점으로 하여 추세선을 구하고, 다음으로 $\sum t = 0$으로 하여 추세선을 구하기 위하여 〈표 11-10〉과 같이 t'를 설정한다. 이 경우 t'는 -5, -3, -1, 1, 3, 5로 설정되어 있어서 각 연간의 간격이 2단위이다.

표 11-10 추세선의 계산 예

연 도	t	Y	$t \cdot Y$	t^2	t'	$t'Y$	t'^2
2010	0	5	0	0	−5	−25	25
2011	1	8	8	1	−3	−24	9
2012	2	12	24	4	−1	−12	1
2013	3	15	45	9	1	15	1
2014	4	20	80	16	3	60	9
2015	5	25	125	25	5	125	25
합 계	15	85	282	55	0	139	70

2010년을 원점으로 할 때에는 〈표 11－10〉의 계산 결과를 이용하면 정규방정식은

$$85 = 6a + 15b$$
$$282 = 15a + 55b$$

로 되어

$$a = 4.24$$
$$b = 3.97$$

로 계산된다. 따라서 추세선은 다음과 같다.

$$\hat{Y} = 4.24 + 3.97t \text{ (원점; 2010년 7월 1일, } t\text{단위; 1년)}$$

그런데 t'를 사용하면 계산은 다음과 같이 된다.

$$a = \frac{\sum Y}{n} = \frac{85}{6} = 14.2$$
$$b = \frac{\sum t'Y}{\sum t'^2} = \frac{139}{70} = 1.99$$
$$\hat{Y} = 14.2 + 1.99t' \text{ (원점; 2013년 1월 1일, } t\text{단위; 반년)}$$

이 식에서 t를 1년 단위로 하는 추세방정식을 구하기 위해서는 t' 대신에 $2t$를 대입하면 된다.

---

2) 이차곡선

2차곡선의 추세방정식은

$$\hat{Y} = a + bt + ct^2 \tag{11-5}$$

으로 표시된다. 이 방정식에서 a, b, c의 값을 구하기 위해서는 회귀방정식

을 구하는 경우에서와 같이 정규방정식

$$\sum Y = na + b\sum t + c\sum t^2$$
$$\sum tY = a\sum t + b\sum t^2 + c\sum t^3$$
$$\sum t^2 Y = a\sum t^2 + b\sum t^3 + c\sum t^4$$

을 이용한다. 이 정규방정식의 Y 및 t에 실제의 시계열의 수치를 대입하여 풀면 a, b, c의 값이 구해진다.

원점을 계열의 중앙으로 이동하면 $\sum t = 0$, $\sum t^3 = 0$으로 되므로 정규방정식은 다음과 같이 더욱 간단하게 된다.

$$\sum Y = na + c\sum t^2$$
$$\sum tY = b\sum t^2$$
$$\sum t^2 Y = a\sum t^2 + c\sum t^4$$

이것을 풀면, a, b, c는 각각

$$a = \frac{\sum Y \sum t^4 - \sum t^2 \sum t^2 Y}{n\sum t^4 - (\sum t^2)^2}$$

$$b = \frac{\sum tY}{\sum t^2}$$

$$c = \frac{n\sum t^2 Y - \sum t^2 \sum Y}{n\sum t^4 - (\sum t^2)^2}$$

로 된다. 이와 같이 구한 a, b, c를 추세방정식에 대입하여 구하는 2차곡선을 얻는다. 3차 이상의 곡선에 대해서도 같은 방법으로 구할 수 있다.

예제 | 06

다음 표는 어떤 회사의 2001년부터 2015년까지의 연간 판매량을 나타낸 것이다. 2차곡선의 추세방정식을 구하라.

표 11-11 판매량 추이 (단위: 천개)

연 도	판매량
2001	9
2002	10
2003	7
2004	14
2005	15
2006	21
2007	27
2008	25
2009	23
2010	29
2011	34
2012	34
2013	40
2014	49
2015	50

풀이 정규방정식에 〈표 11-12〉에서 계산된 값을 대입하면

$$387 = 15a + 280c$$
$$835 = 280b$$
$$7{,}649 = 280a + 9{,}352c$$

로 되는데, 이것을 풀면

$$a = 23.88$$
$$b = 2.98$$
$$c = 0.10$$

이 얻어진다. 따라서 구하는 2차곡선의 추세방정식은

$$\hat{Y} = 23.88 + 2.98t + 0.10t^2 \text{ (원점; 2008년, } t\text{ 단위; 1년)}$$

으로 된다.

표 11-12 이차곡선의 계산 예

연 도	t	Y	tY	t^2	t^2Y	t^4
2001	-7	9	-63	49	441	2,401
2002	-6	10	-60	36	360	1,296
2003	-5	7	-35	25	175	625
2004	-4	14	-56	16	224	256
2005	-3	15	-45	9	135	81
2006	-2	21	-42	4	84	16
2007	-1	27	-27	1	27	1
2008	0	25	0	0	0	0
2009	1	23	23	1	23	1
2010	2	29	58	4	116	16
2011	3	34	102	9	306	81
2012	4	34	136	16	544	256
2013	5	40	200	25	1,000	625
2014	6	49	294	36	1,764	1,296
2015	7	50	350	49	2,450	2,401
합 계	0	387	835	280	7,649	9,352

3) 지수곡선

지수곡선(exponential curve)은 시간경과와 함께 일정한 증가율 또는 감소율로 변화하는 변수의 상태를 나타내는 곡선이다. 이러한 변수의 시계열은 반대수도표(semi-log diagram)에서는 직선으로 나타난다.

이 지수형태의 추세방정식은

$$\hat{Y} = ab^t \tag{11-6}$$

로 표시된다. 여기서 a, b의 값을 계산할 때 지수형태로서의 최소자승법을 적용하기가 곤란하므로 (11-6)식을 대수형태로 변형하면

$$\log\hat{Y} = \log a + t\log b \tag{11-7}$$

로 된다. 여기에서 $\log a = A$, $\log b = B$로 두면 위의 (11-7)식은

$$\log\hat{Y} = A + Bt \tag{11-8}$$

로 표시되어 추세선 $\hat{Y}$의 대수값은 시간 t의 선형함수로 된다.

이 추세선을 구하기 위해서는 직선 추세선의 경우와 같이 정규방정식

$$\sum(\log Y) = nA + B\sum t$$
$$\sum(t\log Y) = A\sum t + B\sum t^2$$

에 Y 및 t의 실제치를 대입하여 A, B의 값을 구하면 된다.

원점을 계열의 중앙으로 이동하면 $\sum t = 0$로 되므로 위의 정규방정식은

$$\sum(\log Y) = nA$$
$$\sum(t\log Y) = B\sum t^2$$

으로 되어 A, B는 다음과 같이 계산된다.

$$A = \frac{\sum(\log Y)}{n}$$

$$B = \frac{\sum(t\log Y)}{\sum t^2}$$

예제 | 07

앞의 [예제 03]의 자료를 이용하여 지수곡선형태의 추세선을 구하여라.

풀이 〈표 11-13〉에서와 같이 2013년을 원점으로 하여 계산된 값을 A, B에 대입하면

$$A = \log a = \frac{\sum(\log Y)}{n} = \frac{9.7553}{5} = 1.9511$$

$$B = \log b = \frac{\sum(t\log Y)}{\sum t^2} = \frac{1.2914}{10} = 0.12914$$

가 구해진다. 따라서 추세방정식은

$$\log \hat{Y} = 1.9511 + 0.12914t \text{ (원점; 2013년, } t\text{단위; 1년)}$$

로 된다.

● 표 11-13 지수곡선추세방정식의 계산 예

연 도	Y	$\log Y$	t	t^2	$t\log Y$	$\log \hat{Y}$	$\hat{Y}$
2011	50.6	1.7042	−2	4	−3.4084	1.6928	49.29
2012	58.1	1.7642	−1	1	−1.7642	1.8220	66.37
2013	104.7	2.0199	0	0	0	1.9511	89.35
2014	117.5	2.0700	1	1	2.0700	2.0802	120.28
2015	157.4	2.1970	2	4	4.3940	2.2094	161.96
합 계	448.3	9.7553	0	10	1.2914		

4) 로지스틱 곡선

로지스틱 곡선(logistic curve)은

$$Y = \frac{1}{a + bc^t} \qquad a > 0,\ b > 0,\ 0 < c < 1 \tag{11-9}$$

와 같이 나타낸다. 이 곡선은 일정한 극한치를 가지며, 곡선의 상대적 증가율은 시간과 함께 감소한다. 따라서 성장률이 일정하거나 증가하는 시계열의 추세변동에서는 이 모형은 적합하지 않다.

로지스틱 곡선의 성질을 명백히 하기 위하여 (11−9)식에서 a, b, c를 각각 $a = \frac{1}{k}$, $b = \frac{m}{k}$, $c = e^{-r}$로 두면 (11−9)식은

$$Y = \frac{k}{1 + me^{-rt}} \tag{11-10}$$

형태로 된다.

이 식에서 $r > 0$이면 $t = -\infty$일 때 $Y = 0$, $t = +\infty$일 때 $Y = k$이므로 $Y = 0$에서 k를 향해 증가한다.[1] k는 Y의 극한치이다. 즉 Y는 [그림 11−3]

1) (11−10) 식을 t로 미분하면

$$\frac{dY}{dt} = rY\left(1 - \frac{Y}{k}\right)$$

그림 11-3 로지스틱 곡선

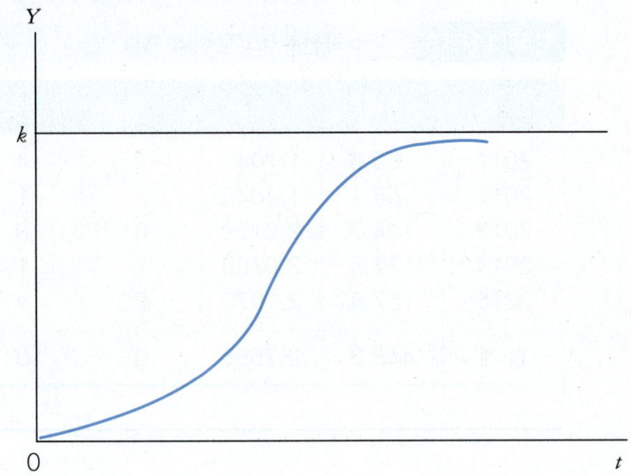

에서 볼 수 있는 바와 같이 초기시점에서는 완만히 상승하고 그 후에는 급상승으로 전환한다. 그러나 그 다음에는 그 증가속도가 감소하여 어느 일정한 수준 k에 접근해 가는 성질을 갖는다. 이러한 추세선은 인구증가, 내구소비재의 보급률 등에서 나타난다.

이 식은 모두 a, b, c에 관해서 선형이 아니므로 최소자승법으로 그 값을 쉽게 계산할 수 없다.

5) 각 추세선의 적합도 비교

추세선을 구하는 것은 장래에 대한 보다 정확한 예측을 위한 것이기 때문에 어느 방법에 의해서 구한 추세방정식이 실제적인 시계열 자료에 더

로 된다. 따라서

$$\frac{1}{Y}\frac{dY}{dt} = r\left(1 - \frac{Y}{k}\right)$$

로 되며, $0 < \frac{Y}{k} < 1$이므로 로지스틱 곡선 Y의 상대적 증가율은 시간의 경과와 함께 감소한다. 그리고

$$\frac{d^2Y}{dt^2} = r^2Y\left(1 - \frac{Y}{k}\right)\left(1 - \frac{2Y}{k}\right)$$

이므로, $1 - \frac{2Y}{k} = 0$, 즉

$$Y = \frac{1}{2}k$$

는 이 곡선의 변곡점이다. 로지스틱 곡선은 변곡점까지는 증가율이 커지고, 그 점 통과 후 증가율은 작아지게 되어 극한치에 접근한다.

적합한가를 측정하는 것은 중요하다.

어느 것이 더 적합한지를 측정하는 척도로서 잔차표준편차(residual standard deviation)가 이용된다. 이 잔차표준편차는

$$S_{Y.t} = \sqrt{\frac{\sum(Y - \hat{Y})^2}{n - k}} \tag{11-11}$$

로 나타내진다. 여기서 Y는 시계열의 실제 측정치, $\hat{Y}$는 Y의 계산치를 나타낸다. 그리고 n은 단위 기간의 수, k는 추세방정식의 상수의 수이다. 이 잔차표준편차의 값이 작을수록 추세방정식은 실제 자료에 더 적합하다고 볼 수 있다.

여기서는 앞의 [예제 03]과 [예제 07]에서 구한 직선추세방정식과 지수곡선형태의 추세방정식 중에서 어느 것이 실제 시계열 자료에 더 적합한지를 비교해 보기로 한다. 이를 위해 각각의 잔차표준편차를 계산하면 〈표 11-14〉에서와 같다.

두 방정식은 모두 상수가 2개이므로 $k = 2$이다. 따라서 잔차표준편차는 직선추세방정식의 경우에는

$$S_{Y.t} = \sqrt{\frac{338.7920}{5 - 2}} = 10.627$$

이고, 지수곡선형태의 추세방정식에서는

표 11-14 잔차표준편차의 비교

연 도	Y	직선추세방정식			지수추세방정식		
		$\hat{Y}$	$Y-\hat{Y}$	$(Y-\hat{Y})^2$	$\hat{Y}$	$Y-\hat{Y}$	$(Y-\hat{Y})^2$
2011	50.6	43.06	7.54	56.8516	49.29	1.31	1.7161
2012	58.1	70.36	−12.26	150.3076	66.37	−8.27	68.3929
2013	104.7	97.66	7.04	49.5616	89.35	15.35	235.6225
2014	117.5	124.96	−7.46	55.6516	120.28	−2.78	7.7284
2015	157.4	152.26	5.14	26.4196	161.96	−4.56	20.7936
합 계				338.7920			334.2535

$$S_{Y.t} = \sqrt{\frac{334.2535}{5-2}} = 10.555$$

으로 계산된다. 따라서 이 경우는 지수추세방정식이 실제 시계열 자료에 보다 적합하다고 할 수 있다.

s • t • a • t • i • s • t • i • c • s

04 계절변동

계절변동은 시계열 변동 중 대략 1년의 주기를 가진 규칙적인 반복운동을 말한다. 이 계절변동의 분석은 그것에 의해 변동치를 구하여 지수형태로 나타내거나 시계열 변동을 주어진 시계열 자료에서 계절변동을 제거한 계열로서 나타내는 데 그 목적이 있다.

1년을 주기로 하는 변동 이외에 6개월, 3개월, 1개월 또는 1주와 같은 단기의 주기를 갖는 변동도 있으나, 이들 변동은 모두 계절변동의 경우와 같은 방법으로 분석할 수 있다.

계절변동을 표현하는 방법으로는 계절지수(seasonal index)가 가장 많이 사용된다. 계절지수는 매월 수치의 연간 평균치에 대한 백분비로 나타낸다. 시계열 변동을 비례모형으로 생각하면, 계절변동은

$$S = \frac{T \times S \times C \times I}{T \times C \times I}$$

로 나타내진다. 즉 계절지수는 계절변동을 포함하고 있는 현실의 시계열과 그것을 포함하지 않는다고 생각되는 시계열과의 비를 나타낸다.

계절변동을 분석하는 데는 월별평균법(method of monthly average), 이동평균법 및 연환비율법(method of link relation) 등이 널리 이용된다.

1. 월별평균법

월별평균법은 주어진 월별 자료에서 계산된 12개의 월별 평균치로써 계

절변동을 나타내는 계절지수를 산출하는 방법이다. 일정 연도에 걸친 월별 자료에서 먼저 각 연도의 동일 월별 수치를 합계하고 그것을 연도수로써 나누어 월별 평균치를 계산한다. 다음으로 이 월별 평균치의 12개월의 월평균을 구하고 이 값을 기준으로 한 각 월별 평균치의 백분비로써 계절지수를 구한다. 계절지수가 산출되면 계절지수의 12개월 평균치 100에 대한 각 계절지수의 편차로써 계절변동의 크기를 알 수 있다.

이 월별평균법은 계산이 간편하나 원계열이 추세변동을 포함하고 있을 때에는 그 영향이 계산결과에 남게 되어 정확한 값을 구할 수 없다. 따라서 그 적용에 있어서는 계열에서 추세변동을 제거해 두지 않으면 안된다. 그러므로 이 방법은 추세변동이 미약한 시계열에 대해서 주로 사용된다.

예제 | 08

다음 〈표 11-15〉는 2013년부터 2015년까지의 어떤 지역의 강우량을 측정한 것이다. 이 자료를 이용하여 월별평균법에 의한 계절지수를 구하여라.

표 11-15 A지역의 월별 강우량 측정치

연차 / 월차	2013	2014	2015	연차 / 월차	2013	2014	2015
1	13	20	18	7	213	235	203
2	28	31	25	8	325	310	280
3	41	38	45	9	180	163	192
4	63	58	67	10	108	92	111
5	70	66	81	11	52	47	56
6	150	142	162	12	40	35	48

풀이 계절지수의 계산은 〈표 11-16〉에서와 같이 행해진다. 즉 먼저 각 연도의 월별 수치를 합하여 연도 수로 나누어 월별 평균치를 계산한다. 예를 들어 1월의 평균치는 $\frac{1}{3}(13+20+18)=17.0$로 계산된다. 다음으로 이렇게 구한 월별 평균치의 합계 1,269.3을 12개월로 나누어 월별 평균치의 평균 105.8을 구한다. 이 105.8을 기준으로 한 각 월별 평균의 백분비 16.1, 26.5, … 등이 계절변동을 나타내는 계절지수로 된다.

표 11-16 월별 평균법의 계산 예

연차 / 월차	2013	2014	2015	월별 평균	계절지수	편 차
1	13	20	18	17.0	16.1	-83.9
2	28	31	25	28.0	26.5	-73.5
3	41	38	45	41.3	39.0	-61.0
4	63	58	67	62.7	59.3	-40.7
5	70	66	81	72.3	68.3	-31.7
6	150	142	162	151.3	143.0	43.0
7	213	235	203	217.0	205.1	105.1
8	325	310	280	305.0	288.3	188.3
9	180	163	192	178.3	168.5	68.5
10	108	92	111	103.7	98.0	-2.0
11	52	47	56	51.7	48.9	-51.1
12	40	35	48	41.0	38.8	-61.2
합 계	-	-	-	1,269.3	1,199.8	-
평 균	-	-	-	105.8	100.0	-

2. 이동평균법

계절변동은 약 1년 주기의 규칙적인 순환변동이다. 따라서 12개월분을 합계하거나 그 평균을 구하면 계절변동은 그 계열 중에서 제거된다. 여기서의 이동평균법은 12개월의 이동평균치를 산정하여 이것과 원계열과의 비율로써 계절지수를 구하는 방법이다. 따라서 이것을 12개월 이동평균법이라고 한다.

12개월 이동평균법에 의한 계절지수는 다음과 같은 순서로 계산된다. 먼저 원계열에서 12개월 이동평균을 차례로 계산한다. 그런데 12개월은 짝수이므로 이 12개월 이동평균은 각 월차계열의 중간에 기록된다. 예를 들면 1월에서 12월까지의 12개월 이동평균은 6월과 7월의 중간에 놓이게 된다. 따라서 원계열과 이동평균 간에는 반개월의 차이가 생긴다. 이 차이를 수정하기 위해서 먼저 구한 12개월 이동평균 계열에서 다시 2항이동평균을 계산한다. 12개월 이동평균이 구해지면 차례로 원계열을 그에 대응하는 이동평균치로 나누어 원계열의 이동평균에 대한 비율을 구한다. 예를 들어 7월의 원계열을 그에 대응하는 이동평균치로 나누어 비율을 계산하는데 이러한 계산은 마지막 이동평균항까지 한다.

수년에 걸친 이 원계열의 이동평균에 대한 비율을 각 월별로 평균하고 이 월별 평균치를 합하여 12개월 평균치를 구한다. 이 12개월의 평균치에 대한 각 월평균의 백분비가 계절지수로 된다.

예제 | 09

〈표 11-17〉은 2012년 1월부터 2015년 12월까지의 어느 지역의 건물의 건축 건수를 나타낸 것이다. 이 자료를 사용하여 12개월 이동평균법에 의한 계절지수를 구하여라.

표 11-17 건물의 건축건수 (단위: 천건)

월차 \ 연차	2012	2013	2014	2015
1	3	5	5	6
2	4	6	7	6
3	12	17	14	14
4	17	19	14	14
5	15	18	14	12
6	16	14	11	8
7	13	12	10	7
8	14	13	12	8
9	17	14	14	8
10	15	13	11	8
11	10	10	10	6
12	8	9	8	4

풀이 계절지수는 〈표 11-18〉에서와 같이 구한다.

표 11-18 이동평균에 의한 계절변동 계산 예(1)

연월 ①	건축 건수 ②	12개월 이동합계 ③	12개월 이동평균 ④	2항 이동합계 ⑤	2항 이동평균 ⑥	원계열의 이동평균에 대한 백분비 ⑦=②÷⑥×100
2012. 1	3					
2	4					
3	12					
4	17					
5	15					
6	16					

7	13	144	12.00	24.17	12.09	107.5
8	14	146	12.17	24.50	12.25	114.3
9	17	148	12.33	25.08	12.54	135.6
10	15	153	12.75	25.67	12.84	116.8
11	10	155	12.92	26.09	13.05	76.6
12	8	158	13.17	26.17	13.09	61.1
2013: 1	5	156	13.00	25.92	12.96	38.6
2	6	155	12.92	25.75	12.88	46.6
3	17	154	12.83	25.41	12.71	133.8
4	19	151	12.58	25.00	12.50	152.0
5	18	149	12.42	24.84	12.42	144.9
6	14	149	12.42	24.92	12.46	112.4
7	12	150	12.50	25.00	12.50	96.0
8	13	150	12.50	25.08	12.54	103.7
9	14	151	12.58	24.91	12.46	112.4
10	13	148	12.33	24.25	12.13	107.2
11	10	143	11.92	23.50	11.75	85.1
12	9	139	11.58	22.91	11.46	78.5
2014. 1	5	136	11.33	22.50	12.25	44.4
2	7	134	11.17	22.25	11.13	62.9
3	14	133	11.08	22.16	11.08	126.4
4	14	133	11.08	22.00	11.00	127.3
5	14	131	10.92	21.84	10.92	128.2
6	11	131	10.92	21.75	10.88	101.1
7	10	130	10.83	21.75	10.88	91.9
8	12	131	10.92	21.75	10.88	110.3
9	14	130	10.83	21.66	10.83	129.3
10	11	130	10.83	21.66	10.83	101.6
11	10	130	10.83	21.50	10.75	93.0
12	8	128	10.67	21.09	10.55	75.8
2015. 1	6	125	10.42	20.59	10.30	58.3
2	6	122	10.17	20.00	10.00	60.0
3	14	118	9.83	19.16	9.58	146.1
4	14	112	9.33	18.41	9.21	152.0
5	12	109	9.08	17.83	8.92	134.5
6	8	105	8.75	17.17	8.59	93.1
7	7	101	8.42			
8	8					
9	8					
10	8					
11	6					
12	4					

〈표 11-18〉에 있어서의 계산은 다음 순서로 행해진 것이다. 먼저 12개월의 계열을 차례로 합계하면 144, 146 등의 ③란의 값이 구해지고, 이것을 12개월로 평균한 것이 12.00, 12.17 등의 ④란의 12개월 이동평균치이다. 이 값이 각 월차의 중간에 있기 때문에, 이것을 수정하기 위해 이동평균치를 두 항씩 합계하면 ⑤란이 되고 이것을 평균한 12.09, 12.25 등의 ⑥란의 값이 이동평균이 된다. 이 값에 대응하는 원계열의 백분비가 ⑦란에 107.5, 114.3 등으로 계산된다.

다음으로 ⑦란의 비율을 각 월별로 합계한 것이 〈표 11-19〉의 141.3, 169.5 등인데, 이것을 그 연도 수로 평균하면 47.1, 56.5 등의 월별 평균이 구해진다. 이 월별 평균을 합계하면 1,219.8이 되는데 이것을 12로 나누어 평균하면 101.7이 구해진다. 이 101.7을 기준으로 각 월별 평균을 수정하면 46.3, 55.6 등의 계절지수가 얻어진다.

표 11-19 이동평균에 의한 계절지수 계산 예(2)

월차 \ 연차	2012	2013	2014	2015	월별합계	월별평균	계절지수
1	–	38.6	44.4	58.3	141.3	47.1	46.3
2	–	46.6	62.9	60.0	169.5	56.5	55.6
3	–	133.8	126.4	146.1	406.3	135.4	133.1
4	–	152.0	127.3	152.0	431.3	143.8	141.4
5	–	144.9	128.2	134.5	407.6	135.9	133.6
6	–	112.4	101.1	93.1	306.6	102.2	100.5
7	107.5	96.0	91.9	–	295.4	98.5	96.9
8	114.3	103.7	110.3	–	328.3	109.4	107.6
9	135.6	112.4	129.3	–	377.3	125.8	123.7
10	116.8	107.2	101.6	–	325.6	108.5	106.7
11	76.6	85.1	93.0	–	254.7	84.9	83.5
12	61.1	78.5	75.8	–	215.4	71.8	70.6
합계	–	–	–	–	–	1,219.8	1,199.5
평균	–	–	–	–	–	101.7	100.0

3. 연환비율법

연환비율법은 대 전월비에 의해서 계절변동을 측정하는 방법이다. 이 방법은 퍼슨즈(W.M. Persons)에 의하여 고안되었으므로 퍼슨즈법이라고도 한다.

이 연환비율법에 의한 계절지수는 다음과 같은 순서로 계산된다.

① 주어진 월차 시계열자료에서 각 월의 대 전월비를 계산하여 그것을 백분비로 나타낸다. 이것을 연환비율(link relative)이라고도 한다.

② ①에서 구한 대 전월비를 각 월별로 분류하고 각 월별로 평균치를 구한다. 이 월별 평균비율로서는 불규칙변동을 다소 약화시킨다는 점에서 주로 중위수가 사용된다. 그러나 극단적인 수치를 제외한 후에 산술평균법에 의해서 월별 평균비율을 계산하기도 한다. 대 전월비에서 중위수를 구할 때 월별 대 전월비의 수가 짝수인 경우에는 중앙 2개항을 산술평균하여 월별 평균치로 한다.

③ ②에서 구한 대 전월비의 월평균치에서 1월을 기준으로 하고 연승하여 연쇄비율(chain relative) 또는 연쇄지수(chain index) C_i를 구한다. 지금 1월, 2월, …, 12월의 대 전월비의 월별 평균치를 각각 r_1, r_2, …, r_{12}라 하고, 1월, 2월, …, 12월의 연쇄지수를 c_1, c_2, …, c_{12}라고 하면, 연쇄지수는 각각 $c_1 = r_1 = 100$, $c_2 = c_1 \cdot \dfrac{r_2}{100}$, …, $c_{12} = c_{11} \cdot \dfrac{r_{12}}{100}$로 계산된다.

④ 계절변동은 1년 주기의 변동이므로 1월에 100에서 출발한 연쇄지수는 12개월을 지나서 다음 해 1월에는 다시 100으로 되어야 한다. 즉 다음 해 1월의 연쇄지수는 $c_{12} \cdot \dfrac{r_1}{100} = c_1 = 100$이 되어야 한다. 그러나 실제로는 $c_{12} \cdot \dfrac{r_1}{100}$은 100이 되지 않는다. 이는 대 전년비의 평균치 가운데 추세변동이 존재하여 이것이 12개월간 누적되었기 때문이다. 따라서 이 12개월간 누적된 추세변동 부분 $d = c_{12} \cdot \dfrac{r_1}{100} - 100$을 계산하고 이것을 12개월로 배분하여 월별 연쇄지수를 2월부터 순차적으로 수정해야 한다.

이 추세변동분 d를 연쇄지수에서 제거하는 데는 산술평균에 의하는 방법과 기하평균에 의하는 방법이 있다.

산술평균에 의하는 방법은 추세변동분 d를 12등분하여 이를 월차적으로 누적하여 제거하는 방법이다. 즉 추세변동분을 12개월로 산술평균한 값 $a = \dfrac{1}{12}\left(c_{12} \cdot \dfrac{r_1}{100} - 100\right)$을 2월의 연쇄지수에서 빼고 그것의 2배를 3월의 연쇄지수에서 빼는 것과 같이 순차적으로 누적하여 빼면 수정된 연쇄지수가 구해진다.

이에 대하여 기하평균에 의해 추세변동분 d를 배분하는 방법은 다음과 같다. 추세변동의 월 상승률을 r이라고 하면 1월은 $100(1+r)^0$, 2월은 $100(1+r)^1$, 3월은 $100(1+r)^2$, …, 12월은 $100(1+r)^{11}$, 다음 해 1월은 $100(1+r)^{12}$등으로 될 것이다. 따라서

$$100(1+r)^{12} = c_{12}r_1$$

이 된다. 이 식에서 대수를 사용하여 월 상승률 r을 계산하고, 이것을 연쇄지수 c_1, c_2, …, c_{12}, $c_{12}r_1$에서 각각 그에 해당하는 추세치를 제거하면 수정된 연쇄지수

$$c_1' = \frac{c_1}{(1+r)^0},\ c_2' = \frac{c_2}{(1+r)^1},\ \cdots,\ c_{12}' = \frac{c_{12}}{(1+r)^{11}}$$

가 구해진다.

연쇄지수는 연환비율을 연승해서 계산된 것이므로 추세변동의 영향도 연쇄지수 속에 연승되어 있다고 볼 수 있다. 따라서 추세변동의 영향을 복리계산으로 배분하는 기하평균에 의하는 것이 합리적이다. 그러나 이것은 계산이 다소 까다롭기 때문에 산술평균에 의한 방법을 많이 사용한다.

⑤ ④에서 수정한 연쇄지수의 12개월 평균치 $M = \frac{1}{12}(c_1' + c_2' + \cdots + c_{12}')$를 구하고 이것을 100으로 한 지수로 환산하면 계절지수가 얻어진다.

예제 | 10

어떤 회사의 2011년부터 2015년까지의 월별 판매량이 〈표 11-20〉과 같을 때 연환비율법에 의한 계절변동지수를 계산하여라.

풀이 계절지수의 계산은 〈표 11-21〉에서와 같이 행해진다.

① 각 월차계열의 대 전월비를 구하여 이를 백분비로 표시한다. 즉 2011년 2월의 값을 1월의 값으로 나누면 $\frac{50}{51} \times 100 = 98.0$이 되고, 3월의 값을 2월의 값으로 나누면 $\frac{46}{50} \times 100 = 92.0$이 구해진

표 11-20 판매량 (단위: 개)

월 \ 연	2011	2012	2013	2014	2015
1	51	67	69	73	85
2	50	64	66	70	81
3	46	57	61	64	80
4	41	52	54	61	69
5	39	44	49	54	63
6	36	40	44	50	55
7	36	41	43	53	64
8	44	45	51	60	70
9	46	49	58	63	72
10	52	56	62	71	78
11	55	60	66	75	80
12	62	67	71	81	89

다. 이와 같이 순차적으로 계산하면 98.0, 92.0, 89.1 등의 연환비율이 구해진다.

② 위에서 계산된 대 전월비의 월별 평균을 중위수에 의해서 구한 것이 104.0, 95.7, 92.0 등이다.

③ 1월의 대 전월비의 월별 평균치를 100으로 한 각 월의 연쇄지수는 $c_1 = 100,\ c_2 = c_1 \cdot \dfrac{r_2}{100} = 100.0 \times \dfrac{95.7}{100} = 95.7,\ c_3 = c_2 \cdot \dfrac{r_3}{100} = 95.7 \times \dfrac{92.0}{100} = 88.0$ 등과 같이 계산된다.

④ 각 월의 연쇄비율에 포함되어 있는 추세변동 부분을 계산하면 $a = \dfrac{1}{12}\left(c_{12} \times \dfrac{r_1}{100} - 100\right) = \dfrac{1}{12}\left(104.3 \times \dfrac{104.0}{100} - 100\right) = 0.71$로 된다. 따라서 $c_1' = 100,\ c_2' = c_1 - a = 95.7 - 0.71 = 94.99,$ $c_3' = c_3 - 2a = 88.0 - 2 \times 0.71 = 86.58$ 등의 수정 연쇄비율이 계산된다.

⑤ 수정된 연쇄비율의 12개월 평균은

$$
\begin{aligned}
M &= \frac{1}{12}(c_1' + c_2' + \cdots + c_{12}') \\
&= \frac{1}{12}(100.00 + 94.99 + \cdots + 96.49) \\
&= 79.77
\end{aligned}
$$

표 11-21 연환비율법에 의한 계절지수 계산 예

월 \ 연	2011	2012	2013	2014	2015	대전월비의 월별 평균(r_1)	연쇄 지수 (c_i)	수정연쇄 지수 (c_i')	계절지수 (s_i)
1월/12월	–	108.1	103.0	102.8	104.9	104.0	100.0	100.00	125.3
2월/1월	98.0	95.5	95.7	95.9	95.3	95.7	95.7	94.99	119.0
3월/2월	92.0	89.1	92.4	91.4	98.8	92.0	88.0	86.58	108.5
4월/3월	89.1	91.2	88.5	95.3	86.3	89.1	78.4	76.27	95.6
5월/4월	95.1	84.6	90.7	88.5	91.3	90.7	71.1	68.26	85.5
6월/5월	92.3	90.9	89.8	92.6	87.3	90.9	64.6	61.05	76.5
7월/6월	100.0	102.5	97.7	106.0	116.4	102.5	66.2	61.94	77.6
8월/7월	122.2	109.8	118.6	113.2	109.4	113.2	74.9	69.93	87.7
9월/8월	104.5	108.9	113.7	105.0	102.9	105.0	78.6	72.92	91.4
10월/9월	113.0	114.3	106.9	112.7	108.3	112.7	88.6	82.21	103.1
11월/10월	105.8	107.1	106.5	105.6	102.6	105.8	93.7	86.60	108.6
12월/11월	112.7	111.7	107.6	108.0	111.3	111.3	104.3	96.49	120.9

으로 계산되므로, 계절지수는 다음과 같이 계산된다.

$$S_1 = \frac{c_1'}{M} \times 100 = \frac{100}{79.8} \times 100 = 125.3$$

$$S_2 = \frac{c_2'}{M} \times 100 = \frac{94.99}{79.8} \times 100 = 119.0$$

....

$$S_{12} = \frac{c_{12}'}{M} \times 100 = \frac{96.49}{79.8} \times 100 = 120.9$$

s • t • a • t • i • s • t • i • c • s

05 순환변동

순환변동과 계절변동의 가장 근본적인 차이점은 순환의 주기(period)와 관련되어 있다. 일반적으로 경제관련 시계열의 경우 순환변동의 주기가 계절변동의 주기보다 더 긴 경향이 있다. 그리고 계절변동은 일반적으로 그 주기와 진폭(amplitude)에 있어서 예측이 가능한 반면 순환변동은 종종 예측이 불가능한 것으로 인식되고 있다. 하지만 제대로 된 예측을 하기 위해서는 순환변동 또한 원시계열로부터 분리될 필요가 있다.

순환변동을 추출해낼 때는 추세의 백분비(percentage)를 사용한다. 즉, 어떤 불규칙변동(I_t)과 계절변동(S_t)이 제거된 시계열을 Y_t라고 하자. 그러면 Y_t를 다음과 같이 추세변동과 순환변동만으로 표현할 수 있다.

$$Y_t = T_t \times C_t$$

따라서 순환변동 C_t을 백분비로 표현하면 다음과 같이 나타낼 수 있다.

$$C_t = \frac{Y_t}{T_t} \times 100$$

여기서는 시계열 자료를 연차적인 경우와 월차적인 경우로 나누어서 순환변동을 측정하는 방법을 설명하기로 한다.

1. 연차시계열의 경우

연차시계열에 있어서 불규칙변동은 특수한 원인에 의해서 일어나는 명확한 경우 외에는 시계열에 거의 영향을 미치지 않기 때문에, 시계열 자료에서 무시해도 된다. 그리고 1년 주기의 계절변동도 고려할 필요가 없다. 그러므로 연차시계열변동의 구조는 비례모형인 경우에는

$$Y = T \times C$$

로 된다. 따라서 순환변동은

$$C = \frac{Y}{T}$$

로 측정된다. 즉 시계열 자료를 추세변동치로 나누어 순환변동치를 구할 수 있다. 이 경우의 순환변동은 추세선에 대한 비율로서 나타나므로 추세변동에 대한 백분비로 표시된다.

예제 | 11

앞의 [예제 03]의 자료를 이용하여 순환변동을 측정하여라.

풀이 순환변동치는 원계열을 추세치로 나누면 구해지므로 〈표 11-22〉에서 와 같이 $\frac{50.6}{42.29} \times 100 = 119.7$, $\frac{58.1}{66.36} \times 100 = 87.6$ 등으로 계산된다.

표 11-22 순환변동의 계산 예

연 차	생산량 (Y)	추세치 (T)	순환변동치 ($C=\frac{Y}{T}$)
2011	50.6	42.29	119.7
2012	58.1	66.37	87.5
2013	104.7	89.35	117.2
2014	117.5	120.28	97.7
2015	157.4	161.96	97.2

2. 월차시계열의 경우

월차 시계열에서 순환변동을 측정하기 위해서는 연차 시계열의 경우와는 달리 추세변동과 계절변동을 제거해야 한다. 계절변동을 제거하는 데는 12개월 이동평균을 계산하여 직접 원계열에서 제거하는 방법과 계산된 계절지수를 이용하는 방법이 있다. 12개월 이동평균법에 의해 계절변동을 제거하는 방법은 앞에서 보았으므로, 여기서는 계절지수의 이용에 의한 계절변동치 제거방법을 다루기로 한다.

월차 시계열변동의 구조가 비례모형이면, 이것은

$$Y = T \times S \times C \times I$$

로 된다. 이 계열에 계절변동과 추세변동을 구하여 제거하면

$$C \times I = \frac{Y}{T \times S}$$

로 된다. 이것은 순환변동과 단기적인 불규칙변동들이 합성된 것이므로 순환변동을 측정하기 위해서는 이 불규칙변동을 3개월 또는 5개월 이동평균법을 이용하여 제거한다.

예제 | 12

앞의 [예제 08]의 월차 시계열자료에서 순환변동을 측정하여라.

풀이 순환변동은 〈표 11-23〉에서와 같이 추정되는데, 〈표 11-23〉의 계산과정은 다음과 같다.

계절지수 16.1, 26.5, 39.0 등은 앞의 〈표 11-16〉에서 측정되어 있으므로 그것을 사용했다. 각 월의 추세치는 최소자승법에 의한 방정식 $\hat{Y} = 89.50 + 0.93t$ (원점; 2013년 1월, t단위; 1월)에 의하여 계산된다. 즉 2013년 1월의 추세치는 $t = 0$를 대입하여 $89.5 + 0.93 \times 0 = 89.50$을 얻고, 2013년 2월의 추세치는 $t = 1$을 대입하면 $89.5 + 0.93 \times 1 = 90.43$을 얻는다. 이와 같이 t를 순차적으로 대입하면 그 이후의 추세치는 91.36, 92.29 등으로 계산된다. 다음으로 추세치 T와 계절지수 S를 곱하여 14.4, 24.0, 35.6 등을 구하고, 이것으로 원계열을 나누어 $\frac{13}{14.4} \times 100 = 90.3$, $\frac{28}{24.0} \times 100 = 116.7$ 등을 구한다. 그런데 이것은 불규칙변동을 포함하고 있다. 따라서 3항 이동평균법에 의해서 이 불규칙변동을 제거하면 107.4, 115.7, 113.4 등의 순환변동치가 구해진다.

● 표 11-23 순환변동의 계산 예

연 월	원계열 $Y=T\times S\times C\times I$	계절지수 (S)	추세변동 (T)	$T\cdot S$	$\frac{Y}{T\cdot S}$	C
2013. 1	13	16.1	89.50	14.4	90.3	–
2	28	26.6	90.43	24.0	116.7	107.4
3	41	39.0	91.36	35.6	115.2	115.7
4	63	59.3	92.29	54.7	115.2	113.4
5	70	68.3	93.22	63.7	109.9	112.2
6	150	143.0	94.15	134.6	111.4	110.2
7	213	205.1	95.08	195.0	109.2	112.7
8	325	288.3	96.01	276.8	117.4	112.3
9	180	168.5	96.94	163.3	110.2	113.4
10	108	98.0	97.87	95.9	112.6	110.2
11	52	48.9	98.80	48.3	107.7	107.9
12	40	38.8	99.73	38.7	103.4	111.5
2014. 1	20	16.1	100.66	16.2	123.5	114.0
2	31	26.5	101.59	26.9	115.2	111.2
3	38	39.0	102.52	40.0	95.0	101.6
4	58	59.3	103.45	61.3	94.6	94.1
5	66	68.3	104.38	71.3	92.6	93.8
6	142	143.0	105.31	150.6	94.3	98.3
7	235	205.1	106.24	217.9	107.9	100.8
8	310	288.3	107.17	309.0	100.3	99.3
9	163	168.5	108.10	182.1	89.6	92.0
10	92	98.0	109.03	106.8	86.1	87.7
11	47	48.9	109.96	53.8	87.4	89.6
12	35	38.8	110.89	43.0	81.4	85.0
2015. 1	18	16.1	111.82	18.0	100.0	88.3
2	25	26.5	112.75	29.9	83.6	95.1
3	45	39.0	113.68	44.3	101.6	94.6
4	67	59.3	114.61	68.0	98.5	100.9
5	81	68.3	115.54	78.9	102.7	99.5
6	162	143.0	116.47	166.6	97.2	94.7
7	203	205.1	117.40	240.8	84.3	87.9
8	280	288.3	118.33	341.1	82.1	87.3
9	192	168.5	119.26	201.0	95.5	90.6
10	111	98.0	120.19	117.8	94.2	94.8
11	56	48.9	121.12	59.2	94.6	96.7
12	48	38.8	122.05	47.4	101.3	–

연 · 습 · 문 · 제

01 아래 표는 A정유회사의 연도별 가솔린 생산량을 기록한 것이다. 이 표를 이용하여 다음 문제를 풀어라.

1) 절반평균법에 의해 직선추세방정식을 추정하라.
2) 최소자승법을 사용하여 추세방정식을 추정하라.

A정유회사의 가솔린 생산량 (단위: 천kl)

연 도	생산량
2002	10.8
2003	11.2
2004	12.2
2005	12.1
2006	12.3
2007	11.9
2008	11.6
2009	12.2
2010	12.8
2011	13.1
2012	13.4
2013	14.4
2014	14.7
2015	15.0

02 아래 표는 어떤 회사의 벙커 C유의 연간 소비량을 15년간에 걸쳐 기록한 것이다. 5개년 이동평균법과 3개년 이동평균법을 이용해 추세선을 구하고, 도표에 그려 원계열과 서로 비교하라.

벙커 C유 소비량 (단위: 천kl)

연 도	생산량
2001	10
2002	5
2003	3
2004	7
2005	10
2006	12
2007	11
2008	9

2009	13
2010	15
2011	18
2012	15
2013	11
2014	14
2015	17

03 다음 자료는 36년간에 걸친 A고무회사의 신발 수출액이다. 이 자료를 사용하여 최소자승법으로 이차곡선추세방정식을 구하라.

A회사의 신발 수출액 (단위: 백만원)

1980	720	1998	1,594
1981	732	1999	1,506
1982	719	2000	1,451
1983	527	2001	1,376
1984	482	2002	1,310
1985	518	2003	1,246
1986	556	2004	1,187
1987	626	2005	1,228
1988	676	2006	1,326
1989	663	2007	1,394
1990	659	2008	1,126
1991	735	2009	992
1992	809	2010	958
1993	1,022	2011	951
1994	1,275	2012	921
1995	1,341	2013	903
1996	1,450	2014	900
1997	1,692	2015	923

04 다음 표는 B상회의 연간 매출액을 측정한 것이다. 최소자승법을 이용해 지수추세방정식을 구하라.

(단위: 천원)

연 도	매 출 액
2001	23,100
2002	30,050
2003	33,010
2004	35,500
2005	44,900
2006	59,230

2007	64,200
2008	70,122
2009	73,025
2010	80,000
2011	95,000
2012	121,000
2013	139,550
2014	153,000
2015	182,175

05 다음 자료는 *A*수퍼마켓의 5년간에 걸친 월별 매출액을 나타낸다. 12개월 이동평균법을 사용해 계절지수를 산출하라.

A수퍼마켓의 월별매출액 (단위: 천원)

월별 \ 연도	2011	2012	2013	2014	2015
1	4,674	3,811	5,419	3,856	5,083
2	5,364	4,081	6,106	4,359	5,568
3	5,589	4,772	6,401	5,126	6,162
4	6,315	5,361	7,343	6,041	6,888
5	6,698	6,650	7,515	6,312	7,144
6	7,098	7,096	7,697	6,291	7,521
7	5,971	5,793	6,846	5,146	6,421
8	6,212	6,430	7,308	5,419	6,463
9	6,436	6,860	7,620	6,268	7,028
10	5,500	7,802	6,479	5,722	6,480
11	5,502	6,812	4,413	4,797	7,027
12	3,592	4,589	3,467	3,897	4,425

06 앞의 문제 5에서 구한 계절지수를 이용하여 2013년부터 2015년까지 3년간의 월별 매출액의 순환지수를 구하라.

c • h • a • p • t • e • r 12

비모수적 통계법

statistics

앞에서는 모집단의 분포형태나 특성에 대해서 어떤 가정을 설정하고 그 가정 하에서 통계적 추론이 이루어졌다. 이러한 통계적 추론을 행하는 통계적 방법이 모수적 통계법인데, 이 모수적 통계법에서는 양적으로 측정가능한 자료가 사용되었다. 그러나 실제적으로는 모집단의 분포형태나 특성을 모르는 경우가 많고, 또 양적으로 측정할 수 없는 질적 자료의 경우에는 모수적 통계법으로서는 통계적 추론이 어렵다.

그래서 이 장에서는 이와 같이 모집단에 대해 아무런 정보가 없거나 질적 자료인 경우의 통계적 추론에 이용하는 비모수적 통계법을 살펴보기로 한다.

s • t • a • t • i • s • t • i • c • s

01 모수적 통계법과 비모수적 통계법

지금까지는 모집단이 정규분포를 이룬다든지 이항분포를 이룬다든지 하는 모집단의 분포형태나 특성에 대해서 어떤 가정을 설정하고 그 가정 하에서 모집단에서 추출한 표본의 통계량을 이용하여 모집단의 모수를 추정하거나 검정하였다. 이와 같이 모집단의 분포에 관한 일정한 가정 하에 모수에 대한 통계적 추론을 행하는 통계적 방법을 모수적 통계법(parametric method)이라고 한다.

그러나 실제적으로는 모집단의 분포형태 및 그 특성을 모르는 경우가 많다. 그리고 모수적 통계법에서는 구간이나 비율 등과 같이 양적으로 측정 가능한 자료가 사용되므로, 예를 들어 소득수준을 나타낼 때와 같이 상, 중, 하 등의 순위로만 측정된 질적 자료의 경우에는 모수적 통계법으로 처리하기가 곤란하게 된다.

이와 같이 모집단의 분포에 대한 어떤 구체적인 지식이 없거나, 사용되는 자료가 양적으로 측정될 수 없는 경우의 통계적 추론에 이용되는 통계적 방법을 비모수적 통계법(nonparametric method)이라고 한다. 그러므로 비모수적 통계법은 모집단의 분포에 관한 정보가 명확하게 주어져 있지 않거나 측정된 자료가 일정 기준에 의한 순서만을 나타낸다든지 또는 몇 개만의 범주로 구분되는 정보만을 제공하는 경우의 가설검정에 이용한다.

비모수적 통계법은 일반적으로 모수적 통계법만큼 강력한 추론은 못되지만, 이처럼 모수적 통계법의 적용이 어렵거나 불가능한 경우에 사용될 수 있는 추론방법일 뿐만 아니라 표본의 크기에 관계없이 사용할 수 있으며 계산 및 그 적용방법이 비교적 간편하다는 이점을 갖고 있다.

이 비모수적 통계법은 그 종류 및 형태가 매우 다양한데, 여기서는 비모수적 통계법 중에서 자주 사용되는 몇 가지 방법을 설명하기로 한다.

02 χ^2 검정

앞의 6장에서 설명한 바와 같이 평균이 μ, 분산이 σ^2인 정규모집단에서 추출한 n개의 확률변수 X_i (단, $i = 1, 2, \cdots, n$)를 표준화한 $Z_i = \dfrac{X_i - \mu}{\sigma}$는 표준정규분포를 이루는데, 이 확률변수 Z_i를 제곱하여 합계한

$$\chi^2 = \sum_{i=1}^{n} Z_i^2 = \sum_{i=1}^{n} \left(\frac{X_i - \mu}{\sigma} \right)^2 \tag{12-1}$$

은 자유도 n인 χ^2분포를 이룬다.

이에 대해서 모집단이 k종류의 항목으로 구성되고 각 항목의 출현 확률이 선험적으로 $p_1, p_2, \cdots, p_k$ (단, $\sum_{i=1}^{k} p_i = 1$)인 상황에서 n회 관찰에서 각 단위의 관찰도수가 각각 $n_1, n_2, \cdots, n_k$ (단, $\sum_{i=1}^{k} n_i = n$)으로 구해졌다고 하면, n이 충분히 클 때에

$$\sum_{i=1}^{k} \frac{(n_i - np_i)^2}{np_i} \tag{12-2}$$

은 근사적으로 자유도 $(k-1)$인 χ^2분포를 이룬다. 여기서 np_i는 n_i의 기대치를 나타낸다.

일반적으로 관찰도수를 f_{oi}라 하고, 이에 대응하는 이론적 기대도수를 f_{ei}로 하여 (12-2)식을 다시 쓰면

$$\chi^2 = \sum_{i=1}^{k} \frac{(f_{oi} - f_{ei})^2}{f_{ei}} \tag{12-3}$$

으로 된다. 따라서 이것은 관찰도수의 크기 n이 클 때에 근사적으로 자유도가 $(k-1)$인 χ^2분포를 이룬다. 이 (12-3)식을 검정통계량으로 사용하는 가설검정방법을 χ^2검정이라고 한다. 이 χ^2검정은 적합도, 분류기준의 독립성, 동질성 등의 검정에 이용된다.

1. 적합도 검정

적합도검정(tests of goodness of fit)은 모집단의 분포형태에 대하여 어떤 가설을 설정하고, 그 가정된 모집단의 분포로부터 계산된 이론적 빈도수, 즉 기대치를 실제의 관찰치와 비교하여 그 설정된 가설의 타당성을 검정하는 것이다. 따라서 적합도검정은 표본관찰치의 분포가 모집단의 확률분포에 어느 정도 일치하는가에 대한 검정이다. 이 검정은 정규분포, 이항분포 등 어떠한 분포에도 적용될 수 있다.

이 적합도검정은 χ^2검정에 의한다. 즉 적합도검정에서는 계산된 검정통계량 χ^2의 값과 유의수준 α에 따른 임계치 χ^2_α를 비교하여 귀무가설의 기각 여부를 결정하는데, $\chi^2 > \chi^2_\alpha$ 이면 귀무가설을 기각한다.

그런데 χ^2분포의 형태는 일반적으로 표본의 크기에 따라 달라지지만 여기서는 표본의 크기가 아닌 항목의 수 k에 따라 달라진다. 따라서 자유도는 $(k-1)$이 된다.

하지만 모집단의 분포를 특정한 분포로 가정한 경우에는 자유도는 달라진다. 이때는 가정된 분포가 갖는 모수의 수를 $(k-1)$에서 빼면 된다. 모집단의 분포를 정규분포로 가정할 경우에는 모수가 평균 μ와 분산 σ^2의 두 개이므로 자유도는 $(k-1)-2=k-3$으로 된다. 또 이항분포인 경우에는 그 모수가 성공할 확률 p 하나이므로 자유도는 $(k-1)-1=k-2$로 된다.

그리고 χ^2분포의 근사적 적용에 의한 오차를 될 수 있는 한 작게 하기 위해서는 모든 항목의 기대도수 f_{ei}가 적어도 5이상 되는 것이 바람직하다. 이러한 원칙을 rule of five라고 하며, 이 원칙에 따라 기대도수가 5미만인 경우에는 인접한 항목을 서로 통합하여야 한다.

이상의 자유도 산출과 rule of five는 모든 χ^2 분포를 이용한 검정에 적용된다. 이 적합도검정을 예를 들어 구체적으로 설명하기로 한다.

예제 | 01

다음 표는 어느 초등학교 학생 100명의 키를 조사한 결과이다. 이 학생들의 키의 분포가 정규분포를 이루는지를 알고자 한다. 유의수준 $\alpha = 0.05$에서 χ^2분포를 사용하여 자료의 적합도를 검정하여라.

표 12-1 키의 분포

키(cm)	학생 수(명)
120 ~ 125	7
125 ~ 130	25
130 ~ 135	33
135 ~ 140	27
140 ~ 145	8
합 계	100

풀이 가설은 다음과 같이 설정된다.

H_0 : 학생들의 키의 분포는 정규분포이다.

H_a : 학생들의 키의 분포는 정규분포가 아니다.

학생들의 키의 분포가 정규분포인지를 검정하는 것이므로, 정규분포인 경우의 기대도수 f_{ei}를 계산한다. 이 f_{ei}는 정규분포곡선 아래의 면적을 이용하여 계산한다. 예를 들어 120cm에 대응하는 Z값은, 평균이 132.7cm, 표준편차가 5.3cm이므로

$$Z = \frac{120 - 132.7}{5.3} = -2.40$$

로 되어, $Z = -2.40$ 이하의 면적은 $0.5 - 0.4918 = 0.0082$로 계산된다. 이 면적에 표본의 크기 $n = 100$을 곱해주면 기대도수 f_{ei}가 0.8명으로 계산된다. 이와 마찬가지로 125cm에 대응하는 Z값은

$$Z = \frac{125 - 132.7}{5.3} = -1.45$$

표 12-2 기대도수

키(cm)	기대도수(명)
~120	0.8
120~125	6.5
125~130	23.2
130~135	36.1
135~140	25.0
140~145	7.4
145~	1.0
합 계	100.0

표 12-3 χ^2의 계산 예

키(cm)	학생 수(명)		$f_{0i}-f_{ei}$	$(f_{0i}-f_{ei})^2$	$\frac{(f_{0i}-f_{ei})^2}{f_{ei}}$
	f_{0i}(관측치)	f_{ei}(기대치)			
120~125	7	7.3	−0.3	0.09	0.012
125~130	25	23.2	1.8	3.24	0.140
130~135	33	36.1	−3.1	9.61	0.266
135~140	27	25.0	2.0	4.00	0.160
140~145	8	8.4	−0.4	0.16	0.019
합 계	100	100.0	0		$\chi^2=0.597$

이므로, $Z=-2.40$과 $Z=-1.45$간의 면적은 $0.4918-0.4265=0.0653$이다. 이 면적에 $n=100$을 곱하면 기대도수 f_{ei}가 6.5로 계산된다. 이와 같은 방법으로 구한 기대도수 f_{ei}는 〈표 12-2〉에서 보는 바와 같다. 이 기대도수 f_{ei}와 실제 관찰치 f_{0i}에서 χ^2의 값은 〈표 12-3〉에서와 같이 계산된다. 그런데 기대도수 f_{ei}가 적어도 5 이상이 되어야 비교적 정확한 결과를 얻을 수 있으므로, 여기서는 기대도수가 5미만이 되는 첫 항과 마지막 항을 각각의 인접항에 통합 조정하였다.

이 경우의 자유도는 $k-3=5-3=2$이므로, χ^2분포표에서 임계치는 $\chi^2_{0.05;2}=5.991$로 구해진다. 따라서 $\chi^2=0.597<\chi^2_{0.05;2}=5.991$로 되므로 귀무가설 H_0는 채택된다. 즉 학생들의 키의 분포는 정규분포라고 할 수 있다.

2. 분류기준의 독립성 검정

분할표를 이용하여 어떤 모집단에 있어서 두 가지 분류기준이 서로 독립적인지 아닌지를 검정하는 것을 분류기준의 독립성검정(tests of independence of classification)이라고 한다.

여기서 분할표(contingency table)란 표본자료를 두 가지 분류기준에 의해서 분류하고 각 분류기준별로 몇 개의 범주로 구분하여 각 기준의 각 범주에 해당되는 도수를 기록한 표를 말한다. 분할표에 있어서 표본자료를 하나의 분류기준에 대해서 r개의 범주로 구분하고, 다른 분류기준에 대해서 c개의 범주로 구분한 표를 $r \times c$분할표라고 한다.

이 분할표를 이용하여 분류기준의 독립성을 검정할 때에는 χ^2검정을 이용하는데, 검정절차는 앞에서 설명한 적합도 검정에서와 같다. 즉 두 분류기준이 독립적이라는 가정 하에 기대도수를 계산하고 그것을 이용하여 계산된 검정통계량 χ^2의 값과 유의수준 α에 따른 임계치 χ^2_α과 비교하여 $\chi^2 > \chi^2_\alpha$이면 귀무가설을 기각한다. 이 경우에 자유도는 $df = (r-1)(c-1)$로 된다.

예제 | 02

A제조업체에서는 임의로 60명을 뽑아 공장 이전에 대한 남녀종업원별로 의견을 조사하여 〈표 12-4〉와 같이 2×2분할표를 얻었다. 이와 같은 자료에서 성별과 의견차이는 서로 독립적이라 할 수 있는지를 유의수준 5%에서 검정하여라.

표 12-4 성별 의견조사 결과

성별 \ 의견	찬성(B_1)	반대(B_2)	합 계
남(A_1)	24	8	32
여(A_2)	16	12	28
합 계	40	20	60

풀이 가설은 다음과 같이 설정된다.

H_0: 성별과 의견차이는 독립적이다.

H_a: 성별과 의견차이는 독립적이 아니다.

귀무가설을 검정하기 위하여 먼저 두 분류기준이 서로 독립적이라는 가정 하에 기대도수 f_{ei}를 계산하고 이것과 관찰된 도수 f_{0i}를 비교해야 한다. 기대도수는 다음과 같이 구해진다. 예를 들어 〈표 12-5〉의 기대도수의 첫 항은 다음과 같이 계산된다. 두 분류기준이 서로 독립적이면 분할표에서 $P(A_1 \cap B_1) = P(A_1) \cdot P(B_1) = \frac{32}{60} \cdot \frac{40}{60}$이 성립하므로, 여기에 60명을 곱하면 기대도수는

$$\frac{32}{60} \cdot \frac{40}{60} \times 60 = 21.3$$

명으로 된다. 마찬가지로 기대도수의 둘째 항은

$$\frac{28}{60} \cdot \frac{40}{60} \times 60 = 18.7$$

명으로 계산된다. 이와 같은 방법으로 계산된 기대도수 f_{ei}가 〈표 12-5〉의 둘째 난에 표시되어 있다.

표 12-5 χ^2의 계산 예

관찰도수(f_{0i})	기대도수(f_{ei})	$f_{0i}-f_{ei}$	$(f_{0i}-f_{ei})^2$	$\frac{(f_{0i}-f_{ei})^2}{f_{ei}}$
24	21.3	2.7	7.29	0.34
16	18.7	−2.7	7.29	0.39
8	10.7	−2.7	7.29	0.68
12	9.3	2.7	7.29	0.78
60	60.0	0		χ^2 = 2.19

이와 같이 계산된 기대도수와 관찰도수로부터 χ^2값을 계산하면 〈표 12-5〉에서와 같이 $\chi^2 = 2.19$로 된다. 그리고 분할표에서 자유도는

$$df = (r-1)(c-1) = (2-1)(2-1) = 1$$

로 된다. 따라서 자유도가 1이고, 유의수준이 $\alpha = 0.05$이므로 임계치는 χ^2

분포표에 의해서 $\chi^2_{0.05\,;\,1} = 3.841$로 구해진다. 따라서 $\chi^2 = 2.19 < \chi^2_{0.05\,;\,1} = 3.841$로 귀무가설 H_0는 채택된다. 즉 성별과 의견차이는 서로 관계가 없다고 할 수 있다.

---

3. 동질성 검정

동질성검정(tests of homogeneity)은 둘 또는 그 이상의 확률표본이 서로 다른 모집단에서 추출되었을 경우에 상이한 모집단의 동질성 여부를 검정하는 것이다. 이 검정도 앞에서 다룬 독립성검정과 마찬가지로 분할표를 사용한 χ^2검정에 의한다.

이 동질성검정의 절차는 앞에서 다룬 독립성검정과 마찬가지이다. 즉 표본관측치를 기초로 각 항목별 기대도수를 구하고, 이 기대도수와 관찰도수로부터 χ^2를 계산하여 임계치 χ^2_α과 비교하여 귀무가설을 검정한다.

예제 | 03

노동조합 중앙위원회는 A, B 두 노동조합지부 회원들이 노조의 조직개편에 대하여 각각 어떠한 의견을 갖고 있는지를 알고자 한다. 그래서 중앙위원회가 A지부에서 30명, B지부에서 40명을 임의로 뽑아 의견을 조사한 결과, 〈표 12-6〉과 같은 분할표를 얻었다. 이러한 자료에서 두 지부회원들의 노조의 조직개편에 대한 의견비율이 같다고 할 수 있는지를 유의수준 5%에서 검정하여라.

표 12-6 두 지부회원들의 의견

반응 \ 노조지부	A	B	합 계
찬 성	18	21	39
반 대	7	12	19
무응답	5	7	12
합 계	30	40	70

풀이 가설은 다음과 같이 설정된다.

H_0: 두 지부회원들의 반응비율은 같다.

H_a: 두 지부회원들의 반응비율은 같지 않다.

기대도수는 귀무가설의 가정에 따라 다음과 같이 계산된다. 예를 들어 첫 항의 기대도수는 $\frac{39}{70} \times \frac{30}{70} \times 70 = 16.7$(명), 둘째 항의 기대도수는 $\frac{19}{70} \times \frac{30}{70} \times 70 = 8.1$(명)로 각각 계산된다. 이와 같은 방법으로 계산된 기대도수가 〈표 12-7〉에 표시되어 있다.

표 12-7 χ^2의 계산 예

관찰도수(f_{0i})	기대도수(f_{ei})	$f_{0i} - f_{ei}$	$(f_{0i} - f_{ei})^2$	$\frac{(f_{ei} - f_{ei})^2}{f_{ei}}$
18	16.7	1.3	1.69	0.101
7	8.1	-1.1	1.21	0.149
5	5.1	-0.1	0.01	0.002
21	22.3	-1.3	1.69	0.076
12	10.9	1.1	1.21	0.111
7	6.9	0.1	0.01	0.001
70	70.0			$\chi^2 = 0.440$

관찰도수와 기대도수로부터 χ^2값을 계산하면 〈표 12-7〉에서와 같이 $\chi^2 = 0.44$로 된다. 그리고 자유도 df는

$$df = (r-1)(c-1) = (3-1)(2-1) = 2$$

로 되므로, 유의수준 5%에서의 임계치를 χ^2분포표에서 구하면 $\chi^2_{0.05\,;\,2} = 5.991$로 구해진다. 따라서 $\chi^2 = 0.44 < \chi^2_{0.05\,;\,2} = 5.991$이므로 귀무가설 H_0를 채택한다. 즉 A, B 두 지부회원들의 반응비율은 같다고 할 수 있다.

---

s • t • a • t • i • s • t • i • c • s

03 | 콜모고로프-스미르노프 검정

앞의 2절에서는 χ^2에 의한 적합도의 검정방법에 대해서 설명하였다. 그런데 χ^2를 이용한 적합도 검정에서는 각 항의 기대도수가 5이상이 되어야 하며,

5미만인 경우에는 5이상이 되도록 인접항을 통합해야 하므로 원래의 정보를 충분히 이용할 수 없게 되는 경우가 생긴다. 또한 이러한 각 항의 기대도수가 5이상 되어야 한다는 조건 때문에 표본의 크기가 작을 때에는 χ^2검정을 적용하기가 곤란하다.

적합도 검정에 있어서의 이러한 문제점을 해결하기 위하여 제시된 방안이 콜모고로프-스미르노프 검정(Kolmogorov-Smirnov test)이다. 이 검정은 표본으로부터 얻은 누적확률분포와 귀무가설의 가정에 따른 모집단의 누적확률분포를 비교하여, 표본의 분포가 가정된 확률분포에 적합한지 여부를 검정하는 것이다.

이 콜모고로프-스미르노프 검정에서는 실제로 관찰된 표본관측치의 누적확률을 $F_0(X)$, 귀무가설을 만족하는 누적확률을 $F_e(X)$라고 할 때, $F_0(X)$와 $F_e(X)$와의 최대의 차이

$$D = max\,|F_0(X) - F_e(X)| \tag{12-4}$$

로 정의되는 D를 검정통계량으로 사용한다.

콜모고로프-스미르노프 검정의 절차는 다음과 같다. 먼저 표본관측치의 누적확률과 가설로 설정한 모집단의 누적확률로부터 검정통계량 D를 계산한다. 계산된 D와 유의수준 α에서의 임계치 D_α를 비교하여 $D > D_\alpha$이면 귀무가설을 기각하고 $D \leq D_\alpha$이면 채택한다. 이 경우에 D_α는 [부표 X]에서 찾으면 된다. 이 검정은 χ^2을 이용한 적합도 검정과 같이 정규분포, 이항분포 등 어떠한 분포에도 적용할 수 있다.

다음에서 콜모고로프-스미르노프 검정을 예를 들어 설명하기로 한다.

예제 | 04

어떤 양복점에서 양복지에 섞여 있는 모(毛)의 비율에 대한 소비자들의 선호경향이 어떠한가를 알려고 한다. 그래서 이 양복점에서는 다른 조건은 동일한데 모의 혼합비율만이 10%, 30%, 50%, 70%, 90%로 각각 다른 5가지 양복지로써 만든 양복을 10명의 고객에게 보여 가장 마음에 드는 것을 선택하도록 한 결과, 〈표 12-8〉과 같이 나타났다. 이 자료에서 소비자들이 양복지에 섞여 있는 모의 비율에 대한 선호경향이 있는지를 유의수준 5%에서 콜모고로프-스미르노프 검정을 이용하여 검정하여라.

표 12-8 소비자들의 양복의 선호경향

모의 비율에 따른 양복의 종류	선택한 고객 수(명)
A(10%)	0
B(30%)	1
C(50%)	4
D(70%)	4
E(90%)	1
합 계	10

풀이 가설은 다음과 같이 설정된다.

H_0: 모의 비율에 대한 선호경향은 균등분포를 이룬다.(즉 모의 비율은 양복선호에 중요하지 않다.)

H_a: 모의 비율에 대한 선호경향은 균등분포를 이루지 않는다.(즉 모의 비율은 양복선호에 중요하다.)

이 귀무가설을 검정하기 위하여 표본의 누적확률분포와 귀무가설의 가정에 의한 누적확률분포를 작성하여 검정통계량 D의 값을 구해야 하는데, D의 값은 〈표 12-9〉에서와 같이 계산된다. 이 표에서 기대도수는 귀무가설에서 균등분포를 이루므로 모두 2로 나타나 있고, 그리고 검정

표 12-9 콜모고로프 - 스미르노프 검정의 D계산

모의 비율에 따른 양복의 종류	선택고객의 수		표본의 누적확률 $F_0(X)$	이론적인 누적확률 $F_e(X)$	$\|F_0(X)-F_e(X)\|$
	관찰도수(f_0)	기대도수(f_e)			
A(10%)	0	2	$\frac{0}{10}$	$\frac{2}{10}$	$\frac{2}{10}$
B(30%)	1	2	$\frac{1}{10}$	$\frac{4}{10}$	$\frac{3}{10}$*
C(50%)	4	2	$\frac{5}{10}$	$\frac{6}{10}$	$\frac{1}{10}$
D(70%)	4	2	$\frac{9}{10}$	$\frac{8}{10}$	$\frac{1}{10}$
E(90%)	1	2	$\frac{10}{10}$	$\frac{10}{10}$	0
	10	10			$D=\frac{3}{10}$

통계량은 $D = \frac{3}{10} = 0.3$으로 계산되어 있다. 또 $n = 10$이고, $\alpha = 0.05$이므로 임계치 D_α는 [부표 X]에서 구하면 $D_\alpha = 0.369$로 된다. 따라서 $D = 0.3 < D_\alpha = 0.369$로 되어 귀무가설 H_0는 채택된다. 즉 양복지에 섞인 모의 비율이 양복선호에 중요하지 않다고 할 수 있다.

---

s・t・a・t・i・s・t・i・c・s

04 부호와 순위를 이용한 검정

1. 부호검정

부호검정(sign test)은 짝을 이룬 두 개의 관찰치들을 서로 비교하여 그 차이가 양수인가 또는 음수인가에 따라서 + 또는 −의 부호를 붙이고 그 부호의 개수를 비교함으로써 두 표본이 동일 모집단에서 추출되었는지를 검정하는 것이다. 이때 두 관찰치의 차의 크기에 대해서는 고려하지 않고 +와 −의 부호만을 고려한다. 이 검정에서는 짝을 이룬 관찰치들의 차이가 + 또는 −가 될 확률이 동일하다는 가정 하에 이항분포를 이용하여 가설검정을 행한다.

따라서 귀무가설 H_0는 짝지어진 두 표본관찰치를 각각 X_i, Y_i라 할 때 그 차이의 부호가 +이거나 −일 확률은 각각 $\frac{1}{2}$로 동일하게 된다. 즉

$$P(X_i > Y_i) = P(X_i < Y_i) = \frac{1}{2} = p$$

이다. 그리고 각각의 크기가 n인 짝을 이루는 두 개의 임의표본에서 대응된 두 관찰치의 차이의 부호 +와 −중에서 어느 한 부호의 개수를 r이라고 하면, 귀무가설 H_0 하에서의 r의 확률은

$$\binom{n}{r}\left(\frac{1}{2}\right)^r\left(\frac{1}{2}\right)^{n-r} = \binom{n}{r}\left(\frac{1}{2}\right)^n$$

으로 된다. 즉 부호의 개수의 확률분포는 + 또는 −가 나올 확률이 $\frac{1}{2}$인 이항분포이다. 따라서 귀무가설 H_0가 참이라면, 각 부호의 개수는 거의 같게

된다.

그러므로 표본에서 구한 r의 값에 기초하여 이항분포표에서 r의 확률치 $P(r)$을 구하고, 이것을 정해진 유의수준 α와 비교해서 가설을 검정한다. 즉, $P(r) < \alpha$이면 귀무가설을 기각한다. 표본의 크기 n이 작은 경우에는 필요한 확률치를 이항분포표로부터 쉽게 구할 수 있으나, n이 큰 경우에는 확률계산이 쉽지 않다. 그런데 귀무가설 H_0 하에서의 r은 이항분포 $b(r;\ n,\ 0.5)$를 이루므로, n이 큰 경우는 평균이 $E(r) = np = \dfrac{n}{2}$, 표준편차가 $\sigma_r = \sqrt{n \cdot p(1-p)} = \dfrac{\sqrt{n}}{2}$인 정규분포에 근사하게 된다. 따라서 정규분포 근사법을 이용하여 확률을 계산할 수 있다. 즉 통계량

$$Z = \frac{r - \dfrac{n}{2}}{\dfrac{\sqrt{n}}{2}}$$

은 근사적으로 표준정규분포에 따르므로 표준정규분포를 이용하여 검정할 수 있다. 여기서 이산확률분포를 연속확률분포에 근사시키는 경우에는 수정을 해야 하는데, $r < \dfrac{n}{2}$일 때는 $x = r + 0.5$로 두고, $r \geq \dfrac{n}{2}$일 때는 $x = r - 0.5$로 두어

$$Z = \frac{x - \dfrac{n}{2}}{\dfrac{\sqrt{n}}{2}}$$

로써 표준정규분포표를 사용하여 검정한다. 그리고 만일 두 관찰치의 크기가 같을 때는 그 차이는 0이 되며 이는 검정에서 제외된다. 따라서 n은 수정된다.

예제 | 05

A, B 두 공정에 의해서 생산된 제품의 무게에 차이가 있는지를 알기 위하여, 각 공정에서 생산된 제품을 계측한 결과, 다음 〈표 12-10〉과 같은 자료를 얻었다. A공정에서 생산된 제품이 B공정에서 생산된 그것보다 더 무거운지를 부호검정을 사용하여 유의수준 5%에서 검정하여라.

표 12-10 두 공정에서 생산된 제품의 무게(g)

A공정 제품	B공정 제품	부호($A-B$)
13.4	11.7	+
12.6	9.8	+
12.0	12.7	−
12.3	10.5	+
12.1	8.9	+
12.0	13.2	−
11.0	9.5	+
12.4	9.8	+

풀이 가설은 다음과 같이 설정된다.

H_0: A공정과 B공정의 제품의 무게에 차이가 없다.
H_a: A공정의 제품이 B공정의 제품보다 무겁다.

표본의 크기가 $n=8$, +부호의 수가 $r_+=6$이므로, 이항분포표에서

$$p(r \geq 6;\ n=8,\ p=0.5)=0.1445$$

로 된다. 따라서 $p(r \geq 6;\ n=8,\ p=0.5)=0.1445>\alpha=0.05$이므로 귀무가설은 채택된다. 즉 A공정의 제품이 B공정의 제품보다 무겁다고 할 수 없다.

예제 | 06

어떤 신발 회사에서는 새로운 접착기술이 생산성 향상에 도움을 주는지를 조사하고자 한다. 이를 위해 임의로 뽑은 종업원 30명에게 다른 조건은 동일하게 하고, 하루는 이전의 기술로, 그 다음 날은 새로운 기술로 신발을 접착하게 한 결과가 〈표 12-11〉과 같다. 그러면 새로운 접착기술이 생산성 향상에 도움을 준다고 볼 수 있는가를 부호검정을 사용하여 유의수준 5%에서 검정하여라.

표 12-11 신 · 구 접착기술에 따른 1인당 신발접착수

종업원	신발접착 수		부호	종업원	신발접착 수		부호
	구 기술(X_i)	신 기술(Y_i)			구 기술(X_i)	신 기술(Y_i)	
1	40	65	−	16	20	29	−
2	75	60	+	17	49	60	−
3	24	36	−	18	32	22	+
4	21	15	+	19	15	32	−
5	8	12	−	20	80	120	−
6	10	15	−	21	30	30	0
7	15	12	+	22	16	32	−
8	30	48	−	23	41	20	+
9	22	21	+	24	35	11	+
10	16	16	0	25	24	50	−
11	15	8	+	26	18	49	−
12	56	85	−	27	16	58	−
13	12	20	−	28	10	8	+
14	4	18	−	29	37	18	+
15	32	45	−	30	50	70	−

풀이 가설은 다음과 같이 설정된다.

H_0: 신접착기술은 생산성 향상에 도움을 주지 않는다.

H_a: 신접착기술은 생산성 향상에 도움을 준다.

〈표 12−11〉에 의하면 +가 10개, −는 18개, 그리고 0은 2개이다. 따라서 짝지어진 관찰치의 수는 $n=28$이며, $r_-=18$(−의 수)이다. 그러므로

$$E(r) = np = 28 \times \frac{1}{2} = 14$$

$$\sigma_r = \sqrt{np(1-p)} = \sqrt{28(0.5)(0.5)} = 2.65$$

이 되며, Z는 $r = 18 > \frac{n}{2} = 14$이므로,

$$Z = \frac{r - 0.5 - \frac{n}{2}}{\frac{\sqrt{n}}{2}} = \frac{17.5 - 14}{2.65} = 1.32$$

로 된다. $\alpha = 0.05$이므로 $z_\alpha = 1.645$이다. 따라서 $Z = 1.32 < z_\alpha = 1.645$이

므로 H_0는 채택된다. 즉 신접착기술은 생산성 향상에 도움을 주지 않는다.

---

2. 윌콕슨의 부호붙은 순위검정

앞에서 다룬 부호검정에서는 짝지어진 두 관찰치의 차이의 크기는 무시하고 부호만을 사용하였으므로 주어진 자료에서 얻을 수 있는 정보를 충분히 고려하지 못하고 있다. 이에 관찰치 간의 차이의 부호와 함께 그 차이의 크기도 고려한 검정이 윌콕슨의 부호붙은 순위검정(Wilcoxon signed rank test)이다. 따라서 이 검정방법은 앞에서 설명한 부호검정에 비해 보다 강력한 검정방법이다.

두 관찰치의 검정을 하기 위해서는 먼저 짝을 이룬 X_i와 Y_i의 차이 d_i를 계산한다. 이 d_i의 절대치들을 작은 것부터 시작하여 크기의 순서대로 차례로 순위를 부여한다. 이때 짝지어진 두 관측치의 차이 d_i가 0인 경우는 분석에서 제외된다. 그리고 d_i의 절대치의 순위를 정할 때 크기가 같은 것이 있으면 그들의 순위의 평균치를 각각의 순위로 한다. 예를 들어 두 번째, 세 번째 그리고 네 번째 순위의 d_i 절대치가 모두 같다면 2, 3, 4의 평균 $\frac{2+3+4}{3}=3$을 세 개의 d_i 절대치에 동시에 부여한다. 이를 평균순위법(mid-rank method)이라 하며 순위를 이용한 다른 모든 검정에도 적용된다. d_i의 절대치에 순위를 부여하고 난 후 다시 그 순위에 원래 d_i의 부호를 붙이고 +의 부호를 붙인 순위값의 합계 (T_+) 또는 −의 부호를 붙인 순위값의 합계 (T_-)를 구하여 이 합계치 T_+ 또는 T_-를 검정통계량으로 사용한다.

이 검정에서의 귀무가설은 표본의 모집단은 동질적이다라고 설정된다. 따라서 귀무가설이 참이라면 T_+의 값과 T_-의 값이 거의 같아야 된다. 여기서 관측치 수가 25미만인 소표본의 경우는 계산된 검정통계량 T와 주어진 유의수준 α 및 표본의 크기에 따른 임계치 T_α를 비교하여 귀무가설의 기각 여부를 결정한다. 관찰치의 수 n이 25이상인 대표본에 있어서는 T_+ 또는 T_-는 평균과 분산이 각각

$$\mu_T = \frac{n(n+1)}{4} \tag{12-5}$$

$$\sigma_T^2 = \frac{n(n+1)(2n+1)}{24} \tag{12-6}$$

인 정규분포에 접근한다. 따라서

$$Z = \frac{T - \mu_T}{\sigma_T} \tag{12-7}$$

는 표준정규분포를 이루므로 정규분포를 이용하여 검정할 수 있다.

윌콕슨의 부호붙은 순위검정에 있어서 비교되는 두 관찰치의 크기가 같은 것이 있을 경우에는 자료의 분산이 줄어들게 되므로, 정규분포의 분산을 조정해야 한다. 즉 짝지어진 두 관찰치의 차이의 크기가 같은 것(동순위)의 수를 u_i라 할 때 분산은

$$\sigma_T^2 = \frac{n(n+1)(2n+1)}{24} - \frac{\sum u_i^3 - \sum u_i}{48} \tag{12-8}$$

로 조정된다.

예제 | 07

[예제 05]의 자료를 윌콕슨의 부호붙은 순위검정을 사용하여 유의수준 5%에서 검정하여라.

풀이 가설은 [예제 05]에서와 같이 설정된다.

H_0: A공정과 B공정의 제품의 무게에 차이가 없다.

H_a: A공정의 제품이 B공정의 제품보다 무겁다.

〈표 12-12〉에서 부호붙은 순위통계량 T_+의 값은 $T_+ = 33$으로 계산된다. 그리고 $n = 8$, $\alpha = 0.05$이므로 임계치는 [부표 XI]에서 $T_\alpha = 31$이다. 따라서 $T = 33 > T_\alpha = 31$이므로 귀무가설은 기각된다.

표 12-12 윌콕슨의 부호붙은 순위검정의 계산 예

X_i	Y_i	$d_i = X_i - Y_i$	$\lvert d_i \rvert$	순위(R)	부호붙은 순위	+부호의 순위
13.4	11.7	+1.7	1.7	4	+4	4
12.6	9.8	+2.8	2.8	7	+7	7
12.0	12.7	−0.7	0.7	1	−1	
12.3	10.5	+1.8	1.8	5	+5	5
12.1	8.9	+3.2	3.2	8	+8	8
12.0	13.2	−1.2	1.2	2	−2	
11.0	9.5	+1.5	1.5	3	+3	3
12.4	9.8	+2.6	2.6	6	+6	6
						$T_+ = 33$

예제 | 08

[예제 06]의 자료를 윌콕슨의 부호붙은 순위검정에 의해서 검정하여라. ($\alpha = 0.05$)

풀이 가설은 다음과 같이 설정된다.

H_0: 모집단에 있어서 +부호의 순위의 합은 −부호의 순위의 합과 같다(두 접착기술의 생산성은 같다).

H_a: 모집단에 있어서 +부호의 순위의 합은 −부호의 순위의 합보다 작다(새로운 접착기술의 생산성이 크다).

〈표 12-13〉에서 +부호의 순위의 합은 106이다. 10번째와 21번째의 종업원에 대한 d_i의 값은 0이므로 분석 대상에서 제외된다. 따라서 n의 값은 28이다. 그러므로

$$\mu_T = \frac{n(n+1)}{4} = \frac{28(29)}{4} = 203$$

$$\sigma_T = \sqrt{\frac{n(n+1)(2n+1)}{24}} = \sqrt{\frac{(28)(29)(57)}{24}} = 43.9$$

$$Z = \frac{T - \mu_T}{\sigma_T} = \frac{106 - 203}{43.9} = -2.21$$

표 12-13 윌콕슨의 부호붙은 순위검정에서의 T의 계산

직공	X_i	Y_i	$\lvert d_i \rvert$	부호붙은 순위	+부호의 순위	직공	X_i	Y_i	$\lvert d_i \rvert$	부호붙은 순위	+부호의 순위
1	40	65	25	−23		16	20	29	9	−9	
2	75	60	15	+15	15	17	49	60	11	−11	
3	24	36	12	−12		18	32	22	10	+10	10
4	21	15	6	+6	6	19	15	32	17	−27	
5	8	12	4	−4		20	80	120	40	−27	
6	10	15	5	−5		21	30	30	0		
7	15	12	3	+3	3	22	16	32	16	−16	
8	30	48	18	−18		23	41	20	21	+21	21
9	22	21	1	+1	1	24	35	11	24	+22	22
10	16	16	0			25	24	50	26	−24	
11	15	8	7	+7	7	26	18	49	31	−26	
12	56	85	29	−25		27	16	58	42	−28	
13	12	20	8	−8		28	10	8	2	+2	2
14	4	18	14	−14		29	37	18	19	+19	19
15	32	45	13	−13		30	50	70	20	−20	
											$T_+ =$ 106

로 된다. 그리고 유의수준 $\alpha = 0.05$이므로 $z_\alpha = 1.645$이다. 따라서 $Z = -2.21 < z_\alpha = -1.645$이므로 귀무가설 H_0를 기각한다. 즉 새로운 접착기술이 생산성향상에 도움을 준다고 볼 수 있다.

---

3. 만 – 휘트니 검정

만 – 휘트니 검정(Mann-Whitney test)은 독립적으로 추출된 두 표본의 모집단이 동질성을 갖는지의 여부를 검정하는 방법이다. 이 검정은 두 평균 간의 차에 대한 모수적 검정인 t검정에서 필요한 가정을 피하기 위해 그 대신으로 사용되는 비모수적 검정방법이다.

만 – 휘트니 검정은 표본의 크기가 각각 n_1, n_2인 두 독립적인 표본을 사용하여 다음과 같이 행한다. 먼저 두 표본의 관측치들을 하나로 통합하여 그 관측치들을 작은 것부터 시작하여 크기 순으로 순위를 붙인다. 같은 순위의 관측치들이 있는 경우에는 그에 해당하는 순위들의 합의 평균치를 각각의 순위로 한다. 두 표본의 순위합을 각각 R_1, R_2라고 하면, 검정통계량 u는

$$u = n_1 n_2 + \frac{n_1(n_1+1)}{2} - R_1 \tag{12-9}$$

또는

$$u = n_1 n_2 + \frac{n_2(n_2+1)}{2} - R_2 \tag{12-10}$$

로 정의되는데, 이 두 u값 중에서 작은 값을 갖는 u를 실제의 검정통계량으로 사용한다. 이 u값과 [부표 XII]에서 구한 일정한 유의수준 하의 임계치를 비교하여 가설을 검정한다.

예제 | 09

A, B 두 기계에서 생산된 제품의 무게가 다음과 같이 측정되었다. 이 자료에서 두 기계에 의해 생산된 제품의 평균무게가 같다고 할 수 있는지를 만-휘트니 검정통계량을 사용하여 검정하여라. ($\alpha = 0.05$)

표 12-14 제품의 무게

기계 A	기계 B
11.7	8.9
9.8	10.5
12.7	9.5
13.2	9.8
12.1	11.0
	12.0
	12.4
	12.6
	12.3

풀이 가설은 다음과 같이 설정된다.

H_0: 두 기계에서 생산된 제품의 평균무게는 같다. ($\mu_1 = \mu_2$)

H_a: 두 기계에서 생산된 제품의 평균무게는 같지 않다. ($\mu_1 \neq \mu_2$)

〈표 12-15〉에서 $R_1 = 46.5$이고 $n_1 = 5$, $n_2 = 9$이므로 이것을 (12-9)

표 12-15 계산 예

기계 A		기계 B	
무 게	순 위	무 게	순 위
11.7	7	8.9	1
9.8	3.5	10.5	5
12.7	13	9.5	2
13.2	14	9.8	3.5
12.1	9	11.0	6
		12.0	8
		12.4	11
		12.6	12
		12.3	10
순위합	R_1=46.5		R_2=58.5

식에 적용하면 u는

$$u = n_1n_2 + \frac{n_1(n_1+1)}{2} - R_1$$

$$= (5)(9) + \frac{5(5+1)}{2} - 46.5 = 13.5$$

로 구해진다. 그리고 $R_2 = 58.5$이므로 이를 (12-10)식에 적용하면

$$u = n_1n_2 + \frac{n_2(n_2+1)}{2} - R_2$$

$$= (5)(9) + \frac{9(9+1)}{2} - 58.5 = 31.5$$

가 얻어진다. 두 값 중에서 작은 값 $u = 13.5$가 검정통계량의 값이 된다.

그리고 유의수준 $\alpha = 0.05$에서 $u_{\alpha/2} = 5$이므로 $u = 13.5 > u_{\alpha/2} = 5$로 되어 H_0는 기각된다. 즉 두 기계에서 생산된 제품의 평균무게는 같다고 할 수 없다.

그러나 n_1과 n_2가 각각 10이상이면 u의 확률분포는 평균과 분산이

$$E(u) = \frac{n_1 n_2}{2} \tag{12-11}$$

$$Var(u) = n_1 n_2 (n_1 + n_2 + 1)/12 \tag{12-12}$$

인 근사적인 정규분포를 이루므로

$$Z = \frac{u - E(u)}{\sqrt{Var(u)}} \tag{12-13}$$

는 근사적으로 표준정규분포를 따른다. 따라서 Z를 이용하여 가설을 검정할 수 있다. 이 경우에는 Z의 절대치에는 변함이 없으므로 u는 어느 것을 사용해도 된다.

예제 | 10

어느 대학의 A, B 두 학과의 학생수는 각각 10, 12명이고 그들의 통계학 시험성적은 아래 〈표 12-16〉과 같다. 이 두 학과의 평균성적에 유의적인 차이가 있는지를 만-휘트니 검정을 사용하여 검정하여라. ($\alpha = 0.05$)

표 12-16 통계학 성적

A 학과	84 82 94 92 88 70 77 76 83 73
B 학과	85 82 81 95 71 79 93 87 91 90 69 80

풀이 가설은 다음과 같이 설정된다.

H_0: 두 학과의 평균성적에는 차이가 없다. ($\mu_1 = \mu_2$)
H_a: 두 학과의 평균성적에는 차이가 있다. ($\mu_1 \neq \mu_2$)

〈표 12-17〉에 의하면 $R_1 = 108.5$이고 $n_1 = 10$, $n_2 = 12$이므로

$$u = n_1 n_2 + \frac{n_1(n_1+1)}{2} - R_1$$

$$= (10)(12) + \frac{10(10+1)}{2} - 108.5$$

$$= 120 + \frac{110}{2} - 108.5 = 66.5$$

$$\mu_u = \frac{n_1 n_2}{2} = \frac{(10)(12)}{2} = 60$$

$$\sigma_u = \sqrt{\frac{n_1 n_2(n_1+n_2+1)}{12}} = \sqrt{\frac{(10)(12)(10+12+1)}{12}}$$

$$= \sqrt{\frac{120(23)}{12}} = 15.17$$

$$Z = \frac{u-\mu_u}{\sigma_u} = \frac{66.5-60}{15.17} = 0.43$$

로 계산된다. 그리고 $\alpha = 0.05$이므로 $z_{0.025} = 1.96$이다. 따라서 $z = 0.43 < z_{0.025} = 1.96$로 되어 H_0는 채택된다. 즉 두 학과의 평균성적에는 차이가 없다고 할 수 있다.

표 12-17 만-휘트니 검정의 계산 예

A 학과		*B* 학과	
점 수	순 위	점 수	순 위
84	13	85	14
82	10.5	82	10.5
94	21	81	9
92	19	95	22
88	16	71	3
70	2	79	7
77	6	93	20
76	5	87	15
83	12	91	18
73	4	90	17
		69	1
		80	8
순위합	R_1=108.5		R_2=144.5

4. 크루스칼-왈리스 H 검정

크루스칼-왈리스 H검정(Kruskal-Wallis H test)은 둘 혹은 그 이상의 서로 독립적인 표본들이 같은 모집단으로부터 추출되었는가의 여부를 검정하는 데 사용된다. 이는 모수적 통계의 일원분산분석법에 대응하는 비모수적 검정방법이다.

이 크루스칼-왈리스 H검정은 관측치들을 크기가 각각 n_1, n_2, …, n_k인 k개의 집단으로 나누어 이들 k개의 집단의 처리효과가 모두 같은지를 검정하는 것이다. 그러므로 귀무가설은 k개의 표본은 동일한 모집단에서 추출되었다고 설정된다. 이 검정을 적용하기 위해서는 먼저 $n_1 + n_2 + \cdots + n_k = n$개의 표본관측치로 혼합 표본을 만든 다음 그 관측치들을 작은 것부터 시작하여 크기 순으로 순위를 부여한다. 그 다음으로 각 표본집단별로 순위의 합을 계산한다. 이때 i표본집단의 순위의 합이 w_i라고 하면, 이러한 w_i들 간의 차이를 총합계하여 그것으로써 귀무가설을 검정하면 된다.

이 w_i들 간의 차의 합은

$$H = \frac{12}{n(n+1)} \sum_{i=1}^{k} \frac{w_i^2}{n_i} - 3(n+1) \qquad (12-14)$$

로 된다. 여기서 k는 독립된 표본의 개수, n_i는 i번째의 표본의 관찰치 수, n은 모든 표본을 통합한 전체 관찰치 수를 각각 나타낸다. 이 값 H가 크루스칼-왈리스 검정의 검정통계량으로 된다.

이 검정통계량 H는 표본의 크기가 클 때에는 $k-1$의 자유도를 가지는 χ^2분포에 근사한다. 따라서 이 경우에는 주어진 자료에 의해서 계산된 H값과 유의수준 α에서의 임계치 χ^2_α의 크기를 비교하여 가설을 검정한다.

그러나 표본 또는 집단의 수가 $k=3$이고, 이 세 표본의 각 관측치 수가 5이하인 경우에는 H값이 χ^2분포에 충분히 근사할 수 없다. 그래서 이 경우에는 χ^2분포를 이용할 수 없게 되고 [부표 XIII]에서 각 표본의 크기와 α에 의해서 정해지는 임계치를 구하고 이것을 계산된 H값과 비교하여 가설을 검정한다.

만일 관찰치 중에서 동일한 순위가 있을 경우에는, H는

$$H^* = \frac{H}{1 - \left\{ \sum_{m=1}^{l} u_m(u^2{}_m - 1)/n(n^2 - 1) \right\}} \qquad (12-15)$$

로 수정된다. 여기서 l은 같은 순위가 나타나는 경우의 수, u_m은 m번째 동일한 순위의 관찰치의 개수를 나타낸다.

예제 | 11

어떤 철강회사에서는 세 곳의 공장에서 강철봉을 생산하고 있다. 각 공장에서 생산되는 강철봉의 평균강도가 같은 것인가를 조사하기 위해서 각 공장에서 생산된 제품 중 몇 개씩을 표본으로 추출하여 강도를 측정해 본 결과는 〈표 12-18〉과 같았다. 각 공장들의 제품이 같은 평균강도를 나타내는지를 유의수준 5%에서 검정하여라.

표 12-18 공장별 강철봉의 강도 (단위: kg/㎠)

제1공장	50 45 37 29 47 52 41 35
제2공장	35 28 41 53 30 38 46
제3공장	29 43 38 44 51 33 38

풀이 가설은 다음과 같이 설정된다.

H_0: 세 표본은 같은 모집단에서 추출되었다($\mu_A = \mu_B = \mu_C$ 이다).

H_a: 세 표본은 같은 모집단에서 추출되지 않았다($\mu_A = \mu_B = \mu_C$ 가 아니다).

표본관찰치에 순위를 부여하고 각 공장별 순위합을 구하면 〈표 12-19〉와 같다. 이들 순위합을 이용해서 H를 계산하면

$$H = \frac{12}{22(22+1)} \left\{ \frac{(103)^2}{8} + \frac{(72)^2}{7} + \frac{(78)^2}{7} \right\} - 3(22+1)$$

$$= 0.625$$

표 12-19 표본관측치의 순위와 공장별 순위합

제 1 공장	제 2 공장	제 3 공장
29(2)	28(1)	31(4)
35(6.5)	30(3)	33(5)
37(8)	35(6.5)	38(10)
41(12.5)	38(10)	38(10)
45(16)	41(12.5)	43(14)
47(18)	46(17)	44(15)
50(19)	53(22)	51(20)
52(21)		
순위합 $w_1=103$	$w_2=72$	$w_3=78$

이다.

동일한 순위가 있으므로 H를 수정하면

$$H^* = \frac{0.625}{1-[\{2(2^2-1)+3(3^2-1)+2(2^2-1)\}/22(22^2-1)]}$$

$$= 0.627$$

이 된다. 자유도는 $df = k-1 = 3-1 = 2$이고 유의수준 $\alpha = 0.05$이므로 $\chi^2_{0.05\,;\,2} = 5.991$이다. 따라서 $H^* = 0.627 \le \chi^2_{0.05\,;\,2} = 5.991$이므로 H_0를 채택한다. 즉 세 공장의 강철봉들의 평균강도는 같다고 볼 수 있다.

---

s·t·a·t·i·s·t·i·c·s

05 순위상관검정

자료가 양적으로 측정되어 있지 않지만 그 자료에 순위를 부여할 수 있다면 그 순위에 의해 상관정도를 측정할 수 있다. 이와 같이 두 변수 간의 양적 수치가 아니고 순위에 의해 상관정도를 측정하는 상관계수를 순위상관계수(rank correlation coefficient)라고 한다. 이 순위상관계수로써 변수 간의 독립성을 검정하는 방법이 순위상관검정(rank correlation test)이다.

이러한 순위상관검정에는 스페어만(C. Spearman)과 켄달(M.G. Kendall)

의 검정방법이 있다. 이하에서는 이 두 가지 방법을 설명하기로 한다.

1. 스페어만의 순위상관 검정

스페어만의 순위상관계수(Spearman's rank correlation coefficient)는 자료의 실제 관측치는 알 수 없고 순위만을 알 수 있는 경우 두 변수 간의 상관관계를 측정하는 상관계수이다.

두 변수 X, Y의 측정치가 각각 n개이며, X가 어떤 특성에 의해 X_1, X_2, $\cdots$, X_n의 순위가 붙여져 있고 Y도 어떤 특성에 의해 Y_1, Y_2, $\cdots$, Y_n의 순위가 붙여져 있다면, $(X_i,\ Y_i)$는 각각 하나의 짝을 이루게 된다. 이 짝으로 이루어진 관측치의 순위의 차를 $d_i = X_i - Y_i$라고 하면, 스페어만의 순위상관계수 r_s는

$$r_s = 1 - \frac{6\sum_{i=1}^{n} d_i^2}{n(n^2-1)} \qquad (12-16)$$

로 계산된다. 여기서 두 변수 X_i, Y_i의 차가 모두 0이면 $\sum d_i^2 = 0$이 되므로 r_s는 1이 되어 두 변수 간에는 완전한 양(+)의 상관관계가 존재한다. 이와는 달리 X_i와 Y_i의 순위가 반대로 되어 있는 경우에는 $\sum d_i^2$이 최대로 되어 $r_s = -1$이 된다. 따라서 이 순위상관계수 r_s는 $-1 \le r_s \le 1$의 범위의 값을 가진다. 그러므로 이 스페어만의 순위상관계수는 순위로 된 두 변수 간의 상관의 정도와 방향을 나타낸다.

이 순위상관계수 r_s는 순위만 표시된 두 변수 X, Y간의 독립성을 검정하는 데 사용되는데 그 검정방법을 설명하기로 한다.

이 검정에서의 가설은 다음과 같이 설정된다.

H_0: X와 Y는 서로 독립이다.

H_a: ① X와 Y는 서로 독립이 아니다.

② X와 Y는 양(+)의 상관관계에 있다.

③ X와 Y는 음(−)의 상관관계에 있다.

이 가설을 검정함에 있어서는 스페어만의 순위상관계수 r_s가 검정통계량

으로 된다. 이 r_s를 계산하고, 표본의 크기 n과 유의수준 α하에서의 r_s의 임계치 r_s'를 [부표 XIV]에서 구한 다음, r_s와 r_s'를 비교하여 귀무가설의 기각 여부를 결정한다. 즉 $r_s > r_s'$이면 H_0를 기각하고 $r_s \le r_s'$이면 H_0를 채택한다.

예제 | 12

어느 대학의 통계학과 학생 7명의 학업성적순위 X_i와 지능순위 Y_i를 비교한 것이 〈표 12-20〉과 같다. 학업성적과 지능 간에 상관관계가 있는지를 유의수준 5%에서 검정하여라.

표 12-20 학업성적 및 지능의 순위

학 생	성적순위(X_i)	지능순위(Y_i)
A	1	2
B	2	1
C	3	3
D	4	6
E	5	4
F	6	5
G	7	7

풀이 먼저 가설은 다음과 같이 설정된다.

H_0: 학업성적순위와 지능순위는 독립이다.

H_a: 학업성적순위와 지능순위는 독립이 아니다.

이 가설을 검정하기 위해 〈표 12-21〉을 이용하여 스페어만의 순위

표 12-21 r_s의 계산

학 생	성적순위(X_i)	지능순위(Y_i)	순위차 $d_i=X_i-Y_i$	d_i^2
A	1	2	−1	1
B	2	1	1	1
C	3	3	0	0
D	4	6	−2	4
E	5	4	1	1
F	6	5	1	1
G	7	7	0	0
합 계				8

상관계수 r_s를 계산하면 다음과 같다.

$$r_s = 1 - \frac{6\sum d_i^2}{n(n^2-1)}$$

$$= 1 - \frac{6(8)}{7(7^2-1)}$$

$$= 0.8571$$

그리고 $n = 7$, $\alpha = 0.05$이고 양측검정이므로 임계치는 $r_s' = 0.7450$이다. 따라서 $r_s = 0.8571 > r_s' = 0.7450$이 되어 H_0를 기각한다. 즉 학업 성적과 지능 간에는 상관관계가 있다고 할 수 있다.

그런데 표본의 크기가 커서 $n \geq 10$일 경우에는 r_s의 분포는 평균 0, 분산 $\frac{1}{n-1}$인 정규분포에 근사하므로, 통계량

$$Z = \frac{r_s - 0}{1/\sqrt{n-1}} = r_s\sqrt{n-1} \qquad (12-17)$$

은 근사적으로 표준정규분포를 이룬다. 따라서 표준정규분포를 이용하여 귀무가설의 성립 여부를 검정한다.

2. 켄달의 순위상관 검정

켄달의 순위상관계수(Kendall's rank correlation coefficient)도 스페어만의 순위상관계수와 같이 자료가 순위만으로 표시되어 있는 두 변수 간의 상관관계의 정도를 측정하는 상관계수이다.

이 켄달의 순위상관계수 r_k는

$$r_k = \frac{s}{\frac{1}{2}n(n-1)} = \frac{2s}{n(n-1)} \qquad (12-18)$$

표 12-22 심사의 순위

학생 \ 심사위원	X	Y
A	6	1
B	2	2
C	4	4
D	5	6
E	1	3
F	3	5
G	7	7

표 12-23 심사순위의 대응

순위 \ 학생	E	B	F	C	D	A	G
X의 순위	1	2	3	4	5	6	7
Y의 순위	3	2	5	4	6	1	7

로 계산된다. 여기서는 이 r_k의 계산 과정을 설명한 다음 켄달의 순위상관 검정문제를 살펴보기로 한다.

예를 들어 7명의 학생이 참가한 미술 실기대회에서 두 심사위원 X, Y가 붙인 순위가 ⟨표 12-22⟩와 같다고 하자. 이 경우에는 먼저 X_i의 순위를 작은 것부터 시작하여 크기 순으로 배열하고 이에 대응하는 Y_i의 순위를 붙인다. 즉 ⟨표 12-23⟩에서와 같이 심사위원 X의 심사순위에 의해 7명의 학생을 1, 2, …, 7의 순서로 배열하고, 이에 대응한 심사위원 Y의 심사순위를 나타낸다.

다음에는 Y의 각 순위에서 그 순위를 기준으로 하여 우측의 순위 중에서 그 순위보다 큰 순위의 수와 작은 순위의 수가 몇 개인지를 헤아린다. ⟨표 12-24⟩에서와 같이 학생 E에서는 Y의 순위가 3이므로 그 우측의 각 순위 중에서 3보다 큰 수는 5, 4, 6 및 7의 4개가 있고, 3보다 작은 수는 2와 1의 2개가 있다. 즉 Y의 각 순위의 우측에 있는 순위 중에서 그 순위보다 큰 순위를 +1, 작은 순위를 -1로 나타내면, +1은 4개이고, −1은 2개로 된다. 이와 같이 Y의 각 순위에서 구한 +1의 개수와 −1의 개수의 차의 합 s를 구한다. ⟨표 12-24⟩에서 s를 계산하면

표 12-24 S의 계산

학생	E	B	F	C	D	A	G
X의 순위	1	2	3	4	5	6	7
Y의 순위	3	2	5	4	6	1	7
+1의 수	4	4	2	2	1	1	0
−1의 수	2	1	2	1	1	0	0

$$S=(4-2)+(4-1)+(2-2)+(2-1)+(1-1)+(1-0)+(0-0)=7$$

이 된다. 그리고 $n=7$이므로 켄달의 순위상관계수 r_k는

$$r_k=\frac{2s}{n(n-1)}=\frac{(2)(7)}{7(7-1)}=0.333$$

으로 계산된다.

켄달의 순위상관검정에서의 가설은 스페어만의 순위상관검정에서와 같다. 표본의 크기가 $n<10$인 경우에는 [부표 XV]을 사용하며 귀무가설 H_0의 기각 여부를 판단한다. [부표 XV]은 표본의 크기 n에서 구한 s값이 나올 확률 p를 나타내고 있다. 이 표에 의하여 표본의 크기 n에서 구한 확률 p를 일정한 유의수준 α와 비교하여

$$p<\alpha$$

이면 귀무가설 H_0를 기각한다.

예제 | 13

위의 〈표 12-22〉의 자료에서 두 심사위원의 심사순위에 상관관계가 있는지를 검정하여라. ($\alpha=0.05$)

풀이 위의 〈표 12-24〉에서 구한 s값이 7이고 n이 7이므로, $p=0.191$이 된다. 따라서 $p=0.191>\alpha=0.05$이므로 귀무가설 H_0는 채택된다. 즉 두 심사위원의 심사순위에는 상관관계가 없다.

그런데 표본의 크기가 $n \geq 10$인 경우에는, 켄달의 순위상관계수 r_k는 평균과 분산이 각각

$$E(r_k) = 0 \quad (12-19)$$

$$Var(r_k) = \frac{2(2n+5)}{9n(n-1)} \quad (12-20)$$

인 정규분포를 이루므로

$$Z = \frac{r_k - E(r_k)}{Var(r_k)}$$

$$= \frac{r_k}{\sqrt{\frac{2(2n+5)}{9n(n-1)}}} \quad (12-21)$$

는 근사적으로 표준정규분포를 이룬다. 따라서 표준정규분포를 사용하여 순위로 된 두 변수 간의 상관관계의 존재 여부를 검정할 수 있다.

s・t・a・t・i・s・t・i・c・s

06 | 연검정

표본은 특별한 경우를 제외하고는 무작위로 추출된 것이라야 그 가치가 있는 것이다. 그러므로 지금까지 다루어 온 표본은 모두 무작위로 추출된 것으로 가정하였다. 표본관찰치들이 무작위로 추출되었는지의 여부를 검정하는 것이 무작위성검정(randomization test)인데, 이러한 무작위성을 검정할 때 사용하는 방법이 연검정(run test)이다.

연검정에서는 표본관찰치를 두 종류로 나누고 이를 두 가지 종류의 기호로 나타내어 어떤 순서로 배열한 다음, 같은 기호를 가진 부분이 몇 개인가를 조사하여 검정한다. 두 종류의 기호가 어떤 순서를 가지고 배열되었을 때 같은 기호로 이루어진 한 부분을 연(run)이라고 한다. 예를 들어 어떤 학과의 학생 중에서 임의로 뽑은 10명의 배열이

남 여 남남 여여여 남남 여
① ② ③ ④ ⑤ ⑥

로 나타났다면 연의 수는 6개이다.

연검정은 표본이 무작위로 추출되었는지의 여부를 검정하는 것이므로 가설은 다음과 같이 설정된다.

H_0: 표본은 무작위로 추출된 것이다.

H_a: 표본은 무작위로 추출된 것이 아니다.

이 가설을 검정하기 위하여 모든 관찰치를 두 종류로 나누어 각각의 크기를 조사한다. 이때 하나의 종류를 나타내는 기호의 수를 n_1, 다른 하나의 종류를 나타내는 기호의 수를 n_2라고 하면 표본의 수는 $n = n_1 + n_2$로 된다. 그리고 연의 수 u를 계산한다.

이 검정에서는 표본의 자료에서 얻어진 연의 수 u를 검정통계량으로 사용하여 양측검정을 한다. n_1과 n_2가 모두 20이하인 경우에는 검정통계량 u의 확률치 p를 [부표 XVI]에서 구하고, 이것과 유의수준 α를 비교하여 검정한다. 그러나 n_1, n_2가 20보다 클 때는 연수의 분포가 평균과 분산이

$$E(u) = 1 + \frac{2n_1 n_2}{n} \tag{12-22}$$

$$Var(u) = \frac{2n_1 n_2(2n_1 n_2 - n)}{n^2(n-1)} \tag{12-23}$$

인 정규분포에 근사하므로

$$Z = \frac{u - E(u)}{\sqrt{Var(u)}} \tag{12-24}$$

는 표준정규분포를 이룬다. 따라서 이 Z를 이용하여 가설을 검정할 수 있다.

예제 | 14

어느 극장 앞에서 입장을 기다리고 서 있는 사람들의 성별을 차례대로 기록한 결과는 아래와 같다. 여기에 무작위성이 있는지를 유의수준 5%에서 검정하여라.

풀이 여여 남 여 남남 여여 남 여 남 여여여 남 여

① ② ③ ④ ⑤ ⑥ ⑦ ⑧ ⑨ ⑩ ⑪

우선 가설은 다음과 같이 설정된다.

H_0 : 무작위로 서 있다.

H_a : 무작위로 서 있지 않다.

다음으로 [부표 XVI]에서 검정통계량 u의 확률치 p를 찾는다. 남자의 수는 6명, 여자의 수는 10명이고, 연의 수는 11이므로 부표에서 찾을 수 있는 확률치는 우측검정의 확률치로서 0.136이다. 그런데 이 문제에서는 양측검정이므로 확률치 p는 0.272로 된다. 그러면 $p = 0.272 > \alpha = 0.05$이므로 귀무가설을 채택한다. 즉 사람들은 무작위로 서 있다고 할 수 있다.

연 · 습 · 문 · 제

01 아래 표는 시외통화의 평균 소요시간을 알아보기 위해 임의로 추출한 200회의 시외통화의 통화시간을 기록한 것이다. 그리고 이 표에는 모집단의 분포를 정규분포로 가정한 경우의 기대도수를 함께 나타내었다. 유의수준 5%에서 χ^2의 적합도 검정을 사용하여 이 관측된 분포가 정규분포를 이루는 모집단으로부터 추출되었다는 귀무가설을 검정하라.

(단위: 횟수)

시 간(분)	관측된 분포(f_{oi})	정규분포(f_{ei})
0 ~ 1	0	4
1 ~ 2	12	14
2 ~ 3	50	38
3 ~ 4	64	64
4 ~ 5	46	46
5 ~ 6	14	24
6 ~ 7	10	8
7 ~	4	2
합 계	200	200

02 어떤 회사의 인사부장은 여성근로자의 결혼 여부가 결근 빈도에 영향을 미치는가를 알고 싶어한다. 490명의 여성근로자를 임의추출하여 결근빈도를 조사한 결과 아래의 표와 같이 나타났다. 유의수준 5%에서 χ^2 검정을 이용하여 결혼과 결근이 서로 독립적이라는 귀무가설을 검정하라.

결혼 여부 \ 빈도	자주 결근	거의 결근 없음	합 계
기 혼	84	96	180
미 혼	62	158	220
합 계	146	254	400

03 교수들이 그 전공에 따라 실험실습을 이론연구에 비해 얼마나 중요하게 생각하는가를 분석하기 위해 120명의 교수를 임의추출하여 질문한 결과는 다음과 같이 나타났다. χ^2검정을 사용하여 전공별 교수의 의견의 모분포가 모두 같다고 하는 귀무가설을 유의수준 5%에서 검정하라.

질문 내용 \ 전공별	순수과학	응용과학	예체능	합 계
실험실습이 보다 중요하다.	10	20	20	50
이론연구가 보다 중요하다.	20	5	15	40
양측 모두 중요도가 거의 같다.	10	5	15	30
합 계	40	30	50	120

04 다음과 같이 관측된 분포가 균등분포인 모집단에서 추출되었는지의 여부를 콜모고로프-스미르노프의 검정을 이용하여 유의수준 5%에서 검정하라.

범 주	f_{oi}	f_{ei}
A	6	3
B	8	3
C	2	3
D	1	3
E	0	3
F	1	3
합 계	18	18

05 짝 지어진 관측치들의 차이가 아래 표와 같이 +와 −로 나타났다. 이 자료를 부호 검정에 의하여 +와 −부호의 모비율이 같다고 하는 가설을 유의수준 5%에서 검정하라.

관 측	1	2	3	4	5	6	7	8	9	10	11	12	13	14	15
부 호	+	−	−	+	−	+	+	−	+	−	−	+	+	+	+
관 측	16	17	18	19	20	21	22	23	24	25	26	27	28	29	30
부 호	+	+	+	−	+	+	−	−	+	+	+	+	−	+	−

06 *A*, *B*, *C* 세 품종의 사과가 있다. 품종별 무게를 분석하기 위해 *A*, *B*품종을 각각 5개, *C*품종을 7개를 추출하여 그 무게를 달아 순위를 매긴 결과가 다음 표와 같다. 1은 가장 가벼운 사과이며 17은 가장 무거운 사과이다. 이 결과로 보아 3품종 간의 무게에 유의적인 차이가 있다고 할 수 있는가? 귀무가설을 3품종의 무게에 차이가 없다고 둘 때, 크루스칼-왈리스 검정을 사용하여 그 가설을 유의수준 5%에서 검정하라.

품 종	17개의 순위	계(w_i)
A	1 2 3 5 8	19
B	4 5 10 13 17	50
C	7 9 11 12 14 15 16	84

07 어떤 연극의 관람객 중 남 · 녀의 비율을 알려고 한다. 연극이 시작되기 전 20분동안 입장한 관객을 순서에 따라 그 성별을 기록한 결과, 다음과 같이 나타났다면, 이 표본은 임의로 추출된 것이라 할 수 있을까? (H_0 : 표본은 임의적으로 추출되었다) ($\alpha = 5\%$)

남남여남남남여여남여여여남남남남여남여남여여남남여여여남
여여여여남남남여남여여남남여여여남여남남여여여여남남여남

연습문제 해답

제 2 장_ 자료의 정리

01 생략

02 생략

03 생략

04 생략

05 1) 7.6　2) 4　3) 2

06 1) −2.2, 5.8, −13.2, −11.2, −5.2, 12.8, 17.8, 2.8, 0.8, −8.2
2) $S^2 = 102.4$, $S = 10.12$

07 81.8 %

08 1) 1.5　2) 0.58　3) 1.83

09 1) 거짓　2) 참　3) 거짓　4) 거짓　5) 참

10 20만원당 15%(총 45%)

11 1) 15%　2) 15%　3) d

12 자연적 원인 − (i), 사고 − (ii)

13 약 9%

14 6.1%

15 4.2

16 1) 0.56　2) 0.66

제 3 장_ 확률이론

01 1) 0.92　2) 0.87

02 1) 1/4　2) 11/24

03 0.18

04 생략

05 1) 15.6%　2) 0.97

06 7.8%

07 5

08 0.00019

09 0.39

10 1) 1/52 2) 1/51

11 1) $P(A|B) = P(A)$ 2) $P(A \cap B) = 0$

12 1) 1/8 2) 0

13 1) 0.9596 2) 0.04 3) 0.495 4) 0.05 5) 0.48 6) 0.475

14 0.494

15 1) 0.476 2) 0.487

제 4 장 _ 확률분포

01 생략

02 1) 생략 2) 생략

3) $E(X) = 13/8$ $Var(X) = (0-\frac{13}{8})^2\frac{1}{8} + (1-\frac{13}{8})^2\frac{1}{4} + (2-\frac{13}{8})^2\frac{1}{2} + (3-\frac{13}{8})^2\frac{1}{8}$

03 1/15

04 1) 생략

2) $E(X) = 30$, $Var(X) = (1{,}000-30)^2(0.01) + (10.000-30)^2(0.001) + (100{,}000-30)^2(0.0001)$

05 1) $Y = 100{,}000 + 30{,}000X$

2) $E(X) = 0.6$ $Var(X) = (0-0.6)^2(0.6) + (1-0.6)^2(0.25) + (2-0.6)^2(0.1) + (3-0.6)^2(0.05)$

06 1) 1/8 2) $P(0 \le X \le 2) = 1/4$, $P(X \ge 2) = 3/4$

07 1) $f(Y=1) = 1/2$, $f(Y=3) = 1/3$, $f(Y=9) = 1/6$

2) $f(Y=1|X=2) = 1/2$, $f(Y=3|X=2) = 1/6$, $f(Y=9|X=2) = 1/3$

3) $Cov(X, Y) = 0$ 4) 독립이 아니다.

08 생략

09 생략

10 생략

11 $\frac{24{,}400}{52}$

12 1) 0.9606 2) 0.0388

13 1) 생략

2) $E(X) = 77.0$ $Var(X) = 211$, $E(Y) = 70.4$ $Var(Y) = 181.84$

3) $\sigma_{XY} = 41.2$, $\rho = 0.2$

제 5 장 _ 주요 확률분포

01 $f(x) = p^{\alpha(x)}(1-p)^{\beta(x)}$

단, $\alpha(x) = \alpha_1 + \alpha_2 x$, $\beta(x) = \beta_1 + \beta_2 x$

$$\alpha_1 = -\frac{b}{a-b},\ \alpha_2 = \frac{1}{a-b},\ \beta_1 = -\frac{a}{b-a},\ \beta_2 = \frac{1}{b-a}$$

02 $P(6 \le X \le 9) = \binom{15}{6}(0.4)^6(0.6)^9 + \binom{15}{7}(0.4)^7(0.6)^8 + \binom{15}{8}(0.4)^8(0.6)^7 + \binom{15}{9}(0.4)^9(0.6)^6$

03 $P(X \ge 5) = 1 - \binom{8}{0}(0.3)^0(0.7)^8 - \binom{8}{1}(0.3)^1(0.7)^7 - \binom{8}{2}(0.3)^2(0.7)^6 - \binom{8}{3}(0.3)^3(0.7)^5 - \binom{8}{4}(0.3)^4(0.7)^4$

04 $E(X \mid X \ge 1) = \dfrac{np}{1-q^n}$

05 $P(x=0) = e^{-\lambda}$

06 0.5940

07 $P(X \ge 5) = 1 - (\frac{1}{e} + \frac{1}{e} + \frac{1}{2e} + \frac{1}{6e} + \frac{1}{24e})$

08 1) $\binom{100}{20}(0.36)^{20}(0.64)^{80}$

2) 0.8212

09 2.5대

10 85.36

11 생략

12 생략

13 1) 1.67(년) 2) 0.30119

14 1) 0.8413 2) 0.9082 3) 0.4882 4) 0.2506 5) 0.0518

15 1) 0.5782 2) 0.5752

제 6 장 _ 표본추출과 표본분포

01 1) $\mu_{\bar{X}} = 10,\ \sigma^2_{\bar{X}} = \frac{4}{25},\ \sigma_{\bar{X}} = \frac{2}{5},$ 2) 0

02 1) $\mu_{\hat{p}} = \frac{2}{3},\ \sigma^2_{\hat{p}} = \frac{2}{900},\ \sigma_{\hat{p}} = \frac{\sqrt{2}}{30}$ 2) 0.4714

03 1) 27.589 2) 9.39 3) 20.278 4) 16.047

04 1) 1.182 2) 2.764 3) 1.708 4) 2.485

05 1) 3.29 2) 16.69 3) 0.34 4) 0.067

06 1) $B(1,\ 1/2)$ 2) 생략 3) $E(X) = 1,\ Var(X) = \frac{1}{4}$

07 1) 0.16 2) 0

08 1) 2 2) 0.02

09 1) $E(\bar{X}) = \frac{9}{2},\ Var(\bar{X}) = \frac{35}{24}$ 2) $\mu = \frac{9}{2},\ \sigma^2 = \frac{35}{12}$

10 1) 0.057 2) 0.0207

11 0.25이하

12 1) $E(\hat{p}) = 0.40$, $\sigma_{\hat{p}} = 0.016$

13 생략

제 7 장 _ 통계적 추정

01 8

02 [1,416,844, 1,583,156], [1,430,209, 1,569,791]

03 [121.72, 128.28]

04 [123.36, 126.64]

05 [121.72, 128.28]

06 1) 신뢰구간 커진다. 2) 신뢰구간 작아진다. 3) 신뢰구간 작아진다.

07 [5.66, 8.34]

08 1) 2/5 2) [0.264, 0.536]

09 68

10 231

11 9.1 ± 1.055

12 0.06 ± 0.066

13 생략

14 40그루 이상

15 $2.276 \le \sigma^2 \le 52.397$

제 8 장 _ 통계적 가설검정

01 $z = -2.265$, H_0 기각, 달라진다.

02 1) $z = 1.5$, H_0 채택 2) $z = 1.5$, H_0 채택 2) $z = 1.4$, H_0 채택

03 1) $t = 2.8$, H_0 기각 2) $t = 2.8$, H_0 기각 2) $t = -3$, H_0 기각

04 1) 0.54 2) 0.025

05 $Z = 1$, H_0 채택

06 $\chi^2 = 31.9 < \chi^2_{0.01;29} = 49.588$, H_0 채택

07 $F = 2.25 < F_{0.01}(24, 24) = 2.66$, H_0 채택

08 $z = 4$, H_0 기각

09 $z = -1$, H_0 채택

10 0.0091

11 $z = 5.0$ 옳다고 할 수 있다.

12 $z = 2.36$ 같다고 할 수 없다. $\beta = 0.3483$

13 $t = 1.395$ 믿을 수 없다.

14 $t = 1.58$, 높다고 할 수 없다.

15 $t = -2.538 < -t_{0.025;9} = -2.262$, H_0 기각

16 $t = 1.978 < t_{0.025;15} = 2.131$, H_0 채택

제 9 장 _ 분산분석

01 $F = 5.68 > F_{0.05} = 3.48$, 할 수 있다.

02 $F = 3.64 < F_{0.01} = 4.94$, 할 수 없다.

03 $F = 8.94 > F_{0.05} = 3.89$, 할 수 있다.

04 $F = 12.57 > F_{0.05} = 5.14$, 유의적이다.

05 $F = 1.33 < F_{0.05} = 4.07$, H_0 기각

06 1) 생략 2) $F = 5.37$, H_0 기각

07 1) 생략 2) $F = 15.526$, H_0 기각

08 $F = 7.66 > F_{0.05} = 5.14$, H_0 기각

09 1) $F = 0.31$, H_0 채택 2) $F = 1.23$, H_0 채택 2) $F = 13.0$ H_0 기각

제 10 장 _ 상관분석과 회귀분석

01 1) $\hat{Y} = 0.8534 + 0.7407X$ 2) 3.9295 3) $t = 4.365$, H_0 기각

02 $\hat{Y} = 330.2 + 0.122X$

03 $\hat{Y} = 181.0706 + 2.1482X$, $Se = 25.9997$

04 1) $0.5833 \le \beta \le 3.7131$ 2) $t = -0.501$, H_0 채택

05 1) $\hat{S} = -396 + 0.144Y$ 2) 생략 3) $\beta = 0.144 \pm 0.148$

06 1) $\hat{Y} = 0.9541 + 14.8881X$ 2) 0.9339 3) $t = 13.562$, H_0 기각 4), 5) 생략

07 1) $\hat{Y} = 0.86 + 0.71X$ 2) $r = 0.98$, $r^2 = 0.96$ 3) $0.55 \le \beta \le 0.88$ 4) $0.83 \le Y \le 2.31$

08 연령이 높아질수록 사고횟수는 감소한다.

09 1) $\hat{S} = 0.104 + 0.115Y - 0.029W$ 2) 877,000원 3) 230,000원 4) 26,800원

10 1) $\hat{Y} = 5.48 + 1.81X_1 + 0.98X_2$ 2) $Se = 2.84$ 1) $\hat{Y} = 8.42 + 2.08X_1$ 2) $Se = 4.22$

제 11 장 _ 시계열분석

01 1) $\hat{Y} = 11.73 + 0.28t$ 2) $\hat{Y} = 12.69 + 0.14t$

02 생략

03 $\hat{Y} = 1497.43 + 41.73t - 13.60t^2$

04 $logY = 4.83 + 0.06t$

05 생략

06 생략

제 12 장 _ 비모수적 통계법

01 $\chi^2 = 11.556$, H_0 기각

02 $\chi^2 = 14.59$, H_0 기각

03 $\chi^2 = 14.54$, H_0 기각

04 $D = 0.444$, H_0 기각

05 $z = 1.28$, H_0 기각

06 $\chi^2 = 5.99$, H_0 기각

07 $\chi^2 = 0.011$, H_0 채택

s • t • a • t • i • s • t • i • c • s

부 표

I. 난 수 표

10480	15011	01536	02011	81647	91646	69179	14194	62590	36207	20969	99570	91291	90700
22368	46573	25595	85393	30995	89198	27982	53402	93965	34095	52666	19174	39615	99505
24130	48360	22527	97265	76393	64809	15179	24830	49340	32081	30680	19655	63348	58629
42167	93093	06243	61680	07856	16376	39440	53537	71341	57004	00849	74917	97758	16379
37570	39975	81837	16656	06121	91782	60468	81305	49684	60672	14110	06927	01263	54613
77921	06907	11008	42751	27756	53498	18602	70659	90655	15053	21916	81825	44394	42880
99562	72905	56420	69994	98872	31016	71194	18738	44013	48840	63213	21069	10634	12952
96301	91977	05463	07972	18876	20922	94595	56869	69014	60045	18425	84903	42508	32307
89579	14342	63661	10281	17453	18103	57740	84378	25331	12566	58678	44947	05585	56941
85475	36857	53342	53988	53060	59533	38867	62300	08158	17983	16439	11458	18593	64952
28918	69578	88231	33276	70997	79936	56865	05859	90106	31595	01547	85590	91610	78188
63553	40961	48235	03427	49626	69445	18663	72695	52180	20847	12243	90511	33703	90322
09429	93969	52636	92737	88974	33488	36320	17617	30015	08272	84115	27156	30613	74952
10365	61129	87529	85689	48237	52267	67689	93394	01511	26358	85104	20285	29975	89868
07119	97336	71048	08178	77233	13916	47564	81056	97735	85977	29372	74461	28551	90707
51085	12765	51821	51259	77452	16308	60756	92144	49442	53900	70960	63990	75601	40719
02368	21382	52404	60268	89368	19885	55322	44819	01188	65255	64835	44919	05944	55157
01011	54092	33362	94904	31273	04146	18594	29852	71585	85030	51132	01915	92747	64951
52162	53916	46369	58586	23216	14513	83149	98736	23495	64350	94738	17752	35156	35749
07056	97628	33787	09998	42698	06691	76988	13602	51851	46104	88916	19509	25625	58104

Ⅱ. 이항분포표

$$P(x) = {}_nC_x \cdot p^x(1-p)^{n-x}$$

n	x \ p	.01	.05	.10	.15	.20	.25	.30	.35	.40	.45	.50
1	0	.9900	.9500	.9000	.8500	.8000	.7500	.7000	.6500	.6000	.5500	.5000
	1	.0100	.0500	.1000	.1500	.2000	.2500	.3000	.3500	.4000	.4500	.5000
2	0	.9801	.9025	.8100	.7225	.6400	.5625	.4900	.4225	.3600	.3025	.2500
	1	.0198	.0950	.1800	.2550	.3200	.3750	.4200	.4550	.4800	.4950	.5000
	2	.0001	.0025	.0100	.0225	.0400	.0625	.0900	.1225	.1600	.2025	.2500
3	0	.9703	.8574	.7290	.6141	.5120	.4219	.3430	.2746	.2160	.1664	.1250
	1	.0294	.1354	.2430	.3251	.3840	.4219	.4410	.4436	.4320	.4084	.3750
	2	.0003	.0071	.0270	.0574	.0960	.1406	.1890	.2389	.2880	.3341	.3750
	3	.0000	.0001	.0010	.0034	.0080	.0156	.0270	.0429	.0640	.0911	.1250
4	0	.9606	.8145	.6561	.5220	.4096	.3164	.2401	.1785	.1296	.0915	.0625
	1	.0388	.1715	.2916	.3685	.4096	.4219	.4116	.3845	.3456	.2995	.2500
	2	.0006	.0135	.0486	.0975	.1536	.2109	.2646	.3105	.3456	.3675	.3750
	3	.0000	.0005	.0036	.0115	.0258	.0469	.0756	.1115	.1536	.2005	.2500
	4	.0000	.0000	.0001	.0005	.0016	.0039	.0081	.0150	.0256	.0410	.0625
5	0	.9510	.7738	.5905	.4437	.3277	.2373	.1681	.1160	.0778	.0503	.0312
	1	.0480	.2036	.3280	.3915	.4096	.3955	.3602	.3124	.2592	.2059	.1562
	2	.0010	.0214	.0729	.1382	.2048	.2637	.3087	.3364	.3456	.3369	.3125
	3	.0000	.0011	.0081	.0244	.0512	.0879	.1323	.1811	.2304	.2757	.3125
	4	.0000	.0000	.0004	.0022	.0064	.0146	.0284	.0488	.0768	.1128	.1562
	5	.0000	.0000	.0000	.0001	.0003	.0010	.0024	.0053	.0102	.0185	.0312
6	0	.9415	.7351	.5314	.3771	.2621	.1780	.1176	.0754	.0467	.0277	.0156
	1	.0571	.2321	.3543	.3993	.3932	.3560	.3025	.2437	.1866	.1359	.0938
	2	.0014	.0305	.0984	.1762	.2458	.2966	.3241	.3280	.3110	.2780	.2344
	3	.0000	.0021	.0146	.0415	.0819	.1318	.1852	.2355	.2765	.3032	.3125
	4	.0000	.0001	.0012	.0055	.0154	.0330	.0595	.0951	.1382	.1861	.2344
	5	.0000	.0000	.0001	.0004	.0015	.0044	.0102	.0205	.0369	.0609	.0938
	6	.0000	.0000	.0000	.0000	.0001	.0002	.0007	.0018	.0041	.0083	.0156
7	0	.9321	.6983	.4783	.3206	.2097	.1335	.0824	.0490	.0280	.0152	.0078
	1	.0659	.2573	.3720	.3960	.3670	.3115	.2471	.1848	.1306	.0872	.0547
	2	.0020	.0406	.1240	.2097	.2753	.3115	.3177	.2985	.2613	.2140	.1641
	3	.0000	.0036	.0230	.0617	.1147	.1730	.2269	.2679	.2903	.2918	.2734
	4	.0000	.0002	.0026	.0109	.0287	.0577	.0972	.1442	.1935	.2388	.2734
	5	.0000	.0000	.0002	.0012	.0043	.0115	.0250	.0466	.0774	.1172	.1641
	6	.0000	.0000	.0000	.0001	.0004	.0013	.0036	.0084	.0172	.0320	.0547
	7	.0000	.0000	.0000	.0000	.0000	.0001	.0002	.0006	.0016	.0037	.0078

n	x \ p	.01	.05	.10	.15	.20	.25	.30	.35	.40	.45	.50
8	0	.9227	.6634	.4305	.2725	.1678	.1002	.0576	.0319	.0168	.0084	.0039
	1	.0746	.2793	.3826	.3847	.3355	.2670	.1977	.1373	.0896	.0548	.0312
	2	.0026	.0515	.1488	.2376	.2936	.3115	.2065	.2587	.2090	.1569	.1094
	3	.0001	.0054	.0331	.0839	.1468	.2076	.2541	.2786	.2787	.2568	.2188
	4	.0000	.0004	.0046	.0185	.0459	.0865	.1361	.1875	.2322	.2627	.2734
	5	.0000	.0000	.0004	.0026	.0092	.0231	.0467	.0808	.1239	.1719	.2188
	6	.0000	.0000	.0000	.0002	.0011	.0038	.0100	.0217	.0413	.0403	.1094
	7	.0000	.0000	.0000	.0000	.0001	.0004	.0012	.0033	.0079	.0164	.0312
	8	.0000	.0000	.0000	.0003	.0020	.0082	.0232	.0510	.0918	.1398	.1833
9	0	.9135	.6302	.3874	.2316	.1342	.0751	.0404	.0207	.0101	.0046	.0020
	1	.0830	.2985	.3874	.3679	.3020	.2253	.1556	.1004	.0605	.0339	.0176
	2	.0830	.2985	.3874	.3679	.3020	.2253	.1556	.1004	.0605	.0339	.0176
	3	.0001	.0077	.0446	.1069	.1762	.2336	.2668	.2716	.2508	.2119	.1641
	4	.0000	.0006	.0074	.0283	.0661	.1168	.1715	.2194	.2058	.2600	.2461
	5	.0000	.0000	.0008	.0050	.0165	.0389	.0735	.1181	.1672	.2128	.2461
	6	.0000	.0000	.0001	.0006	.0028	.0087	.0210	.0424	.0743	.1160	.1641
	7	.0000	.0000	.0000	.0000	.0003	.0012	.0039	.0098	.0212	.0407	.0703
	8	.0000	.0000	.0000	.0000	.0000	.0001	.0004	.0013	.0035	.0083	.0176
	9	.0000	.0000	.0000	.0000	.0000	.0000	.0000	.0001	.0003	.0008	.0020
10	0	.9044	.5987	.3487	.1969	.1074	.0563	.0282	.0135	.0060	.0025	.0010
	1	.0914	.3151	.3874	.3474	.2684	.1877	.1211	.0725	.0403	.0207	.0098
	2	.0042	.0746	.1937	.2759	.3020	.2816	.2335	.1757	.1209	.0763	.0439
	3	.0001	.0105	.0574	.1298	.2013	.2503	.2668	.2522	.2150	.1665	.1172
	4	.0000	.0010	.0112	.0401	.0881	.1460	.2001	.2377	.2508	.2384	.2051
	5	.0000	.0001	.0015	.0085	.0264	.0584	.1029	.1536	.2007	.2340	.2461
	6	.0000	.0000	.0001	.0012	.0055	.0162	.0368	.0689	.1115	.1596	.2051
	7	.0000	.0000	.0000	.0001	.0008	.0031	.0090	.0212	.0425	.0746	.1172
	8	.0000	.0000	.0000	.0000	.0001	.0004	.0014	.0043	.0106	.0229	.0439
	9	.0000	.0000	.0000	.0000	.0000	.0000	.0001	.0005	.0016	.0042	.0098
	10	.0000	.0000	.0000	.0000	.0000	.0000	.0000	.0000	.0001	.0003	.0010
11	0	.8953	.5688	.3138	.1673	.0859	.0422	.0198	.0088	.0036	.0014	.0005
	1	.0995	.3293	.3835	.3248	.2362	.1549	.0932	.0518	.0266	.0125	.0054
	2	.0050	.0867	.2131	.2866	.2953	.2581	.2568	.2254	.1774	.1259	.0806
	3	.0002	.0137	.0710	.1517	.2215	.2581	.2568	.2254	.1774	.1259	.0806
	4	.0000	.0010	.0112	.0401	.0881	.1460	.2001	.2377	.2508	.2384	.2051
	5	.0000	.0001	.0025	.0132	.0388	.0803	.1321	.1830	.2207	.2360	.2256
	6	.0000	.0000	.0003	.0023	.0097	.0268	.0566	.0985	.1471	.1931	.2256
	7	.0000	.0000	.0000	.0003	.0017	.0064	.0173	.0379	.0701	.1128	.1611
	8	.0000	.0000	.0000	.0000	.0002	.0011	.0037	.0102	.0234	.0462	.0806
	9	.0000	.0000	.0000	.0000	.0000	.0001	.0005	.0018	.0052	.0126	.0269

n	x \ p	.01	.05	.10	.15	.20	.25	.30	.35	.40	.45	.50
	10	.0000	.0000	.0000	.0000	.0000	.0000	.0000	.0002	.0007	.0021	.0054
	11	.0000	.0000	.0000	.0000	.0000	.0000	.0000	.0000	.0000	.0002	.0005
12	0	.8864	.5404	.2824	.1422	.0687	.0317	.0138	.0057	.0022	.0008	.0002
	1	.1074	.3413	.3766	.3012	.2062	.1267	.0712	.0368	.0174	.0075	.0029
	2	.0060	.0988	.2301	.2924	.2835	.2323	.1678	.1088	.0639	.0339	.0161
	3	.0002	.0173	.0852	.1720	.2362	.2581	.2397	.1954	.1419	.0923	.0537
	4	.0000	.0021	.0213	.0683	.1329	.1936	.2311	.2367	.2128	.1700	.1204
	5	.0000	.0002	.0038	.0193	.0532	.1032	.1585	.2039	.2270	.2225	.1934
	6	.0000	.0000	.0005	.0040	.0155	.0401	.0792	.1281	.1766	.2124	.2256
	7	.0000	.0000	.0000	.0006	.0033	.0110	.0291	.0591	.1009	.1489	.1934
	8	.0000	.0000	.0000	.0001	.0005	.0024	.0078	.0199	.0420	.0762	.1208
	9	.0000	.0000	.0000	.0000	.0001	.0004	.0015	.0048	.0125	.0277	.0537
	10	.0000	.0000	.0000	.0000	.0000	.0000	.0002	.0008	.0025	.0068	.0161
	11	.0000	.0000	.0000	.0000	.0000	.0000	.0000	.0001	.0003	.0010	.0029
	12	.0000	.0000	.0000	.0000	.0000	.0000	.0000	.0000	.0000	.0001	.0002
13	0	.8775	.5133	.2542	.1209	.0550	.0238	.0097	.0037	.0013	.0004	.0001
	1	.1152	.3512	.3672	.2774	.1787	.1029	.0540	.0259	.0113	.0045	.0016
	2	.0070	.1109	.2448	.2937	.2680	.2059	.1388	.0836	.0453	.0220	.0095
	3	.0003	.0214	.0997	.1900	.2457	.2517	.2181	.1651	.1107	.0660	.0349
	4	.0000	.0025	.0277	.0838	.1535	.2097	.2337	.2222	.1845	.1350	.0873
	5	.0000	.0003	.0055	.0266	.0691	.1258	.1803	.2154	.2214	.1989	.1571
	6	.0000	.0000	.0008	.0063	.0230	.0559	.1030	.1546	.1968	.2169	.2095
	7	.0000	.0000	.0001	.0011	.0058	.0186	.0442	.0833	.1312	.1775	.2095
	8	.0000	.0000	.0001	.0001	.0011	.0047	.0142	.0336	.0656	.1089	.1571
	9	.0000	.0000	.0000	.0000	.0001	.0009	.0034	.0101	.0243	.0495	.0873
	10	.0000	.0000	.0000	.0000	.0000	.0001	.0006	.0022	.0065	.0162	.0349
	11	.0000	.0000	.0000	.0000	.0000	.0000	.0001	.0003	.0012	.0036	.0095
	12	.0000	.0000	.0000	.0000	.0000	.0000	.0000	.0000	.0001	.0005	.0016
	13	.0000	.0000	.0000	.0000	.0000	.0000	.0000	.0000	.0000	.0000	.0001
14	0	.8687	.4877	.2288	.1028	.0440	.0178	.0068	.0024	.0008	.0002	.0001
	1	.1229	.3593	.3559	.2539	.1539	.0832	.0407	.0181	.0073	.0027	.0009
	2	.0081	.1229	.2570	.2912	.2501	.1802	.1134	.0634	.0317	.0141	.0056
	3	.0003	.0259	.1142	.2056	.2501	.2402	.1943	.1366	.0845	.0462	.0222
	4	.0000	.0037	.0349	.0998	.1720	.2202	.2290	.2022	.1549	.1040	.0611
	5	.0000	.0004	.0078	.0352	.0860	.1468	.1963	.2178	.2066	.1701	.1222
	6	.0000	.0000	.0013	.0093	.0322	.0734	.1262	.1759	.2066	.2088	.1833
	7	.0000	.0000	.0002	.0019	.0092	.0280	.0618	.1082	.1574	.1952	.2095
	8	.0000	.0000	.0000	.0003	.0020	.0082	.0232	.0510	.0918	.1398	.1398
	9	.0000	.0000	.0000	.0000	.0003	.0018	.0066	.0183	.0408	.0762	.1222

n	x \ p	.01	.05	.10	.15	.20	.25	.30	.35	.40	.45	.50
	10	.0000	.0000	.0000	.0000	.0000	.0003	.0014	.0049	.0136	.0312	.0611
	11	.0000	.0000	.0000	.0000	.0000	.0000	.0002	.0010	.0033	.0093	.0222
	12	.0000	.0000	.0000	.0000	.0000	.0000	.0000	.0001	.0005	.0019	.0056
	13	.0000	.0000	.0000	.0000	.0000	.0000	.0000	.0000	.0001	.0002	.0009
	14	.0000	.0000	.0000	.0000	.0000	.0000	.0000	.0000	.0000	.0000	.0001
15	0	.8601	.4633	.2059	.0874	.0352	.0134	.0047	.0016	.0005	.0001	.0000
	1	.1303	.3658	.3432	.2312	.1319	.0668	.0305	.0126	.0047	.0016	.0005
	2	.0092	.1348	.2669	.2856	.2309	.1559	.0916	.0476	.0219	.0090	.0032
	3	.0004	.0307	.1285	.2184	.2501	.2252	.1700	.1110	.0634	.0318	.0139
	4	.0000	.0049	.0428	.1156	.1876	.2252	.2186	.1792	.1268	.0780	.0417
	5	.0000	.4633	.2059	.0874	.0352	.0134	.0047	.0016	.0005	.0001	.0000
	6	.0000	.0000	.0019	.0132	.0430	.0917	.1472	.1906	.2066	.1914	.1527
	7	.0000	.0000	.0003	.0030	.0138	.0393	.0811	.1319	.1771	.2013	.1964
	8	.0000	.0000	.0000	.0005	.0035	.0131	.0348	.0710	.1181	.1647	.1964
	9	.0000	.0000	.0000	.0001	.0007	.0034	.0116	.0298	.0612	.1048	.1527
	10	.0000	.0000	.0000	.0000	.0001	.0007	.0030	.0096	.0245	.0515	.0916
	11	.0000	.0000	.0000	.0000	.0000	.0001	.0006	.0024	.0074	.0191	.0417
	12	.0000	.0000	.0000	.0000	.0000	.0000	.0001	.0004	.0016	.0052	.0139
	13	.0000	.0000	.0000	.0000	.0000	.0000	.0000	.0001	.0003	.0010	.0032
	14	.0000	.0000	.0000	.0000	.0000	.0000	.0000	.0000	.0000	.0001	.0005
	15	.0000	.0000	.0000	.0000	.0000	.0000	.0000	.0000	.0000	.0000	.0000
16	0	.8515	.4401	.1853	.0743	.0281	.0100	.0033	.0010	.0003	.0001	.0000
	1	.1376	.3706	.3294	.2097	.1126	.0535	.0228	.0087	.0030	.0009	.0002
	2	.0104	.1463	.2745	.2775	.2111	.1336	.0732	.0353	.0150	.0056	.0018
	3	.0005	.0359	.1423	.2285	.2463	.2079	.1465	.1888	.0468	.0215	.0085
	4	.0000	.0061	.0514	.1311	.2001	.2252	.2040	.1553	.1014	.0572	.0278
	5	.0000	.0008	.0137	.0555	.1201	.1802	.2099	.2008	.1623	.1123	.0667
	6	.0000	.0001	.0028	.0180	.0550	.1101	.1649	.1982	.1983	.1684	.1222
	7	.0000	.0000	.0004	.0045	.0197	.0524	.1010	.1524	.1889	.1969	.1746
	8	.0000	.0000	.0001	.0009	.0055	.0197	.0487	.0923	.1417	.1812	.1964
	9	.0000	.0000	.0000	.0001	.0012	.0058	.0185	.0442	.0840	.1318	.1746
	10	.0000	.0000	.0000	.0000	.0002	.0014	.0056	.0167	.0392	.0755	.1222
	11	.0000	.0000	.0000	.0000	.0000	.0002	.0013	.0049	.0142	.0337	.0667
	12	.0000	.0000	.0000	.0000	.0000	.0000	.0002	.0011	.0040	.0115	.0278
	13	.0000	.0000	.0000	.0000	.0000	.0000	.0000	.0002	.0008	.0029	.0085
	14	.0000	.0000	.0000	.0000	.0000	.0000	.0000	.0000	.0001	.0005	.0018
	15	.0000	.0000	.0000	.0000	.0000	.0000	.0000	.0000	.0000	.0001	.0002
	16	.0000	.0000	.0000	.0000	.0000	.0000	.0000	.0000	.0000	.0000	.0000

n	x	.01	.05	.10	.15	.20	.25	.30	.35	.40	.45	.50
17	0	.8429	.4181	.1668	.0631	.0225	.0075	.0023	.0007	.0002	.0000	.0000
	1	.1447	.3741	.3150	.1893	.0957	.0426	.0169	.0060	.0019	.0005	.0001
	2	.0117	.1575	.2800	.2673	.1914	.1136	.0581	.0260	.0102	.0035	.0010
	3	.0006	.0415	.1556	.2359	.2393	.1893	.1245	.0701	.0341	.0144	.0052
	4	.0000	.0076	.0605	.1457	.2093	.2209	.1868	.1320	.0796	.0411	.0182
	5	.0000	.0010	.0175	.0668	.1361	.1914	.2081	.1849	.1379	.0875	.0472
	6	.0000	.0001	.0039	.0236	.0680	.1276	.1784	.1991	.1839	.1432	.0944
	7	.0000	.0000	.0007	.0065	.0267	.0668	.1201	.1685	.1927	.1841	.1484
	8	.0000	.0000	.0001	.0014	.0084	.0279	.0644	.1134	.1606	.1883	.1855
	9	.0000	.0000	.0000	.0003	.0021	.0093	.0276	.0611	.1070	.1540	.1855
17	10	.0000	.0000	.0000	.0000	.0004	.0025	.0095	.0263	.0571	.1008	.1484
	11	.0000	.0000	.0000	.0000	.0001	.0005	.0026	.0090	.0242	.0525	.0944
	12	.0000	.0000	.0000	.0000	.0000	.0001	.0006	.0024	.0081	.0215	.0472
	13	.0000	.0000	.0000	.0000	.0000	.0000	.0001	.0005	.0021	.0068	.0182
	14	.0000	.0000	.0000	.0000	.0000	.0000	.0000	.0001	.0004	.0016	.0052
	15	.0000	.0000	.0000	.0000	.0000	.0000	.0000	.0000	.0001	.0003	.0010
	16	.0000	.0000	.0000	.0000	.0000	.0000	.0000	.0000	.0000	.0000	.0001
	17	.0000	.0000	.0000	.0000	.0000	.0000	.0000	.0000	.0000	.0000	.0000
18	0	.8345	.3972	.1501	.0536	.0180	.0056	.0016	.0004	.0001	.0003	.0010
	1	.1517	.3763	.3002	.1704	.0811	.0338	.0126	.0042	.0012	.0003	.0001
	2	.0130	.1683	.2835	.2556	.1723	.0958	.0458	.0190	.0069	.0022	.0006
	3	.0007	.0473	.1680	.2406	.2297	.1704	.1046	.0547	.0246	.0095	.0001
	4	.0000	.0093	.0700	.1592	.2153	.2130	.1681	.1104	.0614	.0291	.0117
	5	.0000	.0014	.0218	.0787	.1507	.1988	.2017	.1664	.1146	.0666	.0327
	6	.0000	.0002	.0052	.0301	.0816	.1436	.1873	.1941	.1655	.1181	.0708
	7	.0000	.0000	.0010	.0091	.0350	.0820	.1376	.1792	.1892	.1657	.1214
	8	.0000	.0000	.0002	.0022	.0120	.0376	.0811	.1327	.1734	.1864	.1669
	9	.0000	.0000	.0000	.0004	.0033	.0139	.0386	.0794	.1284	.1694	.1855
	10	.0000	.0000	.0000	.0001	.0008	.0042	.0149	.0385	.0771	.1248	.1669
	11	.0000	.0000	.0000	.0000	.0001	.0010	.0046	.0151	.0374	.0742	.1214
	12	.0000	.0000	.0000	.0000	.0000	.0002	.0012	.0047	.0145	.0354	.0708
	13	.0000	.0000	.0000	.0000	.0000	.0000	.0002	.0012	.0045	.0134	.0327
	14	.0000	.0000	.0000	.0000	.0000	.0000	.0000	.0002	.0011	.0039	.0117
	15	.0000	.0000	.0000	.0000	.0000	.0000	.0000	.0000	.0002	.0009	.0031
	16	.0000	.0000	.0000	.0000	.0000	.0000	.0000	.0000	.0000	.0001	.0006
	17	.0000	.0000	.0000	.0000	.0000	.0000	.0000	.0000	.0000	.0000	.0001
	18	.0000	.0000	.0000	.0000	.0000	.0000	.0000	.0000	.0000	.0000	.0000

n	x \ p	.01	.05	.10	.15	.20	.25	.30	.35	.40	.45	.50
19	0	.8262	.3774	.1351	.0456	.0144	.0042	.0011	.0003	.0001	.0000	.0000
	1	.1586	.3774	.2852	.1529	.0685	.0268	.0093	.0029	.0008	.0002	.0000
	2	.0144	.1787	.2852	.2428	.1540	.0803	.0358	.0138	.0046	.0013	.0003
	3	.0008	.0533	.1796	.2428	.2182	.1517	.0869	.0422	.0175	.0062	.0018
	4	.0000	.0112	.0798	.1714	.2182	.2023	.1491	.0909	.0467	.0203	.0074
	5	.0000	.0018	.0266	.0907	.1636	.2023	.1916	.1468	.0933	.0497	.0222
	6	.0000	.0002	.0069	.0374	.0955	.1574	.1916	.1844	.1451	.0949	.0518
	7	.0000	.0000	.0014	.0122	.0443	.0974	.1525	.1844	.1797	.1443	.0961
	8	.0000	.0000	.0002	.0032	.0166	.0487	.0981	.1489	.1797	.1771	.1442
	9	.0000	.0000	.0000	.0007	.0051	.0198	.0514	.0980	.1464	.1771	.1762
	10	.0000	.0000	.0000	.0001	.0013	.0066	.0220	.0528	.0976	.1449	.1762
	11	.0000	.0000	.0000	.0000	.0003	.0018	.0077	.0233	.0532	.0970	.1442
	12	.0000	.0000	.0000	.0000	.0000	.0004	.0022	.0083	.0237	.0529	.0961
	13	.0000	.0000	.0000	.0000	.0000	.0001	.0005	.0024	.0085	.0233	.0518
	14	.0000	.0000	.0000	.0000	.0000	.0000	.0001	.0006	.0024	.0082	.0222
	15	.0000	.0000	.0000	.0000	.0000	.0000	.0000	.0001	.0005	.0022	.0074
	16	.0000	.0000	.0000	.0000	.0000	.0000	.0000	.0000	.0001	.0005	.0018
	17	.0000	.0000	.0000	.0000	.0000	.0000	.0000	.0000	.0000	.0001	.0003
	18	.0000	.0000	.0000	.0000	.0000	.0000	.0000	.0000	.0000	.0000	.0000
	19	.0000	.0000	.0000	.0000	.0000	.0000	.0000	.0000	.0000	.0000	.0000
20	0	.8179	.3585	.1216	.0388	.0115	.0032	.0008	.0002	.0000	.0000	.0000
	1	.1652	.3774	.2702	.1368	.0576	.0211	.0068	.0020	.0008	.0001	.0000
	2	.0159	.1887	.2852	.2293	.1369	.0669	.0278	.0100	.0031	.0008	.0002
	3	.0010	.0596	.1901	.2428	.2054	.1339	.0718	.0323	.0123	.0040	.0011
	4	.0000	.0133	.0898	.1821	.2182	.1897	.1304	.0738	.0350	.0139	.0046
	5	.0000	.0022	.0319	.1028	.1746	.2023	.1789	.1272	.0746	.0365	.0148
	6	.0000	.0003	.0089	.0454	.1091	.1686	.1916	.1712	.1244	.0746	.0370
	7	.0000	.0000	.0020	.0160	.0545	.1124	.1643	.1844	.1659	.1221	.0739
	8	.0000	.0000	.0004	.0046	.0222	.0609	.1144	.1614	.1797	.1623	.1201
	9	.0000	.0000	.0001	.0011	.0074	.0271	.0654	.1158	.1597	.1771	.1602
	10	.0000	.0000	.0000	.0002	.0020	.0099	.0308	.0686	.1171	.1593	.1762
	11	.0000	.0000	.0000	.0000	.0005	.0030	.0120	.0336	.0710	.1185	.1602
	12	.0000	.0000	.0000	.0000	.0001	.0008	.0039	.0136	.0355	.0727	.1201
	13	.0000	.0000	.0000	.0000	.0000	.0002	.0010	.0045	.0146	.0366	.0739
	14	.0000	.0000	.0000	.0000	.0000	.0000	.0002	.0012	.0049	.0150	.0370
	15	.0000	.0000	.0000	.0000	.0000	.0000	.0000	.0003	.0013	.0049	.0148
	16	.0000	.0000	.0000	.0000	.0000	.0000	.0000	.0000	.0003	.0013	.0046
	17	.0000	.0000	.0000	.0000	.0000	.0000	.0000	.0000	.0000	.0002	.0011
	18	.0000	.0000	.0000	.0000	.0000	.0000	.0000	.0000	.0000	.0000	.0002
	19	.0000	.0000	.0000	.0000	.0000	.0000	.0000	.0000	.0000	.0000	.0000
	20	.0000	.0000	.0000	.0000	.0000	.0000	.0000	.0000	.0000	.0000	.0000

Ⅲ. 포아송분포표

$$P(x) = e^{-x} \cdot \frac{\mu^x}{x!}$$

x \ μ	0.1	0.2	0.3	0.4	0.5	0.6	0.7	0.8	0.9	1.0
0	.9048	.8187	.7408	.6703	.6065	.5488	.4966	.4493	.4066	.3679
1	.0905	.1637	.2222	.2681	.3033	.3293	.3476	.3595	.3659	.3679
2	.0045	.0164	.0333	.0536	.0758	.0988	.1217	.1438	.1647	.1839
3	.0002	.0011	.0033	.0072	.0126	.0198	.0284	.0383	.0494	.0613
4	.0000	.0001	.0002	.0001	.0016	.0030	.0050	.0077	.0111	.0153
5	.0000	.0000	.0000	.0001	.0002	.0004	.0007	.0012	.0020	.0031
6	.0000	.0000	.0000	.0000	.0000	.0000	.0001	.0002	.0003	.0005
7	.0000	.0000	.0000	.0000	.0000	.0000	.0000	.0000	.0000	.0001

x \ μ	1.1	1.2	1.3	1.4	1.5	1.6	1.7	1.8	1.9	2.0
0	.3329	.3012	.2725	.2466	.2231	.2019	.1827	.1653	.1496	.1353
1	.3662	.3614	.3543	.3452	.3347	.3230	.3106	.2975	.2842	.2707
2	.2014	.2169	.2303	.2417	.2510	.2584	.2640	.2678	.2700	.2707
3	.0738	.0867	.0998	.1128	.1255	.1378	.1496	.1607	.1710	.1804
4	.0203	.0260	.0324	.0395	.0471	.0551	.0636	.0723	.0812	.0902
5	.0045	.0062	.0084	.0111	.0141	.0176	.0216	.0260	.0309	.0361
6	.0008	.0012	.0018	.0026	.0035	.0047	.0061	.0078	.0098	.0120
7	.0001	.0002	.0003	.0005	.0008	.0011	.0015	.0020	.0027	.0034
8	.0000	.0000	.0001	.0001	.0001	.0002	.0003	.0005	.0006	.0009
9	.0000	.0000	.0000	.0000	.0000	.0000	.0001	.0001	.0001	.0002

x \ μ	2.1	2.2	2.3	2.4	2.5	2.6	2.7	2.8	2.9	3.0
0	.1225	.1108	.1003	.0907	.0821	.0743	.0672	.0608	.0550	.0498
1	.2572	.2438	.2306	.2177	.2052	.1931	.1815	.1703	.1596	.1494
2	.2700	.2681	.2652	.2613	.5565	.2510	.2450	.2384	.2314	.2240
3	.1890	.1966	.2033	.2090	.2138	.2176	.2205	.2225	.2237	.2240
4	.0992	.1082	.1169	.1254	.1336	.1414	.1488	.1557	.1622	.1680
5	.0417	.0476	.0538	.0602	.0668	.0735	.0804	.0872	.0940	.1008
6	.0147	.0476	.0538	.0602	.0668	.0735	.0804	.0872	.0940	.1008

x										
7	.0044	.0055	.0068	.0083	.0099	.0118	.0139	.0163	.0188	.0216
8	.0011	.0015	.0019	.0025	.0031	.0038	.0047	.0057	.0068	.0081
9	.0003	.0004	.0005	.0007	.0009	.0011	.0014	.0018	.0022	.0027
10	.0001	.0001	.0001	.0002	.0002	.0003	.0004	.0005	.0006	.0008
11	.0000	.0000	.0000	.0000	.0000	.0001	.0001	.0001	.0002	.0002
12	.0000	.0000	.0000	.0000	.0000	.0000	.0000	.0000	.0000	.0001

					μ					
x	3.1	3.2	3.3	3.4	3.5	3.6	3.7	3.8	3.9	4.0
0	.0450	.0408	.0369	.0334	.0302	.0273	.0247	.0224	.0202	.0183
1	.1397	.1304	.1217	.1135	.1057	.0984	.0915	.0850	.0789	.0733
2	.2165	.2087	.2008	.1929	.1850	.1771	.1692	.1615	.1539	.1465
3	.2237	.2226	.2209	.2186	.2158	.2125	.2087	.2046	.2001	.1954
4	.1734	.1781	.1823	.1858	.1888	.1912	.1931	.1944	.1951	.1954
5	.1015	.1140	.1203	.1264	.1322	.1377	.1429	.1477	.1522	.1563
6	.0555	.0608	.0662	.0716	.0771	.0826	.0881	.0936	.0989	.1042
7	.0246	.0278	.0312	.0348	.0385	.0425	.0466	.0508	.0551	.0595
8	.0095	.0111	.0129	.0148	.0169	.0191	.0215	.0241	.0269	.0298
9	.0033	.0040	.0056	.0066	.0076	.0089	.0102	.0102	.0116	.0132
10	.0010	.0013	.0016	.0019	.0023	.0028	.0033	.0039	.0045	.0053
11	.0003	.0004	.0005	.0006	.0007	.0009	.0011	.0013	.0016	.0019
12	.0001	.0001	.0001	.0002	.0002	.0003	.0003	.0004	.0005	.0006
13	.0000	.0000	.0000	.0000	.0001	.0001	.0001	.0001	.0002	.0002
14	.0000	.0000	.0000	.0000	.0000	.0000	.0000	.0000	.0000	.0001

					μ					
x	4.1	4.2	4.3	4.4	4.5	4.6	4.7	4.8	4.9	5.0
0	.0166	.0150	.0136	.1023	.0111	.0101	.0091	.0082	.0074	.0067
1	.0679	.0630	.0583	.0540	.0500	.0462	.0427	.0395	.0365	.0337
2	.1393	.1323	.1254	.1788	.1125	.1063	.1005	.0948	.0894	.0842
3	.1904	.1852	.1798	.1743	.1687	.1637	.1574	.1517	.1460	.1404
4	.1951	.1944	.1933	.1917	.1898	.1875	.7849	.1820	.1789	.1755
5	.1600	.1633	.1662	.1687	.1708	.1725	.1738	.1747	.1753	.1755
6	.1093	.1143	.1191	.1237	.1281	.1323	.1362	.1398	.1432	.1462
7	.0640	.0686	.0732	.0778	.0824	.0869	.0914	.0959	.1002	.1044
8	.0328	.0360	.0393	.0428	.0463	.0500	.0537	.0575	.0614	.0653
9	.0150	.0168	.0188	.0209	.0232	.0255	.0280	.0307	.0334	.0363

10	.0061	.0071	.0081	.0092	.0104	.0118	.0132	.0047	.0164	.0181
11	.0023	.0027	.0032	.0037	.0043	.0049	.0056	.0064	.0073	.0082
12	.0008	.0009	.0011	.0014	.0016	.0019	.0022	.0026	.0030	.0034
13	.0002	.0003	.0004	.0005	.0006	.0007	.0008	.0009	.0011	.0013
14	.0001	.0001	.0001	.0001	.0002	.0002	.0003	.0003	.0004	.0005
15	.0000	.0000	.0000	.0000	.0001	.0001	.0001	.0001	.0001	.0002

					μ					
x	5.1	5.2	5.3	5.4	5.5	5.6	5.7	5.8	5.9	6.0
0	.0061	.0055	.0050	.0045	.0041	.0037	.0033	.0030	.0027	.0025
1	.0311	.0287	.0265	.0244	.0225	.0207	.0191	.0176	.0162	.0149
2	.0793	.0746	.0701	.0659	.0618	.0580	.0544	.0509	.0477	.0446
3	.1348	.1293	.1239	.1185	.1143	.1082	.1033	.0985	.0938	.0892
4	.1719	.1681	.1641	.1600	.1558	.1515	.1472	.1428	.1383	.1339
5	.1753	.1748	.1740	.1728	.1714	.1697	.1678	.1656	.1632	.1606
6	.1490	.1515	.1537	.1555	.1571	.1584	.1594	.1601	.1605	.1606
7	.1086	.1125	.1163	.1200	.1234	.1267	.1298	.1326	.1353	.1377
8	.0692	.0731	.0771	.0810	.0849	.0887	.0925	.0962	.0998	.1033
9	.0392	.0423	.0454	.0486	.0519	.0552	.0586	.0620	.0654	.0688
10	.0200	.0220	.0241	.0262	.0285	.0309	.0334	.0359	.0386	.0413
11	.0093	.0104	.0116	.0129	.0143	.0157	.0173	.0190	.0207	.0225
12	.0039	.0045	.0051	.0058	.0065	.0073	.0082	.0092	.0102	.0113
13	.0015	.0018	.0021	.0024	.0028	.0032	.0036	.0041	.0046	.0052
14	.0006	.0007	.0008	.0009	.0011	.0013	.0015	.0017	.0019	.0022
15	.0002	.0002	.0003	.0003	.0004	.0005	.0006	.0007	.0008	.0009
16	.0001	.0001	.0001	.0001	.0001	.0002	.0002	.0002	.0003	.0003
17	.0000	.0000	.0000	.0000	.0000	.0001	.0001	.0001	.0001	.0001

					μ					
x	6.1	6.2	6.3	6.4	6.5	6.6	6.7	6.8	6.9	7.0
0	.0022	.0020	.0018	.0017	.0015	.0014	.0012	.0011	.0010	.0009
1	.0137	.0126	.0106	.0098	.0090	.0082	.0076	.0070	.0000	.0064
2	.0417	.0390	.0364	.0340	.0318	.0296	.0276	.0258	.0240	.0223
3	.0848	.0806	.0765	.0726	.0688	.0652	.0617	.0584	.0552	.0521
4	.1294	.1249	.1205	.1162	.1118	.1076	.1034	.0992	.0952	.0912
5	.1579	.1549	.1519	.1487	.1454	.1420	.1385	.1349	.1314	.1277
6	.1605	.1601	.1569	.1586	.1575	.1562	.1546	.1529	.1511	.1490

x										
7	.1399	.1418	.1435	.1450	.1462	.1472	.1480	.1486	.1489	.1490
8	.1066	.1099	.1130	.1160	.1188	.1215	.1240	.1263	.1284	.1309
9	.0723	.0757	.0791	.0825	.0858	.0891	.0923	.0954	.0985	.1014
10	.0441	.0469	.0498	.0528	.0558	.0558	.0618	.0649	.0679	.0710
11	.0245	.0265	.0285	.0307	.0330	.0353	.0377	.0401	.0426	.0452
12	.0124	.0137	.0150	.0164	.0179	.0194	.0210	.0227	.0245	.0264
13	.0058	.0065	.0073	.0081	.0089	.0098	.0108	.0119	.0130	.0142
14	.0025	.0029	.0033	.0037	.0041	.0046	.0052	.0058	.0064	.0071
15	.0010	.0012	.0014	.0016	.0018	.0020	.0023	.0026	.0029	.0033
16	.0004	.0005	.0005	.0006	.0007	.0008	.0010	.0011	.0013	.0014
17	.0001	.0002	.0002	.0002	.0003	.0003	.0004	.0004	.0005	.0006
18	.0000	.0001	.0001	.0001	.0001	.0001	.0001	.0002	.0002	.0002
19	.0000	.0000	.0000	.0000	.0000	.0000	.0000	.0001	.0001	.0001

	μ									
x	7.1	7.2	7.3	7.4	7.5	7.6	7.7	7.8	7.9	8.0
0	.0008	.0007	.0007	.0006	.0006	.0005	.0005	.0004	.0004	.0003
1	.0059	.0054	.0049	.0045	.0041	.0038	.0035	.0032	.0029	.0027
2	.0208	.0194	.0180	.0167	.0156	.0145	.0134	.0125	.0116	.0107
3	.0492	.0464	.0438	.0413	.0389	.0366	.0345	.0324	.0305	.0286
4	.0874	.0836	.0799	.0764	.0729	.0696	.0663	.0632	.0602	.0573
5	.1241	.1204	.1167	.1130	.1094	.1057	.1021	.0986	.0951	.0916
6	.1468	.1445	.1420	.1394	.1367	.1339	.1311	.1282	.1252	.1221
7	.1489	.1486	.1481	.1474	.1465	.1454	.1442	.1428	.1413	.1396
8	.1321	.1337	.1351	.1363	.1373	.1382	.1388	.1392	.1395	.1396
9	.1042	.1070	.1096	.1121	.1144	.1167	.1187	.1207	.1224	.1241
10	.0740	.0770	.0800	.0829	.0858	.0887	.0914	.0941	.0967	.0993
11	.0478	.0504	.0531	.0558	.0585	.0613	.0640	.0667	.0695	.0722
12	.0283	.0303	.0323	.0344	.0366	.0388	.0411	.0434	.0457	.0481
13	.0154	.0168	.0181	.0196	.0211	.0227	.0243	.0260	.0278	.0296
14	.0078	.0086	.0095	.0104	.0113	.0123	.0134	.0145	.0157	.0169
15	.0037	.0041	.0046	.0051	.0057	.0062	.0069	.0075	.0083	.0090
16	.0016	.0019	.0021	.0024	.0026	.0030	.0033	.0037	.0041	.0045
17	.0007	.0008	.0009	.0010	.0012	.0013	.0015	.0017	.0019	.0021
18	.0003	.0003	.0004	.0004	.0005	.0006	.0006	.0007	.0008	.0009
19	.0001	.0001	.0001	.0002	.0002	.0002	.0003	.0003	.0003	.0004
20	.0000	.0000	.0001	.0001	.0001	.0001	.0001	.0001	.0001	.0002

21	.0000	.0000	.0000	.0000	.0000	.0000	.0000	.0000	.0001	.0001

					μ					
x	8.1	8.2	8.3	8.4	8.5	8.6	8.7	8.8	8.9	9.0
0	.0003	.0003	.0002	.0002	.0002	.0002	.0002	.0002	.0001	.0001
1	.0025	.0023	.0021	.0019	.0017	.0016	.0014	.0013	.0012	.0011
2	.0100	.0092	.0086	.0079	.0074	.0068	.0063	.0058	.0054	.0050
3	.0269	.0252	.0237	.0222	.0208	.0195	.0183	.0171	.0160	.0150
4	.0544	.0517	.0491	.0466	.0443	.0420	.0398	.0377	.0357	.0337
5	.0882	.0849	.0816	.0784	.0752	.0722	.0692	.0663	.0635	.0607
6	.1191	.1160	.1128	.1097	.1066	.1034	.1003	.0972	.0941	.0911
7	.1378	.1358	.1338	.1317	.1294	.1271	.1247	.0222	.0197	.0171
8	.1395	.1392	.1388	.1382	.1375	.1366	.1356	.1344	.1332	.1318
9	.1256	.1269	.1280	.1290	.1299	.1306	.1311	.1315	.1317	.1318
10	.1017	.1040	.1063	.1084	.1104	.1123	.1140	.1157	.1772	.1186
11	.0749	.0776	.0802	.0828	.853	.0878	.0902	.0925	.0948	.0970
12	.0505	.0530	.0555	.0579	.0604	.0629	.0654	.0679	.0703	.0728
13	.0315	.0334	.0354	.0374	.0395	.0416	.0438	.0459	.0481	.0504
14	.0182	.0196	.0210	.0225	.0240	.0256	.0272	.0289	.0306	.0324
15	.0098	.0107	.0116	.0126	.0136	.0147	.0158	.0169	.0182	.0194
16	.0050	.0055	.0060	.0066	.0072	.0079	.0086	.0093	.0101	.0109
17	.0024	.0026	.0029	.0033	.0036	.0040	.0044	.0048	.0053	.0058
18	.0011	.0012	.0014	.0015	.0017	.0019	.0021	.0024	.0026	.0029
19	.0005	.0005	.0006	.0007	.0008	.0009	.0010	.0011	.0012	.0014
20	.0002	.0002	.0002	.0003	.0003	.0004	.0004	.0005	.0005	.0006
21	.0001	.0001	.0001	.0001	.0001	.0002	.0002	.0002	.0002	.0003
22	.0000	.0000	.0000	.0000	.0001	.0001	.0001	.0001	.0001	.0001

Ⅳ. 표준정규분포표

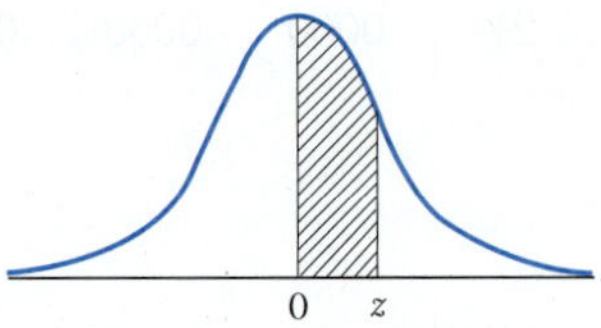

z	.00	.01	.02	.03	.04	.05	.06	.07	.08	.09
0.0	.0000	.0040	.0080	.0120	.0160	.0199	.0239	.0279	.0319	.0359
0.1	.0398	.0438	.0478	.0517	.0557	.0596	.0636	.0675	.0714	.0753
0.2	.0793	.0832	.0871	.0910	.0948	.0987	.1026	.1064	.1103	.1141
0.3	.1179	.1217	.1255	.1293	.1331	.1368	.1406	.1443	.1480	.1517
0.4	.1554	.1591	.1628	.1664	.1700	.1736	.1772	.1808	.1844	.1879
0.5	.1915	.1950	.1985	.2019	.2054	.2088	.2123	.2157	.2190	.2224
0.6	.2257	.2291	.2324	.2357	.2389	.2422	.2454	.2486	.2517	.2549
0.7	.2580	.2611	.2642	.2673	.2703	.2734	.2764	.2794	.2823	.2852
0.8	.2881	.2910	.2939	.2967	.2995	.3023	.3051	.3078	.3106	.3133
0.9	.3159	.3186	.3212	.3238	.3264	.3289	.3315	.3340	.3365	.3389
1.0	.3413	.3438	.3461	.3485	.3508	.3531	.3554	.3577	.3599	.3621
1.1	.3643	.3665	.3686	.3708	.3729	.3749	.3770	.3790	.3810	.3830
1.2	.3849	.3869	.3888	.3907	.3925	.3944	.3962	.3980	.3997	.4015
1.3	.4032	.4049	.4066	.4082	.4099	.4115	.4131	.4147	.4162	.4177
1.4	.4192	.4207	.4222	.4236	.4251	.4265	.4279	.4292	.4306	.4319
1.5	.4332	.4345	.4357	.4370	.4382	.4394	.4406	.4418	.4429	.4441
1.6	.4452	.4463	.4474	.4484	.4495	.4505	.4515	.4525	.4535	.4545
1.7	.4554	.4564	.4573	.4582	.4591	.4599	.4608	.4616	.4625	.4633
1.8	.4641	.4649	.4656	.4664	.4671	.4678	.4686	.4693	.4699	.4706
1.9	.4713	.4719	.4726	.4732	.4738	.4744	.4750	.4756	.4761	.4767
2.0	.4772	.4778	.4783	.4788	.4793	.4798	.4803	.4808	.4812	.4817
2.1	.4821	.4826	.4830	.4834	.4838	.4842	.4846	.4850	.4854	.4857
2.2	.4861	.4864	.4868	.4871	.4875	.4878	.4881	.4884	.4887	.4890
2.3	.4893	.4896	.4898	.4901	.4904	.4906	.4909	.4911	.4913	.4916
2.4	.4918	.4920	.4922	.4925	.4927	.4929	.4931	.4932	.4934	.4936
2.5	.4938	.4940	.4941	.4943	.4945	.4946	.4948	.4949	.4951	.4952
2.6	.4953	.4955	.4956	.4957	.4959	.4960	.4961	.4962	.4963	.4964
2.7	.4965	.4966	.4967	.4968	.4969	.4970	.4971	.4972	.4973	.4974
2.8	.4974	.4975	.4976	.4977	.4977	.4978	.4979	.4979	.4980	.4981
2.9	.4981	.4982	.4982	.4983	.4984	.4984	.4985	.4985	.4986	.4986
3.0	.4987	.4987	.4987	.4988	.4988	.4989	.4989	.4989	.4990	.4990

V. t분포표

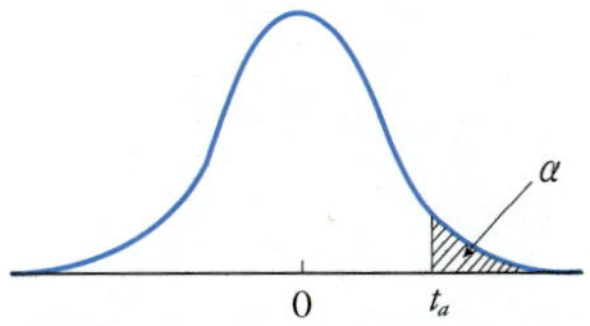

v \ α	.10	.05	.025	.01	.005
1	3.078	6.314	12.706	31.821	63.657
2	1.886	2.920	4.303	6.965	9.925
3	1.638	2.353	3.182	4.541	5.841
4	1.533	2.132	2.776	3.747	4.604
5	1.476	2.015	2.571	3.365	4.032
6	1.440	1.943	2.447	3.143	3.707
7	1.415	1.895	2.365	2.998	3.499
8	1.397	1.860	2.306	2.896	3.355
9	1.383	1.833	2.262	2.821	3.250
10	1.372	1.812	2.228	2.764	3.169
11	1.363	1.796	2.201	2.718	3.106
12	1.356	1.782	2.179	2.681	3.055
13	1.350	1.771	2.160	2.650	3.012
14	1.345	1.761	2.145	2.624	2.977
15	1.341	1.753	2.131	2.602	2.947
16	1.337	1.746	2.120	2.583	2.921
17	1.333	1.740	2.110	2.567	2.898
18	1.330	1.734	2.101	2.552	2.878
19	1.328	1.729	2.093	2.539	2.861
20	1.325	1.725	2.086	2.528	2.845
21	1.323	1.721	2.080	2.518	2.831
22	1.321	1.717	2.074	2.508	2.819
23	1.319	1.714	2.069	2.500	2.807
24	1.318	1.711	2.064	2.492	2.797
25	1.316	1.708	2.060	2.485	2.787
26	1.315	1.706	2.056	2.479	2.779
27	1.314	1.703	2.052	2.473	2.771
28	1.313	1.701	2.048	2.467	2.763
29	1.311	1.699	2.045	2.462	2.756
30	1.310	1.697	2.042	2.457	2.750
40	1.303	1.684	2.021	2.423	2.704
60	1.296	1.671	2.000	2.390	2.660
120	1.289	1.658	1.980	2.358	2.617
∞	1.282	1.645	1.960	2.326	2.576

Ⅵ. χ^2 분포표

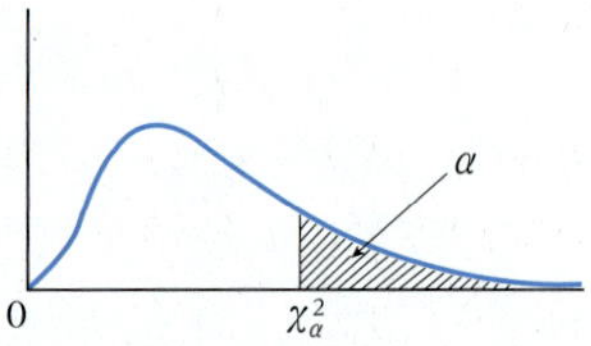

ν	α=0.995	α=0.99	α=0.975	α=0.95	α=0.05	α=0.025	α=0.01	α=0.005	ν
1	0.0000393	0.000157	0.000982	0.00393	3.841	5.024	6.635	7.879	2
2	0.0100	0.0201	0.0506	0.103	5.991	7.378	9.210	10.597	2
3	0.0717	0.115	0.216	0.352	7.815	9.348	11.345	12.838	3
4	0.207	0.297	0.484	0.711	9.488	11.143	13.277	14.860	4
5	0.412	0.554	0.831	1.145	11.070	12.832	15.086	16.750	5
6	0.676	0.872	1.237	1.635	12.592	14.449	16.812	18.548	6
7	0.989	1.239	1.690	2.167	14.067	16.013	18.475	20.278	7
8	1.344	1.646	2.180	2.733	15.507	17.535	20.090	21.955	8
9	1.735	2.088	2.700	3.325	16.919	19.023	21.666	23.589	9
10	2.156	2.558	3.247	3.940	18.307	20.483	23.209	25.188	10
11	2.603	3.053	3.816	4.575	19.675	21.920	24.725	26.757	11
12	3.074	3.571	4.404	5.226	21.026	23.337	26.217	28.300	12
13	3.565	4.107	5.009	5.892	22.362	24.736	27.688	29.819	13
14	4.075	4.660	5.629	6.571	23.685	26.119	29.141	31.319	14
15	4.601	5.229	6.262	7.261	24.996	27.488	30.578	32.801	15
16	5.142	5.812	6.908	7.962	26.296	28.845	32.000	34.267	16
17	5.697	6.408	7.564	8.672	27.587	30.191	33.409	35.718	17
18	6.265	7.015	8.231	9.390	28.869	31.526	34.805	37.156	18
19	6.844	7.633	8.907	10.117	30.144	32.852	36.191	38.582	19
20	7.434	8.260	9.591	10.851	31.410	34.170	37.566	39.997	20
21	8.034	8.897	10.283	11.591	32.671	35.479	38.932	41.401	21
22	8.643	9.542	10.982	12.338	33.924	36.781	40.289	42.796	22
23	9.260	10.196	11.689	13.091	35.172	38.076	41.638	44.181	23
24	9.886	10.856	12.401	13.848	36.415	39.364	42.980	45.558	24
25	10.520	11.524	13.120	14.611	37.652	40.646	44.314	46.928	25
26	11.160	12.198	13.844	15.379	38.885	41.923	45.642	48.290	26
27	11.808	12.879	14.573	16.151	40.113	43.194	46.963	49.645	27
28	12.461	13.565	15.308	16.928	41.337	44.461	48.278	50.993	28
29	13.121	14.256	16.047	17.708	42.557	45.722	49.588	52.336	29
30	13.787	14.953	16.791	18.493	43.773	46.979	50.892	53.672	30

Ⅶ. F 분포표

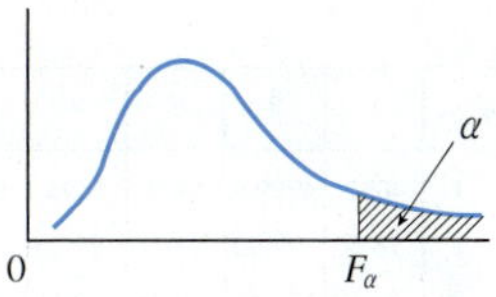

α=0.05

$\nu_2 \backslash \nu_1$	1	2	3	4	5	6	7	8	9	10	12	15	20	24	30	40	60	120	∞
1	161.4	199.5	215.7	224.6	230.2	234.0	236.8	238.9	240.5	241.9	243.9	245.9	248.0	249.1	250.1	251.1	252.2	253.3	254.3
2	18.51	19.00	19.16	19.25	19.30	19.33	19.35	19.37	19.38	19.40	19.41	19.43	19.45	19.45	19.46	19.47	19.48	19.49	19.50
3	10.13	9.55	9.28	9.12	9.01	8.94	8.89	8.85	8.81	8.79	8.74	8.70	8.66	8.64	8.62	8.59	8.57	8.55	8.53
4	7.71	6.94	6.59	6.39	6.26	6.16	6.09	6.04	6.00	5.96	5.91	5.86	5.80	5.77	5.75	5.72	5.69	5.66	5.63
5	6.61	5.79	5.41	5.19	5.05	4.95	4.88	4.82	4.77	4.74	4.68	4.62	4.56	4.53	4.50	4.46	4.43	4.40	4.36
6	5.99	5.14	4.76	4.53	4.39	4.28	4.21	4.15	4.10	4.06	4.00	3.94	3.87	3.84	3.81	3.77	3.74	3.70	3.67
7	5.59	4.74	4.35	4.12	3.97	3.87	3.79	3.73	3.68	3.64	3.57	3.51	3.44	3.41	3.38	3.34	3.30	3.27	3.23
8	5.32	4.46	4.07	3.84	3.69	3.58	3.50	3.44	3.39	3.35	3.28	3.22	3.15	3.12	3.08	3.04	3.01	2.97	2.93
9	5.12	4.26	3.86	3.63	3.48	3.37	3.29	3.23	3.18	3.14	3.07	3.01	2.94	2.90	2.86	2.83	2.79	2.75	2.71
10	4.96	4.10	3.71	3.48	3.33	3.22	3.14	3.07	3.02	2.98	2.91	2.85	2.77	2.74	2.70	2.66	2.62	2.58	2.54
11	4.84	3.98	3.59	3.36	3.20	3.09	3.01	2.95	2.90	2.85	2.79	2.72	2.65	2.61	2.57	2.53	2.49	2.45	2.40
12	4.75	3.89	3.49	3.26	3.11	3.00	2.91	2.85	2.80	2.75	2.69	2.62	2.54	2.51	2.47	2.43	2.38	2.34	2.30
13	4.67	3.81	3.41	3.18	3.03	2.92	2.83	2.77	2.71	2.67	2.60	2.53	2.46	2.42	2.38	2.34	2.30	2.25	2.21
14	4.60	3.74	3.34	3.11	2.96	2.85	2.76	2.70	2.65	2.60	2.53	2.46	2.39	2.35	2.31	2.27	2.22	2.18	2.13
15	4.45	3.68	3.29	3.06	2.90	2.79	2.71	2.64	2.59	2.54	2.48	2.40	2.33	2.29	2.25	2.20	2.16	2.11	2.07
16	4.49	3.63	3.24	3.01	2.85	2.74	2.66	2.59	2.54	2.49	2.42	2.35	2.28	2.24	2.19	2.15	2.11	2.06	2.01
17	4.45	3.59	3.20	2.96	2.81	2.70	2.61	2.55	2.49	2.45	2.38	2.31	2.23	2.19	2.15	2.10	2.06	2.01	1.96
18	4.41	3.55	3.16	2.93	2.77	2.66	2.58	2.51	2.46	2.41	2.34	2.27	2.19	2.15	2.11	2.06	2.02	1.97	1.92
19	4.38	3.52	3.13	2.90	2.74	2.63	2.54	2.48	2.42	2.38	2.31	2.23	2.16	2.11	2.07	2.03	1.98	1.93	1.88
20	4.35	3.49	3.10	2.87	2.71	2.60	2.51	2.45	2.39	2.35	2.28	2.20	2.12	2.08	2.04	1.99	1.95	1.90	1.84
21	4.32	3.47	3.07	2.84	2.68	2.57	2.49	2.42	2.37	2.32	2.25	2.18	2.10	2.05	2.01	1.96	1.92	1.87	1.81
22	4.30	3.44	3.05	2.82	2.66	2.55	2.46	2.40	2.34	2.30	2.23	2.15	2.07	2.03	1.98	1.94	1.89	1.84	1.78
23	4.28	3.42	3.03	2.80	2.64	2.53	2.44	2.37	2.32	2.27	2.20	2.13	2.05	2.01	1.96	1.91	1.86	1.81	1.76
24	4.26	3.40	3.01	2.78	2.62	2.57	2.42	2.36	2.30	2.25	2.18	2.11	2.03	1.98	1.94	1.89	1.84	1.79	1.73
25	4.24	3.39	2.99	2.76	2.60	2.49	2.40	2.34	2.28	2.24	2.16	2.09	2.01	1.96	1.92	1.87	1.82	1.77	1.71
26	4.23	3.37	2.98	2.74	2.59	2.47	2.39	2.32	2.27	2.22	2.15	2.07	1.99	1.95	1.90	1.85	1.80	1.75	1.69
27	4.21	3.35	2.96	2.73	2.57	2.46	2.37	2.31	2.25	2.20	2.13	2.06	1.97	1.93	1.88	1.84	1.79	1.73	1.67
28	4.20	3.34	2.95	2.71	2.56	2.45	2.36	2.29	2.24	2.19	2.12	2.04	1.96	1.91	1.87	1.82	1.77	1.71	1.65
29	4.18	3.33	2.93	2.70	2.55	2.43	2.35	2.28	2.22	2.18	2.10	2.03	1.94	1.90	1.85	1.81	1.75	1.70	1.64
30	4.17	3.32	2.92	2.69	2.53	2.42	2.33	2.27	2.21	2.16	2.09	2.01	1.93	1.89	1.84	1.79	1.74	1.68	1.62
40	4.08	3.23	2.84	2.61	2.45	2.34	2.25	2.18	2.2	2.08	2.00	1.92	1.84	1.79	1.74	1.69	1.64	1.58	1.51
60	4.00	3.15	2.76	2.53	2.37	2.25	2.17	2.10	2.04	1.99	1.92	1.84	1.75	1.70	1.65	1.59	1.53	1.47	1.39
120	3.92	3.07	2.68	2.45	2.29	2.17	2.09	2.02	1.96	1.91	1.83	1.75	1.66	1.61	1.55	1.50	1.43	1.35	1.25
∞	3.84	3.00	2.60	2.37	2.21	2.10	2.01	1.94	1.88	1.83	1.75	1.67	1.57	1.52	1.46	1.39	1.32	1.22	1.00

$\alpha=0.01$

$\nu_2 \backslash \nu_1$	1	2	3	4	5	6	7	8	9	10	12	15	20	24	30	40	60	120	∞
1	4052	4999.5	5403	5625	5764	5859	5928	5981	6022	6056	6106	6157	6209	6235	6261	6287	6313	6339	6366
2	98.50	99.00	99.17	99.25	99.30	99.33	99.36	99.37	99.39	99.40	99.42	99.43	99.45	99.46	99.47	99.47	99.48	99.49	99.50
3	34.12	30.82	29.46	28.11	28.24	27.91	27.67	27.49	27.35	27.23	27.05	26.87	26.69	26.60	26.50	26.41	26.32	26.22	26.13
4	21.20	18.00	16.69	15.98	15.52	15.21	14.98	14.80	14.66	14.55	14.37	14.20	14.02	13.93	13.84	13.75	13.65	13.56	13.46
5	16.26	13.27	12.06	11.39	10.97	10.67	10.46	10.29	10.16	10.05	9.89	9.72	9.55	9.47	9.38	9.29	9.20	9.11	9.02
6	13.75	10.92	9.78	9.15	8.75	8.47	8.26	8.10	7.98	7.87	7.72	7.56	7.40	7.31	7.23	7.14	7.06	6.97	6.88
7	12.25	9.55	8.45	7.85	7.46	7.19	6.99	6.84	6.72	6.62	6.47	6.31	6.16	6.07	5.99	5.91	5.82	5.74	5.65
8	11.26	8.65	7.59	7.01	6.63	6.37	6.18	6.03	5.91	5.81	5.67	5.52	5.36	5.28	5.20	5.12	5.03	4.95	4.86
9	10.56	8.02	6.99	6.42	6.06	5.80	5.61	5.47	5.35	5.26	5.11	4.96	4.81	4.73	4.65	4.57	4.48	4.40	.431
10	10.04	7.56	6.55	5.99	5.64	5.39	5.20	5.06	4.94	4.85	4.71	4.56	4.41	4.33	4.25	4.17	4.08	4.00	3.91
11	9.65	7.21	6.22	5.67	5.32	5.07	4.89	4.74	4.63	4.54	4.40	4.25	4.10	4.02	3.94	3.86	3.78	3.69	3.60
12	9.33	6.93	5.95	5.41	5.06	4.82	4.64	4.50	4.39	4.30	4.16	4.01	3.86	3.78	3.70	3.62	3.54	3.45	3.36
13	9.07	6.70	5.74	5.21	4.86	4.62	4.44	4.30	4.19	4.10	3.96	3.82	3.66	3.59	3.51	3.43	3.34	3.25	3.17
14	8.86	6.51	5.56	5.04	4.69	4.46	4.28	4.14	4.03	3.94	3.80	3.66	3.51	3.43	3.35	3.27	3.18	3.09	3.00
15	8.68	6.36	5.42	4.89	4.56	4.32	4.14	4.00	3.89	3.80	3.67	3.52	3.37	3.29	3.21	3.13	3.05	3.96	3.87
16	8.53	6.23	5.29	4.77	4.44	4.20	4.03	3.89	3.78	3.69	3.55	3.41	3.26	3.18	3.10	3.02	2.93	2.84	2.15
17	8.40	6.11	5.18	4.67	4.34	4.10	3.93	3.79	3.68	3.59	3.46	3.31	3.16	3.08	3.00	2.92	2.83	2.75	2.65
18	8.29	6.01	5.09	4.58	4.25	4.01	3.84	3.71	3.60	3.51	3.37	3.23	3.08	3.00	2.92	2.84	2.75	2.66	2.57
19	8.18	5.93	5.01	4.50	4.17	3.94	3.77	3.63	3.52	3.43	3.30	3.15	3.00	2.92	2.84	2.76	2.67	2.58	2.49
20	8.10	5.85	4.94	4.43	4.10	3.87	3.70	3.56	3.46	3.37	3.23	3.09	2.94	2.86	2.78	2.69	2.61	2.52	2.42
21	8.02	5.78	4.87	4.37	4.04	3.81	3.64	3.51	3.40	3.31	3.17	3.03	2.88	2.80	2.72	2.64	2.55	2.46	2.36
22	7.95	5.72	4.82	4.31	3.99	3.76	3.59	3.45	3.35	3.26	3.12	2.98	2.83	2.75	2.67	2.58	2.50	2.40	2.31
23	7.88	5.66	4.76	4.26	3.94	3.71	3.54	3.41	3.30	3.21	3.07	2.93	2.78	2.70	2.62	2.54	2.45	2.35	2.26
24	7.82	5.61	4.72	4.22	3.90	3.67	3.50	3.36	3.26	3.17	3.03	2.89	2.74	2.66	2.58	2.49	2.40	2.31	2.21
25	7.77	5.57	4.68	4.18	3.85	3.63	3.46	3.32	3.22	3.13	2.99	2.85	2.70	2.62	2.54	2.45	2.36	2.27	2.17
26	7.72	5.53	4.64	4.14	3.82	3.59	3.42	3.29	3.18	3.09	2.96	2.81	2.66	2.58	2.50	2.42	2.33	2.23	2.13
27	7.68	5.49	4.60	4.11	3.78	3.56	3.39	3.26	3.15	3.06	2.93	2.78	2.63	2.55	2.47	2.38	2.29	2.20	2.10
28	7.64	5.45	4.57	4.07	3.75	3.53	3.36	3.23	3.12	3.03	2.90	2.75	2.60	2.52	2.44	2.35	2.26	2.17	2.06
29	7.60	5.42	4.54	4.04	3.73	3.50	3.33	3.20	3.09	3.00	2.87	2.73	2.57	2.49	2.41	2.33	2.23	2.14	2.03
30	7.56	5.39	4.51	4.02	3.70	3.47	3.30	3.17	3.07	2.98	2.84	2.70	2.55	2.47	2.39	2.30	2.21	2.11	2.01
40	7.31	5.18	4.31	3.83	3.51	3.29	3.12	2.99	2.89	2.80	2.66	2.52	2.37	2.29	2.20	2.11	2.02	1.92	1.80
60	7.08	4.98	4.13	3.65	3.34	3.12	2.95	2.82	2.72	2.63	2.50	2.35	2.20	2.12	2.03	1.94	1.84	1.73	1.60
120	6.85	4.79	3.95	3.48	3.17	2.96	2.79	2.66	2.56	2.47	2.34	2.19	2.03	1.95	1.86	1.76	1.66	1.53	1.38
∞	6.63	4.61	3.78	3.32	3.02	2.80	2.64	2.51	2.41	2.32	2.18	2.04	1.88	1.79	1.70	1.59	1.47	1.32	1.00

Ⅷ. z 변환표

$$z = \frac{1}{2} \ln \frac{1+r}{1-r}$$

z	.00	.01	.02	.03	.04	.05	.06	.07	.08	.09
.0	.0000	.0100	.0200	.0300	.0400	.0500	.0599	.0699	.0798	.0898
.1	.0997	.1096	.1194	.1293	.1391	.1489	.1586	.1684	.1781	.1877
.2	.1974	.2070	.2165	.2260	.2355	.2449	.2543	.2636	.2729	.2821
.3	.2913	.3004	.3095	.3185	.3275	.3364	.3452	.3540	.3627	.3714
.4	.3800	.3885	.3969	.4053	.4136	.4219	.4301	.4382	.4462	.4542
.5	.4621	.4699	.4777	.4854	.4930	.5005	.5080	.5154	.5227	.5299
.6	.5370	.5441	.5511	.5580	.5649	.5717	.5784	.5850	.5915	.5980
.7	.6044	.6107	.6169	.6231	.6291	.6351	.6411	.6469	.6527	.6584
.8	.6640	.6696	.6751	.6805	.6858	.6911	.6963	.7014	.7064	.7114
.9	.7163	.7211	.7259	.7306	.7352	.7398	.7443	.7487	.7531	.7574
1.0	.7616	.7658	.7699	.7739	.7779	.7818	.7857	.7895	.7932	.7969
1.1	.8005	.8041	.8076	.8110	.8144	.8178	.8210	.8243	.8275	.8306
1.2	.8337	.8367	.8397	.8429	.8455	.8483	.8511	.8538	.8565	.8591
1.3	.8617	.8643	.8668	.8692	.8717	.8741	.8764	.8787	.8810	.8832
1.4	.8854	.8875	.8896	.8917	.8937	.8957	.8977	.8996	.9015	.9033
1.5	.9051	.9069	.9087	.9104	.9121	.9138	.9154	.9170	.9186	.9341
1.6	.9217	.9232	.9246	.9261	.9275	.9289	.9302	.9316	.9329	.9341
1.7	.9354	.9366	.9379	.9391	.9402	.9414	.9425	.9436	.9447	.9458
1.8	.94681	.94783	.94884	.94983	.95080	.95175	.95268	.95359	.95449	.95537
1.9	.95624	.95709	.95792	.95873	.94953	.96032	.96109	.96185	.96259	.96331
2.0	.96403	.96473	.96541	.96609	.96675	.96739	.96803	.96865	.96926	.96986
2.1	.97045	.97103	.97159	.97215	.97269	.97323	.97375	.97426	.97477	.97526
2.2	.97574	.97622	.47668	.97714	.97759	.97803	.97846	.97888	.97929	.97970
2.3	.98010	.98049	.98087	.98124	.98161	.98197	.98233	.98267	.98301	.98335
2.4	.98367	.98399	.98431	.98462	.98492	.98522	.98551	.98579	.98607	.98635
2.5	.98661	.98688	.98714	.98739	.98764	.98788	.98812	.98835	.98858	.98881
2.6	.98903	.98924	.98945	.98966	.98987	.99007	.99026	.99045	.99064	.99083
2.7	.99101	.99118	.99136	.99153	.99170	.99186	.99202	.99218	.99233	.99248
2.8	.99263	.99278	.99292	.99306	.99320	.99333	.99346	.99359	.99372	.99384
2.9	.99396	.99408	.99420	.99431	.99443	.99454	.99464	.99475	.99485	.99495

z	.0	.1	.2	.3	.4	.5	.6	.7	.8	.9
3	.99505	.99595	.99668	.99728	.99777	.99818	.99851	.99878	.99900	.99918
4	.99933	.99945	.99955	.99963	.99970	.99975	.99980	.99983	.99986	.99989

*표 중의 숫자는 상관계수 r의 수치

IX. 이항분포의 신뢰구간표

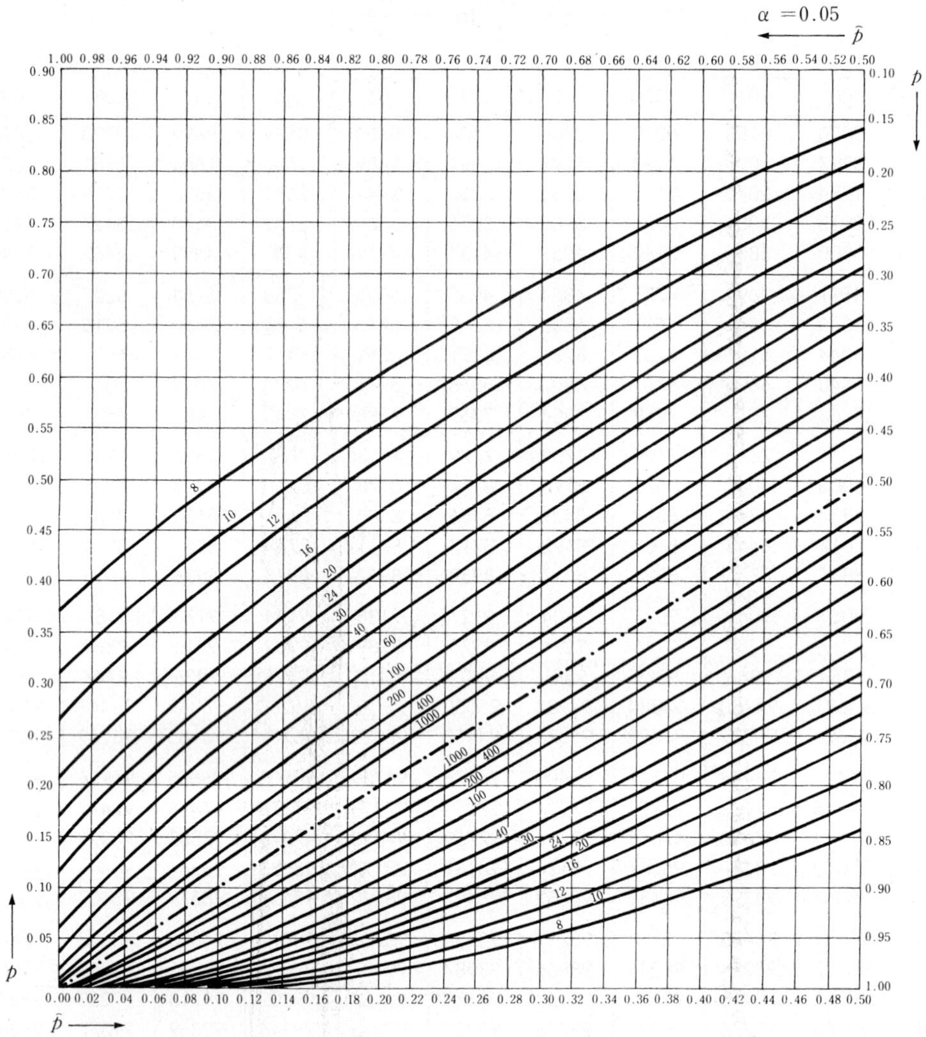

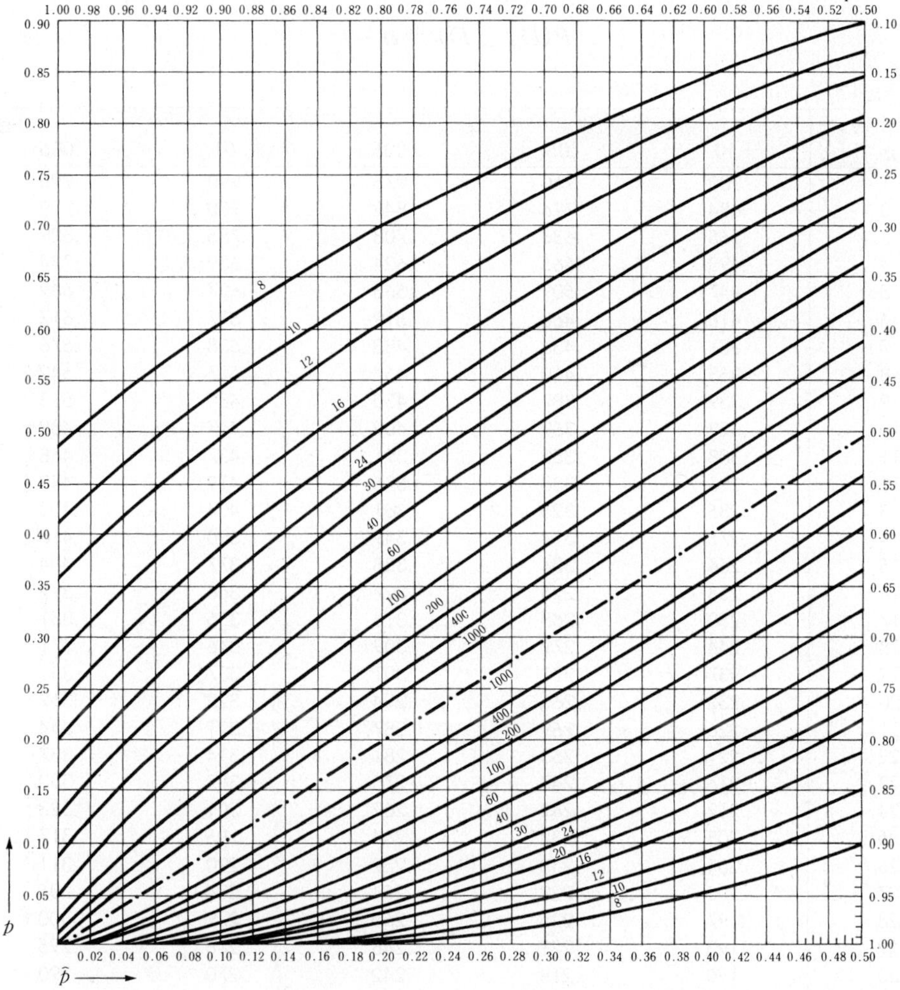
α =0.01
p̂
p
8
10
12
16
24
30
40
60
100
200
400
1000

X. Kolmogorov-Smirnov 검정통계량의 임계치

$$P(D_a \leq D) = a$$

	a				
n	.10	.05	.025	.01	.005
1	.900	.950	.975	.990	.995
2	.684	.776	.842	.900	.929
3	.565	.636	.708	.785	.829
4	.493	.565	.624	.689	.734
5	.447	.509	.563	.627	.669
6	.410	.468	.519	.577	.617
7	.381	.436	.483	.538	.576
8	.358	.410	.454	.507	.542
9	.339	.387	.430	.480	.513
10	.323	.369	.409	.457	.489
11	.308	.352	.391	.437	.468
12	.296	.338	.375	.419	.449
13	.285	.325	.361	.404	.432
14	.275	.314	.349	.390	.418
15	.266	.304	.338	.377	.404
16	.258	.295	.327	.366	.392
17	.250	.268	.318	.355	.381
18	.244	.279	.309	.346	.371
19	.237	.271	.301	.337	.361
20	.232	.265	.294	.329	.352
21	.226	.259	.287	.321	.344
22	.221	.253	.281	.314	.337
23	.216	.247	.275	.307	.330
24	.212	.242	.269	.301	.323
25	.208	.238	.264	.295	.317
26	.204	.233	.259	.290	.311
27	.200	.229	.254	.284	.305
28	.197	.225	.250	.279	.300
29	.193	.221	.246	.275	.295
30	.190	.218	.242	.270	.290
31	.187	.214	.238	.266	.285
32	.184	.211	.234	.262	.281
33	.182	.208	.231	.258	.277
34	.179	.205	.227	.254	.273
35	.177	.202	.224	.251	.269
36	.174	.199	.221	.247	.265
37	.172	.196	.218	.244	.262
38	.170	.194	.215	.241	.258
39	.168	.191	.213	.238	.255
40	.165	.189	.210	.235	.252

XI. Wilcoxon의 부호붙은 순위 검정표

	$P(T_+ \le T_\alpha) \le \alpha$					$P(T_+ \ge T_\alpha) \le 1-\alpha$				
$n \backslash \alpha$	.005	.01	.025	.05	.10	.90	.95	.975	.99	.995
4	—	—	—	—	0	10	—	—	—	—
5	—	—	—	0	2	13	15	—	—	—
6	—	—	0	2	3	18	19	21	—	—
7	—	0	2	3	5	23	25	26	28	—
8	0	1	3	5	8	28	31	33	35	36
9	1	3	5	8	10	35	37	40	42	44
10	3	5	8	10	14	41	45	47	50	52
11	5	7	10	13	17	49	53	56	59	61
12	7	9	13	17	21	57	61	65	69	71
13	9	12	17	21	26	65	70	74	79	82
14	12	15	21	25	31	74	80	84	90	93
15	15	19	25	30	36	84	90	95	101	105

XII. Mann-Whitney 검정통계량의 임계치

1. $a = 0.05$ 일 때의 양측검정 또는 $a = 0.025$일 때의 단측검정을 위한 u의 임계치

n_2 \ n_1	9	10	11	12	13	14	15	16	17	18	19	20
1												
2					0	0	0	0	0	0	1	1
3	1	1	1	2	2	2	3	3	4	4	4	5
4	3	3	4	5	5	6	7	7	8	9	9	10
5	5	6	7	8	9	10	11	12	13	14	15	16
6	7	8	9	11	12	13	15	16	18	19	20	22
7	9	11	12	14	16	17	19	21	23	24	26	28
8	11	13	15	17	20	22	24	26	28	30	32	34
9	14	16	18	21	23	26	28	31	33	36	38	40
10	16	19	22	24	27	30	33	36	38	41	44	47
11	18	22	25	28	31	34	37	41	44	47	50	53
12	21	24	28	31	35	38	42	46	49	53	56	60
13	23	27	31	35	39	43	47	53	55	59	63	67
14	26	30	34	38	43	47	51	56	60	65	69	73
15	28	33	37	42	47	51	56	61	66	70	75	80
16	31	36	41	46	51	56	61	66	71	76	82	87
17	33	38	44	49	55	60	66	71	77	82	88	93
18	36	41	47	53	59	65	70	76	82	88	94	100
19	38	44	50	56	63	69	75	82	88	94	101	107
20	40	47	53	60	67	73	80	87	93	100	107	114

2. $a = 0.02$ 일 때의 양측검정 또는 $a = 0.01$일 때의 단측검정을 위한 u의 임계치

n_2 \ n_1	9	10	11	12	13	14	15	16	17	18	19	20
1												
2	0	0	0	1	1	1	1	1	2	2	2	2
3		3	3	4	4	5	5	6	6	7	7	8
4	4	5	6	7	8	9	10	11	11	12	13	13
5	7	8	9	11	12	13	14	15	17	18	19	20
6	10	11	13	13	16	17	19	21	22	24	25	27
7	12	14	16	18	20	22	24	26	28	30	32	34
8	15	17	19	22	24	26	29	31	34	36	38	41
9	17	20	23	26	28	31	34	37	39	42	45	48
10	20	23	26	29	33	36	39	42	45	48	52	55
11	23	26	30	33	37	40	44	47	51	55	58	62
12	26	29	33	37	41	45	49	53	57	61	65	69
13	28	33	37	41	45	50	54	59	63	67	72	76
14	31	36	40	45	50	55	59	64	67	74	78	83
15	34	39	44	49	54	59	64	70	75	80	85	90
16	37	42	47	53	59	64	70	75	81	86	92	98
17	39	45	51	57	63	67	75	81	87	93	99	105
18	42	48	55	61	67	74	80	86	93	99	106	112
19	45	52	58	65	72	78	58	92	99	106	113	119
20	48	55	62	69	76	83	90	98	105	112	119	127

XIII. Kruskal-Wallis 검정통계량의 임계치

표본의 크기			임계치	α	표본의 크기			임계치	α
n_1	n_2	n_3			n_1	n_2	n_3		
2	1	1	2.7000	0.500				4.1667	0.105
2	2	1	3.6000	0.200	4	3	1	5.8333	0.021
2	2	2	4.5714	0.067				5.2083	0.050
			3.7143	0.200				5.0000	0.057
3	1	1	3.2000	0.300				4.0556	0.093
3	2	1	4.2857	0.100				3.8889	0.129
			3.8571	0.133	4	3	2	6.4444	0.008
3	2	2	5.3572	0.029				6.3000	0.011
			4.7147	0.048				5.4444	0.046
			4.5000	0.067				5.4000	0.051
			4.4643	0.105				4.5111	0.098
3	3	1	5.1429	0.043				4.4444	0.102
			4.5714	0.100	4	3	3	6.7455	0.010
			4.0000	0.129				6.7091	0.013
3	3	2	6.2500	0.011				5.7909	0.046
			5.3611	0.032				5.7273	0.050
			5.1389	0.061				4.7091	0.092
			4.5556	0.100				4.7000	0.101
			4.2500	0.121	4	4	1	6.6667	0.010
3	3	3	7.2000	0.004				6.1667	0.022
			6.4889	0.011				4.9667	0.048
			5.6889	0.029				4.8667	0.054
			5.6000	0.050				4.1667.	0.082
			5.0667	0.086				4.0667	0.102
			4.6222	0.100	4	4	2	7.0364	0.066
4	1	1	3.1714	0.200				6.8727	0.011
4	2	1	4.8214	0.057				5.4545	0.046
			4.5000	0.076				5.2364	0.052
			4.0179	0.114				4.5545	0.098
4	2	2	6.0000	0.014	4	4	3	7.1439	0.010
			5.3333	0.033				7.1364	0.011
			5.1250	0.052				5.5985	0.049
			4.4583	0.100				5.5758	0.051

표본의 크기			임계치	α
n_1	n_2	n_3		
			4.5455	0.099
			4.4773	0.102
4	4	4	7.6538	0.008
			7.5385	0.011
			5.6923	0.049
			5.6538	0.054
			4.6539	0.097
			4.5001	0.104
5	1	1	3.8571	0.143
5	2	1	5.2500	0.036
			5.0000	0.048
			4.4500	0.071
			4.2000	0.095
			4.0500	0.119
5	2	2	6.5333	0.008
			6.1333	0.013
			5.1600	0.034
			5.0400	0.056
			4.3733	0.090
			4.2933	0.122
5	3	1	6.4000	0.012
			4.9600	0.048
			4.8711	0.052
			4.0178	0.095
			3.8400	0.123
5	3	2	6.9091	0.009
			6.8218	0.010
			5.2509	0.049
			5.1055	0.052
			4.6509	0.091
			4.4945	0.101
5	3	3	7.0788	0.009
			6.9818	0.011
			5.6485	0.049
			5.5152	0.051
			4.5333	0.097
			4.4121	0.109
5	4	1	6.9545	0.008
			6.8400	0.011
			4.9855	0.044
			4.8600	0.056
			3.9873	0.098
			3.9600	0.102
5	4	2	7.2045	0.009
			7.1182	0.010
			5.2727	0.049
			5.2682	0.050
			4.5409	0.098
			4.5182	0.101
5	4	3	7.4449	0.010
			7.3949	0.011
			5.6564	0.049
			5.6308	0.050
			5.6308	0.050
			4.5487	0.099
			4.5231	0.103
5	4	4	7.7604	0.009
			7.7440	0.011
			5.6571	0.049
			5.6176	0.050
			4.6187	0.100
			4.5527	0.102
5	5	1	7.3091	0.009
			6.8364	0.011
			5.1273	0.046
			4.9091	0.053
			4.1091	0.086
			4.0364	0.015

표본의 크기			임계치	α	표본의 크기			임계치	α
n_1	n_2	n_3			n_1	n_2	n_3		
5	5	2	7.3385	0.010	5	5	4	7.8229	0.010
			7.2692	0.010				7.7914	0.010
			5.3385	0.047				5.6657	0.049
			5.2462	0.051				5.6429	0.050
			4.6231	0.097				4.5229	0.099
			4.5077	0.100				4.5200	0.101
5	5	3	7.5780	0.010	5	5	5	8.000	0.009
			7.5429	0.010				7.9800	0.010
			5.7055	0.046				5.7800	0.049
			5.6264	0.051				5.6600	0.051
			4.5451	0.100				4.5600	0.100
			4.5363	0.102				4.5000	0.102

XIV. Spearman 검정통계량의 임계치(r_s')

$$p(r_s > r_s') \le \alpha$$

n \ α	0.001	0.005	0.010	0.025	0.050	0.100
4	—	—	—	—	.8000	.8000
5	—	—	.9000	.9000	.8000	.7000
6	—	.9429	.8857	.8286	.7714	.6000
7	.9643	.8929	.8571	.7450	.6786	.5357
8	.9286	.8571	.8095	.7143	.6190	.5000
9	.9000	.8167	.7667	.6833	.5833	.4667
10	.8667	.7818	.7333	.6364	.5515	.4424
11	.8364	.7545	.7000	.6091	.5273	.4182
12	.8182	.7273	.6713	.5804	.4965	.3986
13	.7912	.6978	.6429	.5549	.4780	.3791
14	.7670	.6747	.6220	.5341	.4593	.3262
15	.7464	.6536	.6000	.5179	.4429	.3500
16	.7265	.6324	.5824	.5000	.4265	.3382
17	.7083	.6152	.5637	.4853	.4118	.3260
18	.6904	.5975	.5480	.4716	.3994	.3148
19	.6737	.5825	.5333	.4579	.3895	.3070
20	.6586	.5684	.5203	.4451	.3789	.2977
21	.6455	.5545	.5078	.4351	.3688	.2909
22	.6318	.5426	.4963	.4241	.3597	.2829
23	.6186	.5306	.4852	.4150	.3518	.2767
24	.6070	.5200	.4748	.4061	.3435	.2704
25	.5962	.5100	.4654	.3977	.3362	.2646
26	.5856	.5002	.4564	.3894	.3299	.2588
27	.5757	.4915	.4481	.3822	.3236	.2540
28	.5660	.4828	.4401	.3749	.3175	.2490
29	.5567	.4744	.4320	.3685	.3113	.2443
30	.5479	.4665	.4251	.3620	.3059	.2400

* r_s에 대한 좌측 임계치 : $-r_s$*

XV. Kendall의 순위상관검정의 임계치

s \ n	4	5	8	9	s \ n	6	7	10
0	.625	.592	.548	.540	1	.500	.500	.500
2	.375	.408	.452	.460	3	.360	.386	.431
4	.167	.242	.360	.381	5	.235	.281	.364
6	.042	.117	.274	.306	7	.136	.191	.300
8		.042	.199	.238	9	.068	.119	.242
10		.0083	.138	.179	11	.028	.068	.190
12			.089	.130	13	.0083	.035	.146
14			.054	.090	15	.0014	.015	.108
16			.031	.060	17		.0054	.078
18			.016	.038	19		.0014	.054
20			.0071	.022	21		.00020	.036
22			.0028	.012	23			.023
24			.00087	.0063	25			.014
26			.00019	.0029	27			.0083
28			.000025	.0012	29			.0046
30				.00043	31			.0023
32				.00012	33			.0011
34				.000025	35			.00047
36				.000028	37			.00018
					39			.000058
					41			.000015
					43			.0000028
					45			.00000028

XVI. 연(Run) 검정표

좌측확률

n_1	n_2	u	p	n_1	n_2	u	p	n_1	n_2	u	p	n_1	n_2	u	p
2	2	2	.333	2	18	2	.011	3	14	2	.003	4	10	2	.002
2	3	2	.100			3	.105			3	.025			3	.014
		3	.500			4	.284			4	.101			4	.068
2	4	2	.133	3	3	2	.100			5	.350			5	.203
		3	.400			3	.300	3	15	2	.002			6	.419
2	5	2	.095	3	4	2	.057			3	.022	4	11	2	.001
		3	.333			3	.200			4	.091			3	.011
2	6	2	.071	3	5	2	.036			5	.331			4	.055
		3	.286			3	.143	3	16	2	.002			5	.176
2	8	2	044			3	.107			5	.314			3	.009
		3	.222			4	.345	3	17	2	.002			4	.045
2	9	2	.036	3	7	2	.017			3	.018			5	.154
		3	.200			3	.083			4	.074			6	.335
		4	.491			4	.283			5	.298	4	13	2	.001
2	10	2	.030	3	8	2	.012	4	4	2	.029			3	.007
		3	.182			3	.067			3	.114			4	.037
		4	.455			4	.236			4	.371			5	.136
2	11	2	.026	3	9	2	.009	4	5	2	.016			6	.302
		3	.167			3	.055			3	.071	4	14	2	.001
		4	.423			4	.200			4	.262			3	.006
2	12	2	.022			5	.491			5	.500			4	.031
		3	.154	3	10	2	.007	4	6	2	.010			5	.121
		4	.396			3	.045			3	.048			6	.274
2	13	2	.019			4	.171			4	.190	4	15	2	.001
		3	.143			5	.455			5	.405			3	.005
		4	.371	3	11	2	.055	4	7	2	.006			4	.027
2	14	2	.017			3	.038			3	.033			5	.108
		3	.133			4	.148			4	.142			6	.249
		4	.350			5	.423			5	.333	4	16	2	.000
2	15	2	.015	3	12	2	.004	4	8	2	.004			3	.004
		3	.125			3	.033			3	.024			4	.023
		4	.331			4	.130			4	.109			5	.097
2	16	2	.013			5	.396			5	.279			6	.227
		3	.118	3	13	2	.004	4	9	2	.003	5	5	2	.008
		4	.314			3	.029			3	.018			3	.040
2	17	2	.012			4	.114			4	.085			4	.167
		3	.111			5	.371			5	.236			5	.357
		4	.298							6	.471				

우측확률

n_1	n_2	u	p	n_1	n_2	u	p	n_1	n_2	u	p	n_1	n_2	u	p
2	2	4	.333	4	10	9	.126	5	14	11	.111	7	7	14	.001
2	3	5	.100			8	.294			10	.234			13	.004
		4	.500	4	11	9	.154	5	15	11	.129			12	.025
2	4	5	.200			8	.330			10	.258			11	.078
2	5	5	286	4	12	9	.181	6	6	12	.002			10	.209
2	6	5	.357			8	.363			11	.013			9	.383
2	7	5	.417	4	13	9	.208			10	.067	7	8	15	.000
2	8	5	.467			8	393			9	.175			14	.002
3	3	6	.100	4	14	9	.234			8	.392			13	.012
		5	.300			8	.421	6	7	13	.001			12	.051
3	4	7	.029	4	15	9	.258			12	.008			11	.133
		6	.200			8	.446			11	.034			10	.296
		5	.457	4	16	9	.282			10	.121			9	.486
3	5	7	.071			8	.470			9	.267	7	9	15	.001
		6	.286	5	5	10	.008			8	.500			14	.006
3	6	7	.119			9	.040	6	8	13	.002			13	.025
		6	.357			8	.167			12	.016			12	.084
3	7	7	.167			7	.357			11	.063			11	.194
		6	.417	5	6	11	.002			10	.179			10	.378
3	8	7	.212			10	.024			9	.354	7	10	15	.002
		6	.467			9	.089	6	9	13	.006			14	.010
3	9	7	.255			8	.262			12	.028			13	.043
3	10	7	.294			7	.478			11	.098			12	.121
3	11	7	.330	5	7	11	.008			10	.238			11	.257
3	12	7	.363			10	.045			9	.434			10	.451
3	13	7	.393			9	.146	6	10	13	.010	7	11	15	.004
3	14	7	.421			8	.348			12	.042			14	.017
3	15	7	.446	5	8	11	.016			11	.136			13	.064
3	16	7	.470			10	.071			10	.294			12	.160
3	17	7	.491			9	.207	6	11	13	.017			11	.318
4	4	8	.029			8	.424			12	.058	7	12	15	.007
		7	.114	5	9	11	.028			11	.176			14	.025
		6	.371			10	.098			10	.346			13	.089
4	5	9	.008			9	.266	6	12	13	.025			12	.199
		8	.071			8	.490			12	.075			11	.376
		7	.214	5	10	11	.024			11	.217	7	13	15	.010
		6	.500			10	.126			10	.395			14	.034
4	6	9	.024			9	.322	6	13	13	.034			13	.116
		8	.119	5	11	11	.058			12	.092			12	.238
		7	.310			10	.154			11	.257			11	.438
4	7	9	.045			9	.374			10	.439	8	8	16	.000
		8	.167	5	12	11	.075	6	14	13	.044			15	.001
		7	.394			10	.181			12	.111			14	.009
4	8	9	.071			9	.421			11	.295			13	.032
		8	.212	5	13	11	.092			10	.480			12	.100
		7	.467			10	.208							11	.214
4	9	9	.098			9	.465							10	.405
		8	.255												

국문색인

영문색인

저 자 약 력

● **신 태 곤**

부산대학교 상과대학 경제학과 졸업
부산대학교 대학원(경제학 석사)
일산 남산대학 대학원 수학
부산수산대학 대학원(경제학 박사)
미국 Illinois주립대학교 객원교수 역임
부산대학교 상과대학장 역임
부산대학교 경영대학원장 역임
부산대학교 국제대학원장 역임
전, 부산대학교 상과대학 경제학과 교수

〈저 서〉

거시경제학(공저), 법문사
경제정책론, 법문사
한국경제정책론, 법문사
한국경제론, 법문사
한국농업의 구조변화에 관한 연구 외 논문 다수

● **최 성 철**

서울대학교 사회과학대학 경제학과 졸업
부산대학교 대학원(경제학 석사)
부산대학교 대학원(경제학 박사)
미국 New York 주립대학교(Stony Brook) 객원교수 역임
부산외국어대학교 기획실장 역임
부산외국어대학교 상경대학장 역임
부산외국어대학교 기획입학처장 역임
부산외국어대학교 대학원장 역임
현, 부산외국어대학교 상경대학 경제학과 교수

〈논 문〉

한국의 소득분배결정요인에 관한 연구 외 다수

〈저 서〉

거시경제학(공저), 법문사

통 계 학 [제 7 판]

1982년 2월 25일 초판발행
1983년 2월 20일 개정판발행
1990년 2월 25일 전정판발행
1997년 2월 20일 제4판 발행
2006년 3월 10일 제5판 발행
2009년 8월 5일 제6판 발행
2017년 2월 25일 제7판 1쇄 발행

저 자 신 태 곤 · 최 성 철
발행인 배 효 선
발행처 도서출판 法 文 社
주소 10881 경기도 파주시 회동길 37-29
등록 1957년 12월 12일 / 제2-76호(윤)
전화 (031)955-6500~6 Fax (031)955-6525
e-mail(영업): bms@bobmunsa.co.kr
(편집): edit66@bobmunsa.co.kr
홈페이지 http : //www.bobmunsa.co.kr
조 판 성 지 이 디 피

정가 31,000원 ISBN 978-89-18-11027-1